RAT ACBO

Reihe

Alte Tradition

Azurcelesteblueoscuro

herausgegeben

von

Joerg K. Sommermeyer & Orlando Syrg

Exemplarische Werke der Weltliteratur

herausgegeben von

Joerg K. Sommermeyer

Über dieses Buch

„Rose, o reiner Widerspruch, Lust,/Niemandes Schlaf zu sein unter so viel Lidern.“ (Rilkes Inschrift auf seinem Grabstein) Nach *Rainer Maria Rilkes Gedichte: Das Stunden-Buch, Das Buch der Bilder, Neue Gedichte, Der neuen Gedichte anderer Teil, Requiem, Das Marien-Leben, Duineser Elegien, Die Sonette an Orpheus* (Hrsg. von Joerg K. Sommermeyer, Orlando Syrg, Berlin 2018, OrSyTa 92018/Reihe Alte Tradition Azurcelesteblueoscuro RAT ACBO 7) wird die Rilke-Ausgabe fortgesetzt und findet ihren Abschluss mit Rilkes Prosa: *Die Weise von Liebe und Tod des Cornets Christoph Rilke* (lyrisch-impressionistische Soldatenballade, im 17. Jahrhundert spielend, Jugend, Liebe, Ehre, Lebenshunger, Traurigkeit, Schicksal, Verlust, Tod, oszillierend zwischen Glorifizierung und Sinnlosigkeit), *Die Aufzeichnungen des Malte Laurids Brigge* (literarisch moderner Tagebuchroman über die Krise der Existenz und der Kunst, 1904 in Rom begonnen, 1910 in Paris vollendet), *Ewald Tragy*, Erzählungen, Skizzen, *Geschichten vom lieben Gott*, *Auguste Rodin* (Studie), Essays und Besprechungen.

Der Autor

Rainer Maria Rilke (René Karl Wilhelm Johann Josef Maria Rilke), * 4. Dezember 1875, Prag/ Österreich-Ungarn. Problembeladene Kindheit und Jugend (die Mutter steckt ihn in Mädchentracht, der Vater sieht ihn als Krieger). Frühes Schreiben. Häufige Wohnungswechsel; unentwegtes Reisen (Frankreich, Italien, Spanien, Schweiz, Russland, Ägypten, etc.). Liebesabenteuer (Valerie von David-Rhonfeld, Lou Andreas-Salomé; Clara Westhoff, die er heiratet, aber bald wieder verlässt; Mimi Romanelli, Lulu Albert-Lazard, Claire Studer, etc.). Zwölf Jahre währende Schaffenskrise. Gedichte, Dichtungen in Prosa, Dramen, Roman *»Die Aufzeichnungen des Malte Laurids Brigge«*, Erzählungen und Skizzen, Theoretische Schriften, Aufsätze und Rezensionen, Briefe, Übersetzungen. Im Sanatorium Valmont sur Territet bei Montreux stirbt Rainer Maria Rilke am 29. Dezember 1926 an Leukämie. [Detaillierter Lebenslauf siehe Joerg K. Sommermeyer, *Biographischer Abriss Rainer Maria Rilkes*, unten S. 348 ff.]

Der Herausgeber

Joerg K. Sommermeyer (JS), * 14.10.1947 in Brackenheim, Sohn des Physikers Kurt Hans Sommermeyer (* 23. März 1906, Schleusingen/Thüringen - † 13. Februar 1969, Freiburg i. Brsg./Bd.-Wrtt.; Physikalische Grundlagen der Medizin, Biophysik, Radiologie, Quantenbiologie, Korpuskularstrahlung). Kindheit in Freiburg. Studierte Jura, Philosophie, Germanistik, Geschichte und Musikwissenschaft. Klassische Gitarre bei Viktor v. Hasselmann und Anton Stingl. Unterrichtete in den späten Sechzigern Gitarre am Kindergärtnerinnen-/Jugendleiterinnenseminar und in den Achtzigern Rechtsanwaltsgehilfinnen an der Max-Weber-Schule in Freiburg. 1976 bis 2004 Rechtsanwalt in Freiburg. Setzte sich für eine Stärkung des Rechtsschutzes bei Grundrechtseingriffen ein (Unterbringungsrecht, Untersuchungshaft, Durchsuchungsrecht, strafprozessuale Überholung). Zahlreiche Veröffentlichungen in juristischen Fachzeitschriften sowie Artikel in Musikblättern. Gründer und Vorsitzender der Internationalen Gitarristischen Vereinigung, Organisator und Künstlerischer Leiter der Freiburger Gitarren- und Lautentage, Herausgeber und Redakteur der Zeitschrift *Nova Giulianiad: Saitenblätter für die Gitarre und Laute*. Juror beim Schlesischen Gitarrenherbst in Tychy und Internationalen Gitarrenkongress Freiburg/Basel/Straßburg. Komponierte Songs, schrieb Liedtexte, Arrangements, Instrumentalmusik. 7 CDs, u. a.: *Total Overdrive*, *Those Rocks & Lieders*, *Nel Cuore Romanzo Rock*, *Ergo, 7 Celebrities*. Prosa: *Anton Unbekannt, Pathoaphysischer Antiroman, Tragigroteskenfragment*, 2008/2009; *Vernimm mein Schreien*, 2017 /2018. *Lieblingsmärchen*, 2017/2018. Edition von Werken Josefa Gerhäusers, Franz Trellers, Oskar Panizzas, Fritz von Ostinis, Hugo Balls, Carl Einsteins, Ludwig Rubiners, Franz Kafkas, Heinrich von Kleists, Christian Morgensterns, Robert Müllers, Joseph von Eichendorffs, Adelbert von Chamissos, Georg Büchners, Denis Diderots, Wilhelm Heinrich Wackenroders und E. T. A. Hoffmanns.

Orlando Syrg, Berlin, 19. Juni 2018

Joerg K. Sommermeyer (Hg.)

Rainer Maria Rilkes

Prosa

Dichtungen in Prosa, Die Weise von Liebe und Tod des Cornets Christoph Rilke, Die Aufzeichnungen des Malte Laurids Brigge, Erzählungen und Skizzen, Geschichten vom lieben Gott, Theoretische Schriften, Auguste Rodin, Aufsätze und Besprechungen

Durchgesehen, revidiert und mit einem biographischen Abriss
herausgegeben
von
Joerg K. Sommermeyer

Orlando Syrg

MMXVIII

1. Auflage 2018

Orlando Syrg, Berlin **(vormals Freiburg i. Brsg.)**

Orlando Syrg Taschenbuch

ORSYTA 102018

Reihe Alte Tradition Azurcelesteblueoscuro

RAT ACBO 8

Revision, Herausgabe und biographischer Abriss: Joerg K. Sommermeyer

Umschlaggestaltung (unter Verwendung eines Aquarells von Liliane Doms, *ohne Titel*, 2009, auf der Vorderseite): JS

Lektorat, Satz und Layout: Gero Ludwig, Karin Nowgo, JS, Waltraut Schmidt, Emil Pierre, Leon Alt, Martina Pfennig, Lars Penath

Herstellung, Verlag BoD - Books on Demand, Norderstedt

Made in Germany

ISBN 9783752806342

Inhalt

Dichtungen in Prosa

Die Weise von Liebe und Tod des Cornets Christoph Rilke; entstanden 1899, umgearbeitet 1904; Erstdruck bei »Deutsche Arbeit«, Prag 1904; überarbeitet für die Buchausgabe beim Insel-Verlag, Leipzig 1906.

Prosagedichte

Die Auslage des Fischhändlers; entstanden 1907/1925; Erstdruck in »Aus Rainer Maria Rilkes Nachlass«, Frankfurt am Main 1950.

Der Löwenkäfig, entstanden 1907; Erstdruck in »Trivium«, 5. Jg., 1947.

»Saltimbanques«; entstanden 1907; Erstdruck in »Merkur«, 6. Jg., Stuttgart 1952.

»Kavallerie-Parade«; entstanden 1913, Erstdruck in »Sämtliche Werke«, Frankfurt am Main 1966.

»Sandwiches-Männer«; entstanden 1913; Erstdruck in »Sämtliche Werke«, Frankfurt am Mai 1966.

»Gewitter-Segen«; entstanden 1914; vollständiger Erstdruck in »Sämtliche Werke«, Frankfurt am Mai 1966.

»Richtung zur Zukunft«; entstanden 1914; Erstdruck in »Sämtliche Werke«, Frankfurt am Mai 1966.

»Wir haben eine Erscheinung«; entstanden 1914; Erstdruck in »Zeit-Echo. Ein Kriegs-Tagebuch der Künstler«, hrsg. von Otto Haas-Heye, Heft 1, München 1914.

Die Weise von Liebe und Tod des Cornets Christoph Rilke

Geschrieben 1899

»... den 24. November 1663 wurde Otto von Rilke/auf Langenau/Gränitz und Ziegra/zu Linda mit seines in Ungarn gefallenen Bruders Christoph hinterlassenem Anteile am Gute Linda beliehen; doch musste er einen Revers ausstellen/nach welchem die Lehensreichung null und nichtig sein sollte/im Falle sein Bruder Christoph (der nach beigebrachtem Totenschein als Cornet in der Compagnie des Freiherrn von Pirovano des kaiserl. oesterr. Heysterschen Regiments zu Ross ... verstorben war) zurückkehrt ...«

Reiten, reiten, reiten, durch den Tag, durch die Nacht, durch den Tag.
Reiten, reiten, reiten.
Und der Mut ist so müde geworden und die Sehnsucht so groß. Es gibt keine Berge mehr, kaum einen Baum. Nichts wagt aufzustehen. Fremde Hütten hocken durstig an versumpften Brunnen. Nirgends ein Turm. Und immer das gleiche Bild. Man hat zwei Augen zuviel. Nur in der Nacht manchmal glaubt man den Weg zu kennen. Vielleicht kehren wir nächtens immer wieder das Stück zurück, das wir in der fremden Sonne mühsam gewonnen haben? Es kann sein. Die Sonne ist schwer, wie bei uns tief im Sommer. Aber wir haben im Sommer Abschied genommen. Die Kleider der Frauen leuchteten lang aus dem Grün. Und nun reiten wir lang. Es muss also Herbst sein. Wenigstens dort, wo traurige Frauen von uns wissen.

Der von Langenau rückt im Sattel und sagt: »Herr Marquis ...« Sein Nachbar, der kleine feine Franzose, hat erst drei Tage lang gesprochen und gelacht. Jetzt weiß er nichts mehr. Er ist wie ein Kind, das schlafen möchte. Staub bleibt auf seinem feinen weißen Spitzenkragen liegen; er merkt es nicht. Er wird langsam welk in seinem samtenen Sattel.
Aber der von Langenau lächelt und sagt: »Ihr habt seltsame Augen, Herr Marquis. Gewiss seht Ihr Eurer Mutter ähnlich –« Da blüht der Kleine noch einmal auf und stäubt seinen Kragen ab und ist wie neu.

Jemand erzählt von seiner Mutter. Ein Deutscher offenbar. Laut und langsam setzt er seine Worte. Wie ein Mädchen, das Blumen bindet, nachdenklich Blume um Blume probt und noch nicht weiß, was aus dem Ganzen wird –: so fügt er seine Worte. Zu Lust? Zu Leide? Alle lauschen. Sogar das Spucken hört auf. Denn es sind lauter Herren, die wissen, was sich gehört. Und wer das Deutsche nicht kann in dem Haufen, der versteht es auf einmal, fühlt einzelne Worte: »Abends« ... »Klein war ...«

Da sind sie alle einander nah, diese Herren, die aus Frankreich kommen und aus Burgund, aus den Niederlanden, aus Kärntens Tälern, von den böhmischen Burgen und vom Kaiser Leopold. Denn was der Eine erzählt, das haben auch sie erfahren und gerade so. Als ob es nur *eine* Mutter gäbe ...

So reitet man in den Abend hinein, in irgendeinen Abend. Man schweigt wieder, aber man hat die lichten Worte mit. Da hebt der Marquis den Helm ab. Seine dunklen Haare sind weich und, wie er das Haupt senkt, dehnen sie sich frauenhaft auf seinem Nacken. Jetzt erkennt auch der von Langenau: Fern ragt etwas in den Glanz hinein, etwas Schlankes, Dunkles. Eine einsame Säule, halbverfallen. Und wie sie lange vorüber sind, später, fällt ihm ein, dass das eine Madonna war.

Wachtfeuer. Man sitzt rundumher und wartet. Wartet, dass einer singt. Aber man ist so müd. Das rote Licht ist schwer. Es liegt auf den staubigen Schuhn. Es kriecht bis an die Knie, es schaut in die gefalteten Hände hinein. Es hat keine Flügel. Die Gesichter sind dunkel. Dennoch leuchten eine Weile die Augen des kleinen Franzosen mit eigenem Licht. Er hat eine kleine Rose geküsst, und nun darf sie weiterwelken an seiner Brust. Der von Langenau hat es gesehen, weil er nicht schlafen kann. Er denkt: Ich habe keine Rose, keine.

Dann singt er. Und das ist ein altes trauriges Lied, das zu Hause die Mädchen auf den Feldern singen, im Herbst, wenn die Ernten zu Ende gehen.

Sagt der kleine Marquis: »Ihr seid sehr jung, Herr?«

Und der von Langenau, in Trauer halb und halb in Trotz: »Achtzehn.«

Dann schweigen sie.

Später fragt der Franzose: »Habt Ihr auch eine Braut daheim, Herr Junker?«

»Ihr?« gibt der von Langenau zurück.

»Sie ist blond wie Ihr.«

Und sie schweigen wieder, bis der Deutsche ruft: »Aber zum Teufel, warum sitzt Ihr denn dann im Sattel und reitet durch dieses giftige Land den türkischen Hunden entgegen?«

Der Marquis lächelt. »Um wiederzukehren.«

Und der von Langenau wird traurig. Er denkt an ein blondes Mädchen, mit dem er spielte. Wilde Spiele. Und er möchte nach Hause, für einen Augenblick nur, nur für so lange, als es braucht, um die Worte zu sagen: »Magdalena, – dass ich immer *so war*, verzeih!«

Wie – war? denkt der junge Herr. – Und sie sind weit.

Einmal, am Morgen, ist ein Reiter da, und dann ein zweiter, vier, zehn. Ganz in Eisen, groß. Dann tausend dahinter: Das Heer.

Man muss sich trennen.

»Kehrt glücklich heim, Herr Marquis. –«

»Die Maria schützt Euch, Herr Junker.«

Und sie können nicht voneinander. Sie sind Freunde auf einmal, Brüder. Haben einander mehr zu vertrauen; denn sie wissen schon so viel Einer vom Andern. Sie zögern. Und ist Hast und Hufschlag um sie. Da streift der Marquis den großen rechten Handschuh ab. Er holt die kleine Rose hervor, nimmt ihr ein Blatt. Als ob man eine Hostie bricht.

»Das wird Euch beschirmen. Lebt wohl.«

Der von Langenau staunt. Lange schaut er dem Franzosen nach. Dann schiebt er das fremde Blatt unter den Waffenrock. Und es treibt auf und ab auf den Wellen seines Herzens. Hornruf. Er reitet zum Heer, der Junker. Er lächelt traurig: ihn schützt eine fremde Frau.

Ein Tag durch den Tross. Flüche, Farben, Lachen –: davon blendet das Land. Kommen bunte Buben gelaufen. Raufen und Rufen. Kommen Dirnen mit purpurnen Hüten im flutenden Haar. Winken. Kommen Knechte, schwarzeisern wie wandernde Nacht. Packen die Dirnen heiß, dass ihnen die Kleider zerreißen. Drücken sie an den Trommelrand. Und von der wilderen Gegenwehr hastiger Hände werden die Trommeln wach, wie im Traum poltern sie, poltern –. Und abends halten sie ihm Laternen her, seltsame: Wein, leuchtend in eisernen Hauben. Wein? Oder Blut? – Wer kann's unterscheiden?

Endlich vor Spork. Neben seinem Schimmel ragt der Graf. Sein langes Haar hat den Glanz des Eisens.

Der von Langenau hat nicht gefragt. Er erkennt den General, schwingt sich vom Ross und verneigt sich in einer Wolke Staub. Er bringt ein Schreiben mit, das ihn empfehlen soll beim Grafen. Der aber befiehlt: »Lies mir den Wisch.« Und seine Lippen haben sich nicht bewegt. Er braucht sie nicht dazu; sind zum Fluchen gerade gut genug. Was drüber hinaus ist, redet die Rechte. Punktum. Und man sieht es ihr an. Der junge Herr ist längst zu Ende. Er weiß nicht mehr, wo er steht. Der Spork ist vor Allem. Sogar der Himmel ist fort. Da sagt Spork, der große General:

»Cornet.«

Und das ist viel.

Die Kompagnie liegt jenseits der Raab. Der von Langenau reitet hin, allein. Ebene. Abend. Der Beschlag vorn am Sattel glänzt durch den Staub. Und dann steigt der Mond. Er sieht es an seinen Händen.

Er träumt.

Aber da schreit es ihn an.
Schreit, schreit,
zerreißt ihm den Traum.
Das ist keine Eule. Barmherzigkeit:
der einzige Baum
schreit ihn an:
Mann!
Und er schaut: es bäumt sich. Es bäumt sich ein Leib
den Baum entlang, und ein junges Weib,
blutig und bloß,
fällt ihn an: Mach mich los!

Und er springt hinab in das schwarze Grün
und durchhaut die heißen Stricke;
und er sieht ihre Blicke glühn
und ihre Zähne beißen.

Lacht sie?

Ihn graust.
Und er sitzt schon zu Ross
und jagt in die Nacht. Blutige Schnüre fest in der Faust.

Der von Langenau schreibt einen Brief, ganz in Gedanken. Langsam malt er mit großen, ernsten, aufrechten Lettern:

»Meine gute Mutter,
»seid stolz: Ich trage die Fahne,
»seid ohne Sorge: Ich trage die Fahne,
» habt mich lieb: Ich trage die Fahne –«

Dann steckt er den Brief zu sich in den Waffenrock, an die heimlichste Stelle, neben das Rosenblatt. Und denkt: er wird bald duften davon. Und denkt: vielleicht findet ihn einmal Einer ... Und denkt: …; denn der Feind ist nah.

Sie reiten über einen erschlagenen Bauer. Er hat die Augen weit offen und Etwas spiegelt sich drin; kein Himmel. Später heulen Hunde. Es kommt also ein Dorf, endlich. Und über den Hütten steigt steinern ein Schloss. Breit hält sich ihnen die Brücke hin. Groß wird das Tor. Hoch willkommt das Horn. Horch: Poltern, Klirren und Hundegebell! Wiehern im Hof, Hufschlag und Ruf.

Rast! Gast sein einmal. Nicht immer selbst seine Wünsche bewirten mit kärglicher Kost. Nicht immer *feindlich* nach allem fassen; einmal sich alles geschehen lassen und wissen: was geschieht, ist gut. Auch der Mut muss einmal sich strecken und sich am Saume seidener Decken in sich selber überschlagen. Nicht immer Soldat sein. Einmal die Locken offen tragen und den weiten offenen Kragen und in seidenen Sesseln sitzen und bis in die Fingerspitzen *so*: nach dem Bad sein. Und wieder erst lernen, was Frauen sind. Und wie die weißen tun und wie die blauen sind; was für Hände sie haben, wie sie ihr Lachen singen, wenn blonde Kannben die schönen Schalen bringen, von saftigen Früchten schwer.

Als Mahl beganns. Und ist ein Fest geworden, kaum weiß man wie. Die hohen Flammen flackten, die Stimmen schwirrten, wirre Lieder klirrten aus Glas und Glanz, und endlich aus den reifgewordnen Takten: entsprang der Tanz. Und alle riss er hin. Das war ein Wellenschlagen in den Sälen, ein Sich-Begegnen und ein Sich-Erwählen, ein Abschiednehmen und ein Wiederfinden, ein Glanzgenießen und ein Lichterblinden und ein Sich-Wiegen in den Sommerwinden, die in den Kleidern warmer Frauen sind.

Aus dunklem Wein und tausend Rosen rinnt die Stunde rauschend in den Traum der Nacht.

Und Einer steht und staunt in diese Pracht. Und er ist so geartet, dass er wartet, ob er erwacht. Denn nur im Schlafe schaut man solchen Staat und solche Feste solcher Frauen: ihre kleinste Geste ist eine Falte, fallend in Brokat. Sie bauen Stunden auf aus silbernen Gesprächen, und manchmal heben sie die Hände so –, und du musst meinen, dass sie irgendwo, wo du nicht hinreichst, sanfte Rosen brächen, die du nicht siehst. Und da träumst du: Geschmückt sein mit ihnen und anders beglückt sein und dir eine Krone verdienen für deine Stirne, die leer ist.

Einer, der weiße Seide trägt, erkennt, dass er nicht erwachen kann; denn er ist wach und verwirrt von Wirklichkeit. So flieht er bange in den Traum und steht im Park, einsam im schwarzen Park. Und das Fest ist fern. Und das Licht lügt. Und die Nacht ist nahe um ihn und kühl. Und er fragt eine Frau, die sich zu ihm neigt: »Bist Du die Nacht?«

Sie lächelt.
Und da schämt er sich für sein weißes Kleid.
Und möchte weit und allein und in Waffen sein.
Ganz in Waffen.

Hast Du vergessen, dass Du mein Page bist für diesen Tag? Verlässest Du mich? Wo gehst Du hin? Dein weißes Kleid gibt mir Dein Recht –.«

– –

»Sehnt es Dich nach Deinem rauen Rock?« – – – –

– –

»Frierst Du? – Hast Du Heimweh?«
Die Gräfin lächelt.
Nein. Aber das ist nur, weil das Kindsein ihm von den Schultern gefallen ist, dieses sanfte dunkle Kleid. Wer hat es fortgenommen? »Du?« fragt er mit einer Stimme, die er noch nicht gehört hat. »Du!«
Und nun ist nichts an ihm. Und er ist nackt wie ein Heiliger. Hell und schlank.

Langsam lischt das Schloss aus. Alle sind schwer: müde oder verliebt oder trunken. Nach so vielen leeren, langen Feldnächten: Betten. Breite eichene Betten. Da betet sich's anders als in der lumpigen Furche unterwegs, die, wenn man einschlafen will, wie ein Grab wird.

»Herrgott, wie Du willst!«
Kürzer sind die Gebete im Bett.
Aber inniger.

Die Turmstube ist dunkel.

Aber sie leuchten sich ins Gesicht mit ihrem Lächeln. Sie tasten vor sich her wie Blinde und finden den Andern wie eine Tür. Fast wie Kinder, die sich vor der Nacht ängstigen, drängen sie sich in einander ein. Und doch fürchten sie sich nicht. Da ist nichts, was gegen sie wäre: kein Gestern, kein Morgen; denn die Zeit ist eingestürzt. Und sie blühen aus ihren Trümmern.

Er fragt nicht: »Dein Gemahl?«

Sie fragt nicht: »Dein Namen?«

Sie haben sich ja gefunden, um einander ein neues Geschlecht zu sein.

Sie werden sich hundert neue Namen geben und einander alle wieder abnehmen, leise, wie man einen Ohrring abnimmt.

Im Vorsaal über einem Sessel hangt der Waffenrock, das Bandelier und der Mantel von dem von Langenau. Seine Handschuhe liegen auf dem Fußboden. Seine Fahne steht steil, gelehnt an das Fensterkreuz. Sie ist schwarz und schlank. Draußen jagt ein Sturm über den Himmel hin und macht Stücke aus der Nacht, weiße und schwarze. Der Mondschein geht wie ein langer Blitz vorbei, und die reglose Fahne hat unruhige Schatten. Sie träumt.

War ein Fenster offen? Ist der Sturm im Haus? Wer schlägt die Türen zu? Wer geht durch die Zimmer? –

Lass. Wer es auch sei. Ins Turmgemach findet er nicht. Wie hinter hundert Türen ist dieser große Schlaf, den zwei Menschen gemeinsam haben; so gemeinsam wie *eine* Mutter oder *einen* Tod.

Ist das der Morgen? Welche Sonne geht auf? Wie groß ist die Sonne. Sind das Vögel? Ihre Stimmen sind überall.

Alles ist hell, aber es ist kein Tag.

Alles ist laut, aber es sind nicht Vogelstimmen.

Das sind die Balken, die leuchten. Das sind die Fenster, die schrein. Und sie schrein, rot, in die Feinde hinein, die draußen stehn im flackernden Land, schrein: Brand.

Und mit zerrissenem Schlaf im Gesicht drängen sich alle, halb Eisen, halb nackt, von Zimmer zu Zimmer, von Trakt zu Trakt und suchen die Treppe.

Und mit verschlagenem Atem stammeln Hörner im Hof:

Sammeln, sammeln!

Und bebende Trommeln.

Aber die Fahne ist nicht dabei.
Rufe: Cornet!
Rasende Pferde, Gebete, Geschrei,
Flüche: Cornet!
Eisen an Eisen, Befehl und Signal;
Stille: Cornet!
Und noch ein Mal: Cornet!
Und heraus mit der brausenden Reiterei.
– –
Aber die Fahne ist nicht dabei.

Er läuft um die Wette mit brennenden Gängen, durch Türen, die ihn glühend umdrängen, über Treppen, die ihn versengen, bricht er aus aus dem rasenden Bau. Auf seinen Armen trägt er die Fahne wie eine weiße, bewusstlose Frau. Und er findet ein Pferd, und es ist wie ein Schrei: über alles dahin und an allem vorbei, auch an den Seinen. Und da kommt auch die

Fahne wieder zu sich und niemals war sie so königlich; und jetzt sehn sie sie alle, fern voran, und erkennen den hellen, helmlosen Mann und erkennen die Fahne ...

Aber da fängt sie zu scheinen an, wirft sich hinaus und wird groß und rot ...

– –

Da brennt ihre Fahne mitten im Feind, und sie jagen ihr nach.

Der von Langenau ist tief im Feind, aber ganz allein. Der Schrecken hat um ihn einen runden Raum gemacht, und er hält, mitten drin, unter seiner langsam verlodernden Fahne.

Langsam, fast nachdenklich, schaut er um sich. Es ist viel Fremdes, Buntes vor ihm. Gärten – denkt er und lächelt. Aber da fühlt er, dass Augen ihn halten und erkennt Männer und weiß, dass es die heidnischen Hunde sind –: und wirft sein Pferd mitten hinein.

Aber, als es jetzt hinter ihm zusammenschlägt, sind es doch wieder Gärten, und die sechzehn runden Säbel, die auf ihn zuspringen, Strahl um Strahl, sind ein Fest.

Eine lachende Wasserkunst.

Der Waffenrock ist im Schlosse verbrannt, der Brief und das Rosenblatt einer fremden Frau. –

Im nächsten Frühjahr (es kam traurig und kalt) ritt ein Kurier des Freiherrn von Pirovano langsam in Langenau ein. Dort hat er eine alte Frau weinen sehen.

Prosagedichte

Die Auslage des Fischhändlers

(Neapel)

Auf leicht geneigter Marmorplatte liegen sie in Gruppen, manche auf dem feuchten Stein, mit ein wenig schwärzlichem Moos unterlegt, andre in von Nässe dunkel gewordenen flachen Spankörben. Silbern beschuppte, darunter einer, rund nach oben gebogen, wie ein Schwertarm in einem Wappen, so dass das Silber an ihm sich spannt und schimmert. Silbern beschuppte, die quer – über liegen, wie aus altem Silber, schwärzlich beschlagen, und drüber einer, der das Maul voran, zurückzukommen scheint, entsetzt, aus dem Haufen hinter ihm. Hat man erst einmal sein Maul gemerkt, so sieht man, da und da, noch eines, ein anderes, rasch hergewendet, klagend. (Was man »klagend« nennen möchte, entsteht wohl, weil hier die Stelle, von der Stimme ausgeht, sofort Stummheit bedeutet, ein Bild des) Und nun sucht man, infolge einer Überlegung vielleicht, die Augen. Alle diese flachen, seitlich hingelegten, wie mit Uhrgläsern überdeckten Augen, an die die im Wasser schwimmenden Bilder herangetrieben sind, solange sie schauten. Nicht anders waren sie damals, ebenso blicklos gleichgültig: denn Blicke trüge das Wasser nicht. Ebenso seicht und untief, leer herausgewendet, wie Wagenlaternen bei Tag. Aber hingetragen durch Widerstand und Bewegung jener dichteren Welt, warfen sie, leicht und sicher, Zeichnung um Zeichnung, Wink und Wendung einwärts in ein uns unbekanntes Bewusstsein. Still und sicher trieben sie her, vor dem glatten Entschluss, ohne ihn zu verraten; still und sicher standen sie tagelang der Strömung entgegen, überzogen von ihr, von Schattenfluchten verdunkelt. Nun aber sind sie ausgelöst aus den langen Strähnen ihres Schauens, flach hingelegt, ohne dass es deshalb möglich wäre, in sie einzudringen. Die Pupille wie mit schwarzem Stoff bezogen, der Umkreis um sie aufgelegt, wie dünnstes Blattgold. Mit einem Schrecken, ähnlich dem, den man beim Beißen auf etwas Hartes erfährt, entdeckt man die Undurchdringlichkeit dieser Augen –, und plötzlich meint man, vor lauter Stein und Metall zu stehen, wie man über (den) Tisch hinsieht. Alles Gebogene ist hart anzusehen, und der Haufen stahlglänzender, pfriemenförmiger Fische liegt kalt und schwer wie ein Haufen Werkzeuge da, mit denen andere, die das Aussehn von Steinen haben, geschliffen worden sind. Denn da nebenan liegen sie: runde glatte Achate, von braunen, blassen und goldenen Adern durchzogen, Streifen von rötlich-weißem Marmor, Jadestücke von vorsichtig gewölbtem Schliff, teilweise bearbeitete Topase, Bergkristall mit Spitzen von Amethyst, Opale aus Quallen. Und eine ganz dünne Schicht verweilenden Wassers ist noch über ihnen allen und trennt sie von diesem Licht, in dem sie fremd sind, verschlossen, Behälter, die man vergebens zu öffnen versucht hat.

Der Löwenkäfig

Sie geht hin und her wie die Wachposten draußen am Rand der Wälle, wo nichts mehr ist. Und wie in den Wachposten, ist Heimweh in ihr, schweres Heimweh in Stücken.

Wie unten im Meer irgendwo Spiegel sein müssen, Spiegel aus den Kajüten gesunkener Schiffe, Stücke von Spiegeln, die ja natürlich nichts mehr enthalten: die Gesichter der Reisenden nicht, keine ihrer Gebärden; nicht die Art, wie sie sich umdrehten und so seltsam linkisch aussahen von hinten; nicht die Wand, nicht die Ecke, in der man schlief; noch weniger was von drüben und draußen schwankend hereinschien; nichts, nein. Aber wie doch eine Alge vielleicht, ein offen absinkender Pulp, das plötzliche Gesicht eines Fisches oder auch nur das Wasser selbst, das ziehende, geteilte, wieder zusammenkommende Wasser Ähnlichkeiten in jenen Spiegeln hervorruft, entfernte, schiefe, falsche, gleich wieder aufgegebene Ähnlichkeiten mit dem, was einmal war –:

so liegen Erinnerungen, Stücke von Erinnerungen, bruchflächig, im Dunkel auf dem Grund ihres Blutes.

Sie geht hin und her um ihn, den Löwen, der krank ist. Kranksein wird nicht besorgt in ihm und vermindert ihn nicht; es schließt ihn nur ein. Wie er so liegt, die weich abgebogenen Pranken ohne Absicht, das hochmütige Gesicht mit der abgetragenen Mähne überhäuft, die Augen nicht geladen, ist er errichtet auf sich selbst zum Gedächtnis seiner Trauer, wie er einst (immer über sich hinaus) seiner Kraft Übertreibung war.

Nun zuckt es noch da und dort in den Muskeln und spannt sich, da und dort bilden sich, zu weit voneinander, kleine Stellen von Zorn; das Blut bricht sicher böse, mit einem Sprung, aus den Herzkammern aus und gewiss hat es noch die vorsichtigen erprobten Wendungen entschlossener Plötzlichkeit, wenn es in das Gehirn tritt.

Aber er lässt nur geschehn, weil es noch nicht zu Ende ist und verwendet nichts mehr und nimmt nicht mehr teil. Nur ganz fern, wie weit von sich fortgehalten, mit dem weichen Pinsel seines Schwanzes malt er immer wieder eine kleine halbrunde Geste unbeschreiblicher Verachtung. Und sie geht so bedeutend vor sich, dass die Löwin anhält und hinsieht: beunruhigt, aufgeregt, erwartungsvoll.

Dann aber nimmt sie ihren Gang wieder auf, den trostlosen lächerlichen Gang der Wachposten, der immer wieder in dieselben Fußtapfen zurückfällt. Sie geht und geht, und manchmal erscheint ihre zerstreute Maske, rund und voll, durchgestrichen vom Gitter.

Sie geht wie Uhren gehen. Und auf ihrem Gesicht steht wie auf einem Zifferblatt, das man nachts anleuchtet, eine fremde, merkwürdig kurz angezeigte Stunde: eine furchtbare, in der jemand stirbt.

»Saltimbanques«

(Paris, Quatorze Juillet 1907)

Vor dem Luxembourg, nach dem Pantheon zu, hat wieder Père Rollin mit den Seinen sich ausgebreitet. Derselbe Teppich liegt da, dieselben abgelegten Mäntel, dicke Wintermäntel, sind über einen Stuhl gehäuft, auf dem gerade noch so viel Platz bleibt, dass der kleine Sohn, der Enkel des Alten, zwischendurch zu einem Viertel Hinsitzen kommt, ab und zu. Er braucht das noch, er ist ein Anfänger, heißt es, und die Füße tun ihm weh bei dem jähen Aufsprung mit dem er, aus den hohen Saltos heraus, auf die Erde kommt. Er hat ein großes Gesicht das eine Menge Tränen fassen kann, aber sie stehen doch manchmal bis an den Rand in den ausgeweiteten Augen. Dann muss er den Kopf ganz vorsichtig tragen, wie eine zu volle Tasse. Er ist nicht traurig dabei, gar nicht, er würde gar nicht merken wenn er es wäre, es ist einfach der Schmerz der weint und das muss man ihm lassen. Mit der Zeit wird das leichter und schließlich ist es fort. Der Vater weiß längst nicht mehr wie das war, und der Großvater, nein, der hat es schon vor sechzig Jahren vergessen, sonst wäre er nicht so berühmt geworden. Aber, sieh da, Père Rollin, der so berühmt geworden ist auf allen Jahrmärkten, »arbeitet« nicht mehr. Er schwenkt nicht mehr die ungeheuren Gewichte und (der Beredteste von Allen) sagt kein Wort. Er ist aufs Trommeln gesetzt. Rührend geduldig steht er da mit dem zu weit gewordenen Athleten-Gesicht, in dem die Züge locker durcheinander hängen, als wäre aus jedem einzelnen das Gewicht ausgehängt worden, das ihn spannte. Bürgerlich angezogen, eine gestrickte himmelblaue Krawatte um den kolossalen Hals, hat er sich auf der Höhe seines ehrlichen Ruhms zurückgezogen in diesen Rock und in die bescheidene Stellung, auf die, sozusagen, kein Glanz mehr fällt. Aber wer, von diesen jungen Leuten, ihn mal gesehen hat, der weiß ja doch, dass in diesen Ärmeln die berühmten Muskeln stecken, deren leisestes Spiel die Gewichte zum Springen brachte. Der hat eine ganz bestimmte Erinnerung an ein solches Meisterstück und er sagt ein paar Worte zu seinem Nachbar und zeigt herüber und dann fühlt der Alte ihre Blicke auf sich, nachdenklich und unbestimmt und achtungsvoll. Sie ist schon noch da, diese Kraft, junge Leute, denkt er; sie ist nicht mehr so bei der Hand, das ist das Ganze; sie ist in die Wurzeln gegangen; da irgendwo ist sie noch, der ganze Klumpen. Und für das Trommeln überhaupt ist sie noch viel zu groß. Und er schlägelt los. Aber er trommelt viel zu oft. Dann pfeift ihm der Schwiegersohn von drüben und winkt ab; er war gerade mitten in einer Tirade. Und der Alte hört auf, erschrocken, und entschuldigt sich mit den schweren Schultern und tritt umständlich auf das andere Bein. Aber da muss schon wieder abgepfiffen werden. Diable. Père! Père Rollin! Er hat schon wieder getrommelt. Er weiß es kaum. Er könnte immerzu trommeln, sie sollen nur nicht meinen, dass er müde würde. Aber da, jetzt redet seine Tochter; schlagfertig und handfest und ohne Loch das Ganze und ein Witz über den andern. Sie hält überhaupt jetzt die Sache zusammen, es ist eine Freude zuzuschauen. Der Schwiegersohn arbeitet ja gut, da ist nichts zu sagen, und gerne, wie es sich gehört. Aber sie hat das Zeug im Blut, das merkt man. Damit muss man geboren werden. Sie ist fertig: Musique, schreit sie. Und der Alte trommelt los wie vierzehn Trommeln. Père Rollin, Heh, Père Rollin: ruft jemand aus den Zuschauern, der hinzutritt eben und ihn erkennt. Aber er nickt nur nebenbei; das Trommeln ist eine Ehrensache und er nimmt es ernst.

»Kavallerie-Parade«

(Paris)

Es war eine kühne Bestürzung, zu sehen, wie leicht sich das lenken ließ. Der General, mit seinen beiden Adjutanten, hatte vor dem Invalidendom Stelle gefasst, und rechts von der *gare* herüber, bog es beständig in ganzer Breite ein. Der Kommandant, vorreitend, nahm eine kurze Verständigung mit dem Oberbefehlshaber, oft aber genügte auch nur ein Wink, und das Bewegte, Vielfältige begriff und nahm leicht und schwingend eine neue, ihm hell-offene Bahn.

Die Lanciers flimmerten heran, rasch, hurtig, dicht aneinander, auf den kleinen herdenhaft verträglichen Pferden. Unten ging die frohe, frühlingliche Erregung der Tiere in der Masse auf, ununterscheidbar; ihr Feinstes aber kam, einzeln, oben in den kleinen Wimpeln der Lanzen zu sich, schwang, schwebte, zitterte aus. Und was sie ausgaben, ward ihnen gleich ersetzt von der Frühlingsluft, die entzückt schien, mit hundert erhobenen freien lustigen Dingen umzugehn. Das trieb heran, schimmerte, wirbelte vorbei, als würde ein Frühling, junge Wälder, Bänder, der Gang der Bäche, zu schnell gespielt, hätte nicht Zeit zu sein. Und kaum ließ man's los draußen in der davon aufgeblühten Avenue, – sieh: da drängte schon dort, als öffnete sich ein Bergwerk des Lichts, die Brüstung der Kürassiere vor, schwerer, verhaltener, mühsamer. Zögernd nahmen sie ihre Wendung und strömten stark in die Richtung des Winks. Ihnen voran das Trompeterkorps, wie der Mund aus dem dieses gewaltige Geschöpf seinen langen Atem ausstürmen würde; der Blitz der plötzlich erhobenen, in langsam entschlossenen Bogen angesetzten Trompeten zeichnete sich deutlich ab vor der Spannung; tausend zerstreute Geräusche, die sich nicht kannten, verstanden sich, traten zurück, waren nur noch Hintergrund für den bevorstehenden Ton. Immer ergriffener nahm man den Hut vor den Fahnen ab, die vorüberkamen; mir fiel später ein, dass ich an jenem Morgen nur zwei Tote gegrüßt hatte (Jungverstorbene unter weißen Bahrtüchern) und sieben Fahnen. Ich war stolz auf meine Bekanntschaften.

»*Sandwiches-Männer*«

(Paris, St-Etienne-du-Mont)

Mandarinenrot, köstlich vor dem nachmittägigen Wintergrau in der Mauerkreuzung des Pantheons sah ich sie stehn: abgestellte Tafeln von *hommes-sandwiches,* hochbeinig wie Mücken. Das Grau ließ mich nach der Fassade von St. Etienne hinüberblicken, dort auf dem wundervollen Instrument dieses Bauwerks spielte es erst in allen seinen inneren Tönen weiter. Bettlerinnen auf den Stufen, eine sitzend ganz tief, eine mit einem kleinen Kind, auf halber Höh, oben am Eingang eine Alte auf ihren Krücken hängend. Ich trat ein. Und da waren sie das Erste, das ich sah, die Männer zu jenen Tafeln draußen. Ganz hinten angereiht, zu klein und zu groß, in den lichtblau gewesenen Röcken, fünf, sechs nicht mehr aufräumbare Köpfe, wie von unbeschäftigten Hunden aus Mülleimern wieder heraufgesucht und versuchsweise auf die krummen roten Tuchkragen dieser furchtbaren Uniformen aufgesetzt, damit sie bis auf die Knochen abgetragen würden. Die Musik nahm einen Anlauf und erschien oben irgendwo in den Wölbungen; hinter dem schönen schlosshaften steinernen Lettner glänzte es von Gold und Lichtern, bestrahlter Rauch verteilte sich langsam dazwischen hin, Priester bewegten sich umständlich in einer von der Architektur und den Schatten übertriebenen Entfernung, das Rot der Chorknaben erneute sich von Zeit zu Zeit, und wer, verwirrt von so viel Vorgang, den Blick weggehoben hatte, der fand sich, durch Bogen und Pfeiler hin, dem tiefleuchtenden Dunkel eines alten Glasfensters ausgeliefert. Und das alles und immer das Sich-oben-halten der Musik: wie sollte das nicht auch in diesen Herzen erregend sein, dass es aus ihnen aufstieg und Gefühle wärmte und Gedanken zu sich brachte ... Gefühle wofür? Was für Gedanken? Erinnerungen. Aber was sind Erinnerungen ohne Zukunft? Der Eine, Große, sah gar nicht so schlecht aus, ein Charakterkopf, wie man früher gesagt haben würde, die Nase fuhr so schön unaufhörlich aus der Stirn heraus und wie sich Mund und Bart darunter zusammenordnete, wie auf einer römischen Büste. Man möchte fragen: Schicksal, kannst du dich noch erinnern, was du eigentlich da vorhattest? War's auf keine Weise mehr zu erreichen? Schäme dich, Schicksal, du müsstest am Ende doch Mittel haben –. Er fühlt, dass ihn jemand betrachtet, aber ich weiche aus, er findet mich nicht in der Menge und steht wieder da, zu groß, in seiner Uniform aus sauergewordenem Lichtblau. Lieber Gott und einer hat den staubigen Kopf hinuntergezogen, ein Kleiner, menschlich anzufühlen, in die dazugehörige Hand. Was mag in ihm vorgehen? Diese fünf oder sechs, wenn der Himmel es nur mit ihnen versuchen wollte, die Erde hat's falsch gemacht, trotz aller Kirchenmusik und trotz des schönen Grau in ihrer Weihnachtsluft. Im Zurückgehen merke ich, dass draußen, bei den abgestellten Tafeln, einige andere Sandwiches-Männer stehn, die offenbar nichts auf Erinnerungen geben. Aber für Heilige, wenn sie einmal Lust hätten, sich ins Gedräng zu versuchen, wär's nicht eine herrliche Verkleidung? Ach ich wollte die sechs draußen wären zur selben Zeit die sechs drin in der Kirche gewesen, mittels einer solchen Herablassung; das war die Art zu sehen durch die das Mittelalter die Welt in Ordnung rückte.

»*Gewitter-Segen*»

(Geschrieben für Regina Ullmann)

Gewitter Gewitter

was willst du hier, wo der Nöte so viele sind und der Verhängnisse und der unbegreiflichen Wesen?

was über diesem Haus, in dem wir doch vor dem eigenen Leben nicht sicher sind, in dem wir wohnen wie Flüchtlinge mit der Flucht zusammen, die mit hereingekommen ist?

was über uns, die wir müde sind und unsern Mut draußen gelassen haben in den geängstigten Feldern?

... was willst du von den Bäumen, die älter sind, als der Älteste unter uns? Hast du einen Auftrag an den Staub dessen, der sie gepflanzt hat? Und den Alten hier was unterbrichst du ihn in seinem unaufhörlichen Andenken? – Und wir, Rührigen, wir sitzen stumpf da und halten unsere Kraft wie Blei in den Schultern und haben nichts zu tun, solange du handelst. Und die Kinder sind aufgewacht und wundern sich, und es ist ein Zorn in der Luft, den ihnen die Mutter nicht ganz ausreden kann. Sie drückt die kleinen Gesichter in ihren Schoß eins nach dem andern, aber jedes Gesicht *weiß* und ist nicht wieder gut zu machen.

Gewitter Gewitter, was willst du hier, wo schon alles ist, du Überfluss? Das Leben ist hier, und in den Zwischenräumen ist der Tod; Schmerzen sind da von allen Größen und ein bisschen Freudesamen irgendwo in einer Lade. Es ist alles vollzählig, kann ich dich versichern, auch das Zerbrochene, auch die Asche im Herd, auch die Kartoffelschalen. Und das Krachen im Holz und die Finsternis unter der Treppe und alles, was nur hereingeht.

Lass doch die Mächte zu den Mächten kommen, ewiger Gott, nicht über uns.

Gewitter, Gewitter, geh zur Jungfrau Maria (kennst du sie nicht?), mach dich so stark wie du magst, sie wird dich lieb haben, denn sie ist stärker als du. Sie wird mit dir spielen und nicht merken, dass du furchtbar bist: denn sie ist stärker als du. Sie wird dich in die Hand nehmen wie eine große Hummel und wird sich stechen lassen von dir, und es wird kein Schmerz werden in ihrer Hand, sondern Wohltun in deinem Stachel ...

»Richtung zur Zukunft«

Der Gedanke spielte mit seinen Möglichkeiten, leise verzichtend. Auf gestern, auf ehegestern fällt der Verdacht unserer Zukunft, der zögernden; schrecken wir sie nicht oft durch den abmunternden Aufblick? Die kommende möchte sie sein, unabsehlich, – ach und wir sollten ihr Weg sein, ihr Abstieg, in den sie alles beschleunigt. Wer aber ist bereit? Wer vertraut, sieht auch in der Drohung noch das Versprechen des Künftigen, das aus der klaffenden Maske dringt mit verstellbarer Stimme. Komm, o Schicksal, scheinbares, komm, du kannst nicht ohne die ganze unendliche Zukunft. Das Zerstörende selbst reißt die Überstehungen hinter sich herein, kein Tod kann kommen ohne das viele Lebendige in seinem Rücken. Offenheit eines Morgens sei in der Luft deines Herzens, nichts Erwehrendes, wollend jedes. Dein Wollen umarme halbenwegs das entschlossene Ereignis, trete mit ihm bei dir ein, schon befreundschaftet eines am anderen, einander schon wohlklingend, schon unzertrennlich. Dass dir des Fremden nichts zukomme, immer schon Deiniges tiefvertraulich dich anträte: Verwandtes, ein verstoßener Sohn: so komme dein Tod dir in die endlichen Arme.

Denn ein Heiliger sollst du sein und nur Umgang kennen, nicht Zufall. Nicht anschreien soll dich eins können, als wär's der bestellte Wächter, du aber eingedrungen ins dir nicht Gehörige. Wo ist dein Eigenes nicht wenn du's erwirbst eh es ist, wenn du das Nähernde liebst im Schoße der Zukunft, wie sollte es dir nicht zur Welt kommen als dein wirkliches Kind? Herz, dass du doch nicht deine Grenzen zögest gegen gut und böse, und gegen das Unkenntliche. Wie du dich einschränkst.

»Wir haben eine Erscheinung«

Wir haben eine Erscheinung. Sie steht in den Zimmern, und auf den leeren Plätzen steht sie um Mitternacht, und wenn es Morgen wird, so wird sie deutlicher mit dem Tag, und wir sehen die Häuser durch ihre durchscheinende Gestalt. Ein Revenant ist davon abhängig, wie viele ihn wahrnehmen. Diesen gewahren alle: er ist aus allen Gräbern gestiegen. Alle gewahren ihn. Aber wer erkennt ihn?

Nein. Ihr sollt nicht bekannt tun mit ihm. Ihr sollt ihm nicht das Zubehör und die Zunamen früherer Kriege anhängen, denn ob es gleich ein Krieg ist, so kennt ihr ihn doch nicht. Da man euch Bilder von Greco zeigte, so gabt ihr zu, dass da ein Erleben sei, das ihr nicht kanntet. Und wenn dieser Krieg ein Gesicht hat, so sollt ihr es ansehn wie das Gesicht Amenophis des Vierten, das vorher nicht da war. Ihr sollt davor stehen, wie neulich vor der Tatsache, dass in ein paar Pferden, bisher unangerufen, eine Gegenwart des bestimmtesten Geistes wohnt; ihr sollt als die, die ihr jetzt seid, den leidenschaftlichen Umgang des Todes hinnehmen und seine Vertraulichkeit erwidern; denn was wisst ihr von seiner Liebe zu euch?

Wir haben eine Erscheinung, – und es hat sie mancher angerufen; sie aber weicht nicht und schreitet durch unsere Wände und steht nicht Rede. Weil ihr tut, als kenntet ihr sie. Erhebt eure Augen und *kennt sie nicht;* schafft ein Hohles um sie mit der Frage eurer Blicke; hungert sie aus mit Nichtkennen! Und plötzlich, in der Angst nicht zu sein, wird euch das Ungeheuere seinen Namen schrein und wegsinken.

Die Aufzeichnungen des Malte Laurids Brigge

(Roman; 1904 in Rom begonnen, 1908-1910 in Paris vollendet;
Erstdruck beim Insel-Verlag, Leipzig1910)

11. September, rue Toullier.

So, also hierher kommen die Leute, um zu leben, ich würde eher meinen, es stürbe sich hier. Ich bin ausgewesen. Ich habe gesehen: Hospitäler. Ich habe einen Menschen gesehen, welcher schwankte und umsank. Die Leute versammelten sich um ihn, das ersparte mir den Rest. Ich habe eine schwangere Frau gesehen. Sie schob sich schwer an einer hohen, warmen Mauer entlang, nach der sie manchmal tastete, wie um sich zu überzeugen, ob sie noch da sei. Ja, sie war noch da. Dahinter? Ich suchte auf meinem Plan: Maison d'Accouchement. Gut. Man wird sie entbinden – man kann das. Weiter, rue Saint-Jacques, ein großes Gebäude mit einer Kuppel. Der Plan gab an Val-de-grâce, Hôpital militaire. Das brauchte ich eigentlich nicht zu wissen, aber es schadet nicht. Die Gasse begann von allen Seiten zu riechen. Es roch, soviel sich unterscheiden ließ, nach Jodoform, nach dem Fett von pommes frites, nach Angst. Alle Städte riechen im Sommer. Dann habe ich ein eigentümlich starblindes Haus gesehen, es war im Plan nicht zu finden, aber über der Tür stand noch ziemlich leserlich: Asyle de nuit. Neben dem Eingang waren die Preise. Ich habe sie gelesen. Es war nicht teuer.

Und sonst? Ein Kind in einem stehenden Kinderwagen: es war dick, grünlich und hatte einen deutlichen Ausschlag auf der Stirn. Er heilte offenbar ab und tat nicht weh. Das Kind schlief, der Mund war offen, atmete Jodoform, pommes frites, Angst. Das war nun mal so. Die Hauptsache war, dass man lebte. Das war die Hauptsache.

Dass ich es nicht lassen kann, bei offenem Fenster zu schlafen. Elektrische Bahnen rasen läutend durch meine Stube. Automobile gehen über mich hin. Eine Tür fällt zu. Irgendwo klirrt eine Scheibe herunter, ich höre ihre großen Scherben lachen, die kleinen Splitter kichern. Dann plötzlich dumpfer, eingeschlossener Lärm von der anderen Seite, innen im Hause. Jemand steigt die Treppe. Kommt, kommt unaufhörlich. Ist da, ist lange da, geht vorbei. Und wieder die Straße. Ein Mädchen kreischt: Ah tais-toi, je ne veux plus. Die Elektrische rennt ganz erregt heran, darüber fort, fort über alles. Jemand ruft. Leute laufen, überholen sich. Ein Hund bellt. Was für eine Erleichterung: ein Hund. Gegen Morgen kräht sogar ein Hahn, und das ist Wohltun ohne Grenzen. Dann schlafe ich plötzlich ein.

Das sind die Geräusche. Aber es gibt hier etwas, was furchtbarer ist: die Stille. Ich glaube, bei großen Bränden tritt manchmal so ein Augenblick äußerster Spannung ein, die Wasserstrahlen fallen ab, die Feuerwehrleute klettern nicht mehr, niemand rührt sich. Lautlos schiebt sich ein schwarzes Gesimse vor oben, und eine hohe Mauer, hinter welcher das Feuer auffährt, neigt sich, lautlos. Alles steht und wartet mit hochgeschobenen Schultern, die Gesichter über die Augen zusammengezogen, auf den schrecklichen Schlag. So ist hier die Stille.

Ich lerne sehen. Ich weiß nicht, woran es liegt, es geht alles tiefer in mich ein und bleibt nicht an der Stelle stehen, wo es sonst immer zu Ende war. Ich habe ein Inneres, von dem ich nicht wusste. Alles geht jetzt dorthin. Ich weiß nicht, was dort geschieht.

Ich habe heute einen Brief geschrieben, dabei ist es mir aufgefallen, dass ich erst drei Wochen hier bin. Drei Wochen anderswo, auf dem Lande zum Beispiel, das konnte sein wie ein Tag, hier sind es Jahre. Ich will auch keinen Brief mehr schreiben. Wozu soll ich jemandem sagen, dass ich mich verändere? Wenn ich mich verändere, bleibe ich ja doch nicht der, der ich war, und bin ich etwas anderes als bisher, so ist klar, dass ich keine Bekannten habe. Und an fremde Leute, an Leute, die mich nicht kennen, kann ich unmöglich schreiben.

Habe ich es schon gesagt? Ich lerne sehen. Ja, ich fange an. Es geht noch schlecht. Aber ich will meine Zeit ausnutzen.

Dass es mir zum Beispiel niemals zum Bewusstsein gekommen ist, wie viel Gesichter es gibt. Es gibt eine Menge Menschen, aber noch viel mehr Gesichter, denn jeder hat mehrere. Da sind Leute, die tragen ein Gesicht jahrelang, natürlich nutzt es sich ab, es wird schmutzig, es bricht in den Falten, es weitet sich aus wie Handschuhe, die man auf der Reise getragen hat. Das sind sparsame, einfache Leute; sie wechseln es nicht, sie lassen es nicht einmal reinigen. Es sei gut genug, behaupten sie, und wer kann ihnen das Gegenteil nachweisen? Nun fragt es sich freilich, da sie mehrere Gesichter haben, was tun sie mit den andern? Sie heben sie auf. Ihre Kinder sollen sie tragen. Aber es kommt auch vor, dass ihre Hunde damit ausgehen. Weshalb auch nicht? Gesicht ist Gesicht.

Andere Leute setzen unheimlich schnell ihre Gesichter auf, eins nach dem andern, und tragen sie ab. Es scheint ihnen zuerst, sie hätten für immer, aber sie sind kaum vierzig; da ist schon das letzte. Das hat natürlich seine Tragik. Sie sind nicht gewohnt, Gesichter zu schonen, ihr letztes ist in acht Tagen durch, hat Löcher, ist an vielen Stellen dünn wie Papier, und da kommt dann nach und nach die Unterlage heraus, das Nichtgesicht, und sie gehen damit herum.

Aber die Frau, die Frau: sie war ganz in sich hineingefallen, vornüber in ihre Hände. Es war an der Ecke rue Notre-Dame-des-Champs. Ich fing an, leise zu gehen, sowie ich sie gesehen hatte. Wenn arme Leute nachdenken, soll man sie nicht stören. Vielleicht fällt es ihnen doch ein.

Die Straße war zu leer, ihre Leere langweilte sich und zog mir den Schritt unter den Füßen weg und klappte mit ihm herum, drüben und da, wie mit einem Holzschuh. Die Frau erschrak und hob sich aus sich ab, zu schnell, zu heftig, so dass das Gesicht in den zwei Händen blieb. Ich konnte es darin liegen sehen, seine hohle Form. Es kostete mich unbeschreibliche Anstrengung, bei diesen Händen zu bleiben und nicht zu schauen, was sich aus ihnen abgerissen hatte. Mir graute, ein Gesicht von innen zu sehen, aber ich fürchtete mich doch noch viel mehr vor dem bloßen wunden Kopf ohne Gesicht.

Ich fürchte mich. Gegen die Furcht muss man etwas tun, wenn man sie einmal hat. Es wäre sehr hässlich, hier krank zu werden, und fiele es jemandem ein, mich ins Hôtel-Dieu zu schaffen, so würde ich dort gewiss sterben. Dieses Hôtel ist ein angenehmes Hôtel, ungeheuer besucht. Man kann kaum die Fassade der Kathedrale von Paris betrachten ohne Gefahr, von einem der vielen Wagen, die so schnell wie möglich über den freien Plan dort hinein müssen, überfahren zu werden. Das sind kleine Omnibusse, die fortwährend läuten, und selbst der Herzog von Sagan müsste sein Gespann halten lassen, wenn so ein kleiner Sterbender es sich in den Kopf gesetzt hat, geradenwegs in Gottes Hôtel zu wollen. Sterbende sind starrköpfig, und ganz Paris stockt, wenn Madame Legrand, brocanteuse aus der rue des Martyrs, nach einem gewissen Platz der Cité gefahren kommt. Es ist zu bemerken, dass diese verteufelten kleinen Wagen ungemein anregende Milchglasfenster haben, hinter denen man sich die herrlichsten Agonien vorstellen kann; dafür genügt die Phantasie einer Concierge. Hat man noch mehr Einbildungskraft und schlägt sie nach anderen Richtungen hin, so sind die Vermutungen geradezu unbegrenzt. Aber ich habe auch offene Droschken ankommen sehen, Zeitdroschken mit aufgeklapptem Verdeck, die nach der üblichen Taxe fuhren: Zwei Francs für die Sterbestunde.

Dieses ausgezeichnete Hôtel ist sehr alt, schon zu König Chlodwigs Zeiten starb man darin in einigen Betten. Jetzt wird in 559 Betten gestorben. Natürlich fabrikmäßig. Bei so enormer Produktion ist der einzelne Tod nicht so gut ausgeführt, aber darauf kommt es auch nicht an. Die Masse macht es. Wer gibt heute noch etwas für einen gut ausgearbeiteten Tod? Niemand. Sogar die Reichen, die es sich doch leisten könnten, ausführlich zu sterben, fangen an, nachlässig und gleichgültig zu werden; der Wunsch, einen eigenen Tod zu haben, wird immer seltener. Eine Weile noch, und er wird ebenso selten sein wie ein eigenes Leben. Gott, das ist alles da. Man kommt, man findet ein Leben, fertig, man hat es nur anzuziehen. Man will gehen oder man ist dazu gezwungen: nun, keine Anstrengung: Voilà votre mort, monsieur. Man stirbt, wie es gerade kommt; man stirbt den Tod, der zu der Krankheit gehört, die man hat (denn seit man alle Krankheiten kennt, weiß man auch, dass die verschiedenen letalen Abschlüsse zu den Krankheiten gehören und nicht zu den Menschen; und der Kranke hat sozusagen nichts zu tun).

In den Sanatorien, wo ja so gern und mit so viel Dankbarkeit gegen Ärzte und Schwestern gestorben wird, stirbt man einen von den an der Anstalt angestellten Toden; das wird gerne gesehen. Wenn man aber zu Hause stirbt, ist es natürlich, jenen höflichen Tod der guten Kreise zu wählen, mit dem gleichsam das Begräbnis erster Klasse schon anfängt und die ganze Folge seiner wunderschönen Gebräuche. Da stehen dann die Armen vor so einem Haus und sehen sich satt. Ihr Tod ist natürlich banal, ohne alle Umstände. Sie sind froh, wenn sie einen finden, der ungefähr passt. Zu weit darf er sein: man wächst immer noch ein bisschen. Nur wenn er nicht zugeht über der Brust oder würgt, dann hat es seine Not.

Wenn ich nach Hause denke, wo nun niemand mehr ist, dann glaube ich, das muss früher anders gewesen sein. Früher wusste man (oder vielleicht man ahnte es), dass man den Tod *in* sich hatte wie die Frucht den Kern. Die Kinder hatten einen kleinen in sich und die Erwachsenen einen großen. Die Frauen hatten ihn im Schoß und die Männer in der Brust. Den *hatte* man, und das gab einem eine eigentümliche Würde und einen stillen Stolz.

Meinem Großvater noch, dem alten Kammerherrn Brigge, sah man es an, dass er einen Tod in sich trug. Und was war das für einer: zwei Monate lang und so laut, dass man ihn hörte bis aufs Vorwerk hinaus.

Das lange, alte Herrenhaus war zu klein für diesen Tod, es schien, als müsste man Flügel anbauen, denn der Körper des Kammerherrn wurde immer größer, und er wollte fortwährend aus einem Raum in den anderen getragen sein und geriet in fürchterlichen Zorn, wenn der Tag noch nicht zu Ende war und es gab kein Zimmer mehr, in dem er nicht schon gelegen hatte. Dann ging es mit dem ganzen Zuge von Dienern, Jungfern und Hunden, die er immer um sich hatte, die Treppe hinauf und, unter Vorantritt des Haushofmeisters, in seiner hochseligen Mutter Sterbezimmer, das ganz in dem Zustande, in dem sie es vor dreiundzwanzig Jahren verlassen hatte, erhalten worden war und das sonst nie jemand betreten durfte. Jetzt brach die ganze Meute dort ein. Die Vorhänge wurden zurückgezogen, und das robuste Licht eines Sommernachmittags untersuchte alle die scheuen, erschrockenen Gegenstände und drehte sich ungeschickt um in den aufgerissenen Spiegeln. Und die Leute machten es ebenso. Es gab da Zofen, die vor Neugierde nicht wussten, wo ihre Hände sich gerade aufhielten, junge Bediente, die alles anglotzten, und ältere Dienstleute, die herumgingen und sich zu erinnern suchten, was man ihnen von diesem verschlossenen Zimmer, in dem sie sich nun glücklich befanden, alles erzählt hatte.

Vor allem aber schien den Hunden der Aufenthalt in einem Raum, wo alle Dinge rochen, ungemein anregend. Die großen, schmalen russischen Windhunde liefen beschäftigt hinter den Lehnstühlen hin und her, durchquerten in langem Tanzschritt mit wiegender Bewegung das Gemach, hoben sich wie Wappenhunde auf und schauten, die schmalen Pfoten auf das weißgoldene Fensterbrett gestützt, mit spitzem, gespanntem Gesicht und zurückgezogener Stirn nach rechts und nach links in den Hof. Kleine, handschuhgelbe Dachshunde saßen, mit Gesichtern, als wäre alles ganz in der Ordnung, in dem breiten, seidenen Polstersessel am Fenster, und ein stichelhaariger, mürrisch aussehender Hühnerhund rieb seinen Rücken an der Kante eines goldbeinigen Tisches, auf dessen gemalter Platte die Sèvrestassen zitterten.

Ja, es war für diese geistesabwesenden, verschlafenen Dinge eine schreckliche Zeit. Es passierte, dass aus Büchern, die irgendeine hastige Hand ungeschickt geöffnet hatte, Rosenblätter heraustaumelten, die zertreten wurden; kleine, schwächliche Gegenstände wurden ergriffen und, nachdem sie sofort zerbrochen waren, schnell wieder hingelegt, manches Verbogene auch unter Vorhänge gesteckt oder gar hinter das goldene Netz des Kamingitters geworfen. Und von Zeit zu Zeit fiel etwas, fiel verhüllt auf Teppich, fiel hell auf das harte Parkett, aber es zerschlug da und dort, zersprang scharf oder brach fast lautlos auf, denn diese Dinge, verwöhnt wie sie waren, vertrugen keinerlei Fall.

Und wäre es jemandem eingefallen zu fragen, was die Ursache von alledem sei, was über dieses ängstlich gehütete Zimmer alles Untergangs Fülle herabgerufen habe, – so hätte es nur *eine* Antwort gegeben: der Tod.

Der Tod des Kammerherrn Christoph Detlev Brigge auf Ulsgaard. Denn dieser lag, groß über seine dunkelblaue Uniform hinausquellend, mitten auf dem Fußboden und rührte sich nicht. In seinem großen, fremden, niemandem mehr bekannten Gesicht waren die Augen zugefallen: er sah nicht, was geschah. Man hatte zuerst versucht, ihn auf das Bett zu legen, aber er hatte sich dagegen gewehrt, denn er hasste Betten seit jenen ersten Nächten, in denen seine Krankheit gewachsen war. Auch hatte sich das Bett da oben als zu klein erwiesen, und da war nichts anderes übrig geblieben, als ihn so auf den Teppich zu legen; denn hinunter hatte er nicht gewollt.

Da lag er nun, und man konnte denken, dass er gestorben sei. Die Hunde hatten sich, da es langsam zu dämmern begann, einer nach dem anderen durch die Türspalte gezogen, nur der Harthaarige mit dem mürrischen Gesicht saß bei seinem Herrn, und eine von seinen breiten, zottigen Vorderpfoten lag auf Christoph Detlevs großer, grauer Hand. Auch von der Dienerschaft standen jetzt die meisten draußen in dem weißen Gang, der heller war als das Zimmer; die aber, welche noch drinnen geblieben waren, sahen manchmal heimlich nach dem großen, dunkelnden Haufen in der Mitte, und sie wünschten, dass das nichts mehr wäre als ein großer Anzug über einem verdorbenen Ding.

Aber es war noch etwas. Es war eine Stimme, die Stimme, die noch vor sieben Wochen niemand gekannt hatte: denn es war nicht die Stimme des Kammerherrn. Nicht Christoph Detlev war es, welchem diese Stimme gehörte, es war Christoph Detlevs Tod.

Christoph Detlevs Tod lebte nun schon seit vielen, vielen Tagen auf Ulsgaard und redete mit allen und verlangte. Verlangte, getragen zu werden, verlangte das blaue Zimmer, verlangte den kleinen Salon, verlangte den Saal. Verlangte die Hunde, verlangte, dass man lache, spreche, spiele und still sei und alles zugleich. Verlangte Freunde zu sehen, Frauen und Verstorbene, und verlangte selber zu sterben: verlangte. Verlangte und schrie.

Denn, wenn die Nacht gekommen war und die von den übermüden Dienstleuten, welche nicht Wache hatten, einzuschlafen versuchten, dann schrie Christoph Detlevs Tod, schrie und stöhnte, brüllte so lange und anhaltend, dass die Hunde, die zuerst mitheulten, verstummten und nicht wagten sich hinzulegen und, auf ihren langen, schlanken, zitternden Beinen stehend, sich fürchteten. Und wenn sie es durch die weite, silberne, dänische Sommernacht im Dorfe hörten, dass er brüllte, so standen sie auf wie beim Gewitter, kleideten sich an und blieben ohne ein Wort um die Lampe sitzen, bis es vorüber war. Und die Frauen, welche nahe vor dem Niederkommen waren, wurden in die entlegensten Stuben gelegt und in die dichtesten Bettverschläge; aber sie hörten es, sie hörten es, als ob es in ihrem eigenen Leibe wäre, und sie flehten, auch aufstehen zu dürfen, und kamen, weiß und weit, und setzten sich zu den andern mit ihren verwischten Gesichtern. Und die Kühe, welche kalbten in dieser Zeit, waren hilflos und verschlossen, und einer riss man die tote Frucht mit allen Eingeweiden aus dem Leibe, als sie gar nicht kommen wollte. Und alle taten ihr Tagwerk schlecht und vergaßen das Heu hereinzubringen, weil sie sich bei Tage ängstigten vor der Nacht und weil sie vom vielen Wachsein und vom erschreckten Aufstehen so ermattet waren, dass sie sich auf nichts besinnen konnten. Und wenn sie am Sonntag in die weiße, friedliche Kirche gingen, so beteten sie, es möge keinen Herrn mehr auf Ulsgaard geben: denn dieser war ein schrecklicher Herr. Und was sie alle dachten und beteten, das sagte der Pfarrer laut von der Kanzel herab, denn auch er hatte keine Nächte mehr und konnte Gott nicht begreifen. Und die Glocke sagte es, die einen furchtbaren Rivalen bekommen hatte, der die ganze Nacht dröhnte und gegen den sie, selbst wenn sie aus allem Metall zu läuten begann, nichts vermochte. Ja, alle sagten es, und es gab einen unter den jungen Leuten, der geträumt hatte, er wäre ins Schloss gegangen und hätte den gnädigen Herrn erschlagen mit seiner Mistforke, und so aufgebracht war man, so zu Ende, so überreizt, dass alle zuhörten, als er seinen Traum erzählte, und ihn, ganz ohne es zu wissen, daraufhin ansahen, ob er solcher Tat wohl gewachsen sei. So fühlte und sprach man in der ganzen Gegend, in der man den Kammerherrn noch vor einigen Wochen geliebt und bedauert hatte. Aber obwohl man so sprach, veränderte sich nichts. Christoph Detlevs Tod, der auf Ulsgaard wohnte, ließ sich nicht drängen. Er war für zehn Wochen gekommen, und die blieb er. Und während dieser Zeit war er mehr Herr, als Christoph Detlev Brigge es je gewesen war, er war wie ein König, den man den Schrecklichen nennt, später und immer.

Das war nicht der Tod irgendeines Wassersüchtigen, das war der böse, fürstliche Tod, den der Kammerherr sein ganzes Leben lang in sich getragen und aus sich genährt hatte. Alles Übermaß an Stolz, Willen und Herrenkraft, das er selbst in seinen ruhigen Tagen nicht hatte verbrauchen können, war in seinen Tod eingegangen, in den Tod, der nun auf Ulsgaard saß und vergeudete.

Wie hätte der Kammerherr Brigge den angesehen, der von ihm verlangt hätte, er solle einen anderen Tod sterben als diesen. Er starb seinen schweren Tod.

Und wenn ich an die andern denke, die ich gesehen oder von denen ich gehört habe: es ist immer dasselbe. Sie alle haben einen eigenen Tod gehabt. Diese Männer, die ihn in der Rüstung trugen, innen, wie einen Gefangenen, diese Frauen, die sehr alt und klein wurden und dann auf einem ungeheueren Bett, wie auf einer Schaubühne, vor der ganzen Familie, dem Gesinde und den Hunden diskret und herrschaftlich hinübergingen. Ja die Kinder, sogar die ganz kleinen, hatten nicht irgendeinen Kindertod, sie nahmen sich zusammen und starben das, was sie schon waren, und das, was sie geworden wären.

Und was gab das den Frauen für eine wehmütige Schönheit, wenn sie schwanger waren und standen, und in ihrem großen Leib, auf welchem die schmalen Hände unwillkürlich liegen blieben, waren *zwei* Früchte: ein Kind und ein Tod. Kam das dichte, beinah nahrhafte Lächeln in ihrem ganz ausgeräumten Gesicht nicht davon her, dass sie manchmal meinten, es wüchsen beide?

Ich habe etwas getan gegen die Furcht. Ich habe die ganze Nacht gesessen und geschrieben, und jetzt bin ich so gut müde wie nach einem weiten Weg über die Felder von Ulsgaard. Es ist doch schwer zu denken, dass alles das nicht mehr ist, dass fremde Leute wohnen in dem alten langen Herrenhaus. Es kann sein, dass in dem weißen Zimmer oben im Giebel jetzt die Mägde schlafen, ihren schweren, feuchten Schlaf schlafen von Abend bis Morgen.

Und man hat niemand und nichts und fährt in der Welt herum mit einem Koffer und mit einer Bücherkiste und eigentlich ohne Neugierde. Was für ein Leben ist das eigentlich: ohne Haus, ohne ererbte Dinge, ohne Hunde. Hätte man doch wenigstens seine Erinnerungen. Aber wer hat die? Wäre die Kindheit da, sie ist wie vergraben. Vielleicht muss man alt sein, um an das alles heranreichen zu können. Ich denke es mir gut, alt zu sein.

Heute war ein schöner, herbstlicher Morgen. Ich ging durch die Tuilerien. Alles, was gegen Osten lag, vor der Sonne, blendete. Das Angeschienene war vom Nebel verhangen wie von einem lichtgrauen Vorhang. Grau im Grauen sonnten sich die Statuen in den noch nicht enthüllten Gärten. Einzelne Blumen in den langen Beeten standen auf und sagten: Rot, mit einer erschrockenen Stimme. Dann kam ein sehr großer, schlanker Mann um die Ecke, von den Champs-Elysées her; er trug eine Krücke, aber nicht mehr unter die Schulter geschoben, – er hielt sie vor sich her, leicht, und von Zeit zu Zeit stellte er sie fest und laut auf wie einen Heroldstab. Er konnte ein Lächeln der Freude nicht unterdrücken und lächelte, an allem vorbei, der Sonne, den Bäumen zu. Sein Schritt war schüchtern wie der eines Kindes, aber ungewöhnlich leicht, voll von Erinnerung an früheres Gehen.

Was so ein kleiner Mond alles vermag. Da sind Tage, wo alles um einen licht ist, leicht, kaum angegeben in der hellen Luft und doch deutlich. Das Nächste schon hat Töne der Ferne, ist weggenommen und nur gezeigt, nicht hergereicht; und was Beziehung zur Weite hat: der Fluss, die Brücken, die langen Straßen und die Plätze, die sich verschwenden, das hat diese Weite eingenommen hinter sich, ist auf ihr gemalt wie auf Seide. Es ist nicht zu sagen, was dann ein lichtgrüner Wagen sein kann auf dem Pont Neuf oder irgendein Rot, das nicht zu halten ist, oder auch nur ein Plakat an der Feuermauer einer perlgrauen Häusergruppe. Alles ist vereinfacht, auf einige richtige, helle plans gebracht wie das Gesicht in einem Manetschen Bildnis. Und nichts ist gering und überflüssig. Die Bouquinisten am Quai tun ihre Kästen auf, und das frische oder vernutzte Gelb der Bücher, das violette Braun der Bände, das größere Grün einer Mappe: alles stimmt, gilt, nimmt teil und bildet eine Vollzähligkeit, in der nichts fehlt.

Unten ist folgende Zusammenstellung: ein kleiner Handwagen, von einer Frau geschoben; vorn darauf ein Leierkasten, der Länge nach. Dahinter quer ein Kinderkorb, in dem ein ganz Kleines auf festen Beinen steht, vergnügt in seiner Haube, und sich nicht mag setzen lassen. Von Zeit zu Zeit dreht die Frau am Orgelkasten. Das ganz Kleine stellt sich dann sofort stampfend in seinem Korbe wieder auf, und ein kleines Mädchen in einem grünen Sonntagskleid tanzt und schlägt Tamburin zu den Fenstern hinauf.

Ich glaube, ich müsste anfangen, etwas zu arbeiten, jetzt, da ich sehen lerne. Ich bin achtundzwanzig, und es ist so gut wie nichts geschehen. Wiederholen wir: ich habe eine Studie über Carpaccio geschrieben, die schlecht ist, ein Drama, das »Ehe« heißt und etwas Falsches mit zweideutigen Mitteln beweisen will, und Verse. Ach, aber mit Versen ist so wenig getan, wenn man sie früh schreibt. Man sollte warten damit und Sinn und Süßigkeit sammeln ein ganzes Leben lang und ein langes womöglich, und dann, ganz zum Schluss, vielleicht könnte man dann zehn Zeilen schreiben, die gut sind. Denn Verse sind nicht, wie die Leute meinen, Gefühle (die hat man früh genug), – es sind Erfahrungen. Um eines Verses willen muss man viele Städte sehen, Menschen und Dinge, man muss die Tiere kennen, man muss fühlen, wie die Vögel fliegen, und die Gebärde wissen, mit welcher die kleinen Blumen sich auftun am Morgen. Man muss zurückdenken können an Wege in unbekannten Gegenden, an unerwartete Begegnungen und an Abschiede, die man lange kommen sah, – an Kindheitstage, die noch unaufgeklärt sind, an die Eltern, die man kränken musste, wenn sie einem eine Freude brachten und man begriff sie nicht (es war eine Freude für einen anderen –), an Kinderkrankheiten,

die so seltsam anheben mit so vielen tiefen und schweren Verwandlungen, an Tage in stillen, verhaltenen Stuben und an Morgen am Meer, an das Meer überhaupt, an Meere, an Reisenächte, die hoch dahinrauschten und mit allen Sternen flogen, – und es ist noch nicht genug, wenn man an alles das denken darf. Man muss Erinnerungen haben an viele Liebesnächte, von denen keine der andern glich, an Schreie von Kreißenden und an leichte, weiße, schlafende Wöchnerinnen, die sich schließen. Aber auch bei Sterbenden muss man gewesen sein, muss bei Toten gesessen haben in der Stube mit dem offenen Fenster und den stoßweisen Geräuschen. Und es genügt auch noch nicht, dass man Erinnerungen hat. Man muss sie vergessen können, wenn es viele sind, und man muss die große Geduld haben, zu warten, dass sie wiederkommen. Denn die Erinnerungen selbst *sind* es noch nicht.
Erst wenn sie Blut werden in uns, Blick und Gebärde, namenlos und nicht mehr zu unterscheiden von uns selbst, erst dann kann es geschehen, dass in einer sehr seltenen Stunde das erste Wort eines Verses aufsteht in ihrer Mitte und aus ihnen ausgeht.

Alle meine Verse aber sind anders entstanden, also sind es keine. – Und als ich mein Drama schrieb, wie irrte ich da. War ich ein Nachahmer und Narr, dass ich eines Dritten bedurfte, um von dem Schicksal zweier Menschen zu erzählen, die es einander schwer machten? Wie leicht ich in die Falle fiel. Und ich hätte doch wissen müssen, dass dieser Dritte, der durch alle Leben und Literaturen geht, dieses Gespenst eines Dritten, der nie gewesen ist, keine Bedeutung hat, dass man ihn leugnen muss. Er gehört zu den Vorwänden der Natur, welche immer bemüht ist, von ihren tiefsten Geheimnissen die Aufmerksamkeit der Menschen abzulenken. Er ist der Wandschirm, hinter dem ein Drama sich abspielt. Er ist der Lärm am Eingang zu der stimmlosen Stille eines wirklichen Konfliktes. Man möchte meinen, es wäre allen bisher zu schwer gewesen, von den Zweien zu reden, um die es sich handelt; der Dritte, gerade weil er so unwirklich ist, ist das Leichte der Aufgabe, ihn konnten sie alle. Gleich am Anfang ihrer Dramen merkt man die Ungeduld, zu dem Dritten zu kommen, sie können ihn kaum erwarten. Sowie er da ist, ist alles gut. Aber wie langweilig, wenn er sich verspätet, es kann rein nichts geschehen ohne ihn, alles steht, stockt, wartet. Ja und wie, wenn es bei diesem Stauen und Anstehn bliebe? Wie, Herr Dramatiker, und du, Publikum, welches das Leben kennt, wie, wenn er verschollen wäre, dieser beliebte Lebemann oder dieser anmaßende junge Mensch, der in allen Ehen schließt wie ein Nachschlüssel? Wie, wenn ihn, zum Beispiel, der Teufel geholt hätte? Nehmen wir's an. Man merkt auf einmal die künstliche Leere der Theater, sie werden vermauert wie gefährliche Löcher, nur die Motten aus den Logenrändern taumeln durch den haltlosen Hohlraum. Die Dramatiker genießen nicht mehr ihre Villenviertel. Alle öffentlichen Aufpassereien suchen für sie in entlegenen Weltteilen nach dem Unersetzlichen, der die Handlung selbst war.

Und dabei leben sie unter den Menschen, nicht diese »Dritten«, aber die Zwei, von denen so unglaublich viel zu sagen wäre, von denen noch nie etwas gesagt worden ist, obwohl sie leiden und handeln und sich nicht zu helfen wissen.

Es ist lächerlich. Ich sitze hier in meiner kleinen Stube, ich, Brigge, der achtundzwanzig Jahre alt geworden ist und von dem niemand weiß. Ich sitze hier und bin nichts. Und dennoch, dieses Nichts fängt an zu denken und denkt, fünf Treppen hoch, an einem grauen Pariser Nachmittag diesen Gedanken:

Ist es möglich, denkt es, dass man noch nichts wirkliches und Wichtiges gesehen, erkannt und gesagt hat? Ist es möglich, dass man Jahrtausende Zeit gehabt hat, zu schauen, nachzudenken und aufzuzeichnen, und dass man die Jahrtausende hat vergehen lassen wie eine Schulpause, in der man sein Butterbrot isst und einen Apfel?

Ja, es ist möglich.

Ist es möglich, dass man trotz Erfindungen und Fortschritten, trotz Kultur, Religion und Weltweisheit an der Oberfläche des Lebens geblieben ist? Ist es möglich, dass man sogar diese Oberfläche, die doch immerhin etwas gewesen wäre, mit einem unglaublich langweiligen Stoff überzogen hat, sodass sie aussieht wie die Salonmöbel in den Sommerferien?

Ja, es ist möglich.

Ist es möglich, dass die ganze Weltgeschichte missverstanden worden ist? Ist es möglich, dass die Vergangenheit falsch ist, weil man immer von ihren Massen gesprochen hat, gerade, als ob man von einem Zusammenlauf vieler Menschen erzählte, statt von dem Einen zu sagen, um den sie herumstanden, weil er fremd war und starb?

Ja, es ist möglich.

Ist es möglich, dass man glaubte, nachholen zu müssen, was sich ereignet hat, ehe man geboren war? Ist es möglich, dass man jeden einzelnen erinnern müsste, er sei ja aus allen Früheren entstanden, wüsste es also und sollte sich nichts einreden lassen von den anderen, die anderes wüssten? Ja, es ist möglich. Ist es möglich, dass alle diese Menschen eine Vergangenheit, die nie gewesen ist, ganz genau kennen? Ist es möglich, dass alle Wirklichkeiten nichts sind für sie; dass ihr Leben abläuft, mit nichts verknüpft, wie eine Uhr in einem leeren Zimmer –?

Ja, es ist möglich.

Ist es möglich, dass man von den Mädchen nichts weiß, die doch leben? Ist es möglich, dass man »die Frauen« sagt, »die Kinder«, »die Knaben« und nicht ahnt (bei aller Bildung nicht ahnt), dass diese Worte längst keine Mehrzahl mehr haben, sondern nur unzählige Einzahlen?

Ja, es ist möglich.

Ist es möglich, dass es Leute gibt, welche »Gott« sagen und meinen, das wäre etwas Gemeinsames? – Und sieh nur zwei Schulkinder: es kauft sich der eine ein Messer, und sein Nachbar kauft sich ein ganz gleiches am selben Tag. Und sie zeigen einander nach einer Woche die beiden Messer, und es ergibt sich, dass sie sich nur noch ganz entfernt ähnlich sehen, – so verschieden haben sie sich in verschiedenen Händen entwickelt. (Ja, sagt des einen Mutter dazu: wenn ihr auch gleich immer alles abnutzen müsst. –) Ach so: Ist es möglich, zu glauben, man könne einen Gott haben, ohne ihn zu gebrauchen?

Ja, es ist möglich.

Wenn aber dieses alles möglich ist, auch nur einen Schein von Möglichkeit hat, – dann muss ja, um alles in der Welt, etwas geschehen. Der Nächstbeste, der, welcher diesen beunruhigenden Gedanken gehabt hat, muss anfangen, etwas von dem Versäumten zu tun; wenn es auch nur irgendeiner ist, durchaus nicht der Geeignetste: es ist eben kein anderer da. Dieser junge, belanglose Ausländer, Brigge, wird sich fünf Treppen hoch hinsetzen müssen und schreiben, Tag und Nacht. ja er wird schreiben müssen, das wird das Ende sein:

Zwölf Jahre oder höchstens dreizehn muss ich damals gewesen sein. Mein Vater hatte mich nach Urnekloster mitgenommen. Ich weiß nicht, was ihn veranlasste, seinen Schwiegervater aufzusuchen. Die beiden Männer hatten sich jahrelang, seit dem Tode meiner Mutter, nicht gesehen, und mein Vater selbst war noch nie in dem alten Schlosse gewesen, in welches der Graf Brahe sich erst spät zurückgezogen hatte. Ich habe das merkwürdige Haus später nie wiedergesehen, das, als mein Großvater starb, in fremde Hände kam. So wie ich es in meiner kindlich gearbeiteten Erinnerung wiederfinde, ist es kein Gebäude; es ist ganz aufgeteilt in mir; da ein Raum, dort ein Raum und hier ein Stück Gang, das diese beiden Räume nicht verbindet, sondern für sich, als Fragment, aufbewahrt ist. In dieser Weise ist alles in mir verstreut, – die Zimmer, die Treppen, die mit so großer Umständlichkeit sich niederließen, und andere enge, rundgebaute Stiegen, in deren Dunkel man ging wie das Blut in den

Adern; die Turmzimmer, die hoch aufgehängten Balkone, die unerwarteten Altane, auf die man von einer kleinen Tür hinausgedrängt wurde: – alles das ist noch in mir und wird nie aufhören, in mir zu sein. Es ist, als wäre das Bild dieses Hauses aus unendlicher Höhe in mich hineingestürzt und auf meinem Grunde zerschlagen.

Ganz erhalten ist in meinem Herzen, so scheint es mir, nur jener Saal, in dem wir uns zum Mittagessen zu versammeln pflegten, jeden Abend um sieben Uhr. Ich habe diesen Raum niemals bei Tage gesehen, ich erinnere mich nicht einmal, ob er Fenster hatte und wohin sie aussahen; jedes Mal, so oft die Familie eintrat, brannten die Kerzen in den schweren Armleuchtern, und man vergaß in einigen Minuten die Tageszeit und alles, was man draußen gesehen hatte. Dieser hohe, wie ich vermute, gewölbte Raum war stärker als alles; er saugte mit seiner dunkelnden Höhe, mit seinen niemals ganz aufgeklärten Ecken alle Bilder aus einem heraus, ohne einem einen bestimmten Ersatz dafür zu geben. Man saß da wie aufgelöst; völlig ohne Willen, ohne Besinnung, ohne Lust, ohne Abwehr. Man war wie eine leere Stelle. Ich erinnere mich, dass dieser vernichtende Zustand mir zuerst fast Übelkeit verursachte, eine Art Seekrankheit, die ich nur dadurch überwand, dass ich mein Bein ausstreckte, bis ich mit dem Fuß das Knie meines Vaters berührte, der mir gegenübersaß. Erst später fiel es mir auf, dass er dieses merkwürdige Benehmen zu begreifen oder doch zu dulden schien, obwohl zwischen uns ein fast kühles Verhältnis bestand, aus dem ein solches Gebaren nicht erklärlich war. Es war indessen jene leise Berührung, welche mir die Kraft gab, die langen Mahlzeiten auszuhalten. Und nach einigen Wochen krampfhaften Ertragens hatte ich, mit der fast unbegrenzten Anpassung des Kindes, mich so sehr an das Unheimliche jener Zusammenkünfte gewöhnt, dass es mich keine Anstrengung mehr kostete, zwei Stunden bei Tische zu sitzen; jetzt vergingen sie sogar verhältnismäßig schnell, weil ich mich damit beschäftigte, die Anwesenden zu beobachten.

Mein Großvater nannte es die Familie, und ich hörte auch die andern diese Bezeichnung gebrauchen, die ganz willkürlich war. Denn obwohl diese vier Menschen miteinander in entfernten verwandtschaftlichen Beziehungen standen, so gehörten sie doch in keiner Weise zusammen. Der Oheim, welcher neben mir saß, war ein alter Mann, dessen hartes und verbranntes Gesicht einige schwarze Flecke zeigte, wie ich erfuhr, die Folgen einer explodierten Pulverladung; mürrisch und malkontent wie er war, hatte er als Major seinen Abschied genommen, und nun machte er in einem mir unbekannten Raum des Schlosses alchymistische Versuche, war auch, wie ich die Diener sagen hörte, mit einem Stockhause in Verbindung, von wo man ihm ein- oder zweimal jährlich Leichen zusandte, mit denen er sich Tage und Nächte einschloss und die er zerschnitt und auf eine geheimnisvolle Art zubereitete, sodass sie der Verwesung widerstanden. Ihm gegenüber war der Platz des Fräuleins Mathilde Brahe. Es war das eine Person von unbestimmtem Alter, eine entfernte Cousine meiner Mutter, von der nichts bekannt war, als dass sie eine sehr rege Korrespondenz mit einem österreichischen Spiritisten unterhielt, der sich Baron Nolde nannte und dem sie vollkommen ergeben war, sodass sie nicht das geringste unternahm, ohne vorher seine Zustimmung oder vielmehr etwas wie seinen Segen einzuholen. Sie war zu jener Zeit außerordentlich stark, von einer weichen, trägen Fülle, die gleichsam achtlos in ihre losen, hellen Kleider hineingegossen war; ihre Bewegungen waren müde und unbestimmt; und ihre Augen flossen beständig über. Und trotzdem war etwas in ihr, das mich an meine zarte und schlanke Mutter erinnerte.

Ich fand, je länger ich sie betrachtete, alle die feinen und leisen Züge in ihrem Gesichte, an die ich mich seit meiner Mutter Tode nie mehr recht hatte erinnern können; nun erst, seit ich Mathilde Brahe täglich sah, wusste ich wieder, wie die Verstorbene ausgesehen hatte; ja, ich wusste es vielleicht zum ersten Mal. Nun erst setzte sich aus hundert und hundert Einzelheiten ein Bild der Toten in mir zusammen, jenes Bild, das mich überall begleitet. Später ist es mir klar geworden, dass in dem Gesicht des Fräuleins Brahe wirklich alle Einzelheiten vorhanden waren, die die Züge meiner Mutter bestimmten, – sie waren nur, als ob ein fremdes Gesicht sich dazwischen geschoben hätte, auseinandergedrängt, verbogen und nicht mehr in Verbindung miteinander.

Neben dieser Dame saß der kleine Sohn einer Cousine, ein Knabe, etwa gleichaltrig mit mir, aber kleiner und schwächlicher. Aus einer gefältelten Krause stieg sein dünner, blasser Hals und verschwand unter einem langen Kinn. Seine Lippen waren schmal und fest geschlossen, seine Nasenflügel zitterten leise, und von seinen schönen dunkelbraunen Augen war nur das eine beweglich. Es blickte manchmal ruhig und traurig zu mir herüber, während das andere immer in dieselbe Ecke gerichtet blieb, als wäre es verkauft und käme nicht mehr in Betracht.

Am oberen Ende der Tafel stand der ungeheure Lehnsessel meines Großvaters, den ein Diener, der nichts anderes zu tun hatte, ihm unterschob und in dem der Greis nur einen geringen Raum einnahm. Es gab Leute, die diesen schwerhörigen und herrischen alten Herrn Exzellenz und Hofmarschall nannten, andere gaben ihm den Titel General. Und er besaß gewiss auch alle diese Würden, aber es war so lange her, seit er Ämter bekleidet hatte, dass diese Benennungen kaum mehr verständlich waren. Mir schien es überhaupt, als ob an seiner in gewissen Momenten so scharfen und doch immer wieder aufgelösten Persönlichkeit kein bestimmter Name haften könne. Ich konnte mich nie entschließen, ihn Großvater zu nennen, obwohl er bisweilen freundlich zu mir war, ja mich sogar zu sich rief, wobei er meinem Namen eine scherzhafte Betonung zu geben versuchte. Übrigens zeigte die ganze Familie ein aus Ehrfurcht und Scheu gemischtes Benehmen dem Grafen gegenüber, nur der kleine Erik lebte in einer gewissen Vertraulichkeit mit dem greisen Hausherrn; sein bewegliches Auge hatte zuzeiten rasche Blicke des Einverständnisses mit ihm, die ebenso rasch von dem Großvater erwidert wurden; auch konnte man sie zuweilen in den langen Nachmittagen am Ende der tiefen Galerie auftauchen sehen und beobachten, wie sie, Hand in Hand, die dunklen alten Bildnisse entlang gingen, ohne zu sprechen, offenbar auf eine andere Weise sich verständigend.

Ich befand mich fast den ganzen Tag im Parke und draußen in den Buchenwäldern oder auf der Heide; und es gab zum Glück Hunde auf Urnekloster, die mich begleiteten; es gab da und dort ein Pächterhaus oder einen Meierhof, wo ich Milch und Brot und Früchte bekommen konnte, und ich glaube, dass ich meine Freiheit ziemlich sorglos genoss, ohne mich, wenigstens in den folgenden Wochen, von dem Gedanken an die abendlichen Zusammenkünfte ängstigen zu lassen. Ich sprach fast mit niemandem, denn es war meine Freude, einsam zu sein; nur mit den Hunden hatte ich kurze Gespräche dann und wann: mit ihnen verstand ich mich ausgezeichnet. Schweigsamkeit war übrigens eine Art Familieneigenschaft; ich kannte sie von meinem Vater her, und es wunderte mich nicht, dass während der Abendtafel fast nichts gesprochen wurde.

In den ersten Tagen nach unserer Ankunft allerdings benahm sich Mathilde Brahe äußerst gesprächig. Sie fragte den Vater nach früheren Bekannten in ausländischen Städten, sie erinnerte sich entlegener Eindrücke, sie rührte sich selbst bis zu Tränen, indem sie verstorbener Freundinnen und eines gewissen jungen Mannes gedachte, von dem sie andeutete, dass er sie geliebt habe, ohne dass sie seine inständige und hoffnungslose Neigung hätte erwidern mögen. Mein Vater hörte höflich zu, neigte dann und wann zustimmend sein Haupt und antwortete nur das Nötigste. Der Graf, oben am Tisch, lächelte beständig mit herabgezogenen Lippen, sein Gesicht erschien größer als sonst, es war, als trüge er eine Maske. Er ergriff übrigens selbst manchmal das Wort, wobei seine Stimme sich auf niemanden bezog, aber, obwohl sie sehr leise war, doch im ganzen Saal gehört werden konnte; sie hatte etwas von dem gleichmäßigen unbeteiligten Gang einer Uhr; die Stille um sie schien eine eigene leere Resonanz zu haben, für jede Silbe die gleiche.

Graf Brahe hielt es für eine besondere Artigkeit meinem Vater gegenüber, von dessen verstorbener Gemahlin, meiner Mutter, zu sprechen. Er nannte sie Gräfin Sibylle, und alle seine Sätze schlossen, als fragte er nach ihr. Ja es kam mir, ich weiß nicht weshalb, vor, als handle es sich um ein ganz junges Mädchen in Weiß, das jeden Augenblick bei uns eintreten könne. In demselben Tone hörte ich ihn auch von »unserer kleinen Anna Sophie« reden. Und als ich eines Tages nach diesem Fräulein fragte, das dem Großvater besonders lieb zu sein schien, erfuhr ich, dass er des Großkanzlers Conrad Reventlow Tochter meinte, weiland Friedrichs des Vierten Gemahlin zur linken Hand, die seit nahezu anderthalb hundert Jahren zu Roskilde ruhte. Die Zeitfolgen spielten durchaus keine Rolle für ihn, der Tod war ein kleiner Zwischenfall, den er vollkommen ignorierte, Personen, die er einmal in seine Erinnerung aufgenommen hatte, existierten, und daran konnte ihr Absterben nicht das geringste ändern. Mehrere Jahre später, nach dem Tode des alten Herrn, erzählte man sich, wie er auch das Zukünftige mit demselben Eigensinn als gegenwärtig empfand. Er soll einmal einer gewissen jungen Frau von ihren Söhnen gesprochen haben, von den Reisen eines dieser Söhne insbesondere, während die junge Dame, eben im dritten Monate ihrer ersten Schwangerschaft, fast besinnungslos vor Entsetzen und Furcht neben dem unablässig redenden Alten saß.

Aber es begann damit, dass ich lachte. Ja ich lachte laut und ich konnte mich nicht beruhigen. Eines Abends fehlte nämlich Mathilde Brahe. Der alte, fast ganz erblindete Bediente hielt, als er zu ihrem Platze kam, dennoch die Schüssel anbietend hin. Eine Weile verharrte er so; dann ging er befriedigt und würdig und als ob alles in Ordnung wäre weiter. Ich hatte diese Szene beobachtet, und sie kam mir, im Augenblick da ich sie sah, durchaus nicht komisch vor. Aber eine Weile später, als ich eben einen Bissen in den Mund steckte, stieg mir das Gelächter mit solcher Schnelligkeit in den Kopf, dass ich mich verschluckte und großen Lärm verursachte. Und trotzdem diese Situation mir selber lästig war, trotzdem ich mich auf alle mögliche Weise anstrengte, ernst zu sein, kam das Lachen stoßweise immer wieder und behielt völlig die Herrschaft über mich.

Mein Vater, gleichsam um mein Benehmen zu verdecken, fragte mit seiner breiten gedämpften Stimme: »Ist Mathilde krank?« Der Großvater lächelte in seiner Art und antwortete dann mit einem Satze, auf den ich, mit mir selber beschäftigt, nicht achtgab und der etwa lautete: Nein, sie wünscht nur, Christinen nicht zu begegnen. Ich sah es also auch nicht als die Wirkung dieser Worte an, dass mein Nachbar, der braune Major, sich erhob und, mit einer undeutlich gemurmelten Entschuldigung und einer Verbeugung gegen den Grafen hin, den Saal verließ. Es fiel mir nur auf, dass er sich hinter dem Rücken des Hausherrn in der Tür nochmals umdrehte und dem kleinen Erik und zu meinem größten Erstaunen plötzlich auch mir winkende und nickende Zeichen machte, als forderte er uns auf, ihm zu folgen. Ich war so überrascht, dass mein Lachen aufhörte, mich zu bedrängen. Im übrigen schenkte ich dem Major weiter keine Aufmerksamkeit; er war mir unangenehm, und ich bemerkte auch, dass der kleine Erik ihn nicht beachtete.

Die Mahlzeit schleppte sich weiter wie immer, und man war gerade beim Nachtisch angelangt, als meine Blicke von einer Bewegung ergriffen und mitgenommen wurden, die im Hintergrund des Saales, im Halbdunkel, vor sich ging. Dort war nach und nach eine, wie ich meinte, stets verschlossene Türe, von welcher man mir gesagt hatte, dass sie in das Zwischengeschoss führe, aufgegangen, und jetzt, während ich mit einem mir ganz neuen Gefühl von Neugier und Bestürzung hinsah, trat in das Dunkel der Türöffnung eine schlanke, hellgekleidete Dame und kam langsam auf uns zu. Ich weiß nicht, ob ich eine Bewegung machte oder einen Laut von mir gab, der Lärm eines umstürzenden Stuhles zwang mich, meine Blicke von der merkwürdigen Gestalt abzureißen, und ich sah meinen Vater, der aufgesprungen war und nun, totenbleich im Gesicht, mit herabhängenden geballten Händen, auf die Dame zuging. Sie bewegte sich indessen, von dieser Szene ganz unberührt, auf uns zu, Schritt für Schritt, und sie war schon nicht mehr weit von dem Platze des Grafen, als dieser sich mit einem Ruck erhob, meinen Vater beim Arme fasste, ihn an den Tisch zurückzog und festhielt, während die fremde Dame, langsam und teilnahmslos, durch den nun freigewordenen Raum vorüberging, Schritt für Schritt, durch unbeschreibliche Stille, in der nur irgendwo ein Glas zitternd klirrte, und in einer Tür der gegenüberliegenden Wand des Saales verschwand.

In diesem Augenblick bemerkte ich, dass es der kleine Erik war, der mit einer tiefen Verbeugung diese Türe hinter der Fremden schloss.

Ich war der einzige, der am Tische sitzengeblieben war; ich hatte mich so schwer gemacht in meinem Sessel, mir schien, ich könnte allein nie wieder auf. Eine Weile sah ich, ohne zu sehen. Dann fiel mir mein Vater ein, und ich gewahrte, dass der Alte ihn noch immer am Arme festhielt. Das Gesicht meines Vaters war jetzt zornig, voller Blut, aber der Großvater, dessen Finger wie eine weiße Kralle meines Vaters Arm umklammerten, lächelte sein maskenhaftes Lächeln. Ich hörte dann, wie er etwas sagte, Silbe für Silbe, ohne dass ich den Sinn seiner Worte verstehen konnte. Dennoch fielen sie mir tief ins Gehör, denn vor etwa zwei Jahren fand ich sie eines Tages unten in meiner Erinnerung, und seither weiß ich sie. Er sagte: »Du bist heftig, Kammerherr, und unhöflich. Was lässt du die Leute nicht an ihre Beschäftigungen gehn?« »Wer ist das?« schrie mein Vater dazwischen. »Jemand, der wohl das Recht hat, hier zu sein. Keine Fremde. Christine Brahe.« – Da entstand wieder jene merkwürdig dünne Stille, und wieder fing das Glas an zu zittern. Dann aber riss sich mein Vater mit einer Bewegung los und stürzte aus dem Saale.

Ich hörte ihn die ganze Nacht in seinem Zimmer auf und ab gehen; denn auch ich konnte nicht schlafen. Aber plötzlich gegen Morgen erwachte ich doch aus irgend etwas Schlafähnlichem und sah mit einem Entsetzen, das mich bis ins Herz hinein lähmte, etwas Weißes, das an meinem Bette saß. Meine Verzweiflung gab mir schließlich die Kraft, den Kopf unter die Decke zu stecken, und dort begann ich aus Angst und Hilflosigkeit zu weinen. Plötzlich wurde es kühl und hell über meinen weinenden Augen; ich drückte sie, um nichts sehen zu müssen, über den Tränen zu. Aber die Stimme, die nun von ganz nahe auf mich einsprach, kam lau und süßlich an mein Gesicht, und ich erkannte sie: es war Fräulein Mathildes Stimme. Ich beruhigte mich sofort und ließ mich trotzdem, auch als ich schon ganz ruhig war, immer noch weiter trösten; ich fühlte zwar, dass diese Güte zu weichlich sei, aber ich genoss sie dennoch und meinte sie irgendwie verdient zu haben. »Tante«, sagte ich schließlich und versuchte in ihrem zerflossenen Gesicht die Züge meiner Mutter zusammenzufassen: »Tante, wer war die Dame?«

»Ach«, antwortete das Fräulein Brahe mit einem Seufzer, der mir komisch vorkam, »eine Unglückliche, mein Kind, eine Unglückliche.«

Am Morgen dieses Tages bemerkte ich in einem Zimmer einige Bediente, die mit Packen beschäftigt waren. Ich dachte, dass wir reisen würden, ich fand es ganz natürlich, dass wir nun reisten. Vielleicht war das auch meines Vaters Absicht. Ich habe nie erfahren, was ihn bewog, nach jenem Abend noch auf Urnekloster zu bleiben. Aber wir reisten nicht. Wir hielten uns noch acht Wochen oder neun in diesem Hause auf, wir ertrugen den Druck seiner Seltsamkeiten, und wir sahen noch dreimal Christine Brahe.

Ich wusste damals nichts von ihrer Geschichte. Ich wusste nicht, dass sie vor langer, langer Zeit in ihrem zweiten Kindbett gestorben war, einen Knaben gebärend, der zu einem bangen und grausamen Schicksal heranwuchs, – ich wusste nicht, dass sie eine Gestorbene war. Aber mein Vater wusste es. Hatte er, der leidenschaftlich war und auf Konsequenz und Klarheit angelegt, sich zwingen wollen, in Fassung und ohne zu fragen, dieses Abenteuer auszuhalten? Ich sah, ohne zu begreifen, wie er mit sich kämpfte, ich erlebte es, ohne zu verstehen, wie er sich endlich bezwang.

Das war, als wir Christine Brahe zum letzten Mal sahen. Dieses Mal war auch Fräulein Mathilde zu Tische erschienen; aber sie war anders als sonst. Wie in den ersten Tagen nach unserer Ankunft sprach sie unaufhörlich ohne bestimmten Zusammenhang und fortwährend sich verwirrend, und dabei war eine körperliche Unruhe in ihr, die sie nötigte, sich beständig etwas am Haar oder am Kleide zu richten, – bis sie unvermutet mit einem hohen klagenden Schrei aufsprang und verschwand.

In demselben Augenblick wandten sich meine Blicke unwillkürlich nach der gewissen Türe, und wirklich: Christine Brahe trat ein. Mein Nachbar, der Major, machte eine heftige, kurze Bewegung, die sich in meinen Körper fortpflanzte, aber er hatte offenbar keine Kraft mehr, sich zu erheben. Sein braunes, altes, fleckiges Gesicht wendete sich von einem zum andern, sein Mund stand offen, und die Zunge wand sich hinter den verdorbenen Zähnen; dann auf einmal war dieses Gesicht fort, und sein grauer Kopf lag auf dem Tische, und seine Arme lagen wie in Stücken darüber und darunter, und irgendwo kam eine welke, fleckige Hand hervor und bebte.

Und nun ging Christine Brahe vorbei, Schritt für Schritt, langsam wie eine Kranke, durch unbeschreibliche Stille, in die nur ein einziger wimmernder Laut hineinklang wie eines alten Hundes. Aber da schob sich links von dem großen silbernen Schwan, der mit Narzissen gefüllt war, die große Maske des Alten hervor mit ihrem grauen Lächeln. Er hob sein Weinglas meinem Vater zu. Und nun sah ich, wie mein Vater, gerade als Christine Brahe hinter seinem Sessel vorüberkam, nach seinem Glase griff und es wie etwas sehr Schweres eine Handbreit über den Tisch hob.

Und noch in dieser Nacht reisten wir.

Bibliothèque Nationale.

Ich sitze und lese einen Dichter. Es sind viele Leute im Saal, aber man spürt sie nicht. Sie sind in den Büchern. Manchmal bewegen sie sich in den Blättern, wie Menschen, die schlafen und sich umwenden zwischen zwei Träumen. Ach, wie gut ist es doch, unter lesenden Menschen zu sein. Warum sind sie nicht immer so? Du kannst hingehen zu einem und ihn leise anrühren: er fühlt nichts. Und stößt du einen Nachbar beim Aufstehen ein wenig an und entschuldigst dich, so nickt er nach der Seite, auf der er deine Stimme hört, sein Gesicht wendet sich dir zu und sieht dich nicht, und sein Haar ist wie das Haar eines Schlafenden. Wie wohl das tut. Und ich sitze und habe einen Dichter. Was für ein Schicksal. Es sind jetzt vielleicht dreihundert Leute im Saale, die lesen; aber es ist unmöglich, dass sie jeder einzelne einen Dichter haben. (Weiß Gott, was sie haben.) Dreihundert Dichter gibt es nicht. Aber sieh nur, was für ein Schicksal, ich, vielleicht der armseligste von diesen Lesenden, ein Ausländer: ich habe einen Dichter. Obwohl ich arm bin. Obwohl mein Anzug, den ich täglich trage, anfängt, gewisse Stellen zu bekommen, obwohl gegen meine Schuhe sich das und jenes einwenden ließe. Zwar mein Kragen ist rein, meine Wäsche auch, und ich könnte, wie ich bin, in eine beliebige Konditorei gehen, womöglich auf den großen Boulevards, und könnte mit meiner Hand getrost in einen Kuchenteller greifen und etwas nehmen. Man würde nichts Auffälliges darin finden und mich nicht schelten und hinausweisen, denn es ist immerhin eine Hand aus den guten Kreisen, eine Hand, die vier- bis fünfmal täglich gewaschen wird. Ja, es ist nichts hinter den Nägeln, der Schreibfinger ist ohne Tinte, und besonders die Gelenke sind tadellos. Bis dorthin waschen arme Leute sich nicht, das ist eine bekannte Tatsache. Man kann also aus ihrer Reinlichkeit gewisse Schlüsse ziehen. Man zieht sie auch. In den

Geschäften zieht man sie. Aber es gibt doch ein paar Existenzen, auf dem Boulevard Saint-Michel zum Beispiel und in der rue Racine, die lassen sich nicht irremachen, die pfeifen auf die Gelenke. Die sehen mich an und wissen es. Die wissen, dass ich eigentlich zu ihnen gehöre, dass ich nur ein bisschen Komödie spiele. Es ist ja Fasching. Und sie wollen mir den Spaß nicht verderben; sie grinsen nur so ein bisschen und zwinkern mit den Augen. Kein Mensch hat's gesehen. Im übrigen behandeln sie mich wie einen Herrn. Es muss nur jemand in der Nähe sein, dann tun sie sogar untertänig. Tun, als ob ich einen Pelz anhätte und mein Wagen hinter mir herführe. Manchmal gebe ich ihnen zwei Sous und zittere, sie könnten sie abweisen; aber sie nehmen sie an. Und es wäre alles in Ordnung, wenn sie nicht wieder ein wenig gegrinst und gezwinkert hätten. Wer sind diese Leute? Was wollen sie von mir? Warten sie auf mich? Woran erkennen sie mich? Es ist wahr, mein Bart sieht etwas vernachlässigt aus, und ein ganz, ganz klein wenig erinnert er an ihre kranken, alten, verblichenen Bärte, die mir immer Eindruck gemacht haben. Aber habe ich nicht das Recht, meinen Bart zu vernachlässigen? Viele beschäftigte Menschen tun das, und es fällt doch niemandem ein, sie deshalb gleich zu den Fortgeworfenen zu zählen. Denn das ist mir klar, dass das die Fortgeworfenen sind, nicht nur Bettler; nein, es sind eigentlich keine Bettler, man muss Unterschiede machen. Es sind Abfälle, Schalen von Menschen, die das Schicksal ausgespieen hat. Feucht vom Speichel des Schicksals kleben sie an einer Mauer, an einer Laterne, an einer Plakatsäule, oder sie rinnen langsam die Gasse herunter mit einer dunklen, schmutzigen Spur hinter sich her. Was in aller Welt wollte diese Alte von mir, die, mit einer Nachttischschublade, in der einige Knöpfe und Nadeln herumrollten, aus irgendeinem Loch herausgekrochen war? Weshalb ging sie immer neben mir und beobachtete mich? Als ob sie versuchte, mich zu erkennen mit ihren Triefaugen, die aussahen, als hätte ihr ein Kranker grünen Schleim in die blutigen Lider gespuckt. Und wie kam damals jene graue, kleine Frau dazu, eine Viertelstunde lang vor einem Schaufenster an meiner Seite zu stehen, während sie mir einen alten, langen Bleistift zeigte, der unendlich langsam aus ihren schlechten, geschlossenen Händen sich herausschob. Ich tat, als betrachtete ich die ausgelegten Sachen und merkte nichts. Sie aber wusste, dass ich sie gesehen hatte, sie wusste, dass ich stand und nachdachte, was sie eigentlich täte. Denn dass es sich nicht um den Bleistift handeln konnte, begriff ich wohl: ich fühlte, dass das ein Zeichen war, ein Zeichen für Eingeweihte, ein Zeichen, das die Fortgeworfenen kennen; ich ahnte, sie bedeutete mir, ich müsste irgendwohin kommen oder etwas tun. Und das Seltsamste war, dass ich immerfort das Gefühl nicht los wurde, es bestünde tatsächlich eine gewisse Verabredung, zu der dieses Zeichen gehörte, und diese Szene wäre im Grunde etwas, was ich hätte erwarten müssen.

Das war vor zwei Wochen. Aber nun vergeht fast kein Tag ohne eine solche Begegnung. Nicht nur in der Dämmerung, am Mittag in den dichtesten Straßen geschieht es, dass plötzlich ein kleiner Mann oder eine alte Frau da ist, nickt, mir etwas zeigt und wieder verschwindet, als wäre nun alles Nötige getan. Es ist möglich, dass es ihnen eines Tages einfällt, bis in meine Stube zu kommen, sie wissen bestimmt, wo ich wohne, und sie werden es schon einrichten, dass der Concierge sie nicht aufhält. Aber hier, meine Lieben, hier bin ich sicher vor euch. Man muss eine besondere Karte haben, um in diesen Saal eintreten zu können. Diese Karte habe ich vor euch voraus. Ich gehe ein wenig scheu, wie man sich denken kann, durch die Straßen, aber schließlich stehe ich vor einer Glastür, öffne sie, als ob ich zuhause wäre, weise an der nächsten Tür meine Karte vor (ganz genau wie ihr mir eure Dinge zeigt, nur mit dem Unterschiede, dass man mich versteht und begreift, was ich meine –), und dann bin ich zwischen diesen Büchern, bin euch weggenommen, als ob ich gestorben wäre, und sitze und lese einen Dichter. Ihr wisst nicht, was das ist, ein Dichter? – Verlaine ... Nichts? Keine Erinnerung? Nein. Ihr habt ihn nicht unterschieden unter denen, die ihr kanntet? Unterschiede macht ihr keine, ich weiß. Aber es ist ein anderer Dichter, den ich lese, einer, der nicht in Paris wohnt, ein ganz anderer. Einer, der ein stilles Haus hat im Gebirge. Der klingt wie eine Glocke in reiner Luft. Ein glücklicher Dichter, der von seinem Fenster erzählt und von den Glastüren seines Bücherschrankes, die eine liebe, einsame Weite nachdenklich spiegeln. Gerade der Dichter ist es, der ich hätte werden wollen; denn er weiß von den Mädchen so viel, und ich hätte auch viel von ihnen gewusst. Er weiß von Mädchen, die vor hundert Jahren gelebt haben; es tut nichts mehr, dass sie tot sind, denn er weiß alles. Und das ist die Hauptsache. Er spricht ihre Namen aus, diese leisen, schlankgeschriebenen Namen mit den altmodischen Schleifen in den langen Buchstaben und die erwachsenen Namen ihrer älteren Freundinnen, in denen schon ein klein wenig Schicksal mitklingt, ein klein wenig Enttäuschung und Tod. Vielleicht liegen in einem Fach seines Mahagonischreibtisches ihre verblichenen Briefe und die gelösten Blätter ihrer Tagebücher, in denen Geburtstage stehen, Sommerpartien, Geburtstage. Oder es kann sein, dass es in der bauchigen Kommode im Hintergrunde seines Schlafzimmers eine Schublade gibt, in der ihre Frühjahrskleider aufgehoben sind; weiße Kleider, die um Ostern zum ersten Mal angezogen wurden, Kleider aus getupftem Tüll, die eigentlich in den Sommer gehören, den man nicht erwarten konnte. O was für ein glückliches Schicksal, in der stillen Stube eines ererbten Hauses zu sitzen unter lauter ruhigen, sesshaften Dingen und draußen im leichten, lichtgrünen Garten die ersten Meisen zu hören, die sich versuchen, und in der Ferne die Dorfuhr. Zu sitzen und auf einen warmen Streifen Nachmittagssonne zu sehen und vieles von vergangenen Mädchen zu wissen und ein Dichter zu sein. Und zu denken, dass ich auch so ein Dichter geworden wäre, wenn ich irgendwo hätte wohnen dürfen, irgendwo auf der Welt, in einem von den vielen verschlossenen Landhäusern, um die sich niemand bekümmert. Ich hätte ein einziges Zimmer gebraucht (das lichte Zimmer im Giebel). Da hätte ich drinnen gelebt mit meinen alten Dingen, den Familienbildern, den Büchern. Und einen Lehnstuhl hätte ich gehabt und Blumen und Hunde und einen starken Stock für die steinigen Wege. Und nichts sonst. Nur ein Buch in gelbliches, elfenbeinfarbiges Leder gebunden mit einem alten blumigen Muster als Vorsatz: dahinein hätte ich geschrieben. Ich hätte viel geschrieben, denn ich hätte viele Gedanken gehabt und Erinnerungen von Vielen.

Aber es ist anders gekommen, Gott wird wissen, warum. Meine alten Möbel faulen in einer Scheune, in die ich sie habe stellen dürfen, und ich selbst, ja, mein Gott, ich habe kein Dach über mir, und es regnet mir in die Augen.

Manchmal gehe ich an kleinen Läden vorbei in der rue de Seine etwa. Händler mit Altsachen oder kleine Buchantiquare oder Kupferstichverkäufer mit überfüllten Schaufenstern. Nie tritt jemand bei ihnen ein, sie machen offenbar keine Geschäfte. Sieht man aber hinein, so sitzen sie, sitzen und lesen, unbesorgt; sorgen nicht um Morgen, ängstigen sich nicht um ein Gelingen, haben einen Hund, der vor ihnen sitzt, gut aufgelegt, oder eine Katze, die die Stille noch größer macht, indem sie die Bücherreihen entlang streicht, als wischte sie die Namen von den Rücken.

Ach, wenn das genügte: ich wünschte manchmal, mir so ein volles Schaufenster zu kaufen und mich mit einem Hund dahinterzusetzen für zwanzig Jahre.

Es ist gut, es laut zu sagen: »Es ist nichts geschehen.« Noch einmal: »Es ist nichts geschehen.« Hilft es?

Dass mein Ofen wieder einmal geraucht hat und ich ausgehen musste, das ist doch wirklich kein Unglück. Dass ich mich matt und erkältet fühle, hat nichts zu bedeuten. Dass ich den ganzen Tag in den Gassen umhergelaufen bin, ist meine eigene Schuld. Ich hätte ebenso gut im Louvre sitzen können. Oder nein, das hätte ich nicht. Dort sind gewisse Leute, die sich wärmen wollen. Sie sitzen auf den Samtbänken, und ihre Füße stehen wie große leere

Stiefel nebeneinander auf den Gittern der Heizungen. Es sind äußerst bescheidene Männer, die dankbar sind, wenn die Diener in den dunklen Uniformen mit den vielen Orden sie dulden. Aber wenn ich eintrete, so grinsen sie. Grinsen und nicken ein wenig. Und dann, wenn ich vor den Bildern hin und her gehe, behalten sie mich im Auge, immer im Auge, immer in diesem umgerührten, zusammengeflossenen Auge. Es war also gut, dass ich nicht ins Louvre gegangen bin. Ich bin immer unterwegs gewesen. Weiß der Himmel in wie vielen Städten, Stadtteilen, Friedhöfen, Brücken und Durchgängen. Irgendwo habe ich einen Mann gesehen, der einen Gemüsewagen vor sich herschob. Er schrie: Chou-fleur, Chou-fleur, das fleur mit eigentümlich trübem eu. Neben ihm ging eine eckige, hässliche Frau, die ihn von Zeit zu Zeit anstieß. Und wenn sie ihn anstieß, so schrie er. Manchmal schrie er auch von selbst, aber dann war es umsonst gewesen, und er musste gleich darauf wieder schreien, weil man vor einem Hause war, welches kaufte. Habe ich schon gesagt, dass er blind war? Nein? Also er war blind. Er war blind und schrie. Ich fälsche, wenn ich das sage, ich unterschlage den Wagen, den er schob, ich tue, als hätte ich nicht bemerkt, dass er Blumenkohl ausrief Aber ist das wesentlich? Und wenn es auch wesentlich wäre, kommt es nicht darauf an, was die ganze Sache für mich gewesen ist? Ich habe einen alten Mann gesehen, der blind war und schrie. Das habe ich gesehen. Gesehen.

Wird man es glauben, dass es solche Häuser gibt? Nein, man wird sagen, ich fälsche. Diesmal ist es Wahrheit, nichts weggelassen, natürlich auch nichts hinzugetan. Woher sollte ich es nehmen? Man weiß, dass ich arm bin. Man weiß es. Häuser? Aber, um genau zu sein, es waren Häuser, die nicht mehr da waren. Häuser, die man abgebrochen hatte von oben bis unten. Was da war, das waren die anderen Häuser, die danebengestanden hatten, hohe Nachbarhäuser. Offenbar waren sie in Gefahr, umzufallen, seit man nebenan alles weggenommen hatte; denn ein ganzes Gerüst von langen, geteerten Mastbäumen war schräg zwischen den Grund des Schuttplatzes und die bloßgelegte Mauer gerammt. Ich weiß nicht, ob ich schon gesagt habe, dass ich diese Mauer meine. Aber es war sozusagen nicht die erste Mauer der vorhandenen Häuser (was man doch hätte annehmen müssen), sondern die letzte der früheren. Man sah ihre Innenseite. Man sah in den verschiedenen Stockwerken Zimmerwände, an denen noch die Tapeten klebten, da und dort den Ansatz des Fußbodens oder der Decke. Neben den Zimmerwänden blieb die ganze Mauer entlang noch ein schmutzigweißer Raum, und durch diesen kroch in unsäglich widerlichen, wurmweichen, gleichsam verdauenden Bewegungen die offene, rostfleckige Rinne der Abortröhre. Von den Wegen, die das Leuchtgas gegangen war, waren graue, staubige Spuren am Rande der Decken geblieben, und sie bogen da und dort, ganz unerwartet, rund um und kamen in die farbige Wand hineingelaufen und in ein Loch hinein, das schwarz und rücksichtslos ausgerissen war. Am unvergesslichsten aber waren die Wände selbst. Das zähe Leben dieser Zimmer hatte sich nicht zertreten lassen. Es war noch da, es hielt sich an den Nägeln, die geblieben waren, es stand auf dem handbreiten Rest der Fußböden, es war unter den Ansätzen der Ecken, wo es noch ein klein wenig Innenraum gab, zusammengekrochen. Man konnte sehen, dass es in der Farbe war, die es langsam, Jahr um Jahr, verwandelt hatte: Blau in schimmliges Grün, Grün in Grau und Gelb in ein altes, abgestandenes Weiß, das fault. Aber es war auch in den frischeren Stellen, die sich hinter Spiegeln, Bildern und Schränken erhalten hatten; denn es hatte ihre Umrisse gezogen und nachgezogen und war mit Spinnen und Staub auch auf diesen versteckten Plätzen gewesen, die jetzt bloßlagen. Es war in jedem Streifen, der abgeschunden war, es war in den feuchten Blasen am unteren Rande der Tapeten, es schwankte in den abgerissenen Fetzen, und aus den garstigen Flecken, die vor langer Zeit entstanden waren, schwitzte es aus. Und aus diesen blau, grün und gelb gewesenen Wänden, die eingerahmt waren von den Bruchbahnen der zerstörten Zwischenmauern, stand die Luft dieser Leben heraus, die zähe, träge, stockige

Luft, die kein Wind noch zerstreut hatte. Da standen die Mittage und die Krankheiten und das Ausgeatmete und der Jahre alte Rauch und der Schweiß, der unter den Schultern ausbricht und die Kleider schwer macht, und das Fade aus den Munden und der Fuselgeruch gärender Füße. Da stand das Scharfe vom Urin und das Brennen vom Ruß und grauer Kartoffeldunst und der schwere, glatte Gestank von alterndem Schmalze. Der süße, lange Geruch von vernachlässigten Säuglingen war da und der Angstgeruch der Kinder, die in die Schule gehen, und das Schwüle aus den Betten mannbarer Knaben. Und vieles hatte sich dazugesellt, was von unten gekommen war, aus dem Abgrund der Gasse, die verdunstete, und anderes war von oben herabgesickert mit dem Regen, der über den Städten nicht rein ist. Und manches hatten die schwachen, zahm gewordenen Hauswinde, die immer in derselben Straße bleiben, zugetragen, und es war noch vieles da, wovon man den Ursprung nicht wusste. Ich habe doch gesagt, dass man alle Mauern abgebrochen hatte bis auf die letzte –? Nun von dieser Mauer spreche ich fortwährend. Man wird sagen, ich hätte lange davorgestanden; aber ich will einen Eid geben dafür, dass ich zu laufen begann, sobald ich die Mauer erkannt hatte. Denn das ist das Schreckliche, dass ich sie erkannt habe. Ich erkenne das alles hier, und darum geht es so ohne weiteres in mich ein: es ist zu Hause in mir.

Ich war etwas erschöpft nach alledem, man kann wohl sagen angegriffen, und darum war es zu viel für mich, dass auch er noch auf mich warten musste. Er wartete in der kleinen Crémerie, wo ich zwei Spiegeleier essen wollte; ich war hungrig, ich war den ganzen Tag nicht dazu gekommen zu essen. Aber ich konnte auch jetzt nichts zu mir nehmen; ehe die Eier noch fertig waren, trieb es mich wieder hinaus in die Straßen, die ganz dickflüssig von Menschen mir entgegenrannen. Denn es war Fasching und Abend, und die Leute hatten alle Zeit und trieben umher und rieben sich einer am andern. Und ihre Gesichter waren voll von dem Licht, das aus den Schaubuden kam, und das Lachen quoll aus ihren Munden wie Eiter aus offenen Stellen. Sie lachten immer mehr und drängten sich immer enger zusammen, je ungeduldiger ich versuchte vorwärts zu kommen. Das Tuch eines Frauenzimmers hakte sich irgendwie an mir fest, ich zog sie hinter mir her, und die Leute hielten mich auf und lachten, und ich fühlte, dass ich auch lachen sollte, aber ich konnte es nicht. Jemand warf mir eine Hand Konfetti in die Augen, und es brannte wie eine Peitsche. An den Ecken waren die Menschen festgekeilt, einer in den andern geschoben, und es war keine Weiterbewegung in ihnen, nur ein leises, weiches Auf und Ab, als ob sie sich stehend paarten. Aber obwohl sie standen und ich am Rande der Fahrbahn, wo es Risse im Gedränge gab, hinlief wie ein Rasender, war es in Wahrheit doch so, dass sie sich bewegten und ich mich nicht rührte. Denn es veränderte sich nichts; wenn ich aufsah, gewahrte ich immer noch dieselben Häuser auf der einen Seite und auf der anderen die Schaubuden. Vielleicht auch stand alles fest, und es war nur ein Schwindel in mir und ihnen, der alles zu drehen schien. Ich hatte keine Zeit, darüber nachzudenken, ich war schwer von Schweiß, und es kreiste ein betäubender Schmerz in mir, als ob in meinem Blute etwas zu Großes mittriebe, das die Adern ausdehnte, wohin es kam. Und dabei fühlte ich, dass die Luft längst zu Ende war und dass ich nur mehr Ausgeatmetes einzog, das meine Lungen stehen ließen.

Aber nun ist es vorbei; ich habe es überstanden. Ich sitze in meinem Zimmer bei der Lampe; es ist ein wenig kalt, denn ich wage es nicht, den Ofen zu versuchen; was, wenn er rauchte und ich müsste wieder hinaus? Ich sitze und denke: wenn ich nicht arm wäre, würde ich mir ein anderes Zimmer mieten, ein Zimmer mit Möbeln, die nicht so aufgebraucht sind, nicht so voll von früheren Mietern wie diese hier. Zuerst war es mir wirklich schwer, den Kopf in diesen Lehnstuhl zu legen; es ist da nämlich eine gewisse schmierig-graue Mulde in seinem grünen Bezug, in die alle Köpfe zu passen scheinen. Längere Zeit gebrauchte ich die Vorsicht, ein Taschentuch unter meine Haare zu legen, aber jetzt bin ich zu müde dazu; ich habe gefunden, dass es auch so geht und dass die kleine Vertiefung genau für meinen Hinterkopf gemacht ist, wie nach Maß. Aber ich würde mir, wenn ich nicht arm wäre, vor allem einen guten Ofen kaufen, und ich würde das reine, starke Holz heizen, welches aus dem Gebirge kommt, und nicht diese trostlosen têtes-de- moineau, deren Dunst das Atmen so bang macht und den Kopf so wirr. Und dann müsste jemand da sein, der ohne grobes Geräusch aufräumt und der das Feuer besorgt, wie ich es brauche; denn oft, wenn ich eine Viertelstunde vor dem Ofen knien muss und rütteln, die Stirnhaut gespannt von der nahen Glut und mit Hitze in den offenen Augen, gebe ich alles aus, was ich für den Tag an Kraft habe, und wenn ich dann unter die Leute komme, haben sie es natürlich leicht. Ich würde manchmal, wenn großes Gedränge ist, einen Wagen nehmen, vorbeifahren, ich würde täglich in einem Duval essen ... und nicht mehr in die Crémerien kriechen ... Ob er wohl auch in einem Duval gewesen wäre? Nein. Dort hätte er nicht auf mich warten dürfen. Sterbende lässt man nicht hinein. Sterbende? Ich sitze ja jetzt in meiner Stube; ich kann ja versuchen, ruhig über das nachzudenken, was mir begegnet ist. Es ist gut, nichts im Ungewissen zu lassen. Also ich trat ein und sah zuerst nur, dass der Tisch, an dem ich öfters zu sitzen pflegte, von jemandem anderen eingenommen war. Ich grüßte nach dem kleinen Buffet hin, bestellte und setzte mich nebenan. Aber da fühlte ich ihn, obwohl er sich nicht rührte. Gerade seine Regungslosigkeit fühlte ich und begriff sie mit einem Schlage. Die Verbindung zwischen uns war hergestellt, und ich wusste, dass er erstarrt war vor Entsetzen. Ich wusste, dass das Entsetzen ihn gelähmt hatte, Entsetzen über etwas, was in ihm geschah. Vielleicht brach ein Gefäß in ihm, vielleicht trat ein Gift, das er lange gefürchtet hatte, gerade jetzt in seine Herzkammer ein, vielleicht ging ein großes Geschwür auf in seinem Gehirn wie eine Sonne, die ihm die Welt verwandelte. Mit unbeschreiblicher Anstrengung zwang ich mich, nach ihm hinzusehen, denn ich hoffte noch, dass alles Einbildung sei. Aber es geschah, dass ich aufsprang und hinausstürzte; denn ich hatte mich nicht geirrt. Er saß da in einem dicken, schwarzen Wintermantel, und sein graues, gespanntes Gesicht hing tief in ein wollenes Halstuch. Sein Mund war geschlossen, als wäre er mit großer Wucht zugefallen, aber es war nicht möglich zu sagen, ob seine Augen noch schauten: beschlagene, rauchgraue Brillengläser lagen davor und zitterten ein wenig. Seine Nasenflügel waren aufgerissen, und das lange Haar über seinen Schläfen, aus denen alles weggenommen war, welkte wie in zu großer Hitze. Seine Ohren waren lang, gelb, mit großen Schatten hinter sich. Ja, er wusste, dass er sich jetzt von allem entfernte nicht nur von den Menschen. Ein Augenblick noch, und alles wird seinen Sinn verloren haben, und dieser Tisch und die Tasse und der Stuhl, an den er sich klammert, alles Tägliche und Nächste wird unverständlich geworden sein, fremd und schwer. So saß er da und wartete, bis es geschehen sein würde. Und wehrte sich nicht mehr.

Und ich wehre mich noch. Ich wehre mich, obwohl ich weiß, dass mir das Herz schon heraus hängt und dass ich doch nicht mehr leben kann, auch wenn meine Quäler jetzt von mir abließen. Ich sage mir: es ist nichts geschehen, und doch habe ich jenen Mann nur begreifen können, weil auch in mir etwas vor sich geht, das anfängt, mich von allem zu entfernen und abzutrennen. Wie graute mir immer, wenn ich von einem Sterbenden sagen hörte: er konnte schon niemanden mehr erkennen. Dann stellte ich mir ein einsames Gesicht vor, das sich aufhob aus Kissen und suchte, nach etwas Bekanntem suchte, nach etwas schon einmal Gesehenem suchte, aber es war nichts da. Wenn meine Furcht nicht so groß wäre, so würde ich mich damit trösten, dass es nicht unmöglich ist, alles anders zu sehen und doch zu leben. Aber ich fürchte mich, ich fürchte mich namenlos vor dieser Veränderung. Ich bin ja noch gar nicht in dieser Welt eingewöhnt gewesen, die mir gut scheint.

Was soll ich in einer anderen? Ich würde so gerne unter den Bedeutungen bleiben, die mir lieb geworden sind, und wenn schon etwas sich verändern muss, so möchte ich doch wenigstens unter den Hunden leben dürfen, die eine verwandte Welt haben und dieselben Dinge.

Noch eine Weile kann ich das alles aufschreiben und sagen. Aber es wird ein Tag kommen, da meine Hand weit von mir sein wird, und wenn ich sie schreiben heißen werde, wird sie Worte schreiben, die ich nicht meine. Die Zeit der anderen Auslegung wird anbrechen, und es wird kein Wort auf dem anderen bleiben, und jeder Sinn wird wie Wolken sich auflösen und wie Wasser niedergehen. Bei aller Furcht bin ich schließlich doch wie einer, der vor etwas Großem steht, und ich erinnere mich, dass es früher oft ähnlich in mir war, eh ich zu schreiben begann. Aber diesmal werde ich geschrieben werden. Ich bin der Eindruck, der sich verwandeln wird. Oh, es fehlt nur ein kleines, und ich könnte das alles begreifen und gutheißen. Nur ein Schritt, und mein tiefes Elend würde Seligkeit sein. Aber ich kann diesen Schritt nicht tun, ich bin gefallen und kann mich nicht mehr aufheben, weil ich zerbrochen bin. Ich habe ja immer noch geglaubt, es könnte eine Hilfe kommen. Da liegt es vor mir in meiner eigenen Schrift, was ich gebetet habe, Abend für Abend. Ich habe es mir aus den Büchern, in denen ich es fand, abgeschrieben, damit es mir ganz nahe wäre und aus meiner Hand entsprungen wie Eigenes. Und ich will es jetzt noch einmal schreiben, hier vor meinem Tisch kniend will ich es schreiben; denn so habe ich es länger, als wenn ich es lese, und jedes Wort dauert an und hat Zeit zu verhallen.

»Mécontent de tous et mécontent de moi, je voudrais bien me racheter et m'enorgueillir un peu dans le silence et la solitude de la nuit. Âmes de ceux que j'ai aimés, âmes de ceux que j'ai chantés, fortifiez-moi, soutenez-moi, éloignez de moi le mensonge et les vapeurs corruptrices du monde; et vous, Seigneur mon Dieu! accordez-moi la grâce de produire quelques beaux vers qui me prouvent à moi-même que je ne suis pas le dernier des hommes, que je ne suis pas inférieur à ceux que je méprise.« [Charles Baudelaire, À une heure du matin, Petits poèmes en prose, 1869; Anm. d. Herausgebers]

»Die Kinder loser und verachteter Leute, die die Geringsten im Lande waren. Nun bin ich ihr Saitenspiel worden und muss ihr Märlein sein.

... sie haben über mich einen Weg gemacht ...

... es war ihnen so leicht, mich zu beschädigen, dass sie keiner Hilfe dazu bedurften.

... nun aber geußet sich aus meine Seele über mich, und mich hat ergriffen die elende Zeit.

Des Nachts wird mein Gebein durchbohret allenthalben; und die mich jagen, legen sich nicht schlafen.

Durch die Menge der Kraft werde ich anders und anders gekleidet; und man gürtet mich damit wie mit dem Loch meines Rocks ...

Meine Eingeweide sieden und hören nicht auf; mich hat überfallen die elende Zeit ...

Meine Harfe ist eine Klage worden, und meine Pfeife ein Weinen.«

Der Arzt hat mich nicht verstanden. Nichts. Es war ja auch schwer zu erzählen. Man wollte einen Versuch machen mit dem Elektrisieren. Gut. Ich bekam einen Zettel: ich sollte um ein Uhr in der Salpêtrière sein. Ich war dort. Ich musste lange an verschiedenen Baracken vorüber, durch mehrere Höfe gehen, in denen da und dort Leute mit weißen Hauben wie Sträflinge unter den leeren Bäumen standen. Endlich kam ich in einen langen, dunklen, gangartigen Raum, der auf der einen Seite vier Fenster aus mattem, grünlichem Glase hatte, eines vom anderen durch eine breite, schwarze Zwischenwand getrennt. Davor lief eine Holzbank hin, an allem vorbei, und auf dieser Bank saßen sie, die mich kannten, und warteten. Ja, sie waren alle da. Als ich mich an die Dämmerung des Raumes gewöhnt hatte, merkte ich, dass unter denen, welche Schulter an Schulter in endloser Reihe da – saßen, auch einige andere Leute sein konnten, kleine Leute, Handwerker, Bedienerinnen und Lastkutscher. Unten an der Schmalseite des Ganges auf besonderen Stühlen hatten sich zwei dicke Frauen ausgebreitet, die sich unterhielten, vermutlich Conciergen. Ich sah nach der Uhr; es war fünf Minuten vor eins. Nun in fünf, sagen wir in zehn Minuten, musste ich drankommen; es war also nicht so schlimm. Die Luft war schlecht, schwer, voll Kleider und Atem. An einer gewissen Stelle schlug die starke, steigernde Kühle von Äther aus einer Türspalte. Ich begann auf und ab zu gehen. Es kam mir in den Sinn, dass man mich hierher gewiesen hatte, unter diese Leute, in diese überfüllte, allgemeine Sprechstunde. Es war sozusagen die erste öffentliche Bestätigung, dass ich zu den Fortgeworfenen gehörte; hatte der Arzt es mir angesehen? Aber ich hatte meinen Besuch in einem leidlich guten Anzuge gemacht, ich hatte meine Karte hineingeschickt. Trotzdem, er musste es irgendwie erfahren haben, vielleicht hatte ich mich selbst verraten. Nun, da es einmal Tatsache war, fand ich es auch gar nicht so arg; die Leute saßen still und achteten nicht auf mich. Einige hatten Schmerzen und schwenkten ein wenig das eine Bein, um sie leichter auszuhalten. Verschiedene Männer hatten den Kopf in die flachen Hände gelegt, andere schliefen tief mit schweren, verschütteten Gesichtern. Ein dicker Mann mit rotem, angeschwollenem Halse saß vorübergebeugt da, stierte auf den Fußboden und spie von Zeit zu Zeit klatschend auf einen Fleck, der ihm dazu passend schien. Ein Kind schluchzte in einer Ecke; die langen magern Beine hatte es zu sich auf die Bank gezogen, und nun hielt es sie umfasst und an sich gepresst, als müsste es von ihnen Abschied nehmen. Eine kleine, blasse Frau, der ein mit runden, schwarzen Blumen geputzter Krepphut schief auf den Haaren saß, hatte die Grimasse eines Lächelns um die dürftigen Lippen, aber ihre wunden Lider gingen beständig über. Nicht weit von ihr hatte man ein Mädchen hingesetzt mit rundem glatten Gesicht und herausgedrängten Augen, die ohne Ausdruck waren; sein Mund stand offen, so dass man das weiße, schleimige Zahnfleisch sah mit den alten, verkümmerten Zähnen. Und viele Verbände gab es. Verbände, die den ganzen Kopf Schicht um Schicht umzogen, bis nur noch ein einziges Auge da war, das niemandem mehr gehörte. Verbände, die verbargen, und Verbände, die zeigten, was darunter war. Verbände, die man geöffnet hatte und in denen nun, wie in einem schmutzigen Bett, eine Hand lag, die keine mehr war; und ein eingebundenes Bein, das aus der Reihe herausstand, groß wie ein ganzer Mensch. Ich ging auf und ab und gab mir Mühe, ruhig zu sein. Ich beschäftigte mich viel mit der gegenüberliegenden Wand. Ich bemerkte, dass sie eine Anzahl einflügeliger Türen enthielt und nicht bis an die Decke reichte, so dass dieser Gang von den Räumen, die daneben liegen mussten, nicht ganz abgetrennt war. Ich sah nach der Uhr; ich war eine Stunde auf und ab gegangen. Eine Weile später kamen die Ärzte. Zuerst ein paar junge Leute, die mit gleichgültigen Gesichtern vorbeigingen, schließlich der, bei dem ich gewesen war, in lichten Handschuhen, Chapeau à huit reflets, tadellosem Überzieher. Als er mich sah, hob er ein wenig den Hut und lächelte zerstreut. Ich hatte nun Hoffnung, gleich gerufen zu werden, aber es verging wieder eine Stunde. Ich kann mich nicht erinnern, womit ich sie verbrachte. Sie verging. Ein alter Mann kam in einer fleckigen Schürze, eine Art Wärter, und berührte mich an der Schulter. Ich trat in eines der Nebenzimmer. Der Arzt und die jungen Leute saßen um einen Tisch und sahen mich an, man gab mir einen Stuhl. So. Und nun sollte ich erzählen, wie das eigentlich mit mir wäre. Möglichst kurz, s'il vous plaît. Denn viel Zeit hätten die Herren nicht. Mir war seltsam zumut. Die jungen Leute saßen und sahen mich an mit jener überlegenen, fachlichen Neugier, die sie gelernt hatten. Der Arzt, den ich kannte, strich seinen schwarzen Spitzbart und lächelte zerstreut. Ich dachte, dass ich in Weinen ausbrechen würde, aber ich hörte mich französisch sagen: »Ich hatte bereits die Ehre, Ihnen, mein Herr, alle Auskünfte zu geben, die ich geben kann. Halten Sie es für nötig, dass diese Herren eingeweiht werden, so sind Sie nach unserer Unterredung gewiss imstande, dies mit einigen Worten zu tun, während es nur sehr schwer fällt.« Der Arzt erhob sich mit höflichem Lächeln, trat mit den Assistenten ans Fenster und sagte ein paar Worte, die er mit einer waagerechten, schwankenden Handbewegung begleitete. Nach drei Minuten kam einer von den jungen Leuten, kurzsichtig und fahrig, an den Tisch zurück und sagte, indem er versuchte, mich strenge anzusehen: »Sie schlafen gut, mein Herr?« »Nein, schlecht.« Worauf er wieder zu der Gruppe zurücksprang. Dort verhandelte man noch eine Weile, dann wandte sich der Arzt an mich und teilte mir mit, dass man mich rufen lassen würde. Ich erinnerte ihn, dass ich auf ein Uhr bestellt worden sei. Er lächelte und machte ein paar schnelle, sprunghafte Bewegungen mit seinen kleinen weißen Händen, die bedeuten wollten, dass er ungemein beschäftigt sei. Ich kehrte also in meinen Gang zurück, in dem die Luft viel lastender geworden war, und fing wieder an, hin und her zu gehen, obwohl ich mich todmüde fühlte. Schließlich machte der feuchte, angehäufte Geruch mich schwindlig; ich blieb an der Eingangstür stehen und öffnete sie ein wenig. Ich sah, dass draußen noch Nachmittag und etwas Sonne war, und das tat mir unsagbar wohl. Aber ich hatte kaum eine Minute so gestanden, da hörte ich, dass man mich rief. Eine Frauenperson, die zwei Schritte entfernt bei einem kleinen Tische saß, zischte mir etwas zu. Wer mich geheißen hätte, die Türe öffnen. Ich sagte, ich könnte die Luft nicht vertragen. Gut, das sei meine Sache, aber die Türe müsse geschlossen bleiben. Ob es denn nicht anginge, ein Fenster aufzumachen. Nein, das sei verboten. Ich beschloss, das Aufundabgehen wieder aufzunehmen, weil es schließlich eine Art Betäubung war und niemanden kränkte. Aber der Frau an dem kleinen Tische missfiel jetzt auch das. Ob ich denn keinen Platz hätte. Nein, den hätte ich nicht. Das Herumgehen sei aber nicht gestattet; ich müsste mir einen Platz suchen. Es würde schon noch einer da sein. Die Frau hatte recht. Es fand sich wirklich sogleich ein Platz neben dem Mädchen mit den herausdrängenden Augen. Da saß ich nun in dem Gefühle, dass dieser Zustand unbedingt auf etwas Fürchterliches vorbereiten müsse. Links war also das Mädchen mit dem faulenden Zahnfleisch; was rechts von mir war, konnte ich erst nach einer Weile erkennen. Es war eine ungeheuere, unbewegliche Masse, die ein Gesicht hatte und eine große, schwere, reglose Hand. Die Seite des Gesichtes, die ich sah, war leer, ganz ohne Züge und ohne Erinnerungen, und es war unheimlich, dass der Anzug wie der einer Leiche war, die man für den Sarg angekleidet hatte. Die schmale, schwarze Halsbinde war in derselben losen unpersönlichen Weise um den Kragen geschnallt, und dem Rock sah man es an, dass er von anderen über diesen willenlosen Körper gezogen worden war. Die Hand hatte man auf diese Hose gelegt, dorthin wo sie lag, und sogar das Haar war wie von Leichenwäscherinnen gekämmt und war, wie das Haar ausgestopfter Tiere, steif geordnet. Ich betrachtete das alles mit Aufmerksamkeit, und es fiel mir ein, dass dies also der Platz sei, der für mich bestimmt gewesen war, denn ich glaubte nun endlich an diejenige Stelle meines Lebens gekommen zu sein, an der ich bleiben würde. Ja, das Schicksal geht wunderbare Wege.

Plötzlich erhoben sich ganz in der Nähe rasch hintereinander die erschreckten, abwehrenden Schreie eines Kindes, denen ein leises, zugehaltenes Weinen folgte. Während ich mich anstrengte, herauszufinden, wo das könnte gewesen sein, verzitterte wieder ein kleiner, unterdrückter Schrei, und ich hörte Stimmen, die fragten, eine Stimme, die halblaut befahl, und dann schnurrte irgend eine gleichgültige Maschine los und kümmerte sich um nichts. Jetzt erinnerte ich mich jener halben Wand, und es war mir klar, dass das alles von jenseits der Türen kam und dass man dort an der Arbeit war. Wirklich erschien von Zeit zu Zeit der Wärter mit der fleckigen Schürze und winkte. Ich dachte gar nicht mehr daran, dass er mich meinen könnte. Galt es mir? Nein. Zwei Männer waren da mit einem Rollstuhl; sie hoben die Masse hinein, und ich sah jetzt, dass es ein alter, lahmer Mann war, der noch eine andere, kleinere, vom Leben abgenutzte Seite hatte mit einem offenen, trüben, traurigen Auge. Sie fuhren ihn hinein, und neben mir entstand eine Menge Platz. Und ich saß und dachte, was sie wohl dem blöden Mädchen tun wollten und ob es auch schreien würde. Die Maschinen dahinten schnurrten so angenehm fabrikmäßig, es hatte gar nichts Beunruhigendes. Plötzlich aber war alles still, und in die Stille sagte eine überlegene, selbstgefällige Stimme, die ich zu kennen glaubte:

»Riez!« Pause. »Riez. Mais riez, riez.« Ich lachte schon. Es war unerklärlich, weshalb der Mann da drüben nicht lachen wollte. Eine Maschine ratterte los, verstummte aber sofort wieder, Worte wurden gewechselt, dann erhob sich wieder dieselbe energische Stimme und befahl: »Dites-nous le mot: avant.« Buchstabierend: »a-v-a-n-t« ... Stille. »On n'entend rien. Encore une fois ...«

Und da, als es drüben so warm und schwammig lallte: da zum ersten Mal seit vielen, vielen Jahren war es wieder da. Das, was mir das erste, tiefe Entsetzen eingejagt hatte, wenn ich als Kind im Fieber lag: das Große. Ja, so hatte ich immer gesagt, wenn sie alle um mein Bett standen und mir den Puls fühlten und mich fragten, was mich erschreckt habe: Das Große. Und wenn sie den Doktor holten und er war da und redete mir zu, so bat ich ihn, er möchte nur machen, dass das Große wegginge, alles andere wäre nichts. Aber er war wie die andern. Er konnte es nicht fortnehmen, obwohl ich damals doch klein war und mir leicht zu helfen gewesen wäre. Und jetzt war es wieder da. Es war später einfach ausgeblieben, auch in Fiebernächten war es nicht wiedergekommen, aber jetzt war es da, obwohl ich kein Fieber hatte. Jetzt war es da. Jetzt wuchs es aus mir heraus wie eine Geschwulst, wie ein zweiter Kopf, und war ein Teil von mir, obwohl es doch gar nicht zu mir gehören konnte, weil es so groß war. Es war da, wie ein großes totes Tier, das einmal, als es noch lebte, meine Hand gewesen war oder mein Arm. Und mein Blut ging durch mich und durch es, wie durch einen und denselben Körper. Und mein Herz musste sich sehr anstrengen, um das Blut in das Große zu treiben: es war fast nicht genug Blut da. Und das Blut trat ungern ein in das Große und kam krank und schlecht zurück. Aber das Große schwoll an und wuchs mir vor das Gesicht wie eine warme bläuliche Beule und wuchs mir vor den Mund, und über meinem letzten Auge war schon der Schatten von seinem Rande.

Ich kann mich nicht erinnern, wie ich durch die vielen Höfe hinausgekommen war. Es war Abend, und ich verirrte mich in der fremden Gegend und ging Boulevards mit endlosen Mauern in einer Richtung hinauf und, wenn dann kein Ende da war, in der entgegengesetzten Richtung zurück bis an irgendeinen Platz. Dort begann ich eine Straße zu gehen, und es kamen andere Straßen, die ich nie gesehen hatte, und wieder andere. Elektrische Bahnen rasten manchmal überhell und mit hartem, klopfendem Geläute heran und vorbei. Aber auf ihren Tafeln standen Namen, die ich nicht kannte. Ich wusste nicht, in welcher Stadt ich war und ob ich hier irgendwo eine Wohnung hatte und was ich tun musste, um nicht mehr gehen zu müssen.

Und jetzt auch noch diese Krankheit, die mich immer schon so eigentümlich berührt hat. Ich bin sicher, dass man sie unterschätzt. Genau wie man die Bedeutung anderer Krankheiten übertreibt. Diese Krankheit hat keine bestimmten Eigenheiten, sie nimmt die Eigenheiten dessen an, den sie ergreift. Mit einer somnambulen Sicherheit holt sie aus einem jeden seine tiefste Gefahr heraus, die vergangen schien, und stellt sie wieder vor ihn hin, ganz nah, in die nächste Stunde. Männer, die einmal in der Schulzeit das hilflose Laster versucht haben, dessen betrogene Vertraute die armen, harten Knabenhände sind, finden sich wieder darüber, oder es fängt eine Krankheit, die sie als Kinder überwunden haben, wieder in ihnen an; oder eine verlorene Gewohnheit ist wieder da, ein gewisses zögerndes Wenden des Kopfes, das ihnen vor Jahren eigen war. Und mit dem, was kommt, hebt sich ein ganzes Gewirr irrer Erinnerungen, das daranhängt wie nasser Tang an einer versunkenen Sache. Leben, von denen man nie erfahren hätte, tauchen empor und mischen sich unter das, was wirklich gewesen ist, und verdrängen Vergangenes, das man zu kennen glaubte: denn in dem, was aufsteigt, ist eine ausgeruhte, neue Kraft, das aber, was immer da war, ist müde von zu oftem Erinnern.

Ich liege in meinem Bett, fünf Treppen hoch, und mein Tag, den nichts unterbricht, ist wie ein Zifferblatt ohne Zeiger. Wie ein Ding, das lange verloren war, eines Morgens auf seiner Stelle liegt, geschont und gut, neuer fast als zur Zeit des Verlustes, ganz als ob es bei irgend jemandem in Pflege gewesen wäre –: so liegt da und da auf meiner Bettdecke Verlorenes aus der Kindheit und ist wie neu. Alle verlorenen Ängste sind wieder da.

Die Angst, dass ein kleiner Wollfaden, der aus dem Saum der Decke heraussteht, hart sei, hart und scharf wie eine stählerne Nadel; die Angst, dass dieser kleine Knopf meines Nachthemdes größer sei als mein Kopf, groß und schwer; die Angst, dass dieses Krümchen Brot, das jetzt von meinem Bette fällt, gläsern und zerschlagen unten ankommen würde, und die drückende Sorge, dass damit eigentlich alles zerbrochen sei, alles für immer; die Angst, dass der Streifen Rand eines aufgerissenen Briefes etwas Verbotenes sei, das niemand sehen dürfe, etwas unbeschreiblich Kostbares, für das keine Stelle in der Stube sicher genug sei; die Angst, dass ich, wenn ich einschliefe, das Stück Kohle verschlucken würde, das vor dem Ofen liegt; die Angst, dass irgendeine Zahl in meinem Gehirn zu wachsen beginnt, bis sie nicht mehr Raum hat in mir; die Angst, dass das Granit sei, worauf ich liege, grauer Granit; die Angst, dass ich schreien könnte und dass man vor meiner Türe zusammenliefe und sie schließlich aufbräche, die Angst, dass ich mich verraten könnte und alles das sagen, wovor ich mich fürchte, und die Angst, dass ich nichts sagen könnte, weil alles unsagbar ist, – und die anderen Ängste ... die Ängste.

Ich habe um meine Kindheit gebeten, und sie ist wiedergekommen, und ich fühle, dass sie immer noch so schwer ist wie damals und dass es nichts genützt hat, älter zu werden.

Gestern war mein Fieber besser, und heute fängt der Tag wie Frühling an, wie Frühling in Bildern. Ich will versuchen, auszugehen in die Bibliothèque Nationale zu meinem Dichter, den ich so lange nicht gelesen habe, und vielleicht kann ich später langsam durch die Gärten gehen. Vielleicht ist Wind über dem großen Teich, der so wirkliches Wasser hat, und es kommen Kinder, die ihre Schiffe mit den roten Segeln hineinlassen und zuschauen.

Heute habe ich es nicht erwartet, ich bin so mutig ausgegangen, als wäre das das Natürlichste und Einfachste. Und doch, es war wieder etwas da, das mich nahm wie Papier, mich zusammenknüllte und fortwarf, es war etwas Unerhörtes da.

Der Boulevard St-Michel war leer und weit, und es ging sich leicht auf seiner leisen Neigung. Fensterflügel oben öffneten sich mit gläsernem Aufklang, und ihr Glänzen flog wie ein weißer Vogel über die Straße. Ein Wagen mit hellroten Rädern kam vorüber, und weiter unten trug jemand etwas Lichtgrünes. Pferde liefen in blinkernden Geschirren auf dem dunkel gespritzten Fahrdamm, der rein war. Der Wind war erregt, neu, mild, und alles stieg auf: Gerüche, Rufe, Glocken.

Ich kam an einem der Caféhäuser vorbei, in denen am Abend die falschen roten Zigeuner spielen. Aus den offenen Fenstern kroch mit schlechtem Gewissen die übernächtige Luft. Glattgekämmte Kellner waren dabei, vor der Türe zu scheuern. Der eine stand gebückt und warf, handvoll nach handvoll, gelblichen Sand unter die Tische. Da stieß ihn einer von den Vorübergehenden an und zeigte die Straße hinunter. Der Kellner, der ganz rot im Gesicht war, schaute eine Weile scharf hin, dann verbreitete sich ein Lachen auf seinen bartlosen Wangen, als wäre es darauf verschüttet worden. Er winkte den andern Kellnern, drehte das lachende Gesicht ein paar Mal schnell von rechts nach links, um alle herbeizurufen und selbst nichts zu versäumen. Nun standen alle und blickten hinuntersehend oder – suchend, lächelnd oder ärgerlich, dass sie noch nicht entdeckt hatten, was Lächerliches es gäbe. Ich fühlte, dass ein wenig Angst in mir anfing. Etwas drängte mich auf die andere Seite hinüber;

aber ich begann nur schneller zu gehen und überblickte unwillkürlich die wenigen Leute vor mir, an denen ich nichts Besonderes bemerkte. Doch ich sah, dass der eine, ein Laufbursche mit einer blauen Schürze und einem leeren Henkelkorb über der einen Schulter, jemandem nachschaute. Als er genug hatte, drehte er sich auf derselben Stelle nach den Häusern um und machte zu einem lachenden Kommis hinüber die schwankende Bewegung vor der Stirne, die allen geläufig ist. Dann blitzte er mit den schwarzen Augen und kam mir befriedigt und sich wiegend entgegen.

Ich erwartete, sobald mein Auge Raum hatte, irgendeine ungewöhnliche und auffallende Figur zu sehen, aber es zeigte sich, dass vor mir niemand ging, als ein großer hagerer Mann in einem dunklen Überzieher und mit einem weichen, schwarzen Hut auf dem kurzen, fahlblonden Haar. Ich vergewisserte mich, dass weder an der Kleidung, noch in dem Benehmen dieses Mannes etwas Lächerliches sei, und versuchte schon, an ihm vorüber den Boulevard hinunter zu schauen, als er über irgendetwas stolperte. Da ich nahe hinter ihm folgte, nahm ich mich in acht, aber als die Stelle kam, war da nichts, rein nichts. Wir gingen beide weiter, er und ich, der Abstand zwischen uns blieb derselbe. Jetzt kam ein Straßenübergang, und da geschah es, dass der Mann vor mir mit ungleichen Beinen die Stufen des Gangsteigs hinunterhüpfte in der Art etwa, wie Kinder manchmal während des Gehens aufhüpfen oder springen, wenn sie sich freuen. Auf den jenseitigen Gangsteig kam er einfach mit einem langen Schritt hinauf. Aber kaum war er oben, zog er das eine Bein ein wenig an und hüpfte auf dem anderen einmal hoch und gleich darauf wieder und wieder. Jetzt konnte man diese plötzliche Bewegung wieder ganz gut für ein Stolpern halten, wenn man sich einredete, es wäre da eine Kleinigkeit gewesen, ein Kern, die glitschige Schale einer Frucht, irgendetwas; und das Seltsame war, dass der Mann selbst an das Vorhandensein eines Hindernisses zu glauben schien, denn er sah sich jedes Mal mit jenem halb ärgerlichen, halb vorwurfsvollen Blick, den die Leute in solchen Augenblicken haben, nach der lästigen Stelle um. Noch einmal rief mich etwas Warnendes auf die andere Seite der Straße, aber ich folgte nicht und blieb immerfort hinter diesem Manne, indem ich meine ganze Aufmerksamkeit auf seine Beine richtete. Ich muss gestehen, dass ich mich merkwürdig erleichtert fühlte, als etwa zwanzig Schritte lang jenes Hüpfen nicht wiederkam, aber da ich nun meine Augen aufhob, bemerkte ich, dass dem Manne ein anderes Ärgernis entstanden war. Der Kragen seines Überziehers hatte sich aufgestellt; und wie er sich auch, bald mit einer Hand, bald mit beiden umständlich bemühte, ihn niederzulegen, es wollte nicht gelingen. Das kam vor. Es beunruhigte mich nicht. Aber gleich darauf gewahrte ich mit grenzenloser Verwunderung, dass in den beschäftigten Händen dieses Menschen zwei Bewegungen waren: eine heimliche, rasche, mit welcher er den Kragen unmerklich hochklappte, und jene andere ausführliche, anhaltende, gleichsam übertrieben buchstabierte Bewegung, die das Umlegen des Kragens bewerkstelligen sollte. Diese Beobachtung verwirrte mich so sehr, dass zwei Minuten vergingen, ehe ich erkannte, dass im Halse des Mannes, hinter dem hochgeschobenen Überzieher und den nervös agierenden Händen dasselbe schreckliche, zweisilbige Hüpfen war, das seine Beine eben verlassen hatte. Von diesem Augenblick an war ich an ihn gebunden. Ich begriff, dass dieses Hüpfen in seinem Körper herumirrte, dass es versuchte, hier und da auszubrechen. Ich verstand seine Angst vor den Leuten, und ich begann selber vorsichtig zu prüfen, ob die Vorübergehenden etwas merkten. Ein kalter Stich fuhr mir durch den Rücken, als seine Beine plötzlich einen kleinen, zuckenden Sprung machten, aber niemand hatte es gesehen, und ich dachte mir aus, dass auch ich ein wenig stolpern wollte, im Falle jemand aufmerksam wurde. Das wäre gewiss ein Mittel, Neugierige glauben zu machen, es hätte da doch ein kleines, unscheinbares Hindernis im Wege gelegen, auf das wir zufällig beide getreten hätten. Aber während ich so auf Hilfe sann, hatte er selbst einen neuen, ausgezeichneten Ausweg gefunden. Ich habe vergessen zu sagen, dass er einen Stock trug; nun, es war ein einfacher Stock, aus dunklem Holze mit einem schlichten, rund gebogenen Handgriff. Und es war ihm in seiner suchenden Angst in den Sinn gekommen, diesen Stock zunächst mit einer Hand (denn wer weiß, wozu die zweite noch nötig sein würde) auf den Rücken zu halten, gerade über die Wirbelsäule, ihn fest ins Kreuz zu drücken und das Ende der runden Krücke in den Kragen zu schieben, so dass man es hart und wie einen Halt hinter dem Halswirbel und dem ersten Rückenwirbel spürte. Das war eine Haltung, die nicht auffällig, höchstens ein wenig übermütig war; der unerwartete Frühlingstag konnte das entschuldigen. Niemandem fiel es ein, sich umzusehen, und nun ging es. Es ging vortrefflich. Freilich beim nächsten Straßenübergange kamen zwei Hüpfer aus, zwei kleine, halbunterdrückte Hüpfer, die vollkommen belanglos waren; und der eine, wirklich sichtbare Sprung war so geschickt angebracht (es lag gerade ein Spritzschlauch quer über dem Weg), dass nichts zu befürchten war. Ja, noch ging alles gut; von Zeit zu Zeit griff auch die zweite Hand an den Stock und presste ihn fester an, und die Gefahr war gleich wieder überstanden. Ich konnte nichts dagegen tun, dass meine Angst dennoch wuchs. Ich wusste, dass, während er ging und mit unendlicher Anstrengung versuchte, gleichgültig und zerstreut auszusehen, das furchtbare Zucken in seinem Körper sich anhäufte; auch in mir war die Angst, mit der er es wachsen und wachsen fühlte, und ich sah, wie er sich an den Stock klammerte, wenn es innen in ihm zu rütteln begann. Dann war der Ausdruck dieser Hände so unerbittlich und streng, dass ich alle Hoffnung in seinen Willen setzte, der groß sein musste. Aber was war da ein Wille. Der Augenblick musste kommen, da seine Kraft zu Ende war, er konnte nicht weit sein. Und ich, der ich hinter ihm herging mit stark schlagendem Herzen, ich legte mein bisschen Kraft zusammen wie Geld, und indem ich auf seine Hände sah, bat ich ihn, er möchte nehmen, wenn er es brauchte.

Ich glaube, dass er es genommen hat; was konnte ich dafür, dass es nicht mehr war.

Auf der Place St-Michel waren viele Fahrzeuge und hin und her eilende Leute, wir waren oft zwischen zwei Wagen, und dann holte er Atem und ließ sich ein wenig gehen, wie um auszuruhen, und ein wenig hüpfte es und nickte ein wenig. Vielleicht war das die List, mit der die gefangene Krankheit ihn überwinden wollte. Der Wille war an zwei Stellen durchbrochen, und das Nachgeben hatte in den besessenen Muskeln einen leisen, lockenden Reiz zurückgelassen und den zwingenden Zweitakt. Aber der Stock war noch an seinem Platz, und die Hände sahen böse und zornig aus; so betraten wir die Brücke, und es ging. Es ging. Nun kam etwas Unsicheres in den Gang, nun lief er zwei Schritte, und nun stand er. Stand. Die linke Hand löste sich leise vom Stock ab und hob sich so langsam empor, dass ich sie vor der Luft zittern sah; er schob den Hut ein wenig zurück und strich sich über die Stirn. Er wandte ein wenig den Kopf, und sein Blick schwankte über Himmel, Häuser und Wasser hin, ohne zu fassen, und dann gab er nach. Der Stock war fort, er spannte die Arme aus, als ob er auffliegen wollte, und es brach aus ihm aus wie eine Naturkraft und bog ihn vor und riss ihn zurück und ließ ihn nicken und neigen und schleuderte Tanzkraft aus ihm heraus unter die Menge. Denn schon waren viele Leute um ich, und ich sah ihn nicht mehr.

Was hätte es für einen Sinn gehabt, noch irgendwohin zu gehen, ich war leer. Wie in leeres Papier trieb ich an den Häusern entlang, den Boulevard wieder hinauf.

Ich versuche es, Dir zu schreiben, obwohl es eigentlich nichts gibt nach einem notwendigen Abschied. Ich versuche es dennoch, ich glaube, ich muss es tun, weil ich die Heilige gesehen habe im Pantheon, die einsame, heilige Frau und das Dach und die Tür und drin die Lampe mit dem bescheidnen Lichtkreis und drüben die schlafende Stadt und den Fluss und die Ferne im Mondschein. Die Heilige wacht über der schlafenden Stadt. Ich habe geweint. Ich habe geweint, weil das alles auf einmal so unerwartet da war. Ich habe davor geweint, ich wusste mir nicht zu helfen.

Ich bin in Paris, die es hören freuen sich, die meisten beneiden mich. Sie haben recht. Es ist eine große Stadt, groß, voll merkwürdiger Versuchungen. Was mich betrifft, ich muss zugeben, dass ich ihnen in gewisser Beziehung erlegen bin. Ich glaube, es lässt sich nicht anders sagen. Ich bin diesen Versuchungen erlegen, und das hat gewisse Veränderungen zur Folge gehabt, wenn nicht in meinem Charakter, so doch in meiner Weltanschauung, jedenfalls in meinem Leben. Eine vollkommen andere Auffassung aller Dinge hat sich unter diesen Einflüssen in mir herausgebildet, es sind gewisse Unterschiede da, die mich von den Menschen mehr als alles Bisherige abtrennen. Eine veränderte Welt. Ein neues Leben voll neuer Bedeutungen. Ich habe es augenblicklich etwas schwer, weil alles zu neu ist. Ich bin ein Anfänger in meinen eigenen Verhältnissen.

Ob es nicht möglich wäre, einmal das Meer zu sehen?

Ja, aber denke nur, ich bildete mir ein, Du könntest kommen. Hättest Du mir vielleicht sagen können, ob es einen Arzt gibt? Ich habe vergessen, mich danach zu erkundigen. Übrigens brauche ich es jetzt nicht mehr.

Erinnerst Du Dich an Baudelaires unglaubliches Gedicht »Une Charogne«? Es kann sein, dass ich es jetzt verstehe. Abgesehen von der letzten Strophe war er im Recht. Was sollte er tun, da ihm das widerfuhr? Es war seine Aufgabe, in diesem Schrecklichen, scheinbar nur Widerwärtigen das Seiende zu sehen, das unter allem Seienden gilt. Auswahl und Ablehnung gibt es nicht. Hältst Du es für einen Zufall, dass Flaubert seinen Saint-Julien-l'Hospitalier geschrieben hat? Es kommt mir vor, als wäre das das Entscheidende: ob einer es über sich bringt, sich zu dem Aussätzigen zu legen und ihn zu erwärmen mit der Herzwärme der Liebesnächte, das kann nicht anders als gut ausgehen.

Glaube nur nicht, dass ich hier an Enttäuschungen leide, im Gegenteil. Es wundert mich manchmal, wie bereit ich alles Erwartete aufgebe für das Wirkliche, selbst wenn es arg ist.

Mein Gott, wenn etwas davon sich teilen ließe. Aber *wäre* es dann, *wäre* es dann? Nein, es *ist* nur um den Preis des Alleinseins.

Die Existenz des Entsetzlichen in jedem Bestandteil der Luft. Du atmest es ein mit Durchsichtigem; in dir aber schlägt es sich nieder, wird hart, nimmt spitze, geometrische Formen an zwischen den Organen; denn alles, was sich an Qual und Grauen begeben hat auf den Richtplätzen, in den Folterstuben, den Tollhäusern, den Operationssälen, unter den Brückenbögen im Nachherbst: alles das ist von einer zähen Unvergänglichkeit, alles das besteht auf sich und hängt, eifersüchtig auf alles Seiende, an seiner schrecklichen Wirklichkeit. Die Menschen möchten vieles davon vergessen dürfen; ihr Schlaf feilt sanft über solche Furchen im Gehirn, aber Träume drängen ihn ab und ziehen die Zeichnungen nach. Und sie wachen auf und keuchen und lassen einer Kerze Schein sich auflösen in der Finsternis und trinken, wie gezuckertes Wasser, die halbhelle Beruhigung. Aber, ach, auf welcher Kante hält sich diese Sicherheit. Nur eine geringste Wendung, und schon wieder steht der Blick über Bekanntes und Freundliches hinaus, und der eben noch so tröstliche Kontur wird deutlicher als ein Rand von Grauen. Hüte dich vor dem Licht, das den Raum hohler macht; sieh dich nicht um, ob nicht vielleicht ein Schatten hinter deinem Aufsitzen aufsteht wie dein Herr. Besser vielleicht, du wärest in der Dunkelheit geblieben und dein unabgegrenztes Herz hätte versucht, all des Ununterscheidbaren schweres Herz zu sein. Nun hast du dich zusammengenommen in dich, siehst dich vor dir aufhören in deinen Händen, ziehst von Zeit zu Zeit mit einer ungenauen Bewegung dein Gesicht nach. Und in dir ist beinah kein Raum; und fast stillt es dich, dass in dieser Engheit in dir unmöglich sehr Großes sich aufhalten kann; dass auch das Unerhörte binnen werden muss und sich beschränken den Verhältnissen nach. Aber draußen, draußen ist es ohne Absehen; und wenn es da draußen steigt, so füllt es sich auch in dir, nicht in den Gefäßen, die teilweis in deiner Macht sind, oder im Phlegma deiner gleichmütigeren Organe: im Kapillaren nimmt es zu, röhrig aufwärts gesaugt in die äußersten Verästelungen deines zahlloszweigigen Daseins. Dort hebt es sich, dort übersteigt es dich, kommt höher als dein Atem, auf den du dich hinaufflüchtest wie auf deine letzte Stelle. Ach, und wohin dann, wohin dann? Dein Herz treibt dich aus dir hinaus, dein Herz ist hinter dir her, und du stehst fast schon außer dir und kannst nicht mehr zurück. Wie ein Käfer, auf den man tritt, so quillst du aus dir hinaus, und dein bisschen obere Härte und Anpassung ist ohne Sinn.

O Nacht ohne Gegenstände. O stumpfes Fenster hinaus, o sorgsam verschlossene Türen; Einrichtungen von alters her, übernommen, beglaubigt, nie ganz verstanden. O Stille im Stiegenhaus, Stille aus den Nebenzimmern, Stille hoch oben an der Decke. O Mutter: o du Einzige, die alle diese Stille verstellt hat, einst in der Kindheit. Die sie auf sich nimmt, sagt: erschrick nicht, ich bin es. Die den Mut hat, ganz in der Nacht diese Stille zu sein für das, was sich fürchtet, was verkommt vor Furcht. Du zündest ein Licht an, und schon das Geräusch bist du. Und du hältst es vor dich und sagst: ich bin es, erschrick nicht. Und du stellst es hin, langsam, und es ist kein Zweifel: du bist es, du bist das Licht um die gewohnten herzlichen Dinge, die ohne Hintersinn da sind, gut, einfältig, eindeutig. Und wenn es unruhig in der Wand irgendwo, oder einen Schritt macht in den Dielen: so lächelst du nur, lächelst, lächelst durchsichtig auf hellem Grund in das bangsame Gesicht, das an dir forscht, als wärst du eins und unterm Geheimnis mit jedem Halblaut, abgeredet mit ihm und einverstanden. Gleicht eine Macht deiner Macht in der irdischen Herrschaft? Sieh, Könige liegen und starren, und der Geschichtenerzähler kann sie nicht ablenken. An den seligen Brüsten ihrer Lieblingin überkriecht sie das Grauen und macht sie schlottrig und lustlos. Du aber kommst und hältst das Ungeheuere hinter dir und bist ganz und gar vor ihm; nicht wie ein Vorhang, den es da oder da aufschlagen kann. Nein, als hättest du es überholt auf den Ruf hin, der dich bedurfte. Als wärest du weit allem zuvorgekommen, was kommen kann, und hättest im Rücken nur dein Hereilen, deinen ewigen Weg, den Flug deiner Liebe.

Der Mouleur [Formgießer; Anm. d. Hrsg.], an dem ich jeden Tag vorüberkomme, hat zwei Masken neben seiner Tür aus-gehängt. Das Gesicht der jungen Ertränkten, das man in der Morgue abnahm, weil es schön war, weil es lächelte, weil es so täuschend lächelte, als wüsste es. Und darunter sein wissendes Gesicht. Diesen harten Knoten aus fest zusammengezogenen Sinnen. Diese unerbittliche Selbstverdichtung fortwährend ausdampfen wollender Musik. Das Antlitz dessen, dem ein Gott das Gehör verschlossen hat, damit es keine Klänge gäbe, außer seinen. Damit er nicht beirrt würde durch das Trübe und Hinfällige der Geräusche. Er, in dem ihre Klarheit und Dauer war; damit nur die tonlosen Sinne ihm Welt eintrügen, lautlos, eine gespannte, wartende Welt, unfertig, vor der Erschaffung des Klanges.

Weltvollendender: wie, was als Regen fällt über die Erde und an die Gewässer, nachlässig niederfällt, zufällig fallend, – unsichtbarer und froh von Gesetz wieder aufsteht aus allem und steigt und schwebt und die Himmel bildet: so erhob sich aus dir der Aufstieg unserer Niederschläge und umwölbte die Welt mit Musik.

Deine Musik: dass sie hätte um die Welt sein dürfen; nicht um uns. Dass man dir ein Hammerklavier erbaut hätte in der Thebaïs; und ein Engel hätte dich hingeführt vor das einsame Instrument, durch die Reihen der Wüstengebirge, in denen Könige ruhen und Hetären und Anachoreten. Und er hätte sich hoch geworfen und fort, ängstlich, dass du begännest.

Und dann hättest du ausgeströmt, Strömender, ungehört; an das All zurückgebend, was nur das All erträgt. Die Beduinen wären in der Ferne vorbeigejagt, abergläubisch; die Kaufleute aber hätten sich hingeworfen am Rand deiner Musik, als wärst du der Sturm. Einzelne Löwen nur hätten dich weit bei Nacht umkreist, erschrocken vor sich selbst, von ihrem bewegten Blute bedroht.

Denn wer holt dich jetzt aus den Ohren zurück, die lüstern sind? Wer treibt sie aus den Musiksälen, die Käuflichen mit dem unfruchtbaren Gehör, das hurt und niemals empfängt? Da strahlt Samen aus, und sie halten sich unter wie Dirnen und spielen damit, oder er fällt, während sie daliegen in ihren ungetanen Befriedigungen, wie Samen Onans zwischen sie alle.

Wo aber, Herr, ein Jungfräulicher unbeschlafenen Ohrs läge bei deinem Klang: er stürbe an Seligkeit oder er trüge Unendliches aus und sein befruchtetes Hirn müsste bersten an lauter Geburt.

Ich unterschätze es nicht. Ich weiß, es gehört Mut dazu. Aber nehmen wir für einen Augenblick an, es hätte ihn einer, diesen Courage de luxe, ihnen nachzugehen, um dann für immer (denn wer könnte das wieder vergessen oder verwechseln?) zu wissen, wo sie hernach hineinkriechen und was sie den vielen übrigen Tag beginnen und ob sie schlafen bei Nacht. Dies ganz besonders wäre festzustellen: ob sie schlafen. Aber mit dem Mut ist es noch nicht getan. Denn sie kommen und gehen nicht wie die übrigen Leute, denen zu folgen eine Kleinigkeit wäre. Sie sind da und wieder fort, hingestellt und weggenommen wie Bleisoldaten. Es sind ein wenig abgelegene Stellen, wo man sie findet, aber durchaus nicht versteckte. Die Büsche treten zurück, der Weg wendet sich ein wenig um den Rasenplatz herum: da stehen sie und haben eine Menge durchsichtigen Raumes um sich, als ob sie unter einem Glassturz stünden. Du könntest sie für nachdenkliche Spaziergänger halten, diese unscheinbaren Männer von kleiner, in jeder Beziehung bescheidener Gestalt. Aber du irrst. Siehst du die linke Hand, wie sie nach etwas greift in der schiefen Tasche des alten Überziehers; wie sie es findet und herausholt und den kleinen Gegenstand linkisch und auffällig in die Luft hält? Es dauert keine Minute, so sind zwei, drei Vögel da, Spatzen, die neugierig heranhüpfen. Und wenn es dem Manne gelingt, ihrer sehr genauen Auffassung von Unbeweglichkeit zu entsprechen, so ist kein Grund, warum sie nicht noch näher kommen sollen. Und schließlich steigt der erste und schwirrt eine Weile nervös in der Höhe jener Hand, die (weiß Gott) ein kleines Stück abgenutzten süßen Brotes mit anspruchslosen, ausdrücklich verzichtenden Fingern hinbietet. Und je mehr Menschen sich um ihn sammeln, in entsprechendem Abstand natürlich, desto weniger hat er mit ihnen gemein. Wie ein Leuchter steht er da, der ausbrennt, und leuchtet mit dem Rest von Docht und ist ganz warm davon und hat sich nie gerührt. Und wie er lockt, wie er anlockt, das können die vielen, kleinen, dummen Vögel gar nicht beurteilen. Wenn die Zuschauer nicht wären und man ließe ihn lange genug dastehn, ich bin sicher, dass auf einmal ein Engel käme und überwände sich und äße den alten, süßlichen Bissen aus der verkümmerten Hand. Dem sind nun, wie immer, die Leute im Wege. Sie sorgen dafür, dass nur Vögel kommen; sie finden das reichlich, und sie behaupten, er erwarte sich nichts anderes. Was sollte sie auch erwarten, diese alte, verregnete Puppe, die ein wenig schräg in der Erde steckt wie die Schiffsfiguren in den kleinen Gärten zuhause; kommt auch bei ihr diese Haltung davon her, dass sie einmal irgendwo vorne gestanden hat auf ihrem Leben, wo die Bewegung am größten ist? Ist sie nun so verwaschen, weil sie einmal bunt war? Willst du sie fragen?

Nur die Frauen frag nichts, wenn du eine füttern siehst. Denen könnte man sogar folgen; sie tun es so im Vorbeigehen; es wäre ein Leichtes. Aber lass sie. Sie wissen nicht, wie es kam. Sie haben auf einmal eine Menge Brot in ihrem Handsack, und sie halten große Stücke hinaus aus ihrer dünnen Mantille, Stücke, die ein bisschen gekaut sind und feucht. Das tut ihnen wohl, dass ihr Speichel ein wenig in die Welt kommt, dass die kleinen Vögel mit diesem Beigeschmack herumfliegen, wenn sie ihn natürlich auch gleich wieder vergessen.

Da saß ich an deinen Büchern, Eigensinniger, und versuchte sie zu meinen wie die andern, die dich nicht beisammen lassen und sich ihren Anteil genommen haben, befriedigt. Denn da begriff ich noch nicht den Ruhm, diesen öffentlichen Abbruch eines Werdenden, in dessen Bauplatz die Menge einbricht, ihm die Steine verschiebend.

Junger Mensch irgendwo, in dem etwas aufsteigt, was ihn erschauern macht, nütz es, dass dich keiner kennt. Und wenn sie dir widersprechen, die dich für nichts nehmen, und wenn sie dich ganz aufgeben, die, mit denen du umgehst, und wenn sie dich ausrotten wollen, um deiner lieben Gedanken willen, was ist diese deutliche Gefahr, die dich zusammenhält in dir, gegen die listige Feindschaft später des Ruhms, die dich unschädlich macht, indem sie dich ausstreut.

Bitte keinen, dass er von dir spräche, nicht einmal verächtlich. Und wenn die Zeit geht und du merkst, wie dein Name herumkommt unter den Leuten, nimm ihn nicht ernster als alles, was du in ihrem Munde findest. Denk: er ist schlecht geworden, und tu ihn ab. Nimm einen andern an, irgendeinen, damit Gott dich rufen kann in der Nacht. Und verbirg ihn vor allen.

Du Einsamster, Abseitiger, wie haben sie dich eingeholt auf deinem Ruhm. Wie lang ist es her, da waren sie wider dich von Grund aus, und jetzt gehen sie mit dir um, wie mit ihresgleichen. Und deine Worte führen sie mit sich in den Käfigen ihres Dünkels und zeigen sie auf den Plätzen und reizen sie ein wenig von ihrer Sicherheit aus. Alle deine schrecklichen Raubtiere.

Da las ich dich erst, da sie mir ausbrachen und mich anfielen in meiner Wüste, die Verzweifelten. Verzweifelt, wie du selber warst am Schluss, du, dessen Bahn falsch eingezeichnet steht in allen Karten. Wie ein Sprung geht sie durch die Himmel, diese hoffnungslose Hyperbel deines Weges, die sich nur einmal heranbiegt an uns und sich entfernt voll Entsetzen. Was lag dir daran, ob eine Frau bleibt oder fortgeht und ob einen der Schwindel ergreift und einen der Wahnsinn und ob Tote lebendig sind und Lebendige scheintot: was lag dir daran? Dies alles war so natürlich für dich; da gingst du durch, wie man durch einen Vorraum geht, und hieltst dich nicht auf. Aber dort weiltest du und warst gebückt, wo unser Geschehen kocht und sich niederschlägt und die Farbe verändert, innen. Innerer als dort, wo je einer war; eine Tür war dir aufgesprungen, und nun warst du bei den Kolben im Feuerschein. Dort, wohin du nie einen mitnahmst, Misstrauischer, dort saßest du und unterschiedest Übergänge. Und dort, weil das Aufzeigen dir im Blute war und nicht das Bilden oder das Sagen, dort fasstest du den ungeheuren Entschluss, dieses Winzige, das du selber zuerst nur durch Gläser gewahrtest, ganz allein gleich so zu vergrößern, dass es vor Tausenden sei, riesig, vor allen. Dein Theater entstand. Du konntest nicht warten, dass dieses fast raumlose von den Jahrhunderten zu Tropfen zusammengepresste Leben von den anderen Künsten gefunden und allmählich versichtbart werde für einzelne, die sich nach und nach zusammenfinden zur Einsicht und die endlich verlangen, gemeinsam die erlauchten Gerüchte bestätigt zu sehen im Gleichnis der vor ihnen aufgeschlagenen Szene. Dies konntest du nicht abwarten, du warst da, du musstest das kaum Messbare: ein Gefühl, das um einen halben Grad stieg, den Ausschlagswinkel eines von fast nichts beschwerten Willens, den du ablasest von ganz nah, die leichte Trübung in einem Tropfen Sehnsucht und dieses Nichts von Farbenwechsel in einem Atom von Zutrauen: dieses musstest du feststellen und aufbehalten; denn in solchen Vorgängen war jetzt das Leben, unser Leben, das in uns hineingeglitten war, das sich nach innen zurückgezogen hatte, so tief, dass es kaum noch Vermutungen darüber gab.

So wie du warst, auf das Zeigen angelegt, ein zeitlos tragischer Dichter, musstest du dieses Kapillare mit einem Schlag umsetzen in die überzeugendsten Gebärden, in die vorhandensten Dinge. Da gingst du an die beispiellose Gewalttat deines Werkes, das immer ungeduldiger, immer verzweifelter unter dem Sichtbaren nach den Äquivalenten suchte für das innen Gesehene. Da war ein Kaninchen, ein Bodenraum, ein Saal, in dem einer auf und nieder geht: da war ein Glasklirren im Nebenzimmer, ein Brand vor den Fenstern, da war die Sonne. Da war eine Kirche und ein Felsental, das einer Kirche glich. Aber das reichte nicht aus; schließlich mussten die Türme herein und die ganzen Gebirge; und die Lawinen, die die Landschaften begraben, verschütteten die mit Greifbarem überladene Bühne um des Unfasslichen willen. Da konntst du nicht mehr. Die beiden Enden, die du zusammengebogen hattest, schnellten auseinander; deine wahnsinnige Kraft entsprang aus dem elastischen Stab, und dein Werk war wie nicht.

Wer begriffe es sonst, dass du zum Schluss nicht vom Fenster fortwolltest, eigensinnig wie du immer warst, Die Vorübergehenden wolltest du sehen; denn es war dir der Gedanke gekommen, ob man nicht eines Tages etwas machen könnte aus ihnen, wenn man sich entschlösse anzufangen.

Damals zuerst fiel es mir auf, dass man von einer Frau nichts sagen könne; ich merkte, wenn sie von ihr erzählten, wie sie sie aussparten, wie sie die anderen nannten und beschrieben, die Umgebungen, die Örtlichkeiten, die Gegenstände bis an eine bestimmte Stelle heran, wo das alles aufhörte, sanft und gleichsam vorsichtig aufhörte mit dem leichten, niemals nachgezogenen Kontur, der sie einschloss. Wie war sie? fragte ich dann. »Blond, ungefähr wie du«, sagten sie und zählten allerhand auf, was sie sonst noch wussten; aber darüber wurde sie wieder ganz ungenau, und ich konnte mir nichts mehr vorstellen. *Sehen* eigentlich konnte ich sie nur, wenn Maman mir die Geschichte erzählte, die ich immer wieder verlangte –.

– Dann pflegte sie jedes Mal, wenn sie zu der Szene mit dem Hunde kam, die Augen zu schließen und das ganz verschlossene, aber überall durchscheinende Gesicht irgendwie inständig zwischen ihre beiden Hände zu halten, die es kalt an den Schläfen berührten. »Ich hab es gesehen, Malte«, beschwor sie: »Ich hab es gesehen.« Das war schon in ihren letzten Jahren, da ich dies von ihr gehört habe. In der Zeit, wo sie niemanden mehr sehen wollte und wo sie immer, auch auf Reisen, das kleine, dichte, silberne Sieb bei sich hatte, durch das sie alle Getränke seihte. Speisen von fester Form nahm sie nie mehr zu sich, es sei denn etwas Biskuit oder Brot, das sie, wenn sie allein war, zerbröckelte und Krümel für Krümel aß, wie Kinder Krümel essen. Ihre Angst vor Nadeln beherrschte sie damals schon völlig. Zu den anderen sagte sie nur, um sich zu entschuldigen: »Ich vertrage rein nichts mehr, aber es muss euch nicht stören, ich befinde mich ausgezeichnet dabei.«

Zu mir aber konnte sie sich plötzlich hinwenden (denn ich war schon ein bisschen erwachsen) und mit einem Lächeln, das sie sehr anstrengte, sagen: »Was es doch für viele Nadeln gibt, Malte, und wo sie überall herumliegen, und wenn man bedenkt, wie leicht sie herausfallen ...« Sie hielt darauf, es recht scherzend zu sagen; aber das Entsetzen schüttelte sie bei dem Gedanken an alle die schlecht befestigten Nadeln, die jeden Augenblick irgendwo hineinfallen konnten.

Wenn sie aber von Ingeborg erzählte, dann konnte ihr nichts geschehen; dann schonte sie sich nicht; dann sprach sie lauter, dann lachte sie in der Erinnerung an Ingeborgs Lachen, dann sollte man sehen, wie schön Ingeborg gewesen war. »Sie machte uns alle froh«, sagte sie, »deinen Vater auch, Malte, buchstäblich froh. Aber dann, als es hieß, dass sie sterben würde, obwohl sie doch nur ein wenig krank schien, und wir gingen alle herum und verbargen es, da setzte sie sich einmal im Bette auf und sagte so vor sich hin, wie einer, der hören will, wie etwas klingt: ›Ihr müsst euch nicht so zusammennehmen; wir wissen es alle, und ich kann euch beruhigen, es ist gut so wie es kommt, ich mag nicht mehr.‹ Stell dir vor, sie sagte: ›Ich mag nicht mehr‹; sie, die uns alle froh machte. Ob du das einmal verstehen wirst, wenn du groß bist, Malte? Denk daran später, vielleicht fällt es dir ein. Es wäre ganz gut, wenn es jemanden gäbe, der solche Sachen versteht.«

»Solche Sachen« beschäftigten Maman, wenn sie allein war, und sie war immer allein diese letzten Jahre.

»Ich werde ja nie darauf kommen, Malte«, sagte sie manchmal mit ihrem eigentümlich kühnen Lächeln, das von niemandem gesehen sein wollte und seinen Zweck ganz erfüllte, indem es gelächelt ward. »Aber dass es keinen reizt, das herauszufinden; wenn ich ein Mann wäre, ja gerade wenn ich ein Mann wäre, würde ich darüber nachdenken, richtig der Reihe und Ordnung nach und von Anfang an. Denn einen Anfang muss es doch geben, und wenn man ihn zu fassen bekäme, das wäre immer schon etwas. Ach Malte, wir gehen so hin, und mir kommt vor, dass alle zerstreut sind und beschäftigt und nicht recht achtgeben, wenn wir hingehen. Als ob eine Sternschnuppe fiele und es sieht sie keiner und keiner hat sich etwas gewünscht. Vergiss nie, dir etwas zu wünschen, Malte. Wünschen, das soll man nicht aufgeben. Ich glaube, es gibt keine Erfüllung, aber es gibt Wünsche, die lange vorhalten, das ganze Leben lang, so dass man die Erfüllung doch gar nicht abwarten könnte.«

Maman hatte Ingeborgs kleinen Sekretär hinauf in ihr Zimmer stellen lassen, davor fand ich sie oft, denn ich durfte ohne weiteres bei ihr eintreten. Mein Schritt verging völlig in dem Teppich, aber sie fühlte mich und hielt mir eine ihrer Hände über die andere Schulter hin. Diese Hand war ganz ohne Gewicht, und sie küsste sich fast wie das elfenbeinerne Kruzifix, das man mir abends vor dem Einschlafen reichte. An diesem niederen Schreibschrank, der mit einer Platte sich vor ihr aufschlug, saß sie wie an einem Instrument. »Es ist so viel Sonne drin«, sagte sie, und wirklich, das Innere war merkwürdig hell, von altem, gelbem Lack, auf dem Blumen gemalt waren, immer eine rote und eine blaue. Und wo drei nebeneinander standen, gab es eine violette zwischen ihnen, die die beiden anderen trennte. Diese Farben und das Grün des schmalen, waagerechten Rankenwerks waren ebenso verdunkelt in sich, wie der Grund strahlend war, ohne eigentlich klar zu sein. Das ergab ein seltsam gedämpftes Verhältnis von Tönen, die in innerlichen gegenseitigen Beziehungen standen, ohne sich über sie auszusprechen.

Maman zog die kleinen Laden heraus, die alle leer waren.

»Ach, Rosen«, sagte sie und hielt sich ein wenig vor in den trüben Geruch hinein, der nicht alle wurde. Sie hatte dabei immer die Vorstellung, es könnte sich plötzlich noch etwas finden in einem geheimen Fach, an das niemand gedacht hatte und das nur dem Druck irgendeiner versteckten Feder nachgab. »Auf einmal springt es vor, du sollst sehen«, sagte sie ernst und ängstlich und zog eilig an allen Laden. Was aber wirklich an Papieren in den Fächern zurückgeblieben war, das hatte sie sorgfältig zusammen gelegt und eingeschlossen, ohne es zu lesen. »Ich verstünde es doch nicht, Malte, es wäre sicher zu schwer für mich.« Sie hatte die Überzeugung, dass alles zu kompliziert für sie sei. »Es gibt keine Klassen im Leben für Anfänger, es ist immer gleich das Schwierigste, was von einem verlangt wird.« Man versicherte mir, dass sie erst seit dem schrecklichen Tode ihrer Schwester so geworden sei, der Gräfin Öllegaard Skeel, die verbrannte, da sie sich vor einem Balle am Leuchterspiegel die Blumen im Haar anders anstecken wollte. Aber in letzter Zeit schien ihr doch Ingeborg das, was am schwersten zu begreifen war.

Und nun will ich die Geschichte aufschreiben, so wie Maman sie erzählte, wenn ich darum bat.

Es war mitten im Sommer, am Donnerstag nach Ingeborgs Beisetzung. Von dem Platze auf der Terrasse, wo der Tee genommen wurde, konnte man den Giebel des Erbbegräbnisses sehen zwischen den riesigen Ulmen hin. Es war so gedeckt worden, als ob nie eine Person mehr an diesem Tisch gesessen hätte, und wir saßen auch alle recht ausgebreitet herum. Und jeder hatte etwas mitgebracht, ein Buch oder einen Arbeitskorb, sodass wir sogar ein wenig beengt waren. Abelone (Mamans jüngste Schwester) verteilte den Tee, und alle waren beschäftigt, etwas herumzureichen, nur dein Großvater sah von seinem Sessel aus nach dem Hause hin. Es war die Stunde, da man die Post erwartete, und es fügte sich meistens so, dass

Ingeborg sie brachte, die mit den Anordnungen für das Essen länger drin zurückgehalten war. In den Wochen ihrer Krankheit hatten wir nun reichlich Zeit gehabt, uns ihres Kommens zu entwöhnen; denn wir wussten ja, dass sie nicht kommen könne. Aber an diesem Nachmittag, Malte, da sie wirklich nicht mehr kommen konnte –: da kam sie. Vielleicht war es unsere Schuld; vielleicht haben wir sie gerufen. Denn ich erinnere mich, dass ich auf einmal dasaß und angestrengt war, mich zu besinnen, was denn eigentlich nun anders sei. Es war mir plötzlich nicht möglich zu sagen, *was;* ich hatte es völlig vergessen. Ich blickte auf und sah alle andern dem Hause zugewendet, nicht etwa auf eine besondere, auffällige Weise, sondern so recht ruhig und alltäglich in ihrer Erwartung. Und da war ich daran – (mir wird ganz kalt, Malte, wenn ich es denke) aber, Gott behüt mich, ich war daran zu sagen: »Wo bleibt nur –« Da schoss schon Cavalier, wie er immer tat, unter dem Tisch hervor und lief ihr entgegen. Ich hab es gesehen, Malte, ich hab es gesehen. Er lief ihr entgegen, obwohl sie nicht kam; für ihn kam sie. Wir begriffen, dass er ihr entgegenlief. Zweimal sah er sich nach uns um, als ob er fragte. Dann raste er auf sie zu, wie immer, Malte, genau wie immer, und erreichte sie; denn er begann rundherum zu springen, Malte, um etwas, was nicht da war, und dann hinauf an ihr, um sie zu lecken, gerade hinauf. Wir hörten ihn winseln vor Freude, und wie er so in die Höhe schnellte, mehrmals rasch hintereinander, hätte man wirklich meinen können, er verdecke sie uns mit seinen Sprüngen. Aber da heulte es auf einmal, und er drehte sich von seinem eigenen Schwunge in der Luft um und stürzte zurück, merkwürdig ungeschickt, und lag ganz eigentümlich flach da und rührte sich nicht. Von der andern Seite trat der Diener aus dem Hause mit den Briefen. Er zögerte eine Weile; offenbar war es nicht ganz leicht, auf unsere Gesichter zuzugehen. Und dein Vater winkte ihm auch schon, zu bleiben. Dein Vater, Malte, liebte keine Tiere; aber nun ging er doch hin, langsam, wie mir schien, und bückte sich über den Hund. Er sagte etwas zu dem Diener, irgend etwas Kurzes, Einsilbiges. Ich sah, wie der Diener hinzusprang, um Cavalier aufzuheben. Aber da nahm dein Vater selbst das Tier und ging damit, als wüsste er genau wohin, ins Haus hinein.

Einmal, als es über dieser Erzählung fast dunkel geworden war, war ich nahe daran, Maman von der »Hand« zu erzählen: in diesem Augenblick hätte ich es gekonnt. Ich atmete schon auf, um anzufangen, aber da fiel mir ein, wie gut ich den Diener begriffen hatte, dass er nicht hatte kommen können auf ihre Gesichter zu. Und ich fürchtete mich trotz der Dunkelheit vor Mamans Gesicht, wenn es sehen würde, was ich gesehen habe. Ich holte rasch noch einmal Atem, damit es den Anschein habe, als hätte ich nichts anderes gewollt. Ein paar Jahre hernach, nach der merkwürdigen Nacht in der Galerie auf Urnekloster, ging ich tagelang damit um, mich dem kleinen Erik anzuvertrauen. Aber er hatte sich nach unserem nächtlichen Gespräch wieder ganz vor mir zugeschlossen, er vermied mich; ich glaube, dass er mich verachtete. Und gerade deshalb wollte ich ihm von der »Hand« erzählen. Ich bildete mir ein, ich würde in seiner Meinung gewinnen (und das wünschte ich dringend aus irgendeinem Grunde), wenn ich ihm begreiflich machen könnte, dass ich das wirklich erlebt hatte. Erik aber war so geschickt im Ausweichen, dass es nicht dazu kam. Und dann reisten wir ja auch gleich. So ist es, wunderlich genug, das erste Mal, dass ich (und schließlich auch nur mir selber) eine Begebenheit erzähle, die nun weit zurückliegt in meiner Kindheit.

Wie klein ich damals noch gewesen sein muss, sehe ich daran, dass ich auf dem Sessel kniete, um bequem auf den Tisch hinaufzureichen, auf dem ich zeichnete. Es war am Abend, im Winter, wenn ich nicht irre, in der Stadtwohnung. Der Tisch stand in meinem Zimmer, zwischen den Fenstern, und es war keine Lampe im Zimmer, als die, die auf meine Blätter schien und auf Mademoiselles Buch; denn Mademoiselle saß neben mir, etwas zurückgerückt, und las. Sie war weit weg, wenn sie las, ich weiß nicht, ob sie im Buche war; sie konnte lesen, stundenlang, sie blätterte selten um, und ich hatte den Eindruck, als würden die Seiten immer voller unter ihr, als schaute sie Worte hinzu, bestimmte Worte, die sie nötig hatte und die nicht da waren. Das kam mir so vor, während ich zeichnete. Ich zeichnete langsam, ohne sehr entschiedene Absicht, und sah alles, wenn ich nicht weiter wusste, mit ein wenig nach rechts geneigtem Kopfe an; so fiel mir immer am raschesten ein, was noch fehlte. Es waren Offiziere zu Pferd, die in die Schlacht ritten, oder sie waren mittendrin, und das war viel einfacher, weil dann fast nur der Rauch zu machen war, der alles einhüllte. Maman freilich behauptet nun immer, dass es Inseln gewesen waren, was ich malte; Inseln mit großen Bäumen und einem Schloss und einer Treppe und Blumen am Rand, die sich spiegeln sollten im Wasser. Aber ich glaube, das erfindet sie, oder es muss später gewesen sein.

Es ist ausgemacht, dass ich an jenem Abend einen Ritter zeichnete, einen einzelnen, sehr deutlichen Ritter auf einem merkwürdig bekleideten Pferd. Er wurde so bunt, dass ich oft die Stifte wechseln musste, aber vor allem kam doch der rote in Betracht, nach dem ich immer wieder griff. Nun hatte ich ihn noch einmal nötig; da rollte er (ich sehe ihn noch) quer über das beschienene Blatt an den Rand und fiel, ehe ich's verhindern konnte, an mir vorbei hinunter und war fort. Ich brauchte ihn wirklich dringend, und es war recht ärgerlich, ihm nun nachzuklettern. Ungeschickt, wie ich war, kostete es mich allerhand Veranstaltungen, hinunterzukommen; meine Beine schienen mir viel zu lang, ich konnte sie nicht unter mir hervorziehen; die zu lange eingehaltene knieende Stellung hatte meine Glieder dumpf gemacht; ich wusste nicht, was zu mir und was zum Sessel gehörte. Endlich kam ich doch, etwas konfus, unten an und befand mich auf einem Fell, das sich unter dem Tisch bis gegen die Wand hinzog. Aber da ergab sich eine neue Schwierigkeit. Eingestellt auf die Helligkeit da oben und noch ganz begeistert für die Farben auf dem weißen Papier, vermochten meine Augen nicht das geringste unter dem Tisch zu erkennen, wo mir das Schwarze so zugeschlossen schien, dass ich bange war, daran zu stoßen. Ich verließ mich also auf mein Gefühl und kämmte, knieend und auf die linke gestützt, mit der andern Hand in dem kühlen, langhaarigen Teppich herum, der sich recht vertraulich anfühlte; nur dass kein Bleistift zu spüren war. Ich bildete mir ein, eine Menge Zeit zu verlieren, und wollte eben schon Mademoiselle anrufen und sie bitten, mir die Lampe zu halten, als ich merkte, dass für meine unwillkürlich angestrengten Augen das Dunkel nach und nach durchsichtiger wurde. Ich konnte schon hinten die Wand unterscheiden, die mit einer hellen Leiste abschloss; ich orientierte mich über die Beine des Tisches; ich erkannte vor allem meine eigene, ausgespreizte Hand, die sich ganz allein, ein bisschen wie ein Wassertier, da unten bewegte und den Grund untersuchte. Ich sah ihr, weiß ich noch, fast neugierig zu; es kam mir vor, als könnte sie Dinge, die ich sie nicht gelehrt hatte, wie sie da unten so eigenmächtig herumtastete mit Bewegungen, die ich nie an ihr beobachtet hatte. Ich verfolgte sie, wie sie vordrang, es interessierte mich, ich war auf allerhand vorbereitet. Aber wie hätte ich darauf gefasst sein sollen, dass ihr mit einem Male aus der Wand eine andere Hand entgegenkam, eine größere, ungewöhnlich magere Hand, wie ich noch nie eine gesehen hatte. Sie suchte in ähnlicher Weise von der anderen Seite her, und die beiden gespreizten Hände bewegten sich blind aufeinander zu. Meine Neugierde war noch nicht aufgebraucht, aber plötzlich war sie zu Ende, und es war nur Grauen da. Ich fühlte, dass die eine von den Händen mir gehörte und dass sie sich da in etwas einließ, was nicht wieder gutzumachen war. Mit allem Recht, das ich auf sie hatte, hielt ich sie an und zog sie flach und langsam zurück, indem ich die andere nicht aus den Augen ließ, die weitersuchte. Ich begriff, dass sie es nicht aufgeben würde, ich kann nicht sagen, wie ich wieder hinaufkam. Ich saß ganz tief im Sessel, die Zähne schlugen mir aufeinander, und ich hatte so wenig Blut im Gesicht, dass mir schien, es wäre kein Blau mehr in meinen Augen.

Mademoiselle –, wollte ich sagen und konnte es nicht, aber da erschrak sie von selbst, sie warf ihr Buch hin und kniete sich neben den Sessel und rief meinen Namen; ich glaube, dass sie mich rüttelte. Aber ich war ganz bei Bewusstsein. Ich schluckte ein paar Mal; denn nun wollte ich es erzählen.

Aber wie? Ich nahm mich unbeschreiblich zusammen, aber es war nicht auszudrücken, so dass es einer begriff. Gab es Worte für dieses Ereignis, so war ich zu klein, welche zu finden. Und plötzlich ergriff mich die Angst, sie könnten doch, über mein Alter hinaus, auf einmal da sein, diese Worte, und es schien mir fürchterlicher als alles, sie dann sagen zu müssen. Das Wirkliche da unten noch einmal durchzumachen, anders, abgewandelt, von Anfang an; zu hören, wie ich es zugebe, dazu hatte ich keine Kraft mehr.

Es ist natürlich Einbildung, wenn ich nun behaupte, ich hätte in jener Zeit schon gefühlt, dass da etwas in mein Leben gekommen sei, geradeaus in meines, womit ich allein würde herumgehen müssen, immer und immer. Ich sehe mich in meinem kleinen Gitterbett liegen und nicht schlafen und irgendwie ungenau voraussehen, dass so das Leben sein würde: voll lauter besonderer Dinge, die nur für *Einen* gemeint sind und die sich nicht sagen lassen. Sicher ist, dass sich nach und nach ein trauriger und schwerer Stolz in mir erhob. Ich stellte mir vor, wie man herumgehen würde, voll von Innerem und schweigsam. Ich empfand eine ungestüme Sympathie für die Erwachsenen; ich bewunderte sie, und ich nahm mir vor, ihnen zu sagen, dass ich sie bewunderte. Ich nahm mir vor, es Mademoiselle zu sagen bei der nächsten Gelegenheit.

Und dann kam eine von diesen Krankheiten, die darauf ausgingen, mir zu beweisen, dass dies nicht das erste eigene Erlebnis war. Das Fieber wühlte in mir und holte von ganz unten Erfahrungen, Bilder, Tatsachen heraus, von denen ich nicht gewusst hatte; ich lag da, überhäuft mit mir, und wartete auf den Augenblick, da mir befohlen würde, dies alles wieder in mich hineinzuschichten, ordentlich, der Reihe nach. Ich begann, aber es wuchs mir unter den Händen, es sträubte sich, es war viel zu viel. Dann packte mich die Wut, und ich warf alles in Haufen in mich hinein und presste es zusammen; aber ich ging nicht wieder darüber zu. Und da schrie ich, halb offen wie ich war, schrie ich und schrie. Und wenn ich anfing hinauszusehen aus mir, so standen sie seit lange um mein Bett und hielten mir die Hände, und eine Kerze war da, und ihre großen Schatten rührten sich hinter ihnen. Und mein Vater befahl mir, zu sagen, was es gäbe. Es war ein freundlicher, gedämpfter Befehl, aber ein Befehl war es immerhin. Und er wurde ungeduldig, wenn ich nicht antwortete.

Maman kam nie in der Nacht –, oder doch, einmal kam sie. Ich hatte geschrieen und geschrieen, und Mademoiselle war gekommen und Sieversen, die Haushälterin, und Georg, der Kutscher; aber das hatte nichts genutzt. Und da hatten sie endlich den Wagen nach den Eltern geschickt, die auf einem großen Balle waren, ich glaube beim Kronprinzen. Und auf einmal hörte ich ihn hereinfahren in den Hof, und ich wurde still, saß und sah nach der Tür. Und da rauschte es ein wenig in den anderen Zimmern, und Maman kam herein in der großen Hofrobe, die sie gar nicht in acht nahm, und lief beinah und ließ ihren weißen Pelz hinter sich fallen und nahm mich in die bloßen Arme. Und ich befühlte, erstaunt und entzückt wie nie, ihr Haar und ihr kleines, gepflegtes Gesicht und die kalten Steine an ihren Ohren und die Seide am Rand ihrer Schultern, die nach Blumen dufteten. Und wir blieben so und weinten zärtlich und küssten uns, bis wir fühlten, dass der Vater da war und dass wir uns trennen mussten. »Er hat hohes Fieber«, hörte ich Maman schüchtern sagen, und der Vater griff nach meiner Hand und zählte den Puls. Er war in der Jägermeisteruniform mit dem schönen, breiten, gewässerten blauen Band des Elefanten. »Was für ein Unsinn, uns zu rufen«, sagte er ins Zimmer hinein, ohne mich anzusehen. Sie hatten versprochen, zurückzukehren, wenn es nichts Ernstliches wäre. Und Ernstliches war es ja nichts. Auf meiner Decke aber fand ich Mamans Tanzkarte und weiße Kamelien, die ich noch nie gesehen hatte und die ich mir auf die Augen legte, als ich merkte, wie kühl sie waren.

Aber was lang war, das waren die Nachmittage in solchen Krankheiten. Am Morgen nach der schlechten Nacht kam man immer in Schlaf, und wenn man erwachte und meinte, nun wäre es wieder früh, so war es Nachmittag und blieb Nachmittag und hörte nicht auf Nachmittag zu sein. Da lag man so in dem aufgeräumten Bett und wuchs vielleicht ein wenig in den Gelenken und war viel zu müde, um sich irgend etwas vorzustellen. Der Geschmack vom Apfelmus hielt lange vor, und das war schon alles mögliche, wenn man ihn irgendwie auslegte, unwillkürlich, und die reinliche Säure an Stelle von Gedanken in sich herumgehen ließ. Später, wenn die Kräfte wiederkamen, wurden die Kissen hinter einem aufgebaut, und man konnte aufsitzen und mit Soldaten spielen; aber sie fielen so leicht um auf dem schiefen Bett-Tisch und dann immer gleich die ganze Reihe; und man war doch noch nicht so ganz im Leben drin, um immer wieder von vorn anzufangen. Plötzlich war es zuviel, und man bat, alles recht rasch fortzunehmen, und es tat wohl, wieder nur die zwei Hände zu sehen, ein bisschen weiter hin auf der leeren Decke.

Wenn Maman mal eine halbe Stunde kam und Märchen vorlas (zum richtigen, langen Vorlesen war Sieversen da), so war das nicht um der Märchen willen. Denn wir waren einig darüber, dass wir Märchen nicht liebten. Wir hatten einen anderen Begriff vom Wunderbaren. Wir fanden, wenn alles mit natürlichen Dingen zuginge, so wäre das immer am wunderbarsten. Wir gaben nicht viel darauf, durch die Luft zu fliegen, die Feen enttäuschten uns, und von den Verwandlungen in etwas anderes erwarteten wir uns nur eine sehr oberflächliche Abwechslung. Aber wir lasen doch ein bisschen, um beschäftigt auszusehen; es war uns nicht angenehm, wenn irgend jemand eintrat, erst erklären zu müssen, was wir gerade taten; besonders Vater gegenüber waren wir von einer übertriebenen Deutlichkeit.

Nur wenn wir ganz sicher waren, nicht gestört zu sein, und es dämmerte draußen, konnte es geschehen, dass wir uns Erinnerungen hingaben, gemeinsamen Erinnerungen, die uns beiden alt schienen und über die wir lächelten; denn wir waren beide groß geworden seither. Es fiel uns ein, dass es eine Zeit gab, wo Maman wünschte, dass ich ein kleines Mädchen wäre und nicht dieser Junge, der ich nun einmal war. Ich hatte das irgendwie erraten, und ich war auf den Gedanken gekommen, manchmal nachmittags an Mamans Türe zu klopfen. Wenn sie dann fragte, wer da wäre, so war ich glücklich, draußen »Sophie« zu rufen, wobei ich meine kleine Stimme so zierlich machte, dass sie mich in der Kehle kitzelte. Und wenn ich dann eintrat (in dem kleinen, mädchenhaften Hauskleid, das ich ohnehin trug, mit ganz hinaufgerollten Ärmeln), so war ich einfach Sophie, Mamans kleine Sophie, die sich häuslich beschäftigte und der Maman einen Zopf flechten musste, damit keine Verwechslung stattfinde mit dem bösen Malte, wenn er je wiederkäme. Erwünscht war dies durchaus nicht; es war sowohl Maman wie Sophie angenehm, dass er fort war, und ihre Unterhaltungen (die Sophie immerzu mit der gleichen, hohen Stimme fortsetzte) bestanden meistens darin, dass sie Maltes Unarten aufzählten und sich über ihn beklagten. »Ach ja, dieser Malte«, seufzte Maman. Und Sophie wusste eine Menge über die Schlechtigkeit der Jungen im allgemeinen, als kennte sie einen ganzen Haufen.

»Ich möchte wohl wissen, was aus Sophie geworden ist«, sagte Maman dann plötzlich bei solchen Erinnerungen.

Darüber konnte nun Malte freilich keine Auskunft geben. Aber wenn Maman vorschlug, dass sie gewiss gestorben sei, dann widersprach er eigensinnig und beschwor sie, dies nicht zu glauben, so wenig sich sonst auch beweisen ließe.

Wenn ich das jetzt überdenke, kann ich mich wundern, dass ich aus der Welt dieser Fieber doch immer wieder ganz zurückkam und mich hineinfand in das überaus gemeinsame Leben, wo jeder im Gefühl unterstützt sein wollte, bei Bekanntem zu sein, und wo man sich so vorsichtig im Verständlichen vertrug. Da wurde etwas erwartet, und es kam oder es kam nicht, ein Drittes war ausgeschlossen. Da gab es Dinge, die traurig waren, ein- für allemal, es gab angenehme Dinge und eine ganze Menge nebensächlicher. Wurde aber einem eine Freude bereitet, so war es eine Freude, und er hatte sich danach zu benehmen. Im Grunde war das alles sehr einfach, und wenn man es erst heraus hatte, so machte es sich wie von selbst. In diese verabredeten Grenzen ging denn auch alles hinein; die langen, gleichmäßigen Schulstunden, wenn draußen der Sommer war; die Spaziergänge, von denen man französisch erzählen musste; die Besuche, für die man hereingerufen wurde und die einen drollig fanden, wenn man gerade traurig war, und sich an einem belustigten wie an dem betrübten Gesicht gewisser Vögel, die kein anderes haben. Und die Geburtstage natürlich, zu denen man Kinder eingeladen bekam, die man kaum kannte, verlegene Kinder, die einen verlegen machten, oder dreiste, die einem das Gesicht zerkratzten, und zerbrachen, was man gerade bekommen hatte, und die dann plötzlich fortfuhren, wenn alles aus Kästen und Laden herausgerissen war und zu Haufen lag. Wenn man aber allein spielte, wie immer, so konnte es doch geschehen, dass man diese vereinbarte, im ganzen harmlose Welt unversehens überschritt und unter Verhältnisse geriet, die völlig verschieden waren und gar nicht abzusehen.

Mademoiselle hatte zuzeiten ihre Migräne, die ungemein heftig auftrat, und das waren die Tage, an denen ich schwer zu finden war. Ich weiß, der Kutscher wurde dann in den Park geschickt, wenn es Vater einfiel, nach mir zu fragen, und ich war nicht da. Ich konnte oben von einem der Gastzimmer aus sehen, wie er hinauslief und am Anfang der langen Allee nach mir rief. Diese Gastzimmer befanden sich, eines neben dem anderen, im Giebel von Ulsgaard und standen, da wir in dieser Zeit sehr selten Hausbesuch hatten, fast immer leer. Anschließend an sie aber war jener große Eckraum, der eine so starke Verlockung für mich hatte. Es war nichts darin zu finden als eine alte Büste, die, ich glaube, den Admiral Juel darstellte, aber die Wände waren ringsum mit tiefen, grauen Wandschränken verschalt, derart, dass sogar das Fenster erst über den Schränken angebracht war in der leeren, geweißten Wand. Den Schlüssel hatte ich an einer der Schranktüren entdeckt, und er schloss alle anderen. So hatte ich in kurzem alles untersucht: die Kammerherrenfräcke aus dem achtzehnten Jahrhundert, die ganz kalt waren von den eingewebten Silberfaden, und die schön gestickten Westen dazu; die Trachten des Dannebrog- und des Elefantenordens, die man erst für Frauenkleider hielt, so reich und umständlich waren sie und so sanft im Futter anzufühlen. Dann wirkliche Roben, die, von ihren Unterlagen auseinander gehalten, steif dahingen wie die Marionetten eines zu großen Stückes, das so endgültig aus der Mode war, dass man ihre Köpfe anders verwendet hatte. Daneben aber waren Schränke, in denen es dunkel war, wenn man sie aufmachte, dunkel von hochgeschlossenen Uniformen, die viel gebrauchter aussahen als alles das andere und die eigentlich wünschten, nicht erhalten zu sein.

Niemand wird es verwunderlich finden, dass ich das alles herauszog und ins Licht neigte; dass ich das und jenes an mich hielt oder umnahm; dass ich ein Kostüm, welches etwa passen konnte, hastig anzog und darin, neugierig und aufgeregt, in das nächste Fremdenzimmer lief, vor den schmalen Pfeilerspiegel, der aus einzelnen ungleich grünen Glasstücken zusammengesetzt war. Ach, wie man zitterte, drin zu sein, und wie hinreißend war es, wenn man es war. Wenn da etwas aus dem Trüben heraus sich näherte, langsamer als man selbst, denn der Spiegel glaubte es gleichsam nicht und wollte, schläfrig wie er war, nicht gleich nachsprechen, was man ihm vorsagte. Aber schließlich musste er natürlich. Und nun war es etwas sehr Überraschendes, Fremdes, ganz anders, als man es sich gedacht hatte, etwas Plötzliches, Selbständiges, das man rasch überblickte, um sich im nächsten Augenblick doch zu erkennen, nicht ohne eine gewisse Ironie, die um ein Haar das ganze Vergnügen zerstören konnte. Wenn man aber sofort zu reden begann, sich zu verbeugen, wenn man sich zuwinkte, sich, fortwährend zurückblickend, entfernte und dann entschlossen und angeregt wiederkam, so hatte man die Einbildung auf seiner Seite, solang es einem gefiel. Ich lernte damals den Einfluss kennen, der unmittelbar von einer bestimmten Tracht ausgehen kann. Kaum hatte ich einen dieser Anzüge angelegt, musste ich mir eingestehen, dass er mich in seine Macht bekam; dass er mir meine Bewegungen, meinen Gesichtsausdruck, ja sogar meine Einfälle vorschrieb; meine Hand, über die die Spitzenmanschette fiel und wieder fiel, war durchaus nicht meine gewöhnliche Hand; sie bewegte sich wie ein Akteur, ja, ich möchte sagen, sie sah sich selber zu, so übertrieben das auch klingt. Diese Verstellungen gingen indessen nie so weit, dass ich mich mir selber entfremdet fühlte; im Gegenteil, je vielfältiger ich mich abwandelte, desto überzeugter wurde ich von mir selbst. Ich wurde kühner und kühner; ich warf mich immer höher; denn meine Geschicklichkeit im Auffangen war über allen Zweifel. Ich merkte nicht die Versuchung in dieser rasch wachsenden Sicherheit. Zu meinem Verhängnis fehlte nur noch, dass der letzte Schrank, den ich bisher meinte nicht öffnen zu können, eines Tages nachgab, um mir; statt bestimmter Trachten, allerhand vages Maskenzeug auszuliefern, dessen phantastisches Ungefähr mir das Blut in die Wangen trieb. Es lässt sich nicht aufzählen, was da alles war. Außer einer Bautta, deren ich mich entsinne, gab es Dominos in verschiedenen Farben, es gab Frauenröcke, die hell läuteten von den Münzen, mit denen sie benäht waren; es gab Pierrots, die mir albern vorkamen, und faltige, türkische Hosen und persische Mützen, aus denen kleine Kampfersäckchen herausglitten, und Kronreifen mit dummen, ausdruckslosen Steinen. Dies alles verachtete ich ein wenig; es war von so dürftiger Unwirklichkeit und hing so abgebalgt und armselig da und schlappte willenlos zusammen, wenn man es herauszerrte ans Licht. Was mich aber in eine Art von Rausch versetzte, das waren die geräumigen Mäntel, die Tücher, die Schals, die Schleier, alle diese nachgiebigen, großen, unverwendeten Stoffe, die weich und schmeichelnd waren oder so gleitend, dass man sie kaum zu fassen bekam, oder so leicht, dass sie wie ein Wind an einem vorbeiflogen, oder einfach schwer mit ihrer ganzen Last. In ihnen erst sah ich wirklich freie und unendlich bewegliche Möglichkeiten: eine Sklavin zu sein, die verkauft wird, oder Jeanne d'Arc zu sein oder ein alter König oder ein Zauberer; das alles hatte man jetzt in der Hand, besonders da auch Masken da waren, große drohende oder erstaunte Gesichter mit echten Bärten und vollen oder hochgezogenen Augenbrauen. Ich hatte nie Masken gesehen vorher, aber ich sah sofort ein, dass es Masken geben müsse. Ich musste lachen, als mir einfiel, dass wir einen Hund hatten, der sich ausnahm, als trüge er eine. Ich stellte mir seine herzlichen Augen vor, die immer wie von hinten hineinsahen in das behaarte Gesicht. Ich lachte noch, während ich mich verkleidete, und ich vergaß darüber völlig, was ich eigentlich vorstellen wollte. Nun, es war neu und spannend, das erst nachträglich vor dem Spiegel zu entscheiden. Das Gesicht, das ich vorband, roch eigentümlich hohl, es legte sich fest über meines, aber ich konnte bequem durchsehen, und ich wählte erst, als die Maske schon saß, allerhand Tücher, die ich in der Art eines Turbans um den Kopf wand, so dass der Rand der Maske, der unten in einen riesigen gelben Mantel hineinreichte, auch oben und seitlich fast ganz verdeckt war. Schließlich, als ich nicht mehr konnte, hielt ich mich für hinreichend vermummt. Ich ergriff noch einen großen Stab, den ich, soweit der Arm reichte, neben mir hergehen ließ, und schleppte so, nicht ohne Mühe, aber, wie mir vorkam, voller Würde, in das Fremdenzimmer hinein auf den Spiegel zu.

Das war nun wirklich großartig, über alle Erwartung. Der Spiegel gab es auch augenblicklich wieder, es war zu überzeugend. Es wäre gar nicht nötig gewesen, sich viel zu bewegen; diese Erscheinung war vollkommen, auch wenn sie nichts tat. Aber es galt zu erfahren, was ich eigentlich sei, und so drehte ich mich ein wenig und erhob schließlich die beiden Arme: große, gleichsam beschwörende Bewegungen, das war, wie ich schon merkte, das einzig Richtige. Doch gerade in diesem feierlichen Moment vernahm ich, gedämpft durch meine Vermummung, ganz in meiner Nähe einen vielfach zusammengesetzten Lärm; sehr erschreckt, verlor ich das Wesen da drüben aus den Augen und war arg verstimmt, zu gewahren, dass ich einen kleinen, runden Tisch umgeworfen hatte mit weiß der Himmel was für, wahrscheinlich sehr zerbrechlichen Gegenständen. Ich bückte mich so gut ich konnte und fand meine schlimmste Erwartung bestätigt: es sah aus, als sei alles entzwei. Die beiden überflüssigen, grün-violetten Porzellanpapageien waren natürlich, jeder auf eine andere boshafte Art, zerschlagen. Eine Dose, aus der Bonbons rollten, die aussahen wie seidig eingepuppte Insekten, hatte ihren Deckel weit von sich geworfen, man sah nur seine eine Hälfte, die andere war überhaupt fort. Das Ärgerlichste aber war ein in tausend winzige Scherben zerschellter Flacon, aus dem der Rest irgendeiner alten Essenz herausgespritzt war, der nun einen Fleck von sehr widerlicher Physiognomie auf dem klaren Parkett bildete. Ich trocknete ihn schnell mit irgendwas auf, das an mir herunterhing, aber er wurde nur schwärzer und unangenehmer. Ich war recht verzweifelt. Ich erhob mich und suchte nach irgendeinem Gegenstand, mit dem ich das alles gutmachen konnte. Aber es fand sich keiner. Auch war ich so behindert im Sehen und in jeder Bewegung, dass die Wut in mir aufstieg gegen meinen unsinnigen Zustand, den ich nicht mehr begriff. Ich zerrte an allem, aber es schloss sich nur noch enger an. Die Schnüre des Mantels würgten mich, und das Zeug auf meinem Kopfe drückte, als käme immer noch mehr hinzu. Dabei war die Luft trübe geworden und wie beschlagen mit dem ältlichen Dunst der verschütteten Flüssigkeit.

Heiß und zornig stürzte ich vor den Spiegel und sah mühsam durch die Maske durch, wie meine Hände arbeiteten. Aber darauf hatte er nur gewartet. Der Augenblick der Vergeltung war für ihn gekommen. Während ich in maßlos zunehmender Beklemmung mich anstrengte, mich irgendwie aus meiner Vermummung hinauszuzwängen, nötigte er mich, ich weiß nicht womit, aufzusehen und diktierte mir ein Bild, nein, eine Wirklichkeit, eine fremde, unbegreifliche monströse Wirklichkeit, mit der ich durchtränkt wurde gegen meinen Willen: denn jetzt war er der Stärkere, und ich war der Spiegel. Ich starrte diesen großen, schrecklichen Unbekannten vor mir an, und es schien mir ungeheuerlich, mit ihm allein zu sein. Aber in demselben Moment, da ich dies dachte, geschah das Äußerste: ich verlor allen Sinn, ich fiel einfach aus. Eine Sekunde lang hatte ich eine unbeschreibliche, wehe und vergebliche Sehnsucht nach mir, dann war nur noch er: es war nichts außer ihm.

Ich rannte davon, aber nun war er es, der rannte. Er stieß überall an, er kannte das Haus nicht, er wusste nicht wohin; er geriet eine Treppe hinunter, er fiel auf dem Gange über eine Person her, die sich schreiend freimachte. Eine Tür ging auf, es traten mehrere Menschen heraus: Ach, ach, was war das gut, sie zu kennen. Das war Sieversen, die gute Sieversen, und das Hausmädchen und der Silberdiener: nun musste es sich entscheiden. Aber sie sprangen nicht herzu und retteten; ihre Grausamkeit war ohne Grenzen. Sie standen da und lachten, mein Gott, sie konnten dastehn und lachen. Ich weinte, aber die Maske ließ die Tränen nicht hinaus, sie rannen innen über mein Gesicht und trockneten gleich und rannen wieder und trockneten. Und endlich kniete ich hin vor ihnen, wie nie ein Mensch gekniet hat; ich kniete und hob meine Hände zu ihnen auf und flehte: »Herausnehmen, wenn es noch geht, und behalten«, aber sie hörten es nicht; ich hatte keine Stimme mehr.

Sieversen erzählte bis an ihr Ende, wie ich umgesunken wäre und wie sie immer noch weitergelacht hätten in der Meinung, das gehöre dazu. Sie waren es so gewöhnt bei mir. Aber dann wäre ich doch immerzu liegengeblieben und hätte nicht geantwortet. Und der Schrecken, als sie endlich entdeckten, dass ich ohne Besinnung sei und dalag wie ein Stück in allen den Tüchern, rein wie ein Stück.

Die Zeit ging unberechenbar schnell, und auf einmal war es schon wieder so weit, dass der Prediger Dr. Jespersen geladen werden musste. Das war dann für alle Teile ein mühsames und langwieriges Frühstück. Gewohnt an die sehr fromme Nachbarschaft, die sich jedes Mal ganz auflöste um seinetwillen, war er bei uns durchaus nicht an seinem Platz; er lag sozusagen auf dem Land und schnappte. Die Kiemenatmung, die er an sich ausgebildet hatte, ging beschwerlich vor sich, es bildeten sich Blasen, und das Ganze war nicht ohne Gefahr. Gesprächsstoff war, wenn man genau sein will, überhaupt keiner da; es wurden Reste veräußert zu unglaublichen Preisen, es war eine Liquidation aller Bestände. Dr. Jespersen musste sich bei uns darauf beschränken, eine Art von Privatmann zu sein; das gerade aber war er nie gewesen. Er war, soweit er denken konnte, im Seelenfach angestellt. Die Seele war eine öffentliche Institution für ihn, die er vertrat, und er brachte es zuwege, niemals außer Dienst zu sein, selbst nicht im Umgang mit seiner Frau, »seiner bescheidenen, treuen, durch Kindergebären seligwerdenden Rebekka«, wie Lavater sich in einem anderen Fall ausdrückte.

(Was übrigens meinen Vater betraf, so war seine Haltung Gott gegenüber vollkommen korrekt und von tadelloser Höflichkeit. In der Kirche schien es mir manchmal, als wäre er geradezu Jägermeister bei Gott, wenn er dastand und abwartete und sich verneigte. Maman dagegen erschien es fast verletzend, dass jemand zu Gott in einem höflichen Verhältnis stehen konnte. Wäre sie in eine Religion mit deutlichen und ausführlichen Gebräuchen geraten, es wäre eine Seligkeit für sie gewesen, stundenlang zu knien und sich hinzuwerfen und sich recht mit dem großen Kreuz zu gebärden vor der Brust und um die Schultern herum. Sie lehrte mich nicht eigentlich beten, aber es war ihr eine Beruhigung, dass ich gerne kniete und die Hände bald gekrümmt und bald aufrecht faltete, wie es mir gerade ausdrucksvoller schien. Ziemlich in Ruhe gelassen, machte ich frühzeitig eine Reihe von Entwicklungen durch, die ich erst viel später in einer Zeit der Verzweiflung auf Gott bezog, und zwar mit solcher Heftigkeit, dass er sich bildete und zersprang, fast in demselben Augenblick. Es ist klar, dass ich ganz von vorn anfangen musste hernach. Und bei diesem Anfang meinte ich manchmal, Maman nötig zu haben, obwohl es ja natürlich richtiger war, ihn allein durchzumachen. Und da war sie ja auch schon lange tot.) Dr. Jespersen gegenüber konnte Maman beinah ausgelassen sein. Sie ließ sich in Gespräche mit ihm ein, die er ernst nahm, und wenn er dann sich reden hörte, meinte sie, das genüge, und vergaß ihn plötzlich, als wäre er schon fort. »Wie kann er nur«, sagte sie manchmal von ihm, »herumfahren und hineingehen zu den Leuten, wenn sie gerade sterben.«

Er kam auch zu ihr bei dieser Gelegenheit, aber sie hat ihn sicher nicht mehr gesehen. Ihre Sinne gingen ein, einer nach dem andern, zuerst das Gesicht. Es war im Herbst, man sollte schon in die Stadt ziehen, aber da erkrankte sie gerade, oder vielmehr, sie fing gleich an zu sterben, langsam und trostlos abzusterben an der ganzen Oberfläche. Die Ärzte kamen, und an einem bestimmten Tag waren sie alle zusammen da und beherrschten das ganze Haus. Es war ein paar Stunden lang, als gehörte es nun dem Geheimrat und seinen Assistenten und als hätten wir nichts mehr zu sagen. Aber gleich danach verloren sie alles Interesse, kamen nur noch einzeln, wie aus purer Höflichkeit, um eine Zigarre anzunehmen und ein Glas Portwein. Und Maman starb indessen.

Man wartete nur noch auf Mamans einzigen Bruder, den Grafen Christian Brahe, der, wie man sich noch erinnern wird, eine Zeitlang in türkischen Diensten gestanden hatte, wo er, wie es immer hieß, sehr ausgezeichnet worden war. Er kam eines Morgens an in Begleitung eines fremdartigen Dieners, und es überraschte mich, zu sehen, dass er größer war als Vater und scheinbar auch älter. Die beiden Herren wechselten sofort einige Worte, die sich, wie ich vermutete, auf Maman bezogen. Es entstand eine Pause. Dann sagte mein Vater: »Sie ist sehr entstellt.« Ich begriff diesen Ausdruck nicht, aber es fröstelte mich, da ich ihn hörte. Ich hatte den Eindruck, als ob auch mein Vater sich hätte überwinden müssen, ehe er ihn aussprach. Aber es war wohl vor allem sein Stolz, der litt, indem er dies zugab. Mehrere Jahre später erst hörte ich wieder von dem Grafen Christian reden. Es war auf Urnekloster, und Mathilde

Brahe war es, die mit Vorliebe von ihm sprach. Ich bin indessen sicher, dass sie die einzelnen Episoden ziemlich eigenmächtig ausgestaltete, denn das Leben meines Onkels, von dem immer nur Gerüchte in die Öffentlichkeit und selbst in die Familie drangen, Gerüchte, die er nie widerlegte, war geradezu grenzenlos auslegbar. Urnekloster ist jetzt in seinem Besitz. Aber niemand weiß, ob er es bewohnt. Vielleicht reist er immer noch, wie es seine Gewohnheit war; vielleicht ist die Nachricht seines Todes aus irgendeinem äußersten Erdteil unterwegs, von der Hand des fremden Dieners geschrieben in schlechtem Englisch oder in irgendeiner unbekannten Sprache. Vielleicht auch gibt dieser Mensch kein Zeichen von sich, wenn er eines Tages allein zurückbleibt. Vielleicht sind sie beide längst verschwunden und stehen nur noch auf der Schiffsliste eines verschollenen Schiffes unter Namen, die nicht die ihren waren.

Freilich, wenn damals auf Urnekloster ein Wagen einfuhr, so erwartete ich immer, *ihn* eintreten zu sehen, und mein Herz klopfte auf eine besondere Art. Mathilde Brahe behauptete: so käme er, das wäre so seine Eigenheit, plötzlich da zu sein, wenn man es am wenigsten für möglich hielte. Er kam nie, aber meine Einbildungskraft beschäftigte sich wochenlang mit ihm, ich hatte das Gefühl, als wären wir einander eine Beziehung schuldig, und ich hätte gern etwas Wirkliches von ihm gewusst.

Als indessen bald darauf mein Interesse umschlug und infolge gewisser Begebenheiten ganz auf Christine Brahe überging, bemühte ich mich eigentümlicherweise nicht, etwas von ihren Lebensumständen zu erfahren. Dagegen beunruhigte mich der Gedanke, ob ihr Bildnis wohl in der Galerie vorhanden sei. Und der Wunsch, das festzustellen, nahm so einseitig und quälend zu, dass ich mehrere Nächte nicht schlief, bis, ganz unvermutet, diejenige da war, in der ich, weiß Gott, aufstand und hinaufging mit meinem Licht, das sich zu fürchten schien.

Was mich angeht, so dachte ich nicht an Furcht. Ich dachte überhaupt nicht; ich ging. Die hohen Türen gaben so spielend nach vor mir und über mir, die Zimmer, durch die ich kam, hielten sich ruhig. Und endlich merkte ich an der Tiefe, die mich anwehte, dass ich in die Galerie getreten sei. Ich fühlte auf der rechten Seite die Fenster mit der Nacht, und links mussten die Bilder sein. Ich hob mein Licht so hoch ich konnte. Ja: da waren die Bilder.

Erst nahm ich mit vor, nur nach den Frauen zu sehen, aber dann erkannte ich eines und ein anderes, das ähnlich in Ulsgaard hing, und wenn ich sie so von unten beschien, so rührten sie sich und wollten ans Licht, und es schien mir herzlos, das nicht wenigstens abzuwarten. Da war immer wieder Christian der Vierte mit der schön geflochtenen Cadenette neben der breiten, langsam gewölbten Wange. Da waren vermutlich seine Frauen, von denen ich nur Kirstine Munk kannte; und plötzlich sah mich Frau Ellen Marsvin an, argwöhnisch in ihrer Witwentracht und mit derselben Perlenschnur auf der Krempe des hohen Huts. Da waren König Christians Kinder: immer wieder frische aus neuen Frauen, die »unvergleichliche« Eleonore auf einem weißen Passgänger in ihrer glänzendsten Zeit, vor der Heimsuchung. Die Gyldenlöves: Hans Ulrik, von dem die Frauen in Spanien meinten, dass er sich das Antlitz male, so voller Blut war er, und Ulrik Christian, den man nicht wieder vergaß. Und beinah alle Ulfelds. Und dieser da, mit dem einen schwarzübermalten Auge, konnte wohl Henrik Holck sein, der mit dreiunddreißig Jahren Reichsgraf war und Feldmarschall, und das kam so: ihm träumte auf dem Wege zu Jungfrau Hilleborg Krafse, es würde ihm statt der Braut ein bloßes Schwert gegeben: und er nahm sich's zu Herzen und kehrte um und begann sein kurzes, verwegenes Leben, das mit der Pest endete. Die kannte ich alle. Auch die Gesandten vom Kongress zu Nimwegen hatten wir auf Ulsgaard, die einander ein wenig glichen, weil sie alle auf einmal gemalt worden waren, jeder mit der schmalen, gestutzten Bartbraue über dem sinnlichen, fast schauenden Munde. Dass ich Herzog Ulrich erkannte, ist selbstverständlich, und Otte Brahe und Claus Daa und Sten Rosensparre, den Letzten seines Geschlechts; denn von ihnen allen hatte ich Bilder im Saal zu Ulsgaard gesehen, oder ich hatte in alten Mappen Kupferstiche gefunden, die sie darstellten.

Aber dann waren viele da, die ich nie gesehen hatte; wenige Frauen, aber es waren Kinder da. Mein Arm war längst müde geworden und zitterte, aber ich hob doch immer wieder das Licht, um die Kinder zu sehen.

Ich begriff sie, diese kleinen Mädchen, die einen Vogel auf der Hand trugen und ihn vergaßen. Manchmal saß ein kleiner Hund bei ihnen unten, ein Ball lag da, und auf dem Tisch nebenan gab es Früchte und Blumen; und dahinter an der Säule hing, klein und vorläufig, das Wappen der Grubbe oder der Bille oder der Rosenkrantz. So viel hatte man um sie zusammengetragen, als ob eine Menge gutzumachen wäre. Sie aber standen einfach in ihren Kleidern und warteten; man sah, dass sie warteten. Und da musste ich wieder an die Frauen denken und an Christine Brahe, und ob ich sie erkennen würde.

Ich wollte rasch bis ganz ans Ende laufen und von dort zurückgehen und suchen, aber da stieß ich an etwas. Ich drehte mich so jäh herum, dass der kleine Erik zurücksprang und flüsterte: »Gib acht mit deinem Licht.«

»Du bist da?« sagte ich atemlos, und ich war nicht im klaren, ob das gut sei oder ganz und gar schlimm. Er lachte nur, und ich wusste nicht, was weiter. Mein Licht flackerte, und ich konnte den Ausdruck seines Gesichts nicht recht erkennen. Es war doch wohl schlimm, dass er da war. Aber da sagte er, indem er näher kam: »*Ihr* Bild ist nicht da, wir suchen es immer noch oben.« Mit seiner halben Stimme und dem einen beweglichen Auge wies er irgendwie hinauf. Und ich begriff, dass er den Boden meinte. Aber auf einmal kam mir ein merkwürdiger Gedanke.

»Wir?« fragte ich, »ist sie denn oben?«

»Ja«, nickte er und stand dicht neben mir.

»Sie sucht selber mit?«

»Ja, wir suchen.«

»Man hat es also fortgestellt, das Bild?«

»Ja, denk nur«, sagte er empört. Aber ich begriff nicht recht, was sie damit wollte.

»Sie will sich sehen«, flüsterte er ganz nah.

»Ja so«, machte ich, als ob ich verstünde. Da blies er mir das Licht aus. Ich sah, wie er sich vorstreckte, ins Helle hinein, mit ganz hochgezogenen Augenbrauen. Dann war's dunkel. Ich trat unwillkürlich zurück.

»Was machst du denn?« rief ich unterdrückt und war ganz trocken im Halse. Er sprang mir nach und hängte sich an meinen Arm und kicherte.

»Was denn?« fuhr ich ihn an und wollte ihn abschütteln, aber er hing fest. Ich konnte es nicht hindern, dass er den Arm um meinen Hals legte.

»Soll ich es sagen?« zischte er, und ein wenig Speichel spritzte mir ans Ohr.

»Ja, ja, schnell.«

Ich wusste nicht, was ich redete. Er umarmte mich nun völlig und streckte sich dabei.

»Ich hab ihr einen Spiegel gebracht«, sagte er und kicherte wieder.

»Einen Spiegel?«

»Ja, weil doch das Bild nicht da ist.«

»Nein, nein«, machte ich.

Er zog mich auf einmal etwas weiter nach dem Fenster hin und kniff mich so scharf in den Oberarm, dass ich schrie.

»Sie ist nicht drin«, blies er mir ins Ohr.

Ich stieß ihn unwillkürlich von mir weg, etwas knackte an ihm, mir war, als hätte ich ihn zerbrochen.

»Geh, geh«, und jetzt musste ich selber lachen, »nicht drin, wieso denn nicht drin?«

»Du bist dumm«, gab er böse zurück und flüsterte nicht mehr. Seine Stimme war umgeschlagen, als begänne er nun ein neues, noch ungebrauchtes Stück. »Man ist entweder drin «, diktierte er altklug und strenge, »dann ist man nicht hier; oder wenn man hier ist, kann man nicht drin sein.«

»Natürlich«, antwortete ich schnell, ohne nachzudenken. Ich hatte Angst, er könnte sonst fortgehen und mich allein lassen. Ich griff sogar nach ihm.

» Wollen wir Freunde sein?« schlug ich vor. Er ließ sich bitten. »Mir ist's gleich«, sagte er keck.

Ich versuchte unsere Freundschaft zu beginnen, aber ich wagte nicht, ihn zu umarmen. »Lieber Erik«, brachte ich nur heraus und rührte ihn irgendwo ein bisschen an. Ich war auf einmal sehr müde. Ich sah mich um; ich verstand nicht mehr, wie ich hierher gekommen war und dass ich mich nicht gefürchtet hatte. Ich wusste nicht recht, wo die Fenster waren und wo die Bilder. Und als wir gingen, musste er mich führen.

»Sie tun dir nichts«, versicherte er großmütig und kicherte wieder.

Lieber, lieber Erik; vielleicht bist du doch mein einziger Freund gewesen. Denn ich habe nie einen gehabt. Es ist schade, dass du auf Freundschaft nichts gabst. Ich hätte dir manches erzählen mögen. Vielleicht hätten wir uns vertragen. Man kann nicht wissen. Ich erinnere mich, dass damals dein Bild gemalt wurde. Der Großvater hatte jemanden kommen lassen, der dich malte. Jeden Morgen eine Stunde. Ich kann mich nicht besinnen, wie der Maler aussah, sein Name ist mir entfallen, obwohl Mathilde Brahe ihn jeden Augenblick wiederholte.

Ob er dich gesehen hat, wie ich dich seh? Du trugst einen Anzug von heliotropfarbenem Samt. Mathilde Brahe schwärmte für diesen Anzug. Aber das ist nun gleichgültig. Nur ob er dich gesehen hat, möchte ich wissen. Nehmen wir an, dass es ein wirklicher Maler war. Nehmen wir an, dass er nicht daran dachte, dass du sterben könntest, ehe er fertig würde; dass er die Sache gar nicht sentimental ansah; dass er einfach arbeitete. Dass die Ungleichheit deiner beiden braunen Augen ihn entzückte; dass er keinen Moment sich schämte für das unbewegliche; dass er den Takt hatte, nichts hinzuzulegen auf den Tisch zu deiner Hand, die sich vielleicht ein wenig stützte –. Nehmen wir sonst noch alles Nötige an und lassen es gelten: so ist ein Bild da, dein Bild, in der Galerie auf Urnekloster das letzte.

(Und wenn man geht, und man hat sie alle gesehen, so ist da noch ein Knabe. Einen Augenblick: wer ist das? Ein Brahe. Siehst du den silbernen Pfahl im schwarzen Feld und die Pfauenfedern? Da steht auch der Name: Erik Brahe. War das nicht ein Erik Brahe, der hingerichtet worden ist? Natürlich, das ist bekannt genug. Aber um den kann es sich nicht handeln. Dieser Knabe ist als Knabe gestorben, gleichviel wann. Kannst du das nicht sehen?)

Wenn Besuch da war und Erik wurde gerufen, so versicherte das Fräulein Mathilde Brahe jedes Mal, es sei geradezu unglaublich, wie sehr er der alten Gräfin Brahe gliche, meiner Großmutter. Sie soll eine sehr große Dame gewesen sein. Ich habe sie nicht gekannt. Dagegen erinnere ich mich sehr gut an die Mutter meines Vaters, die eigentliche Herrin auf Ulsgaard. Das war sie wohl immer geblieben, wie sehr sie es auch Maman übelnahm, dass sie als des Jägermeisters Frau ins Haus gekommen war. Seither tat sie beständig, als zöge sie sich zurück, und schickte die Dienstleute mit jeder Kleinigkeit weiter zu Maman hinein, während sie in wichtigen Angelegenheiten ruhig entschied und verfügte, ohne irgendjemandem Rechenschaft abzulegen. Maman, glaube ich, wünschte es gar nicht anders. Sie war so wenig gemacht, ein großes Haus zu übersehen, ihr fehlte völlig die Einteilung der Dinge in nebensächliche und wichtige. Alles, wovon man ihr sprach, schien ihr immer das Ganze zu sein, und sie vergaß darüber das andere, das doch auch noch da war. Sie beklagte sich nie über ihre Schwiegermutter. Und bei wem hätte sie sich auch beklagen sollen? Vater war ein äußerst respektvoller Sohn, und Großvater hatte wenig zu sagen. Frau Margarete Brigge war immer schon, soweit ich denken kann, eine hochgewachsene, unzugängliche Greisin. Ich kann mir nicht anders vorstellen, als dass sie viel älter gewesen sei, als der Kammerherr. Sie lebte mitten unter uns ihr Leben, ohne auf jemanden Rücksicht zu nehmen. Sie war auf keinen von uns angewiesen und hatte immer eine Art Gesellschafterin, eine alternde Komtesse Oxe, um sich, die sie sich durch irgendeine Wohltat unbegrenzt verpflichtet hatte. Dies musste eine einzelne Ausnahme gewesen sein, denn wohltun war sonst nicht ihre Art. Sie liebte keine Kinder, und Tiere durften nicht in ihre Nähe. Ich weiß nicht, ob sie sonst etwas liebte. Es wurde erzählt, dass sie als ganz junges Mädchen dem schönen Felix Lichnowski verlobt gewesen sei, der dann in Frankfurt so grausam ums Leben kam. Und in der Tat war nach ihrem Tode ein Bildnis des Fürsten da, das, wenn ich nicht irre, an die Familie zurückgegeben worden ist. Vielleicht, denke ich mir jetzt, versäumte sie über diesem eingezogenen ländlichen Leben, das das Leben auf Ulsgaard von Jahr zu Jahr mehr geworden war, ein anderes, glänzendes: ihr natürliches. Es ist schwer zu sagen, ob sie es betrauerte. Vielleicht verachtete sie es dafür, dass es nicht gekommen war, dass es die Gelegenheit verfehlt hatte, mit Geschick und Talent gelebt worden zu sein. Sie hatte alles dies so weit in sich hineingenommen und hatte darüber Schalen angesetzt, viele, spröde, ein wenig metallisch glänzende Schalen, deren jeweilig oberste sich neu und kühl ausnahm. Bisweilen freilich verriet sie sich doch durch eine naive Ungeduld, nicht genügend beachtet zu sein; zu meiner Zeit konnte sie sich dann bei Tische plötzlich verschlucken auf irgendeine deutliche und komplizierte Art, die ihr die Teilnahme aller sicherte und sie, für einen Augenblick wenigstens, so sensationell und spannend erscheinen ließ, wie sie es im Großen hätte sein mögen. Indessen vermute ich, dass mein Vater der einzige war, der diese viel zu häufigen Zufälle ernst nahm. Er sah ihr, höflich vornübergeneigt, zu, man konnte merken, wie er ihr in Gedanken seine eigene, ordentliche Luftröhre gleichsam anbot und ganz zur Verfügung stellte. Der Kammerherr hatte natürlich gleichfalls zu essen aufgehört; er nahm einen kleinen Schluck Wein und enthielt sich jeder Meinung.

Er hatte bei Tische ein einziges Mal die seinige seiner Gemahlin gegenüber aufrechterhalten. Das war lange her; aber die Geschichte wurde doch noch boshaft und heimlich weitergegeben; es gab fast überall jemanden, der sie noch nicht gehört hatte. Es hieß, dass die Kammerherrin zu einer gewissen Zeit sich sehr über Weinflecke ereifern konnte, die durch Ungeschicklichkeit ins Tischzeug gerieten; dass ein solcher Fleck, bei welchem Anlass er auch passieren mochte, von ihr bemerkt und unter dem heftigsten Tadel sozusagen bloßgestellt wurde. Dazu wäre es auch einmal gekommen, als man mehrere und namhafte Gäste hatte. Ein paar unschuldige Flecke, die sie übertrieb, wurden der Gegenstand ihrer höhnischen Anschuldigungen, und wie sehr der Großvater sich auch bemühte, sie durch kleine Zeichen und scherzhafte Zurufe zu ermahnen, so wäre sie doch eigensinnig bei ihren Vorwürfen geblieben, die sie dann allerdings mitten im Satze stehen lassen musste. Es geschah nämlich etwas nie Dagewesenes und völlig Unbegreifliches. Der Kammerherr hatte sich den Rotwein geben lassen, der gerade herumgereicht worden war, und war nun in aller Aufmerksamkeit dabei, sein Glas selber zu füllen. Nur dass er, wunderbarerweise, einzugießen nicht aufhörte, als es längst voll war, sondern unter zunehmender Stille langsam und vorsichtig weitergoss, bis Maman, die nie an sich halten konnte, auflachte und damit die ganze Angelegenheit nach dem Lachen hin in Ordnung brachte. Denn nun stimmten alle erleichtert ein, und der Kammerherr sah auf und reichte dem Diener die Flasche.

Später gewann eine andere Eigenheit die Oberhand bei meiner Großmutter. Sie konnte es nicht ertragen, dass jemand im Hause erkrankte. Einmal, als die Köchin sich verletzt hatte und sie sah sie zufällig mit der eingebundenen Hand, behauptete sie, das Jodoform im ganzen

Hause zu riechen, und war schwer zu überzeugen, dass man die Person daraufhin nicht entlassen könne. Sie wollte nicht an das Kranksein erinnert werden. Hatte jemand die Unvorsichtigkeit, vor ihr irgendein kleines Unbehagen zu äußern, so war das nichts anderes als eine persönliche Kränkung für sie, und sie trug sie ihm lange nach.

In jenem Herbst, als Maman starb, schloss sich die Kammerherrin mit Sophie Oxe ganz in ihren Zimmern ein und brach allen Verkehr mit uns ab. Nicht einmal ihr Sohn wurde angenommen. Es ist ja wahr, dieses Sterben fiel recht unpassend. Die Zimmer waren kalt, die Öfen rauchten, und die Mäuse waren ins Haus gedrungen; man war nirgends sicher vor ihnen. Aber das allein war es nicht, Frau Margarete Brigge war empört, dass Maman starb; dass da eine Sache auf der Tagesordnung stand, von der zu sprechen sie ablehnte; dass die junge Frau sich den Vortritt anmaßte vor ihr, die einmal zu sterben gedachte zu einem durchaus noch nicht festgesetzten Termin. Denn daran, dass sie würde sterben müssen, dachte sie oft. Aber sie wollte nicht gedrängt sein. Sie würde sterben, gewiss, wann es ihr gefiel, und dann konnten sie ja alle ruhig sterben, hinterher, wenn sie es so eilig hatten.

Mamans Tod verzieh sie uns niemals ganz. Sie alterte übrigens rasch während des folgenden Winters. Im Gehen war sie immer noch hoch, aber im Sessel sank sie zusammen, und ihr Gehör wurde schwieriger. Man konnte sitzen und sie groß ansehen, stundenlang, sie fühlte es nicht. Sie war irgendwo drinnen; sie kam nur noch selten und nur für Augenblicke in ihre Sinne, die leer waren, die sie nicht mehr bewohnte. Dann sagte sie etwas zu der Komtesse, die ihr die Mantille richtete, und nahm mit den großen, frisch gewaschenen Händen ihr Kleid an sich, als wäre Wasser vergossen oder als wären wir nicht ganz reinlich.

Sie starb gegen den Frühling zu, in der Stadt, eines Nachts. Sophie Oxe, deren Tür offenstand, hatte nichts gehört. Da man sie am Morgen fand, war sie kalt wie Glas.

Gleich darauf begann des Kammerherrn große und schreckliche Krankheit. Es war, als hätte er ihr Ende abgewartet, um so rücksichtslos sterben zu können, wie er musste.

Es war in dem Jahr nach Mamans Tode, dass ich Abelone zuerst bemerkte. Abelone war immer da. Das tat ihr großen Eintrag. Und dann war Abelone unsympathisch, das hatte ich ganz früher einmal bei irgendeinem Anlass festgestellt, und es war nie zu einer ernstlichen Durchsicht dieser Meinung gekommen. Zu fragen, was es mit Abelone für eine Bewandtnis habe, das wäre mir bis dahin beinah lächerlich erschienen. Abelone war da, und man nutzte sie ab, wie man eben konnte. Aber auf einmal fragte ich mich: Warum ist Abelone da? Jeder bei uns hatte einen bestimmten Sinn da zu sein, wenn er auch keineswegs immer so augenscheinlich war, wie zum Beispiel die Anwendung des Fräuleins Oxe. Aber weshalb war Abelone da? Eine Zeitlang war davon die Rede gewesen, dass sie sich zerstreuen solle. Aber das geriet in Vergessenheit. Niemand trug etwas zu Abelonens Zerstreuung bei. Es machte durchaus nicht den Eindruck, dass sie sich zerstreue.

Übrigens hatte Abelone ein Gutes: sie sang. Das heißt, es gab Zeiten, wo sie sang. Es war eine starke, unbeirrbare Musik in ihr. Wenn es wahr ist, dass die Engel männlich sind, so kann man wohl sagen, dass etwas Männliches in ihrer Stimme war: eine strahlende, himmlische Männlichkeit. Ich, der ich schon als Kind der Musik gegenüber so misstrauisch war (nicht, weil sie mich stärker als alles forthob aus mir, sondern, weil ich gemerkt hatte, dass sie mich nicht wieder dort ablegte, wo sie mich gefunden hatte, sondern tiefer, irgendwo ganz ins Unfertige hinein), ich ertrug diese Musik, auf der man aufrecht aufwärtssteigen konnte, höher und höher, bis man meinte, dies müsste ungefähr schon der Himmel sein seit einer Weile. Ich ahnte nicht, dass Abelone mir noch andere Himmel öffnen sollte.

Zunächst bestand unsere Beziehung darin, dass sie mir von Mamans Mädchenzeit erzählte. Sie hielt viel darauf, mich zu überzeugen, wie mutig und jung Maman gewesen wäre. Es gab damals niemanden nach ihrer Versicherung, der sich im Tanzen oder im Reiten mit ihr messen konnte. »Sie war die Kühnste und unermüdlich, und dann heiratete sie auf einmal«, sagte Abelone, immer noch erstaunt nach so vielen Jahren. »Es kam so unerwartet, niemand konnte es recht begreifen.«

Ich interessierte mich dafür, weshalb Abelone nicht geheiratet hatte. Sie kam mir alt vor verhältnismäßig, und dass sie es noch könnte, daran dachte ich nicht.

»Es war niemand da«, antwortete sie einfach und wurde richtig schön dabei. Ist Abelone schön? fragte ich mich überrascht. Dann kam ich fort von Hause, auf die Adels-Akademie, und es begann eine widerliche und arge Zeit. Aber wenn ich dort zu Sorö, abseits von den andern, im Fenster stand, und sie ließen mich ein wenig in Ruh, so sah ich hinaus in die Bäume, und in solchen Augenblicken und nachts wuchs in mir die Sicherheit, dass Abelone schön sei. Und ich fing an, ihr alle jene Briefe zu schreiben, lange und kurze, viele heimliche Briefe, darin ich von Ulsgaard zu handeln meinte und davon, dass ich unglücklich sei. Aber es werden doch wohl, so wie ich es jetzt sehe, Liebesbriefe gewesen sein. Denn schließlich kamen die Ferien, die erst gar nicht kommen wollten, und da war es wie auf Verabredung, dass wir uns nicht vor den anderen wiedersahen.

Es war durchaus nichts vereinbart zwischen uns, aber da der Wagen einbog in den Park, konnte ich es nicht lassen, auszusteigen, vielleicht nur, weil ich nicht anfahren wollte, wie irgendein Fremder. Es war schon voller Sommer. Ich lief in einen der Wege hinein und auf einen Goldregen zu. Und da war Abelone. Schöne, schöne Abelone.

Ich will's nie vergessen, wie das war, wenn du mich anschautest. Wie du dein Schauen trugst, gleichsam wie etwas nicht Befestigtes es aufhaltend auf zurückgeneigtem Gesicht.

Ach, ob das Klima sich gar nicht verändert hat? Ob es nicht milder geworden ist um Ulsgaard herum von all unserer Wärme? Ob einzelne Rosen nicht länger blühen jetzt im Park, bis in den Dezember hinein?

Ich will nichts erzählen von dir, Abelone. Nicht deshalb, weil wir einander täuschten: weil du einen liebtest, auch damals, den du nie vergessen hast, Liebende, und ich: alle Frauen; sondern weil mit dem Sagen nur unrecht geschieht.

Es gibt Teppiche hier, Abelone, Wandteppiche. Ich bilde mir ein, du bist da, sechs Teppiche sind's, komm, lass uns langsam vorübergehen. Aber erst tritt zurück und sieh alle zugleich. Wie ruhig sie sind, nicht? Es ist wenig Abwechslung darin. Da ist immer diese ovale blaue Insel, schwebend im zurückhaltend roten Grund, der blumig ist und von kleinen, mit sich beschäftigten Tieren bewohnt. Nur dort, im letzten Teppich, steigt die Insel ein wenig auf, als ob sie leichter geworden sei. Sie trägt immer eine Gestalt, eine Frau in verschiedener Tracht, aber immer dieselbe. Zuweilen ist eine kleinere Figur neben ihr, eine Dienerin, und immer sind die wappentragenden Tiere da, groß, mit auf der Insel, mit in der Handlung. Links ein Löwe, und rechts, hell, das Einhorn; sie halten die gleichen Banner, die hoch über ihnen zeigen: drei silberne Monde, steigend, in blauer Binde auf rotem Feld. – Hast du gesehen, willst du beim ersten beginnen?

Sie füttert den Falken. Wie herrlich ihr Anzug ist. Der Vogel ist auf der gekleideten Hand und rührt sich. Sie sieht ihm zu und langt dabei in die Schale, die ihr die Dienerin bringt, um ihm etwas zu reichen. Rechts unten auf der Schleppe hält sich ein kleiner, seidenhaariger Hund, der aufsieht und hofft, man werde sich seiner erinnern. Und, hast du bemerkt, ein niederes Rosengitter schließt hinten die Insel ab. Die Wappentiere steigen heraldisch hochmütig. Das Wappen ist ihnen noch einmal als Mantel umgegeben. Eine schöne Agraffe hält es zusammen. Es weht.

Geht man nicht unwillkürlich leiser zu dem nächsten Teppich hin, sobald man gewahrt, wie versunken sie ist: sie bindet einen Kranz, eine kleine, runde Krone aus Blumen. Nachdenklich wählt sie die Farbe der nächsten Nelke in dem flachen Becken, das ihr die Dienerin hält, während sie die vorige anreiht. Hinten auf einer Bank steht unbenutzt ein Korb voller Rosen, den ein Affe entdeckt hat. Diesmal sollten es Nelken sein.

Der Löwe nimmt nicht mehr teil; aber rechts das Einhorn begreift.

Musste nicht Musik kommen in diese Stille, war sie nicht schon verhalten da? Schwer und still geschmückt, ist sie (wie langsam, nicht?) an die tragbare Orgel getreten und spielt, stehend, durch das Pfeifenwerk abgetrennt von der Dienerin, die jenseits die Bälge bewegt. So schön war sie noch nie. Wunderlich ist das Haar in zwei Flechten nach vorn genommen und über dem Kopfputz oben zusammengefasst, so dass es mit seinen Enden aus dem Bund aufsteigt wie ein kurzer Helmbusch. Verstimmt erträgt der Löwe die Töne, ungern, Geheul verbeißend. Das Einhorn aber ist schön, wie in Wellen bewegt.

Die Insel wird breit. Ein Zelt ist errichtet. Aus blauem Damast und goldgeflammt. Die Tiere raffen es auf, und schlicht beinah in ihrem fürstlichen Kleid tritt sie vor. Denn was sind ihre Perlen gegen sie selbst. Die Dienerin hat eine kleine Truhe geöffnet, und sie hebt nun eine Kette heraus, ein schweres, herrliches Kleinod, das immer verschlossen war. Der kleine Hund sitzt bei ihr, erhöht, auf bereitetem Platz und sieht es an. Und hast du den Spruch entdeckt auf dem Zeltrand oben? da steht: »A mon seul désir.«

Was ist geschehen, warum springt das kleine Kaninchen da unten, warum sieht man gleich, dass es springt? Alles ist so befangen. Den Löwe hat nichts zu tun. Sie selbst hält das Banner. Oder hält sie sich dran? Sie hat mit der anderen Hand nach dem Horn des Einhorns gefasst. Ist das Trauer, kann Trauer so aufrecht sein, und ein Trauerkleid so verschwiegen wie dieser grünschwarze Samt mit den welken Stellen?

Aber es kommt noch ein Fest, niemand ist geladen dazu. Erwartung spielt dabei keine Rolle. Es ist alles da. Alles für immer. Der Löwe sieht sich fast drohend um: es darf niemand kommen. Wir haben sie noch nie müde gesehen; ist sie müde? oder hat sie sich nur niedergelassen, weil sie etwas Schweres hält? Man könnte meinen, eine Monstranz. Aber sie neigt den andern Arm gegen das Einhorn hin, und das Tier bäumt sich geschmeichelt auf und steigt und stützt sich auf ihren Schoß. Es ist ein Spiegel, was sie hält. Siehst du: sie zeigt dem Einhorn sein Bild –.

Abelone, ich bilde mir ein, du bist da. Begreifst du, Abelone? Ich denke, du musst begreifen.

Nun sind auch die Teppiche der Dame à la Licorne nicht mehr in dem alten Schloss von Boussac. Die Zeit ist da, wo alles aus den Häusern fortkommt, sie können nichts mehr behalten. Die Gefahr ist sicherer geworden als die Sicherheit. Niemand aus dem Geschlecht der Delle Viste geht neben einem her und hat das im Blut. Sie sind alle vorbei. Niemand spricht deinen Namen aus, Pierre d'Aubusson, großer Großmeister aus uraltem Hause, auf dessen Willen hin vielleicht diese Bilder gewebt wurden, die alles preisen und nichts preisgeben. (Ach, dass die Dichter je anders von Frauen geschrieben haben, wörtlicher, wie sie meinten. Es ist sicher, wir durften nichts wissen als das.) Nun kommt man zufällig davor unter Zufälligen und erschrickt fast, nicht geladen zu sein. Aber da sind andere und gehen vorüber, wenn es auch nie viele sind. Die jungen Leute halten sich kaum auf, es sei denn, dass das irgendwie in ihr Fach gehört, diese Dinge einmal gesehen zu haben, auf die oder jene bestimmte Eigenschaft hin.

Junge Mädchen allerdings findet man zuweilen davor. Denn es gibt eine Menge junger Mädchen in den Museen, die fortgegangen sind irgendwo aus den Häusern, die nichts mehr behalten. Sie finden sich vor diesen Teppichen und vergessen sich ein wenig. Sie haben immer gefühlt, dass es dies gegeben hat, solch ein leises Leben langsamer, nie ganz aufgeklärter Gebärden, und sie erinnern sich dunkel, dass sie sogar eine Zeitlang meinten, es würde ihr Leben sein. Aber dann ziehen sie rasch ein Heft hervor und beginnen zu zeichnen, gleichviel was, eine von den Blumen oder ein kleines, vergnügtes Tier. Darauf käme es nicht an, hat man ihnen vorgesagt, was es gerade wäre. Und darauf kommt es wirklich nicht an. Nur dass gezeichnet wird, das ist die Hauptsache; denn dazu sind sie fortgegangen eines Tages, ziemlich gewaltsam. Sie sind aus guter Familie. Aber wenn sie jetzt beim Zeichnen die Arme heben, so ergibt sich, dass ihr Kleid hinten nicht zugeknöpft ist oder doch nicht ganz. Es sind da ein paar Knöpfe, die man nicht erreichen kann. Denn als dieses Kleid gemacht wurde, war noch nicht davon die Rede gewesen, dass sie plötzlich allein weggehen würden. In der Familie ist immer jemand für solche Knöpfe. Aber hier, lieber Gott, wer sollte sich damit abgeben in einer so großen Stadt. Man müsste schon eine Freundin haben; Freundinnen sind aber in derselben Lage, und da kommt es doch darauf hinaus, dass man sich gegenseitig die Kleider schließt. Das ist lächerlich und erinnert an die Familie, an die man nicht erinnert sein will.

Es lässt sich ja nicht vermeiden, dass man während des Zeichnens zuweilen überlegt, ob es nicht doch möglich gewesen wäre zu bleiben. Wenn man hätte fromm sein können, herzhaft fromm im gleichen Tempo mit den andern. Aber das nahm sich so unsinnig aus, das gemeinsam zu versuchen. Der Weg ist irgendwie enger geworden: Familien können nicht mehr zu Gott. Es blieben also nur verschiedene andere Dinge, die man zur Not teilen konnte. Da kam dann aber, wenn man ehrlich teilte, so wenig auf den einzelnen, dass es eine Schande war. Und betrog man beim Teilen, so entstanden Auseinandersetzungen. Nein, es ist wirklich besser zu zeichnen, gleichviel was. Mit der Zeit stellt sich die Ähnlichkeit schon ein. Und die Kunst, wenn man sie so allmählich hat, ist doch etwas recht Beneidenswertes.

Und über der angestrengten Beschäftigung mit dem, was sie sich vorgenommen haben, diese jungen Mädchen, kommen sie nicht mehr dazu, aufzusehen. Sie merken nicht, wie sie bei allem Zeichnen doch nichts tun, als das unabänderliche Leben in sich unterdrücken, das in diesen gewebten Bildern strahlend vor ihnen aufgeschlagen ist in seiner unendlichen Unsäglichkeit. Sie wollen es nicht glauben. Jetzt, da so vieles anders wird, wollen sie sich verändern. Sie sind ganz nahe daran, sich aufzugeben und *so* von sich zu denken, wie Männer etwa von ihnen reden könnten, wenn sie nicht da sind. Das scheint ihnen ihr Fortschritt. Sie sind fast schon überzeugt, dass man einen Genuss sucht und wieder einen und einen noch stärkeren Genuss: dass darin das Leben besteht, wenn man es nicht auf eine albere Art verlieren will. Sie haben schon angefangen, sich umzusehen, zu suchen; sie, deren Stärke immer darin bestanden hat, gefunden zu werden.

Das kommt, glaube ich, weil sie müde sind. Sie haben Jahrhunderte lang die ganze Liebe geleistet, sie haben immer den vollen Dialog gespielt, beide Teile. Denn der Mann hat nur nachgesprochen und schlecht. Und hat ihnen das Erlernen schwer gemacht mit seiner Zerstreutheit, mit seiner Nachlässigkeit, mit seiner Eifersucht, die auch eine Art Nachlässigkeit war. Und sie haben trotzdem ausgeharrt Tag und Nacht und haben zugenommen an Liebe und Elend. Und aus ihnen sind, unter dem Druck endloser Nöte, die gewaltigen Liebenden hervorgegangen, die, während sie ihn riefen, den Mann überstanden; die über ihn hinauswuchsen, wenn er nicht wiederkam, wie Gaspara Stampa oder wie die Portugiesin, die nicht abließen, bis ihre Qual umschlug in eine herbe, eisige Herrlichkeit, die nicht mehr zu halten war. Wir wissen von der und der, weil Briefe da sind, die wie durch ein Wunder sich erhielten, oder Bücher mit anklagenden oder klagenden Gedichten, oder Bilder, die uns anschauen in einer Galerie durch ein Weinen durch, das dem Maler gelang, weil er nicht wusste, was es war. Aber es sind ihrer zahllos mehr gewesen; solche, die ihre Briefe verbrannt haben, und andere, die keine Kraft mehr hatten, sie zu schreiben. Greisinnen, die verhärtet waren, mit einem Kern von Köstlichkeit in sich, den sie verbargen. Formlose, stark gewordene Frauen, die, stark geworden aus Erschöpfung, sich ihren Männern ähnlich werden ließen und die doch innen ganz anders waren, dort, wo ihre Liebe gearbeitet hatte, im Dunkel. Gebärende, die nie gebären wollten, und wenn sie endlich starben an der achten Geburt, so hatten sie die Gesten und das Leichte von Mädchen, die sich auf die Liebe freuen. Und die, die blieben neben Tobenden und Trinkern, weil sie das Mittel gefunden hatten, in sich so weit von ihnen zu sein wie nirgend sonst; und kamen sie unter die Leute, so konnten sie nicht verhalten und schimmerten, als gingen sie immer mit Seligen um. Wer kann sagen, wie viele es waren und welche. Es ist, als hätten sie im voraus die Worte vernichtet, mit denen man sie fassen könnte.

Aber nun, da so vieles anders wird, ist es nicht an uns, uns zu verändern? Könnten wir nicht versuchen, uns ein wenig zu entwickeln, und unseren Anteil Arbeit in der Liebe langsam auf uns nehmen nach und nach? Man hat uns alle ihre Mühsal erspart, und so ist sie uns unter die Zerstreuungen geglitten, wie in eines Kindes Spiellade manchmal ein Stück echter Spitze fällt und freut und nicht mehr freut und endlich daliegt unter Zerbrochenem und Auseinandergenommenem, schlechter als alles. Wir sind verdorben vom leichten Genuss wie alle Dilettanten und stehen im Geruch der Meisterschaft. Wie aber, wenn wir unsere Erfolge verachteten, wie, wenn wir ganz von vorne begännen die Arbeit der Liebe zu lernen, die immer für uns getan worden ist? Wie, wenn wir hingingen und Anfänger würden, nun, da sich vieles verändert.

Nun weiß ich auch, wie es war, wenn Maman die kleinen Spitzenstücke aufrollte. Sie hatte nämlich ein einziges von den Schubfächern in Ingeborgs Sekretär für sich in Gebrauch genommen.

»Wollen wir sie sehen, Malte«, sagte sie und freute sich, als sollte sie eben alles geschenkt bekommen, was in der kleinen gelblackierten Lade war. Und dann konnte sie vor lauter Erwartung das Seidenpapier gar nicht auseinanderschlagen. Ich musste es tun jedes Mal. Aber ich wurde auch ganz aufgeregt, wenn die Spitzen zum Vorschein kamen. Sie waren aufgewunden um eine Holzwelle, die gar nicht zu sehen war vor lauter Spitzen. Und nun wickelten wir sie langsam ab und sahen den Mustern zu, wie sie sich abspielten, und erschraken jedes Mal ein wenig, wenn eines zu Ende war. Sie hörten so plötzlich auf.

Da kamen erst Kanten italienischer Arbeit, zähe Stücke mit ausgezogenen Fäden, in denen sich alles immerzu wiederholte, deutlich wie in einem Bauerngarten. Dann war auf einmal eine ganze Reihe unserer Blicke vergittert mit venezianischer Nadelspitze, als ob wir Klöster wären oder Gefängnisse. Aber es wurde wieder frei, und man sah weit in Gärten hinein, die immer künstlicher wurden, bis es dicht und lau an den Augen war wie in einem Treibhaus: prunkvolle Pflanzen, die wir nicht kannten, schlugen riesige Blätter auf, Ranken griffen nacheinander, als ob ihnen schwindelte, und die großen offenen Blüten der Points d'Alençon trübten alles mit ihren Pollen. Plötzlich, ganz müde und wirr, trat man hinaus in die lange Bahn der Valenciennes, und es war Winter und früh am Tag und Reif. Und man drängte sich durch das verschneite Gebüsch der Binche und kam an Plätze, wo noch keiner gegangen war; die Zweige hingen so merkwürdig abwärts, es konnte wohl ein Grab darunter sein, aber das verbargen wir voreinander. Die Kälte drang immer dichter an uns heran, und schließlich sagte Maman, wenn die kleinen, ganz feinen Klöppelspitzen kamen: »Oh, jetzt bekommen wir Eisblumen an den Augen«, und so war es auch, denn es war innen sehr warm in uns.

Über dem Wiederaufrollen seufzten wir beide, das war eine lange Arbeit, aber wir mochten es niemandem überlassen.

»Denk nun erst, wenn wir sie machen müssten«, sagte Maman und sah förmlich erschrocken aus. Das konnte ich mir gar nicht vorstellen. Ich ertappte mich darauf, dass ich an kleine Tiere gedacht hatte, die das immerzu spinnen und die man dafür in Ruhe lässt. Nein, es waren ja natürlich Frauen. »Die sind gewiss in den Himmel gekommen, die das gemacht haben«, meinte ich bewundernd. Ich erinnere, es fiel mir auf, dass ich lange nicht nach dem

Himmel gefragt hatte. Maman atmete auf, die Spitzen waren wieder beisammen. Nach einer Weile, als ich es schon wieder vergessen hatte, sagte sie ganz langsam: »In den Himmel? Ich glaube, sie sind ganz und gar da drin. Wenn man das so sieht: das kann gut eine ewige Seligkeit sein. Man weiß ja so wenig darüber.«

Oft, wenn Besuch da war, hieß es, dass Schulins sich einschränkten. Das große, alte Schloss war abgebrannt vor ein paar Jahren, und nun wohnten sie in den beide engen Seitenflügeln und schränkten sich ein. Aber das Gästehaben lag ihnen nun einmal im Blut. Das konnten sie nicht aufgeben. Kam jemand unerwartet zu uns, so kam er wahrscheinlich von Schulins; und sah jemand plötzlich nach der Uhr und musste ganz erschrocken fort, so wurde er sicher auf Lystager erwartet.

Maman ging eigentlich schon nirgends mehr hin, aber so etwas konnten Schulins nicht begreifen; es blieb nichts übrig, man musste einmal hinüberfahren. Es war im Dezember nach ein paar frühen Schneefällen; der Schlitten war auf drei Uhr befohlen, ich sollte mit. Man fuhr indessen nie pünktlich bei uns. Maman, die es nicht liebte, dass der Wagen gemeldet wurde, kam meistens viel zu früh herunter, und wenn sie niemanden fand, so fiel ihr immer etwas ein, was schon längst hätte getan sein sollen, und sie begann irgendwo oben zu suchen oder zu ordnen, so dass sie kaum wieder zu erreichen war. Schließlich standen alle und warteten. Und saß sie endlich und war eingepackt, so zeigte es sich, dass etwas vergessen sei, und Sieversen musste geholt werden; denn nur Sieversen wusste, wo es war. Aber dann fuhr man plötzlich los, eh Sieversen wiederkam.

An diesem Tag war es überhaupt nicht recht hell geworden. Die Bäume standen da, als wüssten sie nicht weiter im Nebel, und es hatte etwas Rechthaberisches, dahinein zu fahren. Zwischendurch fing es an, still weiterzuschneien, und nun war's, als würde auch noch das Letzte ausradiert und als führe man in ein weißes Blatt. Es gab nichts als das Geläut, und man konnte nicht sagen, wo es eigentlich war. Es kam ein Moment, da es einhielt, als wäre nun die letzte Schelle ausgegeben; aber dann sammelte es sich wieder und war beisammen und streute sich wieder aus dem Vollen aus. Den Kirchturm links konnte man sich eingebildet haben. Aber der Parkkontur war plötzlich da, hoch, beinahe über einem, und man befand sich in der langen Allee. Das Geläut fiel nicht mehr ganz ab; es war, als hängte es sich in Trauben rechts und links an die Bäume. Dann schwenkte man und fuhr rund um etwas herum und rechts an etwas vorbei und hielt in der Mitte.

Georg hatte ganz vergessen, dass das Haus nicht da war, und für uns alle war es in diesem Augenblick da. Wir stiegen die Freitreppe hinauf, die auf die alte Terrasse führte, und wunderten uns nur, dass es ganz dunkel sei. Auf einmal ging eine Tür, links unten hinter uns, und jemand rief: »Hierher!« und hob und schwenkte ein dunstiges Licht. Mein Vater lachte: »Wir steigen hier herum wie die Gespenster«, und er half uns wieder die Stufen zurück.

»Aber es war doch eben ein Haus da«, sagte Maman und konnte sich gar nicht so rasch an Wjera Schulin gewöhnen, die warm und lachend herausgelaufen war. Nun musste man natürlich schnell hinein, und an das Haus war nicht mehr zu denken. In einem engen Vorzimmer wurde man ausgezogen, und dann war man gleich mitten drin unter den Lampen und der Wärme gegenüber.

Diese Schulins waren ein mächtiges Geschlecht selbständiger Frauen. Ich weiß nicht, ob es Söhne gab. Ich erinnere mich nur dreier Schwestern; der ältesten, die an einen Marchese in Neapel verheiratet gewesen war, von dem sie sich nun langsam unter vielen Prozessen schied. Dann kam Zoë, von der es hieß, dass es nichts gab, was sie nicht wusste. Und vor allem war Wjera da, diese warme Wjera; Gott weiß, was aus ihr geworden ist. Die Gräfin, eine Narischkin, war eigentlich die vierte Schwester und in gewisser Beziehung die jüngste. Sie wusste von nichts und musste in einem fort von ihren Kindern unterrichtet werden. Und der gute Graf Schulin fühlte sich, als ob er mit allen diesen Frauen verheiratet sei, und ging herum und küsste sie, wie es eben kam.

Vor der Hand lachte er laut und begrüßte uns eingehend. Ich wurde unter den Frauen weitergegeben und befühlt und befragt. Aber ich hatte mir fest vorgenommen, wenn das vorüber sei, irgendwie hinauszugleiten und mich nach dem Haus umzusehen. Ich war überzeugt, dass es heute da sei. Das Hinauskommen war nicht so schwierig; zwischen allen den Kleidern kam man unten durch wie ein Hund, und die Tür nach dem Vorraum zu war noch angelehnt. Aber draußen die äußere wollte nicht nachgeben. Da waren mehrere Vorrichtungen, Ketten und Riegel, die ich nicht richtig behandelte in der Eile. Plötzlich ging sie doch auf, aber mit lautem Geräusch, und eh ich draußen war, wurde ich festgehalten und zurückgezogen.

»Halt, hier wird nicht ausgekniffen«, sagte Wjera Schulin belustigt. Sie beugte sich zu mir, und ich war entschlossen, dieser warmen Person nichts zu verraten. Sie aber, als ich nichts sagte, nahm ohne weiters an, eine Nötigung meiner Natur hätte mich an die Tür getrieben; sie ergriff meine Hand und fing schon an zu gehen und wollte mich, halb vertraulich, halb hochmütig, irgendwohin mitziehen. Dieses intime Missverständnis kränkte mich über die Maßen. Ich riss mich los und sah sie böse an. »Das Haus will ich sehen«, sagte ich stolz. Sie begriff nicht.

»Das große Haus draußen an der Treppe.«

»Schaf«, machte sie und haschte nach mir, »da ist doch gar kein Haus mehr.« Ich bestand darauf.

»Wir gehen einmal bei Tage hin«, schlug sie einlenkend vor, »jetzt kann man da nicht herumkriechen. Es sind Löcher da, und gleich dahinter sind Papas Fischteiche, die nicht zufrieren dürfen. Da fällst du hinein und wirst ein Fisch.«

Damit schob sie mich vor sich her wieder in die hellen Stuben. Da saßen sie alle und sprachen, und ich sah sie mir der Reihe nach an: die gehen natürlich nur hin, wenn es nicht da ist, dachte ich verächtlich; wenn Maman und ich hier wohnten, so wäre es immer da. Maman sah zerstreut aus, während alle zugleich redeten. Sie dachte gewiss an das Haus.

Zoë setzte sich zu mir und stellte mir Fragen. Sie hatte ein gut geordnetes Gesicht, in dem sich das Einsehen von Zeit zu Zeit erneute, als sähe sie beständig etwas ein. Mein Vater saß etwas nach rechts geneigt und hörte der Marchesin zu, die lachte. Graf Schulin stand zwischen Maman und seiner Frau und erzählte etwas. Aber die Gräfin unterbrach ihn, sah ich, mitten im Satze.

»Nein, Kind, das bildest du dir ein«, sagte der Graf gutmütig, aber er hatte auf einmal dasselbe beunruhigte Gesicht, das er vorstreckte über den beiden Damen. Die Gräfin war von ihrer sogenannten Einbildung nicht abzubringen. Sie sah ganz angestrengt aus, wie jemand, der nicht gestört sein will. Sie machte kleine, abwinkende Bewegungen mit ihren weichen Ringhänden, jemand sagte »sst«, und es wurde plötzlich ganz still.

Hinter den Menschen drängten sich die großen Gegenstände aus dem alten Hause, viel zu nah. Das schwere Familiensilber glänzte und wölbte sich, als sähe man es durch Vergrößerungsgläser. Mein Vater sah sich befremdet um.

»Mama riecht«, sagte Wjera Schulin hinter ihm, »da müssen wir immer alle still sein, sie riecht mit den Ohren«, dabei aber stand sie selbst mit hochgezogenen Augenbrauen da, aufmerksam und ganz Nase.

Die Schulins waren in dieser Beziehung ein bisschen eigen seit dem Brande. In den engen, überheizten Stuben kam jeden Augenblick ein Geruch auf, und dann untersuchte man ihn, und jeder gab seine Meinung ab. Zoë machte sich am Ofen zu tun, sachlich und gewissenhaft, der Graf ging umher und stand ein wenig in jeder Ecke und wartete; »hier ist es nicht«, sagte er dann. Die Gräfin war aufgestanden und wusste nicht, wo sie suchen sollte. Mein Vater drehte sich langsam um sich selbst, als hätte er den Geruch hinter sich. Die Marchesin, die sofort angenommen hatte, dass es ein garstiger Geruch sei, hielt ihr Taschentuch vor und sah von einem zum andern, ob es vorüber wäre. »Hier, hier«, rief Wjera von Zeit zu Zeit, als hätte sie ihn. Und um jedes Wort herum war es merkwürdig still. Was mich angeht, so hatte ich fleißig mitgerochen. Aber auf einmal (war es die Hitze in den Zimmern oder das viele nahe Licht) überfiel mich zum ersten Mal in meinem Leben etwas wie Gespensterfurcht. Es wurde mir klar, dass alle die deutlichen großen Menschen, die eben noch gesprochen und gelacht hatten, gebückt herumgingen und sich mit etwas Unsichtbarem beschäftigten; dass sie zugaben, dass da etwas war, was sie nicht sahen. Und es war schrecklich, dass es stärker war als sie alle.

Meine Angst steigerte sich. Mir war, als könnte das, was sie suchten, plötzlich aus mir ausbrechen wie ein Ausschlag; und dann würden sie es sehen und nach mir zeigen. Ganz verzweifelt sah ich nach Maman hinüber. Sie saß eigentümlich gerade da, mir kam vor, dass sie auf mich wartete. Kaum war ich bei ihr und fühlte, dass sie innen zitterte, so wusste ich, dass das Haus jetzt erst wieder verging.

»Malte, Feigling«, lachte es irgendwo. Es war Wjeras Stimme. Aber wir ließen einander nicht los und ertrugen es zusammen; und wir blieben so, Maman und ich, bis das Haus wieder ganz vergangen war.

Am reichsten an beinah unfassbaren Erfahrungen waren aber doch die Geburtstage. Man wusste ja schon, dass das Leben sich darin gefiel, keine Unterschiede zu machen; aber zu diesem Tage stand man mit einem Recht auf Freude auf, an dem nicht zu zweifeln war. Wahrscheinlich war das Gefühl dieses Rechts ganz früh in einem ausgebildet worden, zu der Zeit, da man nach allem greift und rein alles bekommt und da man die Dinge, die man gerade festhält, mit unbeirrbarer Einbildungskraft zu der grundfarbigen Intensität des gerade herrschenden Verlangens steigert.

Dann aber kommen auf einmal jene merkwürdigen Geburtstage, da man, im Bewusstsein dieses Rechtes völlig befestigt, die anderen unsicher werden sieht. Man möchte wohl noch wie früher angekleidet werden und dann alles Weitere entgegennehmen. Aber kaum ist man wach, so ruft jemand draußen, die Torte sei noch nicht da; oder man hört, dass etwas zerbricht, während nebenan der Geschenktisch geordnet wird; oder es kommt jemand herein und lässt die Türe offen, und man sieht alles, ehe man es hätte sehen dürfen. Das ist der Augenblick, wo etwas wie eine Operation an einem geschieht. Ein kurzer, wahnsinnig schmerzhafter Eingriff. Aber die Hand, die ihn tut, ist geübt und fest. Es ist gleich vorbei. Und kaum ist es überstanden, so denkt man nicht mehr an sich; es gilt, den Geburtstag zu retten, die anderen zu beobachten, ihren Fehlern zuvorzukommen, sie in ihrer Einbildung zu bestärken, dass sie alles trefflich bewältigen. Sie machen es einem nicht leicht. Es erweist sich, dass sie von einer beispiellosen Ungeschicklichkeit sind, beinahe stupide. Sie bringen es zuwege, mit irgendwelchen Paketen hereinzukommen, die für andere Leute bestimmt sind; man läuft ihnen entgegen und muss hernach tun, als liefe man überhaupt in der Stube herum, um sich Bewegung zu schaffen, auf nichts Bestimmtes zu. Sie wollen einen überraschen und heben mit oberflächlich nachgeahmter Erwartung die unterste Lage in den Spielzeugschachteln auf, wo weiter nichts ist als Holzwolle; da muss man ihnen ihre Verlegenheit erleichtern. Oder wenn es etwas Mechanisches war, so überdrehen sie das, was sie einem geschenkt haben, beim ersten Aufziehen. Es ist deshalb gut, wenn man sich beizeiten übt, eine überdrehte Maus oder dergleichen unauffällig mit dem Fuß weiterzustoßen: auf diese Weise kann man sie oft täuschen und ihnen über die Beschämung forthelfen.

Das alles leistete man schließlich, wie es verlangt wurde, auch ohne besondere Begabung. Talent war eigentlich nur nötig, wenn sich einer Mühe gegeben hatte, und brachte, wichtig und gutmütig, eine Freude, und man sah schon von weitem, dass es eine Freude für einen ganz anderen war, eine vollkommen fremde Freude; man wusste nicht einmal jemanden, dem sie gepasst hätte: so fremd war sie.

Dass man erzählte, wirklich erzählte, das muss vor meiner Zeit gewesen sein. Ich habe nie jemanden erzählen hören. Damals, als Abelone mir von Mamans Jugend sprach, zeigte es sich, dass sie nicht erzählen könne. Der alte Graf Brahe soll es noch gekonnt haben. Ich will aufschreiben, was sie davon wusste.

Abelone muss als ganz junges Mädchen eine Zeit gehabt haben, da sie von einer eigenen, weiten Bewegtheit war. Brahes wohnten damals in der Stadt, in der Bredgade, unter ziemlicher Geselligkeit. Wenn sie abends spät hinauf in ihr Zimmer kam, so meinte sie müde zu sein wie die anderen. Aber dann fühlte sie auf einmal das Fenster und, wenn ich recht verstanden habe, so konnte sie vor der Nacht stehn, stundenlang, und denken: das geht mich an. »Wie ein Gefangener stand ich da«, sagte sie, »und die Sterne waren die Freiheit.« Sie konnte damals einschlafen, ohne sich schwer zu machen. Der Ausdruck In-den-Schlaf-fallen passt nicht für dieses Mädchenjahr. Schlaf war etwas, was mit einem stieg, und von Zeit zu Zeit hatte man die Augen offen und lag auf einer neuen Oberfläche, die noch lang nicht die oberste war. Und dann war man auf vor Tag; selbst im Winter, wenn die anderen schläfrig und spät zum späten Frühstück kamen. Abends, wenn es dunkel wurde, gab es ja immer nur Lichter für alle, gemeinsame Lichter. Aber diese beiden Kerzen ganz früh in der neuen Dunkelheit, mit der alles wieder anfing, die hatte man für sich. Sie standen in ihrem niederen Doppelleuchter und schienen ruhig durch die kleinen, ovalen, mit Rosen bemalten Tüllschirme, die von Zeit zu Zeit nachgerückt werden mussten. Das hatte nichts Störendes; denn einmal war man durchaus nicht eilig, und dann kam es doch so, dass man manchmal aufsehen musste und nachdenken, wenn man an einem Brief schrieb oder in das Tagebuch, das früher einmal mit ganz anderer Schrift, ängstlich und schön, begonnen war.

Der Graf Brahe lebte ganz abseits von seinen Töchtern. Er hielt es für Einbildung, wenn jemand behauptete, das Leben mit andern zu teilen. (»Ja, teilen –«, sagte er.) Aber es war ihm nicht unlieb, wenn die Leute ihm von seinen Töchtern erzählten; er hörte aufmerksam zu, als wohnten sie in einer anderen Stadt.

Es war deshalb etwas ganz Außerordentliches, dass er einmal nach dem Frühstück Abelone zu sich winkte: »Wir haben die gleichen Gewohnheiten, wie es scheint, ich schreibe auch ganz früh. Du kannst mir helfen.« Abelone wusste es noch wie gestern.

Schon am anderen Morgen wurde sie in ihres Vaters Kabinett geführt, das im Rufe der Unzugänglichkeit stand. Sie hatte nicht Zeit, es in Augenschein zu nehmen, denn man setzte sie sofort gegenüber dem Grafen an den Schreibtisch, der ihr wie eine Ebene schien mit Büchern und Schriftstößen als Ortschaften.

Der Graf diktierte. Diejenigen, die behaupteten, dass Graf Brahe seine Memoiren schriebe, hatten nicht völlig unrecht. Nur dass es sich nicht um politische oder militärische Erinnerungen handelte, wie man mit Spannung erwartete. »Die vergesse ich«, sagte der alte Herr kurz, wenn ihn jemand auf solche Tatsachen hin anredete. Was er aber nicht vergessen wollte, das war seine Kindheit. Auf die hielt er. Und es war ganz in der Ordnung, seiner Meinung nach, dass jene sehr entfernte Zeit nun in ihm die Oberhand gewann, dass sie, wenn er seinen Blick nach innen kehrte, dalag wie in einer hellen nordischen Sommernacht, gesteigert und schlaflos.

Manchmal sprang er auf und redete in die Kerzen hinein, dass sie flackerten. Oder ganze Sätze mussten wieder durchgestrichen werden, und dann ging er heftig hin und her und wehte mit seinem nilgrünen, seidenen Schlafrock. Während alledem war noch eine Person zugegen, Sten, des Grafen alter, jütländischer Kammerdiener, dessen Aufgabe es war, wenn der

Großvater aufsprang, die Hände schnell über die einzelnen losen Blätter zu legen, die, mit Notizen bedeckt, auf dem Tische herumlagen. Seine Gnaden hatten die Vorstellung, dass das heutige Papier nichts tauge, dass es viel zu leicht sei und davonfliege bei der geringsten Gelegenheit. Und Sten, von dem man nur die lange obere Hälfte sah, teilte diesen Verdacht und saß gleichsam auf seinen Händen, lichtblind und ernst wie ein Nachtvogel.

Dieser Sten verbrachte die Sonntag-Nachmittage damit, Swedenborg zu lesen, und niemand von der Dienerschaft hätte je sein Zimmer betreten mögen, weil es hieß, dass er zitiere. Die Familie Stens hatte seit je Umgang mit Geistern gehabt, und Sten war für diesen Verkehr ganz besonders vorausbestimmt. Seiner Mutter war etwas erschienen in der Nacht, da sie ihn gebar. Er hatte große, runde Augen, und das andere Ende seines Blicks kam hinter jeden zu liegen, den er damit ansah. Abelonens Vater fragte ihn oft nach den Geistern, wie man sonst jemanden nach seinen Angehörigen fragt: »Kommen sie, Sten?« sagte er wohlwollend. »Es ist gut, wenn sie kommen.«

Ein paar Tage ging das Diktieren seinen Gang. Aber dann konnte Abelone »Eckernförde« nicht schreiben. Es war ein Eigenname, und sie hatte ihn nie gehört. Der Graf, der im Grunde schon lange einen Vorwand suchte, das Schreiben aufzugeben, das zu langsam war für seine Erinnerungen, stellte sich unwillig.

»Sie kann es nicht schreiben«, sagte er scharf, »und andere werden es nicht lesen können. Und werden sie es überhaupt *sehen,* was ich da sage?« fuhr er böse fort und ließ Abelone nicht aus den Augen.

»Werden sie ihn sehen, diesen Saint-Germain?« schrie er sie an. »Haben wir Saint-Germain gesagt? streich es durch. Schreib: der Marquis von Belmare.«

Abelone strich durch und schrieb. Aber der Graf sprach so schnell weiter, dass man nicht mitkonnte.

»Er mochte Kinder nicht leiden, dieser vortreffliche Belmare, aber mich nahm er auf sein Knie, so klein ich war, und mir kam die Idee, in seine Diamantknöpfe zu beißen. Das freute ihn. Er lachte und hob mir den Kopf, bis wir einander in die Augen sahen: ›Du hast ausgezeichnete Zähne‹, sagte er, ›Zähne, die etwas unternehmen ...‹ – Ich aber merkte mir seine Augen. Ich bin später da und dort herumgekommen. Ich habe allerhand Augen gesehen, kannst du mir glauben: solche nicht wieder. Für diese Augen hätte nichts da sein müssen, die hatten's in sich. Du hast von Venedig gehört? Gut. Ich sage dir, die hätten Venedig hier hereingesehen in dieses Zimmer, dass es da gewesen wäre, wie der Tisch. Ich saß in der Ecke einmal und hörte, wie er meinem Vater von Persien erzählte, manchmal mein ich noch, mir riechen die Hände davon. Mein Vater schätzte ihn, und Seine Hoheit, der Landgraf, war so etwas wie sein Schüler. Aber es gab natürlich genug, die ihm übelnahmen, dass er an die Vergangenheit nur glaubte, wenn sie *in* ihm war. Das konnten sie nicht begreifen, dass der Kram nur Sinn hat, wenn man damit geboren wird.«

»Die Bücher sind leer«, schrie der Graf mit einer wütenden Gebärde nach den Wänden hin, »das Blut, darauf kommt es an, da muss man drin lesen können. Er hatte wunderliche Geschichten drin und merkwürdige Abbildungen, dieser Belmare; er konnte aufschlagen, wo er wollte, da war immer was beschrieben; keine Seite in seinem Blut war überschlagen worden. Und wenn er sich einschloss von Zeit zu Zeit und allein drin blätterte, dann kam er zu den Stellen über das Goldmachen und über die Steine und über die Farben. Warum soll das nicht darin gestanden haben? es steht sicher irgendwo.«

»Er hätte gut mit einer Wahrheit leben können, dieser Mensch, wenn er allein gewesen wäre. Aber es war keine Kleinigkeit, allein zu sein mit einer solchen. Und er war nicht so geschmacklos, die Leute einzuladen, dass sie ihn bei seiner Wahrheit besuchten; die sollte nicht ins Gerede kommen: dazu war er viel zu sehr Orientale. ›Adieu, Madame‹, sagte er ihr wahrheitsgemäß, ›auf ein anderes Mal. Vielleicht ist man in tausend Jahren etwas kräftiger und ungestörter. Ihre Schönheit ist ja doch erst im Werden, Madame‹, sagte er, und das war keine bloße Höflichkeit. Damit ging er fort und legte draußen für die Leute seinen Tierpark an, eine Art Jardin d'Acclimatation für die größeren Arten von Lügen, die man bei uns noch nie gesehen hatte, und ein Palmenhaus von Übertreibungen und eine kleine, gepflegte Figuerie falscher Geheimnisse. Da kamen sie von allen Seiten, und er ging herum mit Diamantschnallen an den Schuhen und war ganz für seine Gäste da.«

»Eine oberflächliche Existenz: wie? Im Grunde war's doch eine Ritterlichkeit gegen seine Dame, und er hat sich ziemlich dabei konserviert.«

Seit einer Weile schon redete der Alte nicht mehr auf Abelone ein, die er vergessen hatte. Er ging wie rasend auf und ab und warf herausfordernde Blicke auf Sten, als sollte Sten in einem gewissen Augenblicke sich in den verwandeln, an den er dachte. Aber Sten verwandelte sich noch nicht.

»Man müsste ihn *sehen*«, fuhr Graf Brahe versessen fort. »Es gab eine Zeit, wo er durchaus sichtbar war, obwohl in manchen Städten die Briefe, die er empfing, an niemanden gerichtet waren: es stand nur der Ort darauf, sonst nichts. Aber ich hab ihn gesehen.«

»Er war nicht schön.« Der Graf lachte eigentümlich eilig. »Auch nicht, was die Leute bedeutend nennen oder vornehm: es waren immer Vornehmere neben ihm. Er war reich; aber das war bei ihm nur wie ein Einfall, daran konnte man sich nicht halten. Er war gut gewachsen, obzwar andere hielten sich besser. Ich konnte damals natürlich nicht beurteilen, ob er geistreich war und das und dies, worauf Wert gelegt wird –; aber er *war*.«

Der Graf, bebend, stand und machte eine Bewegung, als stellte er etwas in den Raum hinein, was blieb.

In diesem Moment gewahrte er Abelone.

»Siehst du ihn?« herrschte er sie an. Und plötzlich ergriff er den einen silbernen Armleuchter und leuchtete ihr blendend ins Gesicht.

Abelone erinnerte sich, dass sie ihn gesehen habe.

In den nächsten Tagen wurde Abelone regelmäßig gerufen, und das Diktieren ging nach diesem Zwischenfall viel ruhiger weiter. Der Graf stellte nach allerhand Papieren seine frühesten Erinnerungen an den Bernstorffschen Kreis zusammen, in dem sein Vater eine gewisse Rolle spielte. Abelone war jetzt so gut auf die Besonderheiten ihrer Arbeit eingestellt, dass, wer die beiden sah, ihre zweckdienliche Gemeinsamkeit leicht für ein wirkliches Vertrautsein nehmen konnte.

Einmal, als Abelone sich schon zurückziehen wollte, trat der alte Herr auf sie zu, und es war, als hielte er die Hände mit einer Überraschung hinter sich: »Morgen schreiben wir von Julie Reventlow«, sagte er und kostete seine Worte: »das war eine Heilige.«

Wahrscheinlich sah Abelone ihn ungläubig an.

»Ja, ja, das gibt es alles noch«, bestand er in befehlendem Tone, »es gibt alles, Komtesse Abel.«

Er nahm Abelonens Hände und schlug sie auf wie ein Buch.

»Sie hatte die Stigmata«, sagte er, »hier und hier.« Und er tippte mit seinem kalten Finger hart und kurz in ihre beiden Handflächen.

Den Ausdruck Stigmata kannte Abelone nicht. Es wird sich zeigen, dachte sie; sie war recht ungeduldig, von der Heiligen zu hören, die ihr Vater noch gesehen hatte. Aber sie wurde nicht mehr geholt, nicht am nächsten Morgen und auch später nicht. –

»Von der Gräfin Reventlow ist ja dann oft bei euch gesprochen worden«, schloss Abelone kurz, als ich sie bat, mehr zu erzählen. Sie sah müde aus; auch behauptete sie, das meiste wieder vergessen zu haben. »Aber die Stellen fühl ich noch manchmal«, lächelte sie und konnte es nicht lassen und schaute beinah neugierig in ihre leeren Hände.

Noch vor meines Vaters Tod war alles anders geworden. Ulsgaard war nicht mehr in unserm Besitz. Mein Vater starb in der Stadt, in einer Etagenwohnung, die mir feindselig und befremdlich schien. Ich war damals schon im Ausland und kam zu spät.

Er war aufgebahrt in einem Hofzimmer zwischen zwei Reihen hoher Kerzen. Der Geruch der Blumen war unverständlich wie viele gleichzeitige Stimmen. Sein schönes Gesicht, darin die Augen geschlossen worden waren, hatte einen Ausdruck höflichen Erinnerns. Er war eingekleidet in die Jägermeisters-Uniform, aber aus irgendeinem Grunde hatte man das weiße Band aufgelegt, statt des blauen. Die Hände waren nicht gefaltet, sie lagen schräg übereinander und sahen nachgemacht und sinnlos aus. Man hatte mir rasch erzählt, dass er viel gelitten habe: es war nichts davon zu sehen. Seine Züge waren aufgeräumt wie die Möbel in einem Fremdenzimmer, aus dem jemand abgereist war. Mir war zumute, als hätte ich ihn schon öfter tot gesehen: so gut kannte ich das alles.

Neu war nur die Umgebung, auf eine unangenehme Art. Neu war dieses bedrückende Zimmer, das Fenster gegenüber hatte, wahrscheinlich die Fenster anderer Leute. Neu war es, dass Sieversen von Zeit zu Zeit hereinkam und nichts tat. Sieversen war alt geworden. Dann sollte ich frühstücken. Mehrmals wurde mir das Frühstück gemeldet. Mir lag durchaus nichts daran, zu frühstücken an diesem Tage. Ich merkte nicht, dass man mich forthaben wollte; schließlich, da ich nicht ging, brachte Sieversen es irgendwie heraus, dass die Ärzte da wären. Ich begriff nicht, wozu. Es wäre da noch etwas zu tun, sagte Sieversen und sah mich mit ihren roten Augen angestrengt an. Dann traten, etwas überstürzt, zwei Herren herein: das waren die Ärzte. Der vordere senkte seinen Kopf mit einem Ruck, als hätte er Hörner und wollte stoßen, um uns über seine Gläser fort anzusehen: erst Sieversen, dann mich.

Er verbeugte sich mit studentischer Förmlichkeit. »Der Herr Jägermeister hatte noch einen Wunsch«, sagte er genau so, wie er eingetreten war; man hatte wieder das Gefühl, dass er sich überstürzte. Ich nötigte ihn irgendwie, seinen Blick durch seine Gläser zu richten. Sein Kollege war ein voller, dünnschaliger, blonder Mensch; es fiel mir ein, dass man ihn leicht zum Erröten bringen könnte. Darüber entstand eine Pause. Es war seltsam, dass der Jägermeister jetzt noch Wünsche hatte.

Ich blickte unwillkürlich wieder hin in das schöne, gleichmäßige Gesicht. Und da wusste ich, dass er Sicherheit wollte. Die hatte er im Grunde immer gewünscht. Nun sollte er sie bekommen.

»Sie sind wegen des Herzstichs da: bitte.«

Ich verneigte mich und trat zurück. Die beiden Ärzte verbeugten sich gleichzeitig und begannen sofort sich über ihre Arbeit zu verständigen. Jemand rückte auch schon die Kerzen beiseite. Aber der Ältere machte nochmals ein paar Schritte auf mich zu. Aus einer gewissen Nähe streckte er sich vor, um das letzte Stück Weg zu ersparen, und sah mich böse an.

»Es ist nicht nötig«, sagte er, »das heißt, ich meine, es ist vielleicht besser, wenn Sie ...«

Er kam mir vernachlässigt und abgenutzt vor in seiner sparsamen und eiligen Haltung. Ich verneigte mich abermals; es machte sich so, dass ich mich schon wieder verneigte.

»Danke«, sagte ich knapp. »Ich werde nicht stören.«

Ich wusste, dass ich dieses ertragen würde und dass kein Grund da war, sich dieser Sache zu entziehen. Das hatte so kommen müssen. Das war vielleicht der Sinn von dem Ganzen. Auch hatte ich nie gesehen, wie es ist, wenn jemand durch die Brust gestochen wird. Es schien mir in der Ordnung, eine so merkwürdige Erfahrung nicht abzulehnen, wo sie sich zwanglos und unbedingt einstellte. An Enttäuschungen glaubte ich damals eigentlich schon nicht mehr; also war nichts zu befürchten.

Nein, nein, vorstellen kann man sich nichts auf der Welt, nicht das Geringste. Es ist alles aus so viel einzigen Einzelheiten zusammengesetzt, die sich nicht absehen lassen. Im Einbilden geht man über sie weg und merkt nicht, dass sie fehlen, schnell wie man ist. Die Wirklichkeiten aber sind langsam und unbeschreiblich ausführlich.

Wer hätte zum Beispiel an diesen Widerstand gedacht. Kaum war die breite, hohe Brust bloßgelegt, so hatte der eilige kleine Mann schon die Stelle heraus, um die es sich handelte. Aber das rasch angesetzte Instrument drang nicht ein. Ich hatte das Gefühl, als wäre plötzlich alle Zeit fort aus dem Zimmer. Wir befanden uns wie in einem Bilde. Aber dann stürzte die Zeit nach mit einem kleinen, gleitenden Geräusch, und es war mehr da, als verbraucht wurde. Auf einmal klopfte es irgendwo. Ich hatte noch nie so klopfen hören: ein warmes, verschlossenes, doppeltes Klopfen. Mein Gehör gab es weiter, und ich sah zugleich, dass der Arzt auf Grund gestoßen war. Aber es dauerte eine Weile, bevor die beiden Eindrücke in mir zusammenkamen. So, so, dachte ich, nun ist es also durch. Das Klopfen war, was das Tempo betrifft, beinah schadenfroh.

Ich sah mir den Mann an, den ich nun schon so lange kannte. Nein, er war völlig beherrscht: ein rasch und sachlich arbeitender Herr, der gleich weiter musste. Es war keine Spur von Genuss oder Genugtuung dabei. Nur an seiner linken Schläfe hatten sich ein paar Haare aufgestellt aus irgendeinem alten Instinkt. Er zog das Instrument vorsichtig zurück, und es war etwas wie ein Mund da, aus dem zweimal hintereinander Blut austrat, als sagte er etwas Zweisilbiges. Der junge, blonde Arzt nahm es schnell mit einer eleganten Bewegung in seine Watte auf. Und nun blieb die Wunde ruhig, wie ein geschlossenes Auge.

Es ist anzunehmen, dass ich mich noch einmal verneigte, ohne diesmal recht bei der Sache zu sein. Wenigstens war ich erstaunt, mich allein zu finden. Jemand hatte die Uniform wieder in Ordnung gebracht, und das weiße Band lag darüber wie vorher. Aber nun war der Jägermeister tot, und nicht er allein. Nun war das Herz durchbohrt, unser Herz, das Herz unseres Geschlechts. Nun war es vorbei. Das war also das Helmzerbrechen: »Heute Brigge und nimmermehr«, sagte etwas in mir.

An mein Herz dachte ich nicht. Und als es mir später einfiel, wusste ich zum ersten Mal ganz gewiss, dass es hierfür nicht in Betracht kam. Es war ein einzelnes Herz. Es war schon dabei, von Anfang anzufangen.

Ich weiß, dass ich mir einbildete, nicht sofort wieder abreisen zu können. Erst muss alles geordnet sein, wiederholte ich mir. *Was* geordnet sein wollte, war mir nicht klar. Es war so gut wie nichts zu tun. Ich ging in der Stadt umher und konstatierte, dass sie sich verändert hatte. Es war mir angenehm, aus dem Hotel hinauszutreten, in dem ich abgestiegen war, und zu sehen, dass es nun eine Stadt für Erwachsene war, die sich für einen zusammennahm, fast wie für einen Fremden. Ein bisschen klein war alles geworden, und ich promenierte die Langelinie hinaus bis an den Leuchtturm und wieder zurück. Wenn ich in die Gegend der Amaliengade kam, so konnte es freilich geschehen, dass von irgendwo etwas ausging, was man jahrelang anerkannt hatte und was seine Macht noch einmal versuchte. Es gab da gewisse Eckfenster oder Torbogen oder Laternen, die viel von einem wussten und damit drohten. Ich sah ihnen ins Gesicht und ließ sie fühlen, dass ich im Hotel »Phönix« wohnte und jeden Augenblick wieder reisen konnte. Aber mein Gewissen war nicht ruhig dabei. Der Verdacht stieg in mir auf, dass noch keiner dieser Einflüsse und Zusammenhänge wirklich bewältigt worden war. Man hatte sie eines Tages heimlich verlassen, unfertig wie sie waren. Auch die Kindheit würde also gewissermaßen noch zu leisten sein, wenn man sie nicht für immer verloren geben wollte. Und während ich begriff, wie ich sie verlor, empfand ich zugleich, dass ich nie etwas anderes haben würde, mich darauf zu berufen. Ein paar Stunden täglich brachte ich in Dronningens Tværgade zu, in den engen Zimmer, die beleidigt aussahen wie alle Mietswohnungen, in denen jemand gestorben ist. Ich ging zwischen dem Schreibtisch und dem großen weißen Kachelofen hin und her und verbrannte die Papiere des Jägermeisters. Ich hatte begonnen, die Briefschaften, so wie sie zusammengebunden waren, ins Feuer zu werfen, aber die kleinen Pakete waren zu fest verschnürt und verkohlten nur an den Rändern. Es kostete mich Überwindung, sie zu lockern. Die meisten hatten einen starken, überzeugenden Duft, der auf mich eindrang, als wollte er auch in mir Erinnerungen aufregen. Ich hatte keine. Dann konnte es geschehen, dass Photographien herausglitten, die schwerer waren als das andere; diese Photographien verbrannten unglaublich langsam. Ich weiß nicht, wie es kam, plötzlich bildete ich mir ein, es könnte Ingeborgs Bild darunter sein. Aber sooft ich hinsah, waren es reife, großartige, deutlich schöne Frauen, die mich auf andere Gedanken brachten. Es erwies sich nämlich, dass ich doch nicht ganz ohne Erinnerungen war. Genau solche Augen waren es, in denen ich mich manchmal fand, wenn ich, zur Zeit da ich heranwuchs, mit meinem Vater über die Straße ging. Dann konnten sie von einem Wageninnern aus mich mit einem Blick umgeben, aus dem kaum hinauszukommen war. Nun wusste ich, dass sie mich damals mit ihm verglichen und dass der Vergleich nicht zu meinen Gunsten ausfiel. Gewiss nicht, Vergleiche hatte der Jägermeister nicht zu fürchten.

Es kann sein, dass ich nun etwas weiß, was er gefürchtet hat. Ich will sagen, wie ich zu dieser Annahme komme. Ganz innen in seiner Brieftasche befand sich ein Papier, seit lange gefaltet, mürbe, gebrochen in den Bügen. Ich habe es gelesen, bevor ich es verbrannte. Es war von seiner besten Hand, sicher und gleichmäßig geschrieben, aber ich merkte gleich, dass es nur eine Abschrift war.

»Drei Stunden vor seinem Tod«, so begann es und handelte von Christian dem Vierten. Ich kann den Inhalt natürlich nicht wörtlich wiederholen. Drei Stunden vor seinem Tod begehrte er aufzustehen. Der Arzt und der Kammerdiener Wormius halfen ihm auf die Füße. Er stand ein wenig unsicher, aber er stand, und sie zogen ihm das gesteppte Nachtkleid an. Dann setzte er sich plötzlich vorn an das Bettende und sagte etwas. Es war nicht zu verstehen. Der Arzt behielt immerzu seine linke Hand, damit der König nicht auf das Bett zurücksinke. So saßen sie, und der König sagte von Zeit zu Zeit mühsam und trübe das Unverständliche. Schließlich begann der Arzt ihm zuzusprechen; er hoffte allmählich zu erraten, was der König meinte. Nach einer Weile unterbrach ihn der König und sagte auf einmal ganz klar: »O, Doktor, Doktor, wie heißt er?« Der Arzt hatte Mühe, sich zu besinnen.

»Sperling, Allergnädigster König.«

Aber darauf kam es nun wirklich nicht an. Der König, sobald er hörte, dass man ihn verstand, riss das rechte Auge, das ihm geblieben war, weit auf und sagte mit dem ganzen Gesicht das eine Wort, das seine Zunge seit Stunden formte, das einzige, das es noch gab: »Döden«, sagte er, »Döden.«

Mehr stand nicht auf dem Blatt. Ich las es mehrere Male, ehe ich es verbrannte. Und es fiel mir ein, dass mein Vater viel gelitten hatte zuletzt. So hatte man mir erzählt.

Seitdem habe ich viel über die Todesfurcht nachgedacht, nicht ohne gewisse eigene Erfahrungen dabei zu berücksichtigen. Ich glaube, ich kann wohl sagen, ich habe sie gefühlt. Sie überfiel mich in der vollen Stadt, mitten unter den Leuten, oft ganz ohne Grund. Oft allerdings häuften sich die Ursachen; wenn zum Beispiel jemand auf einer Bank verging und alle standen herum und sahen ihm zu, und er war schon über das Fürchten hinaus: dann hatte ich seine Furcht. Oder in Neapel damals: da saß diese junge Person mir gegenüber in der Elektrischen Bahn und starb. Erst sah es wie eine Ohnmacht aus, wir fuhren sogar noch eine Weile. Aber dann war kein Zweifel, dass wir stehenbleiben mussten. Und hinter uns standen die Wagen und stauten sich, als ginge es in dieser Richtung nie mehr weiter. Das blasse, dicke Mädchen hätte so, angelehnt an ihre Nachbarin, ruhig sterben können. Aber ihre Mutter gab das nicht zu. Sie bereitete ihr alle möglichen Schwierigkeiten. Sie brachte ihre Kleider in Unordnung und goss ihr etwas in den Mund, der nichts mehr behielt. Sie verrieb auf ihrer Stirn eine Flüssigkeit, die jemand gebracht hatte, und wenn die Augen dann ein wenig verrollten, so begann sie an ihr zu rütteln, damit der Blick wieder nach vorne käme. Sie schrie in diese Augen hinein, die nicht hörten, sie zerrte und zog das Ganze wie eine Puppe hin und her, und schließlich holte sie aus und schlug mit aller Kraft in das dicke Gesicht, damit es nicht stürbe. Damals fürchtete ich mich.

Aber ich fürchtete mich auch schon früher. Zum Beispiel, als mein Hund starb. Derselbe, der mich ein- für allemal beschuldigte. Er war sehr krank. Ich kniete bei ihm schon den ganzen Tag, da plötzlich bellte er auf, ruckweise und kurz, wie er zu tun pflegte, wenn ein Fremder ins Zimmer trat. Ein solches Bellen war für diesen Fall zwischen uns gleichsam verabredet worden, und ich sah unwillkürlich nach der Tür. Aber es war schon in ihm. Beunruhigt suchte ich seinen Blick, und auch er suchte den meinen; aber nicht um Abschied zu nehmen. Er sah mich hart und befremdet an. Er warf mir vor, dass ich es hereingelassen hatte. Er war überzeugt, ich hätte es hindern können. Nun zeigte es sich, dass er mich immer überschätzt hatte. Und es war keine Zeit mehr, ihn aufzuklären. Er sah mich befremdet und einsam an, bis es zu Ende war.

Oder ich fürchtete mich, wenn im Herbst nach den ersten Nachtfrösten die Fliegen in die Stuben kamen und sich noch einmal in der Wärme erholten. Sie waren merkwürdig vertrocknet und erschraken bei ihrem eigenen Summen; man konnte sehen, dass sie nicht mehr recht wussten, was sie taten. Sie saßen stundenlang da und ließen sich gehen, bis es ihnen einfiel, dass sie noch lebten; dann warfen sie sich blindlings irgendwohin und begriffen nicht, was sie dort sollten, und man hörte sie weiterhin niederfallen und drüben und anderswo. Und endlich krochen sie überall und bestarben langsam das ganze Zimmer.

Aber sogar wenn ich allein war, konnte ich mich fürchten. Warum soll ich tun, als wären jene Nächte nicht gewesen, da ich aufsaß vor Todesangst und mich daran klammerte, dass das Sitzen wenigstens noch etwas Lebendiges sei: dass Tote nicht saßen. Das war immer in einem von diesen zufälligen Zimmern, die mich sofort im Stich ließen, wenn es mir schlecht ging, als fürchteten sie, verhört und in meine argen Sachen verwickelt zu werden. Da saß ich, und wahrscheinlich sah ich so schrecklich aus, dass nichts den Mut hatte, sich zu mir zu bekennen. Nicht einmal das Licht, dem ich doch eben den Dienst erwiesen hatte, es anzuzünden, wollte von mir wissen. Es brannte so vor sich hin, wie in einem leeren Zimmer. Meine letzte Hoffnung war dann immer das Fenster. Ich bildete mir ein, dort draußen könnte noch etwas sein, was zu mir gehörte, auch jetzt, auch in dieser plötzlichen Armut des Sterbens. Aber kaum hatte ich hingesehen, so wünschte ich, das Fenster wäre verrammelt gewesen, zu, wie die Wand. Denn nun wusste ich, dass es dort hinaus immer gleich teilnahmslos weiterging, dass auch draußen nichts als meine Einsamkeit war. Die Einsamkeit, die ich über mich gebracht hatte und zu deren Größe mein Herz in keinem Verhältnis mehr stand. Menschen fielen mir ein, von denen ich einmal fortgegangen war, und ich begriff nicht, wie man Menschen verlassen konnte.

Mein Gott, mein Gott, wenn mir noch solche Nächte bevorstehen, lass mir doch wenigstens einen von den Gedanken, die ich zuweilen denken konnte. Es ist nicht so unvernünftig, was ich da verlange; denn ich weiß, dass sie gerade aus der Furcht gekommen sind, weil meine Furcht so groß war. Da ich ein Knabe war, schlugen sie mich ins Gesicht und sagten mir, dass ich feige sei. Das war, weil ich mich noch schlecht fürchtete. Aber seitdem habe ich mich fürchten gelernt mit der wirklichen Furcht, die nur zunimmt, wenn die Kraft zunimmt, die sie erzeugt. Wir haben keine Vorstellung von dieser Kraft, außer in unserer Furcht. Denn so ganz unbegreiflich ist sie, so völlig gegen uns, dass unser Gehirn sich zersetzt an der Stelle, wo wir uns anstrengen, sie zu denken. Und dennoch, seit einer Weile glaube ich, dass es *unsere* Kraft ist, alle unsere Kraft, die noch zu stark ist für uns. Es ist wahr, wir kennen sie nicht, aber ist es nicht gerade unser Eigenstes, wovon wir am wenigsten wissen? Manchmal denke ich mir, wie der Himmel entstanden ist und der Tod: dadurch, dass wir unser Kostbarstes von uns fortgerückt haben, weil noch so viel anderes zu tun war vorher und weil es bei uns Beschäftigten nicht in Sicherheit war. Nun sind Zeiten darüber vergangen, und wir haben uns an Geringeres gewöhnt. Wir erkennen unser Eigentum nicht mehr und entsetzen uns vor seiner äußersten Großheit. Kann das nicht sein?

Ich begreife übrigens jetzt gut, dass man ganz innen in der Brieftasche die Beschreibung einer Sterbestunde bei sich trägt durch alle die Jahre. Es müsste nicht einmal eine besonders gesuchte sein; sie haben alle etwas fast Seltenes. Kann man sich zum Beispiel nicht jemanden vorstellen, der sich abschreibt, wie Felix Arvers gestorben ist. Es war im Hospital. Er starb auf eine sanfte und gelassene Weise, und die Nonne meinte vielleicht, dass er damit schon weiter sei, als er in Wirklichkeit war. Sie rief ganz laut irgend eine Weisung hinaus, wo das und das zu finden wäre. Es war eine ziemlich ungebildete Nonne; sie hatte das Wort Korridor, das im Augenblick nicht zu vermeiden war, nie geschrieben gesehen; so konnte es geschehen, dass sie »Kollidor« sagte in der Meinung, es hieße so. Da schob Arvers das Sterben hinaus. Es schien ihm nötig, dieses erst aufzuklären. Er wurde ganz klar und setzte ihr auseinander, dass es »Korridor« hieße. Dann starb er. Er war ein Dichter und hasste das Ungefähre; oder vielleicht war es ihm nur um die Wahrheit zu tun; oder es störte ihn, als letzten Eindruck mitzunehmen, dass die Welt so nachlässig weiterginge. Das wird nicht mehr zu entscheiden sein. Nur soll man nicht glauben, dass es Pedanterie war. Sonst träfe derselbe Vorwurf den heiligen Jean de Dieu, der in seinem Sterben aufsprang und gerade noch zurechtkam, im Garten den eben Erhängten abzuschneiden, von dem auf wunderbare Art Kunde in die verschlossene Spannung seiner Agonie gedrungen war. Auch ihm war es nur um die Wahrheit zu tun.

Es gibt ein Wesen, das vollkommen unschädlich ist, wenn es dir in die Augen kommt, du merkst es kaum und hast es gleich wieder vergessen. Sobald es dir aber unsichtbar auf irgendeine Weise ins Gehör gerät, so entwickelt es sich dort, es kriecht gleichsam aus, und man hat Fälle gesehen, wo es bis ins Gehirn vordrang und in diesem Organ verheerend gedieh, ähnlich den Pneumokokken des Hundes, die durch die Nase eindringen.

Dieses Wesen ist der Nachbar.

Nun, ich habe, seit ich so vereinzelt herumkomme, unzählige Nachbarn gehabt; obere und untere, rechte und linke, manchmal alle vier Arten zugleich. Ich könnte einfach die Geschichte meiner Nachbarn schreiben; das wäre ein Lebenswerk. Es wäre freilich mehr die Geschichte der Krankheitserscheinungen, die sie in mir erzeugt haben; aber das teilen sie mit allen derartigen Wesen, dass sie nur in den Störungen nachzuweisen sind, die sie in gewissen Geweben hervorrufen.

Ich habe unberechenbare Nachbarn gehabt und sehr regelmäßige. Ich habe gesessen und das Gesetz der ersten herauszufinden versucht; denn es war klar, dass auch sie eines hatten. Und wenn die pünktlichen einmal am Abend ausblieben, so hab ich mir ausgemalt, was ihnen könnte zugestoßen sein, und habe mein Licht brennen lassen und mich geängstigt wie eine junge Frau. Ich habe Nachbarn gehabt, die gerade hassten, und Nachbarn, die in eine heftige Liebe verwickelt waren; oder ich erlebte es, dass bei ihnen eines in das andere umsprang mitten in der Nacht, und dann war natürlich an Schlafen nicht zu denken. Da konnte man überhaupt beobachten, dass der Schlaf durchaus nicht so häufig ist, wie man meint. Meine beiden Petersburger Nachbarn zum Beispiel gaben nicht viel auf Schlaf. Der eine stand und spielte die Geige, und ich bin sicher, dass er dabei hinübersah in die überwachen Häuser, die nicht aufhörten hell zu sein in den unwahrscheinlichen Augustnächten. Von dem anderen zur Rechten weiß ich allerdings, dass er lag; er stand zu meiner Zeit überhaupt nicht mehr auf. Er hatte sogar die Augen geschlossen; aber man konnte nicht sagen, dass er schlief. Er lag und sagte lange Gedichte her, Gedichte von Puschkin und Nekrassow, in dem Tonfall, in dem Kinder Gedichte hersagen, wenn man es von ihnen verlangt. Und trotz der Musik meines linken Nachbars, war es dieser mit seinen Gedichten, der sich in meinem Kopfe einpuppte, und Gott weiß, was da ausgekrochen wäre, wenn nicht der Student, der ihn zuweilen besuchte, sich eines Tages in der Tür geirrt hätte. Er erzählte mir die Geschichte seines Bekannten, und es ergab sich, dass sie gewissermaßen beruhigend war. Jedenfalls war es eine wörtliche, eindeutige Geschichte, an der die vielen Würmer meiner Vermutungen zugrunde gingen.

Dieser kleine Beamte da nebenan war eines Sonntags auf die Idee gekommen, eine merkwürdige Aufgabe zu lösen. Er nahm an, dass er recht lange leben würde, sagen wir noch fünfzig Jahre. Die Großmütigkeit, die er sich damit erwies, versetzte ihn in eine glänzende Stimmung. Aber nun wollte er sich selber übertreffen. Er überlegte, dass man diese Jahre in Tage, in Stunden, in Minuten, ja, wenn man es aushielt, in Sekunden umwechseln könne, und er rechnete und rechnete, und es kam eine Summe heraus, wie er noch nie eine gesehen hatte. Ihn schwindelte. Er musste sich ein wenig erholen. Zeit war kostbar, hatte er immer sagen hören, und es wunderte ihn, dass man einen Menschen, der eine solche Menge Zeit besaß, nicht geradezu bewachte. Wie leicht konnte er bestohlen werden. Dann aber kam seine gute, beinah ausgelassene Laune wieder, er zog seinen Pelz an, um etwas breiter und stattlicher auszusehen, und machte sich das ganze fabelhafte Kapital zum Geschenk, indem er sich ein bisschen herablassend anredete:

»Nikolaj Kusmitsch«, sagte er wohlwollend und stellte sich vor, dass er außerdem noch, ohne Pelz, dünn und dürftig auf dem Rosshaarsofa säße, »ich hoffe, Nikolaj Kusmitsch«, sagte er, »Sie werden sich nichts auf Ihren Reichtum einbilden. Bedenken Sie immer, dass das nicht die Hauptsache ist, es gibt arme Leute, die durchaus respektabel sind; es gibt sogar verarmte Edelleute und Generalstöchter, die auf der Straße herumgehen und etwas verkaufen.« Und der Wohltäter führte noch allerlei in der ganzen Stadt bekannte Beispiele an.

Der andere Nikolaj Kusmitsch, der auf dem Rosshaarsofa, der Beschenkte, sah durchaus noch nicht übermütig aus, man durfte annehmen, dass er vernünftig sein würde. Er änderte in der Tat nichts an seiner bescheidenen, regelmäßigen Lebensführung, und die Sonntage brachte er nun damit zu, seine Rechnung in Ordnung zu bringen. Aber schon nach ein paar Wochen fiel es ihm auf, dass er unglaublich viel ausgäbe. Ich werde mich einschränken, dachte er. Er stand früher auf, er wusch sich weniger ausführlich, er trank stehend seinen Tee, er lief ins Bureau und kam viel zu früh. Er ersparte überall ein bisschen Zeit. Aber am Sonntag war nichts Erspartes da. Da begriff er, dass er betrogen sei. Ich hätte nicht wechseln dürfen, sagte er sich. Wie lange hat man an so einem Jahr. Aber da, dieses infame Kleingeld, das geht hin, man weiß nicht wie. Und es wurde ein hässlicher Nachmittag, als er in der Sofaecke saß und auf den Herrn im Pelz wartete, von dem er seine Zeit zurückverlangen wollte. Er wollte die Tür verriegeln und ihn nicht fortlassen, bevor er nicht damit herausgerückt war. »In Scheinen«, wollte er sagen, »meinetwegen zu zehn Jahren.« Vier Scheine zu zehn und einer zu fünf, und den Rest sollte er behalten, in des Teufels Namen. Ja, er war bereit, ihm den Rest zu schenken, nur damit keine Schwierigkeiten entstünden. Gereizt saß er im Rosshaarsofa und wartete, aber der Herr kam nicht. Und er, Nikolaj Kusmitsch, der sich vor ein paar Wochen mit Leichtigkeit so hatte dasitzen sehen, er konnte sich jetzt, da er wirklich saß, den andern Nikolaj Kusmitsch, den im Pelz, den Großmütigen, nicht vorstellen. Weiß der Himmel, was aus ihm geworden war, wahrscheinlich war man seinen Betrügereien auf die Spur gekommen, und er saß nun schon irgendwo fest. Sicher hatte er nicht ihn allein ins Unglück gebracht. Solche Hochstapler arbeiten immer im großen. Es fiel ihm ein, dass es eine staatliche Behörde geben müsse, eine Art Zeitbank, wo er wenigstens einen Teil seiner lumpigen Sekunden umwechseln könne. Echt waren sie doch schließlich. Er hatte nie von einer solchen Anstalt gehört, aber im Adressbuch würde gewiss etwas Derartiges zu finden sein, unter Z, oder vielleicht auch hieß es »Bank für Zeit«; man konnte leicht unter B nachsehen. Eventuell war auch der Buchstabe K zu berücksichtigen, denn es war anzunehmen, dass es ein kaiserliches Institut war; das entsprach seiner Wichtigkeit.

Später versicherte Nikolaj Kusmitsch immer, dass er an jenem Sonntag Abend, obwohl er sich begreiflicherweise in recht gedrückter Stimmung befand, nichts getrunken habe. Er war also völlig nüchtern, als das Folgende passierte, soweit man überhaupt sagen kann, was da geschah. Vielleicht, dass er ein bisschen in seiner Ecke eingeschlummert war, das ließe sich immerhin denken. Dieser kleine Schlaf verschaffte ihm zunächst lauter Erleichterung. Ich habe mich mit den Zahlen eingelassen, redete er sich zu. Nun, ich verstehe nichts von Zahlen. Aber es ist klar, dass man ihnen keine zu große Bedeutung einräumen darf; sie sind doch sozusagen nur eine Einrichtung von Staats wegen, um der Ordnung willen. Niemand hatte doch je anderswo als auf dem Papier eine gesehen. Es war ausgeschlossen, dass einem zum Beispiel in einer Gesellschaft eine Sieben oder eine Fünfundzwanzig begegnete. Da gab es die einfach nicht. Und dann war da diese kleine Verwechslung vorgefallen, aus purer Zerstreutheit: Zeit und Geld, als ob sich das nicht auseinanderhalten ließe. Nikolaj Kusmitsch lachte beinah. Es war doch gut, wenn man sich so auf die Schliche kam, und rechtzeitig, das war das Wichtige, rechtzeitig. Nun sollte es anders werden. Die Zeit, ja, das war eine peinliche Sache. Aber betraf es etwa ihn allein, ging sie nicht auch den andern so, wie er es herausgefunden hatte, in Sekunden, auch wenn sie es nicht wussten?

Nikolaj Kusmitsch war nicht ganz frei von Schadenfreude: Mag sie immerhin –, wollte er eben denken, aber da geschah etwas Eigentümliches. Es wehte plötzlich an seinem Gesicht, es zog ihm an den Ohren vorbei, er fühlte es an den Händen. Er riss die Augen auf. Das Fenster war fest verschlossen. Und wie er da so mit weiten Augen im dunkeln Zimmer saß, da begann er zu verstehen, dass das, was er nun verspürte, die wirkliche Zeit sei, die vorüberzog. Er erkannte sie förmlich, alle diese Sekündchen, gleich lau, eine wie die andere, aber schnell, aber schnell. Weiß der Himmel, was sie noch vorhatten. Dass gerade *ihm* das widerfahren musste, der jede Art von Wind als Beleidigung empfand. Nun würde man dasitzen, und es würde immer so weiterziehen, das ganze Leben lang. Er sah alle die Neuralgien voraus, die man sich dabei holen würde, er war außer sich vor Wut. Er sprang auf, aber die Überraschungen waren noch nicht zu Ende. Auch unter seinen Füßen war etwas wie eine Bewegung, nicht nur eine, mehrere, merkwürdig durcheinanderschwankende Bewegungen. Er erstarrte vor Entsetzen: konnte das die Erde sein? Gewiss, das war die Erde. Sie bewegte sich ja doch. In der Schule war davon gesprochen worden, man war etwas eilig darüber weggegangen, und später wurde es gern vertuscht; es galt nicht für passend, davon zu sprechen. Aber nun, da er einmal empfindlich geworden war, bekam er auch das zu fühlen. Ob die anderen es fühlten? Vielleicht, aber sie zeigten es nicht. Wahrscheinlich machte es ihnen nichts aus, diesen Seeleuten. Nikolaj Kusmitsch aber war ausgerechnet in diesem Punkt etwas delikat, er vermied sogar die Straßenbahnen. Er taumelte im Zimmer umher wie auf Deck und musste sich rechts und links halten. Zum Unglück fiel ihm noch etwas von der schiefen Stellung der Erdachse ein. Nein, er konnte alle diese Bewegungen nicht vertragen. Er fühlte sich elend. Liegen und ruhig halten, hatte er einmal irgendwo gelesen. Und seither lag Nikolaj Kusmitsch. Er lag und hatte die Augen geschlossen. Und es gab Zeiten, weniger bewegte Tage sozusagen, wo es ganz erträglich war. Und dann hatte er sich das ausgedacht mit den Gedichten. Man sollte nicht glauben, wie das half. Wenn man so ein Gedicht langsam hersagte, mit gleichmäßiger Betonung der Endreime, dann war gewissermaßen etwas Stabiles da, worauf man sehen konnte, innerlich versteht sich. Ein Glück, dass er alle diese Gedichte wusste. Aber er hatte sich immer ganz besonders für Literatur interessiert. Er beklagte sich nicht über seinen Zustand, versicherte mir der Student, der ihn lange kannte. Nur hatte sich mit der Zeit eine übertriebene Bewunderung für die in ihm herausgebildet, die, wie der Student, herumgingen und die Bewegung der Erde vertrugen.

Ich erinnere mich dieser Geschichte so genau, weil sie mich ungemein beruhigte. Ich kann wohl sagen, ich habe nie wieder einen so angenehmen Nachbar gehabt, wie diesen Nikolaj Kusmitsch, der sicher auch mich bewundert hätte.

Ich nahm mir nach dieser Erfahrung vor, in ähnlichen Fällen immer gleich auf die Tatsachen loszugehen. Ich merkte, wie einfach und erleichternd sie waren, den Vermutungen gegenüber. Als ob ich nicht gewusst hätte, dass alle unsere Einsichten nachträglich sind, Abschlüsse, nichts weiter. Gleich dahinter fängt eine neue Seite an mit etwas ganz anderem, ohne Übertrag. Was halfen mir jetzt im gegenwärtigen Falle die paar Tatsachen, die sich spielend feststellen ließen. Ich will sie gleich aufzählen, wenn ich gesagt haben werde, was mich augenblicklich beschäftigt: dass sie eher dazu beigetragen haben, meine Lage, die (wie ich jetzt eingestehe) recht schwierig war, noch lästiger zu gestalten.

Es sei zu meiner Ehre gesagt, dass ich viel geschrieben habe in diesen Tagen; ich habe krampfhaft geschrieben. Allerdings, wenn ich ausgegangen war, so dachte ich nicht gerne an das Nachhausekommen. Ich machte sogar kleine Umwege und verlor auf diese Art eine halbe Stunde, während welcher ich hätte schreiben können. Ich gebe zu, dass dies eine Schwäche war. War ich aber einmal in meinem Zimmer, so hatte ich mir nichts vorzuwerfen. Ich schrieb, ich hatte *mein* Leben, und das da nebenan war ein ganz anderes Leben, mit dem ich nichts teilte: das Leben eines Studenten der Medizin, der für sein Examen studierte. Ich hatte nichts Ähnliches vor mir, schon das war ein entscheidender Unterschied. Und auch sonst waren unsere Umstände so verschieden wie möglich. Das alles leuchtete mir ein. Bis zu dem Moment, da ich wusste, dass es kommen würde; da vergaß ich, dass es zwischen uns keine Gemeinsamkeit gab. Ich horchte so, dass mein Herz ganz laut wurde. Ich ließ alles und horchte. Und dann kam es: ich habe mich nie geirrt.

Beinah jeder kennt den Lärm, den irgendein blechernes, rundes Ding, nehmen wir an, der Deckel einer Blechbüchse, verursacht, wenn er einem entglitten ist. Gewöhnlich kommt er gar nicht einmal sehr laut unten an, er fällt kurz auf, rollt auf dem Rande weiter und wird eigentlich erst unangenehm, wenn der Schwung zu Ende geht und er nach allen Seiten taumelnd aufschlägt, eh er ins Liegen kommt. Nun also: das ist das Ganze; so ein blecherner Gegenstand fiel nebenan, rollte, blieb liegen, und dazwischen, in gewissen Abständen, stampfte es. Wie alle Geräusche, die sich wiederholt durchsetzen, hatte auch dieses sich innerlich organisiert; es wandelte sich ab, es war niemals genau dasselbe. Aber gerade das sprach für seine Gesetzmäßigkeit. Es konnte heftig sein oder milde oder melancholisch; es konnte gleichsam überstürzt vorübergehen oder unendlich lange hingleiten, eh es zu Ruhe kam. Und das letzte Schwanken war immer überraschend. Dagegen hatte das Aufstampfen, das hinzukam, etwas fast Mechanisches. Aber es teilte den Lärm immer anders ab, das schien seine Aufgabe zu sein. Ich kann diese Einzelheiten jetzt viel besser übersehen; das Zimmer neben mir ist leer. Er ist nach Hause gereist, in die Provinz. Er sollte sich erholen. Ich wohne im obersten Stockwerk. Rechts ist ein anderes Haus, unter mir ist noch niemand eingezogen: ich bin ohne Nachbar.

In dieser Verfassung wundert es mich beinah, dass ich die Sache nicht leichter nahm. Obwohl ich doch jedes Mal im voraus gewarnt war durch mein Gefühl. Das wäre auszunutzen gewesen. Erschrick nicht, hätte ich mir sagen müssen, jetzt kommt es; ich wusste ja, dass ich mich niemals täuschte. Aber das lag vielleicht gerade an den Tatsachen, die ich mir hatte sagen lassen; seit ich sie wusste, war ich noch schreckhafter geworden. Es berührte mich fast gespenstisch, dass das, was diesen Lärm auslöste, jene kleine, langsame, lautlose Bewegung war, mit der sein Augenlid sich eigenmächtig über sein rechtes Auge senkte und schloss, während er las. Dies war das Wesentliche an seiner Geschichte, eine Kleinigkeit. Er hatte schon ein paar Mal die Examen vorbeigehen lassen müssen, sein Ehrgeiz war empfindlich geworden, und die Leute daheim drängten wahrscheinlich, sooft sie schrieben. Was blieb also übrig, als sich zusammenzunehmen. Aber da hatte sich, ein paar Monate vor der Entscheidung, diese Schwäche eingestellt; diese kleine, unmögliche Ermüdung, die so lächerlich war, wie wenn ein Fenstervorhang nicht oben bleiben will. Ich bin sicher, dass er wochenlang der Meinung war, man müsste das beherrschen können. Sonst wäre ich nicht auf die Idee verfallen, ihm meinen Willen anzubieten. Eines Tages begriff ich nämlich, dass der seine zu Ende sei. Und seither, wenn ich es kommen fühlte, stand ich da auf meiner Seite der Wand und bat ihn, sich zu bedienen. Und mit der Zeit wurde mir klar, dass er darauf einging. Vielleicht hätte er das nicht tun dürfen, besonders wenn man bedenkt, dass es eigentlich nichts half. Angenommen sogar, dass wir die Sache ein wenig hinhielten, so bleibt es doch fraglich, ob er wirklich imstande war, die Augenblicke, die wir so gewannen, auszunutzen. Und was meine Ausgaben betrifft, so begann ich sie zu fühlen. Ich weiß, ich fragte mich, ob das so weitergehen dürfe, gerade an dem Nachmittag, als jemand in unserer Etage ankam. Dies ergab bei dem engen Aufgang immer viel Unruhe in dem kleinen Hotel. Eine Weile später schien es mir, als trete man bei meinem Nachbar ein. Unsere Türen waren die letzten im Gang, die seine quer und dicht neben der meinen. Ich wusste indessen, dass er zuweilen Freunde bei sich sah, und, wie gesagt, ich interessierte mich durchaus nicht für seine Verhältnisse. Es ist möglich, dass seine Tür noch mehrmals geöffnet wurde, dass man draußen kam und ging. Dafür war ich wirklich nicht verantwortlich.

Nun an diesem selben Abend war es ärger denn je. Es war noch nicht sehr spät, aber ich war aus Müdigkeit schon zu Bett gegangen; ich hielt es für wahrscheinlich, dass ich schlafen würde. Da fuhr ich auf, als hätte man mich berührt. Gleich darauf brach es los. Es sprang und rollte und rannte irgendwo an und schwankte und klappte. Das Stampfen war fürchterlich. Dazwischen klopfte man unten, einen Stock tiefer, deutlich und böse gegen die Decke. Auch der neue Mieter war natürlich gestört. Jetzt: das musste seine Türe sein. Ich war so wach, dass ich seine Türe zu hören meinte, obwohl er erstaunlich vorsichtig damit umging. Es kam mir vor, als nähere er sich. Sicher wollte er wissen, in welchem Zimmer es sei. Was mich befremdete, war seine wirklich übertriebene Rücksicht. Er hatte doch eben bemerken können, dass es auf Ruhe nicht ankam in diesem Hause. Warum in aller Welt unterdrückte er seinen Schritt? Eine Weile glaubte ich ihn an meiner Tür; und dann vernahm ich, darüber war kein Zweifel, dass er nebenan eintrat. Er trat ohne weiters nebenan ein.

Und nun (ja, wie soll ich das beschreiben?), nun wurde es still. Still, wie wenn ein Schmerz aufhört. Eine eigentümlich fühlbare, prickelnde Stille, als ob eine Wunde heilte. Ich hätte sofort schlafen können; ich hätte Atem holen können und einschlafen. Nur mein Erstaunen hielt mich wach. Jemand sprach nebenan, aber auch das gehörte mit in die Stille. Das muss man erlebt haben, wie diese Stille war, wiedergeben lässt es sich nicht. Auch draußen war alles wie ausgeglichen. Ich saß auf, ich horchte, es war wie auf dem Lande. Lieber Gott, dachte ich, seine Mutter ist da. Sie saß neben dem Licht, sie redete ihm zu, vielleicht hatte er den Kopf ein wenig gegen ihre Schulter gelegt. Gleich würde sie ihn zu Bett bringen. Nun begriff ich das leise Gehen draußen auf dem Gang. Ach, dass es das gab. So ein Wesen, vor dem die Türen ganz anders nachgeben als vor uns. Ja, nun konnten wir schlafen.

Ich habe meinen Nachbar fast schon vergessen. Ich sehe wohl, dass es keine richtige Teilnahme war, was ich für ihn hatte. Unten frage ich zwar zuweilen im Vorübergehen, ob Nachrichten von ihm da sind und welche. Und ich freue mich, wenn sie gut sind. Aber ich übertreibe. Ich habe eigentlich nicht nötig, das zu wissen. Das hängt gar nicht mehr mit ihm zusammen, dass ich manchmal einen plötzlichen Reiz verspüre, nebenan einzutreten. Es ist nur ein Schritt von meiner Tür zu der anderen, und das Zimmer ist nicht verschlossen. Es würde mich interessieren, wie dieses Zimmer eigentlich beschaffen ist. Man kann sich mit Leichtigkeit ein beliebiges Zimmer vorstellen, und oft stimmt es dann ungefähr. Nur das Zimmer, das man neben sich hat, ist immer ganz anders, als man es sich denkt.

Ich sage mir, dass es dieser Umstand ist, der mich reizt. Aber ich weiß ganz gut, dass es ein gewisser blecherner Gegenstand ist, der auf mich wartet. Ich habe angenommen, dass es sich wirklich um einen Büchsendeckel handelt, obwohl ich mich natürlich irren kann. Das beunruhigt mich nicht. Es entspricht nun einmal meiner Anlage, die Sache auf einen Büchsendeckel zu schieben. Man kann denken, dass er ihn nicht mitgenommen hat. Wahrscheinlich hat man aufgeräumt, man hat den Deckel auf seine Büchse gesetzt, wie es sich gehört. Und nun bilden die beiden zusammen den Begriff Büchse, runde Büchse, genau ausgedrückt, einen einfachen, sehr bekannten Begriff. Mir ist, als entsänne ich mich, dass sie auf dem Kamin stehn, die beiden, die die Büchse ausmachen. Ja, sie stehn sogar vor dem Spiegel, so dass dahinter noch eine Büchse entsteht, eine täuschend ähnliche, imaginäre. Eine Büchse, auf die wir gar keinen Wert legen, nach der aber zum Beispiel ein Affe greifen würde. Richtig, es würden sogar zwei Affen danach greifen, denn auch der Affe wäre doppelt, sobald er auf dem Kaminrand ankäme. Nun also, es ist der Deckel dieser Büchse, der es auf mich abgesehen hat.

Einigen wir uns darüber: der Deckel einer Büchse, einer gesunden Büchse, deren Rand nicht anders gebogen ist, als sein eigener, so ein Deckel müsste kein anderes Verlangen kennen, als sich auf seiner Büchse zu befinden; dies müsste das Äußerste sein, was er sich vorzustellen vermag; eine nicht zu übertreffende Befriedigung, die Erfüllung aller seiner Wünsche. Es ist ja auch etwas geradezu Ideales, geduldig und sanft eingedreht auf der kleinen Gegenwulst gleichmäßig aufzuruhen und die eingreifende Kante in sich zu fühlen, elastisch und gerade so scharf, wie man selber am Rande ist, wenn man einzeln daliegt. Ach, aber wie wenige Deckel gibt es, die das noch zu schätzen wissen. Hier zeigt es sich so recht, wie verwirrend der Umgang mit den Menschen auf die Dinge gewirkt hat. Die Menschen nämlich, wenn es angeht, sie ganz vorübergehend mit solchen Deckeln zu vergleichen, sitzen höchst ungern und schlecht auf ihren Beschäftigungen. Teils weil sie nicht auf die richtigen gekommen sind in der Eile, teils weil man sie schief und zornig aufgesetzt hat, teils weil die Ränder, die aufeinander gehören, verbogen sind, jeder auf eine andere Art. Sagen wir es nur ganz aufrichtig: sie denken im Grunde nur daran, sobald es sich irgend tun lässt, hinunterzuspringen, zu rollen und zu blechern. Wo kämen sonst alle diese sogenannten Zerstreuungen her und der Lärm, den sie verursachen?

Die Dinge sehen das nun schon seit Jahrhunderten an. Es ist kein Wunder, wenn sie verdorben sind, wenn sie den Geschmack verlieren an ihrem natürlichen, stillen Zweck und das Dasein so ausnutzen möchten, wie sie es rings um sich ausgenutzt sehen. Sie machen Versuche, sich ihren Anwendungen zu entziehen, sie werden unlustig und nachlässig, und die Leute sind gar nicht erstaunt, wenn sie sie auf einer Ausschweifung ertappen. Sie kennen das so gut von sich selbst. Sie ärgern sich, weil sie die Stärkeren sind, weil sie mehr Recht auf Abwechslung zu haben meinen, weil sie sich nachgeäfft fühlen; aber sie lassen die Sache gehen, wie sie sich selber gehen lassen. Wo aber einer ist, der sich zusammennimmt, ein Einsamer etwa, der so recht rund auf sich beruhen wollte Tag und Nacht, da fordert er geradezu den

Widerspruch, den Hohn, den Hass der entarteten Geräte heraus, die, in ihrem argen Gewissen, nicht mehr vertragen können, dass etwas sich zusammenhält und nach seinem Sinne strebt. Da verbinden sie sich, um ihn zu stören, zu schrecken, zu beirren, und wissen, dass sie es können. Da fangen sie, einander zuzwinkernd, die Verführung an, die dann ins Unermessene weiter wächst und alle Wesen und Gott selber hinreißt gegen den Einen, der vielleicht übersteht: den Heiligen.

Wie begreif ich jetzt die wunderlichen Bilder, darinnen Dinge vom beschränkten und regelmäßigen Gebrauchen sich ausspannen und sich lüstern und neugierig aneinander versuchen, zuckend in der ungefähren Unzucht der Zerstreuung. Diese Kessel, die kochend herumgehen, diese Kolben, die auf Gedanken kommen, und die müßigen Trichter, die sich in ein Loch drängen zu ihrem Vergnügen. Und da sind auch schon, vom eifersüchtigen Nichts heraufgeworfen, Gliedmaßen und Glieder unter ihnen und Gesichter, die warm in sie hineinvomieren, und blasende Gesäße, die ihnen den Gefallen tun.

Und der Heilige krümmt sich und zieht sich zusammen; aber in seinen Augen war noch ein Blick, der dies für möglich hielt: er hat hingesehen. Und schon schlagen sich seine Sinne nieder aus der hellen Lösung seiner Seele. Schon entblättert sein Gebet und steht ihm aus dem Mund wie ein eingegangener Strauch. Sein Herz ist umgefallen und ausgeflossen ins Trübe hinein. Seine Geißel trifft ihn schwach wie ein Schwanz, der Fliegen verjagt. Sein Geschlecht ist wieder nur an einer Stelle, und wenn eine Frau aufrecht durch das Gehudel kommt, den offenen Busen voll Brüste, so zeigt es auf sie wie ein Finger.

Es gab Zeiten, da ich diese Bilder für veraltet hielt. Nicht, als ob ich an ihnen zweifelte. Ich konnte mir denken, dass dies den Heiligen geschah, damals, den eifernden Voreiligen, die gleich mit Gott anfangen wollten um jeden Preis. Wir muten uns dies nicht mehr zu. Wir ahnen, dass er zu schwer ist für uns, dass wir ihn hinausschieben müssen, um langsam die lange Arbeit zu tun, die uns von ihm trennt. Nun aber weiß ich, dass diese Arbeit genau so bestritten ist wie das Heiligsein; dass dies da um jeden entsteht, der um ihretwillen einsam ist, wie es sich bildete um die Einsamen Gottes in ihren Höhlen und leeren Herbergen, einst.

Wenn man von den Einsamen spricht, setzt man immer zu viel voraus. Man meint, die Leute wüssten, um was es sich handelt. Nein, sie wissen es nicht. Sie haben nie einen Einsamen gesehen, sie haben ihn nur gehasst, ohne ihn zu kennen. Sie sind seine Nachbarn gewesen, die ihn aufbrauchten, und die Stimmen im Nebenzimmer, die ihn versuchten. Sie haben die Dinge aufgereizt gegen ihn, dass sie lärmten und ihn übertönten. Die Kinder verbanden sich wider ihn, da er zart und ein Kind war, und mit jedem Wachsen wuchs er gegen die Erwachsenen an. Sie spürten ihn auf in seinem Versteck wie ein jagdbares Tier, und seine lange Jugend war ohne Schonzeit. Und wenn er sich nicht erschöpfen ließ und davonkam, so schrieen sie über das, was von ihm ausging, und nannten es hässlich und verdächtigten es. Und hörte er nicht darauf, so wurden sie deutlicher und aßen ihm sein Essen weg und atmeten ihm seine Luft aus und spieen in seine Armut, dass sie ihm widerwärtig würde. Sie brachten Verruf über ihn wie über einen Ansteckenden und warfen ihm Steine nach, damit er sich rascher entfernte. Und sie hatten recht in ihrem alten Instinkt: denn er war wirklich ihr Feind.

Aber dann, wenn er nicht aufsah, besannen sie sich. Sie ahnten, dass sie ihm mit alledem seinen Willen taten; dass sie ihn in seinem Alleinsein bestärkten und ihm halfen, sich abzuscheiden von ihnen für immer. Und nun schlugen sie um und wandten das Letzte an, das Äußerste, den anderen Widerstand: den Ruhm. Und bei diesem Lärmen blickte fast jeder auf und wurde zerstreut.

Diese Nacht ist mir das kleine grüne Buch wieder eingefallen, das ich als Knabe einmal besessen haben muss; und ich weiß nicht, warum ich mir einbilde, dass es von Mathilde Brahe stammte. Es interessierte mich nicht, da ich es bekam, und ich las es erst mehrere Jahre später, ich glaube in der Ferienzeit auf Ulsgaard. Aber wichtig war es mir vom ersten Augenblick an. Es war durch und durch voller Bezug, auch äußerlich betrachtet. Das Grün des Einbands bedeutete etwas, und man sah sofort ein, dass es innen so sein musste, wie es war. Als ob das verabredet worden wäre, kam zuerst dieses glatte, weiß in weiß gewässerte Vorsatzblatt und dann die Titelseite, die man für geheimnisvoll hielt. Es hätten wohl Bilder drin sein können, so sah es aus; aber es waren keine, und man musste, fast wider Willen, zugeben, dass auch das in der Ordnung sei. Es entschädigte einen irgendwie, an einer bestimmten Stelle das schmale Leseband zu finden, das, mürbe und ein wenig schräg, rührend in seinem Vertrauen, noch rosa zu sein, seit Gott weiß wann immer zwischen den gleichen Seiten lag. Vielleicht war es nie benutzt worden, und der Buchbinder hatte es rasch und fleißig da hineingebogen, ohne recht hinzusehen. Möglicherweise aber war es kein Zufall. Es konnte sein, dass jemand dort zu lesen aufgehört hatte, der nie wieder las; dass das Schicksal in diesem Moment an seiner Türe klopfte, um ihn zu beschäftigen, dass er weit von allen Büchern weggeriet, die doch schließlich nicht das Leben sind. Das war nicht zu erkennen, ob das Buch weitergelesen worden war. Man konnte sich auch denken, dass es sich einfach darum handelte, diese Stelle aufzuschlagen wieder und wieder, und dass es dazu gekommen war, wenn auch manchmal erst spät in der Nacht. Jedenfalls hatte ich eine Scheu vor den beiden Seiten, wie vor einem Spiegel, vor dem jemand steht. Ich habe sie nie gelesen. Ich weiß überhaupt nicht, ob ich das ganze Buch gelesen habe. Es war nicht sehr stark, aber es standen eine Menge Geschichten drin, besonders am Nachmittag; dann war immer eine da, die man noch nicht kannte.

Ich erinnere nur noch zwei. Ich will sagen, welche: Das Ende des Grischa Otrepjow und Karls des Kühnen Untergang.

Gott weiß, ob es mir damals Eindruck machte. Aber jetzt, nach so viel Jahren, entsinne ich mich der Beschreibung, wie der Leichnam des falschen Zaren unter die Menge geworfen worden war und dalag drei Tage, zerfetzt und zerstochen und eine Maske vor dem Gesicht. Es ist natürlich gar keine Aussicht, dass mir das kleine Buch je wieder in die Hände kommt. Aber diese Stelle muss merkwürdig gewesen sein. Ich hätte auch Lust, nachzulesen, wie die Begegnung mit der Mutter verlief. Er mag sich sehr sicher gefühlt haben, da er sie nach Moskau kommen ließ; ich bin sogar überzeugt, dass er zu jener Zeit so stark an sich glaubte, dass er in der Tat seine Mutter zu berufen meinte. Und diese Marie Nagoi, die in schnellen Tagreisen aus ihrem dürftigen Kloster kam, gewann ja auch alles, wenn sie zustimmte. Ob aber seine Unsicherheit nicht gerade damit begann, dass sie ihn anerkannte? Ich bin nicht abgeneigt zu glauben, die Kraft seiner Verwandlung hätte darin beruht, niemandes Sohn mehr zu sein.

(Das ist schließlich die Kraft aller jungen Leute, die fortgegangen sind.)

Das Volk, das sich ihn erwünschte, ohne sich einen vorzustellen, machte ihn nur noch freier und unbegrenzter in seinen Möglichkeiten. Aber die Erklärung der Mutter hatte, selbst als bewusster Betrug, noch die Macht, ihn zu verringern; sie hob ihn aus der Fülle seiner Erfindung; sie beschränkte ihn auf ein müdes Nachahmen; sie setzte ihn auf den Einzelnen herab, der er nicht war: sie machte ihn zum Betrüger. Und nun kam, leiser auflösend, diese Marina Mniczek hinzu, die ihn auf ihre Art leugnete, indem sie, wie sich später erwies, nicht an ihn glaubte, sondern an jeden. Ich kann natürlich nicht dafür einstehen, wie weit das alles in jener Geschichte berücksichtigt war. Dies, scheint mir, wäre zu erzählen gewesen.

Aber auch abgesehen davon, ist diese Begebenheit durchaus nicht veraltet. Es wäre jetzt ein Erzähler denkbar, der viel Sorgfalt an die letzten Augenblicke wendete; er hätte nicht unrecht. Es geht eine Menge in ihnen vor: Wie er aus dem innersten Schlaf ans Fenster springt und über das Fenster hinaus in den Hof zwischen die Wachen. Er kann allein nicht auf; sie müssen ihm helfen. Wahrscheinlich ist der Fuß gebrochen. An zwei von den Männern gelehnt, fühlt er, dass sie an ihn glauben. Er sieht sich um: auch die andern glauben an ihn. Sie dauern ihn fast, diese riesigen Strelitzen, es muss weit gekommen sein: sie haben Iwan Grosnij gekannt in all seiner Wirklichkeit, und glauben an *ihn*. Er hätte Lust, sie aufzuklären, aber den Mund öffnen, hieße einfach schreien. Der Schmerz im Fuß ist rasend, und er hält so wenig von sich in diesem Moment, dass er nichts weiß als den Schmerz. Und dann ist keine Zeit. Sie drängen heran, er sieht den Schuiskij und hinter ihm alle. Gleich wird es vorüber sein. Aber da schließen sich seine Wachen. Sie geben ihn nicht auf. Und ein Wunder geschieht. Der Glauben dieser alten Männer pflanzt sich fort, auf einmal will niemand mehr vor. Schuiskij, dicht vor ihm, ruft verzweifelt nach einem Fenster hinauf. Er sieht sich nicht um. Er weiß, wer dort steht; er begreift, dass es still wird, ganz ohne Übergang still. Jetzt wird die Stimme kommen, die er von damals her kennt; die hohe, falsche Stimme, die sich überanstrengt. Und da hört er die Zarin-Mutter, die ihn verleugnet.

Bis hierher geht die Sache von selbst, aber nun, bitte, einen Erzähler, einen Erzähler: denn von den paar Zeilen, die noch bleiben, muss Gewalt ausgehen über jeden Widerspruch hinaus. Ob es gesagt wird oder nicht, man muss darauf schwören, dass zwischen Stimme und Pistolenschuss, unendlich zusammengedrängt, noch einmal Wille und Macht in ihm war, alles zu sein. Sonst versteht man nicht, wie glänzend konsequent es ist, dass sie sein Nachtkleid durchbohrten und in ihm herumstachen, ob sie auf das Harte einer Person stoßen würden. Und dass er im Tode doch noch die Maske trug, drei Tage lang, auf die er fast schon verzichtet hatte.

Wenn ich's nun bedenke, so scheint es mir seltsam, dass in demselben Buche der Ausgang dessen erzählt wurde, der sein ganzes Leben lang Einer war, der Gleiche, hart und nicht zu ändern wie ein Granit und immer schwerer auf allen, die ihn ertrugen. Es gibt ein Bild von ihm in Dijon. Aber man weiß es auch so, dass er kurz, quer, trotzig war und verzweifelt. Nur an die Hände hätte man vielleicht nicht gedacht. Es sind arg warme Hände, die sich immerfort kühlen möchten und sich unwillkürlich auf Kaltes legen, gespreizt, mit Luft zwischen allen Fingern. In diese Hände konnte das Blut hineinschießen, wie es einem zu Kopf steigt, und geballt waren sie wirklich wie die Köpfe von Tollen, tobend von Einfällen.

Es gehörte unglaubliche Vorsicht dazu, mit diesem Blute zu leben. Der Herzog war damit eingeschlossen in sich selbst, und zuzeiten fürchtete er's, wenn es um ihn herumging, geduckt und dunkel. Es konnte ihm selber grauenhaft fremd sein, dieses behende, halbportugiesische Blut, das er kaum kannte. Oft ängstigte es ihn, dass es ihn im Schlafe anfallen könnte und zerreißen. Er tat, als bändigte er's, aber er stand immer in seiner Furcht. Er wagte nie eine Frau zu lieben, damit es nicht eifersüchtig würde, und so reißend war es, dass Wein nie über seine Lippen kam; statt zu trinken, sänftigte er's mit Rosenmus. Doch, einmal trank er, im Lager vor Lausanne, als Granson verloren war; da war er krank und abgeschieden und trank viel puren Wein. Aber damals schlief sein Blut. In seinen sinnlosen letzten Jahren verfiel es manchmal in diesen schweren, tierischen Schlaf. Dann zeigte es sich, wie sehr er in seiner Gewalt war; denn wenn es schlief, war er nichts. Dann durfte keiner von seiner Umgebung herein; er begriff nicht, was sie redeten. Den fremden Gesandten konnte er sich nicht zeigen, öd wie er war. Dann saß er und wartete, dass es aufwachte. Und meistens fuhr es mit einem Sprunge auf und brach aus dem Herzen aus und brüllte.

Für dieses Blut schleppte er all die Dinge mit, auf die er nichts gab. Die drei großen Diamanten und all die Steine; die flandrischen Spitzen und die Teppiche von Arras, haufenweis. Sein seidenes Gezelt mit den aus Gold gedrehten Schnüren und vierhundert Zelte für sein Gefolg. Und Bilder, auf Holz gemalt, und die zwölf Apostel aus vollem Silber. Und den Prinzen von Tarent und den Herzog von Cleve und Philipp von Baden und den Herrn von

Château-Guyon. Denn er wollte seinem Blut einreden, dass er Kaiser sei und nichts über ihm: damit es ihn fürchte. Aber sein Blut glaubte ihm nicht, trotz solcher Beweise, es war ein misstrauisches Blut. Vielleicht erhielt er es noch eine Weile im Zweifel. Aber die Hörner von Uri verrieten ihn. Seither wusste sein Blut, dass es in einem Verlorenen war: und wollte heraus. So seh ich es jetzt, damals aber machte es mir vor allem Eindruck, von dem Dreikönigstag zu lesen, da man ihn suchte.

Der junge lothringische Fürst, der tags vorher, gleich nach der merkwürdig hastigen Schlacht in seiner elenden Stadt Nancy eingeritten war, hatte ganz früh seine Umgebung geweckt und nach dem Herzog gefragt. Bote um Bote wurde ausgesandt, und er selbst erschien von Zeit zu Zeit am Fenster, unruhig und besorgt. Er erkannte nicht immer, wen sie da brachten auf ihren Wagen und Tragbahren, er sah nur, dass es nicht der Herzog war. Und auch unter den Verwundeten war er nicht, und von den Gefangenen, die man fortwährend noch einbrachte, hatte ihn keiner gesehen. Die Flüchtlinge aber trugen nach allen Seiten verschiedene Nachrichten und waren wirr und schreckhaft, als fürchteten sie, auf ihn zuzulaufen. Es dunkelte schon, und man hatte nichts von ihm gehört. Die Kunde, dass er verschwunden sei, hatte Zeit herumzukommen an dem langen Winterabend. Und wohin sie kam, da erzeugte sie in allen eine jähe, übertriebene Sicherheit, dass er lebte. Nie vielleicht war der Herzog so wirklich in jeder Einbildung wie in dieser Nacht. Es gab kein Haus, wo man nicht wachte und auf ihn wartete und sich sein Klopfen vorstellte. Und wenn er nicht kam, so war's, weil er schon vorüber war.

Es fror diese Nacht, und es war, als fröre auch die Idee, dass er sei; so hart wurde sie. Und Jahre und Jahre vergingen, eh sie sich auflöste. Alle diese Menschen, ohne es recht zu wissen, bestanden jetzt auf ihm. Das Schicksal, das er über sie gebracht hatte, war nur erträglich durch seine Gestalt. Sie hatten so schwer erlernt, dass er war; nun aber, da sie ihn kannten, fanden sie, dass er gut zu merken sei und nicht zu vergessen.

Aber am nächsten Morgen, dem siebenten Januar, einem Dienstag, fing das Suchen doch wieder an. Und diesmal war ein Führer da. Es war ein Page des Herzogs, und es hieß, er habe seinen Herrn von ferne stürzen sehen; nun sollte er die Stelle zeigen. Er selbst hatte nichts erzählt, der Graf von Campobasso hatte ihn gebracht und hatte für ihn gesprochen. Nun ging er voran, und die anderen hielten sich dicht hinter ihm. Wer ihn so sah, vermummt und eigentümlich unsicher, der hatte Mühe zu glauben, dass es wirklich Gian-Battista Colonna sei, der schön wie ein Mädchen war und schmal in den Gelenken. Er zitterte vor Kälte; die Luft war steif vom Nachtfrost, es klang wie Zähneknirschen unter den Schritten. Übrigens froren sie alle. Nur des Herzogs Narr, Louis-Onze zubenannt, machte sich Bewegung. Er spielte den Hund, lief voraus, kam wieder und trollte eine Weile auf allen Vieren neben dem Knaben her; wo er aber von fern eine Leiche sah, da sprang er hin und verbeugte sich und redete ihr zu, sie möchte sich zusammennehmen und der sein, den man suchte. Er ließ ihr ein wenig Bedenkzeit, aber dann kam er mürrisch zu den andern zurück und drohte und fluchte und beklagte sich über den Eigensinn und die Trägheit der Toten. Und man ging immerzu, und es nahm kein Ende. Die Stadt war kaum mehr zu sehen; denn das Wetter hatte sich inzwischen geschlossen, trotz der Kälte, und war grau und undurchsichtig geworden. Das Land lag flach und gleichgültig da, und die kleine, dichte Gruppe sah immer verirrter aus, je weiter sie sich bewegte. Niemand sprach, nur ein altes Weib, das mitgelaufen war, malmte etwas und schüttelte den Kopf dabei; vielleicht betete sie.

Auf einmal blieb der Vorderste stehen und sah um sich. Dann wandte er sich kurz zu Lupi, dem portugiesischen Arzt des Herzogs, und zeigte nach vorn. Ein paar Schritte weiterhin war eine Eisfläche, eine Art Tümpel oder Teich, und da lagen, halb eingebrochen, zehn oder zwölf Leichen. Sie waren fast ganz entblößt und ausgeraubt. Lupi ging gebückt und aufmerksam von einem zum andern. Und nun erkannte man Olivier de la Marche und den Geistlichen, wie sie so einzeln herumgingen. Die Alte aber kniete schon im Schnee und winselte und bückte sich über eine große Hand, deren Finger ihr gespreizt entgegenstarrten. Alle eilten herbei. Lupi mit einigen Dienern versuchte den Leichnam zu wenden, denn er lag vornüber. Aber das Gesicht war eingefroren, und da man es aus dem Eis herauszerrte, schälte sich die eine Wange dünn und spröde ab, und es zeigte sich, dass die andere von Hunden oder Wölfen herausgerissen war; und das Ganze war von einer großen Wunde gespalten, die am Ohr begann, so dass von einem Gesicht keine Rede sein konnte.

Einer nach dem anderen blickte sich um; jeder meinte den Römer hinter sich zu finden. Aber sie sahen nur den Narren, der herbeigelaufen kam, böse und blutig. Er hielt einen Mantel von sich ab und schüttelte ihn, als sollte etwas herausfallen; aber der Mantel war leer. So ging man daran, nach Kennzeichen zu suchen, und es fanden sich einige. Man hatte ein Feuer gemacht und wusch den Körper mit warmem Wasser und Wein. Die Narbe am Halse kam zum Vorschein und die Stellen der beiden großen Abszesse. Der Arzt zweifelte nicht mehr. Aber man verglich noch anderes. Louis-Onze hatte ein paar Schritte weiter den Kadaver des großen schwarzen Pferdes Moreau gefunden, das der Herzog am Tage von Nancy geritten hatte. Er saß darauf und ließ die kurzen Beine hängen. Das Blut rann ihm noch immer aus der Nase in den Mund, und man sah ihm an, dass er es schmeckte. Einer der Diener drüben erinnerte, dass ein Nagel an des Herzogs linkem Fuß eingewachsen gewesen wäre; nun suchten alle den Nagel. Der Narr aber zappelte, als würde er gekitzelt, und schrie: »Ach, Monseigneur, verzeih ihnen, dass sie deine groben Fehler aufdecken, die Dummköpfe, und dich nicht erkennen an meinem langen Gesicht, in dem deine Tugenden stehn.«

(Des Herzogs Narr war auch der erste, der eintrat, als die Leiche gebettet war. Es war im Hause eines gewissen Georg Marquis, niemand konnte sagen, wieso. Das Bahrtuch war noch nicht übergelegt, und so hatte er den ganzen Eindruck. Das Weiß des Kamisols und das Karmesin vom Mantel sonderten sich schroff und unfreundlich voneinander ab zwischen den beiden Schwarz von Baldachin und Lager. Vorne standen scharlachne Schaftstiefel ihm entgegen mit großen, vergoldeten Sporen. Und dass das dort oben ein Kopf war, darüber konnte kein Streit entstehen, sobald man die Krone sah. Es war eine große Herzogs-Krone mit irgendwelchen Steinen. Louis-Onze ging umher und besah alles genau. Er befühlte sogar den Atlas, obwohl er wenig davon verstand. Es mochte guter Atlas sein, vielleicht ein bisschen billig für das Haus Burgund. Er trat noch einmal zurück um des Überblicks willen. Die Farben waren merkwürdig unzusammenhängend im Schneelicht. Er prägte sich jede einzeln ein. »Gut angekleidet«, sagte er schließlich anerkennend, »vielleicht eine Spur zu deutlich.« Der Tod kam ihm vor wie ein Puppenspieler, der rasch einen Herzog braucht.)

Man tut gut, gewisse Dinge, die sich nicht mehr ändern werden, einfach festzustellen, ohne die Tatsachen zu bedauern oder auch nur zu beurteilen. So ist mir klar geworden, dass ich nie ein richtiger Leser war. In der Kindheit kam mir das Lesen vor wie ein Beruf, den man auf sich nehmen würde, später einmal, wenn alle die Berufe kamen, einer nach dem andern. Ich hatte, aufrichtig gesagt, keine bestimmte Vorstellung, wann das sein könnte. Ich verließ mich darauf, dass man es merken würde, wenn das Leben gewissermaßen umschlug und nur noch von außen kam, so wie früher von innen. Ich bildete mir ein, es würde dann deutlich und eindeutig sein und gar nicht misszuverstehn. Durchaus nicht einfach, im Gegenteil recht anspruchsvoll, verwickelt und schwer meinetwegen, aber immerhin sichtbar. Das eigentümlich Unbegrenzte der Kindheit, das Unverhältnismäßige, das Nie-recht-Absehbare, das würde dann überstanden sein. Es war freilich nicht einzusehen, wieso. Im Grunde nahm es immer noch zu und schloss sich auf allen Seiten, und je mehr man hinaussah, desto mehr Inneres rührte man in sich auf: Gott weiß, wo es herkam. Aber wahrscheinlich wuchs es zu einem

Äußersten an und brach dann mit einem Schlage ab. Es war leicht zu beobachten, dass die Erwachsenen sehr wenig davon beunruhigt wurden; sie gingen herum und urteilten und handelten, und wenn sie je in Schwierigkeiten waren, so lag das an äußeren Verhältnissen.

An den Anfang solcher Veränderungen verlegte ich auch das Lesen. Dann würde man mit Büchern umgehen wie mit Bekannten, es würde Zeit dafür da sein, eine bestimmte, gleichmäßig und gefällig vergehende Zeit, gerade so viel, als einem eben passte. Natürlich würden einzelne einem näher stehen, und es ist nicht gesagt, dass man davor sicher sein würde, ab und zu eine halbe Stunde über ihnen zu versäumen: einen Spaziergang, eine Verabredung, den Anfang im Theater oder einen dringenden Brief. Dass sich einem aber das Haar verbog und verwirrte, als ob man darauf gelegen hätte, dass man glühende Ohren bekam und Hände kalt wie Metall, dass eine lange Kerze neben einem herunterbrannte und in den Leuchter hinein, das würde dann, Gott sei Dank, völlig ausgeschlossen sein.

Ich führe diese Erscheinungen an, weil ich sie ziemlich auffällig an mir erfuhr, damals in jenen Ferien auf Ulsgaard, als ich so plötzlich ins Lesen geriet. Da zeigte es sich gleich, dass ich es nicht konnte. Ich hatte es freilich vor der Zeit begonnen, die ich mir dafür in Aussicht gestellt hatte. Aber dieses Jahr in Sorö unter lauter andern ungefähr Altersgleichen hatte mich misstrauisch gemacht gegen solche Berechnungen. Dort waren rasche, unerwartete Erfahrungen an mich herangekommen, und es war deutlich zu sehen, dass sie mich wie einen Erwachsenen behandelten. Es waren lebensgroße Erfahrungen, die sich so schwer machten, wie sie waren. In demselben Maße aber, als ich ihre Wirklichkeit begriff, gingen mir auch für die unendliche Realität meines Kindseins die Augen auf. Ich wusste, dass es nicht aufhören würde, so wenig wie das andere erst begann. Ich sagte mir, dass es natürlich jedem freistand, Abschnitte zu machen, aber sie waren erfunden. Und es erwies sich, dass ich zu ungeschickt war, mir welche auszudenken. Sooft ich es versuchte, gab mir das Leben zu verstehen, dass es nichts von ihnen wusste. Bestand ich aber darauf, dass meine Kindheit vorüber sei, so war in demselben Augenblick auch alles Kommende fort, und mir blieb nur genau so viel, wie ein Bleisoldat unter sich hat, um stehen zu können.

Diese Entdeckung sonderte mich begreiflicherweise noch mehr ab. Sie beschäftigte mich in mir und erfüllte mich mit einer Art endgültiger Frohheit, die ich für Kümmernis nahm, weil sie weit über mein Alter hinausging. Es beunruhigte mich auch, wie ich mich entsinne, dass man nun, da nichts für eine bestimmte Frist vorgesehen war, manches überhaupt versäumen könne. Und als ich so nach Ulsgaard zurückkehrte und alle die Bücher sah, machte ich mich darüber her; recht in Eile, mit fast schlechtem Gewissen. Was ich später so oft empfunden habe, das ahnte ich damals irgendwie voraus: dass man nicht das Recht hatte, ein Buch aufzuschlagen, wenn man sich nicht verpflichtete, alle zu lesen. Mit jeder Zeile brach man die Welt an. Vor den Büchern war sie heil und vielleicht wieder ganz dahinter. Wie aber sollte ich, der nicht lesen konnte, es mit allen aufnehmen? Da standen sie, selbst in diesem bescheidenen Bücherzimmer, in so aussichtsloser Überzahl und hielten zusammen. Ich stürzte mich trotzig und verzweifelt von Buch zu Buch und schlug mich durch die Seiten durch wie einer, der etwas Unverhältnismäßiges zu leisten hat. Damals las ich Schiller und Baggesen, Öhlenschläger und Schack-Staffeldt, was von Walter Scott da war und Calderon. Manches kam mir in die Hände, was gleichsam schon hätte gelesen sein müssen, für anderes war es viel zu früh; fällig war fast nichts für meine damalige Gegenwart. Und trotzdem las ich.

In späteren Jahren geschah es mir zuweilen nachts, dass ich aufwachte, und die Sterne standen so wirklich da und gingen so bedeutend vor, und ich konnte nicht begreifen, wie man es über sich brachte, so viel Welt zu versäumen. So ähnlich war mir, glaub ich, zumut, sooft ich von den Büchern aufsah und hinaus, wo der Sommer war, wo Abelone rief. Es kam uns sehr unerwartet, dass sie rufen musste und dass ich nicht einmal antwortete. Es fiel mitten in unsere seligste Zeit. Aber da es mich nun einmal erfasst hatte, hielt ich mich krampfhaft ans Lesen und verbarg mich, wichtig und eigensinnig, vor unseren täglichen Feiertagen. Ungeschickt wie ich war, die vielen, oft unscheinbaren Gelegenheiten eines natürlichen Glücks auszunutzen, ließ ich mir nicht ungern von dem anwachsenden Zerwürfnis künftige Versöhnungen versprechen, die desto reizender wurden, je weiter man sie hinausschob.

Übrigens war mein Leseschlaf eines Tages so plötzlich zu Ende, wie er begonnen hatte; und da erzürnten wir einander gründlich. Denn Abelone ersparte mir nun keinerlei Spott und Überlegenheit, und wenn ich sie in der Laube traf, behauptete sie zu lesen. An dem einen Sonntag-Morgen lag das Buch zwar geschlossen neben ihr, aber sie schien mehr als genug mit den Johannisbeeren beschäftigt, die sie vorsichtig mittels einer Gabel aus ihren kleinen Trauben streifte.

Es muss dies eine von jenen Tagesfrühen gewesen sein, wie es solche im Juli gibt, neue, ausgeruhte Stunden, in denen überall etwas frohes Unüberlegtes geschieht.

Aus Millionen kleinen ununterdrückbaren Bewegungen setzt sich ein Mosaik überzeugtesten Daseins zusammen; die Dinge schwingen ineinander hinüber und hinaus in die Luft, und ihre Kühle macht den Schatten klar und die Sonne zu einem leichten, geistigen Schein. Da gibt es im Garten keine Hauptsache; alles ist überall, und man müsste in allem sein, um nichts zu versäumen.

In Abelonens kleiner Handlung aber war das Ganze noch mal. Es war so glücklich erfunden, gerade dies zu tun und genau so, wie sie es tat. Ihre im Schattigen hellen Hände arbeiteten einander so leicht und einig zu, und vor der Gabel sprangen mutwillig die runden Beeren her, in die mit tauduffem Weinblatt ausgelegte Schale hinein, wo schon andere sich häuften, rote und blonde, glanzlichternd, mit gesunden Kernen im herben Innern. Ich wünschte unter diesen Umständen nichts als zuzusehen, aber, da es wahrscheinlich war, dass man mir's verwies, ergriff ich, auch um mich unbefangen zu geben, das Buch, setzte mich an die andere Seite des Tisches und ließ mich, ohne lang zu blättern, irgendwo damit ein. »Wenn du doch wenigstens laut läsest, Leserich«, sagte Abelone nach einer Weile. Das klang lange nicht mehr so streitsüchtig, und da es, meiner Meinung nach, ernstlich Zeit war, sich auszugleichen, las ich sofort laut, immerzu bis zu einem Abschnitt und weiter, die nächste Überschrift: An Bettine.

»Nein, nicht die Antworten«, unterbrach mich Abelone und legte auf einmal wie erschöpft die kleine Gabel nieder. Gleich darauf lachte sie über das Gesicht, mit dem ich sie ansah.

»Mein Gott, was hast du schlecht gelesen, Malte.«

Da musste ich nun zugeben, dass ich keinen Augenblick bei der Sache gewesen sei. »Ich las nur, damit du mich unterbrichst«, gestand ich und wurde heiß und blätterte zurück nach dem Titel des Buches. Nun wusste ich erst, was es war. »Warum denn nicht die Antworten?« fragte ich neugierig.

Es war, als hätte Abelone mich nicht gehört. Sie saß da in ihrem lichten Kleid, als ob sie überall innen ganz dunkel würde, wie ihre Augen wurden.

»Gib her«, sagte sie plötzlich wie im Zorn und nahm mir das Buch aus der Hand und schlug es richtig dort auf, wo sie es wollte. Und dann las sie einen von Bettinens Briefen.

Ich weiß nicht, was ich davon verstand, aber es war, als würde mir feierlich versprochen, dieses alles einmal einzusehen. Und während ihre Stimme zunahm und endlich fast jener glich, die ich vom Gesang her kannte, schämte ich mich, dass ich mir unsere Versöhnung so gering vorgestellt hatte. Denn ich begriff wohl, dass sie das war. Aber nun geschah sie irgendwo ganz im Großen, weit über mir, wo ich nicht hinreichte.

Das Versprechen erfüllt sich noch immer, irgendwann ist dasselbe Buch unter meine Bücher geraten, unter die paar Bücher, von denen ich mich nicht trenne. Nun schlägt es sich auch mir an den Stellen auf, die ich gerade meine, und wenn ich sie lese, so bleibt es unentschieden, ob ich an Bettine denke oder an Abelone. Nein, Bettine ist wirklicher in mir geworden, Abelone, die ich gekannt habe, war wie eine Vorbereitung auf sie, und nun ist sie mir in Bettine aufgegangen wie in ihrem eigenen, unwillkürlichen Wesen. Denn diese wunderliche Bettine hat mit allen ihren Briefen Raum gegeben, geräumigste Gestalt. Sie hat von Anfang an sich im Ganzen so ausgebreitet, als wär sie nach ihrem Tod. Überall hat sie sich ganz weit ins Sein hineingelegt, zugehörig dazu, und was ihr geschah, das war ewig in der Natur; dort erkannte sie sich und löste sich beinah schmerzhaft heraus; erriet sich mühsam zurück wie aus Überlieferungen, beschwor sich wie einen Geist und hielt sich aus.

Eben *warst* du noch, Bettine; ich seh dich ein. Ist nicht die Erde noch warm von dir, und die Vögel lassen noch Raum für deine Stimme. Der Tau ist ein anderer, aber die Sterne sind noch die Sterne deiner Nächte. Oder ist nicht die Welt überhaupt von dir? denn wie oft hast du sie in Brand gesteckt mit deiner Liebe und hast sie lodern sehen und aufbrennen und hast sie heimlich durch eine andere ersetzt, wenn alle schliefen. Du fühltest dich so recht im Einklang mit Gott, wenn du jeden Morgen eine neue Erde von ihm verlangtest, damit doch alle drankämen, die er gemacht hatte. Es kam dir armselig vor, sie zu schonen und auszubessern, du verbrauchtest sie und hieltest die Hände hin um immer noch Welt. Denn deine Liebe war allem gewachsen.

Wie ist es möglich, dass nicht noch alle erzählen von deiner Liebe? Was ist denn seither geschehen, was merkwürdiger war? Was beschäftigt sie denn? Du selber wusstest um deiner Liebe Wert, du sagtest sie laut deinem größesten Dichter vor, dass er sie menschlich mache; denn sie war noch Element. Er aber hat sie den Leuten ausgeredet, da er dir schrieb. Alle haben diese Antworten gelesen und glauben ihnen mehr, weil der Dichter ihnen deutlicher ist als die Natur. Aber vielleicht wird es sich einmal zeigen, dass hier die Grenze seiner Größe war. Diese Liebende ward ihm auferlegt, und er hat sie nicht bestanden. Was heißt es, dass er nicht hat erwidern können? Solche Liebe bedarf keiner Erwiderung, sie hat Lockruf und Antwort in sich; sie erhört sich selbst. Aber demütigen hätte er sich müssen vor ihr in seinem ganzen Staat und schreiben was sie diktiert, mit beiden Händen, wie Johannes auf Patmos, knieend. Es gab keine Wahl dieser Stimme gegenüber, die »das Amt der Engel verrichtete«; die gekommen war, ihn einzuhüllen und zu entziehen ins Ewige hinein. Da war der Wagen seiner feurigen Himmelfahrt. Da war seinem Tod der dunkle Mythos bereitet, den er leer ließ.

Das Schicksal liebt es, Muster und Figuren zu erfinden. Seine Schwierigkeit beruht im Komplizierten. Das Leben selbst aber ist schwer aus Einfachheit. Es hat nur ein paar Dinge von uns nicht angemessener Größe. Der Heilige, indem er das Schicksal ablehnt, wählt diese, Gott gegenüber. Dass aber die Frau, ihrer Natur nach, in Bezug auf den Mann die gleiche Wahl treffen muss, ruft das Verhängnis aller Liebesbeziehungen herauf: entschlossen und schicksalslos, wie eine Ewige, steht sie neben ihm, der sich verwandelt. Immer übertrifft die Liebende den Geliebten, weil das Leben größer ist als das Schicksal. Ihre Hingabe will unermesslich sein: dies ist ihr Glück. Das namenlose Leid ihrer Liebe aber ist immer dieses gewesen: dass von ihr verlangt wird, diese Hingabe zu beschränken.

Es ist keine andere Klage je von Frauen geklagt worden: die beiden ersten Briefe Heloïsens enthalten nur sie, und fünfhundert Jahre später erhebt sie sich aus den Briefen der Portugiesin; man erkennt sie wieder wie einen Vogelruf. Und plötzlich geht durch den hellen Raum dieser Einsicht der Sappho fernste Gestalt, die die Jahrhunderte nicht fanden, da sie sie im Schicksal suchten.

Ich habe niemals gewagt, von ihm eine Zeitung zu kaufen. Ich bin nicht sicher, dass er wirklich immer einige Nummern bei sich hat, wenn er sich außen am Luxembourg-Garten langsam hin und zurück schiebt den ganzen Abend lang. Es kehrt dem Gitter den Rücken, und seine Hand streift den Steinrand, auf dem die Stäbe aufstehen. Er macht sich so flach, dass täglich viele vorübergehen, die ihn nie gesehen haben. Zwar hat er noch einen Rest von Stimme in sich und mahnt; aber das ist nicht anders als ein Geräusch in einer Lampe oder im Ofen oder wenn es in eigentümlichen Abständen in einer Grotte tropft. Und die Welt ist so eingerichtet, dass es Menschen gibt, die ihr ganzes Leben lang in der Pause vorbeikommen, wenn er, lautloser als alles was sich bewegt, weiter rückt wie ein Zeiger, wie eines Zeigers Schatten, wie die Zeit.

Wie unrecht hatte ich, ungern hinzusehen. Ich schäme mich aufzuschreiben, dass ich oft in seiner Nähe den Schritt der andern annahm, als wüsste ich nicht um ihn. Dann hörte ich es in ihm »La Presse« sagen und gleich darauf noch einmal und ein drittes Mal in raschen Zwischenräumen. Und die Leute neben mir sahen sich um und suchten die Stimme. Nur ich tat eiliger als alle, als wäre mir nichts aufgefallen, als wäre ich innen überaus beschäftigt.

Und ich war es in der Tat. Ich war beschäftigt, ihn mir vorzustellen, ich unternahm die Arbeit, ihn einzubilden, und der Schweiß trat mir aus vor Anstrengung. Denn ich musste ihn machen wie man einen Toten macht, für den keine Beweise mehr da sind, keine Bestandteile; der ganz und gar innen zu leisten ist. Ich weiß jetzt, dass es mir ein wenig half, an die vielen abgenommenen Christusse aus streifigem Elfenbein zu denken, die bei allen Althändlern herumliegen. Der Gedanke an irgendeine Pietà trat vor und ab –: dies alles wahrscheinlich nur, um eine gewisse Neigung hervorzurufen, in der sein langes Gesicht sich hielt, und den trostlosen Bartnachwuchs im Wangenschatten und die endgültig schmerzvolle Blindheit seines verschlossenen Ausdrucks, der schräg aufwärts gehalten war. Aber es war außerdem so vieles, was zu ihm gehörte; denn dies begriff ich schon damals, dass nichts an ihm nebensächlich sei: nicht die Art, wie der Rock oder der Mantel, hinten abstehend, überall den Kragen sehen ließ, diesen niedrigen Kragen, der in einem großen Bogen um den gestreckten, nischigen Hals stand, ohne ihn zu berühren; nicht die grünlich schwarze Krawatte, die weit um das Ganze herumgeschnallt war; und ganz besonders nicht der Hut, ein alter, hochgewölbter, steifer Filzhut, den er trug wie alle Blinden ihre Hüte tragen: ohne Bezug zu den Zeilen des Gesichts, ohne die Möglichkeit, aus diesem Hinzukommenden und sich selbst eine neue äußere Einheit zu bilden; nicht anders als irgendeinen verabredeten fremden Gegenstand. In meiner Feigheit, nicht hinzusehen, brachte ich es so weit, dass das Bild dieses Mannes sich schließlich oft auch ohne Anlass stark und schmerzhaft in mir zusammenzog zu so hartem Elend, dass ich mich, davon bedrängt, entschloss, die zunehmende Fertigkeit meiner Einbildung durch die auswärtige Tatsache einzuschüchtern und aufzuheben. Es war gegen Abend. Ich nahm mir vor, sofort aufmerksam an ihm vorbeizugehen.

Nun muss man wissen: es ging auf den Frühling zu. Der Tagwind hatte sich gelegt, die Gassen waren lang und befriedigt; an ihrem Ausgang schimmerten Häuser, neu wie frische Bruchstellen eines weißen Metalls. Aber es war ein Metall, das einen überraschte durch seine Leichtigkeit. In den breiten, fortlaufenden Straßen zogen viele Leute durcheinander, fast ohne die Wagen zu fürchten, die selten waren. Es musste ein Sonntag sein. Die Turmaufsätze von Saint-Sulpice zeigten sich heiter und unerwartet hoch in der Windstille, und durch die schmalen, beinah römischen Gassen sah man unwillkürlich hinaus in die Jahreszeit. Im Garten und davor war so viel Bewegung von Menschen, dass ich ihn nicht gleich sah. Oder erkannte ich ihn zuerst nicht zwischen der Menge durch?

Ich wusste sofort, dass meine Vorstellung wertlos war. Die durch keine Vorsicht oder Verstellung eingeschränkte Hingegebenheit seines Elends übertraf meine Mittel. Ich hatte weder den Neigungswinkel seiner Haltung begriffen gehabt noch das Entsetzen, mit dem die Innenseite seiner Lider ihn fortwährend zu erfüllen schien. Ich hatte nie an seinen Mund gedacht, der eingezogen war wie die Öffnung eines Ablaufs. Möglicherweise hatte er Erinnerungen; jetzt aber kam nie mehr etwas zu seiner Seele hinzu als täglich das amorphe Gefühl des Steinrands hinter ihm, an dem seine Hand sich abnutzte. Ich war stehngeblieben, und während ich das alles fast gleichzeitig sah, fühlte ich, dass er einen anderen Hut hatte und eine ohne Zweifel sonntägliche Halsbinde; sie war schräg in gelben und violetten Vierecken gemustert, und was den Hut angeht, so war es ein billiger neuer Strohhut mit einem grünen Band. Es liegt natürlich nichts an diesen Farben, und es ist kleinlich, dass ich sie behalten habe. Ich will nur sagen, dass sie an ihm waren wie das Weicheste auf eines Vogels Unterseite. Er selbst hatte keine Lust daran, und wer von allen (ich sah mich um) durfte meinen, dieser Staat wäre um seinetwillen?

Mein Gott, fiel es mir mit Ungestüm ein, so *bist* du also. Es gibt Beweise für deine Existenz. Ich habe sie alle vergessen und habe keinen je verlangt, denn welche ungeheuere Verpflichtung läge in deiner Gewissheit. Und doch, nun wird mir's gezeigt. Dieses ist dein Geschmack, hier hast du Wohlgefallen. Dass wir doch lernten, vor allem aushalten und nicht urteilen. Welche sind die schweren Dinge? Welche die gnädigen? Du allein weißt es.

Wenn es wieder Winter wird und ich muss einen neuen Mantel haben, – gib mir, dass ich ihn *so* trage, solang er neu ist.

Es ist nicht, dass ich mich von ihnen unterscheiden will, wenn ich in besseren, von Anfang an meinigen Kleidern herumgehe und darauf halte, irgendwo zu wohnen. Ich bin nicht so weit. Ich habe nicht das Herz zu ihrem Leben. Wenn mir der Arm einginge, ich glaube, ich versteckte ihn. Sie aber (ich weiß nicht, wer sie sonst war), sie erschien jeden Tag vor den Terrassen der Caféhäuser, und obwohl es sehr schwer war für sie, den Mantel abzutun und sich aus dem unklaren Zeug und Unterzeug herauszuziehen, sie scheute der Mühe nicht und tat ab und zog aus so lange, dass man's kaum mehr erwarten konnte. Und dann stand sie vor uns, bescheiden, mit ihrem dürren, verkümmerten Stück, und man sah, dass es rar war.

Nein, es ist nicht, dass ich mich von ihnen unterscheiden will; aber ich überhübe mich, wollte ich ihnen gleich sein. Ich bin es nicht. Ich hätte weder ihre Stärke noch ihr Maß. Ich ernähre mich, und so bin ich von Mahlzeit zu Mahlzeit, völlig geheimnislos; sie aber erhalten sich fast wie Ewige. Sie stehen an ihren täglichen Ecken, auch im November, und schreien nicht vor Winter. Der Nebel kommt und macht sie undeutlich und ungewiss: sie sind gleichwohl. Ich war verreist, ich war krank, vieles ist mir vergangen: sie aber sind nicht gestorben.

(Ich weiß ja nicht einmal, wie es möglich ist, dass die Schulkinder aufstehn in den Kammern voll grauriechender Kälte; wer sie bestärkt, die überstürzten Skelettchen, dass sie hinauslaufen in die erwachsene Stadt, in die trübe Neige der Nacht, in den ewigen Schultag, immer noch klein, immer voll Vorgefühl, immer verspätet. Ich habe keine Vorstellung von der Menge Beistand, die fortwährend verbraucht wird.)

Diese Stadt ist voll von solchen, die langsam zu ihnen hinabgleiten. Die meisten sträuben sich erst; aber dann gibt es diese verblichenen, alternden Mädchen, die sich fortwährend ohne Widerstand hinüberlassen, starke, im Innersten ungebrauchte, die nie geliebt worden sind.

Vielleicht meinst du, mein Gott, dass ich alles lassen soll und sie lieben. Oder warum wird es mir so schwer, ihnen nicht nachzugehen, wenn sie mich überholen? Warum erfind ich auf einmal die süßesten, nächtlichsten Worte, und meine Stimme steht sanft in mir zwischen Kehle und Herz. Warum stell ich mir vor, wie ich sie unsäglich vorsichtig an meinen Atem halten würde, diese Puppen, mit denen das Leben gespielt hat, ihnen Frühling um Frühling für nichts und wieder nichts die Arme auseinanderschlagend bis sie locker wurden in den Schultern. Sie sind nie sehr hoch von einer Hoffnung gefallen, so sind sie nicht zerbrochen; aber abgeschlagen sind sie und schon dem Leben zu schlecht. Nur verlorene Katzen kommen abends zu ihnen in die Kammer und zerkratzen sie heimlich und schlafen auf ihnen. Manchmal folge ich einer zwei Gassen weit. Sie gehen an den Häusern hin, fortwährend kommen Menschen, die sie verdecken, sie schwinden hinter ihnen weiter wie nichts.

Und doch, ich weiß, wenn einer nun versuchte, sie liebzuhaben, so wären sie schwer an ihm wie Zuweitgegangene, die aufhören zu gehn. Ich glaube, nur Jesus ertrüge sie, der noch das Auferstehen in allen Gliedern hat; aber ihm liegt nichts an ihnen. Nur die Liebenden verführen ihn, nicht die, die warten mit einem kleinen Talent zur Geliebten wie mit einer kalten Lampe.

Ich weiß, wenn ich zum Äußersten bestimmt bin, so wird es mir nichts helfen, dass ich mich verstelle in meinen besseren Kleidern. Glitt er nicht mitten im Königtum unter die Letzten? Er, der statt aufzusteigen hinabsank bis auf den Grund. Es ist wahr, ich habe zuzeiten an die anderen Könige geglaubt, obwohl die Parke nichts mehr beweisen. Aber es ist Nacht, es ist Winter, ich friere, ich glaube an ihn. Denn die Herrlichkeit ist nur ein Augenblick, und wir haben nie etwas Längeres gesehen als das Elend. Der König aber soll dauern.

Ist nicht dieser der Einzige, der sich erhielt unter seinem Wahnsinn wie Wachsblumen unter einem Glassturz? Für die anderen beteten sie in den Kirchen um langes Leben, von ihm aber verlangte der Kanzler Jean Charlier Gerson, dass er ewig sei, und das war damals, als er schon der Dürftigste war, schlecht und von schierer Armut trotz seiner Krone.

Das war damals, als von Zeit zu Zeit Männer fremdlings, mit geschwärztem Gesicht, ihn in seinem Bette überfielen, um ihm das in die Schwären hineingefaulte Hemd abzureißen, das er schon längst für sich selber hielt. Es war verdunkelt im Zimmer, und sie zerrten unter seinen steifen Armen die mürben Fetzen weg, wie sie sie griffen. Dann leuchtete einer vor, und da erst entdeckten sie die jäsige Wunde auf seiner Brust, in die das eiserne Amulett eingesunken war, weil er es jede Nacht an sich presste mit aller Kraft seiner Inbrunst; nun stand es tief in ihm, fürchterlich kostbar, in einem Perlensaum von Eiter wie ein wundertuender Rest in der Mulde eines Reliquärs. Man hatte harte Handlanger ausgesucht, aber sie waren nicht ekelfest, wenn die Würmer, gestört, nach ihnen herüberstanden aus dem flandrischen Barchent und, aus den Falten abgefallen, sich irgendwo an ihren Ärmeln aufzogen. Es war ohne Zweifel schlimmer geworden mit ihm seit den Tagen der parva regina; denn sie hatte doch noch bei ihm liegen mögen, jung und klar wie sie war. Dann war sie gestorben. Und nun hatte keiner mehr gewagt, eine Beischläferin an dieses Aas anzubetten. Sie hatte die Worte und Zärtlichkeiten nicht hinterlassen, mit denen der König zu mildern war. So drang niemand mehr durch dieses Geistes Verwilderung; niemand half ihm aus den Schluchten seiner Seele; niemand begriff es, wenn er selbst plötzlich heraustrat mit dem runden Blick eines Tiers, das auf die Weide geht. Wenn er dann das beschäftigte Gesicht Juvenals erkannte, so fiel ihm das Reich ein, wie es zuletzt gewesen war. Und er wollte nachholen, was er versäumt hatte.

Aber es lag an den Ereignissen jener Zeitläufte, dass sie nicht schonend beizubringen waren. Wo etwas geschah, da geschah es mit seiner ganzen Schwere, und war wie aus einem Stück, wenn man es sagte. Oder was war davon abzuziehen, dass sein Bruder ermordet war, dass gestern Valentina Visconti, die er immer seine liebe Schwester nannte, vor ihm gekniet hatte, lauter Witwenschwarz weghebend von des entstellten Antlitzes Klage und Anklage? Und heute stand stundenlang ein zäher, rediger Anwalt da und bewies das Recht des fürstlichen Mordgebers, solange bis das Verbrechen durchscheinend wurde und als wollte es licht in den Himmel fahren. Und gerecht sein hieß, allen recht geben; denn Valentina von Orleans starb Kummers, obwohl man ihr Rache versprach. Und was half es, dem burgundischen Herzog zu verzeihen und wieder zu verzeihen; über den war die finstere Brunst der Verzweiflung gekommen, so dass er schon seit Wochen tief im Walde von Argilly wohnte in einem Zelt und behauptete, nachts die Hirsche schreien hören zu müssen zu seiner Erleichterung.

Wenn man dann das alles bedacht hatte, immer wieder bis ans Ende, kurz wie es war, so begehrte das Volk einen zu sehen, und es sah einen: ratlos. Aber das Volk freute sich des Anblicks; es begriff, dass dies der König sei: dieser Stille, dieser Geduldige, der nur da war, um es zuzulassen, dass Gott über ihn weg handelte in seiner späten Ungeduld. In diesen aufgeklärten Augenblicken auf dem Balkon seines Hôtels von Saint-Pol ahnte der König vielleicht seinen heimlichen Fortschritt; der Tag von Roosbecke fiel ihm ein, als sein Oheim von Berry ihn an der Hand genommen hatte, um ihn hinzuführen vor seinen ersten fertigen Sieg; da überschaute er in dem merkwürdig langhellen Novembertag die Massen der Genter, so wie sie sich erwürgt hatten mit ihrer eigenen Enge, da man gegen sie angeritten war von allen Seiten. Ineinandergewunden wie ein ungeheueres Gehirn, lagen sie da in den Haufen, zu denen sie sich selber zusammengebunden hatten, um dicht zu sein. Die Luft ging einem weg, wenn man da und dort ihre erstickten Gesichter sah; man konnte es nicht lassen, sich vorzustellen, dass sie weit über diesen vor Gedränge noch stehenden Leichen verdrängt worden sei durch den plötzlichen Austritt so vieler verzweifelter Seelen.

Dies hatte man ihm eingeprägt als den Anfang seines Ruhms. Und er hatte es behalten. Aber, wenn das damals der Triumph des Todes war, so war dieses, dass er hier stand auf seinen schwachen Knieen, aufrecht in allen diesen Augen: das Mysterium der Liebe. An den anderen hatte er gesehen, dass man jenes Schlachtfeld begreifen konnte, so ungeheuer es war. Dies hier wollte nicht begriffen sein; es war genau so wunderbar wie einst der Hirsch mit dem goldenen Halsband im Wald von Senlis. Nur dass er jetzt selber die Erscheinung war, und andere waren versunken in Anschauen. Und er zweifelte nicht, dass sie atemlos waren und von derselben weiten Erwartung, wie sie einmal ihn an jenem jünglinglichen Jagdtag überfiel, als das stille Gesicht, äugend, aus den Zweigen trat. Das Geheimnis seiner Sichtbarkeit verbreitete sich über seine sanfte Gestalt; er rührte sich nicht, aus Scheu, zu vergehen, das dünne Lächeln auf seinem breiten, einfachen Gesicht nahm eine natürliche Dauer an wie bei steinernen Heiligen und bemühte ihn nicht. So hielt er sich hin, und es war einer jener Augenblicke, die die Ewigkeit sind, in Verkürzung gesehen. Die Menge ertrug es kaum. Gestärkt, von unerschöpflich vermehrter Tröstung gespeist, durchbrach sie die Stille mit dem Aufschrei der Freude. Aber oben auf dem Balkon war nur noch Juvenal des Ursins, und er rief in die nächste Beruhigung hinein, dass der König rue Saint-Denis kommen würde zu der Passionsbrüderschaft, die Mysterien sehen.

Zu solchen Tagen war der König voll milden Bewusstseins. Hätte ein Maler jener Zeit einen Anhalt gesucht für das Dasein im Paradiese, er hätte kein vollkommeneres Vorbild finden können als des Königs gestillte Figur, wie sie in einem der hohen Fenster des Louvre stand unter dem Sturz ihrer Schultern. Er blätterte in dem Kleinen Buch der Christine de Pisan, das »Der Weg des langen Lernens« heißt und das ihm gewidmet war. Er las nicht die gelehrten Streitreden jenes allegorischen Parlaments, das sich vorgesetzt hatte, den Fürsten ausfindig zu machen, der würdig sei, über die Welt zu herrschen. Das Buch schlug sich ihm immer an den einfachsten Stellen auf: wo von dem Herzen die Rede war, das dreizehn Jahre lang wie ein Kolben über dem Schmerzfeuer nur dazu gedient hatte, das Wasser der Bitternis für die Augen zu destillieren; er begriff, dass die wahre Konsolation erst begann, wenn das Glück vergangen genug und für immer vorüber war. Nichts war ihm näher, als dieser Trost. Und während sein Blick scheinbar die Brücke drüben umfasste, liebte er es, durch dieses von der starken Cumäa zu großen Wegen ergriffene Herz die Welt zu sehen, die damalige: die gewagten Meere, fremdtürmige Städte, zugehalten vom Andruck der Weiten; der gesammelten Gebirge ekstatische Einsamkeit und die in fürchtigem Zweifel erforschten Himmel, die sich erst schlossen wie eines Saugkindes Hirnschale. Aber wenn jemand eintrat, so erschrak er, und langsam beschlug sich sein Geist. Er gab zu, dass man ihn vom Fenster fortführte und ihn beschäftigte. Sie hatten ihm die Gewohnheit beigebracht, stundenlang über Abbildungen zu verweilen, und er war es zufrieden, nur kränkte es ihn, dass man im Blättern niemals mehrere Bilder vor sich behielt und dass sie in den Folianten festsaßen, so dass man sie nicht untereinander bewegen konnte. Da hatte sich jemand eines Spiels Karten erinnert, das völlig in Vergessenheit geraten war, und der König nahm den in Gunst, der es ihm brachte; so sehr waren diese Kartons nach seinem Herzen, die bunt waren und einzeln beweglich und voller Figur. Und während das Kartenspielen unter den Hofleuten in Mode kam, saß der König in seiner Bibliothek und spielte allein. Genau wie er nun zwei Könige nebeneinander aufschlug, so hatte Gott neulich ihn und den Kaiser Wenzel zusammengetan; manchmal starb eine Königin, dann legte er ein Herzass auf sie, das war wie ein Grabstein. Es wunderte ihn nicht, dass es in diesem Spiel mehrere Päpste gab; er richtete Rom ein drüben am Rande des Tisches, und hier, unter seiner Rechten, war Avignon. Rom war ihm gleichgültig, er stellte es sich aus irgendeinem Grunde rund vor und bestand nicht weiter darauf. Aber Avignon kannte er. Und kaum dachte er es, so wiederholte seine Erinnerung den hohen hermetischen Palast und überanstrengte sich. Er schloss die Augen und musste tief Atem holen. Er fürchtete bös zu träumen nächste Nacht.

Im ganzen aber war es wirklich eine beruhigende Beschäftigung, und sie hatten recht, ihn immer wieder darauf zu bringen. Solche Stunden befestigten ihn in der Ansicht, dass er der König sei, König Karl der Sechste. Das will nicht sagen, dass er sich übertrieb; weit von ihm war die Meinung, mehr zu sein als so ein Blatt, aber die Gewissheit bestärkte sich in ihm, dass auch er eine bestimmte Karte sei, vielleicht eine schlechte, eine zornig ausgespielte, die immer verlor: aber immer die gleiche: aber nie eine andere. Und doch, wenn eine Woche so hingegangen war in gleichmäßiger Selbstbestätigung, so wurde ihm enge in ihm. Die Haut spannte ihn um die Stirn und im Nacken, als empfände er auf einmal seine zu deutliche Kontur. Niemand wusste, welcher Versuchung er nachgab, wenn er dann nach den Mysterien fragte und nicht erwarten konnte, dass sie begännen. Und war es einmal so weit, so wohnte er mehr rue Saint-Denis als in seinem Hôtel von Saint-Pol.

Es war das Verhängnisvolle dieser dargestellten Gedichte, dass sie sich immerfort ergänzten und erweiterten und zu Zehntausenden von Versen anwuchsen, so dass die Zeit in ihnen schließlich die wirkliche war; etwa so, als machte man einen Globus im Maßstab der Erde. Die hohle Estrade, unter der die Hölle war und über der, an einen Pfeiler angebaut, das geländerlose Gerüst eines Balkons das Niveau des Paradieses bedeutete, trug nur noch dazu bei, die Täuschung zu verringern. Denn dieses Jahrhundert hatte in der Tat Himmel und Hölle irdisch gemacht: es lebte aus den Kräften beider, um sich zu überstehen.

Es waren die Tage jener avignonesischen Christenheit, die sich vor einem Menschenalter um Johann den Zweiundzwanzigsten zusammengezogen hatte, mit so viel unwillkürlicher Zuflucht, dass an dem Platze seines Pontifikats, gleich nach ihm, die Masse dieses Palastes entstanden war, verschlossen und schwer wie ein äußerster Notleib für die wohnlose Seele aller. Er selbst aber, der kleine, leichte, geistige Greis, wohnte noch im Offenen. Während er, kaum angekommen, ohne Aufschub, nach allen Seiten hin rasch und knapp zu handeln begann, standen die Schüsseln mit Gift gewürzt auf seiner Tafel; der erste Becher musste immer weggeschüttet werden, denn das Stück Einhorn war missfarbig, wenn es der Mundkämmerer daraus zurückzog. Ratlos, nicht wissend, wo er sie verbergen sollte, trug der Siebzigjährige die Wachsbildnisse herum, die man von ihm gemacht hatte, um ihn darin zu verderben; und er ritzte sich an den langen Nadeln, mit denen sie durchstochen waren. Man konnte sie einschmelzen. Doch so hatte er sich schon an diesen heimlichen Simulakern entsetzt, dass er, gegen seinen starken Willen, mehrmals den Gedanken formte, er könnte sich selbst damit tödlich sein und hinschwinden wie das Wachs am Feuer. Sein verminderter Körper wurde nur noch trockener vom Grausen und dauerhafter. Aber nun wagte man sich an den Körper seines Reichs; von Granada aus waren die Juden angestiftet worden, alle Christlichen zu vertilgen, und diesmal hatten sie sich furchtbarere Vollzieher erkauft. Niemand zweifelte, gleich auf die ersten Gerüchte hin, an dem Anschlag der Leprosen; schon hatten einzelne gesehen, wie sie Bündel ihrer schrecklichen Zersetzung in die Brunnen warfen. Es war nicht Leichtgläubigkeit, dass man dies sofort für möglich hielt; der Glaube, im Gegenteil, war so schwer geworden, dass er den Zitternden entsank und bis auf den Grund der Brunnen fiel. Und wieder hatte der eifrige Greis Gift abzuhalten vom Blute. Zur Zeit seiner abergläubischen Anwandlungen hatte er sich und seiner Umgebung das Angelus verschrieben gegen die Dämonen der Dämmerung; und nun läutete man auf der ganzen erregten Welt jeden Abend dieses kalmierende Gebet. Sonst aber glichen alle Bullen und Briefe, die von ihm ausgingen, mehr einen Gewürzwein als einer Tisane. Das Kaisertum hatte sich nicht in seine Behandlung gestellt, aber er ermüdete nicht, es mit Beweisen seines Krankseins zu überhäufen; und schon wandte man sich aus dem fernsten Osten an diesen herrischen Arzt.

Aber da geschah das Unglaubliche. Am Allerheiligentag hatte er gepredigt, länger, wärmer als sonst; in einem plötzlichen Bedürfnis, wie um ihn selbst wiederzusehen, hatte er seinen Glauben gezeigt; aus dem fünfundachtzigjährigen Tabernakel hatte er ihn mit aller Kraft langsam herausgehoben und auf der Kanzel ausgestellt: und da schrieen sie ihn an. Ganz Europa schrie: dieser Glaube war schlecht.

Damals verschwand der Papst. Tagelang ging keine Aktion von ihm aus, er lag in seinem Betzimmer auf den Knieen und erforschte das Geheimnis der Handelnden, die Schaden nehmen an ihrer Seele. Endlich erschien er, erschöpft von der schweren Einkehr, und widerrief. Er widerrief einmal über das andere. Es wurde die senile Leidenschaft seines Geistes, zu widerrufen. Es konnte geschehen, dass er nachts die Kardinäle wecken ließ, um mit ihnen von seiner Reue zu reden. Und vielleicht war das, was sein Leben über die Maßen hinhielt, schließlich nur die Hoffnung, sich auch noch vor Napoleon Orsini zu demütigen, der ihn hasste und der nicht kommen wollte.

Jakob von Cahors hatte widerrufen. Und man könnte meinen, Gott selber hätte seine Irrung erweisen wollen, da er so bald hernach jenen Sohn des Grafen von Ligny aufkommen ließ, der seine Mündigkeit auf Erden nur abzuwarten schien, um des Himmels seelische Sinnlichkeiten mannbar anzutreten. Es lebten viele, die sich dieses klaren Knaben in seinem Kardinalat erinnerten, und wie er am Eingang seiner Jünglingschaft Bischof geworden und mit kaum achtzehn Jahren in einer Ekstase seiner Vollendung gestorben war. Man begegnete Totgewesenen: denn die Luft an seinem Grabe, in der, frei geworden, pures Leben lag, wirkte lange noch auf die Leichname. Aber war nicht etwas Verzweifeltes selbst in dieser frühreifen Heiligkeit? War es nicht ein Unrecht an allen, dass das reine Gewebe dieser Seele nur eben durchgezogen worden war, als handelte es sich nur darum, es in der garen Scharlachküpe der Zeit leuchtend zu färben? Empfand man nicht etwas wie einen Gegenstoß, da dieser junge Prinz von der Erde absprang in seine leidenschaftliche Himmelfahrt? Warum verweilten die Leuchtenden nicht unter den mühsamen Lichtziehern? War es nicht diese Finsternis, die Johann den Zweiundzwanzigsten dahin gebracht hatte, zu behaupten, dass es *vor* dem jüngsten Gericht keine ganze Seligkeit gäbe, nirgends, auch unter den Seligen nicht? Und in der Tat, wie viel rechthaberische Verbissenheit gehörte dazu, sich vorzustellen, dass, während hier so dichte Wirrsal geschah, irgendwo Gesichter schon im Scheine Gottes lagen, an Engel zurückgelehnt und gestillt durch die unausschöpfliche Aussicht auf ihn.

Da sitze ich in der kalten Nacht und schreibe und weiß das alles. Ich weiß es vielleicht, weil mir jener Mann begegnet ist, damals als ich klein war. Er war sehr groß, ich glaube sogar, dass er auffallen musste durch seine Größe.

So unwahrscheinlich es ist, es war mir irgendwie gelungen, gegen Abend allein aus dem Haus zu kommen; ich lief, ich bog um eine Ecke, und in demselben Augenblick stieß ich gegen ihn. Ich begreife nicht, wie das, was jetzt geschah, sich in etwa fünf Sekunden abspielen konnte. So dicht man es auch erzählt, es dauert viel länger. Ich hatte mir weh getan im Anlauf an ihn; ich war klein, es schien mir schon viel, dass ich nicht weinte, auch erwartete ich unwillkürlich, getröstet zu sein. Da er das nicht tat, hielt ich ihn für verlegen; es fiel ihm, vermutete ich, der richtige Scherz nicht ein, in dem diese Sache aufzulösen war. Ich war schon vergnügt genug, ihm dabei zu helfen, aber dazu war es nötig, ihm ins Gesicht zu sehen. Ich habe gesagt, dass er groß war. Nun hatte er sich nicht, wie es doch natürlich gewesen wäre, über mich gebeugt, so dass er sich in einer Höhe befand, auf die ich nicht vorbereitet war. Immer noch war vor mir nichts als der Geruch und die eigentümliche Härte seines Anzugs, die ich gefühlt hatte. Plötzlich kam sein Gesicht. Wie es war? Ich weiß es nicht, ich will es nicht wissen. Es war das Gesicht eines Feindes. Und neben diesem Gesicht, dicht nebenan, in der Höhe der schrecklichen Augen, stand, wie ein zweiter Kopf, seine Faust. Ehe ich noch Zeit hatte, mein Gesicht wegzusenken, lief ich schon; ich wich links an ihm vorbei und lief geradeaus eine leere, furchtbare Gasse hinunter, die Gasse einer fremden Stadt, einer Stadt in der nichts vergeben wird.

Damals erlebte ich, was ich jetzt begreife: jene schwere, massive, verzweifelte Zeit. Die Zeit, in der der Kuss zweier, die sich versöhnten, nur das Zeichen für die Mörder war, die herumstanden. Sie tranken aus demselben Becher, sie bestiegen vor aller Augen das gleiche Reitpferd, und es wurde verbreitet, dass sie die Nacht in einem Bette schlafen würden: und über allen diesen Berührungen wurde ihr Widerwillen aneinander so dringend, dass, sooft einer die schlagenden Adern des andern sah, ein krankhafter Ekel ihn bäumte, wie beim Anblick einer Kröte. Die Zeit, in der ein Bruder den Bruder um dessen größeren Erbteils willen überfiel und gefangenhielt; zwar trat der König für den Misshandelten ein und erreichte ihm Freiheit und Eigentum; in anderen fernen Schicksalen beschäftigt, gestand ihm der Ältere Ruhe zu und bereute in Briefen sein Unrecht. Aber über alledem kam der Befreite nicht mehr zur Fassung. Das Jahrhundert zeigt ihn im Pilgerkleid von Kirche zu Kirche ziehen, immer wunderlichere Gelübde erfindend. Mit Amuletten behangen, flüstert er den Mönchen von Saint-Denis seine Befürchtungen zu, und in ihren Registern stand lange die hundertpfündige Wachskerze verzeichnet, die er für gut hielt, dem heiligen Ludwig zu weihen. Zu seinem eigenen Leben kam es nicht; bis an sein Ende fühlte er seines Bruders Neid und Zorn in verzerrter Konstellation über seinem Herzen. Und jener Graf von Foix, Gaston Phöbus, der in aller Bewunderung war, hatte er nicht seinen Vetter Ernault, des englischen Königs Hauptmann zu Lourdes, offen getötet? Und was war dieser deutliche Mord gegen den grauenvollen Zufall, dass er das kleine scharfe Nagelmesser nicht fortgelegt hatte, als er mit seiner berühmt schönen Hand in zuckendem Vorwurf den bloßen Hals seines liegenden Sohnes streifte? Die Stube war dunkel, man musste leuchten, um das Blut zu sehen, das so weit herkam und nun für immer ein köstliches Geschlecht verließ, da es heimlich aus der winzigen Wunde dieses erschöpften Knaben austrat.

Wer konnte stark sein und sich des Mordes enthalten? Wer in dieser Zeit wusste nicht, dass das Äußerste unvermeidlich war? Da und dort über einen, dessen Blick untertags dem kostenden Blick seines Mörders begegnet war, kam ein seltsames Vorgefühl. Er zog sich zurück, er schloss sich ein, er schrieb das Ende seines Willens und verordnete zum Schluss die Trage aus Weidengeflecht, die Cölestinerkutte und Aschenstreu. Fremde Minstrel erschienen vor seinem Schloss, und er beschenkte sie fürstlich für ihre Stimme, die mit seinen vagen Ahnungen einig war. Im Aufblick der Hunde war Zweifel, und sie wurden weniger sicher in ihrer Aufwartung. Aus der Devise, die das ganze Leben lang gegolten hatte, trat leise ein neuer, offener Nebensinn. Manche lange Gewohnheit kam einem veraltet vor, aber es war, als bildete sich kein Ersatz mehr für sie. Stellten sich Pläne ein, so ging man im großen mit ihnen um, ohne wirklich an sie zu glauben; dagegen griffen gewisse Erinnerungen zu einer unerwarteten Endgültigkeit. Abends, am Feuerplatz, meinte man sich ihnen zu überlassen. Aber die Nacht draußen, die man nicht mehr kannte, wurde auf einmal ganz stark im Gehör. Das an so vielen freien oder gefährlichen Nächten erfahrene Ohr unterschied einzelne Stücke der Stille.

Und doch war es anders diesmal. Nicht die Nacht zwischen gestern und heute: eine Nacht. Nacht. Beau Sire Dieu, und dann die Auferstehung. Kaum dass in solche Stunden die Berühmung um eine Geliebte hineinreichte: sie waren alle verstellt in Tagliedern und Diengedichten; unbegreiflich geworden unter langen nachschleppenden Prunknamen. Höchstens, im Dunkel, wie das volle, frauige Aufschaun eines Bastardsohns.

Und dann, vor dem späten Nachtessen diese Nachdenklichkeit über die Hände in dem silbernen Waschbecken. Die eigenen Hände. Ob ein Zusammenhang in das Ihre zu bringen war? eine Folge, eine Fortsetzung im Greifen und Lassen? Nein. Alle versuchten das Teil und das Gegenteil. Alle hoben sich auf, Handlung war keine.

Es gab keine Handlung, außer bei den Missionsbrüdern. Der König, so wie er sie hatte sich gebärden sehn, erfand selbst den Freibrief für sie. Er redete sie seine lieben Brüder an; nie war ihm jemand so nahegegangen. Es wurde ihnen wörtlich bewilligt, in ihrer Bedeutung unter den Zeitlichen herumzugehen; denn der König wünschte nichts mehr, als dass sie viele anstecken sollten und hineinreißen in ihre starke Aktion, in der Ordnung war. Was ihn selbst betrifft, so sehnte er sich, von ihnen zu lernen. Trug er nicht, ganz wie sie, die Zeichen und Kleider eines Sinnes an sich? Wenn er ihnen zusah, so konnte er glauben, dies müsste sich erlernen lassen: zu kommen und zu gehen, auszusagen und sich abzubiegen, so dass kein Zweifel war. Ungeheuere Hoffnungen überzogen sein Herz. In diesem unruhig beleuchteten, merkwürdig unbestimmten Saal des Dreifaltigkeitshospitals saß er täglich an seinem besten Platz und stand auf vor Erregung und nahm sich zusamm wie ein Schüler. Andere weinten; er aber war innen voll glänzender Tränen und presste nur die kalten Hände ineinander, um es zu ertragen. Manchmal im Äußersten, wenn ein abgesprochener Spieler plötzlich wegtrat aus seinem großen Blick, hob er das Gesicht und erschrak: seit wie lange schon war Er da: Monseigneur Sankt Michaël, oben, vorgetreten an den Rand des Gerüsts in seiner spiegelnden silbernen Rüstung.

In solchen Momenten richtete er sich auf. Er sah um sich wie vor einer Entscheidung. Er war ganz nahe daran, das Gegenstück zu dieser Handlung hier einzusehen: die große, bange, profane Passion, in der er spielte. Aber auf einmal war es vorbei. Alle bewegten sich ohne Sinn. Offene Fackeln kamen auf ihn zu, und in die Wölbung hinauf warfen sich formlose Schatten. Menschen, die er nicht kannte, zerrten an ihm. Er wollte spielen; aber aus seinem Mund kam nichts, seine Bewegungen ergaben keine Gebärde. Sie drängten sich so eigentümlich um ihn, es kam ihm die Idee, dass er das Kreuz tragen sollte. Und er wollte warten, dass sie es brächten. Aber sie waren stärker, und sie schoben ihn langsam hinaus.

Außen ist vieles anders geworden. Ich weiß nicht wie. Aber innen und vor Dir, mein Gott, innen vor Dir, Zuschauer: sind wir nicht ohne Handlung? Wir entdecken wohl, dass wir die Rolle nicht wissen, wir suchen einen Spiegel, wir möchten abschminken und das Falsche abnehmen und wirklich sein. Aber irgendwo haftet uns noch ein Stück Verkleidung an, das wir vergessen. Eine Spur Übertreibung bleibt in unseren Augenbrauen, wir merken nicht, dass unsere Mundwinkel verbogen sind. Und so gehen wir herum, ein Gespött und eine Hälfte: weder Seiende, noch Schauspieler. Das war im Theater zu Orange. Ohne recht aufzusehen, nur im Bewusstsein des rustiken Bruchs, der jetzt seine Fassade ausmacht, war ich durch die kleine Glastür des Wächters eingetreten. Ich befand mich zwischen liegenden Säulenkörpern und kleinen Althaeabäumen, aber sie verdeckten mir nur einen Augenblick die offene Muschel des Zuschauerhangs, die dalag, geteilt von den Schatten des Nachmittags, wie eine riesige konkave Sonnenuhr. Ich ging rasch auf sie zu. Ich fühlte, zwischen den Sitzreihen aufsteigend, wie ich abnahm in dieser Umgebung. Oben, etwas höher, standen, schlecht verteilt, ein paar Fremde herum in müßiger Neugier; ihre Anzüge waren unangenehm deutlich, aber ihr Maßstab war nicht der Rede wert. Eine Weile fassten sie mich ins Auge und wunderten sich über meine Kleinheit. Das machte, dass ich mich umdrehte.

Oh, ich war völlig unvorbereitet. Es wurde gespielt. Ein immenses, ein übermenschliches Drama war im Gange, das Drama dieser gewaltigen Szenenwand, deren senkrechte Gliederung dreifach auftrat, dröhnend vor Größe, fast vernichtend und plötzlich maßvoll im Übermaß.

Ich ließ mich hin vor glücklicher Bestürzung. Dieses Ragende da mit der antlitzhaften Ordnung seiner Schatten, mit dem gesammelten Dunkel im Mund seiner Mitte, begrenzt, oben, von des Kranzgesimses gleichlockiger Haartracht: dies war die starke, alles verstellende antikische Maske, hinter der die Welt zum Gesicht zusammenschoss. Hier, in diesem großen, eingebogenen Sitzkreis herrschte ein wartendes, leeres, saugendes Dasein: alles Geschehen war drüben: Götter und Schicksal. Und von drüben kam (wenn man hoch aufsah) leicht, über den Wandgrat: der ewige Einzug der Himmel.

Diese Stunde, das begreife ich jetzt, schloss mich für immer aus von unseren Theatern. Was soll ich dort? Was soll ich vor einer Szene, in der diese Wand (die Ikonwand der russischen Kirchen) abgetragen wurde, weil man nicht mehr die Kraft hat, durch ihre Härte die Handlung durchzupressen, die gasförmige, die in vollen schweren Öltropfen austritt. Nun fallen die Stücke in Brocken durch das lochige Grobsieb der Bühnen und häufen sich an und werden weggeräumt, wenn es genug ist. Es ist dieselbe ungare Wirklichkeit, die auf den Straßen liegt und in den Häusern, nur dass mehr davon dort zusammenkommt, als sonst in einen Abend geht.

(Lasst uns doch aufrichtig sein, wir haben kein Theater, so wenig wir einen Gott haben: dazu gehört Gemeinsamkeit. Jeder hat seine besonderen Einfälle und Befürchtungen, und er lässt den andern so viel davon sehen, als ihm nützt und passt. Wir verdünnen fortwährend unser Verstehen, damit es reichen soll, statt zu schreien nach der Wand einer gemeinsamen Not, hinter der das Unbegreifliche Zeit hat, sich zu sammeln und anzuspannen.)

Hätten wir ein Theater, stündest du dann, du Tragische, immer wieder so schmal, so bar, so ohne Gestaltvorwand vor denen, die an deinem ausgestellten Schmerz ihre eilige Neugier vergnügen? Du sahst, unsäglich Rührende, das Wirklichsein deines Leidens voraus, in Verona damals, als du, fast noch ein Kind, theaterspielend, lauter Rosen vor dich hieltst wie eine maskige Vorderansicht, die dich gesteigert verbergen sollte.

Es ist wahr, du warst ein Schauspielerkind, und wenn die Deinen spielten, so wollten sie gesehen sein; aber du schlugst aus der Art. Dir sollte dieser Beruf werden, was für Marianna Alcoforado, ohne dass sie es ahnte, die Nonnenschaft war, eine Verkleidung, dicht und dauernd genug, um hinter ihr rückhaltlos elend zu sein, mit der Inständigkeit, mit der unsichtbare Selige selig sind. In allen Städten, wohin du kamst, beschrieben sie deine Gebärde; aber sie begriffen nicht, wie du, aussichtsloser von Tag zu Tag, immer wieder eine Dichtung vor dich hobst, ob sie dich berge. Du hieltest dein Haar, deine Hände, irgendein dichtes Ding vor die durchscheinenden Stellen. Du hauchtest die an, die durchsichtig waren; du machtest dich klein; du verstecktest dich, wie Kinder sich verstecken, und dann hattest du jenen kurzen, glücklichen Auflaut, und höchstens ein Engel hätte dich suchen dürfen. Aber, schautest du dann vorsichtig auf, so war kein Zweifel, dass sie dich die ganze Zeit gesehen hatten, alle in dem hässlichen, hohlen, äugigen Raum: dich, dich, dich und nichts anderes. Und es kam dich an, ihnen den Arm verkürzt entgegenzustrecken mit dem Fingerzeichen gegen den bösen Blick. Es kam dich an, ihnen dein Gesicht zu entreißen, an dem sie zehrten. Es kam dich an, du selber zu sein. Deinen Mitspielern fiel der Mut; als hätte man sie mit einem Pantherweibchen zusammengesperrt, krochen sie an den Kulissen entlang und sprachen was fällig war, nur um dich nicht zu reizen. Du aber zogst sie hervor und stelltest sie hin und gingst mit ihnen um wie mit Wirklichen. Die schlappen Türen, die hingetäuschten Vorhänge, die Gegenstände ohne Hinterseite drängten dich zum Widerspruch. Du fühltest, wie dein Herz sich unaufhaltsam steigerte zu einer immensen Wirklichkeit und, erschrocken, versuchtest du noch einmal die Blicke von dir abzunehmen wie lange Fäden Altweibersommers –: Aber da brachen sie schon in Beifall aus in ihrer Angst vor dem Äußersten: wie um im letzten Moment etwas von sich abzuwenden, was sie zwingen würde, ihr Leben zu ändern.

Schlecht leben die Geliebten und in Gefahr. Ach, dass sie sich überstünden und Liebende würden. Um die Liebenden ist lauter Sicherheit. Niemand verdächtigt sie mehr, und sie selbst sind nicht imstande, sich zu verraten. In ihnen ist das Geheimnis heil geworden, sie schreien es im Ganzen aus wie Nachtigallen, es hat keine Teile. Sie klagen um einen; aber die ganze Natur stimmt in sie ein: es ist die Klage um einen Ewigen. Sie stürzen sich dem Verlorenen nach, aber schon mit den ersten Schritten überholen sie ihn, und *vor* ihnen ist nur noch Gott. Ihre Legende ist die der Byblis, die den Kaunos verfolgt bis nach Lykien hin. Ihres Herzens Andrang jagte sie durch die Länder auf seiner Spur, und schließlich war sie am Ende der Kraft; aber so stark war ihres Wesens Bewegtheit, dass sie, hinsinkend, jenseits vom Tod als Quelle wiedererschien, eilend, als eilende Quelle.

Was ist anderes der Portugiesin geschehen: als dass sie innen zur Quelle ward? Was dir, Heloïse? was euch, Liebenden, deren Klagen auf uns gekommen sind: Gaspara Stampa; Gräfin von Die und Clara d'Anduze; Louise Labbé, Marceline Desbordes, Elisa Mercœur? Aber du, arme flüchtige Aïssé, du zögertest schon und gabst nach. Müde Julie Lespinasse. Trostlose Sage des glücklichen Parks: Marie-Anne de Clermont.

Ich weiß noch genau, einmal, vorzeiten, zuhaus, fand ich ein Schmucketui; es war zwei Hände groß, fächerförmig mit einem eingepressten Blumenrand im dunkelgrünen Saffian. Ich schlug es auf: es war leer. Das kann ich nun sagen nach so langer Zeit. Aber damals, da ich es geöffnet hatte, sah ich nur, woraus diese Leere bestand: aus Samt, aus einem kleinen Hügel lichten, nicht mehr frischen Samtes; aus der Schmuckrille, die, um eine Spur Wehmut heller, leer, darin verlief. Einen Augenblick war das auszuhalten. Aber vor denen, die als Geliebte zurückbleiben, ist es vielleicht immer so.

Blättert zurück in euren Tagebüchern. War da nicht immer um die Frühlinge eine Zeit, da das ausbrechende Jahr euch wie ein Vorwurf betraf? Es war Lust zum Frohsein in euch, und doch, wenn ihr hinaustratet in das geräumige Freie, so entstand draußen eine Befremdung in der Luft, und ihr wurdet unsicher im Weitergehen wie auf einem Schiffe. Der Garten fing an; ihr aber (das war es), ihr schlepptet Winter herein und voriges Jahr; für euch war es bestenfalls eine Fortsetzung. Während ihr wartetet, dass eure Seele teilnähme, empfandet ihr plötzlich eurer Glieder Gewicht, und etwas wie die Möglichkeit, krank zu werden, drang in euer offenes Vorgefühl. Ihr schobt es auf euer zu leichtes Kleid, ihr spanntet den Schal um die Schultern, ihr lieft die Allee bis zum Schluss: und dann standet ihr, herzklopfend, in dem weiten Rondell, entschlossen mit alledem einig zu sein. Aber ein Vogel klang und war allein und verleugnete euch. Ach, hättet ihr müssen gestorben sein?

Vielleicht. Vielleicht ist das neu, dass wir das überstehen: das Jahr und die Liebe. Blüten und Früchte sind reif, wenn sie fallen; die Tiere fühlen sich und finden sich zueinander und sind es zufrieden. Wir aber, die wir uns Gott vorgenommen haben, wir können nicht fertig werden. Wir rücken unsere Natur hinaus, wir brauchen noch Zeit. Was ist uns ein Jahr? Was sind alle? Noch eh wir Gott angefangen haben, beten wir schon zu ihm: lass uns die Nacht überstehen. Und dann das Kranksein. Und dann die Liebe.

Dass Clémence de Bourges hat sterben müssen in ihrem Aufgang. Sie, die ohne gleichen war; unter den Instrumenten, die sie wie keine zu spielen verstand, das schönste, selber im mindesten Klang ihrer Stimme unvergesslich gespielt. Ihr Mädchentum war von so hoher Entschlossenheit, dass eine flutende Liebende diesem aufkommenden Herzen das Buch Sonette zueignen konnte, darin jeder Vers ungestillt war. Louise Labbé fürchtete nicht, dieses Kind zu erschrecken mit der Leidenslänge der Liebe. Sie zeigte ihr das nächtliche Steigen der Sehnsucht; sie versprach ihr den Schmerz wie einen größeren Weltraum; und sie ahnte, dass sie mit ihrem erfahrenen Weh hinter dem dunkel erwarteten zurückblieb, von dem diese Jünglingin schön war.

Mädchen in meiner Heimat. Dass die schönste von euch im Sommer an einem Nachmittag in der verdunkelten Bibliothek sich das kleine Buch fände, das Jan des Tournes 1556 gedruckt hat. Dass sie den kühlenden, glatten Band mitnähme hinaus in den summenden Obstgarten oder hinüber zum Phlox, in dessen übersüßtem Duft ein Bodensatz schierer Süßigkeit steht. Dass sie es früh fände. In den Tagen, da ihre Augen anfangen, auf sich zu halten, während der jüngere Mund noch imstande ist, viel zu große Stücke von einem Apfel abzubeißen und voll zu sein.

Und wenn dann die Zeit der bewegteren Freundschaften kommt, Mädchen, dass es euer Geheimnis wäre, einander Dika zu rufen und Anaktoria, Gyrinno und Atthis. Dass einer, ein Nachbar vielleicht, ein älterer Mann, der in seiner Jugend gereist ist und längst als Sonderling gilt, euch diese Namen verriete. Dass er euch manchmal zu sich einlüde, um seiner berühmten Pfirsiche willen oder wegen der Ridingerstiche zur Equitation oben in weißen Gang, von denen so viel gesprochen wird, dass man sie müsste gesehen haben.

Vielleicht überredet ihr ihn zu erzählen. Vielleicht ist die unter euch, die ihn erbitten kann, die alten Reisetagebücher hervorzuholen, wer kann es wissen? Dieselbe, die es ihm eines Tages zu entlocken versteht, dass einzelne Gedichtstellen der Sappho auf uns gekommen sind, und die nicht ruht bis sie weiß, was fast ein Geheimnis ist: dass dieser zurückgezogene Mann es liebte, zuzeiten seine Muße an die Übertragung dieser Versstücke zu wenden. Er muss zugeben, dass er lange nicht mehr daran gedacht hat, und was da ist, versichert er, sei nicht der Rede wert. Aber nun freut es ihn doch, vor diesen arglosen Freundinnen, wenn sie sehr drängen, eine Strophe zu sagen. Er entdeckt sogar den griechischen Wortlaut in seinem Gedächtnis, er spricht ihn vor, weil die Übersetzung nichts gibt, seiner Meinung nach, und um dieser Jugend den schönen, echten Bruch der massiven Schmucksprache zu zeigen, die in so starken Flammen gebogen ward.

Über dem allen erwärmt er sich wieder für seine Arbeit. Es kommen schöne, fast jugendliche Abende für ihn, Herbstabende zum Beispiel, die sehr viel stille Nacht vor sich haben. In seinem Kabinett ist dann lange Licht. Er bleibt nicht immer über die Blätter gebeugt, er lehnt sich oft zurück, er schließt die Augen über einer wieder gelesenen Zeile, und ihr Sinn verteilt sich in seinem Blut. Nie war er der Antike so gewiss. Fast möchte er der Generationen lächeln, die sie beweint haben wie ein verlorenes Schauspiel, in dem sie gerne aufgetreten wären. Nun begreift er momentan die dynamische Bedeutung jener frühen Welteinheit, die etwas wie ein neues, gleichzeitiges Aufnehmen aller menschlichen Arbeit war. Es beirrt ihn nicht, dass jene konsequente Kultur mit ihren gewissermaßen vollzähligen Versichtbarungen für viele spätere Blicke ein Ganzes zu bilden schien und ein im Ganzen Vergangenes. Zwar ward dort wirklich des Lebens himmlische Hälfte an die halbrunde Schale des Daseins gepasst, wie zwei volle Hemisphären zu einer heilen, goldenen Kugel zusammengehen. Doch dies war kaum geschehen, so empfanden die in ihr eingeschlossenen Geister diese restlose Verwirklichung nur noch als Gleichnis; das massive Gestirn verlor an Gewicht und stieg auf in den Raum, und in seiner goldenen Rundung spiegelte sich zurückhaltend die Traurigkeit dessen, was noch nicht zu bewältigen war.

Wie er dies denkt, der Einsame in seiner Nacht, denkt und einsieht, bemerkt er einen Teller mit Früchten auf der Fensterbank. Unwillkürlich greift er einen Apfel heraus und legt ihn vor sich auf den Tisch. Wie steht mein Leben herum um diese Frucht, denkt er. Um alles Fertige steigt das Ungetane und steigert sich.

Und da, über dem Ungetanen, ersteht ihm, fast zu schnell, die kleine, ins Unendliche hinaus gespannte Gestalt, die (nach Galiens Zeugnis) alle meinten, wenn sie sagten: die Dichterin. Denn wie hinter den Werken des Herakles Abbruch und Umbau der Welt verlangend aufstand, so drängten sich, gelebt zu werden, aus den Vorräten des Seins an die Taten ihres Herzens die Seligkeiten und Verzweiflungen heran, mit denen die Zeiten auskommen müssen.

Er kennt auf einmal dieses entschlossene Herz, das bereit war, die ganze Liebe zu leisten bis ans Ende. Es wundert ihn nicht, dass man es verkannte; dass man in dieser überaus künftigen Liebenden nur das Übermaß sah, nicht die neue Maßeinheit von Liebe und Herzleid. Dass man die Inschrift ihres Daseins auslegte wie sie damals gerade glaubhaft war, dass man ihr endlich den Tod derjenigen zuschrieb, die der Gott einzeln anreizt, aus sich hinauszulieben ohne Erwiderung. Vielleicht waren selbst unter den von ihr gebildeten Freundinnen solche, die es nicht begriffen: dass sie auf der Höhe ihres Handelns nicht um einen klagte, der ihre Umarmung offen ließ, sondern um den nicht mehr Möglichen, der ihrer Liebe gewachsen war.

Hier steht der Sinnende auf und tritt an sein Fenster, sein hohes Zimmer ist ihm zu nah, er möchte Sterne sehen, wenn es möglich ist. Er täuscht sich nicht über sich selbst. Er weiß, dass diese Bewegung ihn erfüllt, weil unter den jungen Mädchen aus der Nachbarschaft die eine ist, die ihn angeht. Er hat Wünsche (nicht für sich, nein, aber für sie); für sie versteht er in einer nächtlichen Stunde, die vorübergeht, den Anspruch der Liebe. Er verspricht sich, ihr nichts davon zu sagen. Es scheint ihm das Äußerste, allein zu sein und wach und um ihretwillen zu denken, wie sehr im Recht jene Liebende war: wenn sie wusste, dass mit der Vereinigung nichts gemeint sein kann, als ein Zuwachs an Einsamkeit; wenn sie den zeitlichen Zweck des Geschlechtes durchbrach mit seiner unendlichen Absicht. Wenn sie im Dunkel der Umarmungen nicht nach Stillung grub, sondern nach Sehnsucht. Wenn sie es verachtete, dass von Zweien einer der Liebende sei und einer Geliebter, und die schwachen Geliebten, die sie sich zum Lager trug, an sich zu Liebenden glühte, die sie verließen. An solchen hohen Abschieden wurde ihr Herz zur Natur. Über dem Schicksal sang sie den firnen Lieblinginnen ihr Brautlied; erhöhte ihnen die Hochzeit; übertrieb ihnen den nahen Gemahl, damit sie sich zusammennähmen für ihn wie für einen Gott und auch noch *seine* Herrlichkeit überstünden.

Einmal noch, Abelone, in den letzten Jahren fühlte ich dich und sah dich ein, unerwartet, nachdem ich lange nicht an dich gedacht hatte.

Das war in Venedig, im Herbst, in einem jener Salons, in denen Fremde sich vorübergehend um die Dame des Hauses versammeln, die fremd ist wie sie. Diese Leute stehen herum mit ihrer Tasse Tee und sind entzückt, sooft ein kundiger Nachbar sie kurz und verkappt nach der Tür dreht, um ihnen einen Namen zuzuflüstern, der venezianisch klingt. Sie sind auf die äußersten Namen gefasst, nichts kann sie überraschen; denn so sparsam sie sonst auch im Erleben sein mögen, in dieser Stadt geben sie sich nonchalant den übertriebensten Möglichkeiten hin. In ihrem gewöhnlichen Dasein verwechseln sie beständig das Außerordentliche mit dem Verbotenen, so dass die Erwartung des Wunderbaren, die sie sich nun gestatten, als ein grober, ausschweifender Ausdruck in ihre Gesichter tritt. Was ihnen zu Hause nur momentan in Konzerten passiert oder wenn sie mit einem Roman allein sind, das tragen sie unter diesen schmeichelnden Verhältnissen als berechtigten Zustand zur Schau. Wie sie, ganz unvorbereitet, keine Gefahr begreifend, von den fast tödlichen Geständnissen der Musik sich anreizen lassen wie von körperlichen Indiskretionen, so überliefern sie sich, ohne die Existenz Venedigs im geringsten zu bewältigen, der lohnenden Ohnmacht der Gondeln. Nicht mehr neue Eheleute, die während der ganzen Reise nur gehässige Repliken für einander hatten, versinken in schweigsame Verträglichkeit; über den Mann kommt die angenehme Müdigkeit seiner Ideale, während sie sich jung fühlt und den trägen Einheimischen aufmunternd zunickt mit einem Lächeln, als hätte sie Zähne aus Zucker, die sich beständig auflösen. Und hört man hin, so ergibt es sich, dass sie morgen reisen oder übermorgen oder Ende der Woche.

Da stand ich nun zwischen ihnen und freute mich, dass ich nicht reiste. In kurzem würde es kalt sein. Das weiche, opiatische Venedig ihrer Vorurteile und Bedürfnisse verschwindet mit diesen somnolenten Ausländern, und eines Morgens ist das andere da, das wirkliche, wache, bis zum Zerspringen spröde, durchaus nicht erträumte: das mitten im Nichts auf versenkten Wäldern gewollte, erzwungene und endlich so durch und durch vorhandene Venedig. Der abgehärtete, auf das Nötigste beschränkte Körper, durch den das nachtwache Arsenal das Blut seiner Arbeit trieb, und dieses Körpers penetranter, sich fortwährend erweiternder Geist, der stärker war als der Duft aromatischer Länder. Der suggestive Staat, der das Salz und Glas seiner Armut austauschte gegen die Schätze der Völker. Das schöne Gegengewicht der Welt, das bis in seine Zierrate hinein voll latenter Energien steht, die sich immer feiner vernervten –: dieses Venedig.

Das Bewusstsein, dass ich es kannte, überkam mich unter allen diesen sich täuschenden Leuten mit so viel Widerspruch, dass ich aufsah, um mich irgendwie mitzuteilen. War es denkbar, dass in diesen Sälen nicht einer war, der unwillkürlich darauf wartete, über das Wesen dieser Umgebung aufgeklärt zu sein? Ein junger Mensch, der es sofort begriff, dass hier nicht ein Genuss aufgeschlagen war, sondern ein Beispiel des Willens, wie es nirgends anfordernder und strenger sich finden ließ? Ich ging umher, meine Wahrheit beunruhigte mich. Da sie mich hier unter so vielen ergriffen hatte, brachte sie den Wunsch mit, ausgesprochen, verteidigt, bewiesen zu sein. Die groteske Vorstellung entstand in mir, wie ich im nächsten Augenblick in die Hände klatschen würde aus Hass gegen das von allen zerredete Missverständnis.

In dieser lächerlichen Stimmung bemerkte ich sie. Sie stand allein vor einem strahlenden Fenster und betrachtete mich; nicht eigentlich mit den Augen, die ernst und nachdenklich waren, sondern geradezu mit dem Mund, der dem offenbar bösen Ausdruck meines Gesichtes ironisch nachahmte. Ich fühlte sofort die ungeduldige Spannung in meinen Zügen und nahm ein gelassenes Gesicht an, worauf ihr Mund natürlich wurde und hochmütig. Dann, nach kurzem Bedenken, lächelten wir einander gleichzeitig zu.

Sie erinnerte, wenn man will, an ein gewisses Jugendbildnis der schönen Benedicte von Qualen, die in Baggesens Leben eine Rolle spielt. Man konnte die dunkle Stille ihrer Augen nicht sehen ohne die klare Dunkelheit ihrer Stimme zu vermuten. Übrigens war die Flechtung ihres Haars und der Halsausschnitt ihres hellen Kleides so kopenhagisch, dass ich entschlossen war, sie dänisch anzureden.

Ich war aber noch nicht nahe genug, da schob sich von der andern Seite eine Strömung zu ihr hin; unsere gästeglückliche Gräfin selbst, in ihrer warmen, begeisterten Zerstreutheit, stürzte sich mit einer Menge Beistand über sie, um sie auf der Stelle zum Singen abzuführen. Ich war sicher, dass das junge Mädchen sich damit entschuldigen würde, dass niemand in der Gesellschaft Interesse haben könne, dänisch singen zu hören. Dies tat sie auch, sowie sie zu

Worte kam. Das Gedränge um die lichte Gestalt herum wurde eifriger; jemand wusste, dass sie auch deutsch singe. »Und italienisch«, ergänzte eine lachende Stimme mit boshafter Überzeugung. Ich wusste keine Ausrede, die ich ihr hätte wünschen können, aber ich zweifelte nicht, dass sie widerstehen würde. Schon breitete sich eine trockene Gekränktheit über die vom langen Lächeln abgespannten Gesichter der Überredenden aus, schon trat die gute Gräfin, um sich nichts zu vergeben, mitleidig und würdig einen Schritt ab, da, als es durchaus nicht mehr nötig war, gab sie nach. Ich fühlte, wie ich blass wurde vor Enttäuschung; mein Blick füllte sich mit Vorwurf, aber ich wandte mich weg, es lohnte nicht, sie das sehn zu lassen. Sie aber machte sich von den andern los und war auf einmal neben mir. Ihr Kleid schien mich an, der blumige Geruch ihrer Wärme stand um mich.

»Ich will wirklich singen«, sagte sie auf dänisch meine Wange entlang, »nicht weil sie's verlangen, nicht zum Schein: weil ich jetzt singen muss.«

Aus ihren Worten brach dieselbe böse Unduldsamkeit, von welcher sie mich eben befreit hatte.

Ich folgte langsam der Gruppe, mit der sie sich entfernte. Aber an einer hohen Tür blieb ich zurück und ließ die Menschen sich verschieben und ordnen. Ich lehnte mich an das schwarzspiegelnde Türinnere und wartete. Jemand fragte mich, was sich vorbereite, ob man singen werde. Ich gab vor, es nicht zu wissen. Während ich log, sang sie schon.

Ich konnte sie nicht sehen. Es wurde allmählich Raum um eines jener italienischen Lieder, die die Fremden für sehr echt halten, weil sie von so deutlicher Übereinkunft sind. Sie, die es sang, glaubte nicht daran. Sie hob es mit Mühe hinauf, sie nahm es viel zu schwer. An dem Beifall vorne konnte man merken, wann es zu Ende war. Ich war traurig und beschämt. Es entstand einige Bewegung, und ich nahm mir vor, sowie jemand gehen würde, mich anzuschließen.

Aber da wurde es mit einemmal still. Eine Stille ergab sich, die eben noch niemand für möglich gehalten hätte; sie dauerte an, sie spannte sich, und jetzt erhob sich in ihr die Stimme. (Abelone, dachte ich. Abelone.) Diesmal war sie stark, voll und doch nicht schwer; aus einem Stück, ohne Bruch, ohne Naht. Es war ein unbekanntes deutsches Lied. Sie sang es merkwürdig einfach, wie etwas Notwendiges. Sie sang:

»Du, der ichs nicht sage, dass ich bei Nacht
weinend liege,
deren Wesen mich müde macht
wie eine Wiege.
Du, die mir nicht sagt, wenn sie wacht
meinetwillen:
wie, wenn wir diese Pracht
ohne zu stillen
in uns ertrügen?
(kurze Pause und zögernd):
Sieh dir die Liebenden an,
wenn erst das Bekennen begann,
wie bald sie lügen.«

Wieder die Stille. Gott weiß, wer sie machte. Dann rührten sich die Leute, stießen aneinander, entschuldigten sich, hüstelten. Schon wollten sie in ein allgemeines verwischendes Geräusch übergehen, da brach plötzlich die Stimme aus, entschlossen, breit und gedrängt:

»Du machst mich allein. Dich einzig kann ich vertauschen.
Eine Weile bist du's, dann wieder ist es das Rauschen,

oder es ist ein Duft ohne Rest.
Ach, in den Armen hab ich sie alle verloren,
du nur, du wirst immer wieder geboren:
weil ich niemals dich anhielt, halt ich dich fest.«

Niemand hatte es erwartet. Alle standen gleichsam geduckt unter dieser Stimme. Und zum Schluss war eine solche Sicherheit in ihr, als ob sie seit Jahren gewusst hätte, dass sie in diesem Augenblick würde einzusetzen haben.

Manchmal früher fragte ich mich, warum Abelone die Kalorien ihres großartigen Gefühls nicht an Gott wandte. Ich weiß, sie sehnte sich, ihrer Liebe alles Transitive zu nehmen, aber konnte ihr wahrhaftiges Herz sich darüber täuschen, dass Gott nur eine Richtung der Liebe ist, kein Liebesgegenstand? Wusste sie nicht, dass keine Gegenliebe von ihm zu fürchten war? Kannte sie nicht die Zurückhaltung dieses überlegenen Geliebten, der die Lust ruhig hinausschiebt, um uns, Langsame, unser ganzes Herz leisten zu lassen? Oder wollte sie Christus vermeiden? Fürchtete sie, halben Wegs von ihm aufgehalten, an ihm zur Geliebten zu werden? Dachte sie deshalb ungern an Julie Reventlow?

Fast glaube ich es, wenn ich bedenke, wie an dieser Erleichterung Gottes eine so einfältige Liebende wie Mechthild, eine so hinreißende wie Therese von Avila, eine so wunde wie die Selige Rose von Lima, hinsinken konnte, nachgiebig, doch geliebt. Ach, der für die Schwachen ein Helfer war, ist diesen Starken ein Unrecht; wo sie schon nichts mehr erwarteten, als den unendlichen Weg, da tritt sie noch einmal im spannenden Vorhimmel ein Gestalteter an und verwöhnt sie mit Unterkunft und verwirrt sie mit Mannheit. Seines starkbrechenden Herzens Linse nimmt noch einmal ihre schon parallelen Herzstrahlen zusamm, und sie, die die Engel schon ganz für Gott zu erhalten hofften, flammen auf in der Dürre ihrer Sehnsucht.

(Geliebtsein heißt aufbrennen. Lieben ist: Leuchten mit unerschöpflichem Öle. Geliebtwerden ist vergehen, Lieben ist dauern.) Es ist gleichwohl möglich, dass Abelone in späteren Jahren versucht hat, mit dem Herzen zu denken, um unauffällig und unmittelbar mit Gott in Beziehung zu kommen. Ich könnte mir vorstellen, dass es Briefe von ihr gibt, die an die aufmerksame innere Beschauung der Fürstin Amalie Galitzin erinnern; aber wenn diese Briefe an jemanden gerichtet waren, dem sie seit Jahren nahestand, wie mag der gelitten haben unter ihrer Veränderung. Und sie selbst: ich vermute, sie fürchtete nichts als jenes gespenstische Anderswerden, das man nicht merkt, weil man beständig alle Beweise dafür, wie das Fremdeste, aus den Händen lässt.

Man wird mich schwer davon überzeugen, dass die Geschichte des verlorenen Sohnes nicht die Legende dessen ist, der nicht geliebt werden wollte. Da er ein Kind war, liebten ihn alle im Hause. Er wuchs heran, er wusste es nicht anders und gewöhnte sich in ihre Herzweiche, da er ein Kind war.

Aber als Knabe wollte er seine Gewohnheiten ablegen. Er hätte es nicht sagen können, aber wenn er draußen herumstrich den ganzen Tag und nicht einmal mehr die Hunde mithaben wollte, so war's, weil auch sie ihn liebten; weil in ihren Blicken Beobachtung war und Teilnahme, Erwartung und Besorgtheit; weil man auch vor ihnen nichts tun konnte, ohne zu freuen oder zu kränken. Was er aber damals meinte, das war die innige Indifferenz seines Herzens, die ihn manchmal früh in den Feldern mit solcher Reinheit ergriff, dass er, zu laufen begann, um nicht Zeit und Atem zu haben, mehr zu sein als ein leichter Moment, in dem der Morgen zum Bewusstsein kommt.

Das Geheimnis seines noch nie gewesenen Lebens breitete sich vor ihm aus. Unwillkürlich verließ er den Fußpfad und lief weiter feldein, die Arme ausgestreckt, als könnte er in dieser Breite mehrere Richtungen auf einmal bewältigen. Und dann warf er sich irgendwo hinter eine Hecke, und niemand legte Wert auf ihn. Er schälte sich eine Flöte, er schleuderte einen

Stein nach einem kleinen Raubtier, er neigte sich vor und zwang einen Käfer umzukehren: dies alles wurde kein Schicksal, und die Himmel gingen wie über Natur. Schließlich kam der Nachmittag mit lauter Einfällen; man war ein Bukanier auf der Insel Tortuga, und es lag keine Verpflichtung darin, es zu sein; man belagerte Campêche, man eroberte Vera- Cruz; es war möglich, das ganze Heer zu sein oder ein Anführer zu Pferd oder ein Schiff auf dem Meer: je nachdem man sich fühlte. Fiel es einem aber ein, hinzuknien, so war man rasch Deodat von Gozon und hatte den Drachen erlegt und vernahm, ganz heiß, dass dieses Heldentum hoffärtig war, ohne Gehorsam. Denn man ersparte sich nichts, was zur Sache gehörte. Soviel Einbildungen sich aber auch einstellten, zwischendurch war immer noch Zeit, nichts als ein Vogel zu sein, ungewiss welcher. Nur dass der Heimweg dann kam.

Mein Gott, was war da alles abzulegen und zu vergessen; denn richtig vergessen, das war nötig; sonst verriet man sich, wenn sie drängten. Wie sehr man auch zögerte und sich umsah, schließlich kam doch der Giebel herauf. Das erste Fenster oben fasste einen ins Auge, es mochte wohl jemand dort stehen. Die Hunde, in denen die Erwartung den ganzen Tag angewachsen war, preschten durch die Büsche und trieben einen zusammen zu dem, den sie meinten. Und den Rest tat das Haus. Man musste nur eintreten in seinen vollen Geruch, schon war das Meiste entschieden. Kleinigkeiten konnten sich noch ändern; im ganzen war man schon der, für den sie einen hier hielten; der, dem sie aus seiner kleinen Vergangenheit und ihren eigenen Wünschen längst ein Leben gemacht hatten; das gemeinsame Wesen, das Tag und Nacht unter der Suggestion ihrer Liebe stand, zwischen ihrer Hoffnung und ihrem Argwohn, vor ihrem Tadel oder Beifall.

So einem nützt es nichts, mit unsäglicher Vorsicht die Treppen zu steigen. Alle werden im Wohnzimmer sein, und die Türe muss nur gehn, so sehen sie hin. Er bleibt im Dunkel, er will ihre Fragen abwarten. Aber dann kommt das Ärgste. Sie nehmen ihn bei den Händen, sie ziehen ihn an den Tisch, und alle, soviel ihrer da sind, strecken sich neugierig vor die Lampe. Sie haben es gut, sie halten sich dunkel, und auf ihn allein fällt, mit dem Licht, alle Schande, ein Gesicht zu haben.

Wird er bleiben und das ungefähre Leben nachlügen, das sie ihm zuschreiben, und ihnen allen mit dem ganzen Gesicht ähnlich werden? Wird er sich teilen zwischen der zarten Wahrhaftigkeit seines Willens und dem plumpen Betrug, der sie ihm selber verdirbt? Wird er es aufgeben, *das* zu werden, was denen aus seiner Familie, die nur noch ein schwaches Herz haben, schaden könnte?

Nein, er wird fortgehen. Zum Beispiel während sie alle beschäftigt sind, ihm den Geburtstagstisch zu bestellen mit den schlecht erratenen Gegenständen, die wieder einmal alles ausgleichen sollen. Fortgehen für immer. Viel später erst wird ihm klar werden, wie sehr er sich damals vornahm, niemals zu lieben, um keinen in die entsetzliche Lage zu bringen, geliebt zu sein. Jahre hernach fällt es ihm ein und, wie andere Vorsätze, so ist auch dieser unmöglich gewesen. Denn er hat geliebt und wieder geliebt in seiner Einsamkeit; jedes Mal mit Verschwendung seiner ganzen Natur und unter unsäglicher Angst um die Freiheit des andern. Langsam hat er gelernt, den geliebten Gegenstand mit den Strahlen seines Gefühls zu durchscheinen, statt ihn darin zu verzehren. Und er war verwöhnt von dem Entzücken, durch die immer transparentere Gestalt der Geliebten die Weiten zu erkennen, die sie seinem unendlichen Besitzen wollen auftat.

Wie konnte er dann nächtelang weinen vor Sehnsucht, selbst so durchleuchtet zu sein. Aber eine Geliebte, die nachgibt, ist noch lang keine Liebende. O, trostlose Nächte, da er seine flutenden Gaben in Stücken wiederempfing, schwer von Vergänglichkeit. Wie gedachte er dann der Troubadours, die nichts mehr fürchteten als erhört zu sein. Alles erworbene und vermehrte Geld gab er dafür hin, dies nicht noch zu erfahren. Er kränkte sie mit seiner groben

Bezahlung, von Tag zu Tag bang, sie könnten versuchen, auf seine Liebe einzugehen. Denn er hatte die Hoffnung nicht mehr, die Liebende zu erleben, die ihn durchbrach.

Selbst in der Zeit, da die Armut ihn täglich mit neuen Härten erschreckte, da sein Kopf das Lieblingsding des Elends war und ganz abgegriffen, da sich überall an seinem Leibe Geschwüre aufschlugen wie Notaugen gegen die Schwärze der Heimsuchung, da ihm graute vor dem Unrat, auf dem man ihn verlassen hatte, weil er seinesgleichen war: selbst da noch, wenn er sich besann, war es sein größestes Entsetzen, erwidert worden zu sein. Was waren alle Finsternisse seither gegen die dichte Traurigkeit jener Umarmungen, in denen sich alles verlor. Wachte man nicht auf mit dem Gefühl, ohne Zukunft zu sein? Ging man nicht sinnlos umher ohne Anrecht auf alle Gefahr? Hatte man nicht hundertmal versprechen müssen, nicht zu sterben? Vielleicht war es der Eigensinn dieser argen Erinnerung, die sich von Wiederkunft zu Wiederkunft eine Stelle erhalten wollte, was sein Leben unter den Abfällen währen ließ. Schließlich fand man ihn wieder. Und erst dann, erst in den Hirtenjahren, beruhigte sich seine viele Vergangenheit.

Wer beschreibt, was ihm damals geschah? Welcher Dichter hat die Überredung, seiner damaligen Tage Länge zu vertragen mit der Kürze des Lebens? Welche Kunst ist weit genug, zugleich seine schmale, vermantelte Gestalt hervorzurufen und den ganzen Überraum seiner riesigen Nächte.

Das war die Zeit, die damit begann, dass er sich allgemein und anonym fühlte wie ein zögernd Genesender. Er liebte nicht, es sei denn, dass er es liebte, zu sein. Die niedrige Liebe seiner Schafe lag ihm nicht an; wie Licht, das durch Wolken fällt, zerstreute sie sich um ihn her und schimmerte sanft über den Wiesen. Auf der schuldlosen Spur ihres Hungers schritt er schweigend über die Weiden der Welt. Fremde sahen ihn auf der Akropolis, und vielleicht war er lange einer der Hirten in den Baux und sah die versteinerte Zeit das hohe Geschlecht überstehen, das mit allem Erringen von Sieben und Drei die sechzehn Strahlen seines Sterns nicht zu bezwingen vermochte. Oder soll ich ihn denken zu Orange, an das ländliche Triumphtor geruht? Soll ich ihn sehen im seelengewohnten Schatten der Allyscamps, wie sein Blick zwischen den Gräbern, die offen sind wie die Gräber Auferstandener, eine Libelle verfolgt?

Gleichviel. Ich seh mehr als ihn, ich sehe sein Dasein, das damals die lange Liebe zu Gott begann, die stille, ziellose Arbeit. Denn über ihn, der sich für immer hatte verhalten wollen, kam noch einmal das anwachsende Nichtanderskönnen seines Herzens. Und diesmal hoffte er auf Erhörung. Sein ganzes, im langen Alleinsein ahnend und unbeirrbar gewordenes Wesen versprach ihm, dass jener, den er jetzt meinte, zu lieben verstünde mit durchdringender, strahlender Liebe. Aber während er sich sehnte, endlich so meisterhaft geliebt zu sein, begriff sein an Fernen gewohntes Gefühl Gottes äußersten Abstand. Nächte kamen, da er meinte, sich auf ihn zuzuwerfen in den Raum; Stunden voller Entdeckung, in denen er sich stark genug fühlte, nach der Erde zu tauchen, um sie hinaufzureißen auf der Sturmflut seines Herzens. Er war wie einer, der eine herrliche Sprache hört und fiebernd sich vornimmt, in ihr zu dichten. Noch stand ihm die Bestürzung bevor, zu erfahren, wie schwer diese Sprache sei; er wollte es nicht glauben zuerst, dass ein langes Leben darüber hingehen könne, die ersten, kurzen Scheinsätze zu bilden, die ohne Sinn sind. Er stürzte sich ins Erlernen wie ein Läufer in die Wette; aber die Dichte dessen, was zu überwinden war, verlangsamte ihn. Es war nichts auszudenken, was demütigender sein konnte als diese Anfängerschaft. Er hatte den Stein der Weisen gefunden, und nun zwang man ihn, das rasch gemachte Gold seines Glücks unaufhörlich zu verwandeln in das klumpige Blei der Geduld. Er, der sich dem Raum angepasst hatte, zog wie ein Wurm krumme Gänge ohne Ausgang und Richtung. Nun, da er so mühsam und kummervoll lieben lernte, wurde ihm gezeigt, wie nachlässig und gering bisher alle Liebe gewesen war, die er zu leisten vermeinte. Wie aus keiner etwas hatte werden können, weil er nicht begonnen hatte, an ihr Arbeit zu tun und sie zu verwirklichen.

In diesen Jahren gingen in ihm die großen Veränderungen vor. Er vergaß Gott beinah über der harten Arbeit, sich ihm zu nähern, und alles, was er mit der Zeit vielleicht bei ihm zu erreichen hoffte, war »sa patience de supporter une âme«. Die Zufälle des Schicksals, auf die die Menschen halten, waren schon längst von ihm abgefallen, aber nun verlor, selbst was an Lust und Schmerz notwendig war, den gewürzhaften Beigeschmack und wurde rein und nahrhaft für ihn. Aus den Wurzeln seines Seins entwickelte sich die feste, überwinternde Pflanze einer fruchtbaren Freudigkeit. Er ging ganz darin auf, zu bewältigen, was sein Binnenleben ausmachte, er wollte nichts überspringen, denn er zweifelte nicht, dass in alledem seine Liebe war und zunahm. Ja, seine innere Fassung ging so weit, dass er beschloss, das Wichtigste von dem, was er früher nicht hatte leisten können, was einfach nur durchwartet worden war, nachzuholen. Er dachte vor allem an die Kindheit, sie kam ihm, je ruhiger er sich besann, desto ungetaner vor; alle ihre Erinnerungen hatten das Vage von Ahnungen an sich, und dass sie als vergangen galten, machte sie nahezu zukünftig. Dies alles noch einmal und nun wirklich auf sich zu nehmen, war der Grund, weshalb der Entfremdete heimkehrte. Wir wissen nicht, ob er blieb; wir wissen nur, dass er wiederkam.

Die die Geschichte erzählt haben, versuchen es an dieser Stelle, uns an das Haus zu erinnern, wie es war; denn dort ist nur wenig Zeit vergangen, ein wenig gezählter Zeit, alle im Haus können sagen, wie viel. Die Hunde sind alt geworden, aber sie leben noch. Es wird berichtet, dass einer aufheulte. Eine Unterbrechung geht durch das ganze Tagwerk. Gesichter erscheinen an den Fenstern, gealterte und erwachsene Gesichter von rührender Ähnlichkeit. Und in einem ganz alten schlägt plötzlich blass das Erkennen durch. Das Erkennen? Wirklich nur das Erkennen? – Das Verzeihen. Das Verzeihen wovon? – Die Liebe. Mein Gott: die Liebe.

Er, der Erkannte, er hatte daran nicht mehr gedacht, beschäftigt wie er war: dass sie noch sein könne. Es ist begreiflich, dass von allem, was nun geschah, nur noch dies überliefert ward: seine Gebärde, die unerhörte Gebärde, die man nie vorher gesehen hatte; die Gebärde des Flehens, mit der er sich an ihre Füße warf, sie beschwörend, dass sie nicht liebten. Erschrocken und schwankend hoben sie ihn zu sich herauf. Sie legten sein Ungestüm nach ihrer Weise aus, indem sie verziehen. Es muss für ihn unbeschreiblich befreiend gewesen sein, dass ihn alle missverstanden, trotz der verzweifelten Eindeutigkeit seiner Haltung. Wahrscheinlich konnte er bleiben. Denn er erkannte von Tag zu Tag mehr, dass die Liebe ihn nicht betraf, auf die sie so eitel waren und zu der sie einander heimlich ermunterten. Fast musste er lächeln, wenn sie sich anstrengten, und es wurde klar, wie wenig sie ihn meinen konnten.

Was wussten sie, wer er war. Er war jetzt furchtbar schwer zu lieben, und er fühlte, dass nur Einer dazu imstande sei. Der aber wollte noch nicht.

Ende der Aufzeichnungen

Erzählungen und Skizzen

Zwei Prager Geschichten (König Bohusch, Die Geschwister); entstanden 1897 (Vorwort 1899); Erstdruck bei Adolf Bonz, Stuttgart 1899.

Generationen; entstanden 1898; Erstdruck in »Die Zukunft«, 7. Jg., Nr. 9, Berlin 1898.

»Ewald Tragy«; entstanden 1898 (?); Erstdruck München 1929.

Geschichten vom lieben Gott; entstanden 1899; Erstdruck als »Vom lieben Gott und Anderes. An Große für Kinder erzählt«, Insel-Verlag 1900; 2., veränderte Auflage, Insel-Verlag, Leipzig 1904.

Die Turnstunde; entstanden 1899-1901, Erstdruck in »Die Zukunft«, 10. Jg., Berlin 1902.

Frau Blaha's Magd; entstanden 1899; Erstdruck in »Briefe und Tagebücher aus der Frühzeit«, Insel-Verlag, Leipzig 1931.

Der Drachentöter; entstanden 1901, Erstdruck in »Die Zeit«, 30. Bd., Nr. 382, Wien 1902.

Der Totengräber; entstanden 1901, Erstdruck in »Österreichisches Novellenbuch«, Wien und Leipzig 1903.

Zwei Prager Geschichten

Vorwort

Dieses Buch ist lauter Vergangenheit. Heimat und Kindheit – beide längst fern – sind sein Hintergrund. – Ich würde es heute nicht so, und darum wohl überhaupt nicht geschrieben haben. Aber damals als ich es schrieb, war es mir notwendig. Es hat mir Halbvergessenes lieb gemacht und mich damit beschenkt; denn wir besitzen von der Vergangenheit nur das, was wir lieben. Und wir wollen alles Erlebte besitzen.

Rainer Maria Rilke, Schmargendorf, im Februar 1899

König Bohusch

Als der große Mime Norinski um drei Uhr nachmittags in das National-Café, welches vor dem Prager tschechischen Theater liegt, eintrat, erschrak er ein wenig, lächelte aber gleich darauf sein verächtlichstes Lächeln: in dem Spiegel, schräg gegenüber der Tür, hatte sich irgendeine entfernte Ecke des Saales gefangen, und er hatte drinnen eine schiefe Marmorsäule und unter dieser Säule einen kleinen, buckligen Mann erkannt, dessen seltsame Augen dem Eintretenden wie lauernd aus einem unförmigen Kopfe entgegenstarrten. Das Fremde dieses Blickes, in dessen Tiefen irgendein unerhörtes Geschehen sich dunkel zu spiegeln schien, hatte ihn einen Augenblick in Schrecken versetzt. Nicht etwa, weil er besonders furchtsamer Natur gewesen wäre, sondern infolge des profunden und, versonnenen Wesens, welches so großen Künstlern meistens eignet und durch dessen Wall sich jedes Ereignis gleichsam durchbohren muss. Dem Original gegenüber empfand Norinski nichts Ähnliches. Er übersah den Verwachsenen sogar eine ganze Weile, während er mit unnötiger Wichtigkeit den andern am Stammtisch die Hand reichte. Die Händedrücke nahmen eine ziemliche Zeit in Anspruch, denn jeder hatte gleichsam drei Akte. Erster Akt: Zögernd folgt die Hand des Schauspielers dem Flehen der entgegengestreckten Hände. Zweiter Akt: Seine Hand spricht nachdrücklich zu der, welche sie umfasst: Merkst du auch die Bedeutung dieses Moments? Dritter Akt und Katastrophe, wobei Norinski jede Hand verächtlich losließ, fortwarf: Oh du Erbärmlicher, das kannst du ja gar nicht merken ... Diese Erbärmlichen waren diesmal: Karás, der lange blasse Kritiker des ›Tschas‹, ausgezeichnet durch einen überaus langen Hals und – wie ein boshafter jüdischer Kollege mal behauptet hatte – einen überaus höflichen ›Adamsapfel‹, welcher jeden Tropfen durch die Einsamkeit der Kehle bis an den Kragenrand, wo er sich nicht mehr verirren konnte, begleitete und von dort diensteifrig auf seinen Posten zurückschnellte, Schileder, der schöne Maler, der so traurige Dinge malte, der Novellist Pátek, der Lyriker Machal, der Student Rezek, der etwas abseits saß, aus einem großen Stammglas heißen Tschaj mit viel Kognak trank und schwieg. Endlich schien Norinski auch den Buckligen zu bemerken. Er lachte: »König Bohusch!« und streckte mit ironischer »Majestät« die Hand über den Marmortisch. Der Kleine fuhr auf und schickte ihm, um die Mimenhand nicht warten zu lassen, überhastig seine gelben unreifen Finger entgegen, so dass sich die beiden Hände wie Vögel in der Luft haschten. Dem Bohusch kam das ziemlich drollig vor, und er ließ ein zitterndes, zerbrochenes Lachen hören, das er ängstlich unterbrach, als er bemerkte, wie die Blatternarben auf Norinskis Stirn sich unter ärgerlichen Falten versteckten. Der Mime murmelte etwas, gab die Jagd auf und sagte in schlechter Laune zu Karás:

»Ihr schreibt auch einen Kohl, mein Lieber. Aber das sag ich dir, ich spiele meinen Hamlet das nächste Mal just so, wie gestern. Ich spiele eben *meinen.* Verstehst du, Liebster?«

Karás schluckte irgendwas hinunter und sagte etwas von der Auffassung, die andere bekundet hätten, Bedeutende; er möchte nur Kainz nennen oder – der Student Rezek trank heftig sein Glas aus, und Norinski sagte erregt:

»Liebster, was geht mich ein deutscher Hamlet an. Du wirst doch nicht etwan behaupten wollen, wir dürften nicht auch unsere Meinung haben? Ist der Shakespeare ein Deutscher? Nun, was gehn uns also die Deutschen dabei an? Ich nehme meine Auffassung sozusagen direkt aus dem Englischen.«

»Das einzig richtige«, sanktionierte Pátek und strich den spitzen Modebart mit gepflegten Fingern.

»Dein Kostüm übrigens, ich meine vom malerischen Standpunkt –« besänftigte der schöne Maler, und rasch wandte sich ihm Norinski zu. »Ja«, gähnte er so ganz obenhin, und dann mit herablassender Gönnerstimme: »Was macht denn Ihr Schauspiel, Machal?«

Der Lyriker schaute eine Weile schweigend in sein Absinthglas und erwiderte leise und kummervoll: »Es ist Frühling.«

Alle erwarteten noch etwas, aber der Dichter schien schon wieder unterwegs zu dem blassen Garten seiner Träume. Er sah sein Absinthglas wachsen und wachsen, bis er selbst sich mittendrin fühlte in dem opalnen Licht, ganz leicht, ganz gelöst in dieser seltsamen Atmosphäre. Nur Schileder hatte das gewaltige Wort ernst hingenommen. Es lag über ihm, so dicht, dass er auch nicht mit den Wimpern hätte zucken mögen. In seinem Tiefsten dachte er: Gott, das trifft jeder. Hat er denn etwas Besonderes gesagt? Das kann ich auch: es ist ... Er kam nicht zu Ende damit. Alle lachten, und Schileder atmete auf, als er an den Mienen der anderen sah, dass der Ausspruch doch nicht so gewichtig gewesen sein mochte. Karás wandte sich an den Lyriker: »Das heißt, es blüht dein Stück. Hm?«

Da sagte Machal seiner Muse mit einer Verbeugung: »Entschuldigen Sie –«, und kam ungern zurück aus der opalnen Welt; aber das Missverständnis war auch zu arg: »Nein«, betonte er, »das heißt, ich bin zu traurig jetzt. Das heißt, es ist jetzt die Zeit, wo die Natur alles Werden missversteht, das heißt, dass ich müde bin – müde dieses wunden Keimens.«

»Aber verzeih«, der Novellist tippte ihn mit dem modegelben Handschuh auf die Schulter, »das mag ja sein, aber das ist doch nicht Frühling.«

Und der Maler dachte: nein, das ist nicht Frühling.

»Im wunderschönen Monat Mai«, deklamierte der Mime.

»Einst«, hauchte der Dichter und machte eine Bewegung mit der Hand, mit welcher er dieses Einst noch weiter zurückdrängte, »einst war das vielleicht so, wie es in alten Gedichten steht – der Frühling: ›Licht und Liebe und Leben.‹ Wer das noch glaubt, belügt sich.« Er seufzte tief.

Wie schade, dachte der Maler, also kein Frühling mehr.

Machal aber erhob sein Gesicht, das durch große Sommerflecken entstellt war, hoch in das klare Nachmittagslicht und konnte durch das Fenster gerade die Rampe des Nationaltheaters sehen, längs welcher ein Schutzmann auf und nieder ging. Das wollte er nun gerade niemandem zeigen, allein er sagte gleichwohl: »Schaut nur hinaus. Dieser Kampf mit den blöden brachen Schollen, den jeder der feinen schwachen Keime kämpfen muss, um zu seinem Sommer zu kommen. Hier«, und er schraubte sich noch ein wenig höher – »steht die hilflose Blüte und will blühen; das ist das einzige, was sie kann, sie kann nur blühen, und sie will wirklich niemanden stören damit, und doch sind alle gegen sie: die schwarzen Krumen, die sie nur nach langem Bitten durchlassen, die Tage, die wahllos Wärme und Regen und Wind auf sie herabstreuen, und die Nächte, die sich langsam an sie heranschleichen, um sie zu würgen mit ihren eisigen Fingern. Dieser feige traurige Kampf, das ist der Frühling.« Machal fröstelte; seine Augen starben. ›König Bohusch‹ sah ihn ganz starr an. Das war etwas sehr Ungerechtes, was der Dichter sagte, schien ihm, und er hatte vieles dagegen im Sinn. Es drängte ihn aufzustehen und hochragend und heiter den Frühling zu verteidigen, der dennoch voll Sieg und Sonne war. Ihm stiegen so viele schöne Gedanken in den Kopf, dass ihm die Wangen ganz warm wurden und er eine Sekunde das Atmen vergaß. Aber ach, was hätte es genützt, aufzustehen; sie hätten es kaum bemerkt, denn Bohusch sah, auf der hohen Samtbank sitzend, fast größer aus, als wenn er stand. Auch seine Stimme hätte kaum bis zu Norinski hinüber fliegen können; bei solchen Entfernungen wurde sie schon ungewiss und flatterte wie ein angeschossener Vogel. Das wusste Bohusch. Und so schwieg er, presste die Lippen, die wie aus Holz geschnitzt waren, eng aneinander und begann, wie oft als Kind, still für sich mit den vielen goldenen Gedanken zu spielen, ganze Berge und Burgen zu bauen, aus deren schlanken Säulenfenstern seine Träume ihn grüßten. Und er war so reich, dass er jedes Mal neue Paläste errichten konnte, von denen keiner einem alten ähnlich sah, und das will etwas bedeuten, da der Kleine über dreißig Jahre diese Beschäftigung trieb, seit seinem fünften Lebensjahre etwan – und sich doch nicht wiederholen musste. Die anderen sprachen jetzt, während Machal sich gewiss wieder im Absinthglas sitzen fühlte, von lauten Dingen und Alltäglichkeiten in wirrem Durcheinander, und über allem schwebte die Bassstimme des Schauspielers mit ausgebreiteten Flügeln. Bohusch aber dichtete in seiner Ecke an seiner Apologie des Frühlings. Er kannte ihn ja eigentlich nur so, wie er im finstern und feuchten Hirschgraben oder auf dem Kirchhof Malvasinka aussah; einmal als Kind hatte er ihn in der wilden Schárka gesehen, und heute hörte er noch in seiner Brust ein feines, altes Echo jenes Sonnentages. Wie selig musste der erst draußen zu schauen sein, wo er seine Heimat hat, weit von der Stadt und ihrer Unrast, und es ärgerte und kränkte ihn, dass die Menschen um ihn, die doch weit herumgekommen sind, zugaben, dass man den Frühling verleugne. Das musste er ihnen doch sagen. Aber ein zager Versuch seiner Lippen ging in dem allgemeinen Hin und Wider schnell und spurlos unter, und der arme Bohusch hätte auch nichts mehr zu sagen gewusst. Als fürchteten sie, verraten zu werden, flüchteten seine Gedanken in ängstlichem Ungestüm aus der schönen Versammlung, und statt ihrer füllte eine einzige Vorstellung sein Gehirn, und die sprach er willenlos und unbemerkt aus: Ja, mein Vater. Es bedurfte eines Augenblicks, ehe der Bucklige sich klarmachte, warum er gerade an ihn dachte. Er sah ihn: in seinem riesigen dunkelblauen Tressenpelz, dessen Kragen mit dem mächtigen Vollbart zu verschmelzen schien, ging er mit breiten, selbstbewussten Schritten in dem lichtgetünchten hohen Flur des alten Fürstenpalastes in der Spornergasse her und hin. Der goldene Knopf seines Stabes rührte fast an die goldenen Fransen, die von der Krempe des dreispitzigen Hutes hingen, unter welchem seine Augen ernst und wachsam waren. Dann stand der kleine kränkliche Bohusch oft hinter der Türe der Portierswohnung und schaute scheu durch eine Spalte dem gewaltigen Schreiten des Vaters nach, dessen Gestalt höher war als die aller anderen Menschen, um so vieles ragender auch als die des alten Fürsten, vor dem der Vater den Tressenhut ganz tief abnahm, ohne sich indessen sonderlich zu verneigen. An einen Kuss oder ein Lächeln dieses Mannes konnte sich Bohusch, soweit er zurücksann, nicht erinnern, wohl aber gehörte seine Gestalt und seine Stimme zu den deutlichsten Eindrücken seiner armen Kindheit. Und darum fiel ihm der Vater auch immer dann ein, wenn er den längst Toten um diese beiden Eigenschaften beneidete und sich sagte: Beides ist doch eigentlich jetzt so gut wie unbenutzt; er braucht weder Stimme noch Gestalt mehr, warum hat er das alles dann mitgenommen? Und wenn der Bucklige das dachte, kam es immer so: auf einmal fühlte er etwas, das ihn mitnahm, fortriss. Seine Gedanken waren nicht mehr in ihm, sie liefen vor ihm her, und er musste sie verfolgen, um sie wieder zu fangen. Man konnte sie doch nicht so ohne weiters laufen lassen. Atemlos holte er sie immer an derselben Stelle ein. Das war eine helle Herbstnacht mit hastigen Wolken. Das flüchtige Licht war gerade geduldig genug, um Bohusch eine Marmortafel erkennen zu lassen, auf welcher, halb von wildem Gezweig verdeckt, stand: Vitězlav Bohusch, fürstlicher Portier. Und so oft der Kleine das las, begann er immer mit gierigen Nägeln in Gras und Schollen zu graben, bis er immer matter und der Atem der feuchten Erde immer schwerer und dunstiger wurde und seine blutigen Nägel endlich kreischten auf dem glatten Holz eines großen gelben Sarges. Und dann sah er sich auf dem Kasten in der schwarzen Grube knien und eine Sekunde oder zwei ratlos sein. Bis immer dieselbe Lösung ihm kam: Man muss dieses Brett mit dem Kopf durchdrücken können, wie eine Fensterscheibe. Hatten sie ihn nicht immer gehöhnt um seines schweren Schädels willen? Also zu etwas muss er doch gut sein, nicht? Krach! Das Brett weicht – natürlich – wie eine Fensterscheibe, und der Bohusch holt sich mit heißer Hand aus dem dumpfen Dunkel die Brust des Vaters und schnallt sich dieselbe wie einen Harnisch um die schüchternen Schultern, und er langt wieder hinein und sucht und sucht mit krampfigen Fingern und schickt auch die andere Hand zu Hilfe und kann es gar nicht begreifen, dass er mit beiden wunden Händen die Stimme des Vaters nicht finden kann.

* * *

An den Abenden des frühen Frühlings ist die Luft von feuchter Kühle, die sich leise über alle Farben legt und sie lichter und einander ähnlicher macht. Die hellen Häuser am Quai haben fast alle den blassen Ton des Himmels angenommen, und nur ihre Fenster zucken dann und wann in heißem Leuchten und verlöschen versöhnt in dem Dämmer, sobald erst die Sonne sie nicht mehr aufstört. Dann steht nur noch der Turm von St. Veit in seinem ewigen greisen Grau aufrecht da. »Er ist wirklich ein Wahrzeichen«, sagte Bohusch zu dem schweigsamen Studenten. »Er überdauert jedes Dämmern und ist immer ganz gleich. Ich meine in der Farbe. Nicht?«

Rezek hatte nichts gehört. Er sah hinüber nach dem Kleinseitner Brückenturm, wo man eben die Lichter anzündete.

Bohusch fuhr fort: »Ich kenne mein Mütterchen Prag bis ins Herz – bis ins Herz«, wiederholte er, als wenn jemand seine Behauptung bezweifelt hätte, »denn das ist doch wohl sein Herz, die Kleinseite mit dem Hradschin. Im Herzen ist immer das Heimlichste, und, sehen Sie, es ist soviel Heimliches in diesen alten Häusern. Ich muss es Ihnen sagen, Rezek, denn Sie sind vom Lande und wissen es vielleicht noch nicht. Aber es gibt da alte Kapellen, Jesus, und was da für seltsame Dinge sind. Bilder und Ampeln, und ganze Kästen, Rezek, ich lüg nicht, ganze Kästen voller Gold. Und aus diesen alten Kapellen führen Gänge weit, weit unter der ganzen Stadt durch, vielleicht bis nach Wien.«

Rezek sah den Verwachsenen von der Seite an.

»Bei meiner Seele«, beschwor der und legte die Hand auf die schiefe, gedrungene Brust. »Ich hätt's ja auch nicht geglaubt. Nie, mein Leben nicht. Aber ich hab's einmal gesehen, nicht in einer Kapelle, aber –«

»Wo?« forschte der Student plötzlich mit so entschiedenem Interesse, dass der Kleine zusammenschrak.

»Sehen Sie«, sagte er, »Sie möchten's nicht glauben. Aber in unserem Keller da ist ganz am Ende eine Vertiefung, so etwa zwei Stufen abwärts, und dann ein Loch in der Mauer, gerade so groß, dass einer durchkrauchen kann – so – natürlich auf allen vieren.« Bohusch lachte sein zerbrochenes Lachen.

»Na und –« drängte Rezek, fügte aber ruhiger hinzu, während er zwischen seinen lebendigen Fingern eine Zigarette formte, »was dann?«

»Ich wär niemals hineingekrochen. Bewahre. Aber mir fiel mal die Kerze, mit der ich hinuntergestiegen war, brennend zwischen alte Holzscheite. Mein Schrecken! Na, Sie können sich vorstellen, Rezek, eine brennende Kerze in altem, trockenem Holz. Ich finde sie endlich wieder; sie war verlöscht natürlich, aber in lauter Angst grabe ich weiter. Es hätte doch ein Funke irgendwo darunter sein können. Da gleite ich auf einmal mit dem Holz tiefer und sitze vor dem Loch. Schau hinein. Nicht möglich. Noch ein Keller, denk ich. Ich leuchte. Aber es ist nur ein Gang, und der führt weiß Gott wie weit, weiß Gott.«

Sie schritten jetzt ganz langsam den Quai abwärts, der steinernen Brücke zu. Rezek tat einen langen Zug aus seiner kleinen, ganz durchfeuchteten Zigarette und sagte, ohne zu Bohusch herabzusehen: »Das ist selbstverständlich längst vermauert, das Loch?«

»Vermauert?« kicherte Bohusch, »vermauert«, und konnte sich kaum fassen vor Heiterkeit. »Wer so was vermauern soll?«

»Nun, Sie haben's doch jedenfalls angezeigt?« Der Student sah ärgerlich aus. Seine dunklen Augen lauerten in dem blassen Gesicht, als wollten sie sich auf die Antwort des Kleinen stürzen.

Der war eben erst wieder vernünftig: »Sie wissen ja, meine Mutter, – der hab ich's erzählt. Und sie hat gesagt: ›Ein Loch? Was geht uns das an, Bohusch. Leg das Holz wieder davor, wie es war.‹ Und da hab ich also das Holz davor gelegt, so wie es war. Sie hat ja recht, was geht uns das Loch an.« Der Student nickte zerstreut und sagte dann rasch: »Es ist doch noch kalt im April.« Er schob die eckigen Schultern höher und nahm den schäbigen gelben Sommerüberzieher, den er den ganzen Winter getragen hatte, vorn fest zusammen; »wollen wir da hinüber ins Café? Ein Tschaj wird wohltun. Kommen Sie.« Er schob seine Hand unter den Arm des Buckligen und wollte ihn mitziehen. Bohusch sträubte sich: »Aber, was glauben Sie, Rezek; wir waren lang genug im Café.« »Ja so, mit *denen.*« Der Student legte den Ton der Verachtung auf das letzte Wort. »Ich will mit *Ihnen* plaudern, Bohusch; nicht mit diesen großen Herren, mit diesen Künstlern.« »Was reden Sie denn«, staunte Bohusch, »das Volk muss stolz sein auf sie.« Rezek blieb stehen und war ganz blass: »Wenn diese Menschen lieber stolz sein wollten auf das Volk. Aber glauben Sie mir, sie wissen nichts voneinander – das Volk nicht von ihnen und sie nicht vom Volk. Ich bitte Sie, was sind sie denn, sind das Tschechen, ja? Schauen Sie nur irgend einen an. Der Karás schreibt in deutschen Zeitungen über unsere Kunst. Und unsere Kunst, was ist das? Lieder vielleicht, wie sie das ganz junge, gesunde, kaum erwachte Volk singen könnte? Erzählungen von seiner Kraft und von seinem Mut und von seiner Freiheit? Bilder von seiner Heimat? Ja? Keine Spur. Davon wissen ja diese Herren gar nichts. Sie sind ja nicht von heute, wie das Volk, das noch ganz kindisch ist, voller Wünsche und ohne eine einzige Erfüllung. Sie sind ja über Nacht fertig geworden. Überreif. Das ist ja so viel bequemer, als der lange, eigene Weg durch Bedrückung hindurch, wie das Volk ihn gehen muss, das arme! Fast mühelos ist das. Man importiert alles aus Paris: die Kleider und die Gesinnung, die Gedanken und die Inspiration. Man war gestern Kind und ist heute ein junger Greis, ein Übersättigter. Man weiß auf einmal alles. Und man macht danach seine Kunst. Man malt Gräuelszenen und Orgien. Man sucht im Weib die Dirne und verherrlicht sie in Romanen; dann verurteilt man in frivolen Liedern diese Dirne und feiert die Mannesliebe in schweren Strophen, und endlich ist man am Ziel: man verherrlicht nicht mehr und verurteilt auch nicht mehr. Man ist dessen müde. Man ist ja so über alles hinaus. Man ist Mystiker. Man ist überhaupt gar nicht mehr hier, in Böhmen, zu Haus; i wo, man hat seine Heimat irgendwo – was weiß ich – an dem Urquell des Lebens. Das ist doch lustig. Nicht? Während das Volk sich rührt und zum ersten Mal fühlt, wie jung und gesund es ist und die neue zage Kraft des Anfangs in seinen Adern quillt, schänden die Künstler seine Sprache dadurch, dass sie ihren Frühling für die kranke Kunst eines Endes missbrauchen.« Der Student hatte sich heiß und heiser gesprochen. Sie standen immer noch an derselben Stelle. Vorübergehende begannen aufmerksam zu werden, und auch ein Schutzmann sandte von Zeit zu Zeit einen misstrauischen Blick herüber. Bohusch schaute schweigend zu dem

Studenten auf, und er schien ihm jetzt ebenso hoch und stolz in die Nacht zu ragen, wie drüben der alte Turm des Doms. –

Jetzt sagte Rezek mit veränderter Stimme, geärgert durch die Neugier der Menschen: »So kommen Sie doch ins Café.«

Und Bohusch, ganz unter dem Bann dieses Befehles, ging mit. Er konnte sich gar nicht vorstellen, dass er hätte nein sagen können. Als sie aber an der Tür des kleinen Cafés stillestanden, sagte er zaghaft: »Ich kann doch wirklich nicht, Herr Rezek, verzeihen Sie, aber nun kann ich doch wirklich nicht. Meine Mutter, Sie wissen ja. Sie erwartet mich am Abend. Und sie hätte Angst, wenn ich nicht komme. Sie ist so. Entschuldigen Sie ...«

Der Student unterbrach ihn kurz: »Dann begleit ich Sie.« Er schien jetzt gar nicht mehr zu frieren. Und sie gingen nach der Kleinseite. Schweigend. Als sie an dem Schutzmann vorüberkamen, fühlte der Verwachsene, wie Rezek einen dunklen, misstrauischen Blick von dort auffing. Er schaute auf; aber der Student hatte den Kopf schon abgewendet und spuckte gleichgültig nach der anderen Seite, wobei er bemüht schien, den Eckstein zu treffen. Bohusch dachte nach; er fühlte eine Verwandtschaft zwischen den schönen Gedanken, die ihm heute Nachmittag im ›National‹ gekommen waren, und dem, was Rezek gesagt hatte und was er nun noch sagen würde. Es war zum ersten Mal, dass ihn diese Empfindung überfiel, obwohl er oft mit dem Studenten zusammentraf; er hatte ihn stets für dumm gehalten. Warum? Vielleicht weil er sonst so viel schwieg? Deswegen hielt man ja wahrscheinlich ihn, Bohusch, für beschränkt. Andererseits aber, wie schön war das an sich magere und hässliche Gesicht des Studenten während seiner begeisterten Worte geworden. Alles, was eckig und hölzern aussah in seinem Gesicht und in seinen Gesten, erhielt eine Betonung ins Erhabene: es wurde streng, herrisch, rücksichtslos. Dieser ganze, hochaufgeschossene junge Mensch, der zu schnell gewachsen, zu schlecht genährt und zu erbärmlich gekleidet war, hatte für Bohusch ganz unversehens etwas Elementares, Ewiges bekommen, und wie er so neben ihm hinging, wurde er die Empfindung nicht los, dass er sich diesen Tag besonders merken müsse: Samstag, den 17. April. Die Vorstellung wuchs in ihm ganz bestimmt und deutlich, aber gleichsam im Hintergrund seiner Seele, während vorn sein eigenes Ich stand, sich verneigte und zu Bohusch sprach: Das muss ich mir entschieden verbeten haben, ganz entschieden! Du hast gar nicht das Recht, mein Lieber, alle Schätze, welche ich dir, dem Bohusch, gebe, zu verschweigen. Heraus damit. Sprich. Die Leute sollen wissen, dass ich reich bin. Ich weiß, was du sagen willst. Du bist hässlich. Aber rede nur erst. Reden macht schön. Da hast du es gerade sehen können. Versprich mir's. – Und der arme Bohusch gab seinem Ich das Ehrenwort: Gewiss, von jetzt an werde ich reden. Und Bohusch wollte gerade beginnen, als der Student neben ihm stehen blieb und über die Moldau hinwies, auf deren hohen dunklen Wogen verlorene Lichter trieben: »Schauen Sie dort den Vyschehrad, die alte Stammburg der Libuscha, und da den Hradschin, und hinter uns die Teynkirche, lauter Heiligtümer. Wenn die Herren zur Vergangenheit flüchten, wie sie immer wieder behaupten, warum nicht zu *dieser* Vergangenheit. Warum erzählen sie uns vom Orient und von den Kreuzzügen und vom schwarzen Mittelalter? Das ist eine künstlerische Frage, sagen sie. Nein, sage ich: Das ist eine Herzensfrage. Das ist nicht Zufall, dass ihnen jene entfernten Dinge ›liegen‹ und das Nahe, Vertraute ihnen nichts zu sagen hat. Sie sind einfach Fremde. Und das Volk pflegt ängstlich seine alte, unbeholfene Tradition, die trotz aller Sorgfalt blasser und blasser wird von Enkel zu Enkel, so dass es kaum mehr weiß von den lebendigen Reichtümern seiner Heimat. Freilich! Es wäre doch auch zu erniedrigend für diese großen Herren, das Volk vor seine heiligen Erbstücke zu begleiten und ihm in neuen, klaren Worten zu sagen von ihrem alten Wert und ihrer geweihten Würde.« Bohusch sah starren Auges die Steine des Gangsteiges an und sagte, wie sich zwingend, leise, immer wieder von Hüsteln unterbrochen: »Sie haben recht,

Rezek, Sie haben ganz gewiss recht. Ich kann das alles ja nicht so gut verstehen; denn es ist gewiss nicht so ganz einfach, was Sie da sagen. Aber recht haben Sie. Ich hab mir das ja manchmal gedacht. Warum malt man das und nicht das. Warum schreibt man so und nicht so ... aber doch, wenn Sie mir gestatten wollen zu bemerken, dass die Dichter nichts vom Hradschin und vom Teyn erzählen, das macht nichts, das macht nichts. Ich meine, – sehen Sie, ich kenne mein Mütterchen Prag bis ins Herz, ja, und mir hat nie ein Dichter davon was gesagt. Man muss nur groß werden mitten unter diesen Kirchen und Palästen. Die brauchen, weiß Gott, keinen, der für sie spricht, die sprechen selbst, mein' ich. Wenn man nur hören mag. Oh, was die für Geschichten wissen. Lieber, ich will Ihnen einmal einige erzählen, ja? Oder noch besser: Sie sollen meine Mutter davon reden hören.«

Rezek machte eine Bewegung der Ungeduld. Bohusch bemerkte es sogleich und stockte einen Augenblick, dann: »Verzeihen Sie. Ich hab eigentlich nur noch sagen wollen ... ja, also das mit dem Hradschin ist nicht schade, aber das andere. Das, was nicht Vergangenheit ist. Die Gassen da und diese Menschen und dann besonders die Felder hinter der Stadt und die Menschen dort. Das haben Sie doch sicher auch schon gesehen:

Ein Feld, wissen Sie, so ein Feld ohne Ende, traurig und grau. Und der Abend dahinter. Und nichts, nur ein paar Bäume und ein paar Menschen; und die Bäume gebückt und die Menschen auch. Oder so ein Steinbruch, wie sie da draußen hinter Smichov sind. Von dem grauen, kahlen Berg rollen die kleinen Kiesel herunter in die Schuttmulde. Wie das klingt. Ja, das ist auch ein Lied; und unten sitzen Männer und behauen den ganzen Tag die grauen Steine und machen kleine, brave, glatte Würfelchen aus ihnen und sehen die Sonne trüb durch die Horngläser, die sie vor den Augen haben. Und die jüngeren von ihnen vergessen manchesmal und heben leise zu singen an, kein ausgelassenes Lied, bewahre, irgendeins, das zum Takt passt, ›*Kde domov muj*‹ oder so was. Und dann horchen alle. Es dauert aber nicht lang. Dem Jungen fällt bald ein, dass der Kieselstaub zu scharf ist, schlecht für die Lunge, na, und da ist er halt wieder still ... Aber – Sie müssen verzeihen –« der Kleine sah hilflos umher, fasste sich aber wieder, als er sah, dass das Auge des Studenten ernst und aufmerksam auf ihm ruhte. Er empfand dies als Sieg, und mit mehr Sicherheit als bisher fuhr er in seiner Rede fort: »Ich hab nur noch sagen wollen: Warum malen sie das nicht, warum? Warum dichten sie nicht so was. Das ist doch tschechisch – es ist ja so traurig.«

Rezek nickte nur und sagte: »Glauben Sie, dass das Volk sehr traurig ist?«

Bohusch sann nach: »Freilich«, meinte er dann zögernd, »eigentlich kenn ich ja so wenig; ich komm ja nie weit hinaus. Aber ich glaub es doch.«

»Warum?«

»Warum, fragen Sie? Gott, weiß ich's? Die Eltern sind traurig, und die Kinder sind es auch und bleiben es. Sie sehen, kaum dass sie laufen können, den traurigen Nepomuk vor der Tür, der den Gekreuzigten im Arm hält, und die alte Weide am Dorfteich und die Sonnenblumen im kleinen Garten, die so früh müde werden in der stillen Sonne. Macht das froh? Und dann lernen sie so zeitig den Hass. Die Deutschen sind überall, und man muss die Deutschen hassen. Ich bitte Sie, wozu das? Der Hass macht so traurig. Sollen die Deutschen tun, was sie wollen. Sie verstehen unser Land doch nicht, und deshalb können sie uns es niemals fortnehmen. An den Grenzen, da gibt es ja wohl große Wälder und Gebirge, wo die Deutschen ganz fest sitzen, nicht wahr? Aber die umrahmen doch eigentlich nur das Land. Was dazwischen liegt, die vielen Felder und Wiesen und Flüsse, das ist unsere Heimat, das gehört uns, wie wir dazu gehören mit allem in uns.«

»Als Sklaven« – warf Rezek verächtlich ein.

»Sagen Sie das nicht. Bitte. Nicht als Sklaven. Als Kinder. Vielleicht als nicht ganz anerkannte, nicht ganz erbberechtigte Kinder – augenblicklich. Aber doch als echte, natürliche

Kinder. Sie müssen's doch fühlen. Sie sagen selbst: das Volk ist ganz jung und gesund, dann wird es ja wohl auch stark sein und sich nicht ergeben. Möglich, dass einer oder der andere Ketten trägt – heute. Das geht vorüber. Ich weiß, da hat einer ›Sklavenlieder‹ geschrieben, einer von den Älteren. Der hat nicht recht. Kein Redlicher in unserem Volk macht Lärm mit den Ketten. Sicher nicht. Er hebt sie sogar beim Gehen vorsichtig in die Höhe, damit die liebe Erde nichts merkt von seinem Elend ... So sind die Aufrichtigen von uns.«

Jetzt waren sie gerade am Anfang der Brückengasse angelangt, drängten sich durch die dichteren Mengen der Fußgänger und bogen eilig in die erste, enge Seitengasse ein. Beim Schein der nächsten Laterne betrachtete der Student seinen Begleiter mit unverhehltem Erstaunen; er schüttelte den Kopf, schien irgend etwas auf den Lippen zu zerdrücken und sagte: »Sie sind ein Redner, Bohusch.«

»Oh«, machte der Kleine und sah ganz beschenkt aus.

»Nein, im Ernst. Nur müssen Sie sich sagen lassen. Das mit den Deutschen ... Wenn Sie vernünftig sind, vielleicht braucht Sie das Volk noch einmal.«

»Waaas?« machte Bohusch und wollte lachen aus Schrecken und Verlegenheit. Aber Rezek hatte die Lippen fest zusammengepresst, sah sehr ernst aus und schwieg.

Da wurde dem Buckligen sehr bange. Er drängte sich näher an den Studenten heran und flüsterte: »Das denk ich mir ja nur alles so. Wirklich. Ich weiß ja nicht. Vielleicht ist es ja auch anders. Ich kann's ja auch nicht so sagen. Sie müssen nicht schlecht denken von mir, Herr Rezek.« Und auf einmal wurde er ganz verzagt. »Sehen Sie, ich bin ja so ein armer Kerl. Wenn Sie wüssten, wie arm ich bin; am Vormittag, da schreib ich ab in der Redaktion, und am Abend, da bin ich bei der Mutter, sie ist so alt und sieht fast nichts mehr. So ist es jeden Tag. Und am Sonntag, wenn ich meine Frantischka sehe, wissen Sie, wo wir dann bleiben?

Auf der Malvasinka. Dort, wo die grünen Kreuze stehen, eins wie das andere. Lauter Kinder liegen dort, und auf den schmalen Blechtafeln steht immer nur irgend ein Vorname, ›der kleine Karel‹ oder ›die kleine Marie‹, und ein Gebet dabei. So ist das dort. Und dort bleiben wir am Sonntag. ›Hier sind wir allein, *milatschku*‹, sagt meine Frantischka. ›Ja, sag ich, Frantischka, hier sind wir allein.‹ Und dabei weiß ich, dass wir bei lauter Toten sind. Macht das was? Es ist ja immer noch was dazwischen, manchmal Frühling, manchmal Schnee. – Ach, ich bin ja so ein armer Kerl.«

»Nun, nun«, beschwichtigte Rezek, und sie standen schon vor dem Hause, in welchem der Bohusch unter dem Dach zwei Stuben mit seiner alten Mutter teilte. Der Student schien es eilig zu haben. »Sie sind mir also nicht bös, Herr Rezek«, bat der Bucklige. »Dazu ist doch kein Grund«, meinte jener hastig, »und gute Nacht. Ich seh Sie ja wohl, morgen im Café!«

»Ja, morgen, vielleicht – obzwar es ist Sonntag, da muss ich mit meiner Frantischka – ja – gute Nacht.«

Rezek, der schon ein paar Schritte gemacht hatte, kehrte plötzlich zurück. Er legte die unruhige Hand auf die Schulter des Kleinen und fügte ohne besondere Betonung sehr hastig an:

»Wirklich, Sie haben mich neugierig gemacht, Bohusch, das haben Sie. Möchten Sie mich nicht mal in den Keller führen?« ... »Keller?« »Ach, Sie wissen doch, zu jenem Loch.« »O ja, wenn Sie wollen, gewiss.« »Gut, also bald, wann? … « »Wann Sie wollen.« »Morgen früh?«

»Morgen früh.« Und sie bestimmten die Stunde. –

* * *

Es hatte niemand bemerkt, dass Bohusch am Sonntag früh einen Gast in den Keller des alten finsteren Hauses in der Hieronymus-Gasse geleitete. Die beiden waren ja auch so behutsam hinabgestiegen, als gelte es, einen Schlafenden nicht zu wecken, hatten unten das Holz fortgeräumt, und dann war der Fremde, der sehr schweigsam war, mit der Laterne in den geheimen Gang gekrochen. Der Bucklige stand und starrte ihm nach. Noch eine Weile blieb das Loch hell, dann erloschen dort an den Kanten die Lichtstreifen, und dann flatterten ein paar Reflexe in dem schwarzen Rahmen her und hin, schlugen sich an den Mauern die Flügel wund und fielen tot in das grenzenlose Dunkel. Bohusch lauschte. Schritte hallten fern und immer ferner. Da wurde ihm mit einemmale angst. Er dachte: Wozu tut er das? Endlich hörte er keine Schritte mehr, und jetzt begann er zu rufen. Seine Worte hatten einen seltsamen Klang; sie trugen das Schlagen seines Herzens mit, welches er in der Kehle spürte und welches immer wilder und ungestümer wurde: »Geben Sie acht, Rezek! – Rezek, gehn Sie nicht weiter. Was machen Sie denn? Aber, aber! Sie dürfen nicht weiter gehn. Hier, hier. Hören Sie? Jesus Maria, wo sind Sie denn? Keine Dummheiten; man kann nicht wissen ...« Plötzlich fiel das volle Licht der Laterne auf ihn; das kam so überraschend, dass der Kleine noch eine Weile alle Zeichen des Schreckens und der Furcht behielt und in seiner atemlosen Verwirrung drollig genug aussah. Rezek war mit einem Sprung neben ihm, schien ihn aber gar nicht zu bemerken. Eine gewisse Befriedigung leuchtete in seinen dunklen Augen auf, erlosch schnell, und es kam jene strenge Verschlossenheit über sein Gesicht, welche jede Linie versteinerte. »Nun?« brachte Bohusch endlich heraus, und nahm dem anderen die Laterne aus der Hand, um das Licht recht nahe und recht sicher zu haben. Der Student kam ihm auf einmal recht einfältig, fast ein wenig komisch vor, und als er gar bemerkte, dass er in seiner Furcht die ganze Zeit nach der entgegengesetzten Seite, wo gar kein Loch war, gerufen hatte, schmolz seine Beklemmung, sie floss gleichsam von seiner Gestalt herunter in einem unbändigen, blechernen Gelächter. Er war jetzt in der Stimmung, alles heiter zu finden, und ihm erschien es ein köstlicher Spaß, dass der hagere Student das Holz wieder vor die geheime Türe schichtete und sich dabei so wichtig und weihevoll benahm. Im Hinaufsteigen bat er Rezek, er möchte jetzt doch zu ihm hinaufkommen. Seine Mutter sei gewiss auch noch zu Hause, und er würde es nicht bereuen, schöne Geschichten zu vernehmen und vielleicht auch ein Gläschen Gilka (ja, solche Köstlichkeiten besäße er, der arme Bohusch) zu trinken. Der Student entschuldigte sich kurz. Er hätte dringende Verpflichtungen und würde ein anderes Mal kommen. Übrigens sei das recht interessant gewesen da unten – und er danke auch vielmals. Bohusch war sehr enttäuscht; er hätte jetzt so gerne erzählen mögen. Aber Rezek ließ sich nicht erbitten. Er grüßte flüchtig, ging und vernahm noch, wie der Bucklige, der übereifrig die Treppen hinaufwatete, im ersten Stock irgendwem einen sehr lauten »Gutenmorgen« zurief. Der Student schritt hastig die Brückengasse aufwärts. Er fiel auf, wie eben ein arg Beschäftigter unter Müßigen auffällt, und seine schwarze, schlanke Gestalt schien sich an diesen lichten und langsamen Sonntäglern, die der Niklas-Kirche zuströmten, fortzuhelfen.

Unter der feierlichen Menge tauchte nicht viel später die arme Gestalt des »König Bohusch« auf. In dieser Gegend kannten ihn die meisten, wussten den Spottnamen, den er, weiß Gott weshalb, seit seiner Schulzeit trug, und übermütige Jungen riefen ihm wohl auch kichernd ein »König Bohusch« in den Rücken, der unter dem schwarzen Sonntagsrock noch viel runder und hässlicher war. Der Verwachsene ließ sich dadurch nicht stören, trieb eine Weile mit der Menge, kehrte aber dann um und ging, immer lächelnd, der Altstadt zu. Er wollte jemandem begegnen; er fühlte sich aufgelegt, irgendwem zu erklären, dass das Leben, mochte es seine Kanten haben, im allgemeinen doch etwas ganz Treffliches ist, dass die Tschechen ein patriotisches und prächtiges Volk seien und Prag eine Stadt – (»bitte, sehen Sie nur mal dieses Rudolfinum an« – hätte er jetzt gesagt) – eine Stadt, die ihresgleichen nicht nebenan hatte. Die Möglichkeit, jemanden zu finden, war am größten in der Ferdinandstraße und »Am Graben«, auf deren breiten Gangsteigen das ganze moderne Prag den Sonntagmittag verbringt, und er lenkte dorthin ein, in der Hoffnung, den oder jenen zu sehen – mochte es selbst Machal oder Pátek sein. Kaum dachte er so, erkannte er Pátek. Der mondäne

Novellist schritt knapp vor ihm her. Er trug einen ganz neuen lichtgrauen Anzug, durch welchen er gewissermaßen den etwas zaghaften Frühling protegierte, und die scharfe Bügelfalte blieb bei seinem Schreiten ungebrochen und reichte tadellos bis zu den leuchtenden Lackschuhen hinab, die er mit Grazie zur Geltung zu bringen wusste. Als Bohusch, der ihn überholte, ihn anredete, legte er die Hand mit dem Handschuh (*Café au lait,* 6 3/4) nachlässig an die Krempe des niedrigen Zylinders und machte nicht viel Miene, sich in ein Gespräch einzulassen. Aber Bohusch war so froh, wen gefunden zu haben, dass er seine Schüchternheit vergaß, keine Aufforderung abwartete und einfach mitging. Pátek warf auch dann und wann irgend ein Wort herunter, das heißt er ließ es fallen, und achtete wenig dessen, ob der Kleine diese kostbaren Fragmente auffing, oder nicht. Dieser dagegen sprach unaufhörlich und ruhte sich dann und wann in seinem lauten Lachen aus. Alles bot ihm Stoff. Seine Witze, die nicht immer ganz glücklich waren, erregten rechts und links Aufmerksamkeit oder Unwillen, und der vornehme junge Mann, der nach allen Seiten hin Grüße erteilte, fühlte sich recht unangenehm in Gesellschaft dieses ›verunglückten Proletars‹, wie er Bohusch zu nennen pflegte. An der nächsten Ecke tat er so, als bemerkte er einen guten Bekannten auf der anderen Seite der Straße; er blinzelte eine Weile hinüber, murmelte etwas Unverständliches und hüpfte, ehe Bohusch begriff, worum es sich handle, davon. Der Bucklige ging weiter, stand nach zehn Schritten aufs neue still, suchte die Gestalt des Flüchtlings in dem Strome drüben, und erkannte, dass Pátek allein ging. Da verlosch das Lachen auf seinem breiten Gesicht; er warf jemandem, der ihn im Vorbeigehen gar nicht heftig gestreift hatte, ein Schimpfwort zu, wandte sich um und bohrte sich mit rücksichtslosen Schultern in eine Seitengasse durch, wo keine Sonne und kein Mensch war. Tränen hatte er in den Augen. – Eine Weile dachte er daran, Schileder in seinem Atelier aufzusuchen. Dort war er immer geduldet. Wenn der Maler auch gerade beschäftigt war, er durfte sich mit irgendeiner Mappe in eine weiche Ecke des großen Raumes verkriechen und konnte stundenlang Bilder betrachten und seine Blicke die hohen Wandsimse entlang schicken, auf welchen die unvereinbarsten Dinge, die abenteuerlichsten Geräte standen und sich vertrugen hinter den dichten Schleiern eines Jahre alten Staubes. Er hatte oft Stunde um Stunde unbeachtet dort gesessen, und wenn er irgendwo ein Stück Samt oder eine bunte, faltenleuchtende Seide entdecken konnte, hatte er das Laken nicht mehr aus dem Auge gelassen, und der Maler hatte es ihm gerne geschenkt. Dann war er immer hastig seine vier Treppen hinaufgestürmt, wild vor Ungeduld, mit dem Stück Zeug angetan, vor den Spiegel zu treten. Ja, der arme Bohusch empfand seinen schwarzen Rock, der ja übrigens auch zu alt war, als ein recht schlechtes, unwertes Sonntagskleid, und träumte schon als Kind davon, in außergewöhnlichen und prächtigen Kleidern unter die Menschen gehen zu können. Er hatte ja auch, nur damit er das rote Chorhemd bekäme, in der Schulzeit bei dem Hochamt ministriert und, nur um der glänzenden Uniform willen, wäre er später am liebsten Soldat geworden. Das war alles lang vorbei, und er konnte nun nicht mehr hoffen, jemals etwas anderes, selbst bei der größten Festlichkeit, anzuziehen, als diesen schwarzen, schäbigen Rock, es sei denn, dass die Frantischka sich doch noch entschlösse, ihn zu heiraten; zu dieser Feier würde er sich ohne Zögern einen neuen machen lassen, und der müsste dann einen breiten Samtkragen haben. Auf diesen Tag wartete auch noch des Vaters gestickte Weste, welche Bohusch sich dann zurecht schneidern lassen wollte, – erst bis es an der Zeit war. Nur nicht umsonst das Geld ausgeben. Und ob es jemals an der Zeit sein würde? … Den letzten Sonntag hatte Bohusch vergeblich auf die Geliebte gewartet. Wie, wenn sie heute wieder ausbliebe?

Auf den ärmeren Friedhöfen, wo keine mächtigen Marmordenkmäler von Gärtnerhand mit berechnender Kunst verziert werden, ist es so: der Frühling, in seiner Unschuld, tritt ein, und das Klirren der rostigen Gittertür ist der letzte Lärm, den er vernimmt. Er ahnt nicht, wo er ist. Aber es gefällt ihm wohl in diesen stillen Mauern, hinter denen weit das Leben wogt, und bei diesen kleinen Engelchen aus glänzendem Ton, die die Hände gefaltet haben und zu ihm beten. Zu wem denn sonst? Auch gibt es für die jungen, ängstlichen Winden keine bessere Stütze als so ein Kreuz, darauf sie, wenn sie mal so hoch sind, wie zum Lohn nach rechts oder links sich ausstrecken dürfen, soweit es ihnen gefällt. Und weil es ihm doch so gut geht, wird der Frühling an einem solchen Orte früher groß als anderswo. Die kleine dunkle Gestalt des Bohusch wenigstens ging geradezu verloren in dem Getümmel von Primeln und Anemonen, und über ihm lauerte der Wind in einem Baum, der Blüten hatte, ehe ihm Blätter kamen, und schickte ihm dann und wann eine Blüte in den Schoß und schaukelte so schalkhaft mit den zieren Zweigen, als wollte er den Einsamen in der nächsten Sekunde doch über und über verschütten. Der Bucklige aber war nicht gelaunt, ihn zu verstehen. Er stäubte die Blüten mürrisch von seinen schwarzen Ärmeln und schaute an dem sonnigen Sonntag vorbei in einen anderen – ganz anderen Tag. Das war auch auf einem Kirchhof. Vor drei Jahren ungefähr. Ein paar schwarzgekleidete Leute standen um das offene Grab. Die Männer in einer gewissen kavaliermäßigen Vornehmheit mit großen Bärten oder ganz glatt rasierten Gesichtern, jene Falten um die Lippen, welche nach allgemeiner Übereinkunft Zeichen der Trauer und Ergriffenheit sind, die Frauen, viel unbedeutender, mit Taschentüchern in den Händen, und, im Mittelpunkt dieser ernsten Gruppe, eine kleine, hilflose, weißhaarige Frau. Sie war ganz überwältigt von ihrem Schmerz, er hatte sie ganz in Besitz genommen. Jedes Zucken ihrer armen Gestalt, jedes Flehen ihrer erstickten Stimme gehörte ihm. Deshalb hatte sie auf alles um sich her vergessen, auch auf ihren Sohn, den armen Bohusch. Der war arg erstaunt. So hatte er die Mutter nie gesehen. Ihm selbst war gar nicht außergewöhnlich zu Mute. Er dachte einfach darüber nach, wie denn der Vater in dem Sarge habe Raum finden können. Die Truhe hatte nicht übermäßig groß ausgesehen, und wahrscheinlich musste er so liegen. Dabei stellte er sich den Vater vor, wie er die Kniee ein wenig emporgezogen hatte, und überlegte, dass, wenn dem Toten irgendwann der allerdings ganz unerhörte Einfall käme, die Beine zu strecken, die gelbe Kiste ganz gewiss nachgeben würde, unten oder oben. Von solchem Sinnen erfüllt, wartete er ruhig ab, bis die Gesellschaft den Rückweg antreten würde. Als aber auch jetzt seine unaufhörlich schluchzende alte Mutter ihn gar nicht kennen wollte vor Schmerz, wurde ihm sehr bang. Er konnte ja nicht begreifen, dass die arme kleine Frau alle vierzig Jahre ihrer Ehe, die ersten zwei vielleicht ausgenommen, aus Furcht vor ihrem Mann, der keine Szene ertrug, niemals zu weinen gewagt hatte und nun unbewusst, im erlösenden Genuss einer gewissen Befreiung, alles Versäumte, ein Jahr nach dem andern herunterweinte. Und vierzig Jahre weinen sich nicht so im Handumdrehen. Ratlos sah Bohusch von einem zum andern. Sie gingen alle an ihm vorbei, die Freunde und Genossen des Verstorbenen, und die Taktvollsten unter ihnen drückten ihm schweigend die Hand, wobei der dazugehörigen Frau jedes Mal die Augen übergingen, und der fürstliche Kammerdiener sagte in ausländischkorrektem Hochdeutsch: »Er war noch gar nicht alt, Ihr Vater.« Damit wollte er betonen, dass der verstorbene Portier um zwei Jahre älter war, als er selbst, der englische Kammerdiener Seiner Durchlaucht. Bohusch wurde unter jedem Händedruck immer ängstlicher, es kam ihm jetzt erst in den Sinn, dass sich da ja doch etwas Außergewöhnliches begeben haben müsse, und bange von der steifen Feierlichkeit dieser Menschen, blieb er mehrere Schritte hinter dem Zuge zurück. Da fühlte er plötzlich, wie zwei Arme sich zu ihm senkten, und als er aufsah, hatte ihn ein junges blondes Frauenzimmer gerade auf die Stirne geküsst. Sie hatte kühle Lippen, das fühlte er, und was ihm noch lieber war: sie weinte nicht. Sie hatte nur sehr, sehr traurige Augen. Aber als der Bucklige ihren Blick fand, musste er an einen dunklen Wald denken. An nichts Schreckliches, nur an einen dunklen Wald, und drin lässt sich's ja wohl wohnen. So waren ihm die traurigen Augen gleich lieb, die traurigen Augen seiner Frantischka. – Übrigens: es kannte niemand das Frauenzimmer damals, keiner in der ganzen Trauergesellschaft wusste ihren Namen; sie war eben mitgekommen. Am Tor des Kirchhofs standen zwei alte Bettelweiber, Rosenkränze zwischen den welken Fingern. Sie waren beim siebzehnten ›Gegrüßet seist du ...‹; als Bohusch mit seiner neuen Freundin, Hand in Hand, vorüberkam, unterbrachen sie ihr Gebet, und die eine sagte grinsend: »Die da mit dem Buckligen, das war die Liebste von dem Seligen.« Und ihr zischendes Kichern wurde nach und nach das achtzehnte ›Gegrüßet seist du‹. Bohusch aber hatte das nicht gehört. – Er sah das blonde Mädchen wieder, und als sie ihm einmal mit der Hand über die Stirne strich und sagte: »Du bist ein so guter, guter Kerl«, da küsste er ihr diese Hand, und das Herz schlug ihm hastig dabei. Er hatte gefühlt, wie es ihm eiskalt über den Rücken lief und wie ihm im Kopfe alles polternd zusammenfiel, hatte seine Hände ineinandergepresst, dass er hätte schreien mögen vor Schmerz, und hatte, statt zu schreien, geflüstert: »Du bist meine Liebste, nicht wahr?« Und da hatte sie gelacht, laut gelacht und genickt, und ihre Augen waren voll der lieben Traurigkeit. Das war aber doch schon lang, und der Bohusch, der jetzt unter dem Blütenbaum auf der Malvasinka saß, hätte die Frantischka so gerne wieder darum gefragt. Statt dessen sah er starr dem Abend in das rote Gesicht und wusste: nun kommt sie nicht mehr. Es war auch nicht die kleinste Hoffnung in ihm, aber gleichwohl blieb er zwischen den Hügeln und Kreuzen sitzen, gebannt durch den dunklen Wunsch, hier wohnen zu dürfen ganz mit dem gleichen Recht, wie die vielen Nachbarn. Was müsste er denn dazu tun? Gott, seine Augen müssten diese Türme dort, diese Dächer, diesen leise zerfließenden Hang einfach loslassen, Abschied nehmen müssten sie von dem Himmel, von dem ersten Abendstern, und etwas, was tief in ihm ist, müsste noch einmal Atem holen und ›Frantischka‹ sagen und dann nicht mehr. Das wäre alles, und ist das so schwer? – Es musste doch schwer sein, denn Bohusch erhob sich und ging den rinnigen Fahrweg abwärts durch die breite Hauptstraße hin. Ein grauer, flimmernder Nebel sickerte dort nieder und hielt die Gasflammen gleichsam in der Luft gefangen, so dass sie nichts von ihrem Licht herunterstreuen konnten auf die dichten Scharen müder Ausflügler, die gespenstisch sich erst zwei Schritte vor dem Einsamen aus der Unermesslichkeit formten, und hart hinter ihm in das Nichts zurücksanken. Und wenn der Bohusch seinem innersten Instinkt nach immerzu gegangen wäre, ohne aufzusehen, er wäre gewiss in die Moldau gekommen, die vom Eisgang her noch heftig war, so, wie ein matter Gaul den Weg in den stillen Stall findet – ohne aufzusehen. Aber Bohusch *sah auf.* Die Nebel um ihn begannen zu ihm zu reden in mächtigen, wachsenden Klängen, und alle Türme, von denen er früher hatte Abschied nehmen wollen, erhoben ihre feierlichen Ave-Stimmen. Es war, als würde oben über den Dächern, hinter den undurchdringlichen feuchten Falten, irgend ein großes Fest begangen, und die Seele des Verwachsenen war plötzlich oben, und ehe er es hindern konnte, ging sie auf in dem mystischen Jubel der Lüfte. Und da stand der arme Bohusch und sah ihr nach. – Er musste daran denken, dass über acht Tage Ostersonntag war, und das erfüllte ihn mit so viel Freude, dass er lächelnd bei seiner alten Mutter eintrat und den ganzen Abend so drollige Dinge zu berichten wusste, dass der alten Frau vor lauter Lachen schwach und schwindlich wurde. Was tat es, dass Bohusch später träumte, Frantischka und er sollten heiraten. Er sah das alles genau bis zu den allerkleinsten Einzelheiten, bis zu den Granatohrringen, welche wie Blutstropfen an den Ohrläppchen seiner Braut hingen. Und alles ging ordentlich. Die Trauung war in der großen Kuppelkirche von St. Niklas, und auch den Pfarrer erkannte Bohusch gleich wieder. Bis dahin war es vernünftig und so wie am lichten Tage. Aber mit einemmale wurde es ganz seltsam. Ein junges, oh, ein so junges Mädchen umfasste die Braut, die vor dem Altare neben ihm kniete, und schrie: »Ich lass dir ihn nicht, ich lieb ihn so!« Das schrie sie ganz laut, ganz wild – obwohl es, ich bitte, in der großen und ernsten Kirche von St. Niklas war. Es war nur natürlich, dass der Bräutigam – (er trug übrigens richtig einen neuen Rock mit dunkelrotem Samtkragen) – sich dieses ganz junge Mädchen, welches ihn so liebte, genauer ansehen wollte. Er erkannte die Carla, das war Frantischkas jüngere Schwester, welche er nur flüchtig kannte, und war sehr erzürnt über diese Störung. Als er aber doch besser zusah, gewahrte er, dass dies blonde Kind ein Nonnenkleid trug und – erschrak vor Freude so jäh, dass er auffuhr und erwachte. Es dauerte eine Weile, ehe er, im Bette sitzend, sich zurecht fand. Dann rechnete er, wie weit es war bis zum grünen Donnerstag; und als sich nur drei Tage dazwischen fanden, lächelte Bohusch und schlief mit diesem Lächeln, traumlos, in den Morgen hinein.

* * *

Der Platz vor der königlichen Burg in Prag sieht trotz der ärmlichen Allee, welche ihn überquert, sehr vornehm aus. Das macht: er ist ganz von Palästen umrahmt. Am mächtigsten wirkt die breite Stirne der alten Königsburg mit dem großen, weißen Vorplatz, hinter dessen barocken Gittern der unermüdliche Wachposten auf und ab pendelt. Das Stammhaus des Fürsten von Schwarzenberg und ein anderes, etwas langweiliges Gebäude schauen wie in steter Verbeugung begriffen herüber, und zur Rechten des Schlosses wacht in etwas protziger Pose der neugestrichene Palast des Erzbischofs über die kleinen Wohnhäuser der Prälaten und Domherrn, die sich nahe an ihren mächtigen Patron heranschmeicheln. An einer Ecke nur, zu Seiten der Burg, wo die Schlossstiege und die steile Spornergasse münden, ist eine Lücke geblieben, und tief drinnen liegt in herrlichen Panoramen, zwischen den Laurenziberg und das Belvedere gedrängt – Prag – dieses reiche, riesige Epos der Baukunst. Voll Licht und Leben spannt es sich aus vor den Augen des Hradschin, und zu seinen alten fügen sich immer würdig neue, glänzende Strophen. Am anderen Ende der Häuserreihe, die einerseits durch diesen lichten Lugaus begrenzt erscheint, liegt ein armes, einstöckiges altes Gebäude, das tagaus tagein dasteht mit den Händen vor den Augen und nichts schauen will von der nahen Pracht. Die Kinder der ganzen Umgebung gehen mit scheuem Schauern an seinem ernsten Schweigen vorbei, und lassen sie sich mal von diesem Hause erzählen, so schlafen sie wohl die ganze Nacht nicht, oder sie haben heiße Träume, in denen blasse Nonnen seltsame Dinge tun. Freilich, das musste der jungen Phantasie aber auch Flügel geben, zu hören, dass die Barnabiterinnen, welche für immer in diesen grausamen Mauern ihr stummes Sterben leben, auch untereinander nie ein Wort tauschen, und sich nicht einmal so viel Sonne schenken dürfen, als eine in dem Auge der anderen finden kann; dass sie ihre, von bangen Gebeten zerrissene Nacht in den Brettersärgen überstehen mussten, in denen man sie endlich – wohl nicht in zu langer Zeit – in das Stück Erde legte, das im Innersten der dunklen Wände sein sollte und zu dem gewiss niemals der Frühling fand. Der Bruderorden dieser Barnabas-Büßer ist längst ausgestorben. Die halbzerfallenen Schädel der beiden letzten Genossen liegen auf einem Steinaltar in den vergessenen Gruftkatakomben von Santa Maria della Victoria und genießen die gebetlose Ruhe des Vermoderns. Aber die Schwestern sind viel zäher im Leiden. Als vor etwa fünfzehn Jahren zum letzten Mal die rostige Rast der Türangeln gestört wurde, da wollten weißhaarige Leute aus der Nähe, Betschwestern mit nicht ganz zuverlässigem Gedächtnis – wollten wissen, dass zu den sieben noch lebenden Schwestern eine achte hinzugekommen sei – aber das waren doch nur ziemlich haltlose Vermutungen. Wohl aber hatten auch jüngere und scharfsichtigere Menschen in den Wagen geschaut, welcher das neue Opfer brachte, und diese beschworen, dass dies ein ganz junges Mädchen von unbeschreiblicher Schönheit und Vornehmheit gewesen sei, und sagten, es sei sündhaft, diese Fülle seltener Anmut in dem schrecklichsten aller Klöster verwelken zu lassen. Und sie sagten noch manches; das Manche aber war Geschwätz, das sich auf die Gründe bezog, welche diesen frühen Lebensabschied hervorgerufen haben mochten; da baute man große romantische Geschichten auf, die verschiedensten Dolche blitzten in den unterschiedlichsten bengalischen Feuern, und die dämonischesten Prinzen aller Ammenmärchen sogen Lebensmöglichkeit aus diesen Vermutungen. Man wusste natürlich gewiss, dass irgend ein lautes und fürchterliches Ereignis hinter diesem Entsagen stünde, und vergaß wie immer, dass es vielleicht ein ganz leises Erleiden, eine jener tiefen, lautlosen Enttäuschungen gewesen sein konnte, welche den zartesten Seelen die dunkelgewusste Gewissheit geben, dass Gipfel und Abgründe des Erlebens vorüber sind, und dass nun die weite, weite Ebene mit den kleinen Gräben und lächerlichen Hügeln beginnen würde, durch die zu wandern so müde macht. Das schöne müde Kind kam aus dem hohen finstern Fürstenhaus in der Spornergasse, in dem auch Bohusch seine scheuen Knabenspiele spielte, und der Tag, an welchem der geschlossene Wagen die Prinzessin Aglaja ihrer neuen einsamen Heimat zuführte, war auch für ihn, den damals Halbreifen, ein Abschnitt. Eigentlich konnte er sich gar nicht vorstellen, wie die Prinzessin zu jener Zeit aussah; er trug in seinem Innern ihr Bild aus den Tagen, da ihr goldenes Lachen wie eine verirrte Schwalbe durch die ernsten Hallen flatterte und sich endlich, der steifen und entsetzten Engländerin zum Trotz, in den freien Weiten des rauschenden Parkes verlor. Dort begegneten die beiden Kinder einander ziemlich oft und schwatzten und scherzten und haschten einander, wie es eben Kinder tun, die einen Zwang losgeworden sind: Aglaja ihre Gouvernante und Bohusch seine stille, treue Traurigkeit. Es folgten dann Jahre, in welchen der Portierssohn die inzwischen Dame gewordene Gespielin nicht sah, und so kam es, dass er in seinem Erinnern den Tag ihres Entsagens hart an jene Stunden jubelnden Kindseins schob und den Effekt empfand, als würde einmal der glänzendste Tag in die allertiefste Nacht, der reichste Sommer in den trostlosesten Wintertag verändert – ohne Übergang. Er stand vor einem Geschehen, dessen Rücksichtslosigkeit ihn schreckte und dessen Bedeutung geeignet war, ihm für immer die Meinung zu nehmen, dass Reiche und Bevorzugte gleichsam die Verbündeten des Schicksals sind, das nur dem armen Teufel feindlich und gehässig begegnet. Ein ganzes Bündel Vorurteile fiel ihm damals mit einemmale aus den Händen, etwas von einer Weltanschauung, von einer Religion wurde ihm geschenkt, Keime, welche in ihm hätten reifen können und vielleicht auch aus ihm heraus, wenn er mutiger gewesen wäre. Aber was Taten hätten werden können, die aus einem starken Körper frei und festlich herauswachsen, wurden bunte, seltsame Träume in dem armen Buckligen, scheue Schwärmereien, welche eine immer kleinere Welt betrafen und endlich nur eine schmale Gloriole waren um das Bild der Prinzessin. Seine hilflose Dankbarkeit schmückte dieses Bild so lange, bis aus dem lachenden, lieben Kinde eine bleiche, heimliche Geliebte und aus der Geliebten eine verehrte Heilige wurde, welche der Jungfrau Maria sehr ähnlich sah und ganz darin aufging, die seltenen Wünsche des Bohusch anzuhören und alle mächtigen Eigenschaften, welche seine unermüdliche Phantasie ihr zuschrieb, geduldig anzunehmen. Und wie viel hatte der Bohusch dadurch vor allen übrigen Gläubigen voraus, dass seine Heilige, wenngleich aller Welt unerreichbar, dennoch lebte und von ihm wusste als von einem Mitwisser ihrer Kindheit, welche sie als einziges Juwel in die ewigen Mauern doch mitgenommen haben musste. Dieses Verhältnis erfuhr nicht die geringste Störung, als der Bucklige die Frantischka seine Geliebte nannte, denn damals war das Gottwerden Aglajas schon so weit vorgeschritten, dass ihre verklärte Gestalt hoch über allen kleinen Trieben und schwülen Träumen stand. Ihr widmete sich Bohusch nur einmal im Jahre, und zwar am grünen Donnerstage, an welchem die Kirche des Klosters der Barnabiterinnen jedem Besuche offen steht. Diese kleine, dunkle und ziemlich schmucklose Kirche ist hinter dem Hauptaltar durch eine Wand ganz abgeschlossen, jenseits welcher die Ordensschwestern an dem öffentlichen Messamte teilnehmen. An dem Tage vor dem christlichen Leidensfreitag – und nur an diesem Tage – sickern die Stimmen der Nonnen ganz leise durch die Altarmauer und senken sich wie ein fernes Wehklagen auf die wenigen Beter. Dann geht ein Lauschen, ein banges Atemeinhalten, ein Erschauern durch die kleine Gemeinde, der Priester am Altar unterbricht seine Gebete, die Ministrantenbuben schauen ängstlich in die schwarzen Ecken des Raumes, und die dunklen Bilder an den Wänden erwachen. Da zerreißt die scharfe Ministrantenglocke den Bann. Die Bilder an den Wänden sind wieder tot, der Priester neigt sich über den Kelch, und die Frommen rücken in den Bänken, schnäuzen heftig und flüstern: »Es war so schwach, sind es denn noch acht?«, und dann zuckt man die Achseln und seufzt und schnäuzt sich.

So war es auch an diesem grünen Donnerstag. Der Bohusch kniete ganz vorn und harrte, bis seine Heilige rufen würde. Er hatte den Ton ihrer Stimme nicht vergessen und glaubte immer ganz bestimmt, ihren Gesang in dem fernen Chorlied zu erkennen. Er fing ihn auf und löste ihn aus dem Ganzen los, wie einen Seidenfaden aus verblassten Geweben. Er nahm ihn gleichsam vorweg und ließ nur den Rest zu den anderen Lauschern gelangen. Aber heute wusste er beim ersten Ton: sie fehlte. Und wie seine Furcht es leugnen mochte, er wusste: sie fehlte. Und er lehnte sich weit vor, und seine Angst spähte und erwürgte jedes kleinste Geräusch – aber immer sicherer war ihm: sie fehlte, und endlich in grenzenloser Bangigkeit streckte er die Hände aus, weit, weit – und lauschte mit allen Fingerspitzen... sie fehlte. Und da schrie es auf in ihm, zugleich mit der Ministrantenglocke, nur einmal schrie es auf, und dann brach er zusammen in der harten Bank wie einer, den sein Gott verlässt.

* * *

Der Maler Schileder war der erste, welcher eine große Veränderung an Bohusch bemerkte. Er dachte flüchtig über deren mögliche Ursachen nach, blieb aber ganz im Unklaren. Auch seine Frau Mathilde wusste keinen Rat. So vergaßen sie das Erstaunliche, bis eines Vormittags, kurz nach dem Ostersonntag, Pátek im Atelier eintrat und sagte: »Unverschämtheit.« Schileder legte Pinsel und Palette aus der Hand, betrachtete den Erregten, der, ohne den Hut abzunehmen, auf und nieder lief: »Guten Morgen, was ist dir denn?« Der Novellist aber sagte nur noch einige Mal »Unverschämtheit«, blieb dann stehen und wollte mit großer Behutsamkeit den tadellosen Zylinder auf einen Stoß staubiger Mappen niedersetzen. Vorerst tippte er mit dem behandschuhten Zeigefinger an und zog ihn ein, als hätte er einen glühenden Ofen berührt. Er balancierte mit rührender Hilflosigkeit den Hut zwischen beiden Handflächen her und hin und sah den Maler mit einem Blicke des Vorwurfs an: »Bei dir ist ja alles voll Staub«, zögerte er, »man kann ja gar nichts ablegen.« Endlich sah er sich geborgen, setzte sich und erzählte nun in ziemlicher Unordnung, er käme aus dem ›National‹, dort sei man beisammen gewesen, und allerlei hätte man besprochen. »Hast du keine Zigarette?« unterbrach er sich und fuhr erst, nachdem Schileder ihn befriedigt hatte, fort. Man hätte also allerlei besprochen. Und der – nun der »verunglückte Proletar« hätte sich in so auffälliger und vordringlicher Art an den Erörterungen beteiligt, dass er, Pátek, sich endlich doch verpflichtet fühlte, diesem vorlauten Menschen ein für allemal eine Lehre zu geben. »Hast du keinen Kognak?« fragte er in diesem spannenden Augenblick. Er stürzte den Kognak hinunter und sagte mit einer Grimasse, während er sich mit den Armen emporstemmte und ans Fenster trat: »Und weißt du, was der Mensch wagt? Er widerspricht. Hast du das schon gehört, er widerspricht. Nicht allein das, er beleidigt mich. Er hat die Stirne, mich zu beleidigen.« »Was hat er denn gesagt?« forschte der Maler. »Das weiß ich nicht.« Schileder sah ihn erstaunt an, so dass er schnell, nicht ohne Verlegenheit, hinzufügte: »Ja, glaubst du, ich hab Zeit, mir solchen Unsinn zu merken; dass ich mich seiner schämte, oder so was. Tatsache ist – stell dir vor: er beleidigt mich. Wie sollte man sich dieses Menschen nicht schämen!« Der vornehme Novellist schien noch einen Augenblick heftig entrüstet, fand aber schon Interesse an Schileders Arbeit, betrachtete das und dies und hob vorsichtig zwischen Daumen und Zeigefinger verschiedene Blendrahmen, die zur Wand gekehrt dastanden, in die Höhe. Schileder duldete das gutmütig und war auch nicht erstaunt, als der junge Mann sich bald in der allerheitersten

Laune verabschiedete. Pátek tat es immer so. In einer kurzen, mehr oder minder effektvollen Szene setzte er sich mit einem ärgerlichen Ungefähr auseinander, wurde damit ganz und gar fertig, »überwand es«, wie er sich auszudrücken pflegte. Das hinderte den großen Überwinder nicht, die Bohusch-Geschichte an demselben Vormittag noch fünfmal, und zwar in immer vorteilhafterer Beleuchtung, zu erzählen, so, dass die fünfte Version, welche in dem Boudoir einer modernen Operettensängerin blieb, die graziöse Darstellung einer dualistischen Weltphilosophie enthielt, deren gutes Prinzip sich sieghaft in der mondänen Gestalt des Erzählers verkörperte. – Und was schließlich, zum Teil durch eigene Erfahrung, zum Teil durch die Verbreitungen Páteks, alle wussten, hatte einen wahren Kern: Bohusch war ein anderer geworden. Seine Geliebte und seine Heilige hatten ihn verlassen. Da wurde er gewahr, dass er diesen beiden Gestalten so viel aus sich gegeben hatte, dass nun nur ein ganz kleiner Rest sein eigen blieb. Er kämpfte noch ein paar Stunden, ob er dieses letzte Gut unangetastet in die Moldau werfen sollte, oder ob sein Kapital doch noch groß genug war, um es in der großen Bank des Lebens nützlich anzulegen. Während dieser Erwägung fiel ihm plötzlich ein Wort ein, welches den Ausschlag gab. Rezek hatte an jenem denkwürdigen Abend zu ihm gesagt: »Vielleicht braucht Sie das Volk noch einmal.« Rezek hatte freilich auch gesagt: »Wenn Sie vernünftig sind.« Und dass er jetzt vernünftiger war als je zuvor, dafür wollte Bohusch einen Eid ablegen. Auch mutiger war er. Er dachte vieles und sprach was er dachte, wo es nur anging, in etwas altmodischen, lang gedrechselten Sätzen aus und war bei solchen Gelegenheiten sein eigener aufmerksamster Zuhörer. Nur ganz selten, wie aus Vergesslichkeit, wurde er scheu und schweigsam; er fürchtete sich selbst vor diesen Augenblicken, in welchen der alte Bohusch mit seinen leisen goldenen Gedanken wie ein Gespenst vor ihm stand und ihn bat, in die stille Traurigkeit der früheren Tage zurückzukehren. Aber der Bohusch blieb standhaft. Er war den ganzen Tag im Café und auf der Straße, sang, pfiff und lachte, dass die Leute sich nach ihm umsahen, stand vor den Schaufenstern, ohne etwas anderes zu betrachten, als das unruhige Spiegelbild seiner eigenen Hässlichkeit, und war wie einer, der etwas erwartete, was nicht alle Tage geschieht. Fast instinktiv suchte er vor allem Rezek zu begegnen. Ihm war, er müsste von *seinem* Munde das vernehmen, was *das* Ereignis für ihn werden sollte. Allein nirgends konnte er des Studenten habhaft werden. Aus seiner Wohnung war dieser fortgezogen, ohne irgend eine Adresse anzugeben, und im ›National‹ wollte ihn keiner gesehen haben. »Er ist ein eigentümlicher Mensch«, meinte Norinski einmal. Schileder nickte, aber der neue Bohusch höhnte: »Er ist dumm«, und lachte sein altes, armseliges Lachen, in das keiner einstimmte.

Am Abend dieses Tages geschah das Seltsame. Bohusch, welcher auch seine alte Mutter mehr und mehr vernachlässigte, kam später als sonst nach Hause. Er ging, ein brennendes Zündholz in die Höhe haltend, ein paar Stufen aufwärts. Sein Blick durchforschte das dicke Dunkel des engen, winkeligen Flurs. Da war ihm, als ob die Kellertüre nicht ganz verschlossen wäre; er tastete hinzu, versuchte, öffnete sie behutsam und glitt mit seltener Entschlossenheit die bekannten Kellerstufen abwärts. Seine Gestalt löste sich ganz auf in der feuchten Finsternis, aus der ferne, fremde Laute ihm entgegenschlugen. Erst als er, immer lautlos längs der kalten Wand hintastend, das Holz zur Seite geschoben fand und bemerkte, dass aus dem geheimen Gang ein scheuer Lichtschimmer ihm entgegenkam, empfand er Furcht. Aber ein anderes, mächtigeres Gefühl zwang ihn näher heran. Erst lauschte er den Stimmen nebenan, und als er nichts verstehen konnte, schob er sich mit einer unwillkürlichen Bewegung, deren Geschicklichkeit ihn überraschte, in die Öffnung nur so weit, dass er den Rahmen füllte, ohne in den Raum jenseits hineinzuragen. Was er zunächst erkannte, war nicht weit vor ihm auf dem Boden eine große Laterne, welche ein sattes Licht ausgoss, das auf den Fliesen schwamm wie eine dünne, verschüttete Flüssigkeit. Rings an den Grenzen dieser Lichtlache junge Männerfüße und mitten im Kreis die Füße eines jungen Mädchens. An diese klammerte sich sein Blick an, kroch langsam an einem Kleide von unbestimmter Farbe aufwärts und fand in der Dämmerung zwei lichte lebendige Mädchenhände, die in heftigen Gesten den Worten zu Hilfe kamen, die Bohusch immer noch nicht verstehen konnte. Aber die Hände verstand er. Er begriff plötzlich, dass diese wilden Hände an irgendetwas rüttelten, dass sie irgend ein Unrecht stürzen wollten mit ihrem jungen, heiligen Ungestüm. Und er begann diese Hände zu lieben. Sachte hob er den Kopf und suchte das Gesicht zu diesen geliebten Händen. Sein Auge kämpfte einen hastigen, hartnäckigen Kampf mit den neidischen Schatten, welche die kaum entdeckten Züge immer wieder verwischten, bis es endlich siegte. Er erkannte die Carla. Und nun verharrte er, und sein staunender und bewundernder Blick ließ, dem Dunkel zum Trotz, nicht mehr von dem schönen, begeisterten Antlitz des jungen Mädchens; er saugte die Worte von ihren Lippen, so lange, bis sie für ihn einen eigenen Klang bekamen, und das war der aus dem Traume: »Ich lieb ihn so ... ich lieb ihn so ...« Das alles geschah in einem Augenblick. Und die nächsten Minuten brachten das: das junge Mädchen sprach immer leiser und leiser, wie jemand, der immer weiter zurückweicht; die Worte, die noch eben so bunt und stolz von ihren Lippen strömten, schlichen nackt und ziellos in das Dunkel, schämten sich, und ihre Augen blieben leer an irgendetwas unten haften und löschten langsam aus. Eine Bewegung entstand. Die Blicke der Hörer folgten dem ihren, und eine Sekunde lang hielt das große, starre Auge des Bohusch alle gefangen. Nur eine Sekunde, dann kam ein Entsetzen über sie, sie empörten sich wie rebellische Sklaven, die Menge flüchtete mit verstörtem Flüstern und wilden Flüchen in die Tiefe des Ganges, und das Licht sprang dem Bohusch ins Gesicht wie eine gelbe Katze. Da erwachte er und bebte. »Rezek!« schrie er.

Der neigte sich über ihn. »Bohusch, Hund! Spionierst du?« kreischte er. Bohusch verdrehte die Augen. Er fürchtete sich vor dem Studenten. »Spionierst du?« brüllte der. »Rezek!« brüllte der Krüppel noch lauter aus der Tiefe seiner Angst heraus. Ihm fiel nichts anderes ein, als dieser Name. Dabei schmerzte ihn seine Lage in dem engen Loch, und er fühlte, wie ihm das Weinen der Verzweiflung kam. Da half ihm der Student in die Höhe, und sofort bereute er seinen Kleinmut, dachte an seine Pläne und sagte mit arg missglückter Überlegenheit: »Ich weiß alles.« (Er meinte damit die beiden zornigen Mädchenhände.) »Du hast also gehorcht?« drohte der Student aufs neue. Da wagte Bohusch nicht ohne Bangigkeit: »Rezek, aber Rezek, seien Sie doch nicht so – bitte, seien Sie doch nicht so. Bin ich denn nicht auch einer, was? Ich versteh das doch, nicht? Ich bin ja doch auch mit euch – von Herzen mit euch.« Der Student betrachtete ihn mit rücksichtsloser Spannung, und der Bucklige wurde ganz hilflos unter diesem durchdringenden, erratenden Blick. Er sagte noch einige Mal dasselbe, ehe ihm die Rettung einfiel: »Ohne mich hätten Sie das ja überhaupt nicht gefunden.« Er meinte den Keller. »Ich hab ja gewusst, dass Sie's brauchen können – und wozu«, betonte er mit verlogener Schlauheit. Und der Student ließ sich täuschen. Er sagte mit kurzem Entschluss: »Hand!« und »Schweigen«. Mit einem gewissen Selbstbewusstsein legte der Verwachsene seine kurzen Finger in die Hand des Fanatikers; ohne Zustimmung, ohne Betonung war sein Händedruck. Er wusste sich Sieger und hub an, Bedingungen zu stellen. Weit holte er aus, er würde hier unten, unter ihnen, auch reden für Volk und Freiheit. Oh, er hätte gar bedeutende Pläne. Nur müsse Rezek ihm zusichern, dass er hier reden dürfe. »Ja«, sagte der Student und betonte nochmals: »Schweigen!« – Bohusch nickte gleichgültig drüber weg und forderte: »Also gewiss – ich werde hier reden?« Der andere gab ihm die Vertröstung und schob ihn zur Tür. Er fürchtete diesen Krüppel wohl nicht sehr und erhoffte noch weniger etwas von ihm; er war ihm einfach lästig. Von der Treppe rief er ihn nochmals zurück. Er sagte zum dritten Mal »Schweigen« und hielt dem Grinsenden etwas hin. Erst wollte Bohusch greifen danach, –

dann erkannte er: die harte, grausame Hand des Studenten und, aus der drohenden Faust ragend, ein dünnes, langes, spitzes Messer, an dessen Klinge das Licht der Laterne hinfloss wie welkes Blut. Und so sehr Bohusch sich anstrengte, – er konnte nicht mehr sein Lächeln finden. Er erzwang eine verzweifelte Grimasse und stieg frierend die Treppen aufwärts zu seiner Wohnung. Und der Morgen war nah. –

Seither schlief der Bohusch keine Nacht mehr. Er wartete Tag und Nacht, bis Rezek ihn rufen würde, und sann, was er dann alles zu sagen hätte. Viel, viel! Das Feinste mischte sich in seinen Phantasien mit dem Gröbsten, und wenn es ihm *jetzt* schien, er müsse davon reden, wie man armen Waisen ins Leben helfen könnte, war er in der nächsten Sekunde überzeugt, dass er denen da unten raten, dass er ihnen befehlen würde, Kirchen und Paläste zu stürmen. Ja, vor allem die Kirchen! Aber immer, was auch seine Rede war, sah er sich als Mittelpunkt dieser Gruppe, als der Herr, dem die schöne Carla und viele starke junge Männer ehrfurchtsvoll und blind gehorchten. Er fühlte sich als der längst Misskannte, der nun endlich zu Wort und Würde kam, und ging durch die Uferlosigkeit seiner Zeit, in welcher Nacht und Tag in ein gleichmäßiges graues Hindämmern zusammengeschmolzen waren, erfüllt von dem Wunsch, alle zu dieser Betrachtung seiner Persönlichkeit hinzulenken. Seine treulose Heilige hatte sich, feige, durch ewige Mauern vor seiner Liebe geschützt und vor seiner Rache; aber der Frantischka, die seinen Ruhm wohl auch bald von dem Munde Carlas vernehmen würde, wollte er die Möglichkeit geben, seine Vergebung zu erlangen. Er überlegte, ob er sie aufsuchen sollte, und schrieb endlich stückweis im Verlaufe von zwei Nächten und drei Tagen einen Brief an die unwürdige Geliebte. Seine schmeichelnde und geleckte Kanzleischrift war in diesen Blättern gleichsam wild geworden. Die meisten Buchstaben sahen aus wie übermütige Karikaturen des Schreibers, welche zum Überfluss noch durch Kleider und Kappen seltsamster Art ihr Narrentum bezeugen und sich gegenseitig, jedes hinter dem Rücken des nächsten, verhöhnen und auslachen. Im ersten Teile dieses weitläufigen Schreibens versicherte er sie, ganz im Geiste der mittelalterlichen Souveräne, seiner guten und gnädigen Gesinnung, im zweiten erzählte er in seltsam endlosen und vielverschnörkelten Satzbildern von der Bedeutung seiner geheimen Mission, und im dritten verhieß er: »Da hingegen das große Geheimnis und die unbeschreibliche Wichtigkeit meiner Aufgaben mir zu meinem tiefsten Bedauern ganz unmöglich und unerreichbar macht, Dich an der Versammlung, welche die Freiheit meines Volkes und meinen eigenen Ruhm begründen helfen soll, teilnehmen zu lassen, lade ich Dich ein, am – (da war ein nahes Datum genannt) um sechs oder sieben Uhr abends bei mir zu sein. Vor Dir und der Mutter will ich dann reden, soviel ich reden darf, ohne Verräter zu sein, nicht an Personen, denn die fürchte ich nicht, aber an der herrlichen, hohen und gerechten Sache...« und unterzeichnet war diese langwierige Einladung – das kam so von ungefähr aus der überanstrengten Feder: »König Bohusch. Gegeben zu Prag.« – Als der Bucklige das noch einmal durchlas, musste er lächeln, und er war fast im Begriff, die Bogen wieder zu vernichten. Dann dachte er: nein, wenigstens ein guter Spaß ist es, das ist es gewiss, versiegelte das Schreiben und trug es selbst auf die Post. Als er es in den Kasten fallen hörte, atmete er tief auf. –

* * *

Die Frantischka hatte nichts geantwortet; aber eigentlich hatte Bohusch das auch gar nicht erwartet. Er war überzeugt davon, dass sie kommen würde und, fast gedemütigt, den neuen Bohusch finden sollte, dessen Freundschaft ihr nun gewiss wie ein großes und unverdientes Geschenk erschien. Langsam und zögernd wollte er ihr vergeben, und dann würden sie am Sonntag wohl nicht mehr auf die Malvasinka gehen, sondern irgendwohin, wo sie sich zeigen können, unter viele Menschen in den Baumgarten oder in den Stern. – Das alles dachte Bohusch nur ganz flüchtig in den wenigen Pausen, in welchen ihn das Große nicht beschäftigte, das nunmehr seine Pflicht, sein Leben geworden war. Es war eine aufreibende Pflicht, diese vielen, wichtigen Dinge, die er so nach und nach in den armen Jahren gedacht hatte, nun alle auf einmal zu denken, alle auf einmal zu überschauen und dann der Reihe nach auszusprechen. Es war ein solches Gedränge von Meinungen, Erinnerungen und Plänen in ihm, dass immer ein ganzer Schwarm von seinen Lippen wollte, wild und rücksichtslos wie Leute aus einem brennenden Theater. Dann machte der Bohusch ein strenges Gesicht und befahl überlegen: »Ruhig, eins nach dem anderen. Es kommt ein jeder dran.« Und gerade bei solchen Gelegenheiten geschah's, dass die ganze Menge plötzlich verschwand, einfach zerfloss, und der Bohusch ganz öde im Kopfe und außerstande war, etwas zu denken oder gar zu sagen. Erst wenn er ein paar Gläser heißen Tschaj getrunken hatte, war das bunte Gesindel wieder da, und der Bucklige freute sich und lachte, bis ihm die Augen voll Tränen standen. Die Unrast seines Wesens war dabei immer größer geworden. Er las viel Zeitungen und alte Bücher, schrieb ganze Hefte voll mit seinen lächerlichen Lettern und schlief mitten zwischen diesen Beschäftigungen, gleichviel ob tags oder nachts, in einem Café oder in einer Kirche, selten zu Hause, ein paar Augenblicke scheuen Schlafes, aus welchem er bald wie erschreckt emporfuhr.

So kam der Morgen jenes Tages heran, an dem Bohusch der Mutter und der Frantischka, welche beide an seinem eigentlichen Triumph nicht teilnehmen durften, die abendliche Rede versprochen hatte. Die Nacht war ihm in verschiedenen Gasthäusern und Spelunken vergangen, und jetzt schlich er matt, übernächtig an den Häusern hin und starrte blöde und teilnahmslos in den dichten rosigen Frühnebel des Frühlingstags. Wenige Menschen begegneten ihm. Beim ›Pulverturm‹ kamen ihm zwei Dienstmädchen entgegen, mit großen Einkaufskörben, lachend und plaudernd, und ihre Augen waren so frisch und erwacht, ihre Kleider und Schürzen noch steif vor lauter Neusein. Ein wenig weiter überholten ihn zwei Infanteriesoldaten. Sie schritten stramm aus, ihr Schritt klappte in heiteren Takten auf dem Pflaster, und die Knöpfe ihrer Waffenröcke stahlen der Sonne frühe Strahlen und warfen sie dem Bohusch keck in die schläfrigen Augen. Dann pfiff irgendein übermütiger Bäckerbursche dem Buckligen ins Gesicht und lachte laut hinter ihm her, und ein Schutzmann sang sich irgendetwas, während die Federn seines Hutes ein wenig wehten. Roll-Läden rauschten auf, und die Spiegelscheiben gaben sich ganz der Sonne und brannten in weißen Flammen. Durch dieses frische, fröhliche Aufleben kroch der Verwachsene, bleich, verkommen, mit ganz verdrücktem Hemd und schmutzigen Kleidern, und er war wie eine giftige, grässliche Kröte, die man mitten in süß duftenden Beeten entdeckt. Er merkte auch nichts von allem Glanz, als dass er ihn störte, ja er wusste vielleicht kaum, dass es Frühling und Morgen war. Je reifer indessen dieser Morgen wurde, desto mehr fiel eine gewisse Unruhe auf, die alle Menschen zeigten. Leute, die sich täglich zu dieser Stunde grüßten, ohne miteinander zu sprechen, blieben stehen, machten besorgte oder erstaunte Gesichter, zuckten die Achseln und drückten sich endlich mit einer bestimmten konventionellen Dankbarkeit die Hände, um zehn Schritte weiter wieder angehalten zu werden. Man hatte offenbar das Bedürfnis, sich etwas mitzuteilen, was alle anging und interessierte. An der Ecke der Ferdinandstraße las ein Dienstmann in einem Kreise von Männern und Dienstmädchen eine Stelle des ›*Tschesky curir*‹, und ein Stück weiter trat ein älterer Herr aus einem Kaffeehaus und sagte zu seinem Begleiter in deutscher Sprache: »Ganz gefährliche Leute sind das. Man sollte ...« Was man sollte, war nicht mehr zu verstehen. Der Herr ging ziemlich selbstbewusst auf sehr glänzenden Schuhen weiter, und der Jüngere neben ihm nickte bei jedem Wort, bestätigte es ergebenst; er schien ganz der gleichen Meinung zu sein. Als Bohusch in die Nähe des ›National‹ kam, erkannte er hinter einem Fenster Norinski, der den anderen, die man nicht sehen konnte, etwas in seiner heldenhaften Art zu erklären schien. Eine Weile zögerte der Bucklige. Dann trat er nicht ein, sondern ging den Quai hinunter zu seiner Wohnung. Er war müde. Norinski war indessen zu Ende gekommen. Er trank mit einer verschwenderischen Pose seinen Kaffee aus – es hätte ein Giftbecher sein dürfen – und sagte groß: »Niemand von euch wird sagen, dass ich kein guter Tscheche bin. Und ich werde keine Gelegenheit unbenützt lassen, auch die elenden Deutschen vom Gegenteil zu überzeugen. Soll mir nur einmal einer kommen. Ich will dem Herrn den Kopf schon zurechtsetzen. Aber diese Geschichten dürft ihr nicht so aufbauschen. Das ist nichts. Das sind Kindereien, ihr könnt mir das glauben.« Damit erhob er sich, blieb sein Frühstück schuldig, verschenkte die großmütigen, dreiaktigen Händedrücke und begab sich hocherhobenen Hauptes hinüber in seine Garderobe. Die Zurückgebliebenen rückten intim zusammen, und Karás begann die verschiedenen ganz kurzen Zeitungsnotizen vorzulesen, welche sich auf den Vorfall bezogen. Alle sagten ungefähr das gleiche: die Polizei war durch die Anzeige eines Frauenzimmers einem Bunde junger Leute, Studenten und Handwerksgesellen, auf die Spur gekommen, welche in den Kellerräumlichkeiten eines Hauses der Hieronymusgasse geheime Zusammenkünfte abhielten, bei denen hochverräterische Reden die Tagesordnung bildeten. Interessant sei es, zu betonen, dass auch Mädchen an diesen Versammlungen teilgenommen haben sollen. Und deutsche Blätter freuten sich noch über die Zerstörung dieser schändlichen Verbrecherbrut und bedauerten nur, dass durch das trotzige Schweigen der in Gewahrsam gebrachten Genossen das geistige Oberhaupt dieser Verschwörung bis jetzt noch nicht in den Händen der öffentlichen Sicherheit sei, was aber, dank der trefflichen Übung und Scharfsichtigkeit der Schutzmannschaft, gewiss nicht allzu lang ausbleiben würde. Und endlich, fügten die deutschesten Zeitungen noch hinzu, erhofften sie, dass man an diesen jungen Verbrechern und Hochverrätern endlich das lang erwartete Exempel statuieren und mit rücksichtsloser Schärfe vorgehen würde. Das alles las man im ›National‹. Schileder war ehrlich entrüstet: er sprach etwas von dem Mut der jungen Leute und davon, dass sie nicht nur Worte machten, schöne Worte, sondern auch handeln wollten. Er konnte es nicht gut ausdrücken und schwieg verschüchtert, als er keine allzu lebhafte Beistimmung fand. Einen Augenblick nickten sie ja alle, die Freunde, und legten irgendein kleines Wörtchen, wie ein verschämtes Almosen, in die Hand der Gerechtigkeit. Aber schließlich, sie sahen sich alle um – man war so verlockend allein, und da konnte man ja so ein paar Geständnisse tun. Pátek verurteilte kurzweg diese Höhlenromantik, welche doch nicht mal mehr in den Romanen Berechtigung hätte, und der Lyriker Machál, der nur eine ganz unbestimmte Ahnung von dem Vorgefallenen hatte, gähnte und warf zwischen je zwei Gähnversuchen ein, dass die ganze Sache ihm brutal erscheine, furchtbar brutal. Karás, der mit jedem Tage sich kosmopolitischer fühlte, hielt eine längere Rede, während welcher sein ›Adamsapfel‹ wie ein zweifelgequälter Laubfrosch auf und nieder stieg. Sein Ende war, dass man nach außen hin, von wegen der Lage der Dinge, die Ansicht, dass diese jungen Leute nicht allein Märtyrer ihrer Idee, sondern die gefallenen Helden einer nationalen Sache seien, mit allen Mitteln aufrecht erhalten müsste, dass er selbst aber – hier – nicht umhin könne, derartige Unreifheiten, er sagte geradezu – Unreifheiten – halbwüchsiger Burschen zu verdammen. Man sei doch zu gebildet dazu, man wüsste doch schließlich, dass man seine Rechte durch große nationale Betätigungen im Leben und auf dem politischen Theater (ein Wort, welches Karás auch in seinen Feuilletons beständig gebrauchte) eher bewahren könne, als durch solche Ungehörigkeiten. Er hatte wohl noch ein paar geläufige Phrasen im Vorrat, aber er hörte plötzlich auf. Er wusste selbst nicht, warum. Die anderen schauten auf, und da stand Rezek vor ihnen. Der Student, in dessen blassem Gesicht die dunklen Augen brannten, übersah die Hände, die man ihm entgegenstreckte. Er hatte vielleicht die letzten Worte des Kritikers vernommen, aber er erwiderte nichts, setzte sich ruhig an seinen gewöhnlichen Platz und trank seinen Tschaj. Seine harten Hände zitterten leise. Man wagte nicht zu sprechen. Endlich hub

Pátek an, von einem neuen Buch zu reden, und die Künstler verloren sich ganz in diesen Erörterungen. Es handelte sich um Novellen im Stile Maupassant, welche ein junger Kollege erscheinen lassen wollte. Da waren noch einige Schwierigkeiten in der Geldfrage und in anderen Verlagssachen, und man beriet, ob man dem Autor zu Hilfe kommen sollte. Der mächtige Karás war nicht sehr geneigt dazu. Da rief Pátek entrüstet: »Aber ich bitte Sie, das ist eine nationale Sache!«

Rezek erhob sich mit einem eisigen Lächeln: »Seid ihr Tschechen?« fragte er.

Alle schwiegen und sahen sich verlegen an. Schileder war aufgestanden.

»Seid ihr Tschechen?« wiederholte der Student.

Karás beschwichtigte: »Was fällt Ihnen ein, Rezek? Provozieren Sie nicht.«

»Aber reif seid ihr? Was?« fuhr der fort. »Reif und fertig.«

»Er ist betrunken«, flüsterte Machal verächtlich.

Rezek ballte die Fäuste. Aber er hielt sich zurück: »Ich weiß ja, dass ihr gewohnt seid, gerechten Zorn für gemeine Trunkenheit zu halten. Ich weiß. Aber sagen will ich euch nur, das Volk ist *nicht* reif, und wenn ihr euch so fertig fühlt, so seid ihr seine Feinde, seid Verräter.«

»Ich bin Offizier«, sagte Pátek mit banger Stimme und trat vor.

Rezek hielt ihm die Faust vors Gesicht und ging, ohne ein Wort, an ihm vorüber aus dem Saal. –

Bohusch konnte die Frantischka nicht vor sechs oder sieben Uhr, wie er es in seinem Briefe bestimmt hatte, erwarten; gleichwohl fragte er seit drei Uhr, warum die Geliebte immer noch nicht käme, war gegen vier im Begriffe, sie abzuholen, und unterließ es ungern und zögernd aus Stolz oder sonst aus einem Grunde. Unruhig lief er, die Hände auf dem Rücken, in den kleinen Stuben umher, in welchen dichtgedrängter Urväterhausrat, wie man ihn allzu reichlich aus der Portierswohnung mitgenommen hatte, dieses Her und Hin ziemlich erschwerte, und blieb nur dann und wann bei dem Fenster stehen, an welchem eine kleine alte Frau saß und nähte.

»Mutter«, stieß er endlich gequält heraus, »du musst sie holen gehen!«

Die Alte nickte, hob die große runde Brille von den Augen und nickte. Sie dachte keinen Augenblick nach: natürlich, sie musste die Frantischka holen gehen. Und sie vertauschte die Haube mit dem Hut und zog einen gelben, guten Schal um die schiefen Schultern. »Du kannst ja sagen, du gingst gerade vorüber, du ... ach Gott – na, du gingst eben gerade vorüber. Nicht? Warum könntest du nicht zufällig dort vorübergehen? Es gehen sicher viele Menschen dort vorüber.« Bohusch lachte abgebrochen. »Na, so sag doch«, fuhr er in ungeduldigem Zorne auf, »ist das möglich?« Frau Bohusch nickte ganz verschüchtert: »Weißt du, ich will erst in die Kirche gehen, nebenan. Ich kann dann sagen, ich war in der Kirche ...« Sie zögerte noch. Der Bohusch dachte längst an andere Dinge. Er sah die alte Frau kaum mehr und erstaunte fast, als er bei seinem Auf- und Niederwandern vor ihr stand. Das gelbe Tuch war unerträglich grell in der Nachmittagssonne. Sie schauten sich eine Weile schweigend an, diese beiden kleinen, verkümmerten Menschen. Dann trippelte die Alte zur Tür und nickte und nickte. Plötzlich war der Bohusch bei ihr. »Maminko«, sagte er, und seine Stimme war wie die eines kranken Kindes. Und die alte, verängstigte Frau verstand. Sie wuchs, sie wurde reich, sie wurde Mutter. Durch dieses eine leise Wort wurde sie so. Alle Bangigkeit in ihr war Güte mit einemmal, und, die noch eben so unbeschützt und hilflos aussah, war mächtig, wie sie nun sachte die Arme ausbreitete, und dem Bohusch war es wie eine Heimkehr. Er schmiegte den großen schweren, wirren Kopf an ihre Brust, er schloss die heißen Augen, er ging unter in dieser unendlichen, tiefen Liebe. Er schwieg. Und da begann etwas in ihm zu weinen. Er hörte ganz genau, wie es anhub. Es musste ganz tief in ihm sein, so leise war es. Es tat auch nicht weh. Und da öffnete er neugierig die Augen; er musste sehen, wo das weinte. Und sieh: es weinte gar nicht in ihm; die Mutter war das. Da konnte der Bohusch die Lider nicht mehr schließen: Tränen warteten dahinter; viele Tränen. – Es war auf einmal so festlich in der Stube. Die Dinge um die beiden armen Menschen herum bekamen ein Glänzen, wie sie es nie besessen hatten, auch in ihren fürstlichen Tagen nicht. Jedes Kännchen, jedes Gläschen in der steifen Etagère hatte mit einemmal sein Licht und prahlte damit und wollte Sterne spielen. Da kann man sich denken, dass es sehr hell wurde in der Stube.

Dann schlug die Uhr, vorsichtig, als bedauerte sie, es tun zu müssen. Aber sie schlug doch fünfmal, und die Mutter ging.

»Wohin denn?« bangte der Bucklige.

»Ich muss die Frantischka holen.« Da fiel dem Bohusch alles wieder ein. Er zögerte und sagte dann fast traurig:

»Ja so, du musst die Frantischka holen.«

Das war der Abschied.

Als der Bohusch allein war, begann er wieder das nervöse und rastlose Schreiten. Da und dort, wie im Vorübergehen, stellte er etwas zurecht, fegte den Staub von der Tischplatte und verlor sich unversehens darin, seine Schriften und Bücher zu ordnen. Dabei war ihm ganz warm geworden. Und als er sein heißes Gesicht irgendwo in einem Spiegel fand, erstaunte er. Er trug, um die Schultern geschmiegt, das grelle gelbe Seidentuch der Mutter. Das war doch drollig. Er wollte lachen, vergaß aber darauf, und mit unwillkürlichen Bewegungen des Behagens vergrub er seinen Rücken noch mehr in die sanften Falten. Er fühlte sich müde und ließ sich in der guten Stube, schwer und breit, in die geblumten Kissen des steifen Kanapees fallen, welches mit dem ovalen Tisch gerade die Mitte des Raumes erfüllte. Er sann und sann. Das arme festliche Kanapee klagte unter ihm. Da sprang er auf, strich mit einer gewissen Zärtlichkeit die gehäkelten Schutzdeckchen glatt und blieb in einem der Stühle, welche zu Seiten standen. Sein Gesicht, welches manchmal knabenhaft sein konnte, alterte jetzt von Minute zu Minute unter dem Einfluss seines angestrengten Nachdenkens, es wurde geradezu zerfressen von den Falten, welche darüber hinkrochen und sich einbohrten wie Raupen in eine kranke Frucht. Wusste er denn auch alles, was er sagen würde? Eine unbestimmte Angst hing über ihm. Er fühlte sich so verlassen, schwindlig, wie einer, den man auf einem hohen Turm vergessen hat. Er tastete nach einem Halt. Und in der nächsten Weile bildete er sich ein, er störe auch die Ordnung, die festliche Ordnung des Zimmers, dadurch, dass er auf *diesem* Platz wartete Er erschrak über seine Vermessenheit. Er schlich immer weiter zurück und kauerte endlich auf einem hochbeinigen Stühlchen in der Ecke der Stube, nahe bei der Türe. Da kam Ruhe über ihn. Er dachte: So, nun ist es vorüber; ich habe ja alles schon gesagt, und er wusste doch, dass er nur geweint hatte, und das ist etwas anderes wie eine Rede, so ein Weinen. Dennoch beharrte er trotzig: Ich habe alles gesagt, die Mutter weiß alles – »und du auch« – ergänzte er laut und suchte die Augen der gelben Katze, welche ihm langsam und listig aus der anderen Ecke entgegenkam. Keine Kralle kreischte auf der braunen, glänzenden Diele. Lautlos kam das Tier näher, es wurde groß, es wurde größer, und als es so war, dass der Bohusch darüber hinfort gar nicht mehr in die stille, feierliche Stube schauen konnte, da schlief er. Und er hatte wohl Träume. Denn er sagte mit einer Stimme, die ferneher klang: »Das ist es, Rezek, bitte – das ist das Geheimnis: der Maler muss das Volk malen und ihm sagen: du bist schön.« Da fiel ihm der Kopf vornüber, und er zwang ihn nur mühsam wieder empor. »Der Dichter muss das Volk dichten und ihm sagen: du bist schön.« Er seufzte im Traume: »Schön sein ist es.« Dann begann ein Lächeln in seinen Mundwinkeln, ein gutes, frommes Lächeln, das wuchs über das Gesicht des Schlafenden und machte es wieder jung. Er hauchte noch: »Ich werde es nie verraten«, und dann wurde sein Traum so tief, dass kein Wort daraus mehr bis auf seine Lippen kam. Die Türe ging. Der Bucklige schlug aber die

Augen erst auf, als Rezek ihn rau am Halse packte und nahe kreischte: »Hast du geschwiegen?« Der Bohusch fühlte dieses Wort auf seiner Wange ganz heiß. Seine Hände wehrten krampfhaft ab, aber in seinen Augen war noch immer kein Verstehen. Sie lächelten noch. Sie lächelten den schrecklichen Rächer an, bis sie starben. Und dann glitt das gelbe Tuch über den armen Körper und deckte den Bohusch und sein Geheimnis zu. –

Die Geschwister

Mittags waren in dem alten Haus gegenüber der Malteserkirche – drei Treppen hoch – die neuen Mieter eingezogen, und bis zum Abend wusste man nur, dass sie ungewöhnlich große Möbel mitgebracht hatten, die in den engen Windungen der Wendeltreppe fast stecken geblieben wären. Und die alte, triefäugige Hökin, die nahe, unter den dunklen Steinlauben, saß, konnte sich kaum beruhigen in Erinnerung der riesigen Eichenschränke und beschwor die Nachbarn, ihr zu glauben, dass es »hochherrschaftliche« Schränke gewesen seien. Diese Versicherung bewirkte, dass eine ungewöhnliche Unruhe die vielen kleinen Parteien des bewussten Hauses in Atem hielt: jeden Augenblick kam aus irgendeiner der weißlackierten Türen, auf deren jeder um ein Blech- oder Glasschild herum sich ein paar schmutzige Visitenkarten drängten, ein unordentliches Frauenzimmer heraus, lauschte die Treppe aufwärts, und fuhr beschämt zusammen, wenn es da schon auf andere Horcher stieß, welche ebenfalls in Schrecken sich zurückziehen wollten, bis die gleichgesinnten Seelen einander erkannten und ihre hungernde Neugier durch dunkle Vermutungen nur noch mehr anreizten.

Plötzlich aber wurde die weibliche Bewohnerschaft aus dem engen Treppenhaus, welches wie eine Wirbelsäule durch das Gemäuer aufwuchs, nach den Hoffenstern hingezogen. Tief unten in dem röhrenförmigen Hofe, wie am Grunde eines Brunnens, begann ein Leierkasten schluchzend die Melodie aus dem ›Bettelstudent‹, und zugleich waren auch schon – man wusste nicht woher – ein paar Kinder dabei, welche um den alten Saufbold einen wilden und seltsamen Tanz aufführten. Die Töne aber kamen nach gequältem Ächzen wie ein Rülpsen aus den trockenen Orgelkehlen, schienen emporzuschnellen und wie unsichtbare Lassoleinen an den verschiedenen Hälsen zu ziehen, welche in ganz unglaublicher Länge aus allen Luken und Küchenfenstern herauswuchsen und als ein bizarrer architektonischer Schmuck die Kahlheit der Wände unterbrachen. Die Frauenzimmer, welche sich da von hüben und drüben begrüßten, sahen einander in der Dämmerung zum Verwechseln ähnlich; ihre Gesichter schienen alle, wie ein vorsichtiges Mimikry, die unbeschreibliche Missfarbe der Mauer angenommen zu haben, und auch in Bewegung und Stimme war eine so überraschende Einheitlichkeit zu bemerken, dass sie mehr als zugehörige Organe dieses Hauses, denn als freibewegliche Einzelwesen erscheinen mochten. Man könnte nun leicht glauben, dass die Aufmerksamkeit der vielen Köpfe dem erbärmlichen Leierkasten gehörte, – denn manche nickten sogar den Takt mit; in Wahrheit aber wuchsen alle Augen ganz sachte zu dem Küchenfenster des dritten Stockes, und manch leichtgläubiges Ohr glaubte dessen Riegel klirren zu hören. Allein die Drehorgel hatte sich mit einem Galopp, zu dem ein kleiner schwarzer Rattler die Begleitung heulte, erschöpft, der Spielmann brüllte seinen Dank und schlurfte mit schweren Schritten davon. Der helle Schwarm der Kinder zog wie eine Kette hinter ihm her, und mit einemmale fühlten alle die Stille und das Dunkel des dumpfen Hofes. Aber gerade in diesem eigentümlich lauschenden Augenblick ging das ersehnte Fenster fast unhörbar auf, und die alte Magd Rosalka neigte sich weit vor. Fast alle Köpfe tauchten unter, nur eine kecke, ungeduldige Stimme schrie: »Na, seid ihr schon fertig eingezogen?« Die Magd Rosalka nickte nur, und gerade, als der Leierkasten in einem nächsten Hause leise etwas sehr Wehmütiges begann, setzte sich die Alte wie ein großer, trauriger Vogel ins schwarze Fenster und ließ nachlässig, als wären es Kartoffelschalen, Stück für Stück die Lebensgeschichte ihrer Herrschaft in den horchenden Hof hinunterfallen. Und wenngleich jetzt niemand an den Fenstern zu sehen war, so ging doch keines von ihren breiten Worten den Mauern verloren, aus denen nur dann und wann eine ermunternde Frage aufstieg. Eine Stunde nachher, als sie bei den Maltesern Ave läuteten, kannte auch die alte Hökin unter den Steinlauben das ganze Schicksal der Försterswitwe Josephine Wanka und ihrer beiden Kinder und gab es ihren letzten, täglichen Kunden, dem Gerichtskanzlisten Jerabek und dem Lakaien Dvorak nebst den »hochherrschaftlichen« Schränken mit.

Aber vielleicht hätte es gar nicht der Generalbeichte der Alten gebraucht, um dem Durste der Frauenzimmer genugzutun. Denn die drei Menschen, die aus dem kleinen Krummau in die Hauptstadt übergesiedelt waren, trugen ihre Erinnerungen und Erlebnisse gleichsam über den Kleidern, so dass man nur anzustreifen brauchte, um ein Stück davonzutragen. Zum Teil lag dies wohl an dem Brauch der kleinen Stadt, drin sich jeder mit seiner Freude schmückt und sein Leid auch möglichst sichtbar mitträgt; wer so unklug ist, da nicht mitzutun, dem wird beides aus dem heimlichen Versteck von den unbarmherzigen Händen der Nachbarn herausgezerrt, und er mag sehen, ob er in dem von Hass und Hohn entstellten Gerücht seine leise Freude oder seinen stillen Kummer wiedererkennt. Bei der Familie Wanka mochte aber diese Freimütigkeit zunächst darin ihren Grund haben, dass das jüngste und folgenreichste Ereignis ihres Lebens immer noch – obwohl ein Jahr seither vergangen war – über ihnen lag. Besonders bei den Frauenzimmern merkte man noch die Spuren des Schicksals, gleichsam die Abdrücke seiner brutalen Griffe in ihren Gesichtern, und man hörte die Angst, welche immer irgendwo im Hintergrunde ihrer Stimme wartete, und sich plötzlich ohne Grund über alle Worte auszubreiten. Nur der etwa zwanzigjährige Sohn, Zdenko, hatte etwas Ernstes und Verschlossenes in seinem strengen Gesicht, das ihn schnell aller Sympathien beraubte; der Umstand allein, dass er – so hörte man schon in den ersten Tagen – Student der Medizin sei, verursachte, dass man ihm an Stelle der Zuneigung eine gewisse trotzige Achtung schenkte, die er jedoch nicht zu bemerken oder abzulehnen schien. Aber wenn die Frauen in ihrem Wesen sich auch fortwährend verrieten, behielten sie gleichviel etwas Kühles den dienstwilligen Hausgenossen gegenüber, und seit jenem ersten Tag waren Wochen vergangen, ohne dass eine von den Nachbarinnen die Stuben der Frau Försterswitwe betreten hätte. Dieses war, dank seiner schweren Erreichbarkeit, nach und nach zu einem von allen im Wetteifer angestrebten Ziele geworden, und man scheute keine List und kam bis in die späten Abendstunden, von Wankas einen Zuckermörser oder einen Korkzieher, den man merkwürdig oft verlegte, oder endlich den Bodenschlüssel entleihen, Dinge, welche man meistens davontrug, nebst dem Ärger, nicht über die Schwelle des Wohnzimmers gesehen zu haben.

Diese hoffnungslose Hartnäckigkeit stand in keinem Verhältnis zu den ursprünglichen Geständnissen der alten Magd, und es war begreiflich, dass man von ihrem Entgegenkommen alles Weitere erwartete; doch auch sie schien schweigsamer und misstrauisch zu werden und begann, wenn man sie bedrängte, immer wieder die eine Geschichte zu erzählen, welche längst alle kannten: von dem Märzmorgen, an dem die Holzknechte den Revierförster Joachim Wanka, von Wilddieben erschossen, aus dem Walde heimgebracht hatten. Und dass sein Gesicht voll erstarrten Zornes war und dunkel, gleichsam ganz im Schatten der buschigen Brauen, dalag, und wie seine Fäuste sich nicht mehr lösten, auch in den vielen Tränen nicht, so dass der Förster wohl seine liebe Not haben würde – einmal am Jüngsten Tage zu tun, als sei er die ganze Zeit mit fromm gefalteten Händen dagelegen. Dann bekreuzte sich die Alte mit gewohnheitsmäßigem Ungefähr und versicherte zum Überfluss, sie habe aus Träumen und Zeichen längstbevor das ganze Unheil gewusst und auch daraus, dass der Herr Julius Cäsar im Krummauer Schloss wieder umgegangen sei und es dem Kastellan geschah, dass in einem Armstuhl der Kaiser Rudolf ihm gegenübersaß und, den Kopf in die Hand gesenkt, über das nächtliche Moldautal fort in die Sterne sah.

Wer solches nicht glauben mochte, den pflegte die alte Rosalka kurzweg zu verachten; denn sie hielt das für einen Mangel von Bildung und Erfahrung und für eine von den vielen üblen Folgen jener Kultur, die »in der Großstadt« immer mächtigere Fortschritte macht. Sie konnte dann auch nicht umhin, am Abend, wenn Frau Wanka mit ihrem Sohn gar ernste und bedachtsame Gespräche zu führen schien, die Tochter Luisa, welche so ganz überflüssig mit großen, verlorenen Augen dabeisaß, heimlich in die Küche hinauszuwinken und sie vor dem sündigen Munde der Ketzer zu warnen, welche vor nichts mehr Scheu hätten – vor keinem Kirchhof und vor keiner Mitternacht, ja, nicht einmal vor beiden zusammen. Und da war über ein Kurzes jene Stimmung heraufbeschworen, in der die Alte sich zu Hause fühlte: die Dinge rundum, vom steifen Küchenschrank bis zu dem plumpen Waschtrog, welche eben noch so nüchtern dagestanden hatten, begannen mit einemmale lauschend zu werden, und es war, als rückten sie, um kein Wort Rosalkas zu verlieren, näher und näher an die beiden Frauen heran, Geräusche erwachten wie von Schritten, und ohne Grund lachte eine von den alten Blechpfannen: »plink!« Dann hielt die Magd ein, und mit klopfendem Herzen verfolgten beide den silbernen Ton, und ihnen geschah, dass eine unsichtbare Uhr irgendeine bedeutsame Stunde geschlagen hätte.

Und manchmal ging die alte Küchenlampe, wie im Einverständnis mit Rosalka, gerade während dieses Hinhorchens aus, und die satte Dämmerung wurde schwer und schwül von tausend taumelnden Möglichkeiten. Luisa, welche immer ganz stumm in einer Ecke saß, wurde kleiner und kleiner diesen Mächten gegenüber; sie schien sich aufzulösen und nichts zurückzulassen als zwei ängstliche große Augen, welche den Spukgestalten mit einem gewissen gläubigen Vertrauen nachgingen. Es war dann wie in dem großen Maskensaal des Krummauer Schlosses, dessen Wände bis hoch zur gewölbten hallenden Decke hinauf mit lebensgroßen Gestalten bemalt sind. Ein französischer Maler soll vor vielen hundert Jahren diese Karnevalsgruppen so geschickt, in so reichem und überraschendem Wechsel komponiert haben, dass man – selbst am lichten Tage – hinter jeder Figur immer noch neue, phantastisch verkleidete Gäste auftauchen sieht. In Krummau aber weiß man ganz bestimmt, dass solches nicht an dem Verdienste des Malers, sondern an dem seltsamen Umstand liegt, dass die Ritter und Damen zu einer gewissen Stunde zu erwachen beginnen, um das Schauspiel jener einen fernen Nacht zu wiederholen. Aus den Wänden steigend, erfüllen sie den Saal mit ihrem schimmernden Gewimmel. Bis die riesigen Grenadiere an der Saaltüre die Hellebarden hart auf den Boden stoßen: da ordnen sich die Reihen. Ein Donner rollt über sie hin. Mit seinem wilden, schwarzen Sechsgespann ist Prinz Julius Cäsar, des zweiten Rudolf heimlicher Sohn, an der ragenden Rampe vorgefahren, und kaum einen Atemzug später steht er, schwarz und schlank, mitten unter den Gästen, die sich tief, tief verneigen, wie eine Zypresse im wehenden Ährenfeld. Dann mischt die Musik die Menge, eine fremde Musik, welche bei dem Aneinanderstreifen der kostbaren Kleider zu entstehen scheint und, wachsend, sich breit und brausend aus den Massen erhebt, wie die Melodie eines Meeres. Und da und dort teilt der Prinz mit einem Wink die glänzenden Wellen, verschwindet in ihnen, steigt an der anderen Ecke stolz aus ihnen empor, lässt sein leuchtendes Lächeln wie einen Sonnenblitz über sie hingleiten und schleudert ein helles, übermütiges Wort, gleich einem köstlichen Ring, nach dem alles hascht, mitten ins Gewoge hinein. Und unter dem wilderen und wühlenden Hin und Wider wächst die heimliche Lust. An eines silbernen Ritters Seite erkennt der Prinz ein blasses, blaues Fräulein und fühlt zugleich: die Liebe zu ihr, den Hass für ihren Begleiter. Und beides in ihm ist rot und rasch. Und er hat den silbernen Ritter wohl zum König gemacht; denn dem fließt über den blanken Panzer ein Purpur nieder, immer breiter und blutender, bis er stumm zusammenbricht unter der Last des fürstlichen Mantels: »Es geht manchem König so«, lacht ihm der Prinz in die sterbenden Augen. Da erstarren die festlichen Gestalten vor Grauen und blassen langsam und bang in die verlöschenden Wände zurück, und wie ein fahles Felsland steigt der verlassene Saal aus den letzten leuchtenden Wellen. Nur Julius Cäsar bleibt zurück, und das gierige Glühn seiner heißen Augen versengt dem blassen Fräulein die Sinne. Aber wie er sie greifen will, entreißt sie sich seinen zwingenden Blicken und flüchtet in den schwarzen, hallenden Saal; ihr leichtes, blaues Seidenkleid bleibt, zerfetzt, wie ein Stück Mondlicht in den wilden Fingern des Prinzen, und er windet es sich um den Hals und würgt sich damit. Dann tastet er ihr nach in die Nacht hinein und jubelt plötzlich auf. Er hört, sie hat die kleine Tapetentür entdeckt, und er weiß: nun ist sie sein; denn von da gibt es nur einen Weg: die schmale Turmtreppe, die in das kleine duftende Rundgemach mündet – hoch im Moldauturme. Und mit übermütiger Hast ist er hinter ihr, immer hinter ihr, und er vernimmt nicht ihren verscheuchten Schritt, aber wie einen Glanz sieht er sie bei jeder Wendung der Treppe vor sich her. Da fasst er sie wieder, und jetzt hält er das zarte, angstwarme Hemdchen in der Hand, nur das Hemdchen, und seinen Lippen und Wangen ist es kühl. Es schwindelt ihn, und wie er seine Beute küsst, lehnt er zögernd an der Wand. Dann mit drei, vier Tigersprüngen taucht er hinauf in die Tür des Turmgemachs und – erstarrt: hoch vor der Nacht ragt, nackt, der reine weiße Leib, wie vom Fensterrande aufgeblüht. Und reglos sind sie beide. Aber dann, eh er's noch denkt, heben sich zwei helle, kinderzarte Arme in die Sterne hinein, als wollten sie Flügel werden, es verlischt etwas vor ihm, und vor dem hohen Fensterbogen ist nichts mehr als hohle heulende Nacht und ein Schrei .... – – – – – – – –

»Und du bist wirklich achtzehn?« sagte Zdenko und neigte sich über sein erschrockenes, weinendes Schwesterchen, welches, ganz klein und scheu, in dem Winkel der Küche kaum zu finden war. »So kommen dir deine alten Gespenster auch her, nach Prag, nach? Oder hat Rosalka sie in ihren Töpfen und Pfannen mitgebracht?« Die alte Magd wandte sich grollend ab. »Ja«, zögerte Luisa, »ja«, und atmete stockend auf, »zuerst, wie wir herkamen, hab ich gedacht, ich bin sie los. Wie ich die hellen Häuser gesehen habe und die breiten Gassen, da war mir ganz frei und fröhlich; hier aber auf der Kleinseite ist es fast noch schlimmer als bei uns. Nicht?« Und langsam schaute sich das Mädchen um. Zdenko aber zog sie hinter sich her in die helle Wohnstube. »Natürlich, wie ich's gesagt habe«, rief er seiner Mutter entgegen, – »während wir hier reden, ist sie schon wieder bei der alten Hexe draußen und ganz aufgeregt von dem ewigen Unsinn.« Frau Josephine schüttelte leise den Kopf mit den breiten, grauen Scheiteln und sagte: »Wann wirst du denn mal vernünftig werden, Kind?« Sie nähte ruhig fort an weißen Leinenstücken, und in dem Korb neben ihr wartete noch viel Arbeit. Doch nach einer Weile legte die Witwe die zerstochenen Finger in den Schoß und sah der Tochter ins Gesicht. Luisa hatte, von der hellen Lampe geblendet, die Augen geschlossen, und in ihrem zarten blassen Gesichtchen war eine so deutliche Angst zurückgeblieben, dass die Mutter erschrak. Es fiel ihr mit einemmale auf, wie schwach und schmächtig das Mädchen war, und ob sie überhaupt Kraft genug haben würde, im Leben einmal ganz ohne Halt und Hilfe aufrecht zu bleiben. Die gütigen, blassblauen Augen der Mutter trübten sich in Tränen, es konnte aber auch von der Anstrengung sein; denn das Weißnähen ist eine mühselige Arbeit, und die Lider der Frau Wanka waren stets ein wenig gerötet davon. Luisa, die den Blick gefühlt haben musste, ging nach einer Weile daran, der Mutter zu helfen. So waren beide Frauen über das Linnen gebeugt, und die Hängelampe beleuchtete grell den grauen und den blonden Scheitel. Jetzt sagte Zdenko: »Ich weiß nicht, ich bilde mir immer ein, die Luisa ist so klein geblieben vor lauter Ehrfurcht. Wirklich. Es kann so sein. Wenn einer immer, von ganz klein auf, lauter so große Dinge sieht wie sie, – denkt euch nur das Schloss auf dem steilen Felsen, diese hohen Höfe, die großen Kanonen auf den Schanzen, und endlich in den Sälen –

Stühle und Bilder und Vasen – alles wie für Riesen gemacht – dann wächst er diesen Dingen entweder nach ...« (Frau Wanka sah ihrem Sohn lächelnd ins Gesicht und nähte dann eifrig weiter) »oder – er verliert überhaupt allen Mut, ihnen nachzuwachsen. Denn er muss sich denken: so groß werd ich ja doch nie. Und vor lauter Schauen und Staunen vergehen die Tage, und man vergisst auf sich selbst und darauf, dass diese Dinge doch eigentlich nur ein Beispiel sind. Glaubst du nicht, Luisa?«

»Vielleicht«, nickte die Schwester und unterbrach nicht ihre Arbeit.

»Ich hab's ja auch mal empfunden, dass einen das drücken kann – als Bub.« Zdenko sah über die Frauen fort ins Unbestimmte. »Aber dann kommt einmal der Ruck, da man sich vor alledem auf die Fußspitzen stellt, statt davor hinzuknien, und hat man das erst einmal weg, dann ist's nicht mehr lange bis zum Drüberhinsehen. Und glaubt mir, das macht alles aus. Nur immer alles überschauen. Der zu höchst steht, ist immer der Herr. Ich hab es immer schon ganz deutlich geahnt, was unsere Zeit so verworren macht und so unsicher; aber jetzt, seit ich hier in der Stadt bin und viele Menschen sehe – weiß ich's: dass keiner drüber steht. Ihr sagt mir, das ist falsch: über der Stadt ist der Bürgermeister und über ihm der Statthalter, und der muss wieder zum König ein gut Stück hinaufsehen und der König zum Kaiser und dieser zum Papst. Der Papst aber reicht trotz seiner dreimalhohen Krone immer noch nicht bis zum lieben Gott hinauf, meint ihr. Ich denke, das kommt davon, dass man das Ding meistens vom verkehrten Ende ansieht. Mir scheint, ganz tief unten ist der liebe Gott und ein wenig über ihm der Papst und so fort. Oben aber ist das Volk. Das Volk aber ist ja nicht eines, das sind viele; sie stoßen und schieben einander, und es verstellt einer dem anderen die Sonne. Da mein' ich halt immer, – irgendeinen müssten sie von Zeit zu Zeit in die Höhe heben, nicht zu hoch (er könnte leicht hinunterfallen bis dorthin, wo der König ist oder der Kaiser), aber doch so, dass er ihre starken und treuen Schultern unter sich fühlt und mit ruhigem Bedacht eine Weile lang hinschauen kann über ihre Köpfe. Wenn er dann wieder unter ihnen steht, wird er wie aus der Heimat zurückgekehrt sein und seinen Brüdern sagen können, wo die Sonne aufgeht und wie lang es noch währen mag bis dahin – und so manches mehr. So aber ...« Zdenko verdeckte seine Augen mit der Hand.

Dann erhob er sich heftig: »Mna, lasst jetzt die Plackerei und geht schlafen; es ist spät. Die Lampe wird auch gleich verlöschen.« Seine Stimme war rau. Er bemerkte erst jetzt, dass Luisa nicht mehr über das Weißzeug geneigt dasaß; ihre Augen brannten ihm entgegen, groß und leuchtend wie nie. Und seltsam, er sah sich in diesen Augen und richtete sich stolz und stark auf wie vor einem Spiegel.

Seine Mutter aber nähte immerzu mit rüstigem, rastlosem Mühen, und Zdenko hatte ganz plötzlich das Bedürfnis, zu ihr hinzutreten und ihr die Hände zu küssen.

* * *

Es war nicht Misstrauen, welches die Magd Rosalka still und schweigsam gemacht hatte den Hausgenossen gegenüber. Alten Leuten ergeht es oft so, wenn sie, aus der gewohnten Kleinhäuslichkeit ihrer Provinzstadt vertrieben, sich in einem neuen Orte zurechtfinden sollen; sie können sich den größeren Maßstäben nicht anpassen und sind wie aus einer engen Stube in einen hallenden Saal versetzt, drin ihre heimlichsten Worte wie von unsichtbaren Chören laut nachgesprochen werden, während ihre vielen heftigen Gesten sich in der Weite dieses teilnahmslosen Raumes zu verlieren scheinen. Im Anfang gefällt ihnen das der Neuheit wegen, aber bald fühlen sie es wie eine Anstrengung, die, ohne genügenden Lohn, entmutigend wirkt, und lassen von einem Morgen an die Hände im Schoß und die Worte auf der Zunge liegen. Es kommt nämlich noch dazu, dass die Leute auf dem Lande um ein Tüchtiges bescheidener sind. Da genügt es, einmal ein recht ansehnliches Unglück gehabt zu haben, um für alle Zeit, bis zum letzten gottseligen Tage, das achtungsvolle Bedauern der Bekannten wie eine lebenslängliche Rente zu beziehen. Aber »in der Großstadt« sollte man ja – grollte die Alte – um halbwegs obenauf zu bleiben, mindestens wöchentlich einmal einen Vater verlieren und alle drei Wochen von der Treppe oder aus dem Fenster fallen. Sie gedachte mit betrübten Augen ihrer »Stellung« in Krummau und konnte es ihrer Herrschaft nicht verzeihen, dass sie, um dem Zdenko die Universität zu ermöglichen, nach Prag übergesiedelt wäre. Sie gönnte es der Frau Förster, dass sie nun selbst ein paar Mal in der Woche in »Häuser« gehen musste, um durch Weißnäharbeit zu ihrer kleinen Pension und dem fürstlich Schwarzenbergschen Gnadengehalt das hinzuzuverdienen, was der neue Haushalt und die Heranbildung des Sohnes verlangte. Sie wusste auch, dass Frau Wanka dem Zdenko jedes Opfer bringen würde und den dunkeln Wunsch hatte, in ihm einen »studierten Doktor« zu sehen, welches für Rosalka als das ungebührliche Streben einer zügellosen Hoffart, um derentwillen man sich dreimal bekreuzen musste, erschien.

Anders fasste man dieses Trachten der Witwe in dem Hause der Frau Oberst a. D. Meering von Meerhelm auf, wo die Försterin jede Woche einmal, und zwar am Montag, dem Wäschetag, die Putzwäsche ausbesserte. Frau Charlotte Meering lobte nämlich den Eifer der Mutter und tadelte dabei nur, dass Zdenko Wanka die böhmische statt der deutschen Universität bezogen hätte. Dieser einleuchtende Missgriff war Schuld, dass man ihn nie zu sich bitten konnte. Vergebens versicherte die Witwe, dass das ganz im Sinne ihres armen seligen Mannes geschehen sei, der ein guter Tscheche gewesen wäre; die Oberstin lächelte nur vornehm und konnte, wie sie sich ihrem Gemahl gegenüber ausdrückte, »die Beschränktheit dieser Leute nicht verstehen«. Dafür durfte Luisa die Mutter manchmal abholen kommen und, wenn sie versprach, nur deutsch zu sprechen, zehn Minuten mit den Meeringschen Kindern, einem fünfzehnjährigen Rangen und der etwan drei Jahre jüngeren Lizzie, »spielen«. Der Erfolg war freilich immer ein entgegengesetzter, d. h. die beiden Geschwister stürzten sich auf das scheue und ängstliche Mädchen und begannen es, wie irgendein Ding, zu schieben und zu stoßen, bis Frau von Meering meist gerade in dem Augenblick in die Tür der Kinderstube trat, da Luisa, an einen Schrank gebunden, ein weißes Opfer darstellte, während ihre Sprösslinge sie mit wildem Siegesgeheule, nach Indianersitte, umsprangen. Da war es nun nicht erstaunlich, dass Luisa sich diesen Besuchen keineswegs entgegenfreute und dankbar war, wenn die Mutter ihr verstattete, sie im Flur oder in der Straße zu erwarten. Manchmal kam dann gerade der Herr Obrist an ihr vorbei nach Hause und blieb, da er die Schrecken des Wäschetags vermeiden wollte, noch einen Augenblick vor dem Mädchen stehen. Der kleine, etwas dickliche Herr, der einen großen Ehrbegriff inwendig und einen großen Orden auf der Außenseite seiner Brust trug, blies mit einiger Behaglichkeit seinen Schnurrbart auf und leitete das kurze Gespräch immer so ein: »Warten auf den Herrn Bräutigam, gnädiges Fräulein?« Darauf wurde Luisa jedes Mal so rot, als die schlechte Beleuchtung der Gasse es notwendig machte. Der alte Herr freute sich daran und erkannte von einem Mal zum nächsten immer deutlicher die Köstlichkeit seines Witzes, den er beim Abendessen, natürlich nachdem die Kinder zu Bette waren, gerne seiner Lotti wiederholte. Sonst wusste er ohnehin nicht viel zu erzählen. Denn es lag etwas Versonnenes in seinem Wesen, welches man auch durch dieses Beispiel beleuchten kann. So hat er mehr als fünf Jahre darüber nachgedacht, was der Wink, den man ihm zeitweilig von »oben« gab, bedeuten mochte. Verstanden hat er ihn freilich erst viel später, als das rastlose Winken höheren Orts schon eine Art von Sturm hervorgerufen hatte, welcher endlich den Herrn Obristen von dem gefährlichen Gipfel eines Regimentskommandos sachte in das beschauliche Tal des Ruhestandes herunterwehte, in dem er sich nun – nach wie vor sinnend – erging. Er war ein Mann, der die Tiefen des Lebens nach den schauerlichen Abgründen alter Kalendergeschichten bemaß und sich oft verwunderte, wie hoch er, allen Fährlichkeiten zum Trotz, auf der irdischen Rangleiter emporgekommen war. Seine gerechte Gesinnung teilte aber nicht nur ihm selbst rückhaltlose Anerkennung zu, er wusste jeden nach Wert und Würden zu behandeln. Seit er erfahren hatte, dass der verstorbene Wanka fürstlicher Förster gewesen war und dass auch Frau Josephine dann und wann im Schlosse Frauenberg die Kammerfrau vertreten musste, sah er die Witwe gerne in seinem Hause und fühlte einen Hauch indirekter Fürstenhuld von dieser Familie ausgehen.

Wenn Frau Wanka an diesen Montagabenden endlich mit müden Augen aus dem Tor des Meeringschen Hauses trat, küsste sie die Tochter, und die beiden Frauen gingen, meist ohne ein Wort zu tauschen, durch die lebhaften Gassen der Neustadt der steinernen Brücke zu. Erst wenn sie aus der lauten Brückengasse in die schmalen, kaum beleuchteten Zweiggässchen eingelenkt waren, löste sich ihre Stimme, und sie begannen leise und langsam von Zdenko zu reden, wie zwei Spieluhren, die zaghafte Lieder träumen mitten in der Nacht. Über ihren Gesprächen war eine treue, rührende Zärtlichkeit, die um so inniger klang, als sie niemals in die Worte herunterstieg, aber die Frauen ganz erfüllte, ihre Bewegungen verschönte und ihr Lächeln leuchtender machte. Seit jenem Abend, da Luisas Augen sich so seltsam entzündet hatten an den heißen Worten des Bruders, war er für sie ein anderer geworden, ein Mächtiger; und wenngleich die Liebe, die Frau Wanka ihrem Sohne bewahrte, tieferen Quellen entsprang, so verstanden Mutter und Tochter einander doch in dieser lauschenden und leisen Sprache und sagten einander darin mit vielen Worten etwa dieses: er ist ein anderer geworden.

Sie hatten recht damit. Eine freudige Erregung war über den jungen Menschen gekommen. Die Freundschaft mit dem Wald und die rüstige Ruhe seines Vaterhauses hatten ihn beschenkt, immer und immer wieder, und was man dafür von ihm wollte, war so lächerlich gering gewesen. Wenn er die Jahre vor des Vaters Tode überdachte, war er jetzt geneigt, zu glauben, er hätte eigentlich nur einen einzigen Tag gekannt, der, zufrieden und satt, hinter jeder Nacht immer wieder hervorkam – bis zu dem ersten schweren Schmerz: dem gewaltsamen Tode des teuren Vaters. Hinter dem lag etwas Lebloses und Leeres, das wie ein Ausruhen war oder wie ein Vergessen. Aber mitten drin – so empfand er das – war dann eine Türe, ein Tor irgendwo aufgegangen, und nun stürmten sie herein, lauter junge und bunte Tage, die ihm in ungeduldigem Heischen die Hände hinhielten. Was war er ihnen dankbar für ihr Begehren! Wie ein Heimgekehrter stand er da, der Gaben austeilt nach allen Seiten, und die Dinge sind weither, und jeder der Beschenkten weiß sie zu verwenden. Wanka hatte das Gefühl, dass die ganze Welt aus seiner Tasche lebte, und es sollte ihr nicht schlecht gehen dabei. Er war immer in einem Kreise junger Leute zu finden, denen er ernste und lose Einfälle in buntem Durcheinander hinwarf, und sie fanden alle genug darin, um ihre Tage damit zu füllen und ihre Nächte. Er bemerkte nicht das Ziellose in diesen jungen Köpfen; denn er hatte selbst kein Ziel, weil er tausend hatte und heute dieses, morgen jenes zu greifen vermeinte. Diese Art zu leben brachte ihn mit einer großen Menge Menschen in Berührung, und allen gab er sich mit derselben Treue hin, und wenn er sich einmal wieder recht an einem eigenen neuen Gedanken begeistert hatte, so glaubte er es den Menschen danken zu müssen, welche ihn misstrauisch umstanden. Nach und nach wurde er stiller, hörte nun auch die Gegenreden aufmerksam an und fand, dass er eigentlich nicht imstande war, ihnen zu antworten. Langsam begann er einzusehen, dass alle seine Begeisterungen Bruchstücke eines großen Monologes waren, und dieses Erkennen ernüchterte und vereinsamte ihn sehr.

Nächtelang saß er jetzt schweigend an dem Stammtisch des Nationalcafés, an welchem Männer verkehrten, die älter und ernster waren als er und von denen er glaubte, dass sie an der Spitze des Volkes stünden. Es waren Dichter und Maler, Schauspieler und Studenten. Sie hatten alle etwas in ihrem Gehaben, was ihn früher stark abgestoßen hatte, allein er suchte sich daran zu gewöhnen. Nach dem Theater fanden sie sich müde und mürrisch zusammen, und wenn sie sich begrüßten, lächelten sie einander mitleidig zu. In ihren Kleidern war entweder etwas übertrieben Vornehmes oder eine grobe Vernachlässigung zu bemerken, und man konnte auf den ersten Blick schwer erkennen, was sie vereinte. Erst einige Gläser Tschaj oder Budweiser Bieres machten begreiflich, dass die Ähnlichkeit in den großen Worten liege, welche immer zahlreicher und ungestümer von ihren Lippen kamen, je später es wurde. Ein Unterschied blieb allerdings noch darin bestehen, dass die in den modernen Kleidern ihre Worte gleichsam nur vor sich auf den Tisch legten mit der Warnung: nicht anrühren, während die anderen sie einfach in die Luft warfen, gleichviel wen sie treffen mochten. Da hörte nun Wanka die Angelegenheiten der »Nation« verhandeln, er erfuhr zum ersten Mal von ihrer Bedrängnis und Not, von ihrer stillen und innigen Sehnsucht. Eine Beschämung überfiel ihn plötzlich wie einen Lachenden, der erfährt, dass ein Toter im Hause sei, und er dachte darüber nach, wie es denn geschehen konnte, dass er von all diesem Drückenden gar nichts gemerkt hatte alle Jahre lang. Er dürstete, recht viel davon zu erfahren, aber wenn er sich den Männern wieder zuwandte, entdeckte er, dass sie ganz in demselben Tone längst von anderen Dingen sprachen, von der Kunst und ähnlichem. Und er sah mit einemmale, dass ihre Begeisterung nichts als Heftigkeit war, und dass sie nichts Gemeinsames besaßen als ihre Einbildung. Da zog er sich von ihnen zurück. Er blieb wieder die Abende zu Hause, widmete sich mit mehr Fleiß seinen Studien an der Universität und bildete sich eine Zeitlang ein, es sei alles wie vordem. Bis ihm an solch einem Abend, wie damals, als er Luisa bei ihren Gespenstern in der Küche fand, ganz von ungefähr sein innerstes Nachsinnen zu Worten wurde. Seither wusste er auch, dass er den Leuten auf der Gasse anders in die Augen sah, bemüht, in ihren Mienen die Spuren jenes Leidens zu finden, von dem sein Volk heimgesucht sein sollte. Da und dort glaubte er jetzt wirklich eine gedrückte, geknechtete Gestalt zu bemerken, allein, wenn er näher zusah, erkannte er enttäuscht, dass es nur die Last der Armut war oder des Elends, welche auf den fremden Schultern lag, nicht das Joch der Knechtschaft. Und doch ließ es ihm nicht Ruhe. Er fühlte immer noch Kräfte in sich und fragte bei jedem Tage an, ob sein Volk ihrer bedürfe. Er wurde immer ratloser und unzufriedener, hielt es weder im Lehrsaal noch in der Wohnstube aus, wo Luisa saß und ihn mit großen, fragenden Augen erwartete. So machte er weite Spaziergänge.

Einmal im Frühling war er den Podskal entlang gegangen, tief in Sinnen, und als er aufblickte, ragte auf teilweise abgegrabenem Terrain ein graues, einförmiges Gebäude vor ihm auf, dessen Fenster ihm leer, wie ausgebrannt, entgegenstarrten. Wanka hielt es für eine einstige Kaserne, welche nun der Demolierung preisgegeben war, und trat, da der Platz nicht weiter abgeschlossen schien, durch eines der gähnenden Tore ein. Die Höfe waren mit Türrahmen und Türen, Brettern und allerlei altem Gerümpel angefüllt, und diese Dinge sahen ganz unglaublich traurig aus in dem glanzlosen, langsam verlöschenden Licht des späten Nachmittags. Der Student wandte sich ab und, von irgend einem Gefühl bestimmt, stieg er die ausgetretenen Holztreppen hinauf und ging weite weiße Gänge entlang und durch viele geweißte Räume hin, deren Decken niedrig, deren Dielen zum Teil aufgerissen waren. Und dann schritt er noch eine Treppe hinan und stand wieder in einem Gang, dessen Schlusswand schon halb eingerissen war, so dass der Wind breit hereinkonnte, aus dem grauen Tag. Er riss Strohhalme von den Sparren der Decke los und trieb sie, wie Pfeile, dem Fremden entgegen. Wanka trat gleich in eine der nächsten Türen ein und fand sich in einer engen, kaum drei Schritte breiten und nicht viel längeren Zelle, die ganz gleichmäßig erfüllt war mit dem spärlichen Licht, das durch eine vergitterte Öffnung, nahe der Decke, hereinfloss. Die weißgrauen Wände waren mit vielen Ritzen wie mit einem seltsamen, wirren Muster bedeckt, und erst nach einem Augenblick erkannte der Student, dass dieses Muster sich in Worte und in Bilder löste; Gebetsworte und Flüche, Namen und Orte las er, und alles hineingeritzt in wilde, grinsende Fratzen, merkwürdig verschmolzen mit den Linien ihrer Nasen und Augen, mehr wie beredte Falten und Runzeln, als wie Schriftzüge. Und ein Gesicht wuchs hinter dem anderen hervor, bleich und bebend, wie ein Haufe Volkes drängte ihm die immer mehr erwachende Wand entgegen, allen voran ein drohender, zorniger Mann mit hohlen Augen. Und quer über seine Stirne stand: »Jesus Maria.«

Da hörte Wanka, wie jemand seinen Namen sagte, und in unbeschreiblichem Grauen wandte er sich, als ob er flüchten wollte, und stieß heftig auf Rezek, den blassen Studenten, der mit eigentümlichem und eingeweihtem Lächeln sagte: »Das waren auch Künstler, diese hier. Nicht?«

Wanka erkannte den Studenten und sah ihn verständnislos an.

»Nun ich meine, jeder in seiner Art«, lächelte der noch. Dann fügte er ernst hinzu: »Glauben Sie mir, dass mir diese Bilder hier näher gehen, als das was unsre Maler malen und unsre Dichter zusammenreimen.

Wissen Sie, was das hier ist? Volkslieder. Nicht vor tausend Jahren entstanden und nicht unverständlich nach zehntausend Jahren. Gedichte in einer ewigen Sprache. Man sollte diese Wände ebenso sorgsam ausnehmen, wie die Hieroglyphenmauern in den Pyramiden. Man sollte sie in die Kirchen hängen; denn sie sind heilig. Sehn Sie hier«, und er legte den schmalen harten Finger auf eine Zeichnung, welche mit ungelenken Strichen ein kleines Haus darstellte; »das hat die Sehnsucht gemacht, und der Glaube hat ein Gebet drunter geschrieben und die Verzweiflung einen Fluch, und der Hohn hat mit wunden, blutenden Nägeln um alles das herum eine Fratze gezeichnet, in der das liebe kleine Haus aussieht wie ein gieriges, weitgeöffnetes Maul. – Haben Sie jemals ein furchtbareres Gemälde gesehen?«

»Kommen Sie«, sagte Wanka, von plötzlicher Furcht erfasst.

Rezek folgte. »Ich komme oft her«, sagte er. »Es geht so langsam mit dem Niederreißen. Ich lese in diesen Wänden wie im Buche der Offenbarung. Auf viele Fragen habe ich da Antwort gefunden.«

Sie schwiegen. »Freilich«, fügte Rezek an, als sie aus dem Tor traten, »die Antwort ist schließlich wieder eine Frage. Aber nur eine, immer dieselbe, und das ist nicht so schrecklich wie die vielen.« –

»Was ist das eigentlich für ein Haus?« fragte Wanka jetzt und wandte sich zurück zu dem verlassenen Bau, der schwarz und groß mit seinen leeren Fenstern vor dem Abend stand.

Rezek blickte auf: »Das alte St. Wenzels Strafhaus.«

Er blieb stehen, um sich eine Zigarette anzuzünden. Dann gingen sie schweigend der Stadt zu.

Die beiden jungen Menschen, welche früher oft aneinander vorbeigegangen waren, fanden sich jetzt beinahe jeden Tag. Es war aber mehr eine Macht über seinem Willen als eigene Absicht, welche Wanka zu dem düsteren Kollegen hinzog; und was ihn dann festhielt, war der Umstand, dass Rezek alle Fragen, welche ihn in der letzten Zeit gequält hatten, erriet und die unausgesprochenen wie unwillkürlich beantwortete. Zdenko sah freilich nicht, wie weit diese Antworten über seine Fragen hinausragten, und so konnte es geschehen, dass seine Kraft und die naive Klugheit seiner reinen Jugend bald blind im Dienste des energischen Agitators standen, dem sie sehr gelegen und günstig sein mussten. Die verschärfte Strenge des Polizeidienstes, die Geschichte des »König Bohusch« und andere halbpolitische Ereignisse hatten die jungen Leute vorsichtig und ängstlich gemacht, und Rezek musste sich zu manchem seiner Zwecke des bezahlten Pöbels bedienen, der ihm dann bei nächster Gelegenheit als Angeber gegenübertrat. So aber war der Traum des dunklen Mannes: unverdorbene junge Leute guten Standes finden, welche, überzeugt von dem Recht ihres Beginnens, mit der ganzen blinden Bärenkraft ihrer Gesinnung einer nationalen Befreiung entgegenstreben und in jugendlicher Unverzagtheit einem Ziele nachgehen, das er selbst nicht immer glauben wollte.

Auf ihren gemeinsamen Wegen, an welchen Luisa lauschenden Anteil nahm, hatten sie eine kleine, nie besuchte Gaststube entdeckt hoch auf dem Hradschin. Von ihrem Rund-Erker aus sahen sie oft, wie die schweren, dunstigen Frühlingsabende die Stadt zerstörten, wie ihr Feuer an den Kuppeln und Türmen zehrte und da und dort wie Wahnsinn aus zwei sinnenden Fensteraugen schlug. Und die ganze Last dieser ahnungsvollen Dämmerungen war auf den drei jungen Menschen; da wandte sich der energische Rezek, der eine große Furcht vor diesen leisen weiten Stunden hatte, wohl an das versonnene Mädchen und sagte mit harter Stimme: »Loisinka, spiel sie uns etwas.« Und aus der Wandnische, wo Luisa saß, rauschten wie Flügelschläge die langen Töne eines Harmoniums, und die schlichten Volkslieder machten die Menschen noch leiser und einsamer. Es wurde immer dunkler um sie her, und sie mochten sich vorkommen wie Abschiednehmende, die einander zuwinken und sich doch nicht mehr erkennen ... Bis das Lied mitten im Klange brach und das zitternde Verstummen des Harmoniums verschmolz mit Luisas zaghaft ausbrechendem Weinen. Dann befahl Rezek: »Spiel sie doch was Heiteres ...«

Aber Luisa kannte nur ein paar Volkslieder, und der Bruder sagte: »Unser Volk hat keine lustigen Töne. Seine liebsten Lieder sind wie vor dem Weinen.«

Da begann Rezek mit heftigen Schritten in der kleinen Stube auf und ab zu gehen, und endlich blieb er im Erker stehen und sagte: »Wie ein Kind ist unser Volk. Manchmal seh ich es ein: unser Hass gegen die Deutschen ist eigentlich gar nichts Politisches, sondern etwas – wie soll ich sagen? – etwas Menschliches. Nicht, dass wir uns mit den Deutschen die Heimat teilen müssen, ist unser Groll, aber dass wir unter einem so erwachsenen Volk groß werden, macht uns traurig. Es ist die Geschichte von dem Kind, welches unter Alten heranwächst. Es lernt das Lächeln, noch ehe es das Lachen gekonnt hat.«

Als aber die Kellnerin die Lampe angezündet hatte, setzte sich Rezek in den großen, alten Lehnstuhl und begann, die gelben nervösen Hände vor die Augen gepresst, wie zu sich selbst zu reden: »Was hilft alles. Damals, als man dem Volk gesagt hat: du bist jung, haben sich die Gebildeten geschämt dafür. Und sie sind schnell alt geworden, statt älter zu werden. Statt sich jedes Tages zu freuen, haben sie ein Gestern haben müssen und ein Vorgestern. Königinhofer Handschrift, freilich! Damit nicht zufrieden, haben sie ihre Kultur in der Fremde gesucht und gleich dort, wo sie am fertigsten ist – bei den Franzosen. Und so kams: zwischen den gebildeten Tschechen und dem Volk sind Jahrhunderte. Sie verstehen sich nicht mehr. Wir haben nur Greise und Kinder, was die Kultur betrifft. Wir haben unsern Anfang und unser Ende zu gleicher Zeit. Wir können nicht dauern. *Das* ist unsere Tragödie, nicht die Deutschen.«

Luisa sah den Schrecken, welcher sich in den Zügen des Bruders ausprägte während dieses Geständnisses. Er schien sich mühsam zurückzuhalten, alle seine Sehnen waren wie zum Sprunge gespannt. Rezek bemerkte es nicht mehr, er war wie aus einem bösen Traume erwacht, und der strenge Akzent seiner Stimme schien alles Frühere zu widerrufen. Er entwarf an diesem Abend die kühnsten Pläne und spürte mit dem ihm eigenen Scharfsinn so rücksichtslos allen Mitteln und Möglichkeiten nach, schien sich so klar über die Ziele seiner unermüdlichen Agitation, dass Zdenko wieder ganz in seinem Einfluss unterging.

Dennoch bezeichnete dieser Abend für Wanka den Beginn eines harten inneren Kampfes. Er hatte sich stolz und stark gefühlt in seiner Mission, solange er glaubte, für ein junges und gesundes Volk zu streben, und nun hatte er erfahren, dass dieses Volk an innerem Zwiespalt krankte und an sich selber verzweifelte. Und er verlor alle Freude und allen Mut. Es geschah ihm wie dem tollkühnen Lieutenant, der vor seinen Scharen hineinstürzt in die feindliche

Übermacht. Da vernimmt er, dass die Niederlage der Seinen schon besiegelt ist; und was im Augenblick noch eine freudige Heldentat war, ist ihm ein nutzloses, verzweifeltes Opfer. Der arme junge Mensch fühlt mit einemmale so viel Neues, Unverbrauchtes, Einsames in sich, das nicht zu Ende gehen will und sich sehnt, in einem andern stillen Frühling aufzublühen. – Die hohen und hellen Worte der nationalen Begeisterung waren ihm erloschen, und mehr als einmal stürzte Wanka aus den heißen heimlichen Versammlungen in die nächtlichen Gassen hinaus, durch welche er, planlos, einem ungewissen Morgen entgegenirrte. Aber so stark stand Rezeks Persönlichkeit über ihm, dass er mitten in seinen Grübeleien immer wieder von ihm einen Ausweg erhoffte und nicht wagte, dem finsteren Gesellen seine wachsenden Zweifel einzugestehen. Er schwieg gegen alle davon. Er bemerkte die besorgte Frage in den Augen seiner schlichten Mutter, und er glaubte sie zu übertönen durch seine heftige, hastige Zärtlichkeit. Er neigte sich inniger seinem blassen Schwesterchen zu und suchte sich gleichsam wiederzuerkennen in diesen flüchtigen Augenblicken einer reinen Liebe.

Jetzt begann Luisa ahnungsvoll die Zerrissenheit in Zdenkos Seele zu begreifen. Sie wusste ja nichts von der beginnenden Untreue an seinem Werke, und dass er seine übernommene Pflicht als Zwang empfand. Aber sie sah, dass er an irgendwelchen Ketten zerrte, und das schien ihr die eherne Macht des Rezek zu sein, aus welcher er entfloh, um, schwach und verzagt, immer wieder zurückzukehren. Lange schon stand die Gestalt des bleichen Mannes auch über ihr. Sie fand sein Bild in allen ihren Gedanken und war nicht mehr erstaunt dabei. Ihr schien, er gehörte hinein wie der Gekreuzigte in die Klosterzelle. Und sie konnte ihm nicht wehren, dass er auch in ihre Träume wuchs und endlich eines wurde mit dem dunklen Prinzen des alten Maskentraumes und nun für sie nicht mehr Rezek, sondern Julius Cäsar hieß. Und da geschah dem Mädchen etwas Seltsames. Irgendwelche Szenen aus fernen Jahren und halbvergessene Träume und Gestalten und fremde purpurne Worte, die sie von ihrem Bruder vernommen hatte, und anderes, welches sie gar nicht zu erklären vermochte, umdrängte sie wie eine neue phantastische Zeit, in der alle Gesetze anders werden und alle Pflichten. Sie konnte zwischen Tun und Träumen nicht mehr unterscheiden und schaute alle Geschehnisse des Alltags in den Farben jenes Krummauer Blutfestes, ihrer tiefsten und erschütterndsten Erinnerung. Sie lebte jetzt mitten unter den stillen, feierlichen Gestalten und fühlte immer deutlicher, dass auch sie eine Rolle haben müsse in diesem heimlichen Reigen. Und tagelang saß sie, eine vergessene Arbeit im Schoß, am Fenster, sah mit verlorenen Augen in die hohen kahlen Mauern der Malteserkirche und sann: Welche nur, welche?

* * *

Die trägen, lässigen Sommertage gingen langsam dem Feste von Mariens Himmelfahrt entgegen. Eine schwere Traurigkeit lag über Wankas. Das Heimweh, welches die vier Menschen schon fast vergessen hatten, kam wieder in einer anderen, unerwarteten Gestalt über sie. Sie sehnten sich nicht mehr nach der Vergangenheit, sondern sie träumten in den heißen Stuben hinter dichtverhangenen Fenstern von dem leichten, luftigen Dorfsommer, dem die kühlen Wälder so nachbarlich sind. Von den hellen Feldwegen, über welche die jungen Obstbäumchen ihre rührend dünnen Schatten legen, so dass man drüber hin wie auf einer Leiter geht, von Strich zu Strich. Von den schweren, reifen Feldern, die so breit und prächtig zu wogen beginnen gegen den Abend zu, und von den Hainen, in deren dunkelnder Stille die schweigsamen Teiche liegen, von denen niemand weiß, wie tief sie sind. Und dabei dachte jeder von den vier Menschen an irgend eine bestimmte unbedeutende Stunde, deren kleines Glück man einst, ohne es zu werten, eben so mitgenommen hatte. Und um so schmerzlicher war dieses Sehnen, als es nicht ein Unwiederbringliches betraf, als jeder fühlte, wie der heitere Heimatsommer ihn erwartete und traurig wurde, wenn keiner kam. Um ihm wenigstens näher zu sein, machte man kleine Ausflüge die Moldau entlang, und die Försterswitwe glaubte am leichtesten den kleinen Wäldern hinter Kuchelbad ihre gutmütige ländliche Lüge und wurde von jener unmerklichen Fröhlichkeit erfüllt, welche alten, arbeitsamen Leuten eigen ist. Sie war still und in sich gekehrt und lächelte kaum, aber die Falten um die Lippen waren vergangen, und das gab ihrem Gesicht etwas Junges und Sonniges, wie sie es vielleicht als Braut nicht besessen hatte. Sie bemerkte dann auch kaum, wie selten Zdenko den Blick in die lichte Landschaft erhob von dem Wurzelpfad, und wie schnell die Sommerblumen welkten in den heißen Händen Luisas. Die alte Rosalka blieb ganz zu Haus und trotzte; sie sagte vom Sommer: nein, wenn er nicht zu mir kommt, nachlaufen werd ich ihm nicht; setzte sich mit einem alten Gebetbuch ans Küchenfenster und schlief über der Frömmigkeit ein.

Die staubigen Augusttage schienen nur auf einem nicht zu lasten: auf Rezek. Er blieb von unermüdlicher Kraft, ja in jüngster Zeit war sogar eine übermütige Lustigkeit in seinem Wesen, welche Wanka nicht verstehen konnte. Er wusste nicht, dass Rezek stets so zügellos wurde, wenn die Gefahr nahe über ihm und seinem geheimen Streben aufstieg, und nahm diese Veränderung eher als Zeichen guter Erfolge hin.

Seine letzten Bedenken entschwanden, als Rezek bei einem Spaziergange, den sie wieder nach alter Gewohnheit zu dritt unternahmen, vorschlug, in der ›Vikárka‹ (einem kleinen, uralten Gasthofe, dem St. Veits-Dom gegenüber) einzukehren. Sie saßen bei einem dunkeln Tische in der hintersten Stube und stießen mit echtem Melniker an. Der Student kargte nicht mit dem Wein, und so laut wurde seine Lustigkeit, dass die paar übrigen Gäste, es waren bischöfliche Lakaien, daran teilnehmen mussten. Rezek erzählte die Sage von der Brotgräfin, die im alten Czerninschen Palast umgehen sollte, knüpfte seinen tückischen Spott an die spannendsten Stellen und veränderte so die Wirkung seiner Worte in einer seltsamen und überraschenden Weise. Da und dort wurden andere Geschichten wach (sie lauern in allen Ecken dieser dämmernden Stuben), und es fügte sich, dass Zdenko die Krummauer Sagen, auch jene von Julius Cäsar zum besten gab.

»Eigentlich wäre das deine Sache«, hatte er vorher zu Luisa gesagt.

Sie aber schüttelte nur stumm den Kopf, hob dann das Weinglas und hielt es lange an die Lippen. Mit fast verschlossenem Munde begann sie zu saugen, und ihre Augen schauten dabei groß in den Trank hinein, dessen purpurner Widerschein über ihrem schmalen Gesichtchen lag.

Mit einemmale sagte Rezek:»Wie Sie das sagen. Merkwürdig. Ist nicht eine Ähnlichkeit zwischen unserer Zeit und den Tagen vor dem dreißigjährigen Kriege?«

Unter seinen Worten bebte etwas. Zdenko und andere lachten. Luisa aber hob das Becherglas langsam von ihrem kühlen roten Munde und sah mit erschreckten Augen zu dem Studenten auf.

Als man später auf dem Heimweg war, blieb Rezek nahe bei der alten Schlossstiege vor einem Tor, über dessen Bogen ein schwarzes Ehewappen prangte, stehen und fragte: »Waren Sie schon mal drin?«

Die Geschwister verneinten.

»So kennen Sie nicht einmal die Daliborka? Schämen Sie sich.«

Und schon trat Rezek durch den engen Türrahmen des Tores ein, und Luisa, die nun bei ihm stand, erblickte einen reinlichen Hof, drin, von den lichten Mauern bewacht, die breiten, warmen Schatten des Nachmittags lagerten. Eine kleine, alte Frau trat grüßend aus der Haustüre, jagte einen Schwarm Hühner vor sich her und winkte dann den Fremden, zu folgen. Zdenko ging voran, dann kam Rezek und zuletzt Luisa, denn der Pfad war so schmal, dass einer hinter dem anderen gehen musste. Luisa zögerte ein wenig und schaute mit glänzenden Augen umher: da war ein lächerlich kleiner Gemüsegarten, dessen Kohlköpfe und Spargelstangen ein sechsjähriges Kind wohl hätte zählen können; mitten drin aber ragte ein stämmiger Apfelbaum, welcher seine kleinen roten Früchte der fern verschimmernden Stadt zu zeigen schien. Ein paar dichtverwucherte Stufen lenkten in einen feuchten und dämmernden Teil des Hanges hinab, und dort standen viele Sträucher von wilden Rosen, deren Zweige Luisa nicht vorbei lassen wollten. Da blieb Rezek stehen, und das Mädchen vernahm die Stimme des Zdenko: »Also das ist der berühmte Hungerturm. Der Ritter Dalibor hat da drinnen aus lauter Sehnsucht die Geige spielen gelernt. Das war doch hier?«

»Ja«, erwiderte Rezek, »aber ich glaube immer, er hat das Geigen schon früher getroffen. Die Sehnsucht singt selten.«

Und da standen sie schon vor der schwerbeschlagenen Pforte des grauen Turmes. Luisa sah empor und bemerkte, dass die breiten Mauern nur teilweise von einem neugezimmerten Dach überspannt wurden. Auf dem freien Rande der Zinne ragte neben einer zerrauften Silberdistel eine schlanke, junge Akazie und hob ihre blassen Blättertrauben mit zärtlicher Anmut in den lichten Himmel hinein. Das war das letzte Bild vom Tage. Es wurde immer feuchter und schwärzer, und die dumpfige Luft legte sich wie ein Schleier vor des Mädchens Augen. »Findet sie uns nach?« hörte sie den Studenten mal fragen. Er hielt ihr die Hand hin. Seine Stimme kam rau und fremd aus den ungewissen Tiefen des Gewölbes, und Luisa war nicht imstande zu antworten. Sie tastete mit angehaltenem Atem, leise erschauernd, an den eisigen Wänden hin und fand sich erst wieder, als ihr der rötliche Schein eines Lichtes, wie wärmend, aus der nächsten Halle entgegenkam. Da fand sie die beiden Männer und die Frau inmitten des Raumes über irgend etwas gebeugt, und eine schwelende Kerze schwankte an einem Strick gerade über ihren gesenkten Köpfen. Dann glitt das Licht mit einem kreischenden Geräusch tiefer und tiefer an den drei Gesichtern vorbei, welche eine Sekunde lang grell beschienen waren; es sank bis vor ihre Füße und verschwand langsam in einer schwarzen runden Öffnung des Bodens, über der nur noch ein letzter, löschender Glanz hin und her zuckte. Da neigte auch Luisa sich vor und erkannte, wie die Kerze, klein, tief unten ankam in einem zweiten grauen Gemach, unter welchem noch ein drittes, schwarz, zu beginnen schien.

»Oh«, sagte Luisa.

Zdenko fasste ihre feuchte, zitternde Hand: »Achtgeben, Luisa.«

Und dann erzählte die Alte etwas mit einer armen, monotonen Stimme, die sich vor den feuchten Wänden zu fürchten schien und in scheuen Kreisen eng um die vier Köpfe herumschwirrte. »Die Neuen«, sagte sie gerade, leise und heimlich, als wäre das eine liebe, eigene Erinnerung, die sie zum ersten Mal jemandem anvertraute, »die Neuen, die hier herunterkamen, erhielten ein Stück Brot und einen Krug Wasser. Ja, und mit dem Brot und dem Wasser mussten sie sich erhalten, und da an dem Loch mussten sie sitzen und zuschauen, wie der, der schon eine Woche unten saß oder zwei, je nachdem (es haben manche Menschen gar so viel zähe Kraft), sich langsam zu Ende hungerte. Na und dann, wenn's in Gotts Namen zu Ende war, wurden sie hinuntergelassen ...«

»An diesem Seil?« neckte Zdenko.

Die Frau ließ sich nicht stören: »Hinuntergelassen wurden sie und mussten erst den Toten, nämlich den, welchen sie haben zu Ende hungern sehen, hineinstoßen in das Loch am Boden dort – sehen Sie.« (Alle neigten sich vor.) »Manchmal werden sie den Vorgänger wohl halb aufgefressen haben«, lachte Rezek grausam. »Kann schon sein«, murrte die Alte und fuhr dann in ihrer langgewohnten Erklärung fort.

Luisa lehnte sich an den Bruder: »Es ist tief?« forschte sie. »Sehr tief.« »Und kann keiner wieder heraus?« »Nein«, erklärte jetzt Rezek. »Das Ding ist wie eine Flasche; oben schmal und immer weiter gewölbt nach seinem Grunde zu. Ein Zurückklettern gibt's da wohl kaum. Übrigens wär das das beste Heilmittel für Übersatte auch heute noch.« Luisa hörte ihn lachen. Die Beschließerin zog die Kerze halb herauf und trat dann mehr in den Raum zurück.

Die Männer folgten ihr. Jetzt eröffnete der flüchtige, scheue Schein eines Zündholzes da und dort ungeahnte Nischen und Gänge, welche im nächsten Augenblick lautlos wieder einzustürzen schienen. Ein unbestimmtes Sich-rühren begann. Das Licht über dem Krater wurde ängstlich, und das breite Dunkel ringsum schien zu erwachen, sich zu dehnen und in wachsenden Gestalten an Luisa vorüberzufluten. Immer deutlicher erkannte sie Paar und Paar. Und sie reihten sich zu einem taumelnden Tanz, und aus Reigen und Neigen kam endlich der Eine ihren staunenden Augen entgegen: Julius Cäsar.

Er war stumm und schwarz. Ihr schlug das Herz in die Kehle hinauf und, erschreckt, senkte sie den Blick und er fiel, fiel in eine endlose Tiefe. Sie wusste: So stand sie am Rande des Turms. So war sie selber das blaue Fräulein. An ihrem Frieren fühlte sie, dass sie ohne Kleider war, ganz ohne Kleider. Mit bebenden Fingern tastete sie an ihrem Leib hin, und sie empfand seine bloße Glätte. Dann blickte sie auf: oben war Nacht, sternelos. Und dann stand er bei ihr, fast vor ihr, nah am Abgrund. Das blaue Fräulein rächte sich: diesmal er. Und sie hob unwillkürlich die Hände und stieß sie gerade nach ihm hin – bis sie an seine Schultern drängten, – dann aber, im Augenblicke der jähen Berührung, packte sie ihn krampfhaft, riss ihn zurück, zu sich her, fühlte ihn, und in einer neuen, tiefen, zitternden Seligkeit vergingen ihr die Sinne.

* * *

Und am Ende sollte gar, so scheint es, die grämliche Rosalka, welche Zdenkos Streben und den ehrgeizigen Wunsch seiner Mutter hoffärtig und sündig fand, recht behalten haben. Denn es musste doch etwas wie Hoffart sein, was den jungen Menschen bewog, innerhalb drei Wochen dreimal die Wohnung zu wechseln; nämlich: aus seinem kleinen Kämmerchen, das in die Mauern der Malteser sah, in die Untersuchungshaft, von da in das Hospital und endlich gar auf den VII. Friedhof des Wolschan, wo die Mutter ihm ein Stück Landes, drei Schritte in der Länge und zwei breit kaufte. Mehr wollte er nicht. Und das alles war so rasch gegangen, dass die Frau mit dem alternden Verstand sich gar nicht finden konnte in diese unerwartete, plötzliche Standeserhebung, nur den Kopf schütteln konnte und immerwährend unterwegs war nach dem seltsamen, winzigen Landgut, als wollte sie nicht begreifen, dass es dem neuen Besitzer draußen gefiele. Sie vergaß Arbeit und Essen und kehrte jeden dritten Tag zu dem Spitalarzt zurück, der endlich ermüdete, der verstörten Mutter immer wieder den traurigen Fall von Lungenentzündung mit letalem Ausgang zu erklären und anzufügen, dass dies bei solchem infamen Herbstwetter nicht zu verwundern sei. Wenn Frau Wanka dann, von dem ungeduldigen Arzt und den wartenden Besuchern fast aus der Türe gedrängt, in den perlgrautrüb triefenden Tag hinaustrat, dann nahm sie sich jedes Mal vor, sich das Wetter recht genau zu betrachten, um zum Verständnis des »traurigen Falles« zu gelangen. Aber draußen hastete sie scheu an den Häusern und den Menschen vorbei und kam atemlos in ihre Wohnung, wo sie Luisa fand, immer auf demselben Platz, mit heißen, trockenen Augen und fiebernden Händen. Sie blieben dann einander gegenüber sitzen, ohne die Lampe anzuzünden, ohne sich irgendetwas zu sagen, ganz fern voneinander, bis es so dunkel war, dass sie eine die andere vergaßen. Von Zeit zu Zeit erhob sich eine der Frauen und ging auf den Zehen, als sollte die andere nichts bemerken, hinaus, in Zdenkos lang verlassenes, verstaubtes Stübchen. Behutsam trat sie ein. Und erst wenn sie den leeren Schreibtisch fand und das vernachlässigte, verdeckte Bett, erlosch das irre Lächeln einer wilden, immer wieder gläubigen Hoffnung auf den zuckenden Lippen. Die Zurückgebliebene aber lauschte dann: Sie hörte die Türe gehen. Und dann begann in der verlassenen Kammer ein Weinen – bang und hoffnungslos. Bis die alte Rosalka eines Sonnabends das kleine Hinterzimmer aufwusch und dann den Schlüssel an sich nahm. Das Weinen aber hörte nicht auf; es füllte bei Tag die beiden Stuben aus und schien in jeder Nacht suchend durch das ganze Haus zu gehen, sodass die Kinder nicht einschlafen wollten. Und auch Erwachsene brannten Licht bis in den Morgen hinein; denn jeder in dem alten Haus wollte die Ecken seines Zimmers überschauen und war im Stillen froh, wenn der nächste graue Regentag an die Scheiben schlug. Denen, die sich darüber beschwerten, schwor die Magd Rosalka bei Seele und Ehrlichkeit, man könne nichts dagegen tun, als Weihwasser aufstellen und Vaterunser beten; denn so sei es jedes Mal, wenn einer stürbe mit vielen weltlichen Wünschen im Herzen und ohne die richtige Ruhe und Ergebenheit. Und man betete beim Rübenschälen und beim Geschirrwaschen, die Nachbarn beteten, und die Hökin unter den Steinlauben betete auch. Und Weihwasser spritzte man hinter den beiden Frauen her, welche mit jenen langsamen taktmäßigen Schritten durch den Flur und die Gänge kamen, wie sie sie gelernt hatten hinter dem Leichenwagen. Frau Wanka ging oft aus, eilte ein paar Gassen entlang, um planlos wieder heimzukehren. Luisa aber rührte sich nicht von ihrem Platz. Sie hatte keine Phantasien mehr, und in ihren Träumen waren alle Farben so blass geworden wie die Tage draußen. Manchmal zählte sie die Tropfen an den Fenstern und horchte: es rauschte an ihr vorbei wie ein großer Strom, in dem viele zerbrochene, unverständliche Worte trieben, immer mehr und mehr – und sie dachte: wie nach einer Überschwemmung. Dann zuckte sie plötzlich zusammen, als hätte sie jemand gerufen, und – begann wieder die vielen rinnenden Tropfen zu zählen.

So kam Allerseelen. Da sehen sogar die breiten Straßen der Neustadt nachdenklich aus. In den vornehmen Blumenläden liegen reiche, prahlerische Kränze bereit, und die fremden Blüten in ihnen können nicht lächeln. Die Vergnügungsspalten der Reklamesäulen sind leer überklebt, nur das Landestheater verkündete die Aufführung der alten Kirchhofkomödie »Der Müller und sein Kind«, und in den Schaufenstern der Kunsthandlungen sind vor die bunten, englischen Drucke drei, vier, fünf dunkle Photographien geschoben, die Illustrationen zu dem leisen Wehmutliede Hermann von Gilm's: »Stell auf den Tisch die duftenden Reseden ...« Früh werden auf dem feucht glänzenden ›Graben‹ die Laternen angezündet, und immer noch fahren Fiaker und Droschken vorbei mit großen Palmenkränzen auf Kutschbock und Wagendach, und an mancher Trambahn ist über die farbige Rücklaterne ein Tannengewinde oder gar ein Kranz von Blech gehängt, der nicht zum ersten Mal am Tage der Verstorbenen diese Reise überstehen muss. Über dem unfreundlichen Zizkov sind schon die unglaublich langhalsigen Bogenlampen wie viele, traurige Monde aufgegangen, und drunter hin, vor den Toren des immer weiter wachsenden Totenparkes, ist ein unfestliches Gedränge von Menschen, von verweinten Menschen, die, ein paar halbwelke Blumen in der Hand, in dunkler Sehnsucht sich ihrem Ziele entgegendrängen, von erzürnten Menschen, welche die Hast des Schmerzes nicht begreifen, von teilnahmslosen, von feiernden, von lachenden und beobachtenden Menschen und von vielen anderen. Die Pfade sind durch die vorlauten lauernden Verkaufsbuden verengt, und die Kinder des langen Zuges hängen sich wie Widerhaken an die aushängenden Lampen und Lebkuchen und Spielsachen, so dass immer neue Stockungen geschehen. Mit der Menge aber und über ihr wälzt sich dieser dicke schwere Dunst von traurigen, müde duftenden Blüten, welken Blättern, durchregnetem Erdreich und feuchten Kleidern, in welchem die Worte gleichsam hängen blieben, zu dem weiten leuchtenden Garten. Dort verteilen sich die Massen zwar in die einzelnen Alleen, aber eigentlich sind die wenigsten bestrebt, schnell zu dem Grabe zu kommen, welches sie beschenken wollen. Sie wollen erst auch die anderen Seligen im Festkleid gesehen haben und finden es zu unterhaltsam, an den Steingrüften der Vornehmen hinzuschlendern, die fremden langen Namen zu lesen und sich an den Blumen zu freuen, welche den kostbaren Marmor ganz verdecken. Dann hineinzulugen in die dämmerigen Grabkapellen mit den hellen glänzenden Altären, vor welchen ein verwittertes altes Mütterchen schon den zweiten Tag bemüht ist, den ihr ganz unbekannten Verewigten die gutbezahlten Vaterunser und Gegrüßetseistdu der hinterbliebenen Familienmitglieder begreiflich zu machen. Und aus diesem Schauen von Licht und Glanz schleicht sich eine unbewusste, lebendige Fröhlichkeit in die Gesichter der Menge, welche seltsam absticht von den paar wunden dunklen Menschen, die sich scheu und schwarz am Wegrand hindrücken. In blinder Ungeduld schieben sie da und dort einen Schaufrohen zur Seite, und der denkt hinter ihnen her: Totenvögel, was wollen denn die hier?

Auf dem VII. Friedhof ist es etwas freier und einsamer. Es ist mehr Raum hier; denn nur ein Teil des umzäunten Landes ist mit Gräbern und Grüften erfüllt, weiterhin ist ahnungsloser, gesunder, gut gewässerter Boden, dem man noch die früheren Ernten ansieht und der aus seiner müßig gewordenen Kraft ratlos einen üppigen, wilden, sinnlosen Garten gezeugt hat. Das war eine gute Nachbarschaft für den armen Zdenko Wanka, der immer noch die Reihe der Gräber an der linken Mauer hin abschloss, als wagte niemand zu sterben seither in der großen, abgrundvollen Stadt. Die beiden vereinsamten Frauen, Mutter und Tochter, leisteten ihm nun schon den zweiten Tag Gesellschaft, und die alte Rosalka kam ab und zu und erzählte dem tauben Schmerz der beiden von der Pracht und dem Glanze anderer Grüfte. Dass der Hügel des Zdenko nicht so recht festlich werden wollte, trotz der vielen Levkojen, Astern und Vergissmeinnicht, kam daher, dass durch allen Schmuck irgendwo immer wieder das nasse, neue Erdreich durchdrang, in welchem der Grassamen noch nicht Zeit gehabt hatte, aufzugehen. Etwas scheu schien das frische Grab sich zurückzuziehen – wie einer, der zum ersten Mal in einer Gesellschaft ist, deren Art und Anstand er noch nicht kennt. Auch die beiden Gäste fanden nicht recht die Sprache des Verkehrs mit dem Verlorenen, und so mag des toten Zdenko erster Feiertag recht trübe gewesen sein. Frau Josephine weinte nicht mehr. Sie saß auf einem der Holzbänkchen, wie sie sich am Fußende der Grabstätten finden, und hatte gewiss vergessen, dass der fremde, feuchte Herbstabend immer dichter über ihr hereinsank. Die Tochter, die in dem Kleidchen von schwarzem Kaschmir noch kleiner und blasser aussah wie sonst, beobachtete, ohne dass sie davon wusste, die Szene, die an einem Grabe gegenüber geschah. Ein hagerer, verhärmter Mann hatte eben eine kleine, blaue Lampe und einen Maiglöckchenstrauß auf die Stätte niedergelegt, und es war eine zaghafte, rührende Zärtlichkeit in seiner Bewegung gewesen, etwas von jener unbeholfenen Anmut junger, verliebter Menschen. Aber wie er nun wieder aufrecht stand und sein weinendes, dreijähriges Kind an den schwarzen verschnittenen Sonntagsrock presste, da brach diese Geste hart ab, und eine zitternde, hoffnungslose Wehmut begann ihn zu beugen. Er kämpfte mit ihr und suchte immer wieder die Augen des Kindes, vielleicht um zu wissen, wie die Augen der Mutter waren, oder um sich daraus ein wenig Glanz und Hoffnung zu holen. Das Kind aber weinte ...

Da schob sich eine Gruppe von schwarzgekleideten, jungen Männern in dem Nationalrock, der Tschamara, zwischen Luisa und jene beiden Mutterlosen. Es waren größtenteils Studenten, Freunde und Genossen des Wanka, welche an diesem Tage mit politischen Ovationen und Liedern an die Gräber ihrer Großen und Genossen kamen, um sie über das Gesetz der Gleichheit, welches in diesen stillen Mauern herrschte, zu erheben. Der Widerstand, der ihrem Beginnen jedes Jahr aufs neue von den vorsichtigen Behörden entgegengesetzt wurde, war Schuld daran, dass diese Kundgebungen einen über alle Herzlichkeit lauten prahlerischen Charakter bekamen und das jugendliche Ungestüm sich nicht mit dem leisen Niederlegen seiner blühenden Liebe begnügen wollte. So ordneten sich auch jetzt die Reihen, um an Wankas Grab eines der scharfen Kampflieder anzustimmen, welches den mit allem Versöhnten an die Tage des Sturmes erinnern sollte. Es musste dem getreuen Genossen – und Wanka war in Treuen gestorben – doch auch lieb sein, von dem Ausharren der Brüder zu vernehmen, er musste gleichsam einen Augenblick wieder mitten unter sie treten, wenn seine eigenen Worte und Wünsche über seinem Hügel erwachten. Allein als schon das Zeichen des Anfangs gegeben werden sollte, traten die jungen Leute mit einem dumpfen Gemurmel auseinander. Sie schämten sich plötzlich, ihr rohes Streitlied in den tiefen, geweihten Schmerz dieser schwarzen Frauen hineinzuschreien, und die Besten unter ihnen ahnten die Ewigkeit. Sie senkten den großen Kranz, in dessen Immergrün Karten mit ihren Namen staken, ganz an das Ende des Grabes nieder, als empfänden sie unbestimmt, dass der, welcher bis an diesen Platz Hand in Hand mit ihnen gewandert war, doch nicht mehr voll zu ihnen gehörte, wenigstens in seiner eigensten Sehnsucht nicht.

Und aus ihnen blieb Rezek zurück. Ernst und hoch, die Arme auf der Brust verschränkt, stand er da und hatte nur das blasse harte Gesicht, wie sinnend, gesenkt. Vielleicht war er der einzige, welcher dachte, dass Zdenko an der zerstörten Freude gestorben sei, wenngleich er selbst es am wenigsten verstehen konnte. Er war eine strenge Savonarola-Natur, welche da und dort im Land Scheiterhaufen entzündete; und es kamen junge, gläubige Menschen, welche ihren ganzen Reichtum in die Flammen legten: die Freude und das Lachen und die Sehnsucht. Denn der Fanatiker wollte ein verarmtes und entsagendes Heer hinter sich, weil er wusste, dass es keine wildere Waffe gibt, als die Verzweiflung. Und sein Gesetz fand Anhänger auch in diesem weichen, slawischen Volke, welches mit den Schätzen seines Gemütes sich selbst verliert und verleugnet.

Auch Luisa hatte zaghaft alles vor ihm niedergelegt, was sie aus ihrer traumdunklen Kindheit besaß; er hatte es nicht bemerkt, denn sie schien ihm kein Mitstreiter zu sein, dessen Gewinnung wertvoll wäre. Und dann hatte Luisa noch etwas hinzugelegt, etwas Unklares, Schmerzlich-seliges, wofür sie keinen Namen wusste: das aber hatte Rezek nicht erkannt, weil es ihre erste, bebende Liebe war. – Wie er jetzt näher zu dem Mädchen trat, fühlte er vielleicht zum ersten Mal, dass er sich nicht über ein Kind neigte, und unwillkürlich grüßte sein Auge das Weib. Aber Luisa verstand ihn nicht, er war ihr weit und vergangen wie alles. Kaum eine Erinnerung war er ihr. Und da nahm sein Auge zugleich Abschied von ihr, und er verneigte sich einmal tief, wie Luisa es nie bei ihm gesehen hatte, und ging. Es war schon fast Nacht, und Luisa konnte ihn mit ihren wunden Augen nicht begleiten über die nächsten Kreuze hinaus.

In der Nacht nach diesem Allerseelentage war kein Weinen in dem Hause, gegenüber der Malteserkirche. Noch ehe es ganz licht war, stand Frau Josephine auf, zog sich sorgfältiger als sonst an und teilte der Tochter mit, dass sie heute, da sie so viele Montage versäumt hätte, zu Oberstens ginge. Luisa sah mit schwachem Erstaunen auf. Die Stimme der Mutter erschien ihr ganz unbekannt, als sie nun noch anfügte, sie hätte durchaus nicht die Absicht, dieses gute und vornehme Haus zu verlieren. Auch würde sie es gern sehen, wenn Luisa sie abholen wollte, um sich bei Meerings in Erinnerung zu bringen. Dann ging Frau Wanka. Und das ganze Haus sah wie ein einziges steinernes Staunen hinter ihren Schritten her, welche fast ganz dieselbe energische Rüstigkeit wieder zeigten, welche sie vor dem Unglück besaß. Dieses rasche, ruckweise Sich-aufrichten nach Wochen des haltlosesten Hingegebenseins hatte in der Tat etwas Überraschendes und Unheimliches. Frau Josephine musste in den beiden Tagen am Grabe des Sohnes irgend ein Ersparnis an Kraft und Energie, dessen Vorhandensein sie während mancher Jahre vergessen hatte, in sich entdeckt haben, und dass sie es nun wohl anzuwenden wusste, beweist der Umstand, dass Frau von Meering den Schmerz der Mutter als nicht tief und herzlich genug bezeichnen konnte. Sie erwartete eine gebrochene Frau zu sehen und fand sie fast steif vor Aufgerichtetsein, sie war so gerne bereit gewesen, gerührt und gefühlvoll zu werden vor dem beredten Schmerze, und sah nun etwas, was man im besten Fall stumme Trauer nennen durfte, und welchem gegenüber sie eine starke, unbehagliche Verlegenheit empfand. Dazu kam noch die Neugierde, aus dieser treuesten Quelle zu entnehmen, wie viel an dem, »was man sich so erzählt«, Wahrheit sei. Der Oberst hatte vom Stammtisch im ›Hecht‹, wo man gerne kannegießerte, ganz eigentümliche Gerüchte heimgebracht, Geschichten, in denen alle politischen Schlagworte der letzten Zeit vorkamen, und zwar in solchem Sinne, dass es dem Herrn von Meering und seiner Gemahlin mit einemmale bedenklich erschien, Mitglieder einer so anrüchigen tschechischen Familie in ihrem Hause zu sehen, und ein ernstlicher Familienrat abgehalten wurde, in welchem Für und Wider, gerechtermaßen abgewogen, keine eigentliche Entscheidung ergab. Der Tod des jungen, auf Abwege geratenen Menschen stimmte den alten Militär etwas nachsichtiger, und den Ausschlag gab endlich die kluge Überlegung, dass ja zunächst nur die an und für sich anständige Mutter, Witwe eines fürstlichen Försters, im Hause Meering von Meerhelm Zutritt hätte und dass obbesagte tüchtige Wittib nur mit der Putzwäsche in nähere Berührung träte, welche ihrerseits wieder, dadurch dass sie aus Rumburg stammte, gegen Tschechisierung, und durch die fünfzackige Adelskrone derer von Meerhelm (seit zehn Jahren) auch vor allen demokratischen Einflüssen gesichert war. So kam es, dass Frau Josephine eine ganz freundliche Aufnahme gefunden hatte und dass man es für selbstverständlich hielt, dass die alten Wäschemontage fortab wieder eingehalten würden. Frau von Meering gab die stille Zuversicht nicht auf, bei einem der künftigen Male Näheres zu erfahren; dass dies nicht schon beim ersten Wiedersehen sich gefügt hatte, empfand sie als Kränkung und konnte denn auch nicht umhin, der Witwe im allerunschuldigsten Tone ihre tiefe Teilnahme an dem Unglück, »welches durch seine besonderen Umstände noch so viel schmerzlicher sei«, – zu versichern. Diese Zwischenbemerkung, welche sie als Eingeweihte und Wissende erscheinen ließ, imponierte ihr sehr, und sie hielt dieselbe für einen feinen Angriff gegen die »undankbare Verschlossenheit dieser Leute«.

Frau Wanka aber hatte gar nichts, weder von der Enttäuschung der Oberstin, noch von dem Hieb bemerkt, in welchem diese sich rächte; sie musste in diesen Tagen so manches mit sich überlegen, und die Folgen ihrer Versonnenheit traten jetzt Schlag um Schlag in rascher Reihe ins Leben. Da war zunächst in einer böhmischen und in einer deutschen Tageszeitung je ein kleines Inserat erschienen, welches einem anständigen, jungen Mann ein stilles, gut möbliertes Zimmer in ruhiger Gegend versprach, und wer den Spuren dieser Verheißung nachgegangen wäre, hätte sich unversehens auf der Kleinseite gefunden, hätte die Hökin unter den Steinlauben nach »Nummer 87 neu« gefragt und die breite, ausführliche Antwort erhalten, dass dies drei Treppen hoch bei Wankas sei und dass Wankas jetzt an Herren vermieten wollten, wahrscheinlich weil sie gar so unglaublich viel Unglück gehabt hätten. Es kommt nun darauf an, ob der junge, anständige Mann mehr jung oder mehr anständig ist, um hier im lauschigen Plauderdunkel der Steinlauben mehr oder wenig von dem Schicksal der Förstersfamilie zu vernehmen. Es ist ungewiss, inwieweit Ernst Land unterrichtet war, als er an einem Novembertag auf der bekannten Wendeltreppe von »87 neu« zweimal in Gefahr kam, Hals und Beine zu brechen, und nachdem unterschiedliche Türen vor seiner deutschen Frage entrüstet ins Schloss gefallen waren, endlich vor der alten Rosalka stand, welche ihn mit großem Misstrauen betrachtete. Er gefiel ihr nicht, das wusste sie im Augenblick. Er war ihr »zu deutsch«. Das empfand sie dann und wann einem Menschen gegenüber, obwohl sie nicht wusste, was diesen Eindruck hervorrief, kaum, ob es ein Zuviel oder ein Mangel war. Sie starrte in die Gläser seines angelaufenen Kneifers, konnte die Augen dahinter nicht finden und ließ sich die deutsche Frage zweimal wiederholen, obwohl sie dieselbe verstanden hatte. Es versöhnte sie erst ein wenig, als der junge Herr in einem sehr seltsamen Böhmisch unter großen Anstrengungen die Geschichte eines Zimmers erzählte, welches irgendwo zu vermieten sein sollte. Seit fünf Tagen wiederholte Land diese Behauptung vor allen Türen und war ganz satt und matt von den Speisedünsten und Verwünschungen, welche er dafür mitbekommen hatte. Da Frau Wanka, mit welcher er sich deutsch verständigen konnte, keine unverhältnismäßigen Ansprüche machte, und das Hinterzimmer ihm ruhig und erträglich schien, beschloss er zu bleiben. »Lärm mache ich keinen«, sagte er mit seiner etwas ängstlichen Stimme am Ende ihrer Unterredung, »und gestört werden Sie durch mich nicht sein. Unter Tags bin ich ja viel im Geschäft, und abends, – Gott, da liest man ein wenig und ...« »Bitte, bitte«, erwiderte Frau Wanka auch etwas verlegen. Und in der Türe wandte sie sich etwas zurück: »Verzeihen Sie, Herr, vielleicht darf ich fragen, was Sie sind?« Pause. – »Apotheker«, sagte der junge Mensch traurig und sah dabei in die Mauern der Malteserkirche hinein. –

Sie störten einander wirklich nicht, Wankas und der junge Provisor. Sie sahen einander kaum. Luisa vermied es, ihm zu begegnen; es schmerzte sie zu sehr, einen fremden Menschen in das Zimmer des Zdenko eintreten zu sehen, und sie konnte nicht fassen, wie die Mutter das hatte über sich bringen können. Sie verstand die Mutter überhaupt nicht mehr, seit sie ihr eines Abends eine lange Rede gehalten hatte, drin viel von dem ewigen Nichtstun, mehr noch von Pflicht und Arbeit handelte. Und als sich Luisa zage bereit gefunden hatte, in die Häuser zu gehen oder für ein Geschäft zu arbeiten, geschah etwas sehr Erstaunliches. »Du musst höher hinauf, das ist nichts für dich«, so etwan war die Erwiderung der Witwe, »ich hätte gleich von vornherein daran denken sollen. Wozu hast du denn in Krummau Klavierstunden genommen; da kamst du doch ziemlich weit. Und im Französischen. Wenn du es nach unserem Umzug nach Prag nicht vernachlässigt hättest, könntest du heute schon Stunden geben.«

Luisa lauschte: »Stunden geben?« »Freilich. Erst neulich sagte mir die Frau Oberstin, sie wüsste eine schöne Stelle für dich, wenn du nur ein bisschen mit Kindern umzugehen verständest und die Anfangsgründe im Französischen ...« Das Weitere vernahm Luisa gar nicht, es war ihr zu neu und fremd, was die Mutter erzählte. Aber abends oft, wenn die Mutter mit Rosalka in der Küche abrechnete, und Luisa, schon halb entkleidet, am Rande ihres Bettes saß und sich so recht müde und klein fühlte, faltete sie die Hände und sprach ihr erstes Kindergebet und glaubte seinen lieben, verblassten Worten, dass sie wirklich noch ein Kind, ein kleines, blondes Kind sei, und sie sehnte etwas über sich wie einen treuen, traulichen Schutz und träumte dann von Engeln mit breiten, goldenen Flügeln.

Aber trotz alledem war es wirklich nach dem Willen der Mutter geschehen. Luisa nahm Unterricht in Musik und im Französischen, täglich mehrere Stunden, und ihre Lehrerinnen versicherten, dass sie gute Fortschritte mache. Sie selbst wusste nichts davon. Sie begriff allmählich, dass sie einmal andere prächtige und märchenhafte Dinge besessen hätte – es war lange her und dass der Ersatz, den man ihr nun gab, arm und kalt und ohne alle Schönheit war. Und sie lebte einen Winter in stumpfer, williger Ergebenheit hin, ohne dass irgendetwas sich veränderte, als dass sie blasser, kleiner und leiser wurde. Ihr Schritt war kaum mehr zu vernehmen, und wie oft erschrak eines von den Nachbarskindern, wenn sie, ohne dass die Treppe geknarrt hatte, mitten im Gange stand, und es lief meist schreiend davon, wenn das Mädchen die bleichen Hände ihm mit zaghafter Zärtlichkeit entgegenhielt. – So schienen es äußerlich ganz ruhige Zeiten zu sein, in welchen jeder seine Pflicht tat ohne Erregung oder Störung, und doch bestand ein stiller und unerbittlicher Kampf zwischen der tüchtigen, tätigen Witwe, die mit jedem Tag rüstiger wurde, und dem duldenden Mädchen, welches vor Erstaunen noch nicht wusste, wie ihm geschah, und gegen die rücksichtslose Entschlossenheit der Mutter keine andere Waffe fand, als dieses unmerkliche, stumme Verwelken, das seinem Gesichtchen eine so rührende, wehmütige Schönheit verlieh.

Vielleicht sah Ernst Land diese Schönheit, aber er erkannte sie nicht. Er fürchtete sich vor den Frauen, und doch dachte er manchen Abend an sie, an irgendein unbestimmtes Bild von Anmut und Güte, welches bald die hütenden Hände über ihm hielt, bald bang und zaghaft von seinem Schutz und seiner Hilfe lebte. Er war in engen Verhältnissen mitten in der Stadt herangewachsen, ohne Geschwister, ohne Freunde, förmlich großgehetzt von seinem alten, verbitterten Vater, der nicht erwarten konnte, bis der Sohn zu verdienen begann. Er riss ihn endlich aus den Studien, gerade als der Jüngling Gefallen gefunden hatte an der Wissenschaft, und hielt seine Pflicht für erfüllt von dem Augenblicke an, da Ernst in einer Apotheke untergebracht und versorgt war. Nun konnte er machen, was er wollte. »Nun steht dir die Welt offen«, pflegte der alte Land mit dem letzten Pathos, dessen er fähig war, zu erklären. Der junge Mann aber schien keine Sehnsucht zu haben nach dieser »offenen Welt«. Seine Gedanken pilgerten nicht hinaus in das Neue und Unbestimmte; wenn er sie nicht beobachtete, kehrten sie auf tausend heimlichen Pfaden zu der einzigen, erloschenen Schönheit seiner Kindheit zurück und knieten hin vor einer kleinen, traurigen Frau, von der er nichts wusste, als dass sie weiche, slawische Lieder sang und zur Zeit, da er begann in die Schule zu gehen, im dunklen Hinterzimmer auf dem Bette lag und, ohne jemandem davon zu sagen, ganz langsam und lautlos, vielleicht ein Jahr lang, starb. Damals fürchtete er sich fast vor ihr, aber als sie so früh fortgegangen war, vermisste er sie überall und gewöhnte sich, alles Gute, was ihm geschah, immer wieder ihrer zarten Liebe zuzuschreiben, von welcher er glaubte, dass sie über seinen Tagen wach geblieben sei. Es geht frühverwaisten Kindern so: Alle Freuden, die ihre Gespielen sorglos und selig untereinander teilen, wollen sie nicht antasten und winden sie in stiller Treue immer wieder um das eine dunkle Bild ihrer Sehnsucht, das in diesem Rahmen rührender Opfer mählich klarer, glücklicher, teilnehmender scheint. Und weil sie arm bleiben, bleiben sie einsam, und weil sie ihre Freuden nicht verraten, gewinnen sie keine Genossen dafür. Überhaupt: wem die Mutter nicht den Weg in die Welt gezeigt hat, der sucht und sucht und kann keine Türe finden.

Erst seit der Provisor bei Wankas wohnte, konnte es geschehen, dass er manchmal das Gefühl hatte, zu Hause zu sein. Er war gerne in seinem Stübchen und brachte die freien Sonntage damit zu, vor dem großen Schreibtisch, in den schweren Rauchwolken seiner Pfeife verloren, in alten Büchern zu lesen, über deren vergilbten Blättern er Heut und Morgen vergaß. Was Wunder, dass er ein leises Pochen an seiner Türe überhörte und erst erschreckt auffuhr, als Luisa eintrat und hinter dem dichten Tabaksqualm zag und unschlüssig stehen blieb. Sie war wie ein Traum in ihrem verblassten, schmucklosen, blauen Kleid, mit den großen, schweigsamen Augen, und weil sie Blumen in der Hand trug, drei kleine, weiße Rosen, die sich scheu an sie anzuschmiegen schienen.

»Oh bitte, entschuldigen Sie«, sagte sie jetzt deutsch mit ein wenig slawischem Tonfall, »ich habe gedacht, Sie sind schon fort zum Essen ... Ich will nur ...«, und jetzt ging sie an ihm vorbei und steckte die drei weißen Rosen hinter ein kleines Brustbild Zdenkos, welches an der Fensterwand hing. Land hatte es oft betrachtet. Er sah jetzt, wie ihre Hände zitterten vor schmerzlicher Zärtlichkeit und, ganz in Anspruch genommen von diesem Schauen, war er nicht imstande, etwas zu sagen oder zu tun oder zu denken. Er hörte noch das Mädchen: »Sein erster Geburtstag, den er nicht mehr bei uns ist«, – und dann war alles wie vordem, er stand allein in dem sonntagstillen Stübchen, und hätte nun wohl weiterlesen können. Allein das gelang ihm nicht. Er musste immer wieder nach der Türe hinsehen, als ob er irgendwen erwartete, und endlich begann der Rauch ihn zu ärgern und er öffnete das Fenster, sodass die Luft des klaren Februartages frisch und licht hereinfloss. Da war ihm einen Augenblick sehr festlich zumute und er dachte: »ich habe hohe Gäste bekommen: drei weiße Rosen«, und lächelte wie im Traum.

* * *

Im September kommen viele aus den Waldsommern und von der See in die Stadt zurück. Sie sind des Gehens in den Gassen nicht mehr gewohnt und halten plötzlich, ehe sie sich dessen versehen, ihren Hut in der Hand wie im Walde, oder sie singen ganz laut vor sich hin. Das macht: die Erinnerungen schlafen noch nicht in ihnen. Und wenn sie einander begegnen, sind sie redselig und mitteilsam. Sie fühlen, wie aus dem Erzählen etwas, wie der Glanz der letzten lauschenden Tage, aufsteigt und sich tröstend über die schwülen Straßen und Plätze breitet. Und vielleicht sagen sich die beiden beim Abschiednehmen: »Sie sehen sehr gut aus« – und »wie Sie sich verändert haben.« Und sie lächeln sich einen Augenblick verlegen und dankbar an.

So war auch Luisa zurückgekehrt. Seit dem frühen Frühling war sie fortgewesen: Es gibt da ein heißes, heimliches Land. Glühende Blumen sehen sich in schwarze Teiche, über denen Vögel und Wolken rauschen. Weiße Wege drängen sich zwischen die Stämme hoher und dunkler Bäume, und finden in diesen Wäldern ein lautloses, wogendes Leben. Gestalten kommen in unbegreiflichen Gewanden, und es können Menschen sein mit traurigen Mienen oder mit kühlen, lächelnden Lippen. Erst geschieht dir, du hättest von ihnen sagen hören und du musst sinnen, wann und was.

Aber sie küssen dich, und da erkennst du Freunde in ihnen, welche du geliebt und vergessen hast. Und du willst sie reuig wieder küssen. Vor deinem Gruße aber entfremden ihre Züge, und sie weichen zurück in den weiten, wogenden Wald, oder sie fallen dich an mit grausamen, blutenden Worten und wollen, du sollst ihnen dein Herz schenken dafür. Und es ist ein Land der Jugend: Kinder und Jünglinge, Jungfrauen und junge Mütter mit ihrem wehen Glück tanzen und tasten die leuchtenden Gelände hin, und ihre Wangen sind heiß von einer fremden Freude. Aber sie sehen einander nicht; denn in ihren Augen hat nichts Raum neben dem Staunen. Wenn sie die anderen Pilger klagen oder lachen hören, lauschen sie hin und glauben, dass das die Vögel sind oder die Wipfel oder die Winde. Sie haben alle *ein* Ziel: den Flammenberg, mitten im Lande. Und von dort findet manch einer nicht mehr heim.

Luisa aber kam aus dem Lande, welches Fieber heißt, langsam und lächelnd durch die Gärten der Genesung zurück. Zögernd erkannte sie sich selbst und die Mutter, welche ihr weinend die Hände küsste, und die Stube, die wie geschmückt war mit dem goldenen, vollen Septemberlicht. Es war eine festliche Wiederkehr.

Und was waren das für Tage seit dem ersten Ausgehen. Dieses fortwährende Wiedersehen und Begrüßen mit allen Dingen und mit allen Leuten. Und die Menschen lächelten, und die Dinge glänzten so. Sie ging wie an lauter schimmernden Spiegeln hin, welche ihr verraten wollten, wie breit und groß sie geworden sei. Sie wusste das auch. Sie fühlte sich stark und ausgeruht.

Ohne davon zu erzählen, begann sie ihre Stunden zu besuchen. Sie hatte nichts vergessen, und noch vor Weihnachten konnte sie selbst einem kleinen Mädchen Klavierunterricht geben. Die Kleine hatte einen großen Respekt vor ihrer Lehrerin, und doch waren ihre Rollen in Wirklichkeit umgekehrt. Die Liebe dieses kleinen Wesens und seine Anhänglichkeit riefen täglich in Luisa eine Menge neuer freudiger Empfindungen wach, und in ihr war ein Hinhorchen, welchem des Kindes Fragen wie schöne, segnende Antworten klangen. Und ihr geschah mit einemmale so Vieles in diesen heitern und ereignislosen Tagen, dass sie nicht Zeit fand, über das Gestern hinauszublicken; was dahinter war, schien eine einzige, große Vergangenheit und Versöhnung zu sein, aus welcher kein Schatten mehr in dieses neue, reiche Leben hineinragte.

Am Weihnachtstage trat Luisa bei dem Provisor ein. »Ich wollte Sie nur bitten, Herr Land, kommen Sie doch heute Abend zu uns, wenn Sie sonst nichts vorhaben.« Ernst Land lächelte dankbar. Dann folgte er dem Blicke des Mädchens und wurde verlegen. Über Zdenkos kleinem Brustbild waren drei frische, weiße Rosen. Luisa streckte ihm beide Hände hin: »Das haben Sie getan?« »Immer ...«, und Land ärgerte sich über sein Rotwerden und versprach schnell, zu kommen. In der Tür blieb das Mädchen nochmals stehen: »Sie sind immer so traurig, Herr Land.« Land schwieg. »Woran denken Sie?« und der Blick, mit welchem sie das fragte, ergriff ihn so, dass er mit einem Weinen in der Stimme gestand: »An meine Mutter.«

Am Weihnachtsabend war über diese Menschen eine seltsame feierliche Stimmung gekommen. Und sie wollte auch nachher nicht mehr aus den Stuben. Sie blieb, wie der leise Tannenduft, über allen Dingen, selbst als Frau Josephine, von einer jähen Schwäche befallen, die langen Tage im Bette zubrachte. Luisa nahm ihr leise alle die kleinen häuslichen Mühen aus den Händen, eine nach der anderen, so dass sie endlich nichts kannte, als diesen lautlosen, dämmernden Feiertag hinter halbgesenkten Gardinen mit dem Ofensingen und dem silbernen Uhrenschlagen. Und am Abend gab es sanfte und schweigsame Gespräche zwischen den beiden Frauen, und es kam kein Gestern darin vor; nur im Klange der Stimmen bebte es noch: in der der Mutter als eine leise, zaghafte Bitte und in den Worten des Mädchens als ein lichtes, tröstendes Verzeihen. Und dieses war auch noch in dem tiefen Weinen wach, mit welchem Luisa sich eines Morgens über die Mutter beugte, die ohne Kampf und Schmerz in einem versöhnten Frieden von ihr gegangen war.

Schon eine Woche später nahm Luisa ihre Stunden wieder auf. Ihre Tage waren alle randvoll von der Menge freudiger Pflichten, und wenn auch die Nächte leer und bange über sie hereinbrachen, sie fühlte, dass ihr auch aus dem Dunkel des Leides keine feindlichen Gefahren mehr entgegenkamen. In jener Stille ihrer Genesung hatte sie sich zum ersten Mal selbst gefunden und hatte sich so reich und weit erkannt, dass ihr Heiligstes durch diesen Verlust nicht einsamer geworden war. Der Gram lag nur wie eine feine Begrenzung auf ihrem Lächeln und auf ihrem Bewegen und konnte nicht mehr das Erwachen ihres Wesens hemmen.

Im Februar dieses Jahres war noch viel Winter gewesen; allein im März gab es einen Feiertag – es war das Josephifest –, der alle Welt toll machte. Nicht nur dass der Schnee nur da und dort noch an Hügeln und Bahndämmen, vergessen und verachtet, lag, – ein Grünen war über die befreiten Wiesen gekommen, und über Nacht wiegten sich in dem lauen, lichterjagenden Wind gelbe Kätzchen an den langen, kahlen Ruten.

Da war Luisa ausgegangen, um in der Kirche von Loretto bei dem großen Mittagshochamt zu beten. Aber sie war dann – kaum konnte sie sagen wie, an dem lockenden Glockenspiel der Kapuziner vorübergewandert und hatte erst aufgesehen, als sie hinter dem Baumgarten in einer der weiten einsamen Alleen stand und die Arme ausbreitete. Sie empfand, wie sehr sie alles um sich liebte, wie sehr das alles zu ihr gehörte, und dass dieses leise, freudige Werden mit seinem heimlichen Glück und seiner süßen Sehnsucht ihr Schicksal sei, nicht aber das, was Menschen in dunklem Drange wollten und irrten.

Auf dem Heimwege kamen ihr die lichten Schwärme fröhlicher Menschen entgegen, und da blieb sie lächelnd stehen und schaute über die helle, lebende Landschaft: Man konnte nicht glauben, dass alle diese lachenden Scharen wieder Raum finden würden in den engen Häusern drüben. Das macht: jeder von ihnen ist über sich selbst hinausgewachsen in den schimmernden Tag, den er kaum auf den Schultern spürt. Und der leuchtende Himmel wirft seinen goldenen Glanz so reich und rasch über die Menschen und Dinge, dass sie vergessen, ihre alltäglichen Schatten zu haben, und selber Licht sind in dem flimmernden Land. –

Bei diesem Bild musste Luisa, sie wusste nicht warum, an Zdenko denken, und ob es ihm einmal geschehen sei in seinem dunklen Leben, dass Menschen so, licht und glücklich, ihm entgegenkamen.

Dann wandte sie sich heimwärts. Die Schatten der Menschen lagen grau in den kalten, verlassenen Gassen aufgeschichtet wie vergessene Alltagskleider, und ein dumpfer Wintergeruch schien von ihnen auszugehen. Luisa fröstelte, und auf den ersten tückischen Vorschlag der schiefen Bürgersteige, zu laufen, ging sie lustig ein und trabte nun recht kindisch bergab an den uralten Palästen vorbei, deren mürrische Tor-Riesen zürnend auf sie niedersahen. Vor denen aber hatte sie keine Furcht mehr.

In der Tür stand Rosalka und erzählte mit vielen Gesten den Nachbarinnen, welche sie umdrängten, eine wichtige Neuigkeit, an welcher die Frauen eifrig nickend Anteil nahmen. Sobald eine von ihnen Luisa erblickt hatte, begannen sie alle in ungeduldigem Ungestüm zu winken und zu rufen. Einige Kinder schrien mit, und Luisa begriff von allem endlich nur das Wort: Besuch. Das genügte für ihr größtes Erstaunen. Während sie die finstere Stiege hinauf jagte, gab es in ihren Gedanken nur ein einziges, riesiges »Wer?«. Mit dieser Neugierde in den Augen sprang sie in die Stube, wo Frau von Meering mit unverhehlter Gekränktheit, steif und stramm, auf dem Sofa wartete. Aber das größere Erstaunen war doch auf der Seite der Oberstin, welche eben erst ihr Beileid für den letzten Unglücksfall mitgebracht hatte und außerstande war, diesem strahlenden, atemlosen Kind eines von ihren schönen, gnädigen Trauerworten zu zeigen. Sie fühlte eine mächtige, gerechte Entrüstung dieser lachenden Gesundheit gegenüber und kam sich ebenso überflüssig vor wie bei jenem früheren Fall. »Diese Leute«, dachte sie, »das muss in der Familie liegen.«

Inzwischen hatte Luisa sich zu einigen Entschuldigungen erholt und fragte die Dame artig nach dem Grunde ihres Besuches. Frau von Meering drückte hastig ihr Taschentuch vor das Gesicht und schluchzte aus einer Falte heraus: »Ihre arme, arme Mutter.«

Als auf diese ergreifende Bemerkung keine Antwort kam, sah die Oberstin auf und betonte mit strengen Augen: »Sie war eine sehr achtbare, brave Frau.«

Luisa saß mit gesenktem Blicke da und betrachtete – so schien es – die Spitze ihres zierlichen Fußes. Die Dame wartete noch eine Weile, und da Luisa immer noch nicht zu weinen begann, erkannte sie, dass diesem verstockten Mädchen gegenüber doch alle Milde und Anteilnahme erfolglos sein würde. Und indem sie gleichsam in ihrer Miene schon anfing, sich zu erheben, fügte sie in bitterem Tone hinzu: »Ich wollte Ihnen nur das eine sagen, mein Kind. Sie haben doch wohl schon die Veränderungen überlegt, welche seit dem Tote Ihrer braven Mutter nötig geworden sind?« »Ich weiß nicht« – zögerte Luisa verlegen. »Es versteht sich doch von selbst, dass Sie diesem jungen Mann augenblicklich kündigen müssen, der, wie ich mit Erstaunen vernehme, immer noch bei Ihnen wohnt.« »Aber –« machte Luisa mit großen, erstaunten Augen. Dann zuckte ein Lächeln über ihr Gesicht, welches fast schelmisch war.

Frau von Meering stand schon an der Tür. »Ich habe es für meine Pflicht gehalten, Sie darauf aufmerksam zu machen. Sie können ja tun, wie es Ihnen beliebt.« »Ja, gnädige Frau«, erwiderte Luisa in plötzlichem Übermut und stellte sich auf die Fußspitzen, um die Oberstin, welche immer größer zu werden schien, zu erreichen. Dann fragte sie lächelnd: »Wollen Sie nicht noch einen Augenblick ausruhen, gnädige Frau?« Die Dame aber entfloh aus diesem grässlichen Hause. Sie war schon in der Küche, wo sich ihr die alte Magd Rosalka ungestüm entgegenwarf, um ihr dann ganz behutsam den Ärmel der Seidenmantille in der Nähe des Ellbogens zu küssen. Die Beleidigte entriss sich mit einem knappen »Adieu« der sklavischen Verehrung und fand in dem Gaffen der Hausgenossen auf Stiegen und Gängen und in ihrer tuschelnden Bewunderung nur ein kleines Entgelt für diese »erlittene Misshandlung«.

Luisa blieb eine Weile nachdenklich stehen. Rosalka war nach vorn ans Fenster gelaufen, um noch etwas von der vornehmen Dame zu sehen, welche, wie sie betonte, »bei uns« zu Besuch war.

Als sie wieder zurückkam, hatte sie sehr neugierige Augen. Luisa bemerkte es nicht. Sie sagte während des Auf- und Niederschreitens: »Ich glaube, wir bleiben in dieser Wohnung. Und darüber hab ich ganz vergessen, mit Ihnen zu sprechen, Rosalka. Sie sind also jetzt bei mir im Dienst und unter den alten Bedingungen. Sie wollen doch?« Die Alte verschwor ihre zeitliche und ewige Glückseligkeit dafür, und dabei passierte es, dass sie unter Tränen mit einemmal, statt wie von Kindheit her: Loisinka, »Fräulein« zu ihrer Herrin gesagt hatte.

Dann pochte Luisa an Lands Türe. Er kam ihr lächelnd entgegen. »Sie Maulwurf«, rief sie ihn scherzend an, »immer in der Stube. Heute müssen Sie mal hinaus aus der Stadt. Frühling! Ich war draußen weit, weit«, und sie machte eine Bewegung, als wollte sie ihm zeigen, wo der Frühling liegt. Ihre Augen glänzten so verheißend. Dann fuhr sie fort in wichtigem, geschäftlichem Ton: »Ich will Sie nicht stören, Herr Land. Nur das wollte ich Ihnen mitteilen. Ich behalte die Wohnung; es bleibt also alles beim Alten, das heißt wenn Sie mit dem Zimmer sonst zufrieden sind?«

Er suchte ihre Augen und sah dann rasch zu Boden: »Oh«, sagte er weich, »ich bin sehr gerne hier, ich glaube ...« Er begann die Handflächen aneinander zu reiben … Luisa hatte die Klinke in der Hand behalten: »Das ist schön«, half sie ihm und wurde auch etwas ratlos. Er sah aus, als hätte er etwas auf dem Herzen. Die beiden jungen Menschen schwiegen. Dann begann das Mädchen: »Ich möchte so gern etwas besser Deutsch lernen, vielleicht können Sie ein wenig Böhmisch brauchen dafür.« »Ja«, atmete Land auf, »ich liebe Ihre Sprache.« »Also«, bat Luisa heiter, »dann kommen Sie doch, wenn Sie Zeit haben, eine Weile nach vorn. Es gibt ein paar Bücher da, auch deutsche.« Und in der Türe fügte sie an: »Kommen Sie so oft Sie wollen«, und leiser: »Sie müssen mir viel von Ihrer Mutter erzählen.«

Generationen

In unseren Stuben riecht es am Donnerstag nach Tomaten, am Sonntag nach Gänsebraten, und jeden Montag ist Wäsche. So sind die Tage: der rote, der fette, der seifige. Außerdem gibt es noch die Tage hinter der Glastür; oder eigentlich einen einzigen Tag aus Kühle, Seide und Sandelholz. Das Licht darin ist gesiebt, fein, silbern, still; Ruß, Sturm, Lärm und Fliegen kommen nicht mit herein wie in alle anderen Stuben. Und doch ist nur die Glastür dazwischen; aber sie ist wie zwanzig eherne Tore, oder wie eine Brücke, die nicht enden will, oder wie ein Fluss mit einer unsicheren Fähre von Ufer zu Ufer.

Selten kommt jemand hinüber und erkennt nach und nach, tief in der Dämmerung: über dem Sofa, groß, in Goldrahmen, der Großvater, die Großmutter. Es sind enge, ovale Brustbilder, aber beide haben ihre Hände hineingehoben, so mühsam das gewesen sein mag. Es wären keine Porträts geworden ohne diese Hände, hinter denen sie leise und bescheiden hingelebt haben, alle Tage lang. Diese Hände hatten das Leben gehabt und die Arbeit, die Sehnsucht und die Sorge, waren mutig und jung gewesen und sind müde und alt geworden, während sie selbst nur fromme, ehrfürchtige Zuschauer dieser Geschicke waren. Ihre Mienen blieben müßig irgendwo weit vom Leben und hatten nichts zu tun, als einander langsam ähnlich zu werden. Und in den Goldrahmen über dem Sofa sehen sie wie Geschwister aus. Aber dann stehen mit einemmale ihre Hände vor den schwarzen Sonntagskleidern und verraten sie.

Die eine, hart, krampfig, rücksichtslos, sagt: So ist das Leben. Die andere, blass, bang, voll Zärtlichkeit, sagt: Sieben Kinder – oh! Und einmal ist der blonde Enkel dabei, hört die Hände und denkt: diese Hand ist wie der Vater, und meint die harte, narbige damit. Und vor der bleichen Hand fühlt er: wie die Mutter ist sie. Die Ähnlichkeit ist groß; und der Knabe weiß, dass die Eltern sich nicht gern so sehen mögen; deshalb kommen sie selten in den Salon. Sie passen in die Stuben, die voll sind von lautem Licht, und in den Wechsel der Tage, die bald rot von Tomaten, bald dumpf von Soda sind. Denn das ist das Leben. Und es bleibt alles in ihren Zügen hängen wie einst an den Händen der Großeltern. Ein paar Hände sind sie und nichts dahinter. Hinter der Glastür sind seltsame Gedanken. Die hohen, halbblinden Spiegel wiederholen immerfort, als müssten sie's auswendig lernen: der Großvater, die Großmutter.

Und die Albums auf der gehäkelten Tischdecke sind voll davon: Großvater, Großmutter, Großvater, Großmutter. Natürlich stehen die steilen Stühle ehrfurchtsvoll herum: als ob sie einander eben erst vorgestellt wären und gerade die ersten Phrasen tauschten: »Sehr angenehm«, oder: »Sie gedenken, lange hier zu bleiben?« oder so etwas Höfliches. Und dann verstummen sie ganz, sagen gleichsam: »Bitte«, wenn die Spieluhr beginnt: »Tingilligin ...« Und sie singt mit ihrer welken, winzigen Stimme ein Menuett. Das Lied bleibt eine Weile über den Dingen und sickert dann in die vielen dunklen Spiegel hinein und ruht in ihnen wie Silber in Seen.

In einer Ecke steht der Enkel und ist wie von van Dyck. Er möchte so heißen, dass man seinen Namen zur Spieluhr singen könnte, denn er hat plötzlich das Gefühl: Kampf und Krankheit sind es nicht, auch nicht die Sorgen und das tägliche Brot und der Wäschetag und alles andere, was mit uns draußen in den engen Stuben wohnt. Das wirkliche Leben ist wie dieses »Tingilligin« ... Es kann nehmen und schenken, kann dich Bettler rufen oder König und tief oder traurig machen je nachdem, – aber es kann nicht das Gesicht bang oder zornig verzerren und es kann auch – verzeih, Großpapa – es kann auch die Hände nicht hart und hässlich machen wie deine.

Das war nur so ein breites, dunkles Gefühl in dem blonden Knaben. Wie ein Hintergrund, vor dem andere kleine Kindergedanken standen wie Bleisoldaten. Aber er empfand es doch, und vielleicht lebt er's einmal.

»Ewald Tragy«

I

Ewald Tragy geht neben seinem Vater am »Graben«. Man muss wissen, dass es Sonntagmittag ist und Korso. Die Kleider verraten die Jahreszeit: so Anfang September, abgetragener, mühseliger Sommer. Für manche Toiletten war es nicht einmal der erste. Zum Beispiel für die modegrüne der Frau von Ronay und dann für die von Frau Wanka, blau Foulard; wenn die ein wenig überarbeitet und aufgefrischt wird, denkt der junge Tragy, hält sie gewiss noch ein Jahr aus. Dann kommt ein junges Mädchen und lächelt. Sie trägt blassrosa Crêpe de Chine, – aber geputzte Handschuhe. Die Herren hinter ihr schwimmen alle durch lauter Benzin. Und Tragy verachtet sie. Er verachtet überhaupt alle diese Leute. Aber er grüßt sehr höflich mit etwas altmodisch betonter Artigkeit. Nur wenn sein Vater dankt oder grüßt – allerdings. Er hat keine Bekannten für sich. Umso öfter muss er den Hut mitabnehmen; denn sein Vater ist vornehm, geachtet, eine sogenannte Persönlichkeit. Er sieht sehr aristokratisch aus, und junge Offiziere und Beamte sind fast stolz, wenn sie ihn begrüßen dürfen. Der alte Herr sagt dann mitten aus einer langen Schweigsamkeit heraus: »Ja« und dankt großmütig. Dieses laute »Ja« hat den Irrtum verbreiten helfen, dass der Herr Inspektor mit seinem Sohn mitten im Durcheinander des Sonntagskorso tiefe und bedeutsame Gespräche hätte und dass eine seltene Übereinstimmung zwischen den beiden bestünde. Mit den Gesprächen aber ist es so:

»Ja«, sagt Herr von Tragy und belohnt damit gleichsam die ideale Frage, welche in einem ergebenen Gruß sich ausprägt und etwa lautet: ›Bin ich nicht artig?‹ »Ja«, sagt der Herr Inspektor, und das ist wie eine Absolution.

Manchmal nimmt Tragy, der Sohn, dieses ›Ja‹ wirklich fest und hängt rasch die Frage daran: »Wer war das, Papa?« Und dann steht das arme ›Ja‹ mit der Frage dahinter, wie eine Lokomotive mit vier Waggons auf falschem Geleise, und kann nicht vor und nicht zurück.

Herr von Tragy, der Ältere, sieht sich um nach dem letzten Gruß, hat gar keine Ahnung, wer das gewesen sein könnte, denkt aber doch drei Schritte lang nach und sagt dann zum Erbarmen hilflos: »Jaaa?«.

Gelegentlich fügt er hinzu: »Dein Hut ist wirklich ganz staubig«. »So«, meint der junge Mensch, gottergeben. Und sie sind beide einen Augenblick traurig. Nach zehn Schritten ist die Vorstellung des staubigen Hutes in den Gedanken von Vater und Sohn abnorm gewachsen. ›Alle Leute schauen her, es ist ein Skandal‹, denkt der Ältere, und der junge Mensch strengt sich an, sich zu erinnern, wie denn der unglückselige Hut etwa aussieht und wo der Staub sitzen mag. An der Krempe, fällt ihm ein, und er denkt: ›Man kann ja nie dazu. Es müsste eine Bürste erfunden werden ...‹ Da sieht er seinen Hut körperhaft vor sich. Er ist entsetzt: Herr von Tragy hat ihm den Hut einfach vom Kopf gehoben und knipst aufmerksam mit den rotbehandschuhten Fingern drüber hin. Ewald sieht eine Weile barhaupt zu. Dann reißt er mit einem empörten Griff das schmachvolle Ding aus den behutsamen Händen des alten Herrn und stülpt den Filz wild und ungestüm über. Als ob seine Haare in Flammen stünden: »Aber Papa« – und er will noch sagen: ›Ich bin achtzehn Jahre alt geworden, – dazu also. Dass du mir hier den Hut vom Kopf nimmst, – am Sonntag Mittag, unter allen Leuten.‹ Aber er bringt nicht ein Wort heraus und würgt etwas. Gedemütigt ist er, klein, wie in ausgewachsenen Kleidern.

Und der Herr Inspektor geht auf einmal fern drüben am anderen Rande des Bürgersteigs, steif und feierlich. Er kennt keinen Sohn. Und der ganze Sonntag flutet zwischen ihnen. Allein es ist nicht einer in der Menge, der nicht wüsste, dass die beiden zusammengehören, und jeder bedauert den rücksichtslosen und brutalen Zufall, der sie soweit voneinanderschob. Man weicht einander voll Teilnahme und Verständnis aus und ist erst befriedigt, als man den Vater und den Sohn wieder nebeneinander sieht. Man konstatiert gelegentlich eine gewisse zunehmende Ähnlichkeit im Gang und in den Gesten der beiden und freut sich darüber. Früher war der junge Mensch nämlich außerhalb des Hauses, man sagt, in der Militärerziehung. Von dort kam er eines Tages – wer weiß weshalb – sehr entfremdet zurück. Jetzt aber: »Bitte, sehen Sie«, sagt ein gutmütiger alter Herr, der von dem Inspektor eben ein ›Ja‹ geschenkt bekommen hat, »er trägt schon den Kopf ein wenig nach links – wie der Vater –«, und der alte Herr strahlt vor Vergnügen über diese Entdeckung.

Auch ältere Damen nehmen Interesse an dem jungen Herrn. Sie legen ihn im Vorübergehn eine Weile auf ihre breiten Blicke, wägen ihn ab; sie urteilen: Sein Vater war ein schöner Mann. Er ist es noch. Das wird Ewald nicht. Nein. Weiß Gott wem er ähnlich sieht. Vielleicht seiner Mutter – (wo die übrigens stecken mag). Aber er hat Gestalt, wenn er ein guter Tänzer wird ... und die ältere Dame sagt zu der Tochter in Rosa: »Hast du Herrn Tragy auch freundlich gedankt, Elly?«

Aber eigentlich ist das alles überflüssig, – die Freude des alten Herrn und die kluge Fürsorge von Ellys Mutter. Denn als die Männer von dem Korso in die leere enge Herrengasse einbiegen, atmet der junge auf:

»Der letzte Sonntag.«

Er hat ziemlich laut Atem geholt. Trotzdem hat der alte Herr nicht vor, etwas zu antworten. Diese Schweigsamkeit, denkt Ewald. Wie eine Zelle für Tobsüchtige ist sie, taub und so unerbittlich gepolstert auf allen Seiten.

So gehen sie bis zum Deutschen Theater.

Dort fragt Tragy, der Vater, unvermittelt: »Was?«

Und Tragy, der Sohn, wiederholt geduldig: »Der letzte Sonntag.«

»Ja«, entgegnet der Inspektor kurz, »wem nicht zu raten ist ...« Pause. Dann fügt er an: »Geh dir nur die Flügel verbrennen, du wirst schon sehn, was das heißt, sich auf die eigenen Füße stellen. Gut, mach deine Erfahrungen. Ich hab nichts dagegen.«

»Aber Papa«, sagt der junge Mensch etwas heftig, »ich glaube, wir haben doch das alles schon oft genug besprochen.«

»Aber ich weiß immer noch nicht, was du eigentlich willst. Man geht doch nicht so fort, ins Blaue hinein. Sag mir nur mal, was wirst du denn in München tun?« »Arbeiten –« hat Ewald rasch bereit. »Sooo – als ob du hier nicht arbeiten könntest!« »Hier«, und der junge Herr lächelt überlegen. Herr von Tragy bleibt ganz ruhig: »Was fehlt dir denn hier? Du hast dein Zimmer, dein Essen, alle wollen dir wohl. Und schließlich man ist bekannt hier, und wenn du die Leute richtig behandelst, stehen dir die ersten Häuser offen –«

»Immer die Leute, die Leute«, fährt der Sohn in demselben spöttischen Ton fort, »als ob das Alles wäre. Ich kümmer mich den Teufel um die Leute –« (bei dieser stolzen Phrase fällt ihm die Geschichte mit dem Hut ein, und er fühlt, dass er lügt), deshalb betont er nochmals: »sollen mich gern haben – die Leute. Was sind sie denn, bitte? Menschen – vielleicht?« Jetzt ist es an dem alten Herrn, zu lächeln, so ganz eigentümlich lächelt es irgendwo in seinem feinen Gesicht, man kann nicht sagen, ob es um seine Lippen unter dem weißen Schnurrbart oder bei den Augen war. Es ist auch gleich wieder vorbei. Aber der Achtzehnjährige kann es nicht vergessen; er schämt sich und stellt lauter große Worte vor seine Scham. »Überhaupt«, sagt er endlich und macht einen ungeduldigen Schnörkel mit der Hand durch die Luft, »du scheinst nur zwei Dinge zu kennen, die Leute und das Geld. Um die dreht sich alles bei dir. Man liegt vor den Leuten auf dem Bauch, das ist der Weg. Und man kriecht auf dem Bauch zum Geld, das ist das Ziel. Nicht?«

»Du wirst beides noch brauchen, mein Kind«, sagt der alte Herr geduldig, »und man muss nicht zum Geld kriechen, wenn man's nur immer hat.« »Und wenn man's auch nicht hat, dann –« der junge Tragy zögert ein wenig. »Dann?« fragt der Vater und wartet. »Ooh«, macht der andere sorglos und winkt ab. Es scheint ihm gut, einen neuen Satz zu beginnen. Aber der alte Herr beharrt: »dann« – beendet er rücksichtslos – »wird man ein Lump und macht dem guten, ehrlichen Namen Schande.«

»O ihr habt Begriffe –« der junge Herr tut ganz entrüstet. »Wir sind eben nicht von heute«, sagt der alte Herr, »basta.« »Das ist es ja gerade –« triumphiert Tragy, der Sohn, »von irgendwann, von anno olim seid ihr, verstaubt, vertrocknet, überhaupt –« »Schrei nicht«, kommandiert der Inspektor, und man merkt ihm den alten Offizier an. »Ich habe doch wohl das Recht« »Ruhig!« »Ich darf reden –« »Red du –«, wirft Herr von Tragy verächtlich hin. Wie ein Schlag ins Gesicht ist dieses kurze: ›Red du!‹ Und dann geht der Vater Tragy steif und feierlich hinüber auf die andere Seite der Straße. Weil die Straße ganz leer ist, kommen die beiden nicht sobald wieder zusammen, und es ist, als würde die heiße sonnige Fahrbahn immer breiter zwischen ihnen. Sie sehen einander gar nicht mehr ähnlich. Der alte Herr wird immer tadelloser in Gang und Haltung, und seine Stiefel schleudern Glanzlichter vor sich her. Der drüben verändert sich auch. Alles an ihm kräuselt und sträubt sich wie verkohlendes Papier. Sein Anzug hat auf einmal eine Menge Falten, seine Krawatte schwillt an, und seinem Hut scheint die Krempe zu wachsen. Den knappen Modeüberzieher hat er wie einen Wettermantel gepackt und trägt ihn gegen irgend einen Sturm. Seine Schritte kämpfen. Er ist wie ein altes Bild mit der lithographierten Unterschrift: ›1848‹ oder: ›*Der Revolutionär*‹

Gleichwohl sieht er vorsichtig von Zeit zu Zeit hinüber. Es hat etwas Beunruhigendes für ihn, den alten Mann so ganz verlassen auf dem endlos öden Bürgersteig zu sehen. Wie allein er ist, denkt er –, und: wenn ihm etwas geschieht ...

Seine Augen lassen den Vater nicht mehr los, begleiten ihn und werden fast wund vor Anstrengung.

Endlich stehen die beiden Menschen vor demselben Haus. Als sie in den Flur treten, bittet Ewald: »Papa!« Er ist eine Weile verwirrt und überstürzt sich dann: »Den Kragen musst du aufschlagen, Papa – es ist immer so kalt jetzt im Treppenhaus.« Seine Stimme ist zaghaft und fragt zum Schluss, obwohl das doch gar keine Frage ist. Und der Vater antwortet auch nicht, er befiehlt: »Richt dir deine Krawatte.« »Ja«, bestätigt Ewald pedantisch und richtet die Krawatte.

Dann steigen sie hinauf, bedächtig, wie es sich gehört vom hygienischen Standpunkt aus.

Eine Treppe rechts wohnt Frau von Wallbach, genannt Tante Karoline, und bei ihr speist an jedem Sonntag die Familie – Stunde halb zwei.

Die Herren Tragy, Vater und Sohn, sind pünktlich. Trotzdem ist Alles schon da. Denn das Wort ›pünktlich‹ lässt sich steigern, wie man weiß.

Ewald zögert einen Augenblick im Vorzimmer vor dem Spiegel. Er setzt das Gesicht ›der letzte Sonntag‹ auf und tritt so hinter dem Vater in den gelben Salon.

»Ah –« Die Gesellschaft ist maßlos erstaunt, einer immer über das Erstaunen des anderen. Der Eintritt der beiden Tragys wird so auf billige Weise Ereignis. Man muss eben verstehen, sich das Leben reich zu machen – irgendwie. Große Begrüßung. Die Übung eines Setzers gehört dazu, aus diesen verschiedenen Schößen die richtigen Hände zu holen und sie ohne Druckfehler loszulassen. Ewald leistet heute mit dem Gesicht ›der letzte Sonntag‹ Großartiges. Während der alte Herr erst bei seiner Schwester Johanna angekommen ist, hat der Jüngling drei Tanten, vier Kusinen, den kleinen Egon und ›das Fräulein‹ überwältigt, ohne dass man die geringste Müdigkeit an ihm bemerkt.

Endlich ist auch Herr von Tragy, der Ältere, am Ziel, und nun sitzt man einander gegenüber und hungert sich an. Die vier Kusinen finden allerdings, man müsse etwas reden. Sie versuchen auch da und dort an ein Ding – zum Beispiel an das Barometer, an die Azaleen, die im Fenster stehen, an die Kupferdruckprämie über dem Kanapee ein Wort zu heften. Aber alle diese Gegenstände sind von unglaublicher Glätte, und die Worte fallen von ihnen wie satte Blutegel. Ein Schweigen bricht herein. Es legt sich um alle wie lange, lange Fäden gebleichten Garnes. Und die Älteste der Familie, die verwitwete Majorin Eleonore Richter, regt ihre harten Finger sacht im Schoße, als wickelte sie die endlose Langeweile sorgsam zu einem Knäuel auf. Man sieht: sie stammt noch aus jener trefflichen Zeit, da die Frauen nicht müßig sein konnten.

Doch auch das Geschlecht, welches die verwitwete Majorin ›jung‹ nennt, erweist sich in diesem Augenblick nicht als träge. Die vier Fräulein sagen fast gleichzeitig: »Lora?« Hinter diesem Wohlklang lächeln alle wie beschenkt. Und Tante Karoline, die Hausfrau, eröffnet die Diskussion: »Wie macht der Hund?« »Wau, Wau« – bellen die vier Fräulein. Und der kleine Egon kommt aus irgendeinem Winkel gekrochen und beteiligt sich lebhaft an dem Gespräche. Aber die Hausfrau glaubt dieses Thema erschöpft und schlägt vor: »und die Katze?« Und nun ist man allgemein beschäftigt zu miauen, zu krähen, zu meckern und zu brüllen, je nach Verdienst und Neigung. Es ist schwer zu sagen, wer das tiefste Talent bewies, denn über diesem Gewühle von rollenden und kreischenden und gleitenden Lauten bleibt nur das gackernde Organ der verwitweten Majorin, und sie wird ordentlich jung dabei.

»Die Tante gackert«, sagt jemand ehrfurchtsvoll.

Doch man hält sich nicht lange dabei auf. Man ist hingerissen von der Fülle der Möglichkeiten, macht immer kühnere Versuche, gibt immer mehr Eigenes in den seltsam stilisierten Klangsilben. Und es ist rührend, zu erwähnen, dass bei allem Individualisieren doch eine feine Familienähnlichkeit in den Stimmen blieb, der gemeinsame Grundton der Herzen, auf dem allein echte, sorglose Fröhlichkeit entstehen kann.

Plötzlich beginnt ein graugrüner Sittich hinter seinen gelben Gitterstäben sich zu rühren und, man kann sagen, es ist eine gewisse, vornehme Anerkennung in dem stummen, bedächtigen Neigen seines Kopfes. Alle empfinden es so, werden leiser und lächeln dankbar.

Und der Papagei hat die Miene eines jüdischen Musiklehrers und verneigt sich noch ein paar Male gegen seine Schüler; Tatsache ist: seit Lora Hausgenosse wurde, haben alle in der

Familie eine Anzahl klangvoller Worte, von denen sie sich früher nie träumen ließen, zugelernt und so ihren Sprachschatz bedeutend vermehrt. Bei dem schweigsamen Lob des Vogels kommt dieser Umstand einem jeden zum Bewusstsein und macht ihn stolz und froh. Man geht also in bester Stimmung zu Tisch.

Jeden Sonntag wartet Ewald, bis die dritte der Tanten, Fräulein Auguste, lächelt: »Das Essen ist doch kein leerer Wahn« – worauf jemand in guter Gewohnheit bestätigen muss: »nein, es ist nicht ohne.«

Das kommt gewöhnlich nach dem zweiten Gang. Und Ewald weiß ganz genau, was nach dem dritten kommt, und so fort. Während aufgetragen wird, spricht man wenig, einmal der ›Dienstleute‹ wegen, dann weil das Zwiegespräch mit dem eigenen Teller einen jeden genügend beansprucht. Man hindert höchstens den kleinen Egon, der nur reden darf, wenn er gefragt wurde, durch eine zärtliche Teilnahme daran, satt zu werden oder auch nur seine Bissen fertigzukauen. So kommt es, dass der Kleine immer zuerst das unbehagliche Gefühl des Übervollseins bekommt und ›das Fräulein‹, das langsam rot wird, zur Vertrauten seiner intimsten Empfindungen macht. Die andern sind lange nicht so diskret. Niemand füllt seinen Teller, ohne leise zu stöhnen, und als das Mädchen mit einer süßen Crème eintritt, seufzen alle laut und schmerzlich auf. Die eisgekühlte Sünde drängt sich an jeden heran, und wer kann widerstehen? Der Herr Inspektor denkt: ›wenn ich nachher Soda nehme …‹ und Fräulein Auguste wendet sich an die Hausfrau: »Ist Magenbitter zuhaus, Karoline?« Mit schelmischem Lächeln zieht Frau von Wallbach ein kleines Tischchen heran, darauf viele Schachteln und Büchsen neben seltsam geformten Flaschen bereitstehen. Man lächelt, es beginnt nach Apotheke zu riechen, und die Crème kann noch einmal herumgehen.

Plötzlich geschieht eine unerwartete Störung. Die Älteste steht wie eine Ahnfrau und ruft warnend: »Und du, Ewald?«

Ewalds Teller ist rein.

»Und du?« fragen alle Augen, und die Hausfrau denkt: »wie immer, dieses Absondern von der Familie. Wir sind morgen alle elend und – er? Schickt sich das?«

»Danke –« sagt der junge Mensch kurz und stößt den Teller ein wenig fort. Das will heißen: damit ist diese Sache abgetan – bitte.

Allein niemand versteht das. Man ist froh ein Thema zu haben und bemüht sich um weitere Aufklärung.

»Du weißt nicht, was gut ist –« sagt jemand. »Danke.« Dann strecken die vier Kusinen, alle zugleich, ihre Löffelchen her: »Kost mal.« »Danke –« wiederholt Ewald und bringt es zustande, vier junge Mädchen zugleich unglücklich zu machen. Die Stimmung wird bang. Bis Tante Auguste zitiert: »Die Großmutter hat immer gesagt: ›Was man essen ... nein – wie man leiden ...‹« »Nein«, bessert Tante Karoline aus: »Leiden was man –«. Aber auch so stimmt es nicht. Die vier Kusinen sind ratlos. Herr von Tragy nickt seinem Sohn zu: ›Zeig dich jetzt, imponier ihnen – vorwärts.‹ Tragy, der Jüngere, schweigt. Er weiß: Alle erwarten Hilfe von ihm, und weil der letzte Sonntag ist, entschließt er sich endlich: »Essen was man mag und leiden was man kann«, wirft er voll Verachtung vor sich hin. Da sind alle Bewunderung. Man reicht sich das Wort weiter, betrachtet, erwägt es – nimmt es in den Mund wie zu besserer Verdauung und nützt es so ab, dass es schon wieder ganz dunkel ist, als es zu Ewald, die Tischrunde entlang, zurückkehrt. Er lässt es im Munde ›des Fräuleins‹, einer bleichsüchtigen Französin, die es als Sprachübung betrachtet und zu dem kleinen Egon geneigt wiederholt: »Was man mack essen ...«

Eine Weile bleibt Ewald der geistige Mittelpunkt der Familie. Man staunt sein bereites Gedächtnis an, bis Tante Karoline geringschätzig die Lippen kräuselt: »Hm – wenn man so jung ist ...« Freilich, denken die vier Kusinen: wenn man so jung ist ... Und sogar auf dem blassen

Gesichtchen des kleinen Egon ist diese verächtliche Ahnung: wenn man so jung ist, – sodass der Achtzehnjährige fühlt: Was ist denn nun wieder los? Sie erwarten hier demnächst meine Geburt, wahrscheinlich.

Er ist ohnehin gereizt, und es scheint ihm gelegen, dass Tante Auguste zwischen zwei Bissen die Geschichte ihrer Zähne – Glück und Ende – erzählt; er sagt an der spannendsten Stelle in den weitoffenen Mund der Tante hinein: »Ich denke, bei Tisch ...« und hofft, man wird ihm erwidern: ›Du musst's ja nicht lange mehr mitmachen, du kannst ja gehen, wenn es dir nicht recht ist.‹ Aber Alle bleiben gekränkt und stumm. –

Später, als man mit ›Cantenac‹ verschiedene Hochs ausbringt, denkt der junge Mensch: Jetzt wird doch jemand sein Glas heben: ›Also Ewald ...‹ Doch man trinkt einander zu, der Reihe nach, ohne dass irgendwem einfällt zu beginnen: ›Also Ewald –‹

Dann entsteht eine lange Pause, und Ewald hat Zeit zu bangen Gedanken; er empfindet plötzlich, wie die Blicke aller in Gleichgültigkeit oder Bosheit an ihm haften, und müht sich mit scheuen Gesten sie abzustreifen. Aber mit jeder Bewegung verwirrt er nur noch mehr diese unsichtbaren Netze, wird erst heftig, dann hilflos, und denkt beständig im Kreise; denn durch Unmut und Ungeduld kommt er immer wieder bei diesem an: man müsste euch etwas Ungeheures, Unerhörtes sagen, mit einem breiten Wort euch die Augen totschlagen, damit sie loslassen, das müsste man. Aber das bleibt Wunsch; denn er liebt selbst Vieles aus dieser bequemen, armseligen Alltäglichkeit, in der sie ihn haben aufwachsen lassen, und ist wie das Kind von Dieben, das das Handwerk seiner Eltern verachtet und doch langsam stehlen lernt.

Mitten in seine Sorgen hinein sagt Tante Auguste harmlos: »Wenn dem jungen Herrn da drüben keines von unseren Gesprächen passt, sollte er doch wenigstens für eine Unterhaltung nach seinem Geschmack aufkommen. Da würde man ja gleich sehen … nun, Ewald, du kommst ja wohl viel herum?«

Ewald, der kaum hingehört hat, sieht auf und lächelt traurig: Oh ich … Er vernimmt auch nur wie von fern, dass die vier Kusinen ihn erinnern: »Du hast vor vier oder fünf Wochen einmal eine Geschichte zu erzählen begonnen –« und er will sich schnell besinnen, was für eine Geschichte das gewesen sein mag. Aufmerksam erkundigt er sich: »Was war das doch, bitte?« Die vier Kusinen denken nach. Indessen wendet sich die Hausfrau an ihn: »Dichtest du noch? –« Ewald wird blass und sagt zu den Kusinen: »Also wisst ihr nicht …?« Und er hört, wie die verwitwete Majorin staunt: »Waaas, er dichtet?« und sie schüttelt den Kopf: »Zu meiner Zeit ...« Aber trotzalledem will er sich seiner Geschichte, die er vor fünf oder sechs Wochen begonnen hat, entsinnen. Er hofft: es wird sich irgendwo anbringen lassen, dass heute der letzte Sonntag ist, und dann kann man aufatmen. Allein plötzlich unterbricht ihn Frau von Wallbach: »Dichter sind immer zerstreut. Ich denke, wir sind alle fertig in den Salon zu gehen«, und zu Ewald: »Das mit der Geschichte hat ja wohl Zeit bis nächsten Sonntag, nicht wahr?« Sie lächelt geistreich und erhebt sich. Der junge Mann ist wie ein Verurteilter. Er fühlt: Es wird also immer wieder ein ›nächster‹ Sonntag sein und alles ist umsonst. »Umsonst« stöhnt etwas aus ihm.

Allein das hört schon niemand mehr. Man rückt die Stühle, streckt sich, sagt sich mit fetter, zufriedener Stimme, die über vieles Schlucken wie über schlechtes Pflaster rollt, »Mahlzeit« – und zieht sich an den schweißigen Händen in den Salon. Dort ist es wie vorher. Nur sitzt man jetzt weiter voneinander, und das Gefühl der Zusammengehörigkeit ist nicht mehr so lebhaft wie vor Tisch. Die verwitwete Majorin wandert vor dem Klavier auf und ab und knackt sich die Gichtfinger gerade. Die Hausfrau sagt: »Die Tante spielt alles nach dem Gehör – es ist staunenswert.« »Wirklich« – staunt Tante Auguste – »auswendig?« »Auswendig«, beteuern die vier Kusinen und wenden sich an die Majorin: »bitte, spiel.« Lange lässt sich die verwitwete Richter bitten, ehe sie großmütig fragt: »Was wollt ihr denn?« »Mascagni«, träumen die vier Kusinen – denn das ist gerade modern. »Ja«, sagt Frau Eleonore Richter und probt die Tasten. »Cavalleria?« »Ja«, sagen einige. »Ja«, nickt die alte Dame und denkt nach. »Die Tante spielt alles nach dem Gehör –« sagt Tante Auguste, die leise eingeschlafen war, und jemand fügt mit tiefem Atemholen an: »Ja, es ist staunenswert –« »Ja –«, zögert die Majorin und probt die Tasten: »es muss mir's einer pfeifen.« Der Herr Inspektor pfeift: »So such ich den Humor –« – Mikado. »Richtig« – lächelt die Tante: »Cavalleria«, und lächelt, als ob das ihre ›Jugend‹ wäre.

Sie beginnt also mit ›Mikado‹ und spielt dann, wundersam versöhnt: ›Der Bettelstudent‹ und ›Die Glocken von Corneville‹.

Die andern schlafen darüber dankbar ein, und die Majorin selbst kommt ihnen nach.

Da hält es Ewald nicht länger aus, er muss es aussprechen um jeden Preis, und als ob das die selbstverständliche Folge der »Glocken von Corneville« wäre, sagt er: »Der letzte Sonntag.«

Niemand hat das gehört als Fräulein Jeanne. Sie geht lautlos über den tiefen Teppich und setzt sich dem jungen Mann gegenüber ans Fenster. Eine Weile betrachten sich die beiden. Dann fragt die Französin leise: »Est-ce que vous partirez, monsieur?«

»Ja«, gibt ihr Ewald deutsch, »ich reise fort, Fräulein. Ich reise – fort«, wiederholt er gedehnt und freut sich an der Breite seiner Worte. Er spricht eigentlich zum ersten Mal mit Jeanne und ist erstaunt. Er fühlt unvermittelt, dass sie nicht einfach ›das Fräulein‹ ist, wie die andern meinen, und denkt: Merkwürdig, dass ich das nie erkannt habe. Sie ist eine, vor der man sich neigen muss – eine Fremde. Und obwohl er still und beobachtend bleibt, verneigt sich etwas in ihm vor der Fremden – tief – so übertrieben tief, dass sie lächeln muss. Das ist ein graziöses Lächeln, welches sich mit Barockschnörkel um die feinen Lippen schreibt und nicht bis an die Traurigkeit ihrer schattigen Augen reicht, die immer wie nach einem Weinen sind. Also irgendwo lächelt man so – erfährt Tragy, der Jüngere.

Und gleich danach hat er das Bedürfnis, ihr etwas Dankbares zu sagen, das ihr Freude machen muss. Ihm ist, als sollte er sie an etwas erinnern, was ihnen gemeinsam war, zum Beispiel sagen: ›Gestern‹ und verständig aussehen dabei. Aber es gibt ja in aller Welt nichts Gemeinschaftliches für sie. Da fragt sie ihn mitten in diese Verwirrung hinein in ihrem filigranen Deutsch: »Warum? Warum reisen Sie fort?«

Ewald stemmt die Ellbogen auf die Knie und legt das Kinn in die hohlen Hände.

»Sie sind ja auch fortgegangen von Hause«, antwortet er. Und Jeanne warnt schnell: »Sie werden Heimweh haben.«

»Ich habe Sehnsucht«, gesteht Ewald, und so reden sie eine Weile aneinander vorbei.

Dann kehren beide um und kommen sich entgegen; denn Jeanne beichtet leise: »Ich habe wegmüssen, wir sind acht Geschwister zuhaus, da können Sie sich vorstellen – aber mir ist sehr bang. Freilich, – Alle sind ja gut hier –«, fügt sie ängstlich an – und dann bittet das Mädchen: »Und Sie?« »Ich?«, der junge Mensch ist zerstreut, »ich? – nein, ich muss nicht fort, weiß Gott, im Gegenteil. Sie sehen ja: ein jeder hier weiß, dass ich den letzten Sonntag hier bin, und tut jemand was dergleichen? Aber trotzdem – Warum lächeln Sie?« unterbricht er sich.

Sie zögert, und dann: »Sind Sie ein Dichter, bitte?« Ganz rot ist sie und erschrocken wie ein Kind.

»Das ist es eben, Fräulein«, erklärt er – »ich weiß nicht. Und einmal muss man es doch wissen, nicht? So oder so. *Hier* kommt man zu keiner Klarheit darüber. Man kann nicht forttreten von sich, es fehlt die Ruhe, der Raum fehlt, die Perspektive. Verstehen Sie das, Fräulein?« »Vielleicht« – nickt die Französin, »aber – – ich meine – Ihr Herr Vater muss doch Freude haben und dann Ihre – – –« »Meine Mutter, wollen Sie sagen. Hm. Ja, das hat schon so mancher behauptet. Wissen Sie, meine Mutter ist krank. Sie werden ja wohl gehört haben – obwohl man vermeidet, hier ihren Namen zu brauchen. Sie hat meinen Vater verlassen. Sie reist. Sie hat immer nur so viel mit, als sie unterwegs braucht, auch von Liebe – Ich weiß lange nichts von ihr, denn wir schreiben uns seit einem Jahr nicht mehr. Aber gewiss erzählt sie zwischen zwei Stationen im Coupé: ›Mein Sohn ist ein Dichter –‹« – – Pause. – – – »Ja, und dann mein Vater. Er ist ein trefflicher Mensch. Ich hab ihn lieb. Er ist so vornehm und hat ein goldechtes Herz. Aber die Leute fragen ihn: ›Was ist Ihr Sohn?‹ Und da schämt er sich und wird verlegen. Was soll man sagen? *Nur* Dichter? Das ist einfach lächerlich. Selbst wenn es möglich wäre – das ist ja kein Stand. Er trägt nichts, man gehört in keine Rangsklasse, hat keine Pensionsberechtigung, kurz: man steht in keinem Zusammenhang mit dem Leben. Deshalb darf man das nicht unterstützen und zu nichts ›Gut‹ und ›Amen‹ sagen. Begreifen Sie jetzt, dass ich meinem Vater nie etwas zeige – überhaupt niemandem hier; denn man beurteilt meine Versuche nicht, man hasst sie von vornherein, und man hasst mich in ihnen. Und ich habe selbst so viel Zweifel. Wirklich: ganze Nächte lieg ich mit gefalteten Händen wach und quäle mich: ›Bin ich würdig?‹«

Ewald bleibt traurig und still.

Die anderen sind indessen wach geworden und gehen zwei und zwei in die Nebenzimmer, wo die Whisttische bereit stehen.

Der Inspektor ist guter Laune. Er klopft seinem Sohn leise auf die Schulter: »Na, Alter?«

Und Ewald versucht zu lächeln und küsst ihm die Hand.

Er wird *doch* bleiben, – denkt der Inspektor: das ist vernünftig. Und so geht er den anderen nach.

Der junge Tragy vergisst sofort sein Lächeln und klagt: »Sehen Sie, so hält er mich. So leise, nicht mit Gewalt oder Einfluss, fast nur mit einer Erinnerung, als ob er sagte: ›Du warst einmal klein, und ich habe dir einen Christbaum angezündet jedes Jahr – bedenke –‹ Er macht mich ganz schwach damit. Aus seiner Güte ist kein Ausgang, und hinter seinem Zorn ist ein Abgrund. Zu diesem Sprung hab ich nicht Mut genug. Ich bin wahrscheinlich überhaupt feige, Sie können mir glauben, feige und unbedeutend. Es wäre mir ganz gut hier zu bleiben, so wie alle es sich denken, brav und bescheiden zu sein und einen und denselben armseligen Tag so hinzuleben immer und immer wieder ...«

»Nein«, sagte Jeanne entschieden – »jetzt lügen Sie ...«

»Oh ja, vielleicht. Sie müssen nämlich wissen: ich lüge sehr oft. Je nach Bedürfnis, einmal nach oben, einmal nach unten; in der Mitte sollte *ich* sein, aber manchmal mein ich, es ist gar nichts dazwischen. Ich komme zum Beispiel zu Besuch zu Tante Auguste. Es ist licht, und die urväterliche Wohnstube ist gerade so recht heimlich. Und ich setze mich ohneweiters in den besten Stuhl, lege die Beine übereinander und sage: ›Liebe Tante,‹ sag ich ungefähr –, ›ich bin müde, und deshalb werde ich meine staubigen Füße auf dein Kanapee, gerade auf die netten Schutzdecken legen – erlaube.‹ Und damit die gute Tante durch ihre Freude über diesen Scherz mich nicht unnötig aufhält, tue ich also ohneweiters; denn ich habe noch viel zu erzählen, zum Beispiel dieses: ›Das ist ja alles recht schön und gut; ich weiß, es gibt Gesetze und Sitten, und die Menschen pflegen sich mehr oder minder daran zu halten. Aber mich darfst du nicht zu diesen ehrsamen Staatsbürgern zählen, beste Tante. Ich bin mein eigener Gesetzgeber und König, über mir ist niemand, nicht einmal Gott –‹ Ja, Fräulein, so ungefähr sag ich zu meiner Tante, und sie ist rot vor Entrüstung. Sie zittert: ›Es haben schon andere sich fügen gelernt ...‹ ›Mag sein‹, antworte ich gleichgültig. ›Du bist nicht der Erste, und für Leute von diesen Ansichten gibt es Narrenhäuser und Zuchthäuser, Gott sei Dank –‹, meine Tante weint schon – ›von der Art gibt es Hunderte.‹ Aber da bin ich empört: ›Nein‹, schrei ich sie an, ›es gibt keinen wie ich, hat nie einen Solchen gegeben ...‹ Schrei und schrei, denn ich muss mich selbst überschreien mit dieser Phrase. Bis ich plötzlich bemerke, dass ich in einer fremden Stube vor einer hilflosen alten Dame stehe und irgendeine Rolle spiele. Dann schleiche ich scheu davon, laufe die Gasse entlang und tret in meine Stube im letzten Augenblick, eh mir die Tränen aus den Augen brechen. Und dann –« Ewald Tragy schüttelt heftig den Kopf, als wollte er die Gedanken, die sich immer weiter bauen, zum Einsturz bringen. Er weiß: ich weine dann, freilich, weil ich mich verraten habe. Aber wie soll ich das erklären und wozu? Das ist ja wieder ein Verrat. Und er versichert hastig: »Unsinn, Fräulein – Sie dürfen nicht glauben, dass ich wirklich weine –« Und schon tut ihm die Lüge weh. Es hat so wohlgetan sich anzuvertrauen und nun ist wieder alles verdorben. Man muss nicht immer wieder anfangen, denkt Tragy und bleibt verstimmt und stumm.

Das Fräulein schweigt auch.

Sie horchen: die Karten fallen auf die Spieltische, wie Tropfen von Bäumen, die jemand schüttelt. – Und von Zeit zu Zeit mit großer Wichtigkeit: »Die Tante gibt« oder: »wer meliert?« oder: »Treff ist atout«, und: das Kichern der vier Kusinen.

Jeanne denkt nach. Sie will etwas Liebes sagen, also für ihn: etwas Deutsches. Aber sie weiß nicht, wie sie die fremden Worte erwärmen soll, darum bittet sie endlich: »Sei nicht traurig«. Und schämt sich.

Der junge Mensch blickt auf und sieht ihr ernst und sinnend ins Gesicht, solange bis sie aufgehört hat, zu glauben: ich habe sicher Unsinn gesagt. Dann nickt er ein wenig und nimmt ganz ernst ihre Hand, die er vorsichtig zwischen seine beiden legt. Es ist wie ein Versuch, und er weiß nicht, was tun mit dieser Mädchenhand, denn er gibt sie frei, lässt sie einfach fallen, der junge Mensch.

Indessen hat Jeanne einen zweiten deutschen Satz gefunden, auf den sie sehr stolz ist: »Sie haben doch noch nichts verloren?«

Da faltet Ewald die Hände im Schoß und sieht zum Fenster hinaus.

Pause.

»Sie sind so jung –«, tröstet ihn das Mädchen zaghaft.

»Oh« macht er. Er ist wirklich überzeugt, dass das Leben für ihn eigentlich abgetan ist; nicht, dass er mittendurch gegangen wäre, aber ein für allemal vorbei. Er lügt also jetzt nicht und ist wahrhaft traurig: »Jung? Ist es *das*, bitte? Ich habe Alles verloren ...«

Pause.

»auch Gott«, und er bemüht sich, jedes Pathos zu vermeiden. Da lächelt sie; sie ist fromm.

Er versteht dieses Lächeln nicht, gerade jetzt stört es ihn, und er ist ein wenig verletzt. Allein sie kommt um Verzeihung bitten, steht auf und sagt: »Ewald«, sie spricht es aus mit falscher Betonung auf dem *a* und mit einem dunkeln stummen *e* am Ende, das geheimnisvoll und wie eine Verheißung klingt, »ich glaube, Sie werden alles erst finden –« Und dabei steht sie so hoch und feierlich vor ihm.

Er senkt die Stirne tiefer und will prahlen: »Kind« – so recht wehmütig überlegen, und ist doch so leise dankbar gleich darauf und möchte jubeln dürfen: »Ich weiß.« Und er tut weder das eine, noch das andere.

Da bemerkt jemand im Spielzimmer, dass es so schweigsam geworden sei nebenan. Frau von Wallbach runzelt die Stirn und befiehlt gleich: »Jeanne!«

Jeanne zögert.

Die Hausfrau ist wirklich besorgt, und die vier Kusinen helfen ihr: »Fräulein!«

Da neigt sich die Französin und man weiß nicht, ist das Frage oder Befehl: »Und – Sie reisen?!« »Ja«, flüstert Ewald rasch. Er fühlt dabei eine Sekunde lang ihre Hand im Haar und verspricht einem fremden jungen Mädchen, in die Welt zu gehen, und weiß gar nicht, wie seltsam das alles ist.

II

Man wird es kaum glauben: Ewald Tragy schläft volle vierzehn Stunden. Und das ist ein fremdes elendes Hotelbett, und auf dem Bahnhofplatz gibt es Lärm und Sonne seit fünf Uhr früh. Er hat sogar vergessen zu träumen, trotzdem er weiß, dass ›erste‹ Träume besondere Bedeutung haben. Er tröstet sich damit, dass sich jetzt alles erfüllen könne, gleichviel, ob man es träume oder nicht, und zieht diesen leeren Schlaf hinter allem Gestrigen aus wie einen langen, langen Gedankenstrich. Fertig. So, und jetzt? Und jetzt kann es beginnen – das Leben, oder das, was eben zu beginnen hat der Reihe nach.

Der junge Mensch streckt sich behaglich in den Kissen aus. Vielleicht will er so, in dieser wohligen Wärme, die Ereignisse empfangen? Er wartet noch eine halbe Stunde, aber das Leben kommt nicht. Da steht er denn auf und beschließt, ihm entgegenzugehen. Und dass man dies müsse, ist die Erkenntnis des ersten Morgens.

Sie befriedigt ihn, gibt ihm Bewegung und Zweck und treibt ihn hinaus in die neue lichte Stadt. Er weiß zunächst nur, dass die Gassen unendlich lang und die Trambahnen lächerlich klein sind, und ist ohneweiters geneigt, jede dieser beiden Erscheinungen durch die andere zu erklären, was ihn ungemein beruhigt. Alle Dinge interessieren ihn, die großen und bedeutenden nicht zuletzt. Aber je tiefer in den Tag hinein, desto mehr verliert alles an Wert den Regenrinnen gegenüber, vor welchen Tragy immer nachdenklicher stehen bleibt. Er lächelt nicht mehr über die darangeklebten kleinen Zettel und ihre Versprechungen und hat keine Zeit mehr, sich über die seltsame Sprache zu wundern, in der sie abgefasst sind. Er übersetzt sie mit krampfhafter Geschäftigkeit und schreibt viele Namen und Nummern in sein Taschenbuch.

Endlich macht er den ersten Versuch. Im Flur schiebt er seine Krawatte zurecht und nimmt sich vor: Ich werde sehr höflich sagen: ›Verzeihen Sie, hier ist wohl ein Zimmer für einen Herrn, nicht wahr?‹ Er läutet, wartet und sagt es höflich, hochdeutsch und mit bescheidener Betonung. Eine große breite Frau drängt ihn gleich links in eine Tür, ehe er mit seiner Frage zu Ende ist. »Wissen S' ich sag's gleich wie es is. Sauber is's. Und wenn S' sonst noch was brauchen ...« Und damit erwartet sie, die Hände in die Hüften gestemmt, seine Entscheidung.

Das ist eine kleine Stube, zweifensterig mit alten umständlichen Möbeln und schon ganz voll Dämmerung, so dass man das Gefühl hat, eine Menge Dinge mit zu mieten, von denen man sich nicht träumen lässt.

Und wie nun der junge Mann so gar nichts sagt und sich kaum umsieht in dem dunklen Zimmer, fügt die Frau zögernd an: »Und 's macht halt zwanzig Mark im Monat samt Frühstück, so viel haben wir halt immer bekommen –« Tragy nickt ein paar Mal. Dann tritt er näher an den alten Sekretär heran, der in einer Ecke steht, prüft die breite aufgeklappte Schreibplatte und lächelt, zieht zwei oder drei von den kleinen Schubläden im Hintergrund auf und lächelt wieder: »Der bleibt doch hier stehn, der Schreibtisch?« erkundigt er sich und ist ganz entschlossen: ich bleibe auch. Aber dann fällt ihm die lange Reihe von Nummern in seinem Taschenbuch ein, wie eine Pflicht, und er meint schnell: »Das heißt, bis morgen darf ich mir's wohl überlegen?«

»Ja wegen meiner –«

Und Tragy merkt sich gut das Haus und schreibt in sein Taschenbuch: ›Frau Schuster, Finkenstraße 17 Hinterhaus, parterre, Schreibtisch.‹ Hinter ›Schreibtisch‹ drei Rufzeichen. Dann ist er sehr zufrieden mit sich und versucht nichts mehr an diesem Tage.

Aber am nächsten Morgen beginnt er ganz früh seinem Taschenbuch nachzugehen. Und das ist keine Kleinigkeit. Vormittags, solang die Leute noch ausgeschlafen und die Stuben gut gelüftet sind, freut ihn seine Wanderung noch einigermaßen. Er notiert pünktlich alle

Vorzüge – dort einen Erker mit Aussicht, gegenüber ein Kanapee, und ein Badezimmer in Nummer 23, zwei Treppen, nirgends mehr ein Schreibtisch, allerdings. Dafür bringt er da und dort kleine Warnungen an, zum Beispiel: ›kleine Kinder‹ oder: ›Klavier‹ oder: ›Wirtshaus‹ Dann werden die Notizen immer karger und hastiger; seine Eindrücke verändern sich ganz seltsam. In gleichem Maße mit der Unfähigkeit seiner Augen wächst die Empfindlichkeit seiner Geruchsnerven, und um Mittag hat er diesen vernachlässigten Sinn soweit ausgebildet, dass ihm die Außenwelt einzig durch ihn mehr zum Bewusstsein kommt. Er denkt: Aha, Linsen, oder: Sauerkohl, und wendet sich schon auf der Schwelle um, wenn ihm irgendwo ein Wäschetag entgegenqualmt. Er vergisst ganz den Zweck seiner Besuche und beschränkt sich, einfach die Eigenart der einzelnen Atmosphären festzustellen, welche ihm aus den lächerlich kleinen Küchen, gleich losgelassenen Hunden, entgegenstürzen. Dabei rennt er heulende kleine Kinder um, lächelt den erzürnten Müttern dankbar ins Gesicht und versichert stumme Greise, die er irgendwo in einem Stubenwinkel aufstört, seiner besonderen Hochachtung.

Schließlich dunkeln alle Flure, und da kommt ihm in jeder Tür, wo immer er läuten mag, immer dieselbe breite Frau entgegen, dieselben Kinder heulen ihn überall an, und im Hintergrund ist immer wieder dieser gestörte alte Herr mit den erschreckten verständnislosen Augen.

Da flieht Ewald Tragy, atemlos. Als er sich erholt, findet er sich vor dem uralten Schreibtisch mit den vielen Schubladen und hat just begonnen zu schreiben: ›Lieber Papa, meine Wohnung ist also: Finkenstraße 17 bei Frau Schuster.‹ Dann denkt er lange nach und beschließt endlich, den Brief erst morgen weiterzuschreiben.

Und später braucht er den Sekretär selten. Er lebt die ersten Wochen so hin, den ganzen Tag außer Haus, ohne rechten Plan, stets in dem Gefühl: Ja, was wollt ich denn eigentlich? Er geht in die Galerien, und die Bilder enttäuschen ihn. Er kauft sich einen ›Führer durch München‹ und wird müde dabei. Endlich sucht er sich so zu benehmen, als ob er jahrelang hier leben würde, und das ist nicht leicht. Er sitzt am Sonntag mitten unter den Philistern in einem Brauhausgarten und wandert hinaus auf die Oktoberwiese, wo die Buden und Ringelspiele aufgeschlagen sind, und fährt nachmittags in einer Droschke in den ›Englischen Garten‹. Da gibt es manchmal eine Stunde, die er nicht vergessen möchte. So zwischen fünf und sechs, wenn die Wolken auf dem hohen Himmel so phantastisch werden in Form und Farbe und sich plötzlich wie Berge hinter den flachen Wiesen des ›Englischen Gartens‹ aufbauen, sodass man denken muss: Morgen will ich auf diese Gipfel steigen. Und morgen ist dann ein Regentag und der Nebel liegt dicht und schwer über den endlosen Gassen. Immer wieder kommt so ein Morgen, das einem die Dinge aus den Händen nimmt, und der junge Mensch wartet, bis es anders wird. Er hat niemanden, den er fragen könnte, was man tut in seinem Fall. Mit der Hausfrau spricht er, wenn sie ihm das Frühstück bringt, zehn Worte, und an jedem Abend begegnet er ihrem Mann, dem gräflichen Herrschaftskutscher, und grüßt ihn sehr höflich. Er weiß, dass die beiden eine Tochter haben, und hört oft, wenn das Haus ganz stille geworden ist, durch die Wand: »Mama –« und eine feine Mädchenstimme. Sie liest etwas vor, und man kann manchmal meinen, dass es Verse sind.

Das macht, dass Ewald jetzt früher nachhause kommt, seinen Tee trinkt und über einer Arbeit oder einem Buch wachbleibt weit in die Nacht hinein. Jedes Mal, wenn die Stimme nebenan beginnt, lächelt er, und so wird ihm seine Stube langsam lieb. Er beschäftigt sich mehr mit ihr, bringt Blumen nachhause und spricht tagsüber oft laut, als hätte er kein Geheimnis mehr vor diesen vier Wänden.

Aber so sehr er sich darum bemüht, es bleibt etwas Kaltes, Ablehnendes an den Dingen, und er hat oft am Abend das Gefühl, als wohnte jemand hier neben ihm, der alle Gegenstände, unbeschadet seiner Anwesenheit, gebraucht und dem sie auch willig zu Gebote sind. Das wird noch verstärkt in ihm durch folgenden Vorfall.

»Merkwürdig«, sagt Ewald eines Morgens, gerade als Frau Schuster den Kaffee hinstellt, »sehen Sie mal, bitte, diese beiden Schubladen des Schreibtisches wollen nicht aufgehen. Haben Sie vielleicht einen Schlüssel? Sonst könnte man ja einen machen lassen – ?« Und er rüttelt an den beiden heimlichsten Laden des Schrankes.

»Sie müssen schon verzeihen –« zögert Frau Schuster, und sie spricht hochdeutsch in ihrer Verlegenheit, »aber ich darf diese beiden Laden nicht aufmachen, nämlich –«

Tragy blickt erstaunt auf.

»Sie müssen nämlich wissen, Herr, das is so: mal haben wir ein' Herrn ghabt, dem's sehr schlecht gangen is. Und weil er uns nicht hat zahlen können, hat er uns die Kommode dagelassen und hat gsagt: da in den zwei Laden lass ich Ihnen wichtige Papiere zum Pfand, – hat er gsagt und hat den Schlüssel mitg'nommen ...«

»So, so« macht Tragy und sieht gleichgültig aus. »Das ist schon lang her?«

»Mna«, überlegt die Frau, »so sieben Jahr oder Jahr acht könntens schon sein, wohl, wohl – dass wir nichts mehr von ihm ghört haben; aber leicht kommt er doch mal und holts. Nicht? Man kann nicht wissen ...«

»Freilich, freilich –«, sagt Tragy obenhin, nimmt den Hut und geht fort. Er hat ganz vergessen zu frühstücken.

Seither arbeitet Tragy an dem ovalen Sofatisch, den er quer vor das andere Fenster geschoben hat; denn der Oktober macht Fortschritte, und der Sekretär steht viel zu nah an den Scheiben. So erklärt sich diese Veränderung auf die allernatürlichste Weise.

Und der junge Mensch findet noch manches zugunsten des neuen Platzes, zum Beispiel: dass man so geradezu ins Fenster sieht. Wie ein Bild ist es. Dieser Hof, in dem so langsam die Kastanien welk werden. (Es sind doch Kastanien?) Ein alter Steinbrunnen, ganz im Hintergrund, rinnt und rinnt wie ein Lied, wie eine Begleitung zu allem. Und es ist sogar etwas wie ein Relief auf dem Sockel. Ja, wenn man nur sehen könnte, was es darstellt. Ach, wie bald es doch dunkel wird, man wird gleich die Lampe anzünden müssen. Übrigens: wenn draußen gar kein Wind ist, wie jetzt, wie dann die Blätter langsam fallen, lächerlich langsam. Da bleibt eines fast stehen in der dicken feuchten Luft und schaut herein und schaut herein – wie Gesichter, wie Gesichter, wie Gesichter ... denkt Tragy und sitzt ruhig und reglos und lässt es geschehen, dass jemand sich ans Fenster lehnt und hereinstiert, so nah, dass die Nase sich an den Scheiben eindrückt und die Züge etwas Breites, Vampirhaftes, Gieriges bekommen. Ewalds Blicke folgen, ganz verloren, den Linien dieses Gesichtes, bis sie plötzlich in die lauernden fremden Augen stürzen, wie in Abgründe. Das bringt ihn zum Bewusstsein. Er springt auf und ist schon am Fenster. Die Riegel geben seinen zitternden Händen nicht gleich nach, und der draußen ist schon weit, als Tragy sich in den Nebel hinauslehnt.

Offenbar hat die kühle Luft ihn beruhigt; denn er tut gar nichts Außergewöhnliches weiter. Er zündet die Lampe an, bereitet seinen Tee wie an jedem anderen Tage und man kann meinen, dass das Buch vor ihm ihn interessiere.

Nur das eine ist seltsam: er geht nicht schlafen. Er wartet bis die Lampe verlischt; das ist etwa um halb zwei. Da brennt er die Kerze an und sieht geduldig zu, bis sie, ganz im Leuchter, schmilzt. Und da ist auch schon ein scheues Licht hinter den Scheiben. Eine kurze Nacht, nicht? Ewald denkt nicht etwa darüber nach, ob er ausziehen soll. Das ist natürlich. Er überlegt nur, wie er das sagen wird: ›Es tut mir leid, Frau Schuster‹, oder: ›Ich bin wirklich zufrieden gewesen bei Ihnen, aber ...‹ Und er baut und baut an diesem armseligen Satz.

Und mit Morgen ist er überzeugt, dass man nicht daran denken kann, zu kündigen, weil sich das überhaupt in keiner Art ausdrücken lässt. Man bleibt also. Man muss sich eben einrichten. Es ist eben so mit diesen Stuben; die, welche vorher hier gewohnt haben, sind noch nicht ganz draußen, und die, welche nach Ewald Tragy kommen, warten schon. Was bleibt da übrig, als verträglich sein. Und an diesem Sonntag beschließt Ewald, sich so klein wie möglich zu machen, um keinen von seinen unbekannten Zimmergenossen zu stören, und einfach so mitzuleben als der Geringste in diesem Massenquartier in der Finkenstraße.

Und sieh: das geht. Es gibt ein paar ganz erträgliche Wochen und man kommt so sachte in den November hinein und erhält für den kurzen, traurigen Tag eine lange Nacht geschenkt, in der alles mögliche Raum hat.

Gleich mal zunächst: ›Das Luitpold‹. Das ist doch etwas. Man setzt sich zu einem der kleinen Marmortischchen und legt einen Stoß Zeitungen neben sich und sieht gleich furchtbar beschäftigt aus. Dann kommt das Fräulein in Schwarz und gießt so im Vorübergehen die Tasse mit dem dünnen Kaffee voll, o Gott, so voll, dass man sich gar nicht traut, auch noch den Zucker hineinzuwerfen. Dabei sagt man: »Mittel« oder »Schwarz«, und es wird ganz nach Wunsch und Wink: ›mittel‹ oder ›schwarz‹. Zum Überfluss sagt man doch noch etwas Scherzhaftes, wenn man es gerade bei der Hand hat, und dann lächelt die Minna oder Bertha etwas müde ins Unbestimmte hinein und schwenkt die Nickelkannen in der Rechten her und hin.

Tragy sieht das nur an anderen Tischen. Er beschränkt sich auf ein Danke, denn ihm sind diese schwarzen Damen, die am Tage so welk aussehen, sehr unsympathisch; nur die kleine Betty, die ihm das Wasser bringt, bedauert er. Weiß der Himmel warum er ihr etwas Liebes tun möchte, aber, es ist Tatsache, er drückt ihr einmal außer dem Trinkgeld ein klein zusammengefaltetes Papier in die Hand und freut sich, dass ihr die Augen glänzen. Das ist ein Los irgendeiner Wohltätigkeitslotterie und man kann 50000 Mark gewinnen damit. Aber die kleine Betty sieht sehr enttäuscht aus, als sie nach einer Weile hinter der Säule hervorkommt, und sagt gar nicht: Danke.

Das sind so kleine Zufälle, die den jungen Menschen tiefer berühren, als er selber meint. Sie geben ihm das Gefühl, ausgeschlossen zu sein, gleichsam die Sitten eines fernen Landes fortzuleben unter allen diesen Menschen, die sich mit einem Lächeln und im Vorübergehen verstehen. Er möchte so gern einer von ihnen sein, irgendeiner im Strome, und dann und wann glaubt er es fast. Bis eine Kleinigkeit geschieht, welche beweist, dass sich nichts an dem Verhältnis geändert hat: er auf der einen Seite und alle Welt drüben. Und da lebe nun einer.

Gerade zu dieser Zeit, da Tragy das Bedürfnis hat, jemanden kennen zu lernen, empfängt er einen Brief. Der lautet: »Ich höre durch Zufall, dass Sie in München sind. Ich habe manches von Ihnen gelesen und stelle es mir schön vor, wenn wir uns sehen würden, bei Ihnen, bei mir oder an einem dritten Ort, wie Sie wollen und – *wenn* Sie wollen.«

Und Tragy will nicht. Er kennt den Namen, welcher unter dem Brief steht, längst aus Zeitschriften und Gedichtanthologien und hat gar nichts gegen Wilhelm von Kranz, durchaus nicht. Aber im Augenblick, da dieser Herr ihn anrührt, kriecht er wie eine Schnecke in sich zusammen. Was er noch gestern gewünscht hat, wird eine Gefahr im Moment, da es sich erfüllen kann, und es scheint ihm unerhört, dass da jemand ist, der so ohneweiters, mit den staubigen Schuhen sozusagen, in seine Einsamkeit will, darin er selber nur ganz leise aufzutreten wagt. So gibt er nicht nur keine Antwort, sondern meidet sogar vorsichtig jeden ›dritten Ort‹, ist oft zuhause und bekommt so gelegentlich auch die Haustochter zu Gesicht, von der er bislang nur die Stimme kannte.

Er sagt ihr einmal, als sie ihm den Kaffee bringt:»Und was lesen Sie immer abends, Fräulein Sophie?«

»Oh, was wir gerade haben. Viel Bücher haben wir nicht – aber, hört man es denn hier?«

»Wort für Wort«, übertreibt Ewald.

»Stört es Sie sehr?«

Und Tragy sagt nur: »Nein, es stört mich nicht. Aber wenn Sie gern lesen, will ich Ihnen geben, was ich mithabe. Es ist nicht vieles, aber viel.« Und er reicht ihr einen Band Goethe.

Das ist ein ganz kleiner Verkehr zwischen ihnen, aber er füllt bei Tragy etwas aus, wird ein steter Gedanke mitten in dem Vielen, das durch seine Seele strömt, und er ruht gerne aus darin. Jemandem solche Bücher leihen ist schließlich dasselbe wie ihm ein Los schenken. Aber diesmal erhält Tragy einen sympathischen Dank dafür. Das macht ihn froh.

Er war guter Laune auch an dem Nachmittag, da er so unerwartet nachhause kommt und in seiner Stube Stimmen hört. Er zögert und horcht. Rasche, halblaute Worte, die vor seinen Schritten zu flüchten scheinen, und dann steht ein junger Mensch mit einem breiten dicken Gesicht vor der Tür und pfeift, pfeift so in den Tag hinein, mir nichts und dir nichts. Und eben da Ewald ihn zu Rede stellen will, tritt Sophie aus seiner Tür, sehr blass, und tut als ob das alles selbstverständlich wäre. Dann sagt sie unsicher: »Es ist der Herr hier, – der ... er wollte das Zimmer sehen, Herr Tragy.«

Die beiden jungen Leute sehen sich ins Gesicht. Der Fremde hört auf zu pfeifen und grüßt. Und da er höflich lächelt dabei, wird das Gesicht breit und verschwommen, und Tragy muss an etwas Hässliches denken. Trotzdem dankt er flüchtig, so mit der Hand an der Krempe, und tritt in seine Stube.

Er bemerkt erst nach einer Weile, dass Sophie hinten an der Tür steht, hat plötzlich fürchterlich viel zu tun, trägt Dinge ganz überflüssiger Weise von einem Tisch zum andern und bückt sich gelegentlich, um etwas aufzuheben. Aber endlich ist er doch fertig mit diesem unseligen Aufräumen und er muss nun wahrscheinlich das Mädchen fragen: Was wollen Sie? Denn so kann sie doch nicht stehen bleiben wollen ohne Grund. Plötzlich fällt ihm etwas ein und er spricht nach der andern Seite hin, irgendwohin in eine Ecke: »Sie können beruhigt sein, ich werde nichts sagen. Das wollen Sie ja doch hören, nicht wahr? Also gut. Aber ich ziehe aus im nächsten Monat; ich habe ohnehin die Absicht gehabt –«

Und da sitzt er schon am Tisch und schreibt, tief, als ob er seit zwei Stunden schriebe. Es wird aber nur ein ganz kurzer Brief an Herrn von Kranz, darin er ihn bittet, morgen um vier im ›Luitpold‹ zu sein, wenn es ihm passe. Erst nachdem er die Adresse beendet hat, sieht er sich vorsichtig um. Es ist niemand mehr da, und Ewald wechselt Schuhe und Anzug, denn er hat vor, auswärts zur Nacht zu essen.

*

Herrn von Kranz passt die Stunde, wie ihm eine jede Stunde gepasst haben würde. Er ist nicht übermäßig beschäftigt, nämlich. Er schreibt etwas Großes, ein Epos oder etwas über das Epos hinaus, jedenfalls etwas ganz Neues, etwas ›in Höhepunkten‹, so hat er dem neuen Bekannten versichert in der ersten halben Stunde. Eine solche Arbeit hängt aber, wie man weiß, einzig von der Inspiration ab, von der tiefen Begeisterung, welche (nach Herrn von Kranz) »den Traum des dunklen Mittelalters erfüllt und es versteht, aus allen Dingen Gold zu machen«. So etwas geschieht freilich mitten in der Nacht oder sonst unglaublich wann, nicht um vier Uhr nachmittags, zu einer Zeit, da sich bekanntlich die allergewöhnlichsten Dinge ereignen können. Und deshalb ist Herr von Kranz frei und sitzt im ›Luitpold‹, Tragy gegenüber. Er ist sehr beredt, denn Ewald schweigt viel, und Kranz liebt das Schweigen nicht, scheint es. Er hält das für das Vorrecht der Einsamen, wo aber zwei oder drei beisammen sind, da hat es tatsächlich keinen Sinn, wenigstens keinen, den man auf den ersten Blick begreift. Und nur nichts Dunkles und Unverständliches, im Leben wenigstens. In der Kunst? Ah das ist etwas anderes, da hat man ja das Symbol, nicht wahr? Dunkle Umrisse vor lichtem

Hintergrund, nicht wahr? Verschleierte Bilder – nicht? Aber im Leben – Symbole, oh – lächerlich.

Manchmal sagt Ewald: »Ja« und wundert sich, woher in aller Welt er diese Unmenge unverbrauchter ›Ja‹ in sich hat. Und wundert sich über die großen Worte und über das kleine Leben irgendwo tief unten. Denn er lernt an diesem Nachmittag die ganze Weltanschauung des Herrn von Kranz, diese Weltanschauung aus der Vogelperspektive, kennen und – und wundert sich eben. Er ist jung, nimmt die Dinge wie Tatsachen und die Sensationen für Schicksale hin und hat dann und wann das Bedürfnis, etwas von diesen glänzenden Konfessionen aufzuschreiben, weil ihr ganzer Zusammenhang, weithin, ihm unübersehbar scheint. Was ihn aber am meisten überrascht, das ist das Fertige aller dieser Überzeugungen, die sorglose Leichtigkeit, womit Kranz eine Erkenntnis neben die andere setzt, lauter Eier des Kolumbus: wenn eines nicht gleich aufrecht bleiben will, ein Schlag auf die Tischplatte und – es steht.

Ob das Geschicklichkeit ist oder Kraft – wer mag das entscheiden? Herr von Kranz ist aufrichtig bei der Sache. Er spricht sehr laut und hat offenbar den Ort der Handlung ganz vergessen. Wie ein Sturm, der fremden Stuben die Fenster aufreißt, bricht seine Rede in alle Gespräche, so dass man endlich nachgibt und allenthalben die Fenster offen lässt. Und da ist eben der Sturm obenauf. Sogar die schöne Minna vergisst einzuschenken, bleibt an einer Säule lehnen und hört zu. Nur leider mit ganz impertinenten Augen. Und plötzlich fängt sie mit diesen großen, grünen Augen die blitzenden Blicke des Dichters auf und bändigt sie, macht sie klein, unbedeutend, nichtswürdig und lässt sie mit einem infamen Lächeln einfach fallen.

Herr von Kranz verliert einen Moment die Fassung. Er wankt im Sattel, tut aber gleich, als sei das eine beabsichtigte Schwenkung gewesen und wirft der Schönen ein Wort zu, so ein klebriges, mehr Frosch als Blume. Dann ist er gleich wieder bei der Sache und ist sogar an einem Höhepunkt, an der Stelle nämlich: »Wie ich Nietzsche überwand.« Aber Ewald Tragy hört auf einmal nicht mehr zu. Er entdeckt das erst viel später, als Kranz an irgendeinem Ende ist und wartet. Dieses Warten bedeutet: Und Sie? Sie haben doch auch so etwas wie eine Meinung von alledem, hoffentlich. Weltanschauung um Weltanschauung, bitte?

Tragy begreift das nicht gleich, und als er es schließlich versteht, gerät er in unbeschreibliche Verwirrung. Er steht so mitten in allem, wie tief im Wald, und sieht nichts als Stämme, Stämme, Stämme und weiß kaum, ob Tag oder Nacht ist über ihnen. Und doch soll er genau die Stunde nennen, auf die Minute genau, sodass gar kein Zweifel möglich ist. Er fürchtet durch sein Schweigen Herrn von Kranz zu verletzen; aber der wird immer milder, teilnahmsvoller, väterlich fast. Und er befiehlt rasch: »zahlen!« So feinfühlig ist er.

In den nächsten Tagen aber empfindet Tragy immer deutlicher, dass er dem neuen Bekannten etwas geben müsse von sich, nicht aus Sympathie, sondern weil er doch nach jenem freimütigen Nachmittag sein Schuldner geworden ist im Vertrauen. Und als die beiden einmal im ›Englischen Garten‹ gehen – es ist wieder so eine Dämmerung mit Wolkenbergen am Horizont –, sagt er unvermittelt: »Immer war ich so ganz allein. Mit zehn Jahren kam ich aus dem Haus in die Militärerziehung unter fünfhundert Kameraden und – trotzdem ... Ich war sehr unglücklich dort – fünf Jahre. Und dann steckten sie mich wieder in eine Schule, und dann wieder in eine, und so fort. Ich war immer allein, wissen Sie ...«

Wenn es weiter nichts ist, denkt Herr von Kranz, dem lässt sich abhelfen. Und seither ist er jeden Augenblick bei Ewald, früh, Vormittag, oft bis weit in die Nacht. Und er tut das so selbstverständlich, dass Tragy nicht mehr wagt, seine Einsamkeit zu verriegeln; er lebt bei offenen Türen, sozusagen. Und Herr von Kranz kommt und geht und kommt und geht. Er hat ein Recht dazu, denn: »Wir haben ganz das gleiche Los, lieber Freund Tragy –« behauptet er.

»Auch mich verstehn sie nicht zuhaus, natürlich. Sie nennen mich überspannt, verrückt, als ob –«; er vergisst bei diesem Anlass nie anzufügen, dass sein Vater Hofmarschall ist an einem kleinen deutschen Hofe und dass man in diesen Kreisen – er schätzt sie offenbar sehr gering – die bekannten konservativ vornehmen Ansichten habe. Eben diesen Ansichten hat er es ja auch zu danken, dass er Lieutenant, man bedenke, Lieutenant bei der Garde werden musste, und er versichert, dass es arge Mühe kostete nach einem Jahr in die Reserve zurückzutreten, gleichsam über die Sympathien der Vorgesetzten und der Untergebenen weg. Und vollends, dass man zuhause auf Schloss Seewies-Kranz mit seiner neuen Berufswahl nicht, aber ganz und gar nicht einverstanden sei und ihm die Prügel nur so vor die Füße werfe, das brauche er wohl kaum noch zu versichern. Aber trotzalledem gebe er den Kampf nicht auf. Im Gegenteil. Er habe sich verlobt, ja, ganz regelrecht verlobt, mit gedruckten Anzeigen verlobt. Sie ist aus den besten Familien, natürlich, vornehm, gut erzogen, nicht reich, aber beinahe adelig. (Ihre Mutter ist eine Gräfin Soundso.) Nun und dieser Schritt, den er ohneweiters unternahm, ist doch ein Beweis seiner Freiheit, gewissermaßen. Auch soll es nicht zu lange dauern bis zur Hochzeit, und dahinter kommt erst der Haupterfolg, nämlich: »Mein Austritt aus der Kirche –« Kranz zwirbelt seinen blonden Schnurrbart auf und lächelt.

»Ja –« sagt er, ungemein zufrieden mit sich und mit Tragys Erstaunen, »das ist ein Schlag, was? Ich entsage dabei meiner Offizierscharge, natürlich – ich opfere sie auf für meine Überzeugung. Einer Gemeinschaft anzugehören, deren Gesetze man nicht erfüllt, ist eine Untreue gegen sich selbst ...«

›Untreue gegen sich selbst‹, fällt Tragy einmal mitten in der Nacht ein, wie fertig das wieder ist, wie klar, wie überwunden. Und er erinnert sich seither fast jede Nacht an irgendeine Stelle aus seinen Gesprächen mit Kranz, und sie scheinen ihm alle gleich trefflich und bezeichnend. Die Folgen bleiben nicht aus.

Eines Morgens, im November noch, erwacht Tragy und hat eine Weltanschauung. Wirklich. Sie lässt sich gar nicht leugnen, sie ist da, alle Anzeichen sprechen dafür. Er weiß nicht recht, wem sie gehört, aber da er sie doch nun mal bei sich gefunden hat, nimmt er an, dass es die seine sei. Selbstverständlich bringt er sie nächstens mit ins ›Luitpold‹. Und kaum hat er sie gezeigt, besitzt er schon eine Menge Bekannte, die fast wie Freunde sind, ihm von seinen Gedichten erzählen, die sie alle kennen, und ihm alle fünf Minuten Zigaretten anbieten: »Aber nehmen Sie doch.« Fehlt nur noch, dass sie ihn auf die Schulter klopfen und Du sagen. Aber Tragy raucht nicht, obwohl er fühlt, dass dies zu seiner Weltanschauung gehört, so gut wie der Sherry, den er vor sich stehen hat, und die Absicht, den Abend in den Blumensälen zuzubringen, wo die berühmte Branicka singt.

Und da behauptet gerade jemand, Kranz kenne sie wohl sehr genau, die Branicka. »Wie?« Kranz hebt die Achseln hoch und dreht den Schnurrbart; er ist auf einmal ganz Lieutenant, ist ›von‹. Und es witzelt einer: »Ja nach den Stunden, die er bei seiner Braut verbringt, braucht er doch – eine Ableitung.« Und großes Gelächter; denn das finden alle treffend, ›fein‹, wie der technische Ausdruck lautet, und Kranz selber nennt es so.

Er fühlt sich überhaupt herzlich wohl unter diesen jungen Leuten, die zum Überfluss auch Namen haben, obgleich es genügt hätte, sie zur Unterscheidung zu nummerieren. Eine hohe Meinung hat Kranz allerdings nicht von seinen täglichen Genossen, sie sind ihm so eine Art Hintergrund für die eigene Persönlichkeit, und wenn Tragy mal nach einem von ihnen fragt, gibt er obenhin: »Der? Na man kann noch nicht wissen, ob er Talent hat, vielleicht –« und wählt das zum Anlass eines längeren Gespräches über die ›Aufgaben der Kunst‹, über die ›technischen Forderungen des Dramas‹ oder das ›Epos der Zukunft‹.

Auch hier fühlt sich Tragy ganz unerfahren, und es kann zu keiner gerechten Erörterung kommen, weil er nur selten etwas zu entgegnen weiß. Aber wenn ihn seine Unwissenheit in den anderen Fällen beunruhigt, diesen Dingen gegenüber empfindet er sie wie einen Schild, hinter dem er irgendwas Liebes, Tiefes – er vermag nicht zu denken was – bergen kann, vor irgendeiner fremden Gefahr, und er weiß nicht zu sagen – vor welcher. Er scheut sich auch manches, was ihm in einer leisen Stunde gelingt, dem Genossen zu zeigen und liest ihm nur ganz selten mit halber, unbewusst klagender Stimme ein paar blasse Verse vor und bereut es gleich darauf und schämt sich vor dem bereiten Beifall des anderen, der so laut und rücksichtslos ist. Seine Verse sind eben krank, und man soll nicht laut sprechen in ihrer Gegenwart.

Im übrigen bleibt Tragy nicht viel Zeit für solche Heimlichkeiten. Es stehen mit einem Male so viel Dinge in seinen Tagen, und trotzdem kommt er jetzt leichter durch als früher, da sie leer waren und man sich nirgends halten konnte. Es gibt eine Menge kleiner Pflichten, tägliche Verabredungen mit Kranz und seinem Kreis, ein stetes Beschäftigtsein ohne eigentlichen Sinn und Gespräche, die man überall enden konnte, an jeder beliebigen Stelle. Dafür fehlt jede Erregung und Unruhe es ist ein immerwährendes Mitgehen, und der eigene Wille hat nichts zu tun. Eine einzige wirkliche Gefahr besteht noch: das Alleinsein – und davor weiß jeder den andern zu behüten.

So ist alles bis zu jenem Nachmittag, da Herr von Kranz, bedeutender als je, im ›Luitpold‹ sitzt und Tragy erklärt:

»Solange wir das nicht erreichen, – ist nichts. Wir brauchen eine Höhenkunst, lieber Freund, so etwas über Tausende hin. Zeichen, die auf allen Bergen flammen von Land zu Land – eine Kunst wie ein Aufruf, eine Signalkunst –«

›Quatsch‹, sagt jemand hinter ihm, und das fällt wie nasser Mörtel auf die glänzende Beredsamkeit des Dichters und deckt sie zu.

Dieses ›Quatsch‹ gehört einem kleinen schwarzen Mann, der einen langen Zug tut aus einem unglaublich verbrauchten Zigarettenrest, und zugleich mit der Asche glimmen seine großen schwarzen Augen auf und verlöschen mit ihr. Dann geht er ruhig weiter, und Herr von Kranz ruft geärgert hinter ihm her: »Natürlich, Thalmann –«

Und fügt für Ewald hinzu: »Er ist ein Flegel. Man müsste ihn einmal zu Rede stellen. Aber er hat ja keine Art. Er zählt überhaupt nicht mit. Ihn nicht beachten, das ist das beste –«, und er hat gute Lust, seine Erörterungen über die Höhenkunst wieder aufzunehmen. Allein Tragy wehrt sich mit ungewohnter Energie dagegen und fragt unbeirrt: »Wer ist das?«

»Ein Jude aus irgendeinem kleinen Nest, schreibt Romane, glaub ich. Eine von den zweifelhaften Existenzen, wie es hier Dutzende gibt, Dutzende. Das kommt heute man weiß nicht woher und geht übermorgen und man weiß nicht wohin, und es bleibt nichts zurück als ein wenig Schmutz. Sie dürfen sich nicht täuschen lassen durch diese Gesten, lieber Tragy ...«

Seine Stimme wird ungeduldig und das heißt: ein für alle Mal und genug davon. Und Tragy ist auch ganz einverstanden und bereit, sich nicht täuschen zu lassen.

Aber es ist doch ein Abschnitt, dieser Nachmittag. Er kann dieses lächerliche »Quatsch« nicht vergessen, das so schwer und breit auf die Begeisterung des Propheten fiel und, was das Schlimmere ist, er hört es noch immer fallen – hinter jedem großen Geständnis des Herrn von Kranz klatscht es herunter, und er sieht irgendwo in der Erinnerung den kleinen schwarzen Mann mit den breiten Schultern und dem schäbigen Rock stehen und lächeln.

Und ganz so findet er ihn eine Woche später abends in den Blumensälen. Es ist ihm natürlich, auf ihn zuzugehen und ihn zu begrüßen. Gott weiß warum. Der andere ist auch nicht erstaunt darüber, er fragt nur: »Sind Sie mit Kranz hier?« »Kranz wollte nachkommen.« – Pause, und dann: »Ist Ihnen Kranz nicht sympathisch?« Thalmann nickt jemandem im Parterre zu und antwortet nebenbei: »Sympathisch, machen Sie doch nicht solche Worte. Er langweilt mich.« »Und sonst langweilen Sie sich nie? –« Tragy ist gereizt durch die geringschätzige

Art des andern. »Nein, ich habe nicht Zeit dazu.« »Merkwürdig, dass man Sie dann hier findet?« »Wieso?« »Hier geht man doch nur aus Langweile her?« »Vielleicht andere, ich nicht.« Tragy staunt über seine eigene Hartnäckigkeit. Er gibt nicht nach: »Dann haben Sie also Interesse …?« »Nein«, macht der Schwarze und geht weiter. Tragy hinter ihm: »Sondern?« Thalmann wendet sich kurz: »Mitleid.« »Mit wem?« »Mit Ihnen zunächst.« So lässt er Tragy zurück und geht, wie damals im ›Luitpold‹, ruhig weiter. Und Ewald ist schon um elf zuhaus und schläft schlecht in dieser Nacht.

Am nächsten Tag ist Schnee gefallen. Alle Welt ist froh über das Ereignis, und die einander in den weißen Straßen begegnen, lächeln sich zu: »Er bleibt liegen«, und freuen sich. Ewald findet Thalmann an der Ecke der Theresienstraße, und sie gehen ein Stück weit zusammen. Lange still, bis Ewald beginnt: »Sie schreiben, nicht wahr?«

»Ja, auch das, gelegentlich.«

»Auch? So ist das nicht Ihre eigentliche Beschäftigung?«

»Nein –«

Pause.

»Was tun Sie denn also, bitte?«

»Schauen.«

»Wie?«

»Schauen und das andere – Essen, Trinken, Schlafen, dann und wann, nichts Besonderes.«

»Man sollte meinen, dass Sie sich in einem fort lustig machen.«

»So, worüber?«

»Über Alles, über Gott und die Welt.«

Da antwortet Thalmann nicht, sondern lächelt so: »Und Sie, Sie machen wohl viele Gedichte?«

Tragy wird ganz rot und schweigt. Er kann kein Wort hervorbringen.

Und Thalmann lächelt nur.

»Halten Sie das für eine Schande?« zwingt Tragy endlich heraus und friert.

»Nein. Ich halte überhaupt nichts für – etwas. Es ist nur – überflüssig. Doch, ich muss da hinauf.« Und im Tor: »Adieu, und Sie können recht haben mit dem Lustigmachen.«

Und nun ist Tragy wieder allein. Er muss an die Zeit denken, da er zehnjährig und verzärtelt aus dem Haus kam, unter lauter Rohheit und Gleichgültigkeit, und er fühlt sich ganz so wie damals, erschrocken, hilflos, unfähig. Es ist immer dasselbe. Als ob ihm etwas fehlte zum Leben, irgend ein wichtiges Organ, ohne welches man eben nicht vorwärts kommt. Wozu immer wieder diese Versuche?

Er kommt müde nachhause wie von einem weiten Weg und weiß nicht, was er mit sich beginnen soll. Er stöbert in alten Briefen und Erinnerungen und liest auch die Gedichte durch, jene letzten, leisesten, welche selbst Herr von Kranz nicht kennt. Und da findet er sich und erkennt sich wieder, langsam Zug für Zug, als ob er lange fern gewesen wäre. Und in der ersten Freude schreibt er einen Brief an Thalmann und strömt über von Dankbarkeit:

»Sie haben ganz recht«, heißt es darin, »ich war ja so falsch und phrasenhaft geworden. Jetzt sehe ich alles ein und begreife alles. Sie haben mich geweckt aus einem bösen Traum. Wie soll ich Ihnen danken dafür? Ich kann nicht anders, als indem ich Ihnen diese Lieder, das Teuerste und Heimlichste, was ich besitze, übersende –«

Und dann trägt Tragy Brief und Gedichte selber an die Adresse, weil die Post ihm plötzlich unsicher scheint. Es ist spät, und er muss im Dunkel vier Treppen aufwärts tasten bis zu dem Atelier in der Giselastraße, welches Thalmann bewohnt. Er trifft ihn in dem lächerlich kleinen Loch, das eigentlich nur wie ein Rahmen ist um das schräge ungeheure Nordfenster, schreibend. Eine alte verbogene Lampe brennt hier, hoch in der Nacht, und hat nicht die

Kraft, die vielen Dinge, die ohne Sinn durcheinander liegen, zu unterscheiden. Thalmann hält sie dem Eintretenden vors Gesicht: »Ach, Sie sind's?« Und er schiebt ihm den eigenen Sessel hin. »Rauchen Sie?« »Nein, danke.« »Kaffee kann ich Ihnen keinen mehr machen. Ich hab keinen Spiritus mehr. Aber wenn Sie wollen, können Sie mittrinken.« Und er stellt einen alten henkellosen Topf zwischen sie beide.

Er steht mit verschränkten Armen da, rauchend, ruhig beobachtend, vollkommen gleichgültig.

Tragy kann sich nicht entschließen.

»Sie wollen mir etwas sagen?« Thalmann trinkt einen Schluck Kaffee und wischt sich mit dem Handrücken den Mund. »Ich habe Ihnen etwas gebracht –« traut sich Ewald. Der andere rührt sich nicht: »So? Legen Sie's nur daher. Ich wird's gelegentlich mal durchsehn. Was ist es denn?« »Ein Brief –«, zögert Tragy, »und – – – aber vielleicht lesen Sie ihn gleich, bitte.«

Thalmann hat das Kuvert schon aufgerissen, so, nachlässig mit einem Griff. Er behält die Zigarette zwischen den Zähnen und liest flüchtig, blinzelnd durch den Rauch durch. Ewald ist aufgestanden vor Erregung und wartet. Aber nichts verändert sich in dem blassen Gesicht des Schwarzen, nur der Rauch scheint ihn heftig zu stören. Am Ende nickt er: »Naja, und so weiter.« Und zu Tragy: »Ich will Ihnen mal gelegentlich schreiben, was ich von den Dingen halte, reden mag ich nicht über sowas.« Und er trinkt den Kaffee aus auf einen Zug.

Tragy fällt auf den Sessel zurück und sitzt und will den Tränen nicht nachgeben. Er fühlt auf seiner Stirne den Sturm, der sich breit durch die Riesenscheiben hereinpresst aus der Nacht.

Schweigen.

Dann fragt Thalmann: »Ist Ihnen kalt, Sie frösteln so?«

Ewald schüttelt den Kopf.

Und wieder Schweigen.

Dann und wann krachen die Scheiben leise, heimlich, wenn der Wind sich anlehnt, wie Schollen vor dem Eisgang. Und endlich sagt Tragy: »Warum behandeln Sie mich so?« Er sieht ungewöhnlich krank und traurig aus.

Thalmann raucht eifrig: »Behandeln? Nennen Sie das behandeln? Sie sind wirklich bescheiden. Ich zeige Ihnen doch deutlich genug, dass ich gar nicht vorhabe, Sie irgendwie zu behandeln. Wenn Sie wollen, dass ich mich zu Ihnen stelle, so oder so, müssen Sie sich erst mal die Worte abgewöhnen, die großen Worte; die will ich nicht.«

»Aber wer sind Sie denn?« schreit Tragy und springt an den Schwarzen heran, nah, als ob er ihm ins Gesicht schlagen wollte. Er zittert vor Wut. »Wer gibt Ihnen denn das Recht mir alles zu zertreten?«

Aber da rütteln schon die Tränen an seiner Stimme und überwältigen sie und machen ihn blind, schwach, lösen ihm die Fäuste.

Der andere drängt ihn sanft zu dem Stuhl zurück und wartet. In einer Weile sieht er auf die Uhr und sagt: »Lassen Sie das jetzt. Sie müssen nachhause, und ich muss schreiben; es ist Mitternacht. Sie fragen wer ich bin: Ein Arbeiter bin ich, sehen Sie, einer mit wunden Händen, ein Eindringling, einer, der die Schönheit liebt und viel zu arm ist dazu. Einer, der fühlen muss, dass man ihn hasst, um zu wissen, dass man ihn nicht bemitleidet ... Unsinn übrigens.«

Und Tragy hebt die Augen, die heiß und trocken sind, und starrt in die Lampe. Sie wird gleich auslöschen, denkt er und steht auf und geht.

Thalmann leuchtet ihm die enge Treppe hinunter. Und es will Tragy scheinen, dass sie kein Ende nimmt.

*

Tragy ist krank. Er kann nicht ausziehen deshalb und behält bis zum ersten Januar seine Stube in der Finkenstraße. Er liegt auf dem unbequemen Sofa und denkt an diesen Garten mit den weiten blassen Wiesen und den Hügeln, zu denen still und schlicht die Birken hinansteigen. Wohin? In den Himmel. Und plötzlich kommt es ihm unerhört komisch vor, sich eine Birke, eine junge, dünne Birke anderswo zu denken, als im Himmel. Gewiss, es gibt nur im Himmel Birken, gewiss. Was sollten die denn unten? Man denke nur neben diesen breiten braunen Stämmen – ebenso gut könnte es Sterne geben an der Zimmerdecke. Aber plötzlich fragt er: »Was pflücken Sie, Jeanne?« »Sterne.« Er überlegt einen Augenblick und sagt dann: »Das ist gut, Jeanne, das ist sehr gut.« Und er fühlt ein Wohlbehagen im ganzen Körper, bis ein heftiger Schmerz im Kreuz es zerstört. Ich hab mich zu sehr angestrengt, ich habe ja den ganzen Vormittag Blumen gepflückt. Wie kann man auch? Vormittag? Lächerlich: zwei Tage, vierzehn Tage, ooh überhaupt. Aber da kommt ja Jeanne durch die Allee, durch diese lange Allee von Pappeln. Endlich ist sie nahe. Mohn! sagt Ewald enttäuscht. Mohn! wer wird denn Mohn holen? Ein Sturm, und alles ist fort. Sie werden sehen. Und was dann? ja, was dann? …

Auf einmal setzt sich Tragy auf, hat ein dunkles Gefühl von einem Garten und will sich besinnen: Wann war das doch, gestern? Und er quält sich: vor einem Jahr? Und allmählich fällt ihm ein, dass es ein Traum war, bloß ein Traum, also überhaupt nicht. Das gibt ihm keine Ruhe. »Wann sind Träume?« fragt er sich ganz laut. Und er erzählt Herrn von Kranz, der ihn in der Dämmerung besucht, dieses: »Das Leben ist so weit und es stehen doch nur ganz wenig Dinge drin, alle Ewigkeit eines. Das macht bang und müd, diese Übergänge. Als Kind war ich einmal in Italien. Ich weiß nicht viel davon. Aber wenn man dort auf dem Lande einen Bauer fragt unterwegs: ›Wie weit ist es bis ins Dorf?‹ – ›un' mezz' ora‹ sagt er. Und der nächste dasselbe und der dritte auch, wie auf Verabredung. Und man geht den ganzen Tag und ist immer noch nicht im Dorf. So ist es im Leben. Aber im Traum ist alles ganz nah. Da hat man gar keine Angst. Wir sind eigentlich für den Traum gemacht, wir haben gar nicht die Organe für das Leben, aber wir sind eben Fische, die durchaus fliegen wollen. Was ist da zu machen?«

Herr von Kranz sieht das ganz genau ein und stimmt zu: »Famos« lacht er, »wirklich ganz famos. Das müssen Sie in Versen sagen, es lohnt sich. Das ist ganz Ihre Eigenart –«. Dann geht er bald; er fühlt sich nicht behaglich bei solchen Gesprächen und kommt immer seltener. Tragy ist ihm dankbar dafür. Er lebt jetzt wirklich im Traum und wird nicht gerne gestört; denn dann muss er den traurigen grauen Tag draußen anschauen und die fremde, feuchte Stube, die nicht warm werden will, und ist doch so verwöhnt jetzt durch Farben und Feste. Nur die Nächte sind schlecht und schrecklich. Da kommen ganz alte Qualen, die aus den vielen Fiebernächten der Kindheit stammen, über ihn und machen ihn matt: Stein ist unter seinen Gliedern, und in seine tastenden Hände drängt sich grauer Granit, kalt, hart, rücksichtslos. Sein armer heißer Körper bohrt sich in diesen Felsen, und seine Füße sind Wurzeln und saugen den Frost auf, der langsam durch die erstarrenden Adern steigt ... Oder: das mit dem Fenster. Ein kleines Fenster hoch hinter dem Ofen. Hoch hinter dem Ofen ein kleines Fenster. Oh, wie man es auch sagt, es kann keiner begreifen, wie furchtbar dieses Fenster ist. Hinter dem Ofen ein Fenster, ich bitte. Ist es nicht entsetzlich zu denken, dass dahinter noch etwas ist. Eine Kammer? Ein Saal? Ein Garten? Wer weiß das? – »Wenn *das* nur nicht wiederkommt, Herr Doktor.«

»Wir sind nervös –« lächelt der Arzt und ist im allgemeinen ganz zufrieden. »Wir dürfen uns nicht unnütz aufregen. Es ist ein kleines Fieber, mit dem werden wir schon fertig werden; und dann kräftig essen –« Ewald lächelt hinter dem alten Herrn her. Er fühlt sich so krank, so von ganzem Herzen krank, und es passt alles so gut dazu. Diese trüben Traumtage, die sich so schwer an die Scheiben lehnen, und diese Stube, in der die Dämmerung wie alter Staub auf allen Dingen bleibt, und dieser feine welke Duft, der aus den Möbeln und aus den Dielen strömt, immer und immer.

Und manchmal läuten große Glocken irgendwo, die er früher nie gehört hat, und dann faltet er die Hände über der Brust und schließt die Augen und träumt, dass Kerzen brennen zu seinen Häupten, sieben hohe Kerzen mit ruhigen, roten Flammen, die wie Blüten stehn in dieser festlichen Traurigkeit.

Aber der alte Herr hat recht: Das Fieber vergeht, und Tragy trifft auf einmal das Träumen nicht mehr. Die ausgeruhte neue Kraft rührt sich ungeduldig in seinen Gliedern und treibt ihn aus dem Bett, fast gegen seinen Willen. Er spielt noch eine Weile Kranksein, aber gelegentlich findet er sich lächelnd, und aus keinem andern Grund, als weil ein Zufall den Wintertag einen Augenblick in die Sonne hält, so dass er glitzert und flimmert auf allen Seiten. Und das ist ein Symptom, dieses Lächeln.

Er soll noch nicht an die Luft, und so sitzt er denn in der Stube und wartet. Jetzt ist alles geeignet, ihm Freude zu machen; jeder Laut, der von draußen kommt, wird wie ein fahrender Sänger empfangen und muss erzählen. Und einen Brief erhofft Tragy, irgendeinen Brief. Und dass Herr von Kranz einmal anpocht. Aber Tage gehen hin. Es schneit draußen ein, und der Lärm verliert sich im tiefen Schnee. Kein Brief, kein Besuch. Und die Abende sind ohne Ende. Tragy kommt sich vor wie einer, den man vergessen hat, und er beginnt unwillkürlich sich zu rühren, zu rufen, sich bemerkbar zu machen. Er schreibt: nachhause, an Herrn von Kranz, an alle, die ihm zufällig bekannt sind, ja er sendet sogar ein paar aus der Heimat mitgebrachte Anempfehlungsbriefe aus, die er bislang nicht benutzt hat, und erwartet, man werde mit Einladungen erwidern. Umsonst. Er bleibt vergessen. Er mag rufen und Zeichen geben. Seine Stimme reicht nirgends hin.

Und gerade in diesen Tagen ist sein Bedürfnis nach Teilnahme so groß; es wächst in ihm fort und wird ein ungestümer trockener Durst, der ihn nicht demütigt, sondern ihn bitter und trotzig macht. Er überlegt plötzlich, ob er nicht das, was er umsonst erbittet von aller Welt, fordern kann von irgendwem, wie ein Recht, wie eine alte Schuld, die man einzieht mit allen Mitteln, rücksichtslos. Und er verlangt von seiner Mutter: »Komm, gib mir, was mir gehört.«

Das wird ein langer, langer Brief, und Ewald schreibt weit in die Nacht hinein, immer rascher und mit immer heißeren Wangen. Er hat damit begonnen, eine Pflicht zu fordern und, ehe er es weiß, bittet er um eine Gnade, um ein Geschenk, um Wärme und Zärtlichkeit. »Noch ist es Zeit –« schreibt er, »noch bin ich weich und kann wie Wachs sein in Deinen Händen. Nimm mich, gib mir eine Form, mach mich fertig ...«

Es ist ein Schrei nach Mütterlichkeit, der weit über ein Weib hinausreicht, bis zu jener ersten Liebe hin, in welcher der Frühling froh und sorglos wird. Diese Worte gehen niemandem mehr entgegen, mit ausgebreiteten Armen stürmen sie in die Sonne hinein. – Und so ist es gar nicht erstaunlich, wenn Tragy zum Schluss erkennt, dass es niemanden gibt, dem er diesen Brief schicken kann, und dass niemand ihn verstünde, am wenigsten diese schlanke nervöse Dame. Sie ist ja stolz, dass man sie ›Fräulein‹ nennt in der Fremde, denkt Ewald und weiß: Man muss den Brief rasch verbrennen.

Er wartet.

Aber der Brief verbrennt ganz langsam in lauter kleinen zitternden Flammen.

Geschichten vom lieben Gott

Meine Freundin, *einmal habe ich dieses Buch in Ihre Hände gelegt, und Sie haben es lieb gehabt wie niemand vorher. So habe ich mich daran gewöhnt, zu denken, dass es Ihnen gehört. Dulden Sie deshalb, dass ich nicht allein in Ihr eigenes Buch, sondern in alle Bücher dieser neuen Ausgabe Ihren Namen schreibe; dass ich schreibe:*

Die Geschichten vom lieben Gott
Gehören Ellen Key.
Rainer Maria Rilke, Rom, im April 1904

Das Märchen von den Händen Gottes

Neulich, am Morgen, begegnete mir die Frau Nachbarin. Wir begrüßten uns.

»Was für ein Herbst!« sagte sie nach einer Pause und blickte nach dem Himmel auf. Ich tat desgleichen. Der Morgen war allerdings sehr klar und köstlich für Oktober. Plötzlich fiel mir etwas ein: »Was für ein Herbst!« rief ich und schwenkte ein wenig mit den Händen. Und die Frau Nachbarin nickte beifällig. Ich sah ihr so einen Augenblick zu. Ihr gutes gesundes Gesicht ging so lieb auf und nieder. Es war recht hell, nur um die Lippen und an den Schläfen waren kleine schattige Falten. Woher sie das haben mag? Und da fragte ich ganz unversehens: »Und Ihre kleinen Mädchen?« Die Falten in ihrem Gesicht verschwanden eine Sekunde, zogen sich aber gleich, noch dunkler, zusammen. »Gesund sind sie, gottseidank, aber –« die Frau Nachbarin setzte sich in Bewegung, und ich schritt jetzt an ihrer Linken, wie es sich gehört. »Wissen Sie, sie sind jetzt beide in dem Alter, die Kinder, wo sie den ganzen Tag *fragen*. Was, den ganzen Tag, bis in die gerechte Nacht hinein.« »Ja«, murmelte ich, – »es gibt eine Zeit ...« Sie aber ließ sich nicht stören: »Und nicht etwa: Wohin geht diese Pferdebahn? Wie viel Sterne gibt es? Und ist zehntausend mehr als viel? Noch ganz andere Sachen! Zum Beispiel: Spricht der liebe Gott auch chinesisch? und: Wie sieht der liebe Gott aus? Immer alles vom lieben Gott! Darüber weiß man doch nicht Bescheid –.« »Nein, allerdings«, stimmte ich bei, »man hat da gewisse Vermutungen ...« »Oder von den Händen vom lieben Gott, was soll man da –.«

Ich schaute der Nachbarin in die Augen: »Erlauben Sie«, sagte ich recht höflich, »Sie sagten zuletzt die Hände vom lieben Gott – nicht wahr?« Die Nachbarin nickte. Ich glaube, sie war ein wenig erstaunt. »Ja« – beeilte ich mich anzufügen, – »von den Händen ist mir allerdings einiges bekannt. Zufällig –« bemerkte ich rasch, als ich ihre Augen rund werden sah, – »ganz zufällig – ich habe – – – nun« schloss ich mit ziemlicher Entschiedenheit, »ich will Ihnen erzählen, was ich weiß. Wenn Sie einen Augenblick Zeit haben, ich begleite Sie bis zu Ihrem Hause, das wird gerade reichen.«

»Gerne«, sagte sie, als ich sie endlich zu Worte kommen ließ, immer noch erstaunt, »aber wollen Sie nicht vielleicht den Kindern selbst? ...«

»Ich den Kindern selbst erzählen? Nein, liebe Frau, das geht nicht, das geht auf keinen Fall. Sehen Sie, ich werde gleich verlegen, wenn ich mit den Kindern sprechen muss. Das ist an sich nicht schlimm. Aber die Kinder könnten meine Verwirrung dahin deuten, dass ich mich lügen fühle ... Und da mir sehr viel an der Wahrhaftigkeit meiner Geschichte liegt – Sie können es den Kindern ja wiedererzählen; Sie treffen es ja gewiss auch viel besser. Sie werden es verknüpfen und ausschmücken, ich werde nur die einfachen Tatsachen in der kürzesten Form berichten. Ja?« »Gut, gut«, machte die Nachbarin zerstreut.

Ich dachte nach: »Im Anfang ...« aber ich unterbrach mich sofort. »Ich kann bei Ihnen, Frau Nachbarin, ja manches als bekannt voraussetzen, was ich den Kindern erst erzählen müsste. Zum Beispiel die Schöpfung ...« Es entstand eine ziemliche Pause. Dann: »Ja – – – und am siebenten Tage ...«, die Stimme der guten Frau war hoch und spitzig. »Halt!« machte ich, »wir wollen doch auch der früheren Tage gedenken; denn gerade um diese handelt es sich. Also der liebe Gott begann, wie bekannt, seine Arbeit, indem er die Erde machte, diese vom Wasser unterschied und Licht befahl. Dann formte er in bewundernswerter Geschwindigkeit die Dinge, ich meine die großen wirklichen Dinge, als da sind: Felsen, Gebirge, einen Baum und nach diesem Muster viele Bäume.« Ich hörte hier schon eine Weile lang Schritte hinter uns, die uns nicht überholten und auch nicht zurückblieben. Das störte mich, und ich verwickelte mich in der Schöpfungsgeschichte, als ich folgendermaßen fortfuhr: »Man kann sich diese schnelle und erfolgreiche Tätigkeit nur begreiflich machen, wenn man annimmt, dass eben nach langem, tiefem Nachdenken alles in seinem Kopfe ganz fertig war, ehe er ...« Da endlich waren die Schritte neben uns, und eine nicht gerade angenehme Stimme klebte an uns: »O, Sie sprechen wohl von Herrn Schmidt, verzeihen Sie ...« Ich sah ärgerlich nach der Hinzugekommenen, die Frau Nachbarin aber geriet in große Verlegenheit: »Hm«, hustete sie, »nein – das heißt – ja, – wir sprachen gerade, gewissermaßen –«. »Was für ein Herbst«, sagte auf einmal die andere Frau, als ob nichts geschehen wäre, und ihr rotes, kleines Gesicht glänzte. »Ja« – hörte ich meine Nachbarin antworten: »Sie haben recht, Frau Hüpfer, ein selten schöner Herbst!« Dann trennten sich die Frauen. Frau Hüpfer kicherte noch: »Und grüßen Sie mir die Kinderchen.« Meine gute Nachbarin achtete nicht mehr darauf; sie war doch neugierig, meine Geschichte zu erfahren. Ich aber behauptete mit unbegreiflicher Härte: »Ja *jetzt* weiß ich nicht mehr, wo wir stehen geblieben sind.« »Sie sagten eben etwas von seinem Kopfe, das heißt –«, die Frau Nachbarin wurde ganz rot.

Sie tat mir aufrichtig leid, und so erzählte ich schnell: »Ja sehen Sie also, so lange nur die *Dinge* gemacht waren, hatte der liebe Gott nicht notwendig, beständig auf die Erde herunterzuschauen. Es konnte sich ja nichts dort begeben. Der Wind ging allerdings schon über die Berge, welche den Wolken, die er schon seit lange kannte, so ähnlich waren, aber den Wipfeln der Bäume wich er noch mit einem gewissen Misstrauen aus. Und das war dem lieben Gott sehr recht. Die Dinge hat er sozusagen im Schlafe gemacht, allein schon bei den Tieren fing die Arbeit an, ihm interessant zu werden; er neigte sich darüber und zog nur selten die breiten Brauen hoch, um einen Blick auf die Erde zu werfen. Er vergaß sie vollends, als er den Menschen formte. Ich weiß nicht bei welchem komplizierten Teil des Körpers er gerade angelangt war, als es um ihn rauschte von Flügeln. Ein Engel eilte vorüber und sang: ›Der Du alles siehst...‹

Der liebe Gott erschrak. Er hatte den Engel in Sünde gebracht, denn eben hatte dieser eine Lüge gesungen.

Rasch schaute Gottvater hinunter. Und freilich, da hatte sich schon irgend etwas ereignet, was kaum gutzumachen war. Ein kleiner Vogel irrte, als ob er Angst hätte, über die Erde hin und her, und der liebe Gott war nicht imstande, ihm heimzuhelfen, denn er hatte nicht gesehen, aus *welchem* Walde das arme Tier gekommen war. Er wurde ganz ärgerlich und sagte: ›Die Vögel haben sitzen zu bleiben, wo ich sie hingesetzt habe.‹ Aber er erinnerte sich, dass er ihnen auf Fürbitte der Engel Flügel verliehen hatte, damit es auch auf Erden so etwas wie Engel gebe, und dieser Umstand machte ihn nur noch verdrießlicher. Nun ist gegen solche Zustände des Gemütes nichts so heilsam wie Arbeit. Und mit dem Bau des Menschen beschäftigt, wurde Gott auch rasch wieder froh. Er hatte die Augen der Engel wie Spiegel vor sich, maß darin seine eigenen Züge und bildete langsam und vorsichtig an einer Kugel auf seinem Schoße das erste Gesicht. Die Stirne war ihm gelungen. Viel schwerer wurde es ihm, die beiden Nasenlöcher symmetrisch zu machen. Er bückte sich immer mehr darüber, bis es wieder wehte über ihm; er schaute auf. Derselbe Engel umkreiste ihn; man hörte diesmal keine Hymne, denn in seiner Lüge war dem Knaben die Stimme erloschen, aber an seinem Mund erkannte Gott, dass er immer noch sang: ›Der Du alles siehst.‹ Zugleich trat der heilige Nikolaus, der bei Gott in besonderer Achtung steht, an ihn heran und sagte durch seinen großen Bart hindurch: ›Deine Löwen sitzen ruhig, sie sind recht hochmütige Geschöpfe, das muss ich sagen! Aber ein kleiner Hund läuft ganz am Rande der Erde herum, ein Terrier, siehst Du, er wird gleich hinunterfallen.‹ Und wirklich merkte der liebe Gott etwas Heiteres, Weißes, wie ein kleines Licht hin und her tanzen in der Gegend von Skandinavien, wo es schon so furchtbar rund ist. Und er wurde recht bös und warf dem heiligen Nikolaus vor, wenn ihm seine Löwen nicht recht seien, so solle er versuchen, auch welche zu machen. Worauf der heilige Nikolaus aus dem Himmel ging und die Türe zuschlug, dass ein Stern herunterfiel, gerade dem Terrier auf den Kopf. Jetzt war das Unglück vollständig, und der liebe Gott musste sich eingestehen, dass er ganz allein an allem schuld sei, und beschloss, nicht mehr den Blick von der Erde zu rühren. Und so geschah's. Er überließ seinen Händen, welche ja auch weise sind, die Arbeit, und obwohl er recht neugierig war zu erfahren, wie der Mensch wohl aussehen mochte, starrte er unablässig auf die Erde hinab, auf welcher sich jetzt, wie zum Trotz, nicht ein Blättchen regen wollte. Um doch wenigstens eine kleine Freude zu haben nach aller Plage, hatte er seinen Händen befohlen, ihm den Menschen erst zu zeigen, ehe sie ihn dem Leben ausliefern würden. Wiederholt fragte er, wie Kinder, wenn sie Verstecken spielen: ›Schon?‹ Aber er hörte als Antwort das Kneten seiner Hände und wartete. Es erschien ihm sehr lange. Da auf einmal sah er etwas durch den Raum fallen, dunkel und in der Richtung, als ob es aus seiner Nähe käme. Von einer bösen Ahnung erfüllt, rief er seine Hände. Sie erschienen ganz von Lehm befleckt, heiß und zitternd. ›Wo ist der Mensch?‹ schrie er sie an. Da fuhr die Rechte auf die Linke los: ›Du hast ihn losgelassen!‹ ›Bitte!‹ sagte die Linke gereizt, ›du wolltest ja alles allein machen, *mich* ließest du ja überhaupt gar nicht mitreden.‹ ›Du hättest ihn eben halten müssen.‹ Und die Rechte holte aus. Dann aber besann sie sich, und beide Hände sagten einander überholend: ›Er war so ungeduldig, der Mensch. Er wollte immer schon leben. Wir können beide nichts dafür, gewiss, wir sind beide unschuldig.‹

Der liebe Gott aber war ernstlich böse. Er drängte beide Hände fort; denn sie verstellten ihm die Aussicht über die Erde: ›Ich kenne euch nicht mehr, macht was ihr wollt.‹ Das versuchten die Hände auch seither, aber sie können nur *beginnen,* was sie auch tun. Ohne Gott gibt es keine Vollendung. Und da sind sie es endlich müde geworden. Jetzt knien sie den ganzen Tag und tun Buße, so erzählt man wenigstens. Uns aber erscheint es, als ob Gott ruhte, weil er auf seine Hände böse ist. Es ist immer noch siebenter Tag.«

Ich schwieg einen Augenblick. Das benützte die Frau Nachbarin sehr vernünftig: »Und Sie glauben, dass nie wieder eine Versöhnung zustande kommt?« »O doch«, sagte ich, »ich hoffe es wenigstens.«

»Und wann sollte das sein?«

»Nun, bis Gott wissen wird, wie der Mensch, den die Hände gegen seinen Willen losgelassen haben, aussieht.«

Die Frau Nachbarin dachte nach, dann lachte sie: »Aber dazu hätte er doch bloß heruntersehen müssen...« »Verzeihen Sie«, sagte ich artig, »Ihre Bemerkung zeugt von Scharfsinn, aber meine Geschichte ist noch nicht zu Ende. Also, als die Hände beiseite getreten waren und Gott die Erde wieder überschaute, da war eben wieder eine Minute, oder sagen wir ein Jahrtausend, was ja bekanntlich dasselbe ist, vergangen. Statt *eines* Menschen gab es schon eine Million. Aber sie waren alle schon in Kleidern. Und da die Mode damals gerade sehr hässlich war und auch die Gesichter arg entstellte, so bekam Gott einen ganz falschen und (ich will es nicht verhehlen) sehr schlechten Begriff von den Menschen.« »Hm«, machte die Nachbarin und wollte etwas bemerken. Ich beachtete es nicht, sondern schloss mit starker Betonung: »Und darum ist es dringend notwendig, dass Gott erfährt, wie der Mensch wirklich ist. Freuen wir uns, dass es solche gibt, die es ihm sagen ...« Die Frau Nachbarin freute sich noch nicht: »Und wer sollte das sein, bitte?« »Einfach die Kinder und dann und wann auch diejenigen Leute, welche malen, Gedichte schreiben, bauen ...« »Was denn bauen, Kirchen?« »Ja, und auch sonst, überhaupt ...«

Die Frau Nachbarin schüttelte langsam den Kopf. Manches erschien ihr doch recht verwunderlich. Wir waren schon über ihr Haus hinausgegangen und kehrten jetzt langsam um. Plötzlich wurde sie sehr lustig und lachte: »Aber, was für ein Unsinn, Gott ist doch auch allwissend. Er hätte ja genau wissen müssen, woher zum Beispiel der kleine Vogel gekommen ist.« Sie sah mich triumphierend an. Ich war ein bisschen verwirrt, ich muss gestehen. Aber als ich mich gefasst hatte, gelang es mir ein überaus ernstes Gesicht zu machen: »Liebe Frau«, belehrte ich sie, »das ist eigentlich eine Geschichte für sich. Damit Sie aber nicht glauben, das sei nur eine Ausrede von mir (sie verwahrte sich nun natürlich heftig dagegen), will ich Ihnen in Kürze sagen: Gott hat alle Eigenschaften, natürlich. Aber ehe er in die Lage kam, sie auf die Welt – gleichsam – anzuwenden, erschienen sie ihm alle wie eine einzige große Kraft. Ich weiß nicht, ob ich mich deutlich ausdrücke. Aber angesichts der Dinge spezialisierten sich seine Fähigkeiten und wurden bis zu einem gewissen Grade: Pflichten. Er hatte Mühe, sich alle zu merken. Es gibt eben Konflikte. (Nebenbei: das alles sage ich nur Ihnen, und Sie müssen es den Kindern keineswegs wiedererzählen.)« »Wo denken Sie hin«, beteuerte meine Zuhörerin.

»Sehen Sie, wäre ein Engel vorübergeflogen, singend: ›Der Du alles *weißt*‹, so wäre alles gut geworden...«

»Und diese Geschichte wäre überflüssig?«

»Gewiss«, bestätigte ich. Und ich wollte mich verabschieden. »Aber wissen Sie das alles auch ganz bestimmt?« »Ich weiß es ganz bestimmt«, erwiderte ich fast feierlich. »Da werde ich den Kindern heute zu erzählen haben!« »Ich würde es gerne anhören dürfen. Leben Sie wohl.« »Leben Sie wohl«, antwortete sie.

Dann kehrte sie nochmals zurück: »Aber weshalb ist gerade dieser Engel ...« »Frau Nachbarin«, sagte ich, indem ich sie unterbrach, »ich merke jetzt, dass Ihre beiden lieben Mädchen gar nicht deshalb so viel fragen, weil sie Kinder sind –« »Sondern?« fragte meine Nachbarin neugierig. »Nun, die Ärzte sagen, es gibt gewisse Vererbungen ...« Meine Frau Nachbarin drohte mir mit dem Finger. Aber wir schieden dennoch als gute Freunde.

Als ich meiner lieben Nachbarin später (übrigens nach ziemlich langer Pause) wieder einmal begegnete, war sie nicht allein, und ich konnte nicht erfahren, ob sie ihren Mädchen meine Geschichte berichtet hätte und mit welchem Erfolg. Über diesen Zweifel klärte mich ein Brief auf, welchen ich kurz darauf empfing. Da ich von dem Absender desselben nicht die Erlaubnis erhalten habe, ihn zu veröffentlichen, so muss ich mich darauf beschränken, zu erzählen, wie er endete, woraus man ohne weiteres erkennen wird, von wem er stammte. Er schloss mit den Worten: »Ich und noch fünf andere Kinder, nämlich, weil ich mit dabei bin.«

Ich antwortete, gleich nach Empfang, folgendes: »Liebe Kinder, dass euch das Märchen von den Händen vom lieben Gott gefallen hat, glaube ich gern; mir gefällt es auch. Aber ich kann trotzdem nicht zu euch kommen. Seid nicht böse deshalb. Wer weiß, ob ich euch gefiele. Ich habe keine schöne Nase, und wenn sie, was bisweilen vorkommt, auch noch ein rotes Pickelchen an der Spitze hat, so würdet ihr die ganze Zeit dieses Pünktchen anschauen und anstaunen und gar nicht hören, was ich ein Stückchen tiefer unten sage. Auch würdet ihr wahrscheinlich von diesem Pickelchen träumen. Das alles wäre mir gar nicht recht. Ich schlage darum einen anderen Ausweg vor. Wir haben (auch außer der Mutter) eine große Anzahl gemeinsamer Freunde und Bekannte, die *nicht* Kinder sind. Ihr werdet schon erfahren, welche. Diesen werde ich von Zeit zu Zeit eine Geschichte erzählen, und ihr werdet sie von diesen Vermittlern immer noch schöner empfangen, als ich sie zu gestalten vermöchte. Denn es sind gar große Dichter unter diesen unseren Freunden. Ich werde euch nicht verraten, wovon meine Geschichten handeln werden. Aber, weil euch nichts so sehr beschäftigt und am Herzen liegt, wie der liebe Gott, so werde ich an jeder passenden Gelegenheit einfügen, was ich von ihm weiß. Sollte etwas davon nicht richtig sein, so schreibt mir wieder einen schönen Brief, oder lasst es mir durch die Mutter sagen. Denn es ist möglich, dass ich mich an mancher Stelle irre, weil es schon so lange ist, seit ich die schönsten Geschichten erfahren habe, und weil ich seither mir viele habe merken müssen, die nicht so schön sind. Das kommt im Leben so mit. Trotzdem ist das Leben etwas ganz Prächtiges: auch *davon* wird des Öfteren in meinen Geschichten die Rede sein. Damit grüßt euch – Ich, aber auch nur deshalb einer, weil ich mit dabei bin.«

Der fremde Mann

Ein fremder Mann hat mir einen Brief geschrieben. Nicht von Europa schrieb mir der fremde Mann, nicht von Moses, weder von den großen, noch von den kleinen Propheten, nicht vom Kaiser von Russland oder dem Zaren Iwan, dem Grausen, seinem fürchterlichen Vorfahren. Nicht vom Bürgermeister oder vom Nachbar Flickschuster, nicht von der nahen Stadt, nicht von den fernen Städten; und auch der Wald mit den vielen Rehen, darin ich jeden Morgen mich verliere, kommt in seinem Briefe nicht vor. Er erzählt mir auch nichts von seinem Mütterchen oder von seinen Schwestern, die gewiss längst verheiratet sind. Vielleicht ist auch sein Mütterchen tot; wie könnte es sonst sein, dass ich sie in einem vierseitigen Briefe nirgends erwähnt finde! Er erweist mir ein viel, viel größeres Vertrauen, er macht mich zu seinem Bruder, er spricht mir von seiner Not.

Am Abend kommt der fremde Mann zu mir. Ich zünde keine Lampe an, helfe ihm den Mantel ablegen und bitte ihn, mit mir Tee zu trinken, weil das gerade die Stunde ist, in welcher ich täglich meinen Tee trinke. Und bei so nahen Besuchen muss man sich keinen Zwang auferlegen. Als wir uns schon an den Tisch setzen wollen, bemerke ich, dass mein Gast unruhig ist; sein Gesicht ist voll Angst und seine Hände zittern. »Richtig«, sage ich, »hier ist ein Brief für Sie.« Und dann bin ich dabei den Tee einzugießen. »Nehmen Sie Zucker und vielleicht Zitrone? Ich habe in Russland gelernt den Tee mit Zitrone zu trinken. Wollen Sie versuchen?« Dann zünde ich eine Lampe an und stelle sie in eine entfernte Ecke, etwas hoch, so dass eigentlich Dämmerung bleibt im Zimmer, nur eine etwas wärmere als früher, eine rötliche. Und da scheint auch das Gesicht meines Gastes sicherer, wärmer und um vieles bekannter zu sein. Ich begrüße ihn noch einmal mit den Worten: »Wissen Sie, ich habe Sie lange erwartet.« Und ehe der Fremde Zeit hat zu staunen, erkläre ich ihm. »Ich weiß eine Geschichte, welche ich niemandem erzählen mag als Ihnen; fragen Sie mich nicht warum, sagen Sie mir nur, ob Sie bequem sitzen, ob der Tee genug süß ist und ob Sie die Geschichte hören wollen.« Mein Gast musste lächeln. Dann antwortete er einfach: »Ja.« »Auf alles drei: Ja?« »Auf alles drei.« Wir lehnten uns beide zugleich in unseren Stühlen zurück, sodass unsere Gesichter schattig wurden. Ich stellte mein Teeglas nieder, freute mich daran, wie goldig der

Tee glänzte, vergaß diese Freude langsam wieder und fragte plötzlich: »Erinnern Sie sich noch an den lieben Gott?«

Der Fremde dachte nach. Seine Augen vertieften sich ins Dunkel, und mit den kleinen Lichtpunkten in den Pupillen glichen sie zwei langen Laubengängen in einem Parke, über welchem leuchtend und breit Sommer und Sonne liegt. Auch diese beginnen so, mit runder Dämmerung, dehnen sich in immer engerer Finsternis bis zu einem fernen, schimmernden Punkt: dem jenseitigen Ausgang in einen vielleicht noch viel helleren Tag. Während ich das erkannte, sagte er zögernd und als ob er sich nur ungern seiner Stimme bediente: »Ja, ich erinnere mich noch an Gott.« »Gut«, dankte ich ihm, »denn gerade von ihm handelt meine Geschichte. Doch zuerst sagen Sie mir noch: Sprechen Sie bisweilen mit Kindern?« »Es kommt wohl vor, so im Vorübergehen, wenigstens –« »Vielleicht ist es Ihnen bekannt, dass Gott infolge eines hässlichen Ungehorsams seiner Hände nicht weiß, wie der fertige Mensch eigentlich aussieht?« »Das habe ich einmal irgendwo gehört, ich weiß indessen nicht von wem« – entgegnete mein Gast, und ich sah unbestimmte Erinnerungen über seine Stirn jagen.
»Gleichviel«, störte ich ihn, »hören Sie weiter. Lange Zeit ertrug Gott diese Ungewissheit. Denn seine Geduld ist wie seine Stärke groß. Einmal aber, als dichte Wolken zwischen ihm und der Erde standen viele Tage lang, so dass er kaum mehr wusste, ob er alles: Welt und Menschen und Zeit nicht nur geträumt hatte, rief er seine rechte Hand, die so lange von seinem Angesicht verbannt und verborgen gewesen war in kleinen unwichtigen Werken. Sie eilte bereitwillig herbei; denn sie glaubte, Gott wolle ihr endlich verzeihen. Als Gott sie so vor sich sah in ihrer Schönheit, Jugend und Kraft, war er schon geneigt, ihr zu vergeben. Aber rechtzeitig besann er sich und gebot, ohne hinzusehen: ›Du gehst hinunter auf die Erde. Du nimmst die Gestalt an, die du bei den Menschen siehst, und stellst dich, nackt, auf einen Berg, so dass ich dich genau betrachten kann. Sobald du unten ankommst, geh zu einer jungen Frau und sag ihr, aber ganz leise: Ich möchte leben. Es wird zuerst ein kleines Dunkel um dich sein und dann ein großes Dunkel, welches Kindheit heißt, und dann wirst du ein Mann sein und auf den Berg steigen, wie ich es dir befohlen habe. Das alles dauert ja nur einen Augenblick. Leb wohl.‹

Die Rechte nahm von der Linken Abschied, gab ihr viele freundliche Namen, ja es wurde sogar behauptet, sie habe sich plötzlich vor ihr verneigt und gesagt: ›Du, heiliger Geist.‹ Aber schon trat der heilige Paulus herzu, hieb dem lieben Gott die rechte Hand ab, und ein Erzengel fing sie auf und trug sie unter seinem weiten Gewand davon. Gott aber hielt sich mit der Linken die Wunde zu, damit sein Blut nicht über die Sterne ströme und von da in traurigen Tropfen herunterfiele auf die Erde. Eine kurze Zeit später bemerkte Gott, der aufmerksam alle Vorgänge unten betrachtete, dass die Menschen in den eisernen Kleidern sich um einen Berg mehr zu schaffen machten, als um alle anderen Berge. Und er erwartete, dort seine Hand hinaufsteigen zu sehen. Aber es kam nur ein Mensch in einem, wie es schien, roten Mantel, welcher etwas schwarzes Schwankendes aufwärts schleppte. In demselben Augenblicke begann Gottes linke Hand, die vor seinem offenen Blute lag, unruhig zu werden, und mit einem Mal verließ sie, ehe Gott es verhindern konnte, ihren Platz und irrte wie wahnsinnig zwischen den Sternen umher und schrie: ›Oh, die arme rechte Hand, und ich kann ihr nicht helfen.‹ Dabei zerrte sie an Gottes linkem Arm, an dessen äußerstem Ende sie hing, und bemühte sich loszukommen. Die ganze Erde aber war rot vom Blute Gottes, und man konnte nicht erkennen, was darunter geschah. Damals wäre Gott fast gestorben. Mit letzter Anstrengung rief er seine Rechte zurück; sie kam blass und bebend und legte sich an ihren Platz, wie ein krankes Tier. Aber auch die Linke, die doch schon manches wusste, da sie die rechte Hand Gottes damals unten auf der Erde erkannt hatte, als diese in einem roten Mantel den Berg erstieg, konnte von ihr nicht erfahren, was sich weiter auf diesem Berge begeben hat. Es muss etwas sehr Schreckliches gewesen sein. Denn Gottes Rechte hat sich noch nicht davon erholt, und sie leidet unter ihrer Erinnerung nicht weniger, als unter dem alten Zorne Gottes, der ja seinen Händen immer noch nicht verziehen hat.«

Meine Stimme ruhte ein wenig aus. Der Fremde hatte sein Gesicht mit den Händen verhüllt. Lange blieb alles so. Dann sagte der fremde Mann mit einer Stimme, die ich längst kannte: »Und warum haben Sie *mir* diese Geschichte erzählt?« »Wer hätte mich sonst verstanden? Sie kommen zu mir ohne Rang, ohne Amt, ohne irgendeine zeitliche Würde, fast ohne Namen. Es war dunkel, als Sie eintraten, allein ich bemerkte in Ihren Zügen eine Ähnlichkeit –« Der fremde Mann blickte fragend auf. »Ja«, erwiderte ich seinem stillen Blick, »ich denke oft, vielleicht ist Gottes Hand wieder unterwegs ...«

Die Kinder haben diese Geschichte erfahren, und offenbar wurde sie ihnen so erzählt, dass sie alles verstehen konnten; denn sie haben diese Geschichte lieb.

Warum der liebe Gott will, dass es arme Leute gibt

Die vorangehende Geschichte hat sich so verbreitet, dass der Herr Lehrer mit sehr gekränktem Gesicht auf der Gasse herumgeht. Ich kann das begreifen. Es ist immer schlimm für einen Lehrer, wenn die Kinder plötzlich etwas wissen, was er ihnen nicht erzählt hat. Der Lehrer muss sozusagen das einzige Loch in der Planke sein, durch welches man in den Obstgarten sieht; sind noch andere Löcher da, so drängen sich die Kinder jeden Tag vor einem anderen und werden bald des Ausblicks überhaupt müde. Ich hätte diesen Vergleich nicht hier aufgezeichnet, denn nicht jeder Lehrer ist vielleicht damit einverstanden, ein Loch zu sein; aber der Lehrer, von dem ich rede, mein Nachbar, hat den Vergleich zuerst von mir vernommen und ihn sogar als äußerst treffend bezeichnet. Und sollte auch jemand anderer Meinung sein, die Autorität meines Nachbars ist mir maßgebend.

Er stand vor mir, rückte beständig an seiner Brille und sagte: »Ich weiß nicht, wer den Kindern diese Geschichte erzählt hat, aber es ist jedenfalls unrecht, ihre Phantasie mit solchen ungewöhnlichen Vorstellungen zu überladen und anzuspannen. Es handelt sich um eine Art Märchen –« »Ich habe es zufällig erzählen hören«, unterbrach ich ihn. (Dabei log ich nicht, denn seit jenem Abend ist es mir wirklich schon von meiner Frau Nachbarin wiederberichtet worden.) »So«, machte der Lehrer; er fand das leicht erklärlich. »Nun, was sagen Sie dazu?« Ich zögerte, auch fuhr er sehr schnell fort: »Zunächst finde ich es unrecht, religiöse, besonders biblische Stoffe frei und eigenmächtig zu gebrauchen. Es ist das alles im Katechismus jedenfalls so ausgedrückt, dass es besser nicht gesagt werden kann ...« Ich wollte etwas bemerken, erinnerte mich aber im letzten Augenblick, dass der Herr Lehrer »zunächst« gebraucht hatte, dass also jetzt nach der Grammatik und um der Gesundheit des Satzes willen ein »dann« und vielleicht sogar ein »und endlich« folgen musste, ehe ich mir erlauben durfte, etwas anzufügen. So geschah es auch. Ich will, da der Herr Lehrer diesen selben Satz, dessen tadelloser Bau jedem Kenner Freude bereiten wird, auch anderen übermittelt hat, die ihn ebenso wenig wie ich vergessen dürften, hier nur noch das aufzeichnen, was hinter dem schönen, vorbereitenden Worte: »Und endlich« wie das Finale einer Ouvertüre kam. »Und endlich ... (die sehr phantastische Auffassung hingehen lassend) erscheint mir der Stoff gar nicht einmal genügend durchdrungen und nach allen Seiten hin berücksichtigt zu sein. Wenn ich Zeit hätte, Geschichten zu schreiben –« »Sie vermissen etwas in der bewussten Erzählung?« konnte ich mich nicht enthalten ihn zu unterbrechen. »Ja, ich vermisse manches. Vom literarisch-kritischen Standpunkt gewissermaßen. Wenn ich zu Ihnen als Kollege sprechen darf –« Ich verstand nicht, was er meinte, und sagte bescheiden: »Sie sind zu gütig, aber ich habe nie eine Lehrertätigkeit ...« Plötzlich fiel mir etwas ein, ich brach ab, und er fuhr etwas kühl fort:

»Um nur eins zu nennen: es ist nicht anzunehmen, dass Gott (wenn man schon auf den Sinn der Geschichte soweit eingehen will), dass Gott, also – sage ich – dass Gott keinen weiteren Versuch gemacht haben sollte, einen Menschen zu sehen, wie er ist, ich meine –« Jetzt glaubte ich den Herrn Lehrer wieder versöhnen zu müssen. Ich verneigte mich ein wenig und begann: »Es ist allgemein bekannt, dass Sie sich eingehend (und, wenn man so sagen darf, nicht ohne Gegenliebe zu finden) der sozialen Frage genähert haben.« Der Herr Lehrer lächelte. »Nun, dann darf ich annehmen, dass, was ich Ihnen im folgenden mitzuteilen gedenke, Ihrem Interesse nicht ganz ferne steht, zumal ich ja auch an Ihre letzte, sehr scharfsinnige Bemerkung anknüpfen kann.« Er sah mich erstaunt an: »Sollte Gott etwa … « »In der Tat«, bestätigte ich, »Gott ist eben dabei, einen neuen Versuch zu machen.« »Wirklich?«, fuhr mich der Lehrer an, »ist das an maßgebender Stelle bekannt geworden?« »Darüber kann ich Ihnen nichts Genaues sagen –« bedauerte ich – »ich bin nicht in Beziehung mit jenen Kreisen, aber wenn Sie dennoch meine kleine Geschichte hören wollen?« »Sie würden mir einen großen Gefallen erweisen.« Der Lehrer nahm seine Brille ab und putzte sorgfältig die Gläser, während seine nackten Augen sich schämten.

Ich begann: »Einmal sah der liebe Gott in eine große Stadt. Als ihm von dem vielen Durcheinander die Augen ermüdeten (dazu trugen die Netze mit den elektrischen Drähten nicht wenig bei), beschloss er, seine Blicke auf ein einziges hohes Mietshaus für eine Weile zu beschränken, weil dieses weit weniger anstrengend war. Gleichzeitig erinnerte er sich seines alten Wunsches, einmal einen lebenden Menschen zu sehen, und zu diesem Zwecke tauchten seine Blicke ansteigend in die Fenster der einzelnen Stockwerke. Die Leute im ersten Stockwerke (es war ein reicher Kaufmann mit Familie) waren fast nur Kleider. Nicht nur, dass alle Teile ihres Körpers mit kostbaren Stoffen bedeckt waren, die äußeren Umrisse dieser Kleidung zeigten an vielen Stellen eine solche Form, dass man sah, es konnte kein Körper mehr darunter sein. Im zweiten Stock war es nicht viel besser. Die Leute, welche drei Treppen wohnten, hatten zwar schon bedeutend weniger an, waren aber so schmutzig, dass der liebe Gott nur graue Furchen erkannte und in seiner Güte schon bereit war, zu befehlen, sie möchten fruchtbar werden. Endlich unter dem Dach, in einem schrägen Kämmerchen, fand der liebe Gott einen Mann in einem schlechten Rock, der sich damit beschäftigte, Lehm zu kneten. ›Oho, woher hast du das?‹ rief er ihn an. Der Mann nahm seine Pfeife gar nicht aus dem Munde und brummte: ›Der Teufel weiß woher. Ich wollte, ich wär Schuster geworden. Da sitzt man und plagt sich ...‹ Und was der liebe Gott auch fragen mochte, der Mann war schlechter Laune und gab keine Antwort mehr. – Bis er eines Tages einen großen Brief vom Bürgermeister dieser Stadt bekam. Da erzählte er dem lieben Gott, ungefragt, alles. Er hatte so lange keinen Auftrag bekommen. Jetzt, plötzlich, sollte er eine Statue für den Stadtpark machen, und sie sollte heißen: die Wahrheit. Der Künstler arbeitete Tag und Nacht in einem entfernten Atelier, und dem lieben Gott kamen verschiedene alte Erinnerungen, wie er das so sah. Wenn er seinen Händen nicht immer noch böse gewesen wäre, er hätte wohl auch wieder irgendwas begonnen. – Als aber der Tag kam, da die Bildsäule, welche die Wahrheit hieß, hinausgetragen werden sollte, auf ihren Platz in den Garten, wo auch Gott sie hätte sehen können in ihrer Vollendung, da entstand ein großer Skandal, denn eine Kommission von Stadtvätern, Lehrern und anderen einflussreichen Persönlichkeiten hatte verlangt, die Figur müsse erst teilweise bekleidet werden, ehe das Publikum sie zu Gesicht bekäme. Der liebe Gott verstand nicht weshalb, so laut fluchte der Künstler. Stadtväter, Lehrer und die anderen haben ihn in diese Sünde gebracht, und der liebe Gott wird gewiss an denen – Aber Sie husten ja fürchterlich!« »Es geht schon vorüber –« sagte mein Lehrer mit vollkommen klarer Stimme. »Nun, ich habe nur noch ein weniges zu berichten. Der liebe Gott ließ das Mietshaus und den Stadtpark los und wollte seinen Blick schon ganz zurückziehen, wie man eine

Angelrute aus dem Wasser zieht, mit einem Schwung, um zu sehen, ob nicht etwas angebissen hat. In diesem Falle hing wirklich etwas daran. Ein ganz kleines Häuschen mit mehreren Menschen drinnen, die alle sehr wenig anhatten, denn sie waren sehr arm. ›Das also ist es –‹, dachte der liebe Gott, ›arm müssen die Menschen sein. Diese hier sind, glaub ich, schon recht arm, aber ich will sie so arm machen, dass sie nicht einmal ein Hemd zum Anziehen haben.‹ So nahm es sich der liebe Gott vor.«

Hier machte ich beim Sprechen einen Punkt, um anzudeuten, dass ich am Ende sei. Der Herr Lehrer war damit nicht zufrieden; er fand diese Geschichte ebenso wenig abgeschlossen und gerundet, wie die vorhergehende. »Ja« – entschuldigte ich mich – »da müsste eben ein Dichter kommen, der zu dieser Geschichte irgendeinen phantastischen Schluss erfindet, denn tatsächlich hat sie noch kein Ende.« »Wieso?« machte der Herr Lehrer und schaute mich gespannt an. »Aber, lieber Herr Lehrer«, erinnerte ich, »wie vergesslich Sie sind! Sie sind doch selbst im Vorstand des hiesigen Armenvereins ...« »Ja, seit etwa zehn Jahren bin ich das und –?« »Das ist es eben; Sie und Ihr Verein verhindern den lieben Gott die längste Zeit, sein Ziel zu erreichen. Sie kleiden die Leute –« »Aber ich bitte Sie«, sagte der Lehrer bescheiden, »das ist einfach Nächstenliebe. Das ist doch Gott im höchsten Grade wohlgefällig.« »Ach, davon ist man maßgebenden Orts wohl überzeugt?« fragte ich arglos. »Natürlich ist man das. Ich habe gerade in meiner Eigenschaft als Vorstandsmitglied des Armenvereins manches Lobende zu hören bekommen. Vertraulich gesagt, man will auch bei der nächsten Beförderung meine Tätigkeit in dieser Weise – – – Sie verstehen?« Der Herr Lehrer errötete schamhaft. »Ich wünsche Ihnen das Beste«, entgegnete ich. Wir reichten uns die Hände, und der Herr Lehrer ging mit so stolzen, gemessenen Schritten fort, dass ich überzeugt bin: er ist zu spät in die Schule gekommen.

Wie ich später vernahm, ist ein Teil dieser Geschichte (soweit sie für Kinder passt) den Kindern doch bekannt geworden. Sollte der Herr Lehrer sie zu Ende gedichtet haben?

Wie der Verrat nach Russland kam

Ich habe noch einen Freund hier in der Nachbarschaft. Das ist ein blonder, lahmer Mann, der seinen Stuhl, winters wie sommers, hart am Fenster hat. Er kann sehr jung aussehen, ja in seinem lauschenden Gesicht ist manchmal etwas Knabenhaftes. Aber es gibt auch Tage, da er altert, die Minuten gehen wie Jahre über ihn, und plötzlich ist er ein Greis, dessen matte Augen das Leben fast schon losgelassen haben. Wir kennen uns lang. Erst haben wir uns immer angesehen, später lächelten wir unwillkürlich, ein Jahr lang grüßten wir einander, und seit Gott weiß wann erzählen wir uns das eine und das andere, wahllos, wie es eben passiert. »Guten Tag«, rief er, als ich vorüberkam und sein Fenster war noch offen in den reichen und stillen Herbst hinaus. »Ich habe Sie lange nicht gesehen.«

»Guten Tag, Ewald –.« Ich trat an sein Fenster, wie ich immer zu tun pflegte, im Vorübergehen. »Ich war verreist.« »Wo waren Sie?« fragte er mit ungeduldigen Augen. »In Russland.« »Oh so weit –« er lehnte sich zurück, und dann: »Was ist das für ein Land, Russland? Ein sehr großes, nicht wahr?« »Ja«, sagte ich, »groß ist es und außerdem –« »Habe ich dumm gefragt?« lächelte Ewald und wurde rot. »Nein, Ewald, im Gegenteil. Da Sie fragen: was ist das für ein Land? wird mir verschiedenes klar. Zum Beispiel woran Russland grenzt.« »Im Osten?« warf mein Freund ein. Ich dachte nach: »Nein.« »Im Norden?« forschte der Lahme. »Sehen Sie«, fiel mir ein, »das Ablesen von der Landkarte hat die Leute verdorben. Dort ist alles plan und eben, und wenn sie die vier Weltgegenden bezeichnet haben, scheint ihnen alles getan. Ein Land ist doch aber kein Atlas. Es hat Berge und Abgründe. Es muss doch auch oben und unten an etwas stoßen.« »Hm –« überlegte mein Freund, »Sie haben recht. Woran könnte Russland an diesen beiden Seiten grenzen?« Plötzlich sah der Kranke wie ein Knabe aus. »Sie wissen es«, rief ich. »Vielleicht an Gott?« »Ja«, bestätigte ich, »an Gott.« »So« – nickte mein Freund ganz verständnisvoll. Erst dann kamen ihm einzelne Zweifel: »Ist denn Gott ein Land?« »Ich glaube nicht«, erwiderte ich, »aber in den primitiven Sprachen haben viele Dinge denselben Namen. Es ist da wohl ein Reich, das heißt Gott, und der es beherrscht, heißt auch Gott. Einfache Völker können ihr Land und ihren Kaiser oft nicht unterscheiden; beide sind groß und gütig, furchtbar und groß.«

»Ich verstehe«, sagte langsam der Mann am Fenster. »Und merkt man in Russland diese Nachbarschaft?« »Man merkt sie bei allen Gelegenheiten. Der Einfluss Gottes ist sehr mächtig. Wie viel man auch aus Europa bringen mag, die Dinge aus dem Westen sind Steine, sobald sie über die Grenze sind. Mitunter kostbare Steine, aber eben nur für die Reichen, die sogenannten ›Gebildeten‹, während von drüben aus dem anderen Reich das Brot kommt, wovon das Volk lebt.« »Das hat das Volk wohl in Überfluss?« Ich zögerte: »Nein, das ist nicht der Fall, die Einfuhr aus Gott ist durch gewisse Umstände erschwert –« Ich suchte ihn von diesem Gedanken abzubringen. »Aber man hat vieles aus den Gebräuchen jener breiten Nachbarschaft angenommen. Das ganze Zeremoniell beispielsweise. Man spricht zu dem Zaren ähnlich wie zu Gott.« »So, man sagt also nicht: Majestät?« »Nein, man nennt beide Väterchen.« »Und man kniet vor beiden?« »Man wirft sich vor beiden nieder, fühlt mit der Stirn den Boden und weint und sagt: ›Ich bin sündig, verzeih mir, Väterchen.‹ Die Deutschen, welche das sehen, behaupten: eine ganz unwürdige Sklaverei. Ich denke anders darüber. Was soll das Knien bedeuten? Es hat den Sinn zu erklären: Ich habe Ehrfurcht. Dazu genügt es auch, das Haupt zu entblößen, meint der Deutsche. Nun ja, der Gruß, die Verbeugung, gewissermaßen sind auch sie Ausdrücke dafür, Abkürzungen, die entstanden sind in den Ländern, wo nicht so viel Raum war, dass jeder sich hätte niederlegen können auf der Erde. Aber Abkürzungen gebraucht man bald mechanisch und ohne sich ihres Sinnes mehr bewusst zu werden. Deshalb ist es gut, wo noch Raum und Zeit dafür ist, die Gebärde auszuschreiben, das ganze schöne und wichtige Wort: Ehrfurcht.«

»Ja, wenn ich könnte, würde ich auch niederknien –«, träumte der Lahme. »Aber es kommt« – fuhr ich nach einer Pause fort – »in Russland auch vieles andere von Gott. Man hat das Gefühl, jedes Neue wird von ihm eingeführt, jedes Kleid, jede Speise, jede Tugend und sogar jede Sünde muss erst von ihm bewilligt werden, ehe sie in Gebrauch kommt.« Der Kranke sah mich fast erschrocken an. »Es ist nur ein Märchen, auf welches ich mich berufe«, eilte ich ihn zu beruhigen, »eine sogenannte Bylina, ein Gewesenes zu deutsch. Ich will Ihnen kurz den Inhalt erzählen. Der Titel ist: ›Wie der Verrat nach Russland kam‹. « Ich lehnte mich ans Fenster, und der Gelähmte schloss die Augen, wie er gerne tat, wenn irgendwo eine Geschichte begann.

»Der schreckliche Zar Iwan wollte den benachbarten Fürsten Tribut auferlegen und drohte ihnen mit einem großen Krieg, falls sie nicht Gold nach Moskau, in die weiße Stadt, schicken würden. Die Fürsten sagten, nachdem sie Rat gepflogen hatten, wie ein Mann: Wir geben dir drei Rätselfragen auf. Komm an dem Tage, den wir dir bestimmen, in den Orient, zu dem weißen Stein, wo wir versammelt sein werden, und sage uns die drei Lösungen. Sobald sie richtig sind, geben wir dir die zwölf Tonnen Goldes, die du von uns verlangst. Zuerst dachte der Zar Iwan Wassiljewitsch nach, aber es störten ihn die vielen Glocken seiner weißen Stadt Moskau. Da rief er seine Gelehrten und Räte vor sich, und jeden, der die Fragen nicht beantworten konnte, ließ er auf den großen, roten Platz führen, wo gerade die Kirche für Wassilij, den Nackten, gebaut wurde, und einfach köpfen. Bei einer solchen Beschäftigung verging ihm die Zeit so rasch, dass er sich plötzlich auf der Reise fand nach dem Orient, zu dem weißen Stein, bei welchem die Fürsten warteten. Er wusste auf keine der drei Fragen etwas zu erwidern, aber der Ritt war lang, und es war immer noch die Möglichkeit, einem Weisen zu begegnen; denn damals waren viele Weise unterwegs auf der Flucht, da alle Könige die Gewohnheit hatten, ihnen den Kopf abschneiden zu lassen, wenn sie ihnen nicht weise genug schienen. Ein solcher kam ihm nun allerdings nicht zu Gesicht, aber an einem Morgen sah er einen alten, bärtigen Bauer, welcher an einer Kirche baute. Er war schon dabei angelangt, den Dachstuhl zu zimmern und die kleinen Latten darüberzuliegen. Da war es nun recht verwunderlich, dass der alte Bauer immer wieder von der Kirche herunterstieg, um von den schmalen Latten, welche unten aufgeschichtet waren, jede einzeln zu holen, statt viele auf einmal in seinem langen Kaftan mitzunehmen. Er musste so beständig auf- und niederklettern, und es war gar nicht abzusehen, dass er auf diese Weise überhaupt jemals alle vielhundert Latten an ihren Ort bringen würde. Der Zar wurde deshalb ungeduldig: ›Dummkopf‹, schrie er (so nennt man in Russland meistens die Bauern), ›du solltest dich tüchtig beladen mit deinem Holz und dann auf die Kirche kriechen, das wäre bei weitem einfacher.‹ Der Bauer, der gerade unten war, blieb stehen, hielt die Hand über die Augen und antwortete: ›Das musst du schon mir überlassen, Zar Iwan Wassiljewitsch, jeder versteht sein Handwerk am besten; indessen, weil du schon hier vorüberreitest, will ich dir die Lösung der drei Rätsel sagen, welche du am weißen Stein im Orient, gar nicht weit von hier, wirst wissen müssen.‹ Und er schärfte ihm die drei Antworten der Reihe nach ein. Der Zar konnte vor Erstaunen kaum dazu kommen, zu danken. ›Was soll ich dir geben zum Lohne?‹ fragte er endlich. ›Nichts‹, machte der Bauer, holte eine Latte und wollte auf die Leiter steigen. ›Halt‹, befahl der Zar, ›das geht nicht an, du musst dir etwas wünschen.‹ ›Nun, Väterchen, wenn du befiehlst, gib mir eine von den zwölf Tonnen Goldes, welche du von den Fürsten im Orient erhalten wirst.‹ ›Gut –‹, nickte der Zar. ›Ich gebe dir eine Tonne Goldes.‹ Dann ritt er eilends davon, um die Lösungen nicht wieder zu vergessen.

Später, als der Zar mit den zwölf Tonnen zurückgekommen war aus dem Orient, schloss er sich in Moskau in seinen Palast, mitten im fünftorigen Kreml ein und schüttete eine Tonne nach der anderen auf die glänzenden Dielen des Saales aus, so dass ein wahrer Berg aus Gold entstand, der einen großen schwarzen Schatten über den Boden warf. In Vergesslichkeit hatte der Zar auch die zwölfte Tonne ausgeleert. Er wollte sie wieder füllen, aber es tat ihm leid, so viel Gold von dem herrlichen Haufen wieder fortnehmen zu müssen. In der Nacht ging er in den Hof hinunter, schöpfte feinen Sand in die Tonne, bis sie zu drei Vierteilen voll war, kehrte leise in seinen Palast zurück, legte Gold über den Sand und schickte die Tonne am nächsten Morgen durch einen Boten in die Gegend des weiten Russland, wo der alte Bauer seine Kirche baute. Als dieser den Boten kommen sah, stieg er von dem Dach, welches noch lange nicht fertig war, und rief: ›Du musst nicht näher kommen, mein Freund, reise zurück samt deiner Tonne, welche drei Vierteile Sand und ein knappes Viertel Gold enthält; ich brauche sie nicht. Sage deinem Herrn, bisher hat es keinen Verrat in Russland gegeben. Er aber ist selbst daran schuld, wenn er bemerken sollte, dass er sich auf keinen Menschen verlassen kann; denn er hat nunmehr gezeigt, wie man verrät, und von Jahrhundert zu Jahrhundert wird sein Beispiel in ganz Russland viele Nachahmer finden. Ich brauche nicht das Gold, ich kann ohne Gold leben. Ich erwartete nicht Gold von ihm, sondern Wahrheit und Rechtlichkeit. Er aber hat mich getäuscht. Sage das deinem Herrn, dem schrecklichen Zaren Iwan Wassiljewitsch, der in seiner weißen Stadt Moskau sitzt mit seinem bösen Gewissen und in einem goldenen Kleid.‹

Nach einer Weile Reitens wandte sich der Bote nochmals um: der Bauer und seine Kirche waren verschwunden. Und auch die aufgeschichteten Latten lagen nicht mehr da, es war alles leeres, flaches Land. Da jagte der Mann entsetzt zurück nach Moskau, stand atemlos vor dem Zaren und erzählte ihm ziemlich unverständlich, was sich begeben hatte, und dass der vermeintliche Bauer niemand anderes gewesen sei, als Gott selbst.« »Ob er wohl recht gehabt hat damit?« meinte mein Freund leise, nachdem meine Geschichte verklungen war.

»Vielleicht –«, entgegnete ich, »aber, wissen Sie, das Volk ist – abergläubisch – indessen, ich muss jetzt gehen, Ewald.« »Schade«, sagte der Lahme aufrichtig. »Wollen Sie mir nicht bald wieder eine Geschichte erzählen?« »Gerne –, aber unter einer Bedingung.« Ich trat noch einmal ans Fenster heran. »Nämlich?« staunte Ewald. »Sie müssen alles gelegentlich den Kindern in der Nachbarschaft weitererzählen«, bat ich. »Oh, die Kinder kommen jetzt so selten zu mir.« Ich vertröstete ihn: »Sie werden schon kommen. Offenbar haben Sie in der letzten Zeit nicht Lust gehabt, ihnen etwas zu erzählen, und vielleicht auch keinen Stoff, oder zu viel Stoffe. Aber wenn einer eine wirkliche Geschichte weiß, glauben Sie, das kann verborgen bleiben? Bewahre, das spricht sich herum, besonders unter den Kindern!« »Auf Wiedersehen.« Damit ging ich.

Und die Kinder haben die Geschichte noch an demselben Tage gehört.

Wie der alte Timofei singend starb

Was für eine Freude ist es doch, einem lahmen Menschen zu erzählen. Die gesunden Leute sind so ungewiss; sie sehen die Dinge bald von der, bald von jener Seite an, und wenn man mit ihnen eine Stunde lang *so* gegangen ist, dass sie zur Rechten waren, kann es geschehen, dass sie plötzlich von links antworten, nur, weil es ihnen einfällt, dass das höflicher sei und von feinerer Bildung zeuge. Beim Lahmen hat man das nicht zu befürchten. Seine Unbeweglichkeit macht ihn den Dingen ähnlich, mit denen er auch wirklich viele herzliche Beziehungen pflegt, macht ihn, sozusagen, zu einem den anderen sehr überlegenen Ding, zu einem Ding, das nicht nur lauscht mit seiner Schweigsamkeit, sondern auch mit seinen seltenen leisen Worten und mit seinen sanften, ehrfürchtigen Gefühlen.

Ich mag am liebsten meinem Freund Ewald erzählen.

Und ich war sehr froh, als er mir von seinem täglichen Fenster aus zurief: »Ich muss Sie etwas fragen.«

Rasch trat ich zu ihm und begrüßte ihn. »Woher stammt die Geschichte, die Sie mir neulich erzählt haben?« bat er endlich. »Aus einem Buch?« »Ja« – entgegnete ich traurig, »die Gelehrten haben sie darin begraben, seit sie tot ist; das ist gar nicht lange her. Noch vor hundert Jahren lebte sie, gewiss sehr sorglos, auf vielen Lippen. Aber die Worte, welche die Menschen jetzt gebrauchen, diese schweren, nicht sangbaren Worte, waren ihr feind und nahmen ihr einen Mund nach dem anderen weg, so dass sie zuletzt, nur sehr eingezogen und ärmlich, auf ein paar trockenen Lippen, wie auf einem schlechten Witwengut, lebte. Dort verstarb sie auch, ohne Nachkommen zu hinterlassen, und wurde, wie schon erwähnt, mit allen Ehren in einem Buche bestattet, wo schon andere aus ihrem Geschlechte lagen.« »Und sie war sehr alt, als sie starb?« fragte mein Freund, in meinen Ton eingehend. »400 bis 500 Jahre«, berichtete ich der Wahrheit gemäß, »verschiedene von ihren Verwandten haben noch ein ungleich höheres Alter erreicht.« »Wie, ohne jemals in einem Buche zu ruhen?« staunte Ewald. Ich erklärte: »Soviel ich weiß, waren sie die ganze Zeit von Lippe zu Lippe unterwegs.« »Und haben nie geschlafen?« »Doch, von dem Munde des Sängers steigend, blieben sie wohl dann und wann in einem Herzen, darin es warm und dunkel war.« »Waren denn die Menschen so still, dass Lieder schlafen konnten in ihren Herzen?« Ewald schien mir recht ungläubig. »Es muss wohl so gewesen sein. Man behauptet, sie sprachen weniger, tanzten langsam anwachsende Tänze, die etwas Wiegendes hatten, und vor allem: sie lachten nicht laut, wie man es heute trotz der allgemeinen hohen Kultur nicht selten vernehmen kann.« Ewald schickte sich an, noch etwas zu fragen, aber er unterdrückte es und lächelte: »Ich frage und frage, – aber Sie haben vielleicht eine Geschichte vor?« Er sah mich erwartungsvoll an. »Eine Geschichte? Ich weiß nicht. Ich wollte nur sagen: Diese Gesänge waren das Erbgut in gewissen Familien. Man hatte es übernommen und man gab es weiter, nicht ganz unbenützt, mit den Spuren eines täglichen Gebrauchs, aber doch unbeschädigt, wie etwa eine alte Bibel von Vätern zu Enkeln geht. Der Enterbte unterschied sich von den in ihre Rechte eingesetzten Geschwistern dadurch, dass er nicht singen konnte, oder er wusste wenigstens nur einen kleinen Teil der Lieder seines Vaters und Großvaters und verlor mit den übrigen Gesängen das große Stück Erleben, das alle diese Bylinen und Skaski dem Volke bedeuten. So hatte zum Beispiel Jegor Timofejewitsch gegen den Willen seines Vaters, des alten Timofei, ein junges, schönes Weib geheiratet und war mit ihr nach Kiew gegangen, in die heilige Stadt, bei welcher sich die Gräber der größten Märtyrer der heiligen, rechtgläubigen Kirche versammelt haben. Der Vater Timofei, der als der kundigste Sänger auf zehn Tagereisen im Umkreis galt, verfluchte seinen Sohn, und erzählte seinen Nachbarn, dass er oft überzeugt sei, niemals einen solchen gehabt zu haben. Dennoch verstummte er in Gram und Traurigkeit. Und er wies alle die jungen Leute zurück, die sich in seine Hütte drängten, um die Erben der vielen Gesänge zu werden, welche in dem Alten eingeschlossen waren, wie in einer verstaubten Geige. ›Vater, du unser Väterchen, gib uns nur eines oder das andere Lied. Siehst du, wir wollen es in die Dörfer tragen, und du sollst es hören aus allen Höfen, sobald der Abend kommt und das Vieh in den Ställen ruhig geworden ist.‹ Der Alte, der beständig auf dem Ofen saß, schüttelte den ganzen Tag den Kopf. Er hörte nicht mehr gut, und da er nicht wusste, ob nicht einer von den Burschen, die jetzt fortwährend sein Haus umhorchten, eben wieder gefragt hatte, machte er mit seinem weißen Kopf zitternd: Nein, nein, nein, bis er einschlief und auch dann noch eine Weile – im Schlaf. Er hätte den Burschen gerne ihren Willen getan; es war ihm selber leid, dass sein stummer, verstorbener Staub über diesen Liedern liegen sollte, vielleicht schon ganz bald. Aber hätte er versucht, einen von ihnen etwas zu lehren, gewiss hätte er sich dabei seines Jegoruschka erinnern müssen und dann – wer weiß – was dann geschehen wäre. Denn nur, weil er überhaupt schwieg, hatte ihn niemand weinen sehen. Hinter jedem Wort stand es ihm, das Schluchzen, und er musste immer sehr schnell und vorsichtig den Mund schließen, sonst wäre es einmal doch mitgekommen.

Der alte Timofei hatte seinen einzigen Sohn Jegor von ganz früh an einzelne Lieder gelehrt, und als fünfzehnjähriger Knabe wusste dieser schon mehr und richtiger zu singen als alle erwachsenen Burschen im, Dorfe und in der Nachbarschaft. Gleichwohl pflegte der Alte meistens am Feiertag, wenn er etwas trunken war, dem Burschen zu sagen: ›Jegoruschka, mein Täubchen, ich habe dich schon viele Lieder singen gelehrt, viele Bylinen und auch die Legenden von Heiligen, fast für jeden Tag eine. Aber ich bin, wie du weißt, der Kundigste im ganzen Gouvernement, und mein Vater kannte sozusagen alle Lieder von ganz Russland und auch noch tatarische Geschichten dazu. Du bist noch sehr jung, und deshalb habe ich dir die schönsten Bylinen, darin die Worte wie Ikonen sind und gar nicht zu vergleichen mit den gewöhnlichen Worten, noch nicht erzählt und du hast noch nicht gelernt, jene Weisen zu singen, die noch keiner, er mochte ein Kosak sein oder ein Bauer, hat anhören können ohne zu weinen.‹ Dieses wiederholte Timofei seinem Sohne an jedem Sonntag und an allen vielen Feiertagen des russischen Jahres, also ziemlich oft. Bis dieser nach einem heftigen Auftritt mit dem Alten, zugleich mit der schönen Ustjënka, der Tochter eines armen Bauern, verschwunden war.

Im dritten Jahre nach diesem Vorfall erkrankte Timofei, zur selben Zeit, als einer jener vielen Pilgerzüge, die aus allen Teilen des weiten Reiches beständig nach Kiew ziehen, aufbrechen wollte. Da trat Ossip, der Nachbar, bei dem Kranken ein: ›Ich gehe mit den Pilgern, Timofei Iwanitsch, erlaube mir, dich noch einmal zu umarmen.‹ Ossip war nicht befreundet mit dem Alten, aber nun, da er diese weite Reise begann, fand er es für notwendig, von ihm, wie von einem Vater, Abschied zu nehmen. ›Ich habe dich manchmal gekränkt‹, schluchzte er, ›verzeih mir, mein Herzchen, es ist im Trunke geschehen und da kann man nichts dafür, wie du weißt. Nun, ich will für dich beten und eine Kerze anstecken für dich; leb wohl, Timofei Iwanitsch, mein Väterchen, vielleicht wirst du wieder gesund, wenn Gott es will, dann singst du uns wieder etwas. Ja, ja, das ist lange her, seit du gesungen hast. Was waren das für Lieder. Das von Djuk Stepanowitsch zum Beispiel, glaubst du, ich habe das vergessen? Wie dumm du bist! Ich weiß es noch ganz genau. Freilich, so wie du, – *du* hast es eben gekonnt, das muss man sagen. Gott hat dir *das* gegeben, einem anderen gibt er etwas *anderes*. Mir zum Beispiel –‹

Der Alte, der auf dem Ofen lag, drehte sich ächzend um und machte eine Bewegung, als ob er etwas sagen wollte. Es war als hörte man ganz leise den Namen Jegors. Vielleicht wollte er ihm eine Nachricht schicken. Aber als der Nachbar, von der Türe her, fragte: ›Sagst du etwas, Timofei Iwanitsch?‹ lag er schon wieder ganz ruhig da und schüttelte nur leise seinen weißen Kopf. Trotzdem, weiß Gott wie es geschah, kaum ein Jahr nachdem Ossip fortgegangen war, kehrte Jegor ganz unvermutet zurück. Der Alte erkannte ihn nicht gleich, denn es war dunkel in der Hütte, und die greisen Augen nahmen nur ungern eine neue fremde Gestalt auf. Aber als Timofei die Stimme des Fremden gehört hatte, erschrak er und sprang vom Ofen herab, auf seine alten, schwankenden Beine. Jegor fing ihn auf, und sie hielten sich in den Armen. Timofei weinte. Der junge Mensch fragte in einem fort: ›Bist du schon lange krank, Vater?‹ Als sich der Alte ein wenig beruhigt hatte, kroch er auf seinen Ofen zurück und erkundigte sich in einem anderen strengen Ton: ›Und dein Weib?‹ Pause. Jegor spuckte aus: ›Ich hab sie fortgejagt, weißt du, mit dem Kind.‹ Er schwieg eine Weile. ›Da kommt einmal der Ossip zu mir; Ossip Nikiphorowitsch? sag ich. Ja, antwortet er, ich bin's. Dein Vater ist krank, Jegor. Er kann nicht mehr singen. Es ist jetzt ganz still im Dorfe, als ob es keine Seele mehr hätte, unser Dorf. Nichts klopft, nichts rührt sich, es weint niemand mehr, und auch zum Lachen ist kein rechter Grund. Ich denke nach. Was ist da zu machen? Ich rufe also mein Weib. Ustjënka – sag ich – ich muss nach Hause, es singt sonst keiner mehr dort, die Reihe ist an mir. Der Vater ist krank. Gut, sagt Ustjënka. Aber ich kann dich nicht mitnehmen, – so erklär ich ihr – der Vater, weißt du, will dich nicht. Und auch zurückkommen werd ich wahrscheinlich nicht zu dir, wenn ich erst einmal wieder dort bin und singe. Ustjënka versteht mich: Nun, Gott mit dir! Es sind jetzt viele Pilger hier, da gibt es viel Almosen. Gott wird schon helfen, Jegor. Und so geh ich also fort. Und nun, Vater, sag mir alle deine Lieder.‹

Es verbreitete sich das Gerücht, dass Jegor zurückgekehrt sei und dass der alte Timofei wieder singe. Aber in diesem Herbst ging der Wind so heftig durch das Dorf, dass niemand von den Vorübergehenden mit Sicherheit ermitteln konnte, ob in Timofei's Hause wirklich gesungen werde oder nicht. Und die Tür wurde keinem Pochenden geöffnet. Die beiden wollten allein sein. Jegor saß am Rande des Ofens, auf welchem der Vater lag, und kam mit dem Ohr bisweilen dem Munde des Alten entgegen; denn dieser sang in der Tat. Seine alte Stimme trug, etwas gebückt und zitternd, alle die schönsten Lieder zu Jegor hin, und dieser wiegte manchmal den Kopf oder bewegte die herabhängenden Beine, ganz, als ob er schon selber sänge. Das ging so viele Tage lang fort. Timofei fand immer noch ein schöneres Lied in seiner Erinnerung; oft, nachts, weckte er den Sohn, und indem er mit den welken, zuckenden Händen ungewisse Bewegungen machte, sang er ein kleines Lied und noch eines und noch eines – bis der träge Morgen sich zu rühren begann. Bald nach dem schönsten starb er. Er hatte sich in den letzten Tagen oft arg beklagt, dass er noch eine Unmenge Lieder in sich trüge und nicht mehr Zeit habe, sie seinem Sohne mitzuteilen. Er lag da mit gefurchter Stirne, in angestrengtem, ängstlichen Nachdenken, und seine Lippen zitterten vor Erwartung. Von Zeit zu Zeit setzte er sich auf, wiegte eine Weile den Kopf, bewegte den Mund, und endlich kam irgend ein leises Lied hinzu; aber jetzt sang er meistens immer dieselben Strophen von Djuk Stepanowitsch, die er besonders liebte, und sein Sohn musste erstaunt sein und tun, als vernähme er sie zum ersten Mal, um ihn nicht zu erzürnen.

Als der alte Timofei Iwanitsch gestorben war, blieb das Haus, welches Jegor jetzt allein bewohnte, noch eine Zeit lang verschlossen. Dann, im ersten Frühjahr, trat Jegor Timofejewitsch, der jetzt einen ziemlich langen Bart hatte, aus seiner Tür, begann im Dorfe hin und her zu gehen und zu singen. Später kam er auch in die benachbarten Dörfer, und die Bauern erzählten sich schon, dass Jegor ein mindestens ebenso kundiger Sänger geworden sei, wie sein Vater Timofei; denn er wusste eine große Anzahl ernster und heldenhafter Gesänge und alle jene Weisen, die keiner, er mochte ein Kosak sein oder ein Bauer, anhören konnte, ohne zu weinen. Dabei soll er noch so einen sanften und traurigen Ton gehabt haben, wie man ihn noch von keinem Sänger vernommen hat. Und dieser Ton fand sich immer, ganz unerwartet, im Kehrreim vor, wodurch er besonders rührend wirkte. So habe ich wenigstens erzählen hören.«

»Diesen Ton hat er also nicht von seinem Vater gelernt?« sagte mein Freund Ewald nach einer Weile. »Nein«, erwiderte ich, »man weiß nicht, woher der ihm kam.« Als ich vom Fenster schon fortgetreten war, machte der Lahme noch eine Bewegung und rief mir nach: »Er hat vielleicht an sein Weib und sein Kind gedacht. Übrigens, hat er sie nie kommen lassen, da ja sein Vater nun tot war?« »Nein, ich glaube nicht. Wenigstens ist er später allein gestorben.«

Das Lied von der Gerechtigkeit

Als ich das nächste Mal an Ewalds Fenster vorüberkam, winkte er mir und lächelte: »Haben Sie den Kindern etwas Bestimmtes versprochen?« »Wieso?« staunte ich. »Nun, als ich ihnen die Geschichte von Jegor erzählt hatte, beklagten sie sich, dass Gott in derselben nicht vorkäme.« Ich erschrak: »Was, eine Geschichte ohne Gott, aber wie ist denn das möglich?« Dann besann ich mich: »In der Tat, es ist wahr, von Gott sagt die Geschichte, wie ich sie mir jetzt überdenke, nichts. Ich begreife nicht, wie das geschehen konnte; hätte jemand von mir eine solche verlangt, ich glaube ich hätte mein ganzes Leben nachgedacht, ohne Erfolg ...«

Mein Freund lächelte über diesen Eifer: »Sie müssen sich deshalb nicht erregen«, unterbrach er mich mit einer gewissen Güte, »ich denke mir, man kann ja nie wissen, ob Gott in einer Geschichte ist, ehe man sie auch ganz beendet hat. Denn wenn auch nur noch zwei Worte fehlen sollten, ja selbst, wenn nur noch die Pause hinter dem letzten Worte der Erzählung aussteht: Er kann immer noch kommen.« Ich nickte, und der Lahme sagte in anderem Ton: »Wissen Sie nicht noch etwas von diesen russischen Sängern?«

Ich zögerte: »Ja, wollen wir nicht lieber von Gott reden, Ewald?« Er schüttelte den Kopf: »Ich wünsche mir so, mehr von diesen eigentümlichen Männern zu vernehmen. Ich weiß nicht wie es kommt, ich denke mir immer, wenn so einer hier bei mir einträte –« und er wandte den Kopf ins Zimmer, nach der Türe zu. Aber seine Augen kehrten schnell, und nicht ohne Verlegenheit, zu mir zurück – »Doch, das ist ja wohl nicht möglich«, verbesserte er eilig. »Warum sollte das nicht möglich sein, Ewald? Ihnen kann manches begegnen, was den Menschen, die ihre Beine brauchen können, verwehrt bleibt, weil sie an so vielem vorübergehen und vor so manchem davonlaufen. Gott hat Sie, Ewald, dazu bestimmt, ein ruhiger Punkt zu sein mitten in aller Hast. Fühlen Sie nicht, wie alles sich um Sie bewegt? Die anderen jagen den Tagen nach, und wenn sie mal einen erreicht haben, sind sie so atemlos, dass sie gar nicht mit ihm sprechen können. Sie aber, mein Freund, sitzen einfach an Ihrem Fenster und warten; und den Wartenden geschieht immer etwas. Sie haben ein ganz besonderes Los. Denken Sie, sogar die iberische Madonna in Moskau muss aus ihrem Kapellchen heraus und fährt in einem schwarzen Wagen mit vier Pferden zu denen, die irgendetwas feiern, sei es die Taufe oder den Tod. Zu Ihnen aber muss *alles* kommen –«

»Ja«, sagte Ewald mit einem fremden Lächeln, »ich kann sogar dem Tod nicht entgegengehen. Viele Menschen finden ihn unterwegs. Er scheut sich, ihre Häuser zu betreten, und ruft sie hinaus in die Fremde, in den Krieg, auf einen steilen Turm, auf eine schwankende Brücke, in eine Wildnis oder in den Wahnsinn. Die meisten holen ihn wenigstens draußen irgendwo ab und tragen ihn dann auf ihren Schultern nach Hause, ohne es zu merken. Denn der Tod ist träge; wenn die Menschen ihn nicht fortwährend stören würden, wer weiß, er schliefe vielleicht ein.« Der Kranke dachte eine Weile nach und fuhr dann mit einem gewissen Stolz fort: »Aber zu mir wird er kommen müssen, wenn er mich will. Hier in meine kleine helle Stube, in der die Blumen sich so lange halten, über diesen alten Teppich, an diesem Schrank vorbei, zwischen Tisch und Bettende durch (es ist gar nicht leicht vorüber zu kommen) bis her an meinen breiten, lieben, alten Stuhl, der dann wahrscheinlich mit mir sterben wird, weil er, sozusagen, mit mir gelebt hat. Und er wird dies alles tun müssen in der üblichen Art, ohne Lärm, ohne etwas umzuwerfen, ohne etwas Ungewöhnliches zu beginnen, wie ein Besuch. Dieser Umstand bringt mir meine Stube merkwürdig nah. Es wird sich alles hier abspielen auf dieser engen Szene, und darum wird auch dieser letzte Vorgang sich nicht sehr von allen anderen Ereignissen unterscheiden, welche sich hier begeben haben und noch bevorstehen. Es hat mir immer schon, als Kind, seltsam geschienen, dass die Menschen vom Tode anders sprechen, als von allen anderen Begebenheiten, und das nur deshalb, weil jeder von dem, was ihm nachher geschieht, nichts mehr verrät. Wodurch aber unterscheidet sich denn ein Toter von einem Menschen, welcher ernst wird, auf die Zeit verzichtet und sich einschließt, um über etwas ruhig nachzudenken, dessen Lösung ihn lange schon quält? Unter den Leuten kann man sich doch nicht einmal des Vaterunsers erinnern, wie denn erst irgend eines anderen dunkleren Zusammenhanges, der vielleicht nicht in Worten, sondern in Ereignissen besteht.

Man muss abseits gehen in irgend eine unzugängliche Stille, und vielleicht sind die Toten solche, die sich zurückgezogen haben, um über das Leben nachzudenken.«

Es entstand eine kleine Schweigsamkeit, die ich mit folgenden Worten begrenzte: »Ich muss dabei an ein junges Mädchen denken. Man kann sagen, dass sie in den ersten siebzehn Jahren ihres heiteren Lebens nur *geschaut* hat. Ihre Augen waren so groß und so selbständig, dass sie alles, was sie empfingen, selbst verbrauchten, und das Leben in dem ganzen Körper des jungen Geschöpfes ging, unabhängig davon, von schlichten, inneren Geräuschen genährt, vor sich. Am Ende dieser Zeit aber störte irgend ein zu heftiges Ereignis dieses doppelte, kaum sich berührende Leben, die Augen brachen gleichsam nach innen durch, und die ganze Schwere des Äußeren fiel durch sie in das dunkle Herz hinein, und jeder Tag stürzte mit solcher Wucht in die tiefen, steilen Blicke, dass er in der engen Brust zersprang wie ein Glas. Da wurde das junge Mädchen blass, begann zu kränkeln, einsam zu werden, nachzudenken, und endlich suchte es selbst jene Stille auf, darin die Gedanken wahrscheinlich nicht mehr gestört werden.«

»Wie ist sie gestorben?« fragte mein Freund leise, mit etwas heiserer Stimme. »Sie ist ertrunken. In einem tiefen, stillen Teich, und an der Oberfläche desselben entstanden viele Ringe, die langsam weit wurden und unter den weißen Wasserrosen hin wuchsen, so dass alle diese badenden Blüten sich bewegten.« »Ist das auch eine Geschichte?« sagte Ewald, um die Stille hinter meinen Worten nicht mächtig werden zu lassen. »Nein«, entgegnete ich, »das ist ein Gefühl.« »Aber könnte man es nicht auch den Kindern übermitteln – dieses Gefühl?« Ich überlegte. »Vielleicht –.« »Und wodurch?« »Durch eine andere Geschichte.« Und ich erzählte: »Es war zur Zeit, als man im südlichen Russland um die Freiheit kämpfte.«

»Verzeihen Sie«, sagte Ewald, »wie ist das zu verstehen – wollte sich das Volk etwa vom Zaren losmachen? Das würde nicht zu dem passen, was ich mir von Russland denke, und auch mit Ihren früheren Erzählungen in Widerspruch stehen. In diesem Falle würde ich vorziehen, Ihre Geschichte nicht zu hören. Denn ich liebe das Bild, welches ich mir von den Dingen dort gemacht habe, und will es unbeschädigt behalten.«

Ich musste lächeln und beruhigte ihn: »Die polnischen Pans (ich hätte das vorausschicken müssen) waren Herren im südlichen Russland und in jenen stillen, einsamen Steppen, welche man mit dem Namen Ukraine bezeichnet. Sie waren harte Herren. Ihre Bedrückung und die Habgier der Juden, welche sogar den Kirchenschlüssel in Händen hatten, den sie nur gegen Bezahlung den Rechtgläubigen auslieferten, hatte das jugendliche Volk um Kiew herum und den ganzen Dnjepr aufwärts müde und nachdenklich gemacht. Die Stadt selbst, Kiew, das Heilige, der Ort, wo Russland zuerst mit vierhundert Kirchenkuppeln von sich erzählte, versank immer mehr in sich selbst und verzehrte sich in Bränden wie in plötzlichen, irren Gedanken, hinter denen die Nacht nur immer uferloser wird. Das Volk in der Steppe wusste nicht recht, was geschah. Aber, von seltsamer Unruhe erfasst, traten die Greise nachts aus den Hütten und betrachteten schweigend den hohen, ewig windlosen Himmel, und am Tage konnte man Gestalten auf dem Rücken der Kurgane auftauchen sehen, die sich wartend vor der flachen Ferne erhoben. Diese Kurgane sind Grabstätten vergangener Geschlechter, die die ganze Heide wie ein erstarrter, schlafender Wellenschlag durchziehen. Und in diesem Land, in welchem die Gräber die Berge sind, sind die Menschen die Abgründe. Tief, dunkel, schweigsam ist die Bevölkerung, und ihre Worte sind nur schwache, schwankende Brücken über ihrem wirklichen Sein. – Manchmal heben sich dunkle Vögel von den Kurganen.
Manchmal stürzen wilde Lieder in die dämmernden Menschen hinein und verschwinden in ihnen tief, während die Vögel im Himmel verloren gehen. Nach allen Richtungen hin scheint alles grenzenlos. Die Häuser selbst können nicht beschützen vor dieser Unermesslichkeit; ihre kleinen Fenster sind voll davon. Nur in den dunkelnden Ecken der Stuben stehen die alten Ikonen, wie Meilensteine Gottes, und der Glanz von einem kleinen Licht geht durch ihre Rahmen, wie ein verirrtes Kind durch die Sternennacht. Diese Ikonen sind der einzige Halt, das einzige zuverlässige Zeichen am Wege, und kein Haus kann ohne sie bestehen. Immer wieder werden welche notwendig; wenn eines zerbricht vor Alter und Wurm, wenn jemand heiratet und sich eine Hütte zimmert, oder wenn einer, wie zum Beispiel der alte Abraham, stirbt, mit dem Wunsch, den heiligen Nikolaus, den Wundertäter, in den gefalteten Händen mitzunehmen, wahrscheinlich, um die Heiligen im Himmel mit diesem Bilde zu vergleichen und den besonders Verehrten vor allen anderen zu erkennen.

So kommt es, dass Peter Akimowitsch, eigentlich Schuster von Beruf, auch Ikonen malt. Wenn er von der einen Arbeit müde ist, geht er, nachdem er sich dreimal bekreuzt hat, zu der anderen über, und über seinem Nähen und Hämmern, wie über seinem Malen, waltet die gleiche Frömmigkeit. Jetzt ist er schon ein alter Mann, aber doch ziemlich rüstig. Den Rücken, den er über die Stiefel biegt, richtet er vor den Bildern wieder gerade, und so hat er sich eine gute Haltung bewahrt und ein gewisses Gleichgewicht in den Schultern und im Kreuz. Den größten Teil seines Lebens hat er ganz allein verbracht, sich gar nicht hineinmischend in die Unruhe, die dadurch entstand, dass sein Weib Akulina ihm Kinder gebar und dass diese verstarben oder sich verheirateten. Erst in seinem siebzigsten Jahre hatte Peter sich mit denen in Verbindung gesetzt, die in seinem Hause verblieben waren und die er nun erst als wirklich vorhanden betrachtete. Das waren: Akulina, sein Weib, eine stille, demütige Person, die sich fast ganz in den Kindern fortgegeben hatte, eine alternde, hässliche Tochter und Aljoscha, ein Sohn, welcher, unverhältnismäßig spät geboren, erst siebzehn Jahre zählte.

Diesen wollte Peter für die Malerei heranbilden; denn er sah ein, dass er bald nicht allen Bestellungen würde entsprechen können. Aber er gab den Unterricht bald auf. Aljoscha hatte die allerheiligste Jungfrau gemalt, aber das strenge und richtige Vorbild so wenig erreicht, dass sein Machwerk aussah, wie ein Bild der Mariana, der Tochter des Kosaken Golokopytenko, also wie etwas durchaus Sündiges, und der alte Peter beeilte sich, nachdem er sich oft bekreuzt hatte, das beleidigte Brett mit einem heiligen Dmitrij zu übermalen, welchen er aus einem unbekannten Grunde über alle anderen Heiligen stellte.

Aljoscha versuchte auch nie mehr ein Bild zu beginnen. Wenn ihm der Vater nicht befahl, einen Nimbus zu vergolden, war er meistens draußen in der Steppe, kein Mensch wusste wo. Niemand hielt ihn zu Hause. Die Mutter wunderte sich über ihn und hatte eine Scheu, mit ihm zu reden, als ob er ein Fremder wäre oder ein Beamter. Die Schwester hatte ihn geschlagen, solang er ein Kind war, und jetzt, seit Aljoscha erwachsen war, begann sie ihn zu verachten dafür, dass er sie nicht schlug. Aber auch im Dorfe war niemand, der sich um den Burschen kümmerte. Mariana, die Kosakentochter, hatte ihn ausgelacht, als er ihr erklärte, er wolle sie heiraten, und die anderen Mädchen hatte Aljoscha nicht danach gefragt, ob sie ihn als Bräutigam annehmen möchten. In die Ssetsch, zu den Zaporogern, hatte ihn keiner mitnehmen wollen, weil er allen zu schwächlich schien und vielleicht auch noch etwas zu jung. Einmal war er schon davongelaufen bis zum nächsten Kloster, aber die Mönche nahmen ihn nicht auf – und so blieb nur die Heide für ihn, die weite, wogende Heide. Ein Jäger hatte ihm einmal ein altes Gewehr geschenkt, das weiß Gott womit geladen war. Das schleppte Aljoscha immer mit, schoss es aber niemals ab, erstens, weil er den Schuss sparen wollte, und dann, weil er nicht wusste wofür.

An einem lauen, stillen Abend, zu Anfang des Sommers, saßen alle beisammen an dem groben Tisch, auf welchem eine Schüssel mit Grütze stand. Peter aß, und die anderen schauten ihm zu und warteten auf das, was er übrig lassen würde. Plötzlich ließ der Alte den Löffel in der Luft stehen und streckte den breiten welken Kopf in den Lichtstreifen, der von der Tür kam und quer über den Tisch in die Dämmerung lief. Alle horchten. Es war außen an den Wänden der Hütte ein Geräusch, wie wenn ein Nachtvogel mit seinen Flügeln sachte die Balken streifte; aber die Sonne war kaum untergegangen, und die nächtlichen Vögel kamen ja überhaupt selten bis ins Dorf. Und da war es wieder als tappe irgend ein anderes großes Tier ums Haus und als wäre, von allen Wänden zugleich, sein suchender Schritt vernehmbar. Aljoscha erhob sich leise von seiner Bank, in demselben Augenblick verdunkelte sich die Tür von etwas Hohem, Schwarzem; es verdrängte den ganzen Abend, brachte Nacht in die Hütte und bewegte sich in seiner Größe nur unsicher vorwärts. ›Der Ostap!‹ sagte die Hässliche mit ihrer bösen Stimme. Und jetzt erkannten ihn alle. Es war einer von den blinden Kobzars, ein Greis, der mit einer zwölfsaitigen Bandura durch die Dörfer ging und von dem großen Ruhm der Kosaken, von ihrer Tapferkeit und Treue, von ihren Hetmans Kirdjaga, Kukubenko, Bulba und anderen Helden sang, so dass alle es gerne hörten. Ostap verneigte sich dreimal tief in der Richtung, in der er das Heiligenbild vermutete (und es war die Znamenskaja, zu der er sich so, unbewusst, wandte), setzte sich dann an den Ofen und fragte mit leiser Stimme: ›Bei wem bin ich eigentlich?‹ ›Bei uns, Väterchen, bei Peter Akimowitsch, dem Schuster‹, erwiderte Peter freundlich. Er war ein Freund des Gesanges und freute sich dieses unerwarteten Besuches. ›Ah, bei Peter Akimowitsch, dem, der die Bilder malt‹, sagte der Blinde, um auch eine Freundlichkeit zu erweisen. Dann wurde es still. In den langen sechs Saiten der Bandura begann ein Klang, wuchs und kam kurz und gleichsam erschöpft von den sechs kurzen Saiten zurück, und diese Wirkung wiederholte sich in immer rascheren Takten, so dass man endlich die Augen schließen musste, in Angst, den Ton von der in rasendem Lauf erstiegenen Melodie irgendwo hinabstürzen zu sehen; da brach das Lied ab und gab der schönen, schweren Stimme des Kobzars Raum, welche bald das ganze Haus erfüllte und auch aus den benachbarten Hütten die Leute rief, die sich vor der Türe und unter den Fenstern versammelten. Aber nicht von Helden ging diesmal das Lied. Schon ganz sicher schien Bulbas und Ostranitzas und Naliwaikos Ruhm. Für alle Zeiten fest schien die Treue der Kosaken. Nicht von ihren Taten ging heute das Lied. Tiefer zu schlafen schien in allen, welche es vernahmen, der Tanz; denn keiner rührte die Beine oder hob die Hände empor. Wie Ostaps Kopf, so waren auch die anderen Köpfe gesenkt und wurden schwer von dem traurigen Lied:

›*Es ist keine Gerechtigkeit mehr in der Welt. Die Gerechtigkeit, wer kann sie finden? Es ist keine Gerechtigkeit mehr in der Welt: denn alle Gerechtigkeit ist den Gesetzen der Ungerechtigkeit unterstellt.*

›*Heut ist die Gerechtigkeit elend in Fesseln. Und das Unrecht lacht über sie, wir sahn's, und sitzt mit den Pans in den goldenen Sesseln und sitzt in dem goldenen Saal mit den Pans.*

›*Die Gerechtigkeit liegt an der Schwelle und fleht; bei den Pans ist das Unrecht, das Schlechte, zu Gast, und sie laden es lachend in ihren Palast und sie schenken dem Unrecht den Becher voll Met.*

›*Oh, Gerechtigkeit, Mütterchen, Mütterchen mein, mit dem Fittich, der jenem des Adlers gleicht, es kommt vielleicht noch ein Mann, der gerecht, der gerecht will sein, dann helfe ihm Gott, Er vermag es allein und macht dem Gerechten die Tage leicht.*‹

Und die Köpfe hoben sich nur mühsam, und auf allen Stirnen stand Schweigsamkeit; das erkannten auch die, welche reden wollten. Und nach einer kleinen, ernsten Stille begann wieder das Spiel auf der Bandura, diesmal schon besser verstanden von der immer wachsenden Menge. Dreimal sang Ostap sein Lied von der Gerechtigkeit. Und es war jedes Mal ein anderes. War es zum ersten Mal Klage, so erschien es bei der Wiederholung Vorwurf, und endlich, da der Kobzar es zum dritten Mal mit hocherhobener Stirne wie eine Kette kurzer Befehle rief, da brach ein wilder Zorn aus den zitternden Worten und erfasste alle und riss sie hin in eine breite und zugleich bange Begeisterung.

›Wo sammeln sich die Männer?‹ fragte ein junger Bauer, als der Sänger sich erhob. Der Alte, der von allen Bewegungen der Kosaken unterrichtet war, nannte einen nahen Ort. Schnell zerstreuten sich die Männer, man hörte kurze Rufe, Waffen rührten sich, und vor den Türen weinten die Weiber. Eine Stunde später zog ein Trupp Bauern, bewaffnet, aus dem Dorfe gegen Tschernigof zu.

Peter hatte dem Kobzar ein Glas Most angeboten, in der Hoffnung mehr von ihm zu erfahren. Der Alte saß, trank, gab aber nur kurze Antworten auf die vielen Fragen des Schusters. Dann dankte er und ging. Aljoscha führte den Blinden über die Schwelle. Als sie draußen waren in der Nacht und allein, bat Aljoscha: ›Und dürfen alle mitgehen in den Krieg?‹ ›Alle‹, sagte der Alte und verschwand rascher ausschreitend, als ob er sehend würde in der Nacht.

Als alle schliefen, erhob sich Aljoscha vom Ofen, wo er in den Kleidern gelegen hatte, nahm sein Gewehr und ging hinaus. Draußen fühlte er sich mit einem Male umarmt und sanft aufs Haar geküsst. Gleich darauf erkannte er im Mondlicht Akulina, die eilig und trippelnd auf das Haus zulief. ›Mutter?!‹ staunte er, und es wurde ihm ganz eigentümlich zu Mut. Er zögerte eine Weile. Eine Tür ging irgendwo, und ein Hund heulte in der Nähe. Da warf Aljoscha sein Gewehr über die Schulter und schritt stark aus, denn er gedachte die Männer noch vor Morgen einzuholen. Im Hause aber taten alle, als ob sie Aljoschas Fehlen nicht bemerkten. Nur, als sie sich wieder zu Tische setzten, und Peter den leeren Platz gewahrte, stand er noch einmal auf, ging in die Ecke und zündete eine Kerze an vor der Znamenskaja. Eine ganz dünne Kerze. Die Hässliche zuckte mit den Achseln.

Indessen ging Ostap, der blinde Greis, schon durch das nächste Dorf und begann traurig und mit sanfter klagender Stimme den Gesang von der Gerechtigkeit.«

Der Lahme wartete noch eine Weile. Dann sah er mich erstaunt an: »Nun, weshalb schließen Sie nicht? Es ist doch wie in der Geschichte vom Verrat. Dieser Alte war Gott.«

»Oh, und ich habe es nicht gewusst«, sagte ich erschauernd.

Eine Szene aus dem Ghetto von Venedig

Herr Baum, Hausbesitzer, Bezirksobmann, Ehrenoberster der freiwilligen Feuerwehr und noch verschiedenes andere, aber, um es kurz zu sagen: Herr Baum muss eines meiner Gespräche mit Ewald belauscht haben. Es ist kein Wunder; ihm gehört das Haus, darin mein Freund zu ebener Erde wohnt. Herr Baum und ich, wir kennen uns längst vom Sehen. Neulich aber bleibt der Bezirksobmann stehen, hebt ein wenig den Hut, so dass ein kleiner Vogel hätte ausfliegen können, im Falle einer drunter gefangen gewesen wäre. Er lächelt höflich und eröffnet unsere Bekanntschaft: »Sie reisen manchmal?« »Oh ja –«, erwiderte ich, etwas zerstreut, »das kann wohl sein.« Nun fuhr er vertraulich fort: »Ich glaube, wir sind die beiden Einzigen hier, die in Italien waren.« »So –«, ich bemühte mich etwas aufmerksamer zu sein, »ja, dann ist es allerdings dringend notwendig, dass wir mit einander reden.«

Herr Baum lachte. »Ja, Italien – das ist doch noch etwas. Ich erzähle immer meinen Kindern –. Zum Beispiel nehmen Sie Venedig!« Ich blieb stehen: »Sie erinnern sich noch Venedigs?« »Aber, ich bitte Sie«, stöhnte er, denn er war etwas zu dick, um sich mühelos zu entrüsten, – »wie sollte ich nicht – wer das einmal gesehen hat –. Diese Piazzetta – nicht wahr?« »Ja«, entgegnete ich, »ich erinnere mich besonders gern der Fahrt durch den Kanal, dieses leisen lautlosen Hingleitens am Rande von Vergangenheiten.« »Der Palazzo Franchetti«, fiel ihm ein. »Die Ca' d'Oro«, – gab ich zurück. »Der Fischmarkt –« »Der Palazzo Vendramin –« »Wo Richard Wagner« – fügte er rasch, als ein gebildeter Deutscher, hinzu. Ich nickte: »Den Ponte, wissen Sie?« Er lächelte mit Orientierung: »Selbstverständlich, und das Museum, die Akademie, nicht zu vergessen, wo ein Tizian ...«

So hat sich Herr Baum einer Art Prüfung unterzogen, die etwas anstrengend war. Ich nahm mir vor, ihn durch eine Geschichte zu entschädigen. Und begann ohne weiteres: »Wenn man unter dem Ponte di Rialto hindurchfährt, an dem Fondaco dei Turchi und an dem Fischmarkt vorbei, und dem Gondoliere sagt: ›rechts!‹, so sieht er etwas erstaunt aus und fragt wohl gar: ›Dove?‹. Aber man besteht darauf nach rechts zu fahren, und steigt in einem der kleinen schmutzigen Kanäle aus, handelt mit ihm, schimpft und geht durch gedrängte Gassen und schwarze verqualmte Torgänge auf einen leeren freien Platz hinaus. Alles das einfach aus dem Grunde, weil dort meine Geschichte handelt.«

Herr Baum berührte mich sanft am Arm: »Verzeihen Sie, welche Geschichte?« Seine kleinen Augen gingen etwas beängstigt hin und her.

Ich beruhigte ihn: »Irgendeine, verehrter Herr, keine irgendwie nennenswerte. Ich kann Ihnen auch nicht sagen, wann sie geschah. Vielleicht unter dem Dogen Alvise Mocenigo IV., aber es kann auch etwas früher oder später gewesen sein. Die Bilder von Carpaccio, wenn Sie solche gesehen haben sollten, sind wie auf purpurnem Samt gemalt, überall bricht etwas Warmes, gleichsam Waldiges durch, und um die gedämpften Lichter darin drängen sich horchende Schatten. Giorgione hat auf mattem, alterndem Gold, Tizian auf schwarzem Atlas gemalt, aber in der Zeit, von der ich rede, liebte man lichte Bilder, auf einen Grund von weißer Seide gesetzt, und der Name, mit dem man spielte, den schöne Lippen in die Sonne warfen und den reizende Ohren auffingen, wenn er zitternd niederfiel, dieser Name ist Gian Battista Tiepolo.

Aber das alles kommt in meiner Geschichte nicht vor.

Es geht nur das wirkliche Venedig an, die Stadt der Paläste, der Abenteuer, der Masken und der blassen Lagunennächte, die, wie keine anderen Nächte sonst, den Ton von heimlichen Romanzen tragen. – In dem Stück Venedig, von dem ich erzähle, sind nur arme tägliche Geräusche, die Tage gehen gleichförmig darüber hin, als ob es nur ein einziger wäre, und die Gesänge, die man dort vernimmt, sind wachsende Klagen, die nicht aufsteigen und wie ein wallender Qualm über den Gassen lagern. Sobald es dämmert, treibt sich viel scheues Gesindel dort herum, unzählige Kinder haben ihre Heimat auf den Plätzen und in den engen kalten Haustüren und spielen mit den Scherben und Abfällen von buntem Glasfluss, demselben, aus dem die Meister die ernsten Mosaiken von San Marco fügten. Ein Adeliger kommt selten in das Ghetto. Höchstens zur Zeit, wenn die Judenmädchen zum Brunnen kommen, kann man manchmal eine Gestalt, schwarz, im Mantel und mit Maske bemerken. Gewisse Leute wissen aus Erfahrung, dass diese Gestalt einen Dolch in den Falten verborgen trägt. Jemand will einmal im Mondlicht das Gesicht des Jünglings gesehen haben, und es wird seither behauptet, dieser schwarze schlanke Gast sei Marcantonio Priuli, Sohn des Proveditore Nicolò Priuli und der schönen Catharina Minelli. Man weiß, er wartet unter dem Torweg des Hauses von Isaak Rosso, geht dann, wenn es einsam wird, quer über den Platz und tritt bei dem alten Melchisedech ein, dem reichen Goldschmied, der viele Söhne und sieben Töchter und von den Söhnen und Töchtern viele Enkel hat. Die jüngste Enkelin, Esther, erwartet ihn, an den greisen Großvater geschmiegt, in einem niederen, dunklen Gemach, in welchem vieles glänzt und glüht, und Seide und Samt hängt sanft über den Gefäßen, wie um ihre vollen, goldenen Flammen zu stillen. Hier sitzt Marcantonio auf einem silbergestickten Kissen, dem greisen Juden zu Füßen, und erzählt von Venedig, wie von einem Märchen, das es nirgendwo jemals ganz so gegeben hat. Er erzählt von den Schauspielen, von den Schlachten des venetianischen Heeres, von fremden Gästen, von Bildern und Bildsäulen, von der ›Sensa‹ am Himmelfahrtstage, von dem Karneval und von der Schönheit seiner Mutter Catharina Minelli. Alles das ist für ihn von ähnlichem Sinn, verschiedene Ausdrücke für Macht und Liebe und Leben. Den beiden Zuhörern ist alles fremd; denn die Juden sind streng ausgeschlossen von jedem Verkehr, und auch der reiche Melchisedech betritt niemals das Gebiet des Großen Rates, obwohl er, als Goldschmied, und weil er allgemeine Achtung genoss, es hätte wagen dürfen. In seinem langen Leben hat der Alte seinen Glaubensgenossen, die ihn alle wie einen Vater fühlten, manche Vergünstigung vom Rate verschafft, aber er hatte auch immer wieder den Rückschlag erlebt. So oft ein Unheil über den Staat hereinbrach, rächte man sich an den Juden; die Venezianer selbst waren von viel zu verwandtem Geiste, als dass sie, wie andere Völker, die Juden für den Handel gebraucht hätten, sie quälten sie mit Abgaben, beraubten sie ihrer Güter, und beschränkten immer mehr das Gebiet des Ghettos, sodass die Familien, die sich mitten in aller Not fruchtbar vermehrten, gezwungen waren, ihre Häuser aufwärts, eines auf das Dach des anderen zu bauen. Und ihre Stadt, die nicht am Meere lag, wuchs so langsam in den Himmel hinaus, wie in ein anderes Meer, und um den Platz mit dem Brunnen erhoben sich auf allen Seiten die steilen Gebäude, wie die Wände irgendeines Riesenturms.

Der reiche Melchisedech, in der Wunderlichkeit des hohen Alters, hatte seinen Mitbürgern, Söhnen und Enkeln einen befremdlichen Vorschlag gemacht. Er wollte immer das jeweilig höchste dieser winzigen Häuser, die sich in zahllosen Stockwerken übereinander schoben, bewohnen. Man erfüllte ihm diesen seltsamen Wunsch gerne, denn man traute ohnehin nicht mehr der Tragkraft der unteren Mauern und setzte oben so leichte Steine auf, dass der Wind die Wände gar nicht zu bemerken schien. So siedelte der Greis zwei bis dreimal im Jahre um und Esther, die ihn nicht verlassen wollte, immer mit ihm. Schließlich waren sie so hoch, dass, wenn sie aus der Enge ihres Gemachs auf das flache Dach traten, in der Höhe ihrer Stirnen schon ein anderes Land begann, von dessen Gebräuchen der Alte in dunklen Worten, halb psalmierend, sprach. Es war jetzt sehr weit zu ihnen hinauf; durch viele fremde Leben hindurch, über steile und glitschige Stufen, an scheltenden Weibern vorüber und über die Überfälle hungernder Kinder hinaus ging der Weg, und seine vielen Hindernisse beschränkten jeden Verkehr. Auch Marcantonio kam nicht mehr zu Besuch, und Esther vermisste ihn kaum. Sie hatte ihn in den Stunden, da sie mit ihm allein gewesen war, so groß und lange angeschaut, dass ihr schien, er wäre damals tief in ihre dunklen Augen gestürzt und gestorben, und jetzt begänne, in ihr selbst, sein neues, ewiges Leben, an das er als Christ doch geglaubt hatte. Mit diesem neuen Gefühl in ihrem jungen Leib, stand sie tagelang auf dem Dache und suchte das Meer. Aber, so hoch die Behausung auch war, man erkannte zuerst nur den Giebel des Palazzo Foscari, irgendeinen Turm, die Kuppel einer Kirche, eine fernere Kuppel, wie frierend im Licht, und dann ein Gitter von Masten, Balken, Stangen vor dem Rand des feuchten, zitternden Himmels.

Gegen Ende dieses Sommers zog der Alte, obwohl ihm das Steigen schon schwer fiel, allen Widerreden zum Trotz, dennoch um; denn man hatte eine neue Hütte, hoch über allen, gebaut. Als er nach so langer Zeit wieder über den Platz ging, von Esther gestützt, da drängten sich viele um ihn und neigten sich über seine tastenden Hände und baten ihn um seinen Rat in vielen Dingen; denn er war ihnen wie ein Toter, der aus seinem Grabe steigt, weil irgendeine Zeit sich erfüllt hat. Und so schien es auch. Die Männer erzählten ihm, dass in Venedig ein Aufstand sei, der Adel sei in Gefahr, und über ein kurzes würden die Grenzen des Ghettos fallen und alle würden sich der gleichen Freiheit erfreuen. Der Alte antwortete nichts und nickte nur, als sei ihm dieses alles längst bekannt und noch vieles mehr. Er trat in das Haus des Isaak Rosso, auf dessen Gipfel seine neue Wohnung lag, und stieg, einen halben Tag lang, hinauf. Oben bekam Esther ein blondes, zartes Kind. Nachdem sie sich erholt hatte, trug sie es auf den Armen hinaus auf das Dach und legte zum ersten Mal den ganzen goldenen Himmel in seine offenen Augen. Es war ein Herbstmorgen von unbeschreiblicher Klarheit. Die Dinge dunkelten, fast ohne Glanz, nur einzelne fliegende Lichter ließen sich, wie auf große Blumen, auf sie nieder, ruhten eine Weile und schwebten dann über die goldlinigen Konturen hinaus in den Himmel. Und dort, wo sie verschwanden, erblickte man von dieser höchsten Stelle, was noch keiner vom Ghetto aus je gesehen hatte, – ein stilles, silbernes Licht: das Meer. Und erst jetzt, da Esthers Augen sich an die Herrlichkeit gewöhnt hatten, bemerkte sie am Rande des Daches, ganz vorn, Melchisedech. Er erhob sich mit ausgebreiteten Armen und zwang seine matten Augen in den Tag zu schauen, der sich langsam entfaltete. Seine Arme blieben hoch, seine Stirne trug einen strahlenden Gedanken; es war, als ob er opferte. Dann ließ er sich immer wieder vornüberfallen und presste den alten Kopf an die schlechten kantigen Steine. Das Volk aber stand unten auf dem Platze versammelt und blickte herauf. Einzelne Gebärden und Worte erhoben sich aus der Menge, aber sie reichten nicht bis zu dem einsam betenden Greise. Und das Volk sah den Ältesten und den Jüngsten wie in den Wolken. Der Alte aber fuhr fort, sich stolz zu erheben und aufs neue in Demut zusammenzubrechen, eine ganze Zeit. Und die Menge unten wuchs und ließ ihn nicht aus den Augen: Hat er das Meer gesehen oder Gott, den Ewigen, in seiner Glorie?«

Herr Baum bemühte sich, recht schnell etwas zu bemerken. Es gelang ihm nicht gleich. »Das Meer wahrscheinlich«, – sagte er dann trocken, »es *ist* ja auch ein Eindruck« – wodurch er sich besonders aufgeklärt und verständig erwies.

Ich verabschiedete mich eilig, aber ich konnte mich doch nicht enthalten, ihm nachzurufen: »Vergessen Sie nicht, die Begebenheit Ihren Kindern zu erzählen.« Er besann sich: »Den Kindern? Wissen Sie, da ist dieser junge Adlige, dieser Antonio, oder wie er heißt, ein ganz und gar nicht schöner Charakter und dann: das Kind, dieses Kind! Das dürfte doch – für Kinder –« »Oh«, beruhigte ich ihn, »Sie haben vergessen, verehrter Herr, dass die Kinder von Gott kommen! Wie sollten die Kinder zweifeln, dass Esther eines bekam, da sie doch so nahe am Himmel wohnt!«

Auch *diese* Geschichte haben die Kinder vernommen, und wenn man sie fragt, wie *sie* darüber denken, was der alte Jude Melchisedech wohl erblickt haben mag in seiner Verzückung, so sagen sie ohne nachzusinnen: »Oh, das Meer auch.«

Von einem, der die Steine belauscht

Ich bin schon wieder bei meinem lahmen Freunde. Er lächelt in seiner eigentümlichen Art: »Und von Italien haben Sie mir noch nie erzählt.« »Das soll heißen, ich möge es sobald als möglich nachholen?«

Ewald nickt und schließt schon die Augen, um zuzuhören. Ich fange also an: »Was wir Frühling fühlen, sieht Gott als ein flüchtiges, kleines Lächeln über die Erde gehen. Sie scheint sich an etwas zu erinnern, im Sommer erzählt sie allen davon, bis sie weiser wird in der großen, herbstlichen Schweigsamkeit, mit welcher sie sich Einsamen vertraut. Alle Frühlinge, welche Sie und ich erlebt haben, zusammengenommen, reichen noch nicht aus, eine Sekunde Gottes zu füllen. Der Frühling, den Gott bemerken soll, darf nicht in Bäumen und auf Wiesen bleiben, er muss irgendwie in den Menschen mächtig werden, denn dann geht er, sozusagen, nicht in der Zeit, vielmehr in der Ewigkeit vor sich und in Gegenwart Gottes.

Als dieses einmal geschah, mussten Gottes Blicke in ihren dunkeln Schwingen über Italien hängen. Das Land unten war hell, die Zeit glänzte wie Gold, aber quer darüber, wie ein dunkler Weg, lag der Schatten eines breiten Mannes, schwer und schwarz, und weit davor der Schatten seiner schaffenden Hände, unruhig, zuckend, bald über Pisa, bald über Neapel, bald zerfließend auf der ungewissen Bewegung des Meeres. Gott konnte seine Augen nicht abwenden von diesen Händen, die ihm zuerst gefaltet schienen, wie betende, – aber das Gebet, welches ihnen entquoll, drängte sie weit auseinander. Es wurde eine Stille in den Himmeln. Alle Heiligen folgten den Blicken Gottes und betrachteten, wie er, den Schatten, der halb Italien verhüllte, und die Hymnen der Engel blieben auf ihren Gesichtern stehen, und die Sterne zitterten, denn sie fürchteten, irgend etwas verschuldet zu haben, und warteten demütig auf Gottes zorniges Wort. Aber nichts dergleichen geschah. Die Himmel hatten sich in ihrer ganzen Breite über Italien aufgetan, so dass Raffael in Rom auf den Knien lag, und der selige Fra Angelico von Fiesole stand in einer Wolke und freute sich über ihn. Viele Gebete waren zu dieser Stunde von der Erde unterwegs. Gott aber erkannte nur eines: die Kraft Michelangelos stieg wie Duft von Weinbergen zu ihm empor. Und er duldete, dass sie seine Gedanken erfüllte. Er neigte sich tiefer, fand den schaffenden Mann, sah über seine Schultern fort auf die am Steine horchenden Hände und erschrak: sollten in den Steinen auch Seelen sein? Warum belauschte dieser Mann die Steine? Und nun erwachten ihm die Hände und wühlten den Stein auf wie ein Grab, darin eine schwache, sterbende Stimme flackert: ›Michelangelo,‹ rief Gott in Bangigkeit: ›wer ist im Stein?‹ Michelangelo horchte auf; seine Hände zitterten. Dann antwortete er dumpf: ›Du, mein Gott, wer denn sonst. Aber ich kann nicht zu dir.‹ Und da fühlte Gott, dass er auch im *Steine* sei, und es wurde ihm ängstlich und enge. Der ganze Himmel war nur ein Stein, und er war mitten drin eingeschlossen und hoffte auf die Hände Michelangelos, die ihn befreien würden, und er hörte sie kommen, aber noch weit. Der Meister aber war wieder über dem Werke. Er dachte beständig: Du bist nur ein kleiner Block, und ein anderer könnte in dir kaum *einen* Menschen finden. Ich aber fühle hier eine Schulter: es ist die des Josef von Arimathäa, hier neigt sich Maria, ich spüre ihre zitternden Hände, welche Jesum unseren Herrn halten, der eben am Kreuze verstarb. Wenn in diesem kleinen

Marmor diese drei Raum haben, wie sollte ich nicht einmal ein schlafendes Geschlecht aus einem Felsen heben? Und mit breiten Hieben machte er die drei Gestalten der Pietà frei, aber er löste nicht ganz die steinernen Schleier von ihren Gesichtern, als fürchtete er, ihre tiefe Traurigkeit könnte sich lähmend über seine Hände legen. So flüchtete er zu einem anderen Steine. Aber jedes Mal verzagte er, einer Stirne ihre volle Klarheit, einer Schulter ihre reinste Rundung zu geben, und wenn er ein Weib bildete, so legte er nicht das letzte Lächeln um ihren Mund, damit ihre Schönheit nicht ganz verraten sei.

Zu dieser Zeit entwarf er das Grabdenkmal für Julius della Rovere. Einen Berg wollte er bauen über den eisernen Papst und ein Geschlecht dazu, welches diesen Berg bevölkerte. Von vielen dunkeln Plänen erfüllt, ging er hinaus nach seinen Marmorbrüchen. Über einem armen Dorf erhob sich steil der Hang. Umrahmt von Oliven und welkem Gestein erschienen die frisch gebrochenen Flächen wie ein großes blasses Gesicht unter alterndem Haar. Lange stand Michelangelo vor seiner verhüllten Stirne. Plötzlich bemerkte er darunter zwei riesige Augen aus Stein, welche ihn betrachteten. Und Michelangelo fühlte seine Gestalt wachsen unter dem Einfluss dieses Blickes. Jetzt ragte auch er über dem Land, und es war ihm, als ob er von Ewigkeit her diesem Berg brüderlich gegenüberstände. Das Tal wich unter ihm zurück wie unter einem Steigenden, die Hütten drängten sich wie Herden aneinander, und näher und verwandter zeigte sich das Felsengesicht unter seinen weißen steinernen Schleiern. Es hatte einen wartenden Ausdruck, reglos und doch am Rande der Bewegung. Michelangelo dachte nach: ›Man kann dich nicht zerschlagen, du bist ja nur Eines‹, und dann hob er seine Stimme: ›Dich will ich vollenden, du bist mein Werk.‹ Und er wandte sich nach Florenz zurück. Er sah einen Stern und den Turm vom Dom. Und um seine Füße war Abend.

Mit einemmal, an der Porta Romana, zögerte er. Die beiden Häuserreihen streckten sich wie Arme nach ihm aus, und schon hatten sie ihn ergriffen und zogen ihn hinein in die Stadt. Und immer enger und dämmernder wurden die Gassen, und als er sein Haus betrat, da wusste er sich in dunkeln Händen, denen er nicht entgehen konnte. Er flüchtete in den Saal und von da in die niedere, kaum zwei Schritte lange Kammer, darin er zu schreiben pflegte. Ihre Wände legten sich an ihn, und es war, als kämpften sie mit seinen Übermaßen und zwängten ihn zurück in die alte, enge Gestalt. Und er duldete es. Er drückte sich in die Knie und ließ sich formen von ihnen. Er fühlte eine nie gekannte Demut in sich und hatte selbst den Wunsch, irgendwie klein zu sein. Und eine Stimme kam: ›Michelangelo, wer ist in dir?‹ Und der Mann in der schmalen Kammer legte die Stirn schwer in die Hände und sagte leise: ›Du mein Gott, wer denn sonst.‹

Und da wurde es weit um Gott, und er hob sein Gesicht, welches über Italien war, frei empor und schaute um sich: In Mänteln und Mitren standen die Heiligen da, und die Engel gingen mit ihren Gesängen wie mit Krügen voll glänzenden Quells unter den dürstenden Sternen umher, und es war der Himmel kein Ende.«

Mein lahmer Freund hob seine Blicke und duldete, dass die Abendwolken sie mitzogen über den Himmel hin: »Ist Gott denn *dort?*« fragte er. Ich schwieg. Dann neigte ich mich zu ihm: »Ewald, sind wir denn *hier?*« Und wir hielten uns herzlich die Hände.

Wie der Fingerhut dazu kam, der liebe Gott zu sein

Als ich vom Fenster forttrat, waren die Abendwolken immer noch da. Sie schienen zu warten. Soll ich ihnen auch eine Geschichte erzählen? Ich schlug es ihnen vor. Aber sie hörten mich gar nicht. Um mich verständlich zu machen und die Entfernung zwischen uns zu beschränken, rief ich: »Ich bin auch eine Abendwolke.« Sie blieben stehen, offenbar betrachteten sie mich. Dann streckten sie mir ihre feinen, durchscheinenden rötlichen Flügel entgegen.

Das ist die Art, wie Abendwolken sich begrüßen. Sie hatten mich erkannt. »Wir sind über der Erde«, – erklärten sie – »genauer über Europa, und du?« Ich zögerte: »Es ist da ein Land –« »Wie sieht es aus?« erkundigten sie sich.

»Nun«, entgegnete ich – »Dämmerung mit Dingen –« »Das ist Europa auch«, lachte eine junge Wolke. »Möglich«, sagte ich, »aber ich habe immer gehört: die Dinge in Europa sind tot.« »Ja, allerdings«, bemerkte eine andere verächtlich. »Was wäre das für ein Unsinn: lebende Dinge?« »Nun«, beharrte ich, »meine leben. Das ist also der Unterschied. Sie können verschiedenes werden, und ein Ding, welches als Bleistift oder als Ofen zur Welt kommt, muss deshalb noch nicht an seinem Fortkommen verzweifeln. Ein Bleistift kann mal ein Stock, wenn es gut geht, ein Mastbaum, ein Ofen aber mindestens ein Stadttor werden.«

»Du scheinst mir eine recht einfältige Abendwolke zu sein«, sagte die junge Wolke, welche sich schon früher so wenig zurückhaltend ausgedrückt hatte. Ein alter Wolkerich fürchtete, sie könnte mich beleidigt haben. »Es gibt ganz verschiedene Länder«, begütigte er, »ich war einmal über ein kleines deutsches Fürstentum geraten, und ich glaube bis heute nicht, dass das zu Europa gehörte.« Ich dankte ihm und sagte: »Wir werden uns schwer einigen können, sehe ich. Erlauben Sie, ich werde Ihnen einfach das erzählen, was ich in der letzten Zeit unter mir erblickte, das wird wohl das beste sein.« »Bitte«, gestattete der weise Wolkerich im Auftrage aller.

Ich begann: »Menschen sind in einer Stube. Ich bin ziemlich hoch, müsst ihr wissen, und so kommt es: sie sehen für mich wie Kinder aus; deshalb will ich auch einfach sagen: Kinder. Also: Kinder sind in einer Stube. Zwei, fünf, sechs, sieben Kinder. Es würde zu lange dauern, sie um ihre Namen zu fragen. Übrigens scheinen die Kinder eifrig etwas zu besprechen; bei dieser Gelegenheit wird sich ja der eine oder der andere Name verraten. Sie stehen wohl schon eine ganze Weile so beisammen, denn der älteste (ich vernehme, dass er Hans gerufen wird) bemerkt gleichsam abschließend: ›Nein, so kann es entschieden nicht bleiben. Ich habe gehört, früher haben die Eltern den Kindern am Abend immer, oder wenigstens an braven Abenden – Geschichten erzählt bis zum Einschlafen. Kommt so etwas heute vor?‹ Eine kleine Pause, dann antwortet Hans selbst: ›Es kommt nicht vor, nirgends. Ich für meinen Teil, auch weil ich schon groß bin gewissermaßen, schenke ihnen ja gern diese paar elenden Drachen, mit denen sie sich quälen würden, aber immerhin, es gehört sich, dass sie uns sagen, es gibt Nixen, Zwerge, Prinzen und Ungeheuer.‹ ›Ich habe eine Tante,‹ bemerkte eine Kleine, ›die erzählt mir manchmal –‹ ›Ach was‹, schneidet Hans kurz ab, ›Tanten gelten nicht, *die* lügen.‹ Die ganze Gesellschaft war sehr eingeschüchtert angesichts dieser kühnen, aber unwiderlegten Behauptung. Hans fährt fort: ›Auch handelt es sich hier vor allem um die Eltern, weil diese gewissermaßen die Verpflichtung haben, uns in dieser Weise zu unterrichten; bei den anderen ist es mehr Güte. Verlangen kann man es nicht von ihnen. Aber gebt nur mal acht: was tun unsere Eltern? Sie gehen mit bösen gekränkten Gesichtern umher, nichts ist ihnen recht, sie schreien und schelten, aber dabei sind sie doch so gleichgültig, und wenn die Welt unterginge, sie würden es kaum bemerken. Sie haben etwas, was sie ›Ideale‹ nennen. Vielleicht ist das auch so eine Art kleine Kinder, die nicht allein bleiben dürfen und sehr viel Mühe machen; aber dann hätten sie eben *uns* nicht haben dürfen. Nun, ich denke so, Kinder: dass die Eltern uns vernachlässigen, ist traurig, gewiss. Aber wir würden das dennoch ertragen, wenn es nicht ein Beweis wäre dafür, dass die Großen überhaupt dumm werden, zurückgehen, wenn man so sagen darf. Wir können ihren Verfall nicht aufhalten; denn wir können den ganzen Tag keinen Einfluss auf sie ausüben, und kommen wir spät aus der Schule nach Haus, wird kein Mensch verlangen, dass wir uns hinsetzen und versuchen, sie für etwas Vernünftiges zu interessieren. Es tut einem auch recht weh, wenn man so unter der Lampe sitzt und sitzt, und die Mutter begreift nicht einmal den pythagoreischen Lehrsatz. Nun, es ist einmal nicht anders. So werden die Großen immer dümmer werden ... es schadet nichts: was kann uns dabei verloren gehen? die Bildung? Sie ziehen den Hut voreinander, und wenn eine Glatze dabei zum Vorschein kommt, so lachen sie. Überhaupt: sie lachen beständig. Wenn wir nicht dann und wann so vernünftig wären, zu weinen, es gäbe durchaus kein Gleichgewicht auch in diesen Angelegenheiten. Dabei sind sie von einem Hochmut: sie behaupten sogar, der Kaiser sei ein Erwachsener. Ich habe in den Zeitungen gelesen, der König von Spanien sei ein Kind, so ist es mit allen Königen und Kaisern, – lasst euch nur nichts einreden! Aber neben allem Überflüssigen haben die Großen doch etwas, was uns durchaus nicht gleichgültig sein kann: den lieben Gott. Ich habe ihn zwar noch bei keinem von ihnen gesehen, – aber gerade das ist verdächtig. Es ist mir eingefallen, sie könnten ihn in ihrer Zerstreutheit, Geschäftigkeit und Hast irgendwo verloren haben. Nun ist er aber etwas durchaus Notwendiges. Verschiedenes kann ohne ihn nicht geschehen, die Sonne kann nicht aufgehen, keine Kinder können kommen, aber auch das Brot wird aufhören. Wenn es auch beim Bäcker herauskommt, der liebe Gott sitzt und dreht die großen Mühlen. Es lassen sich leicht viele Gründe finden, weshalb der liebe Gott etwas Unentbehrliches ist. Aber soviel steht fest, die Großen kümmern sich nicht um ihn, also müssen wir Kinder es tun. Hört, was ich mir ausgedacht habe. Wir sind genau sieben Kinder. Jedes muss den lieben Gott einen Tag tragen, dann ist er die ganze Woche bei uns, und man weiß immer, wo er sich gerade befindet.

Hier entstand eine große Verlegenheit. Wie sollte das geschehen? Konnte man denn den lieben Gott in die Hand nehmen oder in die Tasche stecken? Dazu erzählte ein Kleiner: ›Ich war allein im Zimmer. Eine kleine Lampe brannte nahe bei mir, und ich saß im Bett und sagte mein Abendgebet – sehr laut. Es rührte sich etwas in meinen gefalteten Händen. Es war weich und warm und wie ein kleines Vögelchen. Ich konnte die Hände nicht auftun, denn das Gebet war noch nicht aus. Aber ich war sehr neugierig und betete furchtbar schnell. Dann beim Amen machte ich so (der Kleine streckte die Hände aus und spreizte die Finger), aber es war nichts da.‹

Das konnten sich alle vorstellen. Auch Hans wusste keinen Rat. Alle schauten ihn an. Und auf einmal sagte er: ›Das ist ja dumm. Ein jedes Ding kann der liebe Gott sein. Man muss es ihm nur sagen.‹ Er wandte sich an den ihm zunächst stehenden, rothaarigen Knaben. ›Ein Tier kann das nicht. Es läuft davon. Aber ein Ding, siehst du, es steht, du kommst in die Stube, bei Tag, bei Nacht: es ist immer da, es kann wohl der liebe Gott sein.‹ Allmählich überzeugten sich die anderen davon. ›Aber wir brauchen einen kleinen Gegenstand, den man überall mittragen kann, sonst hat es ja keinen Sinn. Leert einmal alle eure Taschen aus.‹ Da zeigten sich nun sehr seltsame Dinge: Papierschnitzel, Federmesser, Radiergummi, Federn, Bindfaden, kleine Steine, Schrauben, Pfeifen, Holzspänchen und vieles andere, was sich aus der Ferne gar nicht erkennen lässt, oder wofür der Name mir fehlt. Und alle diese Dinge lagen in den seichten Händen der Kinder, wie erschrocken über die plötzliche Möglichkeit, der liebe Gott zu werden, und welches von ihnen ein bisschen glänzen konnte, glänzte, um dem Hans zu gefallen. Lange schwankte die Wahl. Endlich fand sich bei der kleinen Resi ein Fingerhut, den sie ihrer Mutter einmal weggenommen hatte. Er war licht, wie aus Silber, und um seiner Schönheit willen wurde er der liebe Gott. Hans selbst steckte ihn ein, denn er begann die Reihe, und alle Kinder gingen den ganzen Tag hinter ihm her und waren stolz auf ihn. Nur schwer einigte man sich, wer ihn morgen haben sollte, und Hans stellte in seiner Umsicht dann das Programm gleich für die ganze Woche fest, damit kein Streit ausbräche.

Diese Einrichtung erwies sich im ganzen als überaus zweckmäßig. Wer den lieben Gott gerade hatte, konnte man auf den ersten Blick erkennen. Denn der Betreffende ging etwas steifer und feierlicher und machte ein Gesicht wie am Sonntag. Die ersten drei Tage sprachen die Kinder von nichts anderem. Jeden Augenblick verlangte eines den lieben Gott zu sehen, und wenn sich der Fingerhut unter dem Einfluss seiner großen Würde auch gar nicht verändert hatte, das Fingerhutliche an ihm erschien jetzt nur als ein bescheidenes Kleid um seine wirkliche Gestalt. Alles ging nach der Ordnung vor sich. Am Mittwoch hatte ihn Paul, am Donnerstag die kleine Anna. Der Samstag kam. Die Kinder spielten Fangen und tollten atemlos durcheinander, als Hans plötzlich rief: ›Wer hat denn den lieben Gott?‹ Alle standen. Jedes sah das andere an. Keines erinnerte sich, ihn seit zwei Tagen gesehen zu haben. Hans zählte ab, wer an der Reihe sei; es kam heraus: die kleine Marie. Und nun verlangte man ohne weiteres von der kleinen Marie den lieben Gott. Was war da zu tun? Die Kleine kratzte in ihren Taschen herum. Jetzt fiel ihr erst ein, dass sie ihn am Morgen erhalten hatte; aber jetzt war er fort, wahrscheinlich hatte sie ihn hier beim Spielen verloren.

Und als alle Kinder nach Hause gingen, blieb die Kleine auf der Wiese zurück und suchte. Das Gras war ziemlich hoch. Zweimal kamen Leute vorüber und fragten, ob sie etwas verloren hätte. Jedes Mal antwortete das Kind: ›Einen Fingerhut‹ – und suchte. Die Leute taten eine Weile mit, wurden aber bald des Bückens müde, und einer riet im Fortgehen: ›Geh lieber nach Haus, man kann ja einen neuen kaufen.‹ Dennoch suchte Mariechen weiter. Die Wiese wurde immer fremder in der Dämmerung, und das Gras begann nass zu werden. Da kam wieder ein Mann. Er beugte sich über das Kind: ›Was suchst du?‹ Jetzt antwortete Mariechen, nicht weit vom Weinen, aber tapfer und trotzig: ›Den lieben Gott.‹ Der Fremde lächelte, nahm sie einfach bei der Hand, und sie ließ sich führen, als ob jetzt alles gut wäre. Unterwegs sagte der fremde Mann: ›Und sieh mal, was ich heute für einen schönen Fingerhut gefunden habe.‹ –«

Die Abendwolken waren schon längst ungeduldig. Jetzt wandte sich der weise Wolkerich, welcher indessen dick geworden war, zu mir: »Verzeihen Sie, dürfte ich nicht den Namen des Landes – über welchem Sie –« Aber die anderen Wolken liefen lachend in den Himmel hinein und zogen den Alten mit.

Ein Märchen vom Tod und eine fremde Nachschrift dazu

Ich schaute noch immer hinauf in den langsam verlöschenden Abendhimmel, als jemand sagte: »Sie scheinen sich ja für das Land da oben sehr zu interessieren?«

Mein Blick fiel schnell, wie heruntergeschossen, und ich erkannte: Ich war an die niedere Mauer unseres kleinen Kirchhofs geraten, und vor mir, jenseits derselben, stand der Mann mit dem Spaten und lächelte ernst. »*Ich* interessiere mich wieder für *dieses* Land hier«, ergänzte er und wies nach der schwarzen, feuchten Erde, welche an manchen Stellen hervorsah aus den vielen welken Blättern, die sich rauschend rührten, während ich nicht wusste, dass ein Wind begonnen hatte. Plötzlich sagte ich, von heftigem Abscheu erfasst: »Warum tun Sie das da?« Der Totengräber lächelte immer noch: »Es ernährt einen auch – und dann, ich bitte Sie, tun nicht die meisten Menschen das gleiche? Sie begraben Gott *dort,* wie ich die Menschen hier.« Er zeigte nach dem Himmel und erklärte mir: »Ja, das ist auch ein großes Grab, im Sommer stehen wilde Vergissmeinnicht drauf –« Ich unterbrach ihn: »Es gab eine Zeit, wo die Menschen Gott im Himmel begruben, das ist wahr –« »Ist das anders geworden?« fragte er seltsam traurig. Ich fuhr fort: »Einmal warf jeder eine Hand Himmel über ihn, ich weiß. Aber da war er eigentlich schon nicht mehr dort, oder doch –« ich zögerte.

»Wissen Sie«, begann ich dann von neuem, »in alten Zeiten beteten die Menschen so.« Ich breitete die Arme aus und fühlte unwillkürlich meine Brust groß werden dabei. »Damals warf sich Gott in alle diese Abgründe voll Demut und Dunkelheit, und nur ungern kehrte er in seine Himmel zurück, die er, unvermerkt, immer näher über die Erde zog. Aber ein neuer Glaube begann. Da dieser den Menschen nicht verständlich machen konnte, worin sein neuer Gott sich von jenem alten unterscheide (sobald er ihn nämlich zu preisen begann, erkannten die Menschen sofort den einen alten Gott auch hier), so veränderte der Verkünder des neuen Gebotes die Art zu beten. Er lehrte das Händefalten und entschied: Seht, unser Gott will *so* gebeten sein, also ist er ein anderer als der, den ihr bisher in euren Armen glaubtet zu empfangen. Die Menschen sahen das ein, und die Gebärde der offenen Arme wurde eine verächtliche und schreckliche, und später heftete man sie ans Kreuz, um sie allen als ein Symbol der Not und des Todes zu zeigen.

Als Gott aber das nächste Mal wieder auf die Erde niederblickte, erschrak er. Neben den vielen gefalteten Händen hatte man viele gotische Kirchen gebaut, und so streckten sich ihm die Hände und die Dächer, gleich steil und scharf, wie feindliche Waffen entgegen. Bei Gott ist eine *andere* Tapferkeit. Er kehrte in seine Himmel zurück, und als er merkte, dass die Türme und die neuen Gebete hinter ihm her wuchsen, da ging er auf der anderen Seite aus seinen Himmeln hinaus und entzog sich so der Verfolgung. Er war selbst überrascht, jenseits von seiner strahlenden Heimat ein beginnendes Dunkel zu finden, das ihn schweigend empfing, und er ging mit einem seltsamen Gefühl immer weiter in dieser Dämmerung, welche ihn an die Herzen der Menschen erinnerte. Da fiel es ihm zuerst ein, dass die Köpfe der Menschen licht, ihre Herzen aber voll eines ähnlichen Dunkels sind, und eine Sehnsucht überkam ihn, in den Herzen der Menschen zu wohnen und nicht mehr durch das klare, kalte Wachsein ihrer Gedanken zu gehen. Nun, Gott hat seinen Weg fortgesetzt. Immer dichter wird um ihn die Dunkelheit, und die Nacht, durch die er sich drängt, hat etwas von der duftenden Wärme fruchtbarer Schollen. Und nicht lange mehr, so strecken sich ihm die Wurzeln entgegen mit der alten schönen Gebärde des breiten Gebetes. Es gibt nichts Weiseres als den Kreis. Der Gott, der uns in den Himmeln entfloh, aus der Erde wird er uns wiederkommen. Und, wer weiß, vielleicht graben gerade Sie einmal das Tor ...« Der Mann mit dem Spaten sagte: »Aber das ist ein Märchen.« »In unserer Stimme«, erwiderte ich leise, »wird Alles Märchen, denn es kann sich ja in ihr nie begeben haben.« Der Mann schaute eine Weile vor sich hin. Dann zog er mit heftigen Bewegungen den Rock an und fragte: »Wir können ja wohl zusammengehen?« Ich nickte: »Ich gehe nach Hause. Es wird wohl derselbe Weg sein. Aber wohnen Sie nicht hier?« Er trat aus der kleinen Gittertür, legte sie sanft in ihre klagenden Angeln zurück und entgegnete: »Nein.«

Nach ein paar Schritten wurde er vertraulicher: »Sie haben ganz recht gehabt vorhin. Es ist seltsam, dass sich jemand findet, der das tun mag, das da draußen. Ich habe früher nie daran gedacht. Aber jetzt, seit ich älter werde, kommen mir manchmal Gedanken, eigentümliche Gedanken, wie der mit dem Himmel, und noch andere. Der Tod. Was weiß man davon? Scheinbar alles und vielleicht nichts. Oft stehen die Kinder (ich weiß nicht, wem sie gehören) um mich, wenn ich arbeite. Und mir fällt gerade so etwas ein. Dann grabe ich wie ein Tier, um alle meine Kraft aus dem Kopfe fortzuziehen und sie in den Armen zu verbrauchen. Das Grab wird viel tiefer als die Vorschrift verlangt, und ein Berg Erde wächst daneben auf. Die Kinder aber laufen davon, da sie meine wilden Bewegungen sehen. Sie glauben, dass ich irgendwie zornig bin.« Er dachte nach. »Und es ist ja auch eine Art Zorn. Man wird abgestumpft, man glaubt es überwunden zu haben, und plötzlich ... Es hilft nichts, der Tod ist etwas Unbegreifliches, Schreckliches.«

Wir gingen eine lange Straße unter schon ganz blätterlosen Obstbäumen, und der Wald begann, uns zur Linken, wie eine Nacht, die jeden Augenblick auch über uns hereinbrechen kann. »Ich will Ihnen eine kleine Geschichte berichten«, versuchte ich, »sie reicht gerade bis an den Ort.« Der Mann nickte und zündete sich seine kurze, alte Pfeife an. Ich erzählte: »Es waren zwei Menschen, ein Mann und ein Weib, und sie hatten einander lieb. Liebhaben, das heißt, nichts annehmen, von nirgends, alles vergessen und von *einem* Menschen alles empfangen wollen, das was man schon besaß und alles andere. So wünschten es die beiden Menschen gegenseitig. Aber in der Zeit, im Tage, unter den Vielen, wo alles kommt und geht, oft ehe man eine wirkliche Beziehung dazu gewinnt, lässt sich ein solches Liebhaben gar nicht durchführen, die Ereignisse kommen von allen Seiten, und der Zufall öffnet ihnen jede Tür.

Deshalb beschlossen die beiden Menschen aus der Zeit in die Einsamkeit zu gehen, weit fort vom Uhrenschlagen und von den Geräuschen der Stadt. Und dort erbauten sie sich in einem Garten ein Haus. Und das Haus hatte zwei Tore, eines an seiner rechten, eines an seiner linken Seite. Und das rechte Tor war des Mannes Tor, und alles Seine sollte durch dasselbe in das Haus einziehen. Das linke aber war das Tor des Weibes, und was ihres Sinnes war, sollte durch seinen Bogen eintreten. So geschah es. Wer zuerst erwachte am Morgen, stieg hinab und tat sein Tor auf. Und da kam dann bis spät in die Nacht gar manches herein, wenn auch das Haus nicht am Rande des Weges lag. Zu denen, die zu empfangen verstehen, kommt die Landschaft ins Haus und das Licht und ein Wind mit einem Duft auf den Schultern und viel anderes mehr. Aber auch Vergangenheiten, Gestalten, Schicksale traten durch die beiden Tore ein, und allen wurde die gleiche, schlichte Gastlichkeit zuteil, so dass sie meinten, seit immer in dem Heidehaus gewohnt zu haben. So ging es eine lange Zeit fort, und die beiden Menschen waren sehr glücklich dabei. Das linke Tor war etwas häufiger geöffnet, aber durch das rechte traten buntere Gäste ein. Vor diesem wartete auch eines Morgens – der Tod. Der Mann schlug seine Tür eilends zu, als er ihn bemerkte, und hielt sie den ganzen Tag über fest verschlossen. Nach einiger Zeit tauchte der Tod vor dem linken Eingang auf. Zitternd warf das Weib das Tor zu und schob den breiten Riegel vor. Sie sprachen nicht miteinander über dieses Ereignis, aber sie öffneten seltener die beiden Tore und suchten mit dem auszukommen, was im Hause war. Da lebten sie nun freilich viel ärmlicher als vorher. Ihre Vorräte wurden knapp, und es stellten sich Sorgen ein. Sie begannen beide schlecht zu schlafen, und in einer solchen wachen, langen Nacht vernahmen sie plötzlich zugleich ein seltsames, schlürfendes und pochendes Geräusch. Es war hinter der Wand des Hauses, gleich weit entfernt von den beiden Toren, und klang, als ob jemand begänne Steine auszubrechen, um ein neues Tor mitten in die Mauer zu bauen. Die beiden Menschen taten in ihrem Schrecken dennoch, als ob sie nichts Besonderes vernähmen. Sie begannen zu sprechen, lachten unnatürlich laut, und als sie müde wurden, war das Wühlen in der Wand verstummt. Seither bleiben die beiden Tore ganz geschlossen. Die Menschen leben wie Gefangene. Beide sind kränklich geworden und haben seltsame Einbildungen. Das Geräusch wiederholt sich von Zeit zu Zeit. Dann lachen sie mit ihren Lippen, während ihre Herzen fast sterben vor Angst. Und sie wissen beide, dass das Graben immer lauter und deutlicher wird, und müssen immer lauter sprechen und lachen mit ihren immer matteren Stimmen.«

Ich schwieg. »Ja, ja, –« sagte der Mann neben mir, »so ist es, das ist eine wahre Geschichte.«

»Diese habe ich in einem alten Buche gelesen«, fügte ich hinzu, »und da ereignete sich etwas sehr Merkwürdiges dabei. Hinter der Zeile, darin erzählt wird, wie der Tod auch vor dem Tore des Weibes erschien, war mit alter, verwelkter Tinte ein kleines Sternchen gezeichnet. Es sah aus den Worten wie aus Wolken hervor, und ich dachte einen Augenblick, wenn die Zeilen sich verzögen, so könnte offenbar werden, dass hinter ihnen lauter Sterne stehen, wie es ja wohl manchmal geschieht, wenn der Frühlingshimmel sich spät am Abend klärt. Dann vergaß ich des unbedeutenden Umstandes ganz, bis ich hinten im Einband des Buches dasselbe Sternchen, wie gespiegelt in einem See, in dem glatten Glanzpapier wiederfand, und nah unter demselben begannen zarte Zeilen, die wie Wellen in der blassen spiegelnden Fläche verliefen. Die Schrift war an vielen Stellen undeutlich geworden, aber es gelang mir doch, sie fast ganz zu entziffern. Da stand etwa: ›Ich habe diese Geschichte so oft gelesen, und zwar an allen möglichen Tagen, dass ich manchmal glaube, ich habe sie selbst, aus der Erinnerung, aufgezeichnet. Aber bei mir geht es im weiteren Verlaufe so zu, wie ich es hier niederschreibe. Das Weib hatte den Tod nie gesehen; arglos ließ es ihn eintreten. Der Tod aber sagte etwas hastig und wie einer, welcher kein gutes Gewissen hat: ›Gib das deinem Mann.‹ Und er fügte, als das Weib ihn fragend anblickte, eilig hinzu: ›Es ist Samen, sehr guter Samen.‹ Dann entfernte er sich ohne zurückzusehen. Das Weib öffnete das Säckchen, welches er ihr in die Hand gelegt hatte; es fand sich wirklich eine Art Samen darin, harte, hässliche Körner. Da dachte das Weib: der Same ist etwas Unfertiges, Zukünftiges. Man kann nicht wissen, was aus ihm wird. Ich will diese unschönen Körner nicht meinem Manne geben, sie sehen gar nicht aus wie ein Geschenk. Ich will sie lieber in das Beet unseres Gartens drücken und warten, was sich aus ihnen erhebt. Dann will ich ihn davorführen und ihm erzählen, wie ich zu dieser Pflanze kam. Also tat das Weib auch. Dann lebten sie dasselbe Leben weiter. Der Mann, der immer daran denken musste, dass der Tod vor seinem Tore gestanden hatte, war anfangs etwas ängstlich, aber da er das Weib so gastlich und sorglos sah wie immer, tat auch er bald wieder die breiten Flügel seines Tores auf, so dass viel Leben und Licht in das Haus hereinkam. Im nächsten Frühjahr stand mitten im Beete zwischen den schlanken Feuerlilien ein kleiner Strauch. Er hatte schmale, schwärzliche Blätter, etwas spitz, ähnlich denen des Lorbeers, und es lag ein sonderbarer Glanz auf ihrer Dunkelheit. Der Mann nahm sich täglich vor, zu fragen, woher diese Pflanze stamme. Aber er unterließ es täglich. In einem verwandten Gefühl verschwieg auch das Weib von einem Tag zum andern die Aufklärung. Aber die unterdrückte Frage auf der einen, die nie gewagte Antwort auf der anderen Seite, führte die beiden Menschen oft bei diesem Strauch zusammen, der sich in seiner grünen Dunkelheit so seltsam von dem Garten unterschied. Als das nächste Frühjahr kam, da beschäftigten sie sich, wie mit den anderen Gewächsen, auch mit dem Strauch, und sie wurden traurig, als er, umringt von lauter steigenden Blüten, unverändert und stumm, wie im ersten Jahr, gegen alle Sonne taub, sich erhob. Damals beschlossen sie, ohne es einander zu verraten, gerade *diesem* im dritten Frühjahr ihre ganze Kraft zu widmen, und als dieses Frühjahr erschien, erfüllten sie leise und Hand in Hand, was sich jeder versprochen hatte. Der Garten umher verwilderte, und die Feuerlilien schienen blasser als sonst zu sein. Aber einmal, als sie nach einer schweren, bedeckten Nacht in den Morgengarten, den stillen, schimmernden traten, da wussten sie: Aus den schwarzen, scharfen Blättern des fremden Strauches war unversehrt eine blasse, blaue Blüte gestiegen, welcher die Knospenschalen schon an allen Seiten enge wurden. Und sie standen davor vereint und schweigend, und jetzt wussten sie sich erst recht nichts zu sagen. Denn sie dachten: Nun blüht der Tod, und neigten sich zugleich, um den Duft der jungen Blüte zu kosten. – Seit diesem Morgen aber ist alles anders geworden in der Welt. So stand es in dem Einband des alten Buches«, schloss ich.

»Und wer das geschrieben hat?« drängte der Mann. »Eine Frau, nach der Schrift«, antwortete ich. »Aber was hätte es geholfen, nachzuforschen. Die Buchstaben waren sehr verblasst und etwas altmodisch. Wahrscheinlich war sie schon längst tot.«

Der Mann war ganz in Gedanken. Endlich bekannte er: »Nur eine Geschichte, und doch rührt es einen so an.« »Nun, das ist, wenn man selten Geschichten hört«, begütigte ich. »Meinen Sie?« Er reichte mir seine Hand, und ich hielt sie fest. »Aber ich möchte sie gerne weitersagen. Das darf man doch?« Ich nickte. Plötzlich fiel ihm ein: »Aber ich habe niemanden. Wem sollte ich sie auch erzählen?« »Nun, das ist einfach; den Kindern, die Ihnen manchmal zusehen kommen. Wem sonst?«

Die Kinder haben auch richtig die letzten drei Geschichten gehört. Allerdings, die von den Abendwolken wiederholte, nur teilweise, wenn ich gut unterrichtet bin. Die Kinder sind ja klein und darum von den Abendwolken viel weiter als wir. Doch das ist bei *dieser* Geschichte ganz gut. Trotz der langen, wohlgesetzten Rede des Hans, würden sie erkennen, dass die Sache unter Kindern spielt, und meine Erzählung kritisch, als Sachverständige, betrachten. Aber es ist besser, dass sie nicht erfahren, mit welcher Anstrengung und wie ungeschickt wir die Dinge erleben, die ihnen so ganz mühelos und einfach geschehen.

Ein Verein, aus einem dringenden Bedürfnis heraus

Ich erfahre erst, dass unser Ort auch eine Art Künstlerverein besitzt. Er ist kürzlich aus einem, wie man sich leicht vorstellen kann, sehr dringenden Bedürfnis entstanden, und es geht das Gerücht, dass er »blüht«. Wenn Vereine gar nicht wissen, was sie anfangen sollen, dann blühen sie; sie haben gehört, dass man dies tun muss, um ein richtiger Verein zu sein.

Ich muss nicht sagen, dass Herr Baum Ehrenmitglied, Gründer, Fahnenvater und alles übrige in einer Person ist und Mühe hat, die verschiedenen Würden auseinanderzuhalten. Er sandte mir einen jungen Mann, der mich einladen sollte, an den »Abenden« teilzunehmen. Ich dankte ihm, wie es sich von selbst versteht, sehr höflich und fügte hinzu, dass meine ganze Tätigkeit seit etwa fünf Jahren im Gegenteil bestehe. »Es vergeht, stellen Sie sich vor«, erklärte ich ihm mit dem entsprechenden Ernst, »seit dieser Zeit keine Minute, in welcher ich nicht aus irgendeinem Verbande austrete, und doch gibt es noch immer Gesellschaften, welche mich sozusagen enthalten.« Der junge Mann schaute erst erschreckt, dann mit dem Ausdruck respektvollen Bedauerns auf meine Füße. Er musste ihnen das »Austreten« ansehen, denn er nickte verständig mit dem Kopfe. Das gefiel mir gut, und da ich gerade fortgehen musste, schlug ich ihm vor, mich ein Stückchen zu begleiten. So gingen wir durch den Ort und darüber hinaus, dem Bahnhof zu, denn ich hatte in der Umgebung zu tun. Wir sprachen über mancherlei Dinge; ich erfuhr, dass der junge Mann Musiker sei. Er hatte es mir bescheiden mitgeteilt, ansehen konnte man es ihm nicht. Außer seinen zahlreichen Haaren zeichnete ihn eine große, gleichsam springende Bereitwilligkeit aus. Auf diesem nicht allzu langen Weg hob er mir zwei Handschuhe auf, hielt mir den Schirm, als ich etwas in meinen Taschen suchte, machte mich errötend darauf aufmerksam, dass mir etwas im Barte hinge, dass mir Ruß auf der Nase säße, und dabei wurden ihm die mageren Finger lang, als sehnten sie sich danach, sich meinem Gesichte auf diese Weise hilfreich zu nähern. In seinem Eifer blieb der junge Mensch sogar bisweilen zurück und holte mit sichtlichem Vergnügen die welken Blätter, die im Herabflattern hängen geblieben waren, aus den Ästen der Sträucher. Ich sah ein, dass ich durch diese beständigen Verzögerungen den Zug versäumen würde (der Bahnhof war noch ziemlich weit), und entschloss mich, meinem Begleiter eine Geschichte zu erzählen, um ihn ein wenig an meiner Seite zu halten.

Ich begann ohne weiteres: »Mir ist der Verlauf einer derartigen Gründung bekannt, welche auf wirklicher Notwendigkeit beruhte. Sie werden sehen. Es ist nicht sehr lange her, da fanden sich drei Maler durch Zufall in einer alten Stadt zusammen. Die drei Maler sprachen natürlich *nicht* von Kunst. Es schien wenigstens so. Sie verbrachten den Abend in der Hinterstube eines alten Gasthauses damit, sich Reiseabenteuer und Erlebnisse verschiedener Art mitzuteilen, ihre Geschichten wurden immer kürzer und wörtlicher, und endlich blieben noch ein paar Witze übrig, mit denen sie beständig hin und her warfen. Um jedem Missverständnis vorzubeugen, muss ich übrigens gleich sagen, dass es wirkliche Künstler waren, gewissermaßen von der Natur beabsichtigte, keine zufälligen. Dieser öde Abend in der Hinterstube kann nichts daran ändern; man wird ja auch gleich erfahren, wie er weiter verlief. Es traten andere Leute, profane, in dieses Gasthaus ein, die Maler fühlten sich gestört und brachen auf. Mit dem Augenblick, da sie aus dem Tor traten, waren sie andere Leute. Sie gingen in der Mitte der Gasse, einer vom anderen etwas getrennt. Auf ihren Gesichtern waren noch die Spuren des Lachens, diese merkwürdige Unordnung der Züge, aber die Augen waren bei allen schon ernst und betrachtend. Plötzlich stieß der in der Mitte den Rechten an. Der verstand ihn sofort. Da war vor ihnen eine Gasse, schmal, von feiner, warmer Dämmerung erfüllt. Sie stieg etwas an, so dass sie perspektivisch sehr zur Geltung kam, und hatte etwas ungemein Geheimnisvolles und doch wieder Vertrautes. Die drei Maler ließen das einen Augenblick auf sich wirken. Sie sprachen nichts, denn sie wussten: *sagen* kann man das nicht. Sie waren ja deshalb Maler geworden, weil es manches gibt, was man nicht sagen kann. Plötzlich erhob sich der Mond irgendwo, zeichnete den einen Giebel silbern nach, und es stieg ein Lied aus einem Hofe auf. ›Grobe Effekthascherei –‹, brummte der Mittlere, und sie gingen weiter. Sie schritten jetzt etwas näher nebeneinander hin, obwohl sie immer noch die ganze Breite der Gasse brauchten. So gerieten sie unversehens auf einen Platz. Jetzt war es der rechts, welcher die anderen aufmerksam machte. In dieser breiteren, freieren Szene hatte der Mond nichts Störendes, im Gegenteil, es war geradezu notwendig, dass er vorhanden war. Er ließ den Platz größer erscheinen, gab den Häusern ein überraschendes, lauschendes Leben, und die beleuchtete Fläche des Pflasters wurde mitten rücksichtslos von einem Brunnen und seinem schweren Schlagschatten unterbrochen, eine Kühnheit, welche den Malern ausnehmend imponierte. Sie stellten sich nahe zusammen und saugten sozusagen an den Brüsten dieser Stimmung. Aber sie wurden unangenehm unterbrochen. Eilige, leichte Schritte näherten sich, aus dem Dunkel des Brunnens löste sich eine männliche Gestalt, empfing jene Schritte, und was sonst zu ihnen gehörte, mit der üblichen Zärtlichkeit, und der schöne Platz war auf einmal eine erbärmliche Illustration geworden, von welcher sich die drei Maler wie *ein* Maler abwandten. ›Da ist schon wieder dieses verdammte novellistische Element‹, schrie der rechts, indem er das Liebespaar am Brunnen mit diesem korrekt technischen Ausdruck begriff. Vereint in ihrem Groll, wanderten die Maler noch lange planlos in der Stadt herum, immerfort Motive entdeckend, aber auch jedes Mal aufs neue empört durch die Art, mit welcher irgendein banaler Umstand die Stille und Einfachheit jedes Bildes zunichte machte. Gegen Mitternacht saßen sie im Gasthof, in der Wohnstube des Linken, des Jüngsten, beisammen und dachten nicht ans Schlafengehen. Die nächtliche Wanderung hatte eine Menge Pläne und Entwürfe in ihnen wachgerufen und, da sie zugleich bewiesen hatte, dass sie *eines* Geistes seien im Grunde, tauschten sie jetzt, im höchsten Maße interessiert, ihre gegenseitigen Ansichten aus. Man kann nicht behaupten, dass sie tadellose Sätze hervorbrachten, sie schlugen mit ein paar Worten herum, die kein profaner Mensch begriffen hätte, aber untereinander verständigten sie sich dadurch so gut, dass sämtliche Zimmernachbarn bis gegen vier Uhr morgens nicht einschlafen konnten. Das lange Beisammensitzen hatte aber einen wirklichen, sichtbaren Erfolg. Etwas wie ein Verein wurde gebildet; das heißt, er war eigentlich schon da, im Augenblick, als die Absichten und Ziele der drei Künstler sich so verwandt erwiesen, dass man sie nur schwer voneinander trennen konnte. Der erste gemeinsame Beschluss des ›Vereins‹ erfüllte sich sofort. Man zog drei Stunden weit ins Land und mietete gemeinsam einen Bauernhof. In der Stadt zu bleiben, hätte zunächst keinen Sinn gehabt. Erst wollte man sich draußen den ›Stil‹ erwerben, die gewisse persönliche Sicherheit, den Blick, die Hand und wie alle die Dinge heißen, ohne welche ein Maler zwar leben, aber nicht malen kann. – Zu allen diesen Tugenden sollte das Zusammenhalten helfen, der ›Verein‹ eben, – besonders aber das Ehrenmitglied dieses Vereins: die Natur. Unter ›Natur‹ stellen sich die Maler alles vor, was der liebe Gott selbst gemacht hat oder doch gemacht haben könnte, unter Umständen. Ein Zaun, ein Haus, ein Brunnen – alle diese Dinge sind ja meistens menschlichen Ursprungs. Aber wenn sie eine Zeit lang in der Landschaft stehen, so dass sie gewisse Eigenschaften von den Bäumen und Büschen und von ihrer anderen Umgebung angenommen haben, so gehen sie gleichsam in den Besitz Gottes über und damit auch in das Eigentum des

Malers. Denn Gott und der Künstler haben dasselbe Vermögen und dieselbe Armut, je nachdem. – Nun an der Natur, welche um den gemeinsamen Bauernhof sich erstreckte, glaubte Gott gewiss keinen besonderen Reichtum zu besitzen. Es dauerte indessen nicht lang, so belehrten ihn die Maler eines Besseren. Die Gegend war flach, das ließ sich nicht leugnen. Aber durch die *Tiefe* ihrer Schatten und die Höhe ihrer Lichter waren Abgründe und Gipfel vorhanden, zwischen denen eine Unzahl von Mitteltönen jenen Regionen weiter Wiesen und fruchtbarer Felder entsprach, die den materiellen Wert einer gebirgigen Gegend ausmachen. Es waren nur wenig Bäume vorhanden und fast alle von derselben Art, botanisch betrachtet. Durch die Gefühle indessen, welche sie ausdrückten, durch die Sehnsucht irgendeines Astes oder die sanfte Ehrfurcht des Stammes erschienen sie als eine große Anzahl individueller Wesen, und manche Weide war eine Persönlichkeit, die den Malern durch die Vielseitigkeit und Tiefe ihres Charakters Überraschung um Überraschung bereitete. Die Begeisterung war so groß, man fühlte sich so sehr eins in dieser Arbeit, dass es nichts bedeuten will, dass jeder der drei Maler nach Verlauf eines halben Jahres ein eigenes Haus bezog; das hatte gewiss rein räumliche Gründe. Aber etwas anderes wird man hier doch erwähnen müssen. Die Maler wollten irgendwie das einjährige Bestehen ihres Vereines, aus dem in so kurzer Zeit so viel Gutes gekommen war, feiern, und jeder entschloss sich zu diesem Zweck heimlich die Häuser der anderen zu malen. An dem bestimmten Tage kamen sie, jeder mit seinen Bildern, zusammen. Es traf sich, dass sie gerade von ihren jeweiligen Wohnungen, deren Lage, Zweckmäßigkeit usw. sich unterhielten. Sie ereiferten sich ziemlich stark, und es geschah, dass während des Gesprächs jeder seiner mitgebrachten Ölskizzen vergaß und spät nachts mit dem uneröffneten Paket zu Hause ankam. Wie das geschehen konnte, ist schwer begreiflich. Aber sie zeigten sich auch in der nächsten Zeit ihre Bilder nicht, und wenn der eine den andern besuchte (was infolge vieler Arbeit immer seltener geschah), fand er auf der Staffelei des Freundes Skizzen aus jener ersten Zeit, da sie noch gemeinsam denselben Bauernhof bewohnten. Aber einmal entdeckte der Rechte (er *wohnte* jetzt auch zur Rechten, kann also weiter so heißen) bei dem, welchen ich den Jüngsten genannt habe, eines jener genannten, nicht verratenen Jubiläumsbilder. Er betrachtete es eine Weile nachdenklich, trat damit ans Licht und lachte plötzlich: ›Schau, das hab ich gar nicht gewusst, nicht ohne Glück hast du da mein Haus aufgefasst. Eine wahrhaft geistreiche Karikatur. Mit diesen Übertreibungen in Form und Farbe, mit dieser kühnen Ausgestaltung meines allerdings etwas betonten Giebels, wirklich es liegt etwas darin.‹ Der Jüngste machte keines seiner vorteilhaftesten Gesichter, im Gegenteil; er ging zum Mittleren in seiner Bestürzung, um sich von ihm, dem Besonnensten, beruhigen zu lassen, denn er war nach Vorfällen solcher Art gleich kleinmütig und geneigt, an seiner Begabung zu zweifeln. Er traf den Mittleren nicht zu Haus und stöberte ein wenig im Atelier umher, wobei ihm gleich ein Bild in die Augen fiel, das ihn merkwürdig abstieß. Es war ein Haus, aber ein richtiger Narr musste darin wohnen. Diese Fassade! Das konnte nur irgendeiner gebaut haben, der von Architektur keine Idee hatte und der seine armseligen, malerischen Ideen anwandte auf ein Gebäude. Plötzlich stellte der Jüngste das Bild fort, als ob es ihm die Finger verbrannt hätte. An dem linken Rande desselben hatte er das Datum jenes ersten Jubiläums gelesen und daneben: ›Das Haus unseres Jüngsten.‹ Er wartete natürlich den Hausherrn nicht ab, sondern kehrte etwas verstimmt nach Hause zurück. Der Jüngste und der rechts waren seither vorsichtig geworden. Sie suchten sich entfernte Motive und dachten selbstverständlich nicht daran, für das Fest des zweijährigen Bestehens ihres so förderlichen Vereins etwas vorzubereiten. Um so eifriger arbeitete der ahnungslose Mittlere daran, ein Motiv, das der Wohnung des Rechten zunächst lag, zu malen. Etwas Unbestimmtes hielt ihn davon ab, dessen Haus selbst zum Vorwand seiner Arbeit zu wählen. – Als er dem Rechtswohnenden das fertige Bild überbrachte, verhielt sich dieser merkwürdig zurückhaltend, schaute es nur flüchtig an und bemerkte etwas Beiläufiges. Dann, nach einer Weile, sagte er: ›Ich habe übrigens gar nicht gewusst, dass du so weit verreist warst in der letzten Zeit?‹ ›Wieso, weit? Verreist?‹ Der Mittlere begriff nicht ein Wort. ›Nun – diese tüchtige Arbeit da,‹ erwiderte der andere, ›offenbar doch irgend ein holländisches Motiv –‹ Der besonnene Mittlere lachte laut auf. ›Köstlich, dieses holländische Motiv befindet sich vor deiner Tür.‹ Und er wollte sich gar nicht beruhigen. Aber der Vereinsgenosse lachte nicht, gar nicht. Er quälte sich ein Lächeln ab und meinte: ›Ein guter Witz.‹ ›Aber ganz und gar nicht, mach mal die Tür auf, ich will dir gleich zeigen –‹ und der Mittlere ging selbst auf die Türe zu. ›Halt‹, befahl der Hausherr, ›und ich erkläre dir somit, dass ich diese Gegend nie gesehen habe und auch *nie sehen werde,* weil sie für mein Auge überhaupt nicht existenzfähig ist.‹ ›Aber‹, machte der mittlere Maler erstaunt. ›Du bleibst dabei?‹ fuhr der Rechte gereizt fort, ›gut, ich reise heute noch ab. Du zwingst mich fortzugehen, denn ich wünsche nicht in dieser Gegend zu leben. Verstanden?‹ – Damit war die Freundschaft zu Ende, aber nicht der Verein; denn er ist bis heute nicht statutengemäß aufgelöst worden. Niemand hat daran gedacht, und man kann von ihm mit vollstem Rechte sagen, dass er sich über die ganze Erde verbreitet hat.«

»Man sieht«, unterbrach mich der bereitwillige junge Mann, der schon beständig die Lippen spitzte, »wieder einer jener kolossalen Erfolge des Vereinslebens; gewiss sind viele hervorragende Meister aus dieser innigen Verbindung hervorgegangen –«. »Erlauben Sie«, bat ich, und er stäubte mir unversehens den Ärmel ab, »das war eigentlich erst die Einleitung zu meiner Geschichte, obwohl sie komplizierter ist, als die Geschichte selbst. Also, ich sagte, dass der Verein sich über die ganze Erde verbreitet hatte, und dieses ist Tatsache. Seine drei Mitglieder flohen in wahrem Entsetzen voneinander. Nirgends war ihnen Ruhe gewährt. Immer fürchtete jeder, der andere könnte noch ein Stück seines Landes erkennen und durch seine ruchlose Darstellung entweihen, und als sie schon an drei entgegengesetzten Punkten der irdischen Peripherie angelangt waren, kam jedem der trostlose Einfall, dass sein Himmel, der Himmel, den er mühsam durch seine wachsende Eigenart erworben hatte, den anderen noch erreichbar sei. In diesem erschütternden Augenblick begannen sie, alle drei zugleich, mit ihren Staffeleien nach rückwärts zu gehen, und noch fünf Schritte und sie wären vom Rande der Erde in die Unendlichkeit gefallen und müssten jetzt in rasender Geschwindigkeit die doppelte Bewegung um diese und um die Sonne vollführen. Aber Gottes Teilnahme und Aufmerksamkeit verhütete dieses grausame Schicksal. Gott erkannte die Gefahr und trat im letzten Moment (was hätte er auch sonst tun sollen?) heraus, in die Mitte des Himmels. Die drei Maler erschraken. Sie stellten die Staffelei fest und setzten die Palette auf. Diese Gelegenheit durften sie sich nicht entgehen lassen. Der liebe Gott erscheint nicht alle Tage und auch nicht jedem. Und jeder der Maler meinte natürlich, Gott stünde *nur* vor *ihm.* Im übrigen vertieften sie sich immer mehr in die interessante Arbeit. Und jedes Mal, wenn Gott wieder zurück in den Himmel will, bittet der heilige Lukas ihn, noch eine Weile draußen zu bleiben, bis die drei Maler mit ihren Bildern fertig sind.«

»Und die Herren haben diese Bilder ohne Zweifel schon ausgestellt, vielleicht gar verkauft?« fragte der Musiker in den sanftesten Tönen. »Wo denken Sie hin«, wehrte ich ab. »Sie malen immer noch an Gott und werden ihn wohl bis an ihr eigenes Ende malen. Sollten sie aber (was ich für ausgeschlossen halte) noch einmal im Leben zusammenkommen und sich die Bilder, die sie von Gott inzwischen gemalt haben, zeigen, wer weiß: vielleicht würden diese Bilder sich kaum voneinander unterscheiden.«

Da war auch schon der Bahnhof. Ich hatte noch fünf Minuten Zeit. Ich dankte dem jungen Mann für seine Begleitung und wünschte ihm alles Glück für den jungen Verein, den er so ausgezeichnet vertrat. Er tippte mit dem rechten Zeigefinger den Staub auf, der die Fensterbretter des kleinen Wartesaals zu bedrücken schien und war sehr in Gedanken. Ich muss gestehen, ich schmeichelte mir schon, meine kleine Geschichte hätte ihn so nachdenklich gestimmt. Als er mir zum Abschied einen roten Faden aus dem Handschuh zog, riet ich ihm aus Dankbarkeit: »Sie können zurück ja über die Felder gehen, dieser Weg ist bedeutend näher als die Straße.« »Verzeihen Sie«, verneigte sich der bereitwillige junge Mann, »ich werde doch wieder die Straße nehmen. Ich suche mich eben zu besinnen, wo das war. Während Sie die Güte hatten, mir einiges wirklich Bedeutende zu erzählen, glaubte ich eine Vogelscheuche im Acker zu bemerken, in einem alten Rock, und der eine, – mir scheint der linke Ärmel, war hängen geblieben an einem Pfahl, so dass er durchaus nicht wehte. Ich fühle nun gewissermaßen die Verpflichtung, meinen kleinen Tribut an den gemeinsamen Interessen der Menschheit, die mir auch als eine Art Verein erscheint, in welchem jeder etwas zu leisten hat, dadurch zu entrichten, dass ich diesen linken Ärmel seinem eigentlichen Sinne, nämlich: zu wehen, zurückgebe ...« Der junge Mann entfernte sich mit dem liebenswürdigsten Lächeln. Ich aber hätte beinah meinen Zug versäumt.

Bruchstücke dieser Geschichte wurden von dem jungen Manne an einem »Abende« des Vereines gesungen. Weiß Gott, wer ihm die Musik dazu erfunden hat. Herr Baum, der Fahnenvater, hat sie den Kindern mitgebracht, und die Kinder haben sich einige Melodien daraus gemerkt.

Der Bettler und das stolze Fräulein

Es traf sich, dass wir – der Herr Lehrer und ich – Zeugen wurden folgender kleinen Begebenheit. Bei uns, am Waldrand, steht bisweilen ein alter Bettler.

Auch heute war er wieder da, ärmer, elender als je, durch ein mitleidiges Mimikry fast ununterscheidbar von den Latten des morschen Bretterzauns, an denen er lehnte. Aber da begab es sich, dass ein ganz kleines Mädchen auf ihn zugelaufen kam, um ihm eine kleine Münze zu schenken. Das war weiter nicht verwunderlich, überraschend war nur, wie sie das tat. Sie machte einen schönen braven Knicks, reichte dem Alten rasch, als ob es niemand merken sollte, ihre Gabe, knickste wieder, und war schon davon. Diese beiden Knickse aber waren mindestens eines Kaisers wert. Das ärgerte den Herrn Lehrer ganz besonders. Er wollte rasch auf den Bettler zugehen, wahrscheinlich, um ihn von seiner Zaunlatte zu verjagen; denn wie man weiß, war er im Vorstand des Armenvereins und gegen den Straßenbettel eingenommen. Ich hielt ihn zurück. »Die Leute werden von uns unterstützt, ja man kann wohl sagen, versorgt«, eiferte er. »Wenn sie auf der Straße auch noch betteln, so ist das einfach – Übermut.« »Verehrter Herr Lehrer –«, suchte ich ihn zu beruhigen, aber er zog mich immer noch nach dem Waldrand hin. »Verehrter Herr Lehrer –«, bat ich, »ich muss Ihnen eine Geschichte erzählen.« »So dringend?« fragte er giftig. Ich nahm es ernst: »Ja eben jetzt. Ehe Sie vergessen, was wir da gerade zufällig beobachtet haben.« Der Lehrer misstraute mir seit meiner letzten Geschichte. Ich las das von seinem Gesichte und begütigte: »Nicht vom lieben Gott, wirklich nicht. Der liebe Gott kommt in meiner Geschichte nicht vor. Es ist etwas Historisches.« Damit hatte ich gewonnen. Man muss nur das Wort »Historie« sagen, und schon gehen jedem Lehrer die Ohren auf; denn die Historie ist etwas durchaus Achtbares, Unverfängliches und oft pädagogisch Verwendbares. Ich sah, dass der Herr Lehrer wieder seine Brille putzte, ein Zeichen, dass seine Sehkraft sich in die Ohren geschlagen hatte, und diesen günstigen Moment wusste ich geschickt zu benutzen. Ich begann:

»Es war in Florenz. Lorenzo de' Medici, jung, noch nicht Herrscher, hatte gerade sein Gedicht ›Trionfo di Bacco ed Arianna‹ ersonnen, und schon wurden alle Gärten davon laut. Damals gab es lebende Lieder. Aus dem Dunkel des Dichters stiegen sie in die Stimmen und trieben auf ihnen, wie auf silbernen Kähnen, furchtlos, ins Unbekannte. Der Dichter begann ein Lied, und alle, die es sangen, vollendeten es. Im ›Trionfo‹ wird, wie in den meisten Liedern jener Zeit, das Leben gefeiert, diese Geige mit den lichten, singenden Saiten und ihrem dunklen Hintergrund: dem Rauschen des Blutes. Die ungleichlangen Strophen steigen in eine taumelnde Lustigkeit hinauf, aber dort, wo diese atemlos wird, setzt jedes Mal ein kurzer, einfacher Kehrreim an, der sich von der schwindelnden Höhe niederneigt und, vor dem Abgrund bang, die Augen zu schließen scheint. Er lautet:

Wie schön ist die Jugend, die uns erfreut,
Doch wer will sie halten? Sie flieht und bereut,
Und wenn einer fröhlich sein will, der sei's heut,
Und für morgen ist keine Gewissheit.

Ist es wunderlich, dass über die Menschen, welche dieses Gedicht sangen, eine Hast hereinbrach, ein Bestreben alle Festlichkeit auf dieses Heute zu türmen, auf den einzigen Fels, auf dem zu bauen sich verlohnt? Und so kann man sich das Gedränge der Gestalten auf den Bildern der Florentiner Maler erklären, die sich bemühten, alle ihre Fürsten und Frauen und Freunde in *einem* Gemälde zu vereinen, denn man malte langsam, und wer konnte wissen, ob zur Zeit des nächsten Bildes alle noch so jung und bunt und einig sein würden. Am deutlichsten sprach dieser Geist der Ungeduld sich begreiflichermaßen bei den Jünglingen aus. Die glänzendsten von ihnen saßen nach einem Gastmahle auf der Terrasse des Palazzo Strozzi beisammen und plauderten von den Spielen, die demnächst vor der Kirche Santa Croce stattfinden sollten. Etwas abseits in einer Loggia stand Palla degli Albizzi mit seinem Freunde Tomaso, dem Maler. Sie schienen etwas in wachsender Erregung zu verhandeln, bis Tomaso plötzlich rief: ›Das tust du nicht, ich wette, das tust du nicht!‹ Nun wurden die anderen aufmerksam. ›Was habt ihr?‹ erkundigte sich Gaetano Strozzi und kam mit einigen Freunden näher. Tomaso erklärte: ›Palla will auf dem Feste vor Beatrice Altichieri, dieser Hochmütigen, niederknien und sie bitten, sie möchte ihm gestatten, den staubigen Saum ihres Kleides zu küssen.‹ Alle lachten, und Lionardo, aus dem Hause Ricardi, bemerkte: ›Palla wird sich das überlegen; er weiß wohl, dass die schönsten Frauen ein Lächeln für ihn haben, das man sonst niemals bei ihnen sieht.‹ Und ein anderer fügte hinzu: ›Und Beatrice ist noch so jung. Ihre Lippen sind noch zu kinderhaft hart, um zu lächeln. Darum scheint sie so stolz.‹ ›Nein‹, erwiderte Palla degli Albizzi mit übermäßiger Heftigkeit, ›sie *ist* stolz, daran ist nicht ihre Jugend schuld. Sie ist stolz wie ein Stein in den Händen Michelangelos, stolz wie eine Blume an einem Madonnenbild, stolz wie ein Sonnenstrahl der über Diamanten geht –‹ Gaetano Strozzi unterbrach ihn etwas streng: ›Und du, Palla, bist nicht auch du stolz? Was du da sagst, das kommt mir vor, als wolltest du dich unter die Bettler stellen, die um die Vesper im Hofe der Sma Annunziata warten, bis Beatrice Altichieri ihnen mit abgewendetem Gesicht einen Soldo schenkt.‹ ›Ich will auch *dieses* tun!‹ rief Palla mit glänzenden Augen, drängte sich durch die Freunde nach der Treppe durch und verschwand. Tomaso wollte ihm nach. ›Lass‹, hielt Strozzi ihn ab, ›er muss jetzt allein sein, da wird er am ehesten vernünftig werden.‹ Dann zerstreuten sich die jungen Leute in die Gärten.

Im Vorhofe der Santissima Annunziata warteten auch an diesem Abend etwa zwanzig Bettler und Bettlerinnen auf die Vesper. Beatrice, welche sie alle dem Namen nach kannte, und bisweilen auch in ihre armen Häuser an der Porta San Niccolò zu den Kindern und zu den Kranken kam, pflegte jeden von ihnen im Vorübergehen mit einem kleinen Silberstück zu beschenken. Heute schien sie sich etwas zu verspäten; die Glocken hatten schon gerufen, und nur Fäden ihres Klanges hingen noch an den Türmen über der Dämmerung. Es entstand eine Unruhe unter den Armen, auch weil ein neuer unbekannter Bettler sich in das Dunkel des Kirchentors geschlichen hatte, und eben wollten sie sich seiner erwehren in ihrem Neid, als ein junges Mädchen in schwarzem, fast nonnenhaftem Kleide im Vorhofe erschien und, durch ihre Güte gehemmt, von einem zum anderen ging, wahrend eine der begleitenden Frauen den Beutel offen hielt, aus welchem sie ihre kleinen Gaben holte. Die Bettler stürzten in die Knie, schluchzten und suchten ihre welken Finger eine Sekunde lang an die Schleppe des schlichten Kleides ihrer Wohltäterin zu legen, oder sie küssten auch den letzten Saum mit ihren nassen, stammelnden Lippen. Die Reihe war zu Ende; es hatte auch keiner von den Beatrice wohlbekannten Armen gefehlt. Aber da gewahrte sie unter dem Schatten des Tores noch eine fremde Gestalt in Lumpen und erschrak. Sie geriet in Verwirrung. Alle ihre Armen hatte sie schon als Kind gekannt, und sie zu beschenken, war ihr etwas Selbstverständliches geworden, eine Handlung wie etwa die, dass man die Finger in die Marmorschalen voll heiligen Wassers hält, die an den Türen jeder Kirche stehen. Aber es war ihr nie eingefallen, dass es auch *fremde* Bettler geben könnte; wie sollte man das Recht haben, auch diese zu beschenken, da man sich das Vertrauen ihrer Armut nicht verdient hatte durch irgendein Wissen darum? Wäre es nicht eine unerhörte Überhebung gewesen, einem Unbekannten ein Almosen zu reichen? Und im Widerstreit dieser dunkeln Gefühle ging das Mädchen, als ob es ihn nicht bemerkt hätte, an dem neuen Bettler vorbei und trat rasch in die kühle, hohe Kirche ein. Aber als drinnen die Andacht begann, konnte sie sich keines Gebetes erinnern. Eine Angst überkam sie, dass der arme Mann nach der Vesper nicht mehr am Tore zu finden sein würde und dass sie nichts getan hatte, seine Not zu lindern, während die Nacht so nahe war, darin alle Armut hilfloser und trauriger ist als am Tag. Sie machte derjenigen von ihren Frauen, die den Beutel trug, ein Zeichen und zog sich mit ihr nach dem Eingang zurück. Dort war es indessen leer geworden; aber der Fremde stand immer noch, an eine Säule gelehnt, da und schien dem Gesang zu lauschen, der seltsam fern, wie aus Himmeln, aus der Kirche kam. Sein Gesicht war fast ganz verhüllt, wie es manchmal bei Aussätzigen der Fall ist, die ihre hässlichen Wunden erst entblößen, wenn man nahe vor ihnen steht und sie sicher sind, dass Mitleid und Ekel in gleichem Maße zu ihren Gunsten reden. Beatrice zögerte. Sie hatte den kleinen Beutel selbst in Händen und fühlte nur wenige geringe Münzen darin. Aber mit einem raschen Entschluss trat sie auf den Bettler zu und sagte mit unsicherer, etwas singender Stimme und ohne die flüchtenden Blicke von den eigenen Händen zu heben: ›Nicht um Euch zu kränken, Herr ... mir ist, erkenn ich Euch recht, ich bin in Eurer Schuld. Euer Vater, ich glaube, hat in unserem Haus das reiche Geländer gemacht, aus getriebenem Eisen, wisst Ihr, welches die Treppe uns ziert. Später einmal – fand sich in der Kammer, – darin er manchmal bei uns zu arbeiten pflegte, – ein Beutel – – ich denke – er hat ihn verloren – gewiss –.‹ Aber die hilflose Lüge ihrer Lippen drückte das Mädchen vor dem Fremden in die Knie. Sie zwang den Beutel aus Brokat in seine vom Mantel verhüllten Hände und stammelte: ›Verzeiht –.‹

Sie fühlte noch, dass der Bettler zitterte. Dann flüchtete Beatrice mit der erschrockenen Begleiterin zurück in die Kirche. Aus dem eine Weile geöffneten Tor brach ein kurzer Jubel von Stimmen. – Die Geschichte ist zu Ende. Messer Palla degli Albizzi blieb in seinen Lumpen. Er verschenkte seine ganze Habe und ging barfuß und arm ins Land. Später soll er in der Nähe von Subiaco gewohnt haben.«

»Zeiten, Zeiten«, sagte der Herr Lehrer. »Was hilft das alles; er war auf dem Wege ein Wüstling zu werden und wurde durch diese Begebenheit ein Landstreicher, ein Sonderling. Heute weiß gewiss kein Mensch mehr von ihm.« »Doch«, – erwiderte ich bescheiden, – »sein Name wird bisweilen bei den großen Litaneien in den katholischen Kirchen unter den Fürbittern genannt; denn er ist ein Heiliger geworden.«

Die Kinder haben auch diese Geschichte vernommen, und sie behaupten, zum Ärger des Herrn Lehrer, auch in *ihr* käme der liebe Gott vor. Ich bin auch ein wenig erstaunt darüber; denn ich habe dem Herrn Lehrer doch versprochen, ihm eine Geschichte ohne den lieben Gott zu erzählen. Aber, freilich: die Kinder müssen es wissen!

Ich wollte den Mantel umnehmen und zu meinem Freunde Ewald gehen. Aber ich hatte mich über einem Buche versäumt, einem *alten* Buche übrigens, und es war Abend geworden, wie es in Russland Frühling wird. Noch vor einem Augenblick war die Stube bis in die fernsten Ecken klar, und nun taten alle Dinge, als ob sie nie etwas anderes gekannt hätten als Dämmerung; überall gingen große dunkle Blumen auf, und wie auf Libellenflügeln glitt Glanz um ihre samtenen Kelche.

Der Lahme war gewiss nicht mehr am Fenster. Ich blieb also zu Haus. Was hatte ich ihm doch erzählen wollen? Ich wusste es nicht mehr. Aber eine Weile später fühlte ich, dass jemand diese verlorene Geschichte von mir verlangte, irgend ein einsamer Mensch vielleicht, der fern am Fenster seiner finstern Stube stand, oder vielleicht dieses Dunkel selbst, das mich und ihn und die Dinge umgab. So geschah es, dass ich dem Dunkel erzählte. Und es neigte sich immer näher zu mir, so dass ich immer leiser sprechen konnte, ganz, wie es zu meiner Geschichte passt. Sie handelt übrigens in der Gegenwart und beginnt:

»Nach langer Abwesenheit kehrte Doktor Georg Laßmann in seine enge Heimat zurück. Er hatte nie viel dort besessen, und jetzt lebten ihm nurmehr zwei Schwestern in der Vaterstadt, beide verheiratet, wie es schien, gut verheiratet; diese nach zwölf Jahren wiederzusehen, war der Grund seines Besuchs. So glaubte er selbst. Aber nachts, während er im überfüllten Zuge nicht schlafen konnte, wurde ihm klar, dass er eigentlich um seiner Kindheit willen kam und hoffte, in den alten Gassen irgend etwas wieder zu finden: ein Tor, einen Turm, einen Brunnen, irgend einen Anlass zu einer Freude oder zu einer Traurigkeit, an welcher er sich wieder erkennen konnte. Man verliert sich ja so im Leben. Und da fiel ihm Verschiedenes ein: Die kleine Wohnung in der Heinrichsgasse mit den glänzenden Türklinken und den dunkelgestrichenen Dielen, die geschonten Möbel und seine Eltern, diese beiden abgenützten Menschen, fast ehrfürchtig neben ihnen; die schnellen gehetzten Wochentage und die Sonntage, die wie ausgeräumte Säle waren, die seltenen Besuche, die man lachend und in Verlegenheit empfing, das verstimmte Klavier, der alte Kanarienvogel, der ererbte Lehnstuhl, auf dem man nicht sitzen durfte, ein Namenstag, ein Onkel, der aus Hamburg kommt, ein Puppentheater, ein Leierkasten, eine Kindergesellschaft und jemand ruft: ›Klara‹. Der Doktor wäre fast eingeschlafen. Man steht in einer Station, Lichter laufen vorüber, und der Hammer geht horchend durch die klingenden Räder. Und das ist wie: Klara, Klara. Klara, überlegt der Doktor, jetzt ganz wach, wer war das doch? Und gleich darauf fühlt er ein Gesicht, ein Kindergesicht mit blondem, glattem Haar. Nicht dass er es schildern könnte, aber er hat die Empfindung von etwas Stillem, Hilflosem, Ergebenem, von ein paar schmalen Kinderschultern, durch ein verwaschenes Kleidchen noch mehr zusammengepresst, und er dichtet dazu ein Gesicht – aber da weiß er auch schon, er muss es nicht dichten. Es ist da – oder vielmehr es *war* da – damals. So erinnert sich Doktor Laßmann an seine einzige Gespielin Klara, nicht ohne Mühe. Bis zur Zeit, da er in eine Erziehungsanstalt kam, etwa zehn Jahre alt, hat er alles mit ihr geteilt, was ihm begegnete, das Wenige (oder das Viele?). Klara hatte keine Geschwister, und er hatte so gut wie keine; denn seine älteren Schwestern kümmerten sich nicht um ihn. Aber seither hat er niemanden je nach ihr gefragt. Wie war das doch möglich? Er lehnte sich zurück. Sie war ein frommes Kind, erinnerte er sich noch, und dann fragte er sich: Was mag aus ihr geworden sein? Eine Zeitlang ängstigte ihn der Gedanke, sie könnte gestorben sein. Eine unermessliche Bangigkeit überfiel ihn in dem engen gedrängten Coupé; alles schien diese Annahme zu bestätigen: sie war ein kränkliches Kind, sie hatte es zu Hause nicht besonders gut, sie weinte oft, unzweifelhaft: sie ist tot. Der Doktor ertrug es nicht länger; er störte einzelne Schlafende und schob sich zwischen ihnen durch in den Gang des

Waggons. Dort öffnete er ein Fenster und schaute hinaus in das Schwarz mit den tanzenden Funken. Das beruhigte ihn. Und als er später in das Coupé zurückkehrte, schlief er trotz der unbequemen Lage bald ein.

Das Wiedersehen mit den beiden verheirateten Schwestern verlief nicht ohne Verlegenheiten. Die drei Menschen hatten vergessen, wie weit sie einander, trotz ihrer engen Verwandtschaft, doch immer geblieben waren, und versuchten eine Weile, sich wie Geschwister zu benehmen. Indessen kamen sie bald stillschweigend überein, zu dem höflichen Mittelton ihre Zuflucht zu nehmen, den der gesellschaftliche Verkehr für alle Fälle geschaffen hat.

Es war bei der jüngeren Schwester, deren Mann in besonders günstigen Verhältnissen war, Fabrikant mit dem Titel Kaiserlicher Rat, und es war nach dem vierten Gange des Diners, als der Doktor fragte: ›Sag mal, Sophie, was ist denn aus Klara geworden?‹ ›Welcher Klara?‹ ›Ich kann mich ihres Familiennamens nicht erinnern. Der Kleinen, weißt du, der Nachbarstochter, mit der ich als Kind gespielt habe?‹ ›Ach, Klara Söllner meinst du?‹ ›Söllner, richtig, Söllner. Jetzt fällt mir erst ein: Der alte Söllner, das war ja dieser grässliche Alte – – aber was ist mit Klara?‹ Die Schwester zögerte: ›Sie hat geheiratet – Übrigens lebt sie jetzt ganz zurückgezogen.‹ ›Ja‹, machte der Herr Rat, und sein Messer glitt kreischend über den Teller, ›ganz zurückgezogen.‹ ›Du kennst sie auch?‹ wandte sich der Doktor an seinen Schwager. ›Ja-a-a – so flüchtig; sie ist ja hier ziemlich bekannt.‹ Die beiden Gatten wechselten einen Blick des Einverständnisses. Der Doktor merkte, dass es ihnen aus irgendeinem Grunde unangenehm war, über diese Angelegenheit zu reden, und fragte nicht weiter.

Umso mehr Lust zu diesem Thema bewies der Herr Rat, als die Hausfrau die Herren beim schwarzen Kaffee zurückgelassen hatte. ›Diese Klara‹, fragte er mit listigem Lächeln und betrachtete die Asche, die von seiner Zigarre in den silbernen Becher fiel. ›Sie soll doch ein stilles und überdies hässliches Kind gewesen sein?‹ Der Doktor schwieg. Der Herr Rat rückte vertraulich näher: ›Das war eine Geschichte! – Hast du nie davon gehört?‹ ›Aber ich habe ja mit niemandem gesprochen.‹ ›Was, gesprochen‹, lächelte der Rat fein, ›man hat es ja in den Zeitungen lesen können.‹ ›Was?‹ fragte der Doktor nervös.

›Also, sie ist ihm durchgegangen‹ – hinter einer Wolke Rauches her schickte der Fabrikant diesen überraschenden Satz und wartete in unendlichem Behagen die Wirkung desselben ab. Aber diese schien ihm nicht zu gefallen. Er nahm eine geschäftliche Miene an, setzte sich gerade und begann in anderem berichtenden Ton, gleichsam gekränkt. ›Hm. Man hatte sie verheiratet an den Baurat Lehr. Du wirst ihn nicht mehr gekannt haben. Kein alter Mann, in meinem Alter. Reich, durchaus anständig, weißt du, durchaus anständig. Sie hatte keinen Groschen und war obendrein nicht schön, ohne Erziehung usw. Aber der Baurat wünschte ja auch keine große Dame, eine bescheidene Hausfrau. Aber die Klara – sie wurde überall in der Gesellschaft aufgenommen, man brachte ihr allgemein Wohlwollen entgegen, – wirklich – man benahm sich – also sie hätte sich eine Position schaffen können mit Leichtigkeit, weißt du – aber die Klara, eines Tages – kaum zwei Jahre nach der Hochzeit: fort ist sie. Kannst du dir denken: fort. Wohin? Nach Italien. Eine kleine Vergnügungsreise, natürlich nicht allein. Wir haben sie schon im ganzen letzten Jahr nicht eingeladen gehabt, – als ob wir geahnt hätten! Der Baurat, mein guter Freund, ein Ehrenmann, ein Mann –‹

›Und Klara?‹ unterbrach ihn der Doktor und erhob sich. ›Ach so – ja, na die Strafe des Himmels hat sie erreicht. Also der Betreffende – man sagt ein Künstler, weißt du – ein leichter Vogel, natürlich nur so – Also wie sie aus Italien zurück waren, in München: adieu und ward nicht mehr gesehen. Jetzt sitzt sie mit ihrem Kind!‹

Doktor Laßmann ging erregt auf und nieder: ›In München?‹ ›Ja, in München‹, antwortete der Rat und erhob sich gleichfalls. ›Es soll ihr übrigens recht elend gehen –‹ ›Was heißt elend? –‹ ›Nun,‹ der Rat betrachtete seine Zigarre, ›pekuniär und dann überhaupt – Gott – so eine Existenz – – –‹ Plötzlich legte er seine gepflegte Hand dem Schwager auf die Schulter, seine Stimme gluckste vor Vergnügen: ›weißt du, übrigens erzählte man sich, sie lebe von –‹ Der Doktor drehte sich kurz um und ging aus der Tür. Der Herr Rat, dem die Hand von der Schulter des Schwagers gefallen war, brauchte zehn Minuten, um sich von seinem Staunen zu erholen. Dann ging er zu seiner Frau hinein und sagte ärgerlich: ›Ich hab es immer gesagt, dein Bruder ist ein Sonderling.‹ Und diese, die eben eingenickt war, gähnte träge: ›Ach Gott ja.‹

Vierzehn Tage später reiste der Doktor ab. Er wusste mit einemmal, dass er seine Kindheit anderswo suchen müsse. In München fand er im Adressbuch: Klara Söllner, Schwabing, Straße und Nummer. Er meldete sich an und fuhr hinaus. Eine schlanke Frau begrüßte ihn in einer Stube voll Licht und Güte.

›Georg, und Sie erinnern sich meiner?‹

Der Doktor staunte. Endlich sagte er: ›Also das sind *Sie,* Klara.‹ Sie hielt ihr stilles Gesicht mit der reinen Stirn ganz ruhig, als wollte sie ihm Zeit geben, sie zu erkennen. Das dauerte lange. Schließlich schien der Doktor etwas gefunden zu haben, was ihm bewies, dass seine alte Spielgefährtin wirklich vor ihm stünde. Er suchte noch einmal ihre Hand und drückte sie; dann ließ er sie langsam los und schaute in der Stube umher. Diese schien nichts Überflüssiges zu enthalten. Am Fenster ein Schreibtisch mit Schriften und Büchern, an welchem Klara eben musste gesessen haben. Der Stuhl war noch zurückgeschoben. ›Sie haben geschrieben?‹ … und der Doktor fühlte, wie dumm diese Frage war. Aber Klara antwortete unbefangen: ›Ja, ich übersetze.‹ ›Für den Druck?‹ ›Ja‹, sagte Klara einfach, ›für einen Verlag.‹ Georg bemerkte an den Wänden einige italienische Photographien. Darunter das ›Konzert‹ des Giorgione. ›Sie lieben das?‹ Er trat nahe an das Bild heran. ›Und Sie?‹ ›Ich habe das Original nie gesehen; es ist in Florenz, nicht wahr?‹ ›Im Pitti. Sie müssen hinreisen.‹ ›Zu diesem Zweck?‹ ›Zu diesem Zweck.‹ Eine freie und einfache Heiterkeit war über ihr. Der Doktor sah nachdenklich aus.

›Was haben Sie, Georg. Wollen Sie sich nicht setzen?‹ ›Ich bin traurig‹, zögerte er. ›Ich habe gedacht – aber Sie sind ja gar nicht elend –‹ fuhr es plötzlich heraus. Klara lächelte: ›Sie haben meine Geschichte gehört?‹ ›Ja, das heißt –‹ ›Oh,‹ unterbrach ihn Klara schnell, als sie merkte, dass seine Stirn sich verdunkelte, ›es ist nicht die Schuld der Menschen, dass sie *anders* davon reden. Die Dinge, die wir erleben, lassen sich oft nicht ausdrücken, und wer sie dennoch erzählt, muss notwendig Fehler begehen –‹ Pause. Und der Doktor: ›Was hat Sie so gütig gemacht?‹ ›Alles‹, sagte sie leise und warm. ›Aber warum sagen Sie: gütig?‹ ›Weil – weil Sie eigentlich hätten hart werden müssen. Sie waren ein so schwaches, hilfloses Kind; solche Kinder werden später entweder hart oder –‹ ›Oder sie sterben – wollen Sie sagen. Nun, ich bin auch gestorben. Oh, ich bin viele Jahre gestorben. Seit ich Sie zum letzten Mal gesehen habe, zu Haus, bis –‹ Sie langte etwas vom Tische her: ›Sehen Sie, das ist sein Bild. Es ist etwas geschmeichelt. Sein Gesicht ist nicht so klar, aber – lieber, einfacher. Ich werde Ihnen dann gleich unser Kind zeigen, es schläft jetzt nebenan. Es ist ein Bub. Heißt Angelo, wie er. Er ist jetzt fort, auf Reisen, weit.‹

›Und Sie sind ganz allein?‹ fragte der Doktor zerstreut, immer noch über dem Bilde.

Ja, ich und das Kind. Ist das nicht genug? Ich will Ihnen erzählen, wie das kommt. Angelo ist Maler. Sein Name ist wenig bekannt, Sie werden ihn nie gehört haben. Bis in die letzte Zeit hat er gerungen mit der Welt, mit seinen Plänen, mit sich und mit mir. Ja, auch mit mir; denn ich bat ihn seit einem Jahr: du musst reisen. Ich fühlte, wie sehr ihm das not tat. Einmal sagte er scherzend: ›Mich oder ein Kind?‹ ›Ein Kind‹, sagte ich, und dann reiste er. ›Und wann wird er zurückkehren?‹ ›Bis das Kind seinen Namen sagen kann, so ist es abgemacht.‹ Der Doktor wollte etwas bemerken. Aber Klara lachte: ›Und da es ein schwerer Name ist, wird es noch eine Weile dauern. Angelino wird im Sommer erst zwei Jahre.‹ ›Seltsam‹, sagte der Doktor. ›Was, Georg?‹ ›Wie gut Sie das Leben verstehen. Wie groß Sie geworden sind, wie jung. Wo haben Sie Ihre Kindheit hingetan? – wir waren doch beide so – so hilflose Kinder. Das lässt sich doch nicht ändern oder ungeschehen machen.‹ ›Sie meinen also, wir hätten an unserer Kindheit *leiden* müssen, von Rechtswegen?‹ ›Ja, gerade das meine ich. An diesem schweren Dunkel hinter uns, zu dem wir so schwache, so ungewisse Beziehungen behalten.

Da ist eine Zeit: wir haben unsere Erstlinge hineingelegt, allen Anfang, alles Vertrauen, die Keime zu alledem, was vielleicht einmal werden sollte. Und plötzlich wissen wir: Alles das ist versunken in einem Meer, und wir wissen nicht einmal genau wann. Wir haben es gar nicht bemerkt. Als ob jemand sein ganzes Geld zusammensuchte, sich dafür eine Feder kaufte und sie auf den Hut steckte, hui: der nächste Wind wird sie mitnehmen. Natürlich kommt er zu Hause ohne Feder an, und ihm bleibt nichts übrig, als nachzudenken, wann sie wohl könnte davongeflogen sein.‹

›Sie denken daran, Georg?‹

›Schon nicht mehr. Ich habe es aufgegeben. Ich beginne irgendwo hinter meinem zehnten Jahr, dort, wo ich aufgehört habe zu beten. Das andere gehört nicht mir.‹

›Und wie kommt es dann, dass Sie sich an *mich* erinnert haben?‹ ›Darum komme ich ja zu Ihnen. Sie sind der einzige Zeuge jener Zeit. Ich glaubte, ich könnte in Ihnen wiederfinden, – was ich in mir *nicht* finden kann. Irgendeine Bewegung, ein Wort, einen Namen, an dem etwas hängt – eine Aufklärung –‹ Der Doktor senkte den Kopf in seine kalten, unruhigen Hände.

Frau Klara dachte nach: ›Ich erinnere mich an so weniges aus meiner Kindheit, als wären tausend Leben dazwischen. Aber jetzt, wie Sie mich so daran mahnen, fällt mir etwas ein. Ein Abend. Sie kamen zu uns, unerwartet; Ihre Eltern waren ausgegangen, ins Theater oder so. Bei uns war alles hell. Mein Vater erwartete einen Gast, einen Verwandten, einen entfernten reichen Verwandten, wenn ich mich recht entsinne. Er sollte kommen aus, aus – ich weiß nicht woher, jedenfalls von weit. Bei uns wartete man schon seit zwei Stunden auf ihn. Die Türen waren offen, die Lampen brannten, die Mutter ging von Zeit zu Zeit und glättete eine Schutzdecke auf dem Sofa, der Vater stand am Fenster. Niemand wagte sich zu setzen, um keinen Stuhl zu verrücken. Da Sie gerade kamen, warteten Sie mit uns. Wir Kinder horchten an der Tür. Und je später es wurde, einen desto wunderbarern Gast erwarteten wir. Ja wir zitterten sogar, er könnte kommen, ehe er jenen letzten Grad von Herrlichkeit erreicht haben würde, dem er mit jeder Minute seines Ausbleibens näher kam. Wir fürchteten nicht, er könnte überhaupt nicht erscheinen; wir wussten bestimmt: er kommt, aber wir wollten ihm Zeit lassen, groß und mächtig zu werden.‹

Plötzlich hob der Doktor den Kopf und sagte traurig: ›Das also wissen wir beide, dass er nicht kam – Ich habe es auch nicht vergessen gehabt.‹ ›Nein,‹ – bestätigte Klara, ›er kam nicht –‹ Und nach einer Pause: ›Aber es war doch schön!‹ ›Was?‹ ›Nun so – das Warten, die vielen Lampen, – die Stille – das Feiertägliche.‹

Etwas rührte sich im Nebenzimmer. Frau Klara entschuldigte sich für einen Augenblick; und als sie hell und heiter zurückkam, sagte sie: ›Wir können dann hineingehen. Er ist jetzt wach und lächelt. – Aber was wollten Sie eben sagen?‹

›Ich habe mir eben überlegt, was Ihnen könnte geholfen haben zu – zu sich selbst, zu diesem ruhigen Sichbesitzen. Das Leben hat es Ihnen doch nicht leicht gemacht. Offenbar half Ihnen etwas, was mir fehlt?‹ ›Was sollte das sein, Georg?‹ Klara setzte sich neben ihn. ›Es ist seltsam; als ich mich zum ersten Mal wieder Ihrer erinnerte, vor drei Wochen nachts, auf der Reise, da fiel mir ein: sie war ein frommes Kind. Und jetzt, seit ich Sie gesehen habe, trotzdem Sie so ganz anders sind, als ich erwartete – trotzdem, ich möchte fast sagen, nur noch desto sicherer, empfinde ich: was Sie geführt hat, mitten durch alle Gefahren, war Ihre – Ihre Frömmigkeit.‹

›Was nennen Sie Frömmigkeit?‹

›Nun, Ihr Verhältnis zu Gott, Ihre Liebe zu ihm, Ihr Glauben.‹ –

Frau Klara schloss die Augen: ›Liebe zu Gott? Lassen Sie mich nachdenken.‹ Der Doktor betrachtete sie gespannt. Sie schien ihre Gedanken langsam auszusprechen, so wie sie ihr kamen: ›Als Kind – Hab ich da Gott geliebt? Ich glaube nicht. Ja ich habe nicht einmal – es hätte mir wie eine wahnsinnige Überhebung – das ist nicht das richtige Wort – wie die größte Sünde geschienen, zu denken: Er ist. Als ob ich ihn damit gezwungen hätte *in mir,* in diesem schwachen Kind mit den lächerlich langen Armen, zu sein, in unserer armen Wohnung, in der alles unecht und lügnerisch war, von den Bronzewandtellern aus Papiermaché bis zum Wein in den Flaschen, die so teure Etiketten trugen. Und später –‹ Frau Klara machte eine abwehrende Bewegung mit den Händen, und ihre Augen schlossen sich fester, als fürchteten sie, durch die Lider etwas Furchtbares zu sehen – ›ich hätte ihn ja hinausdrängen müssen aus mir, wenn er in mir gewohnt hätte damals. Aber ich wusste nichts von ihm. Ich hatte ihn ganz vergessen. Ich hatte *alles* vergessen. – Erst in Florenz: Als ich zum ersten Mal in meinem Leben sah, hörte, fühlte, erkannte und zugleich danken lernte für alles das, da dachte ich wieder an ihn. Überall waren Spuren von ihm. In allen Bildern fand ich Reste von seinem Lächeln, die Glocken lebten noch von seiner Stimme, und an den Statuen erkannte ich Abdrücke seiner Hände.‹

›Und da fanden Sie ihn?‹

Klara schaute den Doktor mit großen, glücklichen Augen an: ›Ich fühlte, dass er *war,* irgendwann einmal *war* ... warum hätte ich *mehr* empfinden sollen? Das war ja schon Überfluss.‹

Der Doktor stand auf und ging ans Fenster. Man sah ein Stück Feld und die kleine, alte Schwabinger Kirche, darüber Himmel, nicht mehr ganz ohne Abend. Plötzlich fragte Doktor Laßmann, ohne sich umzuwenden: ›Und jetzt?‹ Als keine Antwort kam, kehrte er leise zurück.

›Jetzt –‹, zögerte Klara, als er gerade vor ihr stand, und hob die Augen voll zu ihm auf: ›jetzt denke ich manchmal: Er wird sein.‹ Der Doktor nahm ihre Hand und behielt sie einen Augenblick. Er schaute so ins Unbestimmte. ›Woran denken Sie, Georg?‹ ›Ich denke, dass das wieder wie an jenem Abend ist: *Sie* warten wieder auf den Wunderbaren, auf Gott, und wissen, dass er kommen wird – Und ich komme zufällig dazu –.‹

Frau Klara erhob sich leicht und heiter. Sie sah sehr jung aus. ›Nun, diesmal wollen wir's aber auch abwarten.‹ Sie sagte das so froh und einfach, dass der Doktor lächeln musste. So führte sie ihn in das andere Zimmer, zu ihrem Kind. –«

In dieser Geschichte ist nichts, was Kinder nicht wissen dürfen. Indessen, die Kinder haben sie *nicht* erfahren. Ich habe sie nur dem Dunkel erzählt, sonst niemandem. Und die Kinder haben Angst vor dem Dunkel, laufen ihm davon, und müssen sie einmal drinnen bleiben, so pressen sie die Augen zusammen und halten sich die Ohren zu. Aber auch für sie wird einmal die Zeit kommen, da sie das Dunkel lieb haben. Sie werden von ihm meine Geschichte empfangen und dann werden sie sie auch besser verstehen.

* * *

Die Turnstunde

In der Militärschule zu Sankt Severin. Turnsaal. Der Jahrgang steht in den hellen Zwillichblusen, in zwei Reihen geordnet, unter den großen Gaskronen. Der Turnlehrer, ein junger Offizier mit hartem braunen Gesicht und höhnischen Augen, hat Freiübungen kommandiert und verteilt nun die Riegen. »Erste Riege Reck, zweite Riege Barren, dritte Riege Bock, vierte Riege Klettern! Abtreten!« Und rasch, auf den leichten, mit Kolophonium isolierten Schuhen, zerstreuen sich die Knaben. Einige bleiben mitten im Saale stehen, zögernd, gleichsam unwillig. Es ist die vierte Riege, die schlechten Turner, die keine Freude haben an der Bewegung bei den Geräten und schon müde sind von den zwanzig Kniebeugen und ein wenig verwirrt und atemlos.

Nur einer, der sonst der Allerletzte blieb bei solchen Anlässen, Karl Gruber, steht schon an den Kletterstangen, die in einer etwas dämmerigen Ecke des Saales, hart vor den Nischen, in denen die abgelegten Uniformröcke hängen, angebracht sind. Er hat die nächste Stange erfasst und zieht sie mit ungewöhnlicher Kraft nach vorn, so dass sie frei an dem zur Übung geeigneten Platze schwankt. Gruber lässt nicht einmal die Hände von ihr, er springt auf und bleibt, ziemlich hoch, die Beine ganz unwillkürlich im Kletterschluss verschränkt, den er sonst niemals begreifen konnte, an der Stange hängen. So erwartet er die Riege und betrachtet – wie es scheint – mit besonderem Vergnügen den erstaunten Ärger des kleinen polnischen Unteroffiziers, der ihm zuruft, abzuspringen. Aber Gruber ist diesmal sogar ungehorsam und Jastersky, der blonde Unteroffizier, schreit endlich: »Also, entweder Sie kommen herunter oder Sie klettern hinauf, Gruber! Sonst melde ich dem Herrn Oberlieutenant ...« Und da beginnt Gruber, zu klettern, erst heftig mit Überstürzung, die Beine wenig aufziehend und die Blicke aufwärts gerichtet, mit einer gewissen Angst das unermessliche Stück Stange abschätzend, das noch bevorsteht. Dann verlangsamt sich seine Bewegung; und als ob er jeden Griff genösse, wie etwas Neues, Angenehmes, zieht er sich höher, als man gewöhnlich zu klettern pflegt. Er beachtet nicht die Aufregung des ohnehin gereizten Unteroffiziers, klettert und klettert, die Blicke immerfort aufwärts gerichtet, als hätte er einen Ausweg in der Decke des Saales entdeckt und strebte danach, ihn zu erreichen. Die ganze Riege folgt ihm mit den Augen. Und auch aus den anderen Riegen richtet man schon da und dort die Aufmerksamkeit auf den Kletterer, der sonst kaum das erste Drittteil der Stange keuchend, mit rotem Gesicht und bösen Augen erklomm. »Bravo, Gruber!« ruft jemand aus der ersten Riege herüber. Da wenden viele ihre Blicke aufwärts, und es wird eine Weile still im Saal, – aber gerade in diesem Augenblick, da alle Blicke an der Gestalt Grubers hängen, macht er hoch oben unter der Decke eine Bewegung, als wollte er sie abschütteln; und da ihm das offenbar nicht gelingt, bindet er alle diese Blicke oben an den nackten eisernen Haken und saust die glatte Stange herunter, so dass alle immer noch hinaufsehen, als er schon längst, schwindelnd und heiß, unten steht und mit seltsam glanzlosen Augen in seine glühenden Handflächen schaut. Da fragt ihn der eine oder der andere der ihm zunächst stehenden Kameraden, was denn heute in ihn gefahren sei. »Willst wohl in die erste Riege kommen?« Gruber lacht und scheint etwas antworten zu wollen, aber er überlegt es sich und senkt schnell die Augen. Und dann, als das Geräusch und Getöse wieder seinen Fortgang hat, zieht er sich leise in die Nische zurück, setzt sich nieder, schaut ängstlich um sich und holt Atem, zweimal rasch, und lacht wieder und will was sagen ... aber schon achtet niemand mehr seiner. Nur Jerome, der auch in der vierten Riege ist, sieht, dass er wieder seine Hände betrachtet, ganz darüber gebückt wie einer, der bei wenig Licht einen Brief entziffern will. Und er tritt nach einer Weile zu ihm hin und fragt: »Hast du dir weh getan?« Gruber erschrickt. »Was?« macht er mit seiner gewöhnlichen, in Speichel watenden Stimme. »Zeig mal!« Jerome nimmt die eine Hand Grubers und neigt sie gegen das Licht. Sie ist am Ballen ein wenig abgeschürft. »Weißt du, ich habe etwas dafür«, sagt Jerome, der immer Englisches Pflaster von zu Hause geschickt bekommt, »komm dann nachher zu mir.« Aber es ist, als hätte Gruber nicht gehört; er schaut geradeaus in den Saal hinein, aber so, als sähe er etwas Unbestimmtes, vielleicht nicht im Saal, draußen vielleicht, vor den Fenstern, obwohl es dunkel ist, spät und Herbst.

In diesem Augenblick schreit der Unteroffizier in seiner hochfahrenden Art: »Gruber!« Gruber bleibt unverändert, nur seine Füße, die vor ihm ausgestreckt sind, gleiten, steif und ungeschickt, ein wenig auf dem glatten Parkett vorwärts. »Gruber!« brüllt der Unteroffizier und die Stimme schlägt ihm über. Dann wartet er eine Weile und sagt rasch und heiser, ohne den Gerufenen anzusehen: »Sie melden sich nach der Stunde. Ich werde Ihnen schon ...« Und die Stunde geht weiter. »Gruber«, sagt Jerome und neigt sich zu dem Kameraden, der sich immer tiefer in die Nische zurücklehnt, »es war schon wieder an dir, zu klettern, auf dem Strick, geh mal, versuch's, sonst macht dir der Jastersky irgendeine Geschichte, weißt du ...« Gruber nickt. Aber statt aufzustehen, schließt er plötzlich die Augen und gleitet unter den Worten Jeromes durch, als ob eine Welle ihn trüge, fort, gleitet langsam und lautlos tiefer, tiefer, gleitet vom Sitz, und Jerome weiß erst, was geschieht, als er hört, wie der Kopf Grubers hart an das Holz des Sitzes prallt und dann vornüberfällt ... »Gruber!« ruft er heiser. Erst merkt es niemand. Und Jerome steht ratlos mit hängenden Händen und ruft: »Gruber, Gruber!« Es fällt ihm nicht ein, den anderen aufzurichten. Da erhält er einen Stoß, jemand sagt ihm: »Schaf«, ein anderer schiebt ihn fort, und er sieht, wie sie den Reglosen aufheben. Sie tragen ihn vorbei, irgend wohin, wahrscheinlich in die Kammer nebenan. Der Oberlieutenant springt herzu. Er gibt mit harter, lauter Stimme sehr kurze Befehle. Sein Kommando schneidet das Summen der vielen schwatzenden Knaben scharf ab. Stille. Man sieht nur da und dort noch Bewegungen, ein Ausschwingen am Gerät, einen leisen Absprung, ein verspätetes Lachen von einem, der nicht weiß, um was es sich handelt. Dann hastige Fragen: »Was? Was? Wer? Der Gruber? Wo?« Und immer mehr Fragen. Dann sagt jemand laut: »Ohnmächtig.« Und der Zugführer Jastersky läuft mit rotem Kopf hinter dem Oberlieutenant her und schreit mit seiner boshaften Stimme, zitternd vor Wut: »Ein Simulant, Herr Oberlieutenant, ein Simulant!« Der Oberlieutenant beachtet ihn gar nicht. Er sieht geradeaus, nagt an seinem Schnurrbart, wodurch das harte Kinn noch eckiger und energischer vortritt, und gibt von Zeit zu Zeit eine knappe Weisung. Vier Zöglinge, die Gruber tragen, und der Oberlieutenant verschwinden in der Kammer. Gleich darauf kommen die vier Zöglinge zurück. Ein Diener läuft durch den Saal. Die vier werden groß angeschaut und mit Fragen bedrängt: »Wie sieht er aus? Was ist mit ihm? Ist er schon zu sich gekommen?« Keiner von ihnen weiß eigentlich was. Und da ruft auch schon der Oberlieutenant herein, das Turnen möge weitergehen, und übergibt dem Feldwebel Goldstein das Kommando. Also wird wieder geturnt, beim Barren, beim Reck, und die kleinen dicken Leute der dritten Riege kriechen mit weit gekretschten Beinen über den hohen Bock. Aber doch sind alle Bewegungen anders als vorher; als hätte ein Horchen sich über sie gelegt. Die Schwingungen am Reck brechen so plötzlich ab und am Barren werden nur lauter kleine Übungen gemacht. Die Stimmen sind weniger verworren und ihre Summe summt feiner, als ob alle immer nur ein Wort sagten: »*Ess, Ess, Ess* ...« Der kleine schlaue Krix horcht inzwischen an der Kammertür. Der Unteroffizier der zweiten Riege jagt ihn davon, indem er zu einem Schlage auf seinen Hintern ausholt. Krix springt zurück, katzenhaft, mit hinterlistig blitzenden Augen. Er weiß schon genug. Und nach einer Weile, als ihn niemand betrachtet, gibt er dem Pawlowitsch weiter: »Der Regimentsarzt ist gekommen.« Nun, man kennt ja den Pawlowitsch; mit seiner ganzen Frechheit geht er, als hätte ihm irgendwer einen Befehl gegeben, quer durch den Saal von Riege zu Riege und sagt ziemlich laut: »Der Regimentsarzt ist drin.« Und es scheint, auch die Unteroffiziere interessieren sich für diese Nachricht. Immer häufiger wenden sich die Blicke nach der Tür, immer langsamer werden die Übungen; und ein Kleiner mit schwarzen Augen ist oben auf dem Bock hocken geblieben und starrt mit offenem Mund nach der Kammer. Etwas Lähmendes scheint in der Luft zu liegen. Die Stärksten bei der ersten Riege machen zwar noch einige Anstrengungen, gehen dagegen an, kreisen mit den Beinen; und Pombert, der kräftige Tiroler, biegt seinen Arm und betrachtet seine Muskeln, die sich durch den Zwillich hindurch breit und straff ausprägen. Ja, der kleine, gelenkige Baum schlägt sogar noch einige Armwellen, – und plötzlich ist diese heftige Bewegung die einzige im ganzen Saal, ein großer flimmernder Kreis, der etwas Unheimliches hat inmitten der allgemeinen Ruhe. Und mit einem Ruck bringt sich der kleine Mensch zum Stehen, lässt sich einfach unwillig in die Knie fallen und macht ein Gesicht, als ob er alle verachte. Aber auch seine kleinen stumpfen Augen bleiben schließlich an der Kammertür hängen.

Jetzt hört man das Singen der Gasflammen und das Gehen der Wanduhr. Und dann schnarrt die Glocke, die das Stundenzeichen gibt. Fremd und eigentümlich ist heute ihr Ton; sie hört auch ganz unvermittelt auf, unterbricht sich mitten im Wort. Feldwebel Goldstein aber kennt seine Pflicht. Er ruft: »Antreten!« Kein Mensch hört ihn. Keiner kann sich erinnern, welchen Sinn dieses Wort besaß, – vorher. Wann vorher? »Antreten!« krächzt der Feldwebel böse und gleich schreien jetzt die anderen Unteroffiziere ihm nach: »Antreten!« Und auch mancher von den Zöglingen sagt wie zu sich selbst, wie im Schlaf: »Antreten! Antreten!« Aber im Grunde wissen alle, dass sie noch etwas abwarten müssen. Und da geht auch schon die Kammertür auf; eine Weile nichts; dann tritt Oberlieutenant Wehl heraus und seine Augen sind groß und zornig und seine Schritte fest. Er marschiert wie beim Defilieren und sagt heiser: »Antreten!« Mit unbeschreiblicher Geschwindigkeit findet sich alles in Reihe und Glied. Keiner rührt sich. Als wenn ein Feldzeugmeister da wäre. Und jetzt das Kommando: »Achtung!« Pause und dann, trocken und hart: »Euer Kamerad Gruber ist soeben gestorben. Herzschlag. Abmarsch!« Pause.

Und erst nach einer Weile die Stimme des diensttuenden Zöglings, klein und leise: »Links um! Marschieren: Compagnie, Marsch!« Ohne Schritt und langsam wendet sich der Jahrgang zur Tür. Jerome als der letzte. Keiner sieht sich um. Die Luft aus dem Gang kommt, kalt und dumpfig, den Knaben entgegen. Einer meint, es rieche nach Karbol. Pombert macht laut einen gemeinen Witz in Bezug auf den Gestank. Niemand lacht. Jerome fühlt sich plötzlich am Arm gefasst, so angesprungen. Krix hängt daran. Seine Augen glänzen und seine Zähne schimmern, als ob er beißen wollte. »Ich hab ihn gesehen«, flüstert er atemlos und presst Jeromes Arm und ein Lachen ist innen in ihm und rüttelt ihn hin und her. Er kann kaum weiter: »Ganz nackt ist er und eingefallen und ganz lang. Und an den Fußsohlen ist er versiegelt ...«

Und dann kichert er, spitz und kitzlich, kichert und beißt sich in den Ärmel Jeromes hinein.

Frau Blaha's Magd

In jedem Sommer fuhr Frau Blaha, welche an den kleinen Beamten der Turnauer Bahn, Wenzel Blaha, verheiratet war, für einige Wochen in ihren Heimatort. Dieser Ort ist im flachen und sumpfigen Böhmen in der Gegend von Nimburg gelegen und recht arm und unbedeutend. Als Frau Blaha, die sich doch schon gewissermaßen als Städterin fühlte, all die kleinen elenden Häuser wiedersah, glaubte sie sich imstande, eine Wohltat zu versuchen. Sie trat bei einer bekannten Bäuerin ein, von der sie wusste, dass sie eine Tochter besäße, und schlug ihr vor, diese Tochter zu sich in die Stadt in Dienst zu nehmen. Sie würde ihr einen kleinen, bescheidenen Lohn zahlen, und überdies hätte das Mädchen den Vorteil, in der Stadt zu sein und da manches zu lernen. (Was sie da lernen sollte, war Frau Blaha selbst nicht klar.) Die Bäuerin besprach die Angelegenheit mit ihrem Mann, der beständig die Augen zusammenkniff und zunächst nur ausspuckte. Nach einer halben Stunde aber kam er wieder in die Stube und fragte: »Na, und weiß die Frau, dass die Anna so so ist?« Dabei schwankte seine braune, faltige Hand wie ein welkes Kastanienblatt vor seiner Stirn hin und her. »Dummkopf« – machte die Bäuerin, – »wir werden doch nicht! …«

So kam die Anna zu Blahas. Sie war da meistens den ganzen Tag allein. Der Herr, Wenzel Blaha, war in der Kanzlei, die Frau ging in die Häuser nähen, und Kinder gab es keine. Anna saß in der kleinen finstern Küche, welche ein Fenster in den Lichthof hatte, und wartete, bis der Leierkastenmann kam. Das war jeden Tag vor der Dämmerung. Dann lehnte sie in dem kleinen Fenster, weit vorgebeugt, so dass ihr blasses Haar im Winde hing, und tanzte innerlich, bis dass sie schwindlich wurde, und die hohen schmutzigen Mauern unsicher und schwankend sich gegeneinander bewegten. Wenn ihr dann ängstlich wurde, begann sie durch das ganze Haus zu gehen über die finsteren und schmutzigen Treppen bis hinunter in die qualmige Gassenschenke, wo dann und wann irgendeiner sang in der ersten Trunkenheit. Unterwegs geriet sie immer unter die Kinder, die sich, ohne dass eines zuhause vermisst wurde, tagelang im Hofe herumtrieben, und die Kinder wollten seltsamerweise immer, sie solle ihnen Geschichten erzählen. Sie kamen ihr manchmal sogar bis in die Küche nach. Aber dann setzte die Anna sich an den Herd, deckte das leere blasse Gesicht mit den Händen zu und sagte: »Nachdenken.« Und die Kinder geduldeten sich eine Weile. Als aber Annuschka immer noch nachdachte, so dass es ganz still und bange wurde in der finsteren Küche, liefen die Kinder davon und sahen nicht mehr, dass das Mädchen sanft und klagend zu weinen begann und vor lauter Heimweh ganz klein und hilflos war. Wonach sie sich sehnte, ist ungewiss. Nach den Schlägen vielleicht auch ein wenig. Meistens aber nach so etwas Unbestimmtem, das irgendwann einmal war, oder vielleicht hat sie es auch nur geträumt. Bei dem vielen Nachdenken, das die Kinder von ihr verlangten, fiel es ihr langsam ein. Erst rot, rot, und dann viele Leute. Und dann eine Glocke, eine laute Glocke, und dann: ein König – und ein Bauer und ein Turm. Und sie sprechen. »Lieber König«, sagt der Bauer … »Ja«, sagt der König darauf mit sehr stolzer Stimme: »Ich weiß.« Und, in der Tat, wie sollte ein König nicht alles wissen, was ein Bauer ihm zu sagen hat. –

Kurz darauf nahm die Frau das Mädchen einmal zum Einkaufen mit. Da es um Weihnachten war und Abend, waren die Schaufenster sehr hell und mit vielem Überfluss angefüllt. In einem Spielwarenladen sah Anna plötzlich ihre Erinnerung. Den König, den Bauer, den Turm … Oh und das Herz schlug ihr lauter, als ihre Schritte waren. Aber sie sah rasch fort, und ohne stehen zu bleiben ging sie neben Frau Blaha her. Sie hatte das Gefühl, als ob sie nichts verraten dürfte. Und das Puppentheater blieb also, gleichsam unbeachtet, hinter ihnen zurück; Frau Blaha, die keine Kinder hatte, hatte es gar nicht bemerkt. – Kurz darauf hatte Anna ihren Ausgehsonntag. Sie kam nicht am Abend zurück. Ein Mann, den sie schon unten in der Schenke gesehen hatte, schloss sich ihr an, und sie konnte sich nicht genau erinnern, wohin er sie geführt hatte. Ihr war, als wäre sie ein Jahr fortgewesen. Als sie müde, Montag früh, in die Küche kam, war alles noch kälter und grauer als sonst. Sie zerschlug an diesem Tag eine Suppenterrine und wurde deshalb arg gescholten. Dass sie die Nacht ausgeblieben war, hatte die Frau gar nicht bemerkt. Später, bis gegen Neujahr, blieb sie noch drei Nächte aus. Dann hörte sie mit einem Male auf, im Hause herumzugehen, verschloss ängstlich die Wohnung und kam, auch wenn der Leiermann spielte, nicht immer ans Fenster.

So verging der Winter, und ein blasses, zaghaftes Frühjahr begann. Das ist eine eigene Jahreszeit in den Hinterhöfen. Die Häuser sind schwarz und feucht, und die Luft ist licht, wie oft gewaschenes Linnen. Die schlecht geputzten Fenster zucken von Glanz, und verschiedene leichte Abfälle tanzen im Wind an den Stockwerken vorüber. Die Geräusche des ganzen Hauses sind vernehmlicher, und die Schüsseln klirren anders, heller, höher, und die Messer und Löffel haben ein anderes Rasseln.

Zu dieser Zeit bekam Annuschka ein Kind. Es kam ihr vollkommen unerwartet. Nachdem sie sich wochenlang dick und schwer gefühlt hatte, drängte es sich eines Morgens aus ihr heraus und war in der Welt, weiß Gott woher. Es war Sonntag, und man schlief noch im Hause. Sie betrachtete es eine Weile, ohne dass ihr Gesicht sich irgendwie veränderte. Das Kind bewegte sich kaum, aber plötzlich begann eine ganz spitze Stimme in der kleinen Brust, und zugleich rief Frau Blaha, und ein Bett krachte in der Stube drin. Da packte Annuschka ihre blaue Schürze, welche nah am Bette hing, zog die Gürtelbänder derselben über dem kleinen Halse zusammen und legte das ganze blaue Bündel zuunterst in ihren Koffer. Dann ging sie in die Stuben, zog die Vorhänge auf und begann Kaffee zu kochen. An einem der nächsten Tage zählte Annuschka ihren bisher erhaltenen Lohn. Es waren fünfzehn Gulden. Dann versperrte sie die Tür, machte den Koffer auf und legte die blaue Schürze, die schwer und reglos war, auf den Küchentisch. Sie band sie langsam auf, besah das Kind und maß mit einem Zentimeterstreifen seine Länge, vom Kopf bis zu den Füßen. Dann brachte sie alles in die frühere Ordnung und ging aus dem Haus. Aber, schade, der König, der Bauer und der Turm waren um vieles kleiner. Sie brachte sie dennoch mit und noch andere Puppen dazu. Nämlich: eine Prinzessin mit roten runden Punkten auf den Wangen, einen alten Mann, einen anderen alten Mann, der ein Kreuz auf der Brust hatte und schon wegen seines großen Bartes wie der heilige Nikolaus aussah, und noch zwei oder drei, die nicht so schön und bedeutend waren. Dazu ein Theater, dessen Vorhang auf und nieder ging, wobei der Garten dahinter abwechselnd auftauchte und wieder verschwand.

Jetzt hatte Annuschka etwas für das Alleinsein. Wo war das Heimweh hin? Sie baute das große schöne Theater auf (es hatte zwölf Gulden gekostet) und stellte sich, wie es sich gehört, dahinter auf. Aber manchmal, wenn der Vorhang gerade aufgerollt war, lief sie rasch nach vorn, und nun schaute sie in Gärten hinein, und die ganze graue Küche war verschwunden hinter den hohen, prächtigen Bäumen. Dann trat sie wieder zurück und holte zwei oder drei Figuren hervor und ließ sie reden nach ihrer Meinung. Es wurde nie ein eigentliches Stück daraus; aber es gab Rede und Gegenrede, auch geschah es, dass sich zwei Puppen plötzlich, wie erschrocken, voreinander verneigten. Oder auch es verneigten sich beide vor dem alten Mann, der das nicht konnte, weil er ganz aus Holz war. Deshalb fiel er jedes Mal aus Dankbarkeit um.

Unter den Kindern ging das Gerücht von diesen Spielen Annuschkas. Und seither fanden sich, erst misstrauisch, dann immer argloser, die Kinder der Nachbarschaft in der Küche bei Blahas ein und standen, wenn es dämmerte in den Ecken und ließen die schönen Puppen, die immer dasselbe sprachen, nicht aus den Augen. Einmal hatte Annuschka ganz heiße Wangen und sagte: »Ich habe noch eine ganz große Puppe.«

Die Kinder zitterten vor Ungeduld. Aber Annuschka schien es wieder vergessen zu haben. Sie stellte alle Personen in ihren Garten hinein, und diejenigen, die nicht aufrecht bleiben mochten, lehnte sie an die seitlichen Kulissen. Dabei kam auch eine Art Harlekin mit großem, rundem Gesicht zum Vorschein, dessen sich die Kinder gar nicht erinnern konnten. Aber durch alle Pracht immer noch mehr gereizt, baten die Kinder um die »ganz große«. Nur einmal, die »ganz große.« Nur einen Augenblick: die »ganz große«.

Annuschka ging nach hinten zu ihrem Koffer. Es dunkelte schon. Die Kinder und die Puppen standen einander gegenüber, ganz still und ähnlich. Aber aus den weitaufgerissenen Augen des Harlekin, welche waren, als ob sie etwas Entsetzliches erwarteten, kam ganz unvermutet eine solche Angst über die Kinder, dass sie mit einem Male aufschreiend davonliefen, ohne Ausnahme.

Mit dem großen Blauen in den Händen kam Annuschka zurück. Auf einmal zitterten ihre Hände. Die Küche war hinter den Kindern so still geworden und so leer. Annuschka hatte keine Angst. Sie lachte leise und stieß das Theater mit den Füßen um und trat die einzelnen dünnen Brettchen, welche doch den Garten bedeuteten, entzwei. Und dann, als die Küche schon ganz dunkel war, ging sie herum und spaltete allen Puppen die Köpfe, auch der großen blauen.

Der Drachentöter

Es war ein schönes und fruchtbares Land mit Wäldern, Feldern, Flüssen, Straßen und Städten. Ein König war darüber gesetzt von Gott, ein Greis, älter und stolzer als alle Könige, von denen man je Glaubwürdiges gehört hat. Dieses Königs einziges Kind war ein Mädchen von großer Jugend, Sehnsucht und Schönheit. Der König war verwandt mit allen Thronen der Nachbarschaft, seine Tochter aber war noch ein Kind und allein, wie ohne alle Verwandtschaft. Gewiss war ihre Sanftmut und Milde und die Macht ihres unerwachten stillen Angesichtes die unschuldige Ursache jenes Drachens, welcher, je mehr sie emporwuchs und aufblühte, desto näher heranschlich und sich endlich im Walde vor der schönsten Stadt des Landes, wie der Schrecken selber, niederließ; denn es bestehen geheime Beziehungen zwischen dem Schönen und dem Schrecklichen, an einer bestimmten Stelle ergänzen sich beide wie das lachende Leben und der nahe tägliche Tod.

Damit ist nicht gesagt, dass der Drache der jungen Dame feindlich war, wie ja auch niemand auf Ehre und Gewissen sagen kann, ob der Tod des Lebens Widersacher ist. Vielleicht hätte das große kochende Tier sich wie ein Hund neben dem schönen Mädchen niedergelegt und es wäre vielleicht nur durch die Abscheulichkeit der eigenen Zunge abgehalten worden, die lieblichsten Hände in tierischer Demut zu liebkosen. Aber man ließ es natürlich auf eine Probe nicht ankommen, zumal der Drache gegen alle, die zufällig in den Kreis seiner Kraft traten, erbarmungslos war und, einem sichtbaren Tode vergleichbar, alles, Kinder und Herden nicht ausgenommen, ergriff und behielt.

Der König wird es zuerst mit hoher Befriedigung vermerkt haben, dass diese Not und Gefahr viele Jünglinge seines Landes zu Männern machte. Diese jungen Leute aus allen Ständen, Adelige, Priesterschüler und Knechte, zogen aus wie in ein fremdes, fernes Land, hatten das Heldentum einer einzigen, heißen, atemlosen Stunde, in der sie Leben und Tod hatten und Hoffnung und Angst und alles – wie im Traum. Schon nach einigen Wochen fiel es keinem mehr ein, diese kühnen Söhne zu zählen und ihre Namen irgendwo aufzuzeichnen. Denn in solchen bangen Tagen gewöhnt sich das Volk auch an Helden; sie sind dann nichts Unerhörtes mehr. Das Gefühl, die Furcht, der Hunger von Tausenden schreit nach ihnen, und sie sind da, wie eine Notwendigkeit, wie Brot, von jenen letzten Gesetzen bedingt, die auch in den Zeiten des Unheils nicht aufhören zu wirken.

Als aber die Zahl derer, welche sich nach hoffnungsloser Gegenwehr opferten, immer noch wuchs, als fast in jeder Familie des Landes der beste Sohn (und oft noch in knabenhafter Jugend) gefallen war, da begann der König mit Recht zu fürchten, dass alle Erstlinge seines Landes zugrunde gehen könnten und dass zu viele junge Mädchen eine jungfräuliche Witwenschaft auf sich nehmen müssten für die langen Jahre eines kinderlosen Frauenlebens. Und er versagte seinen Untertanen den Kampf. Fremden Kaufleuten aber, die in namenlosem Entsetzen aus dem heimgesuchten Lande flohen, gab er eine Kunde mit, welche Könige, in ähnlicher Lage, seit alten Zeiten verbreiten ließen: wem es gelänge, das arme Land von diesem großen Tode zu befreien, der sollte die Hand der Königstochter erhalten, mag er von Adel sein oder eines Henkers letzter Sohn.

Und es zeigte sich, dass auch die Fremde voller Helden war, und dass der hohe Preis seine Wirkung nicht verfehlte. Die Fremden waren aber nicht glücklicher als die Einheimischen: sie kamen nur, um zu sterben.

In der Tochter des Königs ging in diesen Tagen eine Veränderung vor; wenn ihr Herz bis jetzt, von der Trauer und dem Verhängnis des Landes bedrückt, den Untergang des Untiers erflehte, so verbündete sich nun, da sie einem starken Unbekannten zugesprochen war, ihr naives Gefühl dem Bedränger, dem Drachen, und es kam so weit, dass sie in der Aufrichtigkeit des Traumes Gebete zu seinen Gunsten erfand und von heiligen Frauen verlangte, dass sie das Ungeheuer in ihren Schutz nehmen sollten.

Eines Morgens, als sie aus solchen Träumen voll Scham erwachte, kam ein Gerücht zu ihr, das sie erschreckte und verwirrte. Man erzählte sich von einem jungen Menschen, der – Gott weiß woher – zum Kampfe gekommen war, und dem es allerdings nicht gelang, den Drachen zu töten, wohl aber wund und blutend aus den Klauen des grässlichen Feindes sich loszureißen und in den dichtesten Wald sich zu verkriechen. Dort fand man den Bewusstlosen, kalt in seiner kalten eisernen Schale, und brachte ihn in ein Haus, wo er nun in tiefem Fieber lag, mit heißem Blut hinter den brennenden Verbänden.

Als das junge Mädchen diese Nachricht vernahm, wäre sie gerne, wie sie war, in ihrem Hemde von weißer Seide, durch die Straßen gelaufen, um an dem Lager des Todkranken zu sein. Aber als die Kammermädchen sie angekleidet hatten, und sie ihr wunderschönes Kleid und ihr trauriges Gesicht in den vielen Spiegeln des Schlosses gehen und kommen sah, da verließ sie der Mut, so Ungewöhnliches zu wagen. Sie brachte es nicht einmal über sich, irgendeine verschwiegene Dienerin in das Haus zu senden, darin der fremde Kranke lag, um ihm eine Linderung zu schaffen, feine Leinwand oder eine sanfte Salbe.

Aber es war eine Unruhe in ihr, die sie beinahe krank machte. Bei Einbruch der Nacht saß sie lange am Fenster und suchte das Haus zu erraten, in dem der fremde Mann starb. Denn, dass er starb, schien ihr selbstverständlich. Nur *eine* hätte ihn vielleicht retten können, aber diese eine war viel zu feige, ihn zu suchen. Dieser Gedanke, dass das Leben des wunden Helden in ihre Hand gegeben sei, verließ sie nicht mehr. Dieser Gedanke stieß sie endlich nach dem dritten Tage, den sie so in Qualen und Selbstvorwürfen verbracht hatte, in die Nacht hinaus, in eine schwarze, bange, regnende Frühlingsnacht, in der sie herumirrte, wie in einem dunklen Zimmer. Sie wusste nicht, woran sie das Haus erkennen würde, das sie suchte. Aber sie erkannte es ohneweiters an einem Fenster, das weit offen stand, an einem Licht, das drinnen im Zimmer brannte, einem langen seltsamen Licht, bei dem niemand lesen oder schlafen konnte. Und langsam ging sie an dem Hause vorbei, hilflos, arm, versunken in die erste Traurigkeit ihres Lebens. Sie ging weiter und weiter. Der Regen hatte aufgehört; über losen Wolkenstreifen standen einzelne große Sterne, und irgendwo in einem Garten sang eine Nachtigall den Anfang ihrer Strophe, die sie noch nicht vollenden konnte. Sie hob immer wieder fragend an, und ihre Stimme war groß und gewaltig aus der Stille gewachsen, wie die Stimme eines Riesenvogels, dessen Nest auf den Wipfeln von neun Eichen ruht.

Als die Prinzessin endlich die Blicke, in denen Tränen standen, von ihrem langen Wege erhob, sah sie einen Wald und einen Streifen Morgen dahinter. Und vor diesem Streifen hob sich etwas Schwarzes ab, das sich zu nähern schien. Es war ein Reiter. Unwillkürlich drückte sie sich in das dunkle, nasse Gebüsch. Er ritt langsam an ihr vorbei, und sein Pferd war schwarz von Schweiß und bebte. Und er selbst schien zu zittern: alle Ringe seines Panzers klangen leise aneinander. Sein Haupt war ohne Helm, seine Hände waren bloß, sein Schwert hing schwer und müde herab. Sie sah sein Gesicht im Profil; es war heiß, mit verwehtem

Haar. Sie sah ihm nach, lange. Sie wusste: er hat den Drachen getötet. Und ihre Traurigkeit fiel ihr ab. Sie war kein verirrtes, verlorenes Ding mehr in dieser Nacht. Sie gehörte ihm, diesem fremden, zitternden Helden, sie war sein Besitz, als ob sie eine Schwester seines Schwertes wäre.

Und sie eilte nach Hause, um ihn zu erwarten. Sie kam unbemerkt in ihre Gemächer, und sobald es anging, weckte sie die Kammermädchen und ließ sich das schönste ihrer Kleider bringen. Während man es ihr anzog, erwachte die Stadt zu lauter Freude. Die Menschen jubelten und die Glocken überschlugen sich fast in den Türmen. Und die Prinzessin, die diesen Lärm hörte, wusste plötzlich, dass er nicht kommen würde. Sie versuchte, sich ihn vorzustellen, umwogt von der lauten Dankbarkeit der Menge: sie vermochte es nicht. Fast ängstlich suchte sie sich das Bild des einsamen Helden, des Zitternden, zu erhalten, wie sie ihn gesehen hatte. Als ob es wichtig wäre für ihr Leben, das nicht zu vergessen. Und dabei war ihr so festlich zu Mut, dass sie, obwohl sie wusste, dass niemand kommen würde, die Kammermädchen, die sie schmückten, nicht unterbrach. Sie ließ sich Smaragden und Perlen ins Haar verflechten, das sich, zum größten Erstaunen der Dienerinnen, feucht anfühlte. Die Prinzessin war fertig. Sie lächelte den Kammermädchen zu und ging, etwas bleich, an den Spiegeln vorbei, im Geräusche ihrer weißen Schleppe, die weit hinter ihr herkam.

Der greise König aber saß, ernst und würdig, im hohen Thronsaal. Die alten Paladine des Reiches standen um ihn und glänzten. Er wartete auf den fremden Helden, den Befreier.

Der aber ritt schon weit von der Stadt, und es war ein Himmel voll Lerchen über ihm. Hätte ihn jemand an den Preis seiner Tat erinnert, vielleicht wäre er lachend umgekehrt; er hatte ihn ganz vergessen.

Der Totengräber

In San Rocco war der alte Totengräber gestorben. Es wurde täglich ausgerufen, dass die Stelle neu zu besetzen sei. Aber es vergingen drei Wochen, oder mehr, ohne dass jemand sich gemeldet hätte. Und da während dieser ganzen Zeit niemand starb in San Rocco, so schien die Sache auch nicht dringend zu sein, und man wartete ruhig ab. Wartete, bis an einem Abend im Mai der Fremde erschien, der das Amt übernehmen wollte. Gita, die Tochter des Podestà, war die erste, die ihn sah. Er trat aus dem Zimmer ihres Vaters (sie hatte ihn nicht kommen sehen) und kam gerade auf sie zu, als hätte er erwartet, ihr auf dem Gange, der dunkel war, zu begegnen.

»Bist du seine Tochter?« fragte er mit einer leisen Stimme, und legte ein fremdartiges Betonen auf jedes seiner Worte.

Gita nickte und ging neben dem Fremden her bis zu einem der tiefen Fenster, durch das von draußen der Glanz und die Stille der Gasse fiel, die im Abend lag. Dort besahen sie einander aufmerksam. Gita war so vertieft in den Anblick des fremden Mannes, dass ihr erst nachträglich einfiel, dass auch er, während all dieser Minuten, als sie stand und ihn betrachtete, sie angesehen haben müsse. Er war hoch und schlank, und hatte ein schwarzes Reisekleid von fremdartigem Zuschnitt. Sein Haar war blond und er trug es, wie Edelleute es tragen. Er hatte überhaupt etwas von einem Edelmann an sich, er konnte Magister sein oder Arzt; wie merkwürdig, dass er Totengräber war. Und sie suchte unwillkürlich seine Hände. Er hielt sie ihr hin, beide, wie ein Kind.

»Es ist keine schwere Arbeit«, sagte er; und obwohl sie auf seine Hände sah, fühlte sie das Lächeln seiner Lippen, in dem sie stand wie in einem Sonnenstrahl. Dann gingen sie zusammen bis vor das Tor des Hauses. Die Straße dämmerte schon. »Ist es weit?« sagte der Fremde und sah die Häuser hinunter bis ans Ende der Gasse; sie war ganz leer.

»Nein, nicht sehr weit; aber ich will dich führen, denn du kannst den Weg nicht wissen, Fremder.« »Weißt du ihn?« fragte der Mann ernst. »Ich weiß ihn gut, ich habe ihn als kleines Kind schon gehen gelernt, weil er zur Mutter führt, die uns früh fortgenommen worden ist. Sie ruht dort draußen, ich will dir zeigen wo.«

Dann gingen sie wieder schweigend und ihre Schritte klangen wie *ein* Schritt in der Stille. Plötzlich sagte der Mann in Schwarz: »Wie alt bist du, Gita?« »Sechzehn«, sagte das Kind und streckte sich ein wenig, »sechzehn, und mit jedem Tage ein wenig mehr.« Der Fremde lächelte. »Aber«, sagte sie und lächelte auch, »wie alt bist du?« »Älter, älter als du, Gita, doppelt so alt, und mit jedem Tage viel, viel älter.« Damit standen sie vor dem Tor des Kirchhofes. »Dort ist das Haus, in dem du wohnen musst, neben der Leichenkammer«, sagte das Mädchen und wies mit der Hand durch die Gitterstäbe des Tores an das andere Ende des Kirchhofes hin, wo ein kleines Haus stand, ganz mit Efeu bewachsen. »So, so, hier ist es also«, nickte der Fremde und übersah langsam sein neues Land von einem Ende zum anderen. »Das war wohl ein alter Mann, der hier Totengräber war?« fragte er. »Ja, ein sehr alter Mann. Er hat mit seiner Frau hier gewohnt, und die Frau war auch sehr alt. Sie ist gleich nach seinem Tod fortgezogen, ich weiß nicht wohin.« Der Fremde sagte nur: »so« und schien an etwas ganz anderes zu denken. Und plötzlich wandte er sich an Gita: »Du musst jetzt gehen, Kind, es ist spät geworden. Fürchtest du dich nicht allein?« »Nein, ich bin immer allein. Aber du, fürchtest du dich nicht, hier draußen?« Der Fremde schüttelte den Kopf und fasste die Hand des Mädchens und hielt sie mit leisem, sicherem Druck: »Ich bin auch immer allein –« sagte er leise, und da flüsterte das Kind auf einmal atemlos: »Horch.« Und sie hörten beide eine Nachtigall, die in der Dornenhecke des Kirchhofes zu singen begann, und sie waren ganz umgeben von dem schwellenden Schall und wie überschüttet von dieses Liedes Sehnsucht und Seligkeit.

Am nächsten Morgen begann der neue Totengräber von San Rocco sein Amt. Er fasste es seltsam genug auf. Er schuf den ganzen Kirchhof um und machte einen großen Garten daraus. Die alten Gräber verloren ihre nachdenkliche Traurigkeit und verschwanden unter dem Blühen der Blumen und dem Winken der Ranken. Und drüben, jenseits des mittleren Weges, wo bisher leerer, ungepflegter Rasen gewesen war, bildete der Mann viele kleine Blumenbeete, den Gräbern auf der anderen Seite ähnlich, so, dass die beiden Hälften des Kirchhofes einander das Gleichgewicht hielten. Die Leute, welche aus der Stadt herauskamen, konnten ihre lieben Gräber gar nicht gleich wiederfinden, ja es geschah, dass irgendein altes Mütterchen bei einem der leeren Beete an der rechten Wegseite kniete und weinte, ohne dass dieses greise Gebet deshalb ihrem Sohne verloren ging, der fern drüben unter hellen Anemonen lag. Aber die Leute von San Rocco, welche diesen Kirchhof sahen, litten nicht mehr so sehr unter dem schweren Tod. Wenn einmal jemand starb (und es traf meist alte Leute in diesem denkwürdigen Frühjahr), so mochte der Weg hinaus zwar immer noch recht lang und trostlos sein, draußen aber wurde es immer etwas wie ein kleines, stilles Fest. Blumen schienen von allen Seiten herbeizudrängen und sich so schnell über die dunkle Grube zu stellen, dass man meinen konnte, der schwarze Mund der Erde habe sich nur aufgetan, um Blumen zu sagen, tausend Blumen.

Gita sah alle diese Veränderungen; sie war fast immer draußen bei dem Fremden. Sie stand neben seiner Arbeit und stellte Fragen und er antwortete; der Rhythmus des Grabens war in ihren Gesprächen, die der Lärm des Spatens häufig unterbrach. »Weit, aus Norden«, sagte der Fremde auf eine Frage. »Von einer Insel«, und er bückte sich und raffte Unkraut zusammen, »vom Meer. Von einem anderen Meer. Einem Meer, das mit dem eueren (ich höre es manchmal atmen tief in der Nacht, obwohl es mehr als zwei Tagreisen entfernt ist) wenig gemein hat. Unser Meer ist grau und grausam, und es hat die Menschen, die daran wohnen, traurig und still gemacht. Im Frühling trägt es unendliche Stürme herüber, Stürme, in denen nichts wachsen kann, so dass der Mai ungenutzt vorübergeht, und im Winter friert es zu und macht alle zu Gefangenen, die auf den Inseln wohnen.«

»Wohnen viele auf den Inseln?« »Nicht viele.« »Auch Frauen?« »Auch.« »Und Kinder?« »Ja, Kinder auch.« »Und Tote?« »Und sehr viel Tote; denn viele, viele bringt das Meer und legt sie in der Nacht an den Strand, und wer sie findet, erschrickt nicht, sondern nickt nur, nickt wie einer, der es längst weiß. Es gibt bei uns einen alten Mann, der hat von einer kleinen Insel zu erzählen gewusst, zu der das graue Meer so viel Tote brachte, dass den Lebenden kein Raum mehr blieb. Sie waren wie belagert von Leichen. Das ist vielleicht nur eine Geschichte und vielleicht irrt sich der alte Mann, der sie erzählt. Ich glaube sie nicht. Ich glaube, dass das Leben stärker ist als der Tod.«

Gita schwieg eine Weile. Dann sagte sie: »Und doch ist Mutter gestorben.« Der fremde Mann hörte auf zu arbeiten und stützte sich auf den Spaten: »Ja, ich weiß auch eine Frau, die gestorben ist. Aber die wollte es.« »Ja«, sagte Gita ernst, »ich kann mir denken, dass man es will.« »Die meisten Menschen wollen es, und darum sterben auch die wenigen, welche leben wollen; sie werden mitgerissen, man fragt sie nicht. Ich bin weit in der Welt herumgekommen, Gita, ich habe mit vielen Menschen gesprochen und habe sie gefragt nach ihrem Herzen. Aber es war keiner unter ihnen, der nicht sterben wollte. Gesagt freilich, gesagt hat mancher das Gegenteil, und seine Furcht hat ihn darin bestärkt; aber was sagen die Menschen nicht alles. Dahinter war ihr Wille, der Wille, der nicht spricht, und der fiel, fiel auf den Tod zu, wie die Frucht vom Baum. Da gibt es kein Aufhalten.«

So kam der Sommer. Und jeder neue Tag, der mit dem Erwachen der kleinen Vögel begann, fand Gita draußen bei dem fremden Mann aus Norden. Zu Hause warnte man sie, man tadelte sie, man versuchte Gewalt und Strafe an ihr, sie zurückzuhalten: es war alles umsonst. Gita fiel dem Fremden zu wie ein Erbteil. Einmal ließ ihn der Podestà rufen und das war ein gewaltiger Mann mit einer breiten drohenden Stimme. »Ihr habt ein Einsamkind, Messer Vignola«, sagte der Fremde auf alle Vorwürfe zu ihm, ruhig und indem er sich ein wenig verneigte. »Ich kann ihr nicht verwehren bei mir und in ihrer Mutter Nähe zu sein. Ich habe ihr nichts geschenkt, noch versprochen und mit keinem Wort hab ich sie jemals gerufen.« Das sagte er ehrerbietig und sicher und ging, da er es gesagt hatte; denn es war nichts hinzuzufügen.

Jetzt blühte der Garten draußen und dehnte sich aus in seinen vier Hecken und lohnte der Arbeit, die um ihn getan worden war. Und manchmal konnte man früher Feierabend machen und auf der kleinen Bank vor dem Hause sitzen und sehen, wie es auf eine leise und erhabene Art Abend wurde. Dann fragte Gita und der Fremde antwortete und zwischendurch hatten sie lange Schweigsamkeiten, in denen die Dinge zu ihnen redeten. »Heute will ich dir von einem Manne erzählen, wie ihm seine liebe Frau starb«, begann der Fremde einmal nach einem solchen Schweigen, und seine Hände zitterten, eine in der anderen. »Es war Herbst und er wusste, dass sie sterben würde. Die Ärzte sagten es; doch die hätten immerhin irren können; aber sie selbst, die Frau, sagte es lange vor ihnen. Und sie irrte nicht.«

»*Wollte* sie sterben?« fragte Gita, weil der Fremde eine Pause machte. »Sie wollte, Gita. Sie wollte etwas anderes als leben. Es waren ihr immer zu viele um sie her, sie wollte allein sein. Ja, das wollte sie. Als Mädchen, da war sie nicht allein wie du; und als sie heiratete, da wusste sie, dass sie allein war; sie aber wollte allein sein und es nicht wissen.«

»War ihr Mann nicht gut?« »Er war gut, Gita; denn er liebte sie und sie liebte ihn, und doch, Gita, berührten sie einander nicht. Die Menschen sind so furchtbar weit voneinander; und die, welche einander lieb haben, sind oft am weitesten. Sie werfen sich all das Ihrige zu und fangen es nicht, und es bleibt zwischen ihnen liegen irgendwo und türmt sich auf und hindert sie endlich noch, einander zu sehen und aufeinander zuzugehen. Aber ich wollte dir von der Frau erzählen, welche starb. Sie starb also. Es war am Morgen und der Mann, der nicht geschlafen hatte, saß bei ihr und sah wie sie starb. Sie richtete sich plötzlich auf und hob ihren Kopf und ihr Leben schien ganz in ihr Gesicht eingetreten und hatte sich dort versammelt und stand wie hundert Blumen in ihren Zügen. Und der Tod kam und riss es ab mit einem Griff, riss es heraus wie aus weichem Lehm und ließ ihr Angesicht weit ausgezogen, lang und spitz zurück. Ihre Augen standen offen und gingen immer wieder auf, wenn man sie schloss, wie Muscheln, in denen das Tier gestorben ist. Und der Mann, der es nicht ertragen konnte, dass Augen, die nicht sahen, offen standen, holte aus dem Garten zwei späte harte Rosenknospen und legte sie auf die Lider, als Last. Nun blieben die Augen zu und er saß und sah lange in das tote Gesicht. Und je länger er es ansah, desto deutlicher empfand er, dass noch leise Wellen von Leben an den Rand ihrer Züge heranspülten und sich langsam wieder zurückzogen. Er erinnerte sich dunkel, in einer sehr schönen Stunde dieses Leben auf ihrem Gesichte gesehen zu haben, und er wusste, dass es ihr heiligstes Leben sei, das, dessen Vertrauter er nicht geworden war. Der Tod hatte dieses Leben nicht aus ihr geholt; er hatte sich täuschen lassen von dem Vielen, das in ihre Züge getreten war; *das* hatte er fortgerissen, zugleich mit dem sanften Umriss ihrer Profile. Aber das andere Leben war noch in ihr; vor einer Weile war es bis an die stillen Lippen herangeflutet und jetzt trat es wieder zurück, floss lautlos nach innen und sammelte sich irgendwo über ihrem zersprungenen Herzen.

Und der Mann, der diese Frau geliebt hatte, hilflos geliebt, wie sie ihn, der Mann empfand eine unsagbare Sehnsucht, dieses Leben, welches dem Tod entgangen war, zu besitzen. War er nicht der Einzige, der es empfangen durfte, der Erbe ihrer Blumen und Bücher und der sanften Gewänder, welche nicht aufhörten nach ihrem Leibe zu duften. Aber er wusste nicht, wie er diese Wärme, die so unerbittlich aus ihren Wangen zurückfloss, festhalten, wie er sie fassen, womit er sie schöpfen sollte? Er suchte die Hand der Toten, die leer und offen, wie die Schale einer entkernten Frucht, auf der Decke lag; die Kälte dieser Hand war gleichmäßig und stumm und sie gab bereits völlig das Gefühl eines Dinges, welches eine Nacht im Tau gelegen hat, um dann in einem morgendlichen Wind rasch kalt und trocken zu werden. Da plötzlich bewegte sich etwas im Gesichte der Toten. Gespannt sah der Mann hin. Alles war still, aber auf einmal zuckte die Rosenknospe, die über dem linken Auge lag. Und der Mann sah, dass auch die Rose auf dem rechten Auge größer geworden war und immer noch größer wurde. Das Gesicht gewöhnte sich an den Tod, aber die Rosen gingen auf wie Augen, welche in ein anderes Leben schauten. Und als es Abend geworden war, Abend dieses lautlosen Tages, da trug der Mann zwei große, rote Rosen in der zitternden Hand ans Fenster. In ihnen, die vor Schwere schwankten, trug er ihr Leben, den Überfluss ihres Lebens, den auch er nie empfangen hatte.«

Der Fremde stützte den Kopf in die Hand und saß und schwieg. Als er sich rührte, fragte Gita: »Und dann?« »Dann ging er fort, ging, was hätte er sonst tun sollen? Aber er glaubte nicht an den Tod, glaubte nur, dass die Menschen nicht zueinander können, die Lebenden nicht und nicht die Toten. Und das ist ihr Elend, nicht, dass sie sterben.«

»Ja, das weiß ich auch schon, du, dass man nicht helfen kann«, sagte Gita traurig. »Ich habe ein kleines weißes Kaninchen gehabt, das ganz zahm war und nie sein konnte ohne mich. Und dann wurde es krank, der Hals schwoll ihm an, und es hatte Schmerzen wie ein Mensch. Und es sah mich an und bat, bat mit seinen kleinen Augen, hoffte, glaubte, dass ich helfen würde. Und endlich ließ es ab, mich anzusehen, und starb in meinem Schoß, wie allein, wie hundert Meilen von mir.«

»Man soll kein Tier an sich gewöhnen, Gita, das ist wahr. Man lädt eine Schuld auf sich damit, man verspricht und man kann nicht halten. Ein fortwährendes Versagen ist unser Teil bei diesem Verkehr. Und es ist bei den Menschen nicht anders, nur dass da immer beide schuldig werden, einer am anderen. Und *das* heißt, sich lieb haben: aneinander schuldig werden, nicht mehr, Gita, nicht *mehr.*«

»Ich weiß«, sagte Gita, »aber das ist viel.« Und dann gingen sie zusammen, Hand in Hand auf dem Kirchhof umher und dachten nicht, dass es anders sein könnte, als es war.

Und doch wurde es anders. Es kam der August und ein Tag im August, da die Gassen der Stadt wie im Fieber waren, schwer, bang, ohne Wind. Der fremde Mann erwartete Gita an der Kirchhofstür, bleich und ernst.

»Ich habe einen bösen Traum gehabt, Gita«, rief er ihr zu. »Geh nach Hause und komm nicht wieder her, eh ich dich wissen lasse, dass du kommen sollst. Ich werde vielleicht viel Arbeit haben jetzt. Leb wohl.« Sie aber warf sich ihm an die Brust und weinte. Und er ließ sie weinen, so lange sie wollte, und sah ihr lange nach, als sie ging. Er hatte sich nicht geirrt; es begann ernsthafte Arbeit. Täglich kamen jetzt zwei oder drei Leichenzüge heraus. Viele Bürger folgten ihnen; es waren reiche und festliche Begräbnisse, bei denen Weihrauch und Gesang nicht fehlte. Der Fremde aber wusste, was noch niemand ausgesprochen hatte: Die Pest war in der Stadt. Die Tage wurden immer heißer und stechender unter den tödlichen Himmeln, und die Nächte kamen und kühlten nicht. Und Entsetzen und Angst legte sich auf die Hände derer, die ein Handwerk trieben, und auf die Herzen derjenigen, welche liebten – und lähmte sie. Und es war eine Stille in den Häusern, wie am größten Feiertag, oder wie mitten in der Nacht. Aber die Kirchen waren erfüllt von verstörten Gesichtern. Und plötzlich begannen die Glocken zu läuten, alle, fuhren auf, brachen in Klänge aus: als hätten wilde Tiere die Glockenstricke angesprungen und sich verbissen in ihnen: so läuteten sie, atemlos.

In diesen schrecklichen Tagen war der Totengräber der Einzige, der arbeitete. Seine Arme erstarkten bei den größeren Anforderungen seines Amtes, und es war sogar eine gewisse Frohheit in ihm, die Frohheit seines Blutes, welches sich rascher bewegte.

Aber eines Morgens, als er nach kurzem Schlaf erwachte, stand Gita vor ihm. »Bist du krank?« »Nein, nein.« Und er begriff erst allmählich, was sie, hastig und verworren, sprach.

Sie sagte, die Leute von San Rocco seien unterwegs, gegen ihn. Sie wollten ihn töten, denn »du, sagen sie, hast die Pest heraufbeschworen. Du hast auf der leeren Seite des Kirchhofes, wo nichts war, Hügel gemacht, Gräber, sagen sie, und hast die Leichen gerufen mit diesen Gräbern. Flieh, flieh!« bat Gita und warf sich in die Knie, heftig, als stürzte sie von der Höhe eines Turmes. Und auf dem Wege war schon ein dunkler Haufen zu sehen, der schwoll und näher kam. Staub voran. Und aus dem dumpfen Gemurmel der Menge lösen sich schon einzelne Worte und drohen. Und Gita springt auf und fällt wieder in die Knie und will den Fremden mit sich ziehen.

Er aber steht wie aus Stein, steht und befiehlt ihr, hineinzugehen in sein Haus und zu warten. Sie gehorcht. Sie hockt im Haus hinter der Tür, und das Herz klopft ihr im Hals und in den Händen, überall.

Da kommt ein Stein, wieder ein Stein; man hört sie beide in die Hecke schlagen. Gita erträgt es nicht mehr. Sie reißt die Türe auf und läuft, läuft gerade auf den dritten Stein zu, der ihr die Stirne zerschlägt. Der Fremde fängt sie auf, wie sie fällt, und trägt sie hinein in sein kleines, dunkles Haus. Und das Volk johlt und ist schon ganz nahe an der niedrigen Hecke, die es nicht aufhalten wird. Aber da geschieht etwas Unerwartetes, Furchtbares. Der kleine Schreiber mit dem Kahlkopf, Theophilo, hängt sich plötzlich an seinen Nachbar, den Schmied aus der Gasse vicolo Sma Trinità. Er taumelt und seine Augen verdrehen sich auf eine seltsame Art. Und zugleich beginnt in der dritten Reihe ein Knabe zu schwanken und hinter ihm schreit eine Frau, eine Schwangere, auf, schreit, schreit, und alle kennen diesen Schrei und jagen auseinander, wahnsinnig vor Angst. Der Schmied, ein großer starker Mann, zittert und schüttelt den Arm, an dem der Schreiber gehangen hat, als wollte er ihn von sich schleudern, schüttelt und schüttelt.

Und drinnen im Hause kommt Gita, die auf dem Bette liegt, noch einmal zu sich und horcht.

»Sie sind fort«, sagt der Fremde, der über sie gebeugt ist. Sie kann ihn nicht mehr sehen, aber sie tastet leise über sein gesenktes Gesicht, um doch noch einmal zu wissen, wie es war. Ihr ist, als hätten sie lange zusammen gelebt, der Fremde und sie, Jahre und Jahre. Und plötzlich sagt sie: »Die Zeit macht es nicht, nicht wahr?« »Nein«, sagt er, »Gita, die Zeit macht es nicht.« Und er weiß, was sie meint. So stirbt sie. Und er gräbt ihr ein Grab am Ende des Mittelweges, in dem reinen glänzenden Kies. Und der Mond kommt und es ist, als ob er in Silber grübe. Und er legt sie hinein auf Blumen und deckt sie mit Blumen zu. »Du Liebe«, sagt er und steht eine Weile still. Aber gleich darauf, als hätte er Angst vor dem Stillestehen und vor dem Nachdenken, beginnt er zu arbeiten. Sieben Särge stehen noch unbeerdigt; man hat sie im Laufe des letzten Tages heraus gebracht. Ohne viel Gefolge, obwohl in dem einen, besonders breiten Eichensarg Gian-Battista Vignola liegt, der Podestà.

Alles ist anders geworden. Würden gelten nicht mehr. Statt eines Toten mit vielen Lebenden, kommt jetzt immer *ein* Lebender und bringt auf seinem Karren drei, vier Särge mit. Der rote Pippo, der das zu seinem Geschäft gemacht hat. Und der Fremde misst, wie viel Raum er noch hat. Raum für etwa fünfzehn Gräber. Und so beginnt er seine Arbeit, und zuerst ist sein Spaten die einzige Stimme in der Nacht. Bis man wieder das Sterben hört aus der Stadt. Denn jetzt hält sich keiner mehr zurück; es ist kein Geheimnis mehr. Wen die Krankheit packt oder auch nur die Angst davor, der schreit und schreit und schreit, bis es zu Ende ist. Mütter fürchten sich vor ihren Kindern, keiner erkennt mehr den anderen, wie in ungeheurer Dunkelheit. Einzelne Verzweifelte halten Gelage und werfen die trunkenen Dirnen, wenn sie zu taumeln beginnen, aus den Fenstern hinaus, in Angst, die Krankheit könnte sie ergriffen haben.

Aber der Fremde draußen gräbt ruhig fort. Er hat das Gefühl: solang er Herr ist hier, in diesen vier Hecken, solang er hier ordnen kann und bauen, und wenigstens außen, wenigstens durch Blumen und Beete, diesem wahnwitzigen Zufall einen Sinn geben und ihn mit dem Land ringsherum versöhnen und in Einklang bringen kann, so lange hat der andere nicht Recht, und es kann ein Tag kommen, wo er – der andere – müd wird, nachgibt. Und zwei Gräber sind schon fertig. Aber da kommt es: Lachen, Stimmen, und ein Wagen knarrt. Der Wagen ist über und über mit Leichen beladen. Und der rote Pippo hat Genossen gefunden, die ihm helfen. Und sie greifen blind und gierig hinein in den Überfluss und zerren einen heraus, der sich zu wehren scheint, und schleudern ihn über die Hecke auf den Kirchhof. Und wieder einen. Der Fremde schafft ruhig weiter. Bis ihm der Körper eines jungen Mädchens, nackt und blutig, mit misshandeltem Haar, vor die Füße fällt. Da droht der Totengräber hinaus in die Nacht. Und er will wieder an seine Arbeit gehen. Aber die trunkenen Burschen sind nicht aufgelegt, sich befehlen zu lassen. Immer wieder taucht der rote Pippo auf, hebt die flache Stirn und wirft einen Körper über die Hecke. So stauen sich die Leichen um den ruhigen Arbeiter auf. Leichen, Leichen, Leichen. Schwerer und schwerer geht der Spaten. Die Hände der Toten selbst scheinen sich wehrend darauf zu legen. Da hält der Fremde an. Auf seiner Stirne steht Schweiß. In seiner Brust ringt etwas. Dann tritt er näher an die Hecke heran, und als wieder Pippos roter, runder Kopf sich hebt, schwingt er mit weitem Ausholen den Spaten, fühlt wie er trifft und sieht noch, dass er schwarz und nass ist, wie er ihn zurückzieht. Er wirft ihn in weitem Bogen fort, und senkt die Stirn. Und so geht er langsam aus seinem Garten, in die Nacht: ein Besiegter. Einer, der zu früh gekommen ist, viel zu früh.

Theoretische Schriften

Auguste Rodin; 1. Teil entstanden 1902; Erstdruck bei Julius Bard, Berlin 1903; 2. Teil entstanden 1905-07; Erstdruck bei Marquardt und Co., Berlin 1907.

Aufsätze und Rezensionen

Detlev von Liliencron, Poggfred; Erstdruck in »Deutsches Abendblatt«, Prag 11.1.1897.

Demnächst und Gestern; Erstdruck in »Wiener Rundschau«, 1.1.1898.

Moderne Lyrik; entstanden 1898, Erstdruck in »Sämtliche Werke«, Frankfurt am Main 1965.

Intérieurs; entstanden 1898 (?), Erstdruck in »Sämtliche Werke«, Frankfurt am Main 1965.

Notizen zur Melodie der Dinge; entstanden 1898, Erstdruck in »Sämtliche Werke«, Frankfurt am Main 1965.

Über Kunst; Erstdruck in »Ver sacrum«, 1./2. Jg., Wien 1898/1899.

Der Wert des Monologes; Erstdruck in »Dramaturgische Blätter«, Berlin 24.9.1898.

Noch ein Wort über den »Wert des Monologes«; Erstdruck in »Dramaturgische Blätter«, Berlin 8.10.1898.

Hermann Hesse; Erstdruck in »Der Bote für deutsche Literatur«, Leipzig September 1899.

Friedrich Huch, Peter Michel (2. Besprechung); Erstdruck »Die Zukunft«, 10. Jg., Berlin 1902.

Friedrich Huch, Peter Michel (3. Besprechung); Erstdruck in »Bremer Tageblatt«, 19.3.1902.

Von der Landschaft; entstanden 1902 (?); Erstdruck in »Insel-Almanach auf das Jahr 1933«, Leipzig 1932.

Thomas Mann's »Buddenbrooks«; Erstdruck in »Bremer Tageblatt«, 16.4.1902.

Hermann Bang, Das weiße Haus; Erstdruck in »Bremer Tageblatt«, 16.4.1902.

Das Jahrhundert des Kindes; Erstdruck in »Bremer Tageblatt«, 8.6.1902.

Kunstwerke; Erstdruck in »Jahres-Bericht der Lese- und Redehalle jüdischer Hochschüler in Wien über das Vereinsjahr 1902«, Wien 1903.

Samskola; Erstdruck in »Die Zukunft«, 13. Jg., Berlin 1905.

Furnes; Erstdruck in »Bremer Tageblatt«, 1.8.1907.

Die Bücher zum wirklichen Leben; Erstdruck in »Hermann Bahr, Die Bücher zum wirklichen Leben», Wien 1908.

Über den Dichter; entstanden 1912; Erstdruck in »Verse und Prosa aus dem Nachlass«, Leipzig 1929.

Über den jungen Dichter; entstanden 1913, veröffentlicht 1931 als Privatdruck.

Puppen; Erstdruck in »Die weißen Blätter«, Werbeheft, Leipzig 1914.

Ur-Geräusch; Erstdruck in »Das Inselschiff«, 1. Jg., 1. Heft, Leipzig 1919.

Der Brief des jungen Arbeiters; entstanden 1922; Erstdruck in »Über Gott«, Leipzig 1933.

Auguste Rodin

Erster Teil

Einer jungen Bildhauerin, Paris, im Dezember 1902

»Die Schriftsteller wirken durch Worte ... die Bildhauer aber durch Taten«
Pomponius Gauricus, in seiner Schrift »De sculptura.« (um 1504)

The hero is he who is immovably centred (Emerson)

Rodin war einsam vor seinem Ruhme. Und der Ruhm, der kam, hat ihn vielleicht noch einsamer gemacht. Denn Ruhm ist schließlich nur der Inbegriff aller Missverständnisse, die sich um einen neuen Namen sammeln.

Es sind ihrer sehr viele um Rodin, und es wäre eine lange und mühsame Aufgabe, sie aufzuklären. Es ist auch nicht nötig; sie stehen um den Namen, nicht um das Werk, das weit über dieses Namens Klang und Rand hinausgewachsen und namenlos geworden ist, wie eine Ebene namenlos ist, oder ein Meer, das nur auf der Karte einen Namen hat, in den Büchern und bei den Menschen, in Wirklichkeit aber nur Weite ist, Bewegung und Tiefe.

Dieses Werk, von dem hier zu reden ist, ist gewachsen seit Jahren und wächst an jedem Tage wie ein Wald und verliert keine Stunde. Man geht unter seinen tausend Dingen umher, überwältigt von der Fülle der Funde und Erfindungen, die es umfasst, und man sieht sich unwillkürlich nach den zwei Händen um, aus denen diese Welt erwachsen ist. Man erinnert sich, wie klein Menschenhände sind, wie bald sie müde werden und wie wenig Zeit ihnen gegeben ist, sich zu regen. Und man verlangt die Hände zu sehen, die gelebt haben wie hundert Hände, wie ein Volk von Händen, das vor Sonnenaufgang sich erhob zum weiten Wege dieses Werkes. Man fragt nach dem, der diese Hände beherrscht. Wer ist dieser Mann?

Es ist ein Greis. Und sein Leben ist eines von denen, die sich nicht erzählen lassen. Dieses Leben hat begonnen und es geht, es geht tief in ein großes Alter hinein, und es ist für uns, als ob es vor vielen hundert Jahren vergangen wäre. Wir wissen nichts davon. Es wird eine Kindheit gehabt haben, irgendeine, eine Kindheit in Armut, dunkel, suchend und ungewiss. Und es hat diese Kindheit vielleicht noch, denn –, sagt der heilige Augustinus einmal, wohin sollte sie gegangen sein? Es hat vielleicht alle seine vergangenen Stunden, die Stunden der Erwartung und der Verlassenheit, die Stunden des Zweifels und die langen Stunden der Not, es ist ein Leben, das nichts verloren und vergessen hat, ein Leben, das sich versammelte, da es verging. Vielleicht, wir wissen nichts davon. Aber nur aus einem solchen Leben, glauben wir, kann eines solchen Wirkens Fülle und Überfluss entstanden sein, nur ein solches Leben, in dem alles gleichzeitig ist und wach und nichts vergangen, kann jung und stark bleiben und sich immer wieder zu hohen Werken erheben. Es wird vielleicht eine Zeit kommen, da man diesem Leben seine Geschichte erfinden wird, seine Verwickelungen, seine Episoden und Einzelheiten. Sie werden erfunden sein. Man wird von einem Kinde erzählen, das oft zu essen vergaß, weil es ihm wichtiger schien, mit einem schlechten Messer Dinge in geringes Holz zu schneiden, und man wird in die Tage des jungen Menschen irgendeine Begegnung setzen, die eine Verheißung zukünftiger Größe, eine von jenen nachträglichen Prophezeiungen enthält, die so volkstümlich und rührend sind. Es könnten ganz gut die Worte sein, die irgendein Mönch vor fast fünfhundert Jahren dem jungen Michel Colombe gesagt haben soll, diese Worte: »Travaille, petit, regarde tout ton saoul et le clocher à jour de Saint-Pol, et les belles œuvres des compaignons, regarde, aime le bon Dieu, et tu auras la grâce des grandes choses.« »Und du wirst die Gnade der großen Dinge haben.« Vielleicht hat ein inneres Gefühl so, nur unendlich viel leiser als der Mund des Mönches, zu dem jungen Menschen gesprochen an einem der Kreuzwege seines Anbeginns. Denn gerade das suchte er: die Gnade der großen Dinge. Da war das Louvre mit den vielen lichten Dingen der Antike, die an südliche Himmel erinnerten und an die Nähe des Meeres, und dahinter erhoben sich andere, schwere steinerne Dinge, aus undenklichen Kulturen hinüberdauernd in noch nicht gekommene Zeiten. Da waren Steine, die schliefen, und man fühlte, dass sie erwachen würden bei irgendeinem Jüngsten Gericht, Steine, an denen nichts Sterbliches war, und andere, die eine Bewegung trugen, eine Gebärde, die so frisch geblieben war, als sollte sie hier nur aufbewahrt und eines Tages irgendeinem Kinde gegeben werden, das vorüberkam. Und nicht allein in den berühmten Werken und den weithin sichtbaren war dieses Lebendigsein; das Unbeachtete, Kleine, das Namenlose und Überzählige war nicht weniger erfüllt von dieser tiefen, innerlichen Erregtheit, von dieser reichen und überraschenden Unruhe des Lebendigen. Auch die Stille, wo Stille war, bestand aus hundert und hundert Bewegungsmomenten, die sich im Gleichgewicht hielten. Es gab kleine Figuren da, Tiere besonders, die sich bewegten, streckten oder zusammenzogen, und wenn ein Vogel saß, so wusste man doch, dass es ein Vogel war, ein Himmel wuchs aus ihm heraus und blieb um ihn stehen, eine Weite war zusammengefaltet auf jede seiner Federn gelegt und man konnte sie aufspannen und ganz groß machen. Und ganz ähnlich war es mit den Tieren, die auf den Kathedralen standen und saßen oder unter den Konsolen kauerten, verkümmert und gekrümmt und zu träge zum Tragen. Da waren Hunde und Eichhörnchen, Spechte und Eidechsen, Schildkröten, Ratten und Schlangen. Wenigstens eines von jeder Art. Diese Tiere schienen draußen eingefangen worden zu sein in den Wäldern und auf den Wegen, und der Zwang, unter steinernen Ranken, Blumen und Blättern zu leben, musste sie selbst langsam verwandelt haben zu dem was sie nun waren und immer bleiben sollten. Aber es fanden sich auch Tiere, die schon in dieser versteinten Umgebung geboren waren, ohne Erinnerung an ein anderes Dasein. Sie waren schon ganz die Bewohner dieser aufrechten, ragenden, steil steigenden Welt. Unter ihrer fanatischen Magerkeit standen spitzbogige Skelette. Ihre Münder waren weit und schreiend wie bei Tauben, denn die Nähe der Glocken hatte ihr Gehör zerstört. Sie trugen nicht, sie streckten sich und halfen so den Steinen steigen. Die Vogelhaften hockten oben auf den Balustraden, als wären sie eigentlich unterwegs und wollten nur ein paar Jahrhunderte lang ausruhen und hinunterstarren auf die wachsende Stadt. Andere, die von Hunden abstammten, stemmten sich waagrecht vom Rand der Traufen in die Luft, bereit, das Wasser der Regen aus ihren vom Speien angeschwollenen Rachen zu werfen. Alle hatten sich umgebildet und angepasst, aber sie hatten nichts an Leben verloren, im Gegenteil, sie lebten stärker und heftiger, lebten für ewig das inbrünstige und ungestüme Leben jener Zeit, die sie hatte erstehen lassen.

Und wer diese Gebilde sah, der empfand, dass sie nicht aus einer Laune geboren waren, nicht aus einem spielerischen Versuch, neue, unerhörte Formen zu finden. Die Not hatte sie geschaffen. Aus der Angst vor den unsichtbaren Gerichten eines schweren Glaubens hatte man sich zu diesem Sichtbaren gerettet, vor dem Ungewissen flüchtete man zu dieser Verwirklichung. Noch suchte man sie in Gott, nicht mehr indem man ihm Bilder erfand und versuchte, sich den Vielzufernen vorzustellen: indem man alle Angst und Armut, alles Bangsein und die Gebärden der Geringen in sein Haus trug, in seine Hand legte, auf sein Herz stellte, war man fromm. Das war besser als malen; denn die Malerei war auch eine Täuschung, ein schöner und geschickter Betrug; man sehnte sich nach Wirklicherem und Einfachem. So entstand die seltsame Skulptur der Kathedralen, dieser Kreuzzug der Beladenen und der Tiere.

Und wenn man von der Plastik des Mittelalters zurücksah zur Antike und wieder über die Antike hinaus in den Anfang unsagbarer Vergangenheiten, schien es da nicht, als verlangte die menschliche Seele immer wieder an lichten oder bangen Wendepunkten nach dieser Kunst, die mehr gibt als Wort und Bild, mehr als Gleichnis und Schein: nach dieser schlichten Dingwerdung ihrer Sehnsüchte oder Ängste? Zuletzt in der Renaissance gab es eine große plastische Kunst; damals als das Leben sich erneut hatte, als man das Geheimnis der Gesichter fand und die große Gebärde, die im Wachsen war.

Und jetzt? War nicht wieder eine Zeit gekommen, die nach diesem Ausdruck drängte, nach dieser starken und eindringlichen Auslegung dessen, was in ihr unsagbar war, wirr und rätselhaft? Die Künste hatten sich irgendwie erneut, Eifer und Erwartung erfüllte und belebte sie; aber vielleicht sollte gerade diese Kunst, die Plastik, die noch in der Furcht einer großen Vergangenheit zögerte, berufen sein zu finden, wonach die andern tastend und sehnsüchtig suchten? Sie musste einer Zeit helfen können, deren Qual es war, dass fast alle ihre Konflikte im Unsichtbaren lagen. Ihre Sprache war der Körper. Und diesen Körper, wann hatte man ihn zuletzt gesehen? Schicht um Schicht hatten sich die Trachten darüber gelegt, wie ein immer erneuter Anstrich, aber unter dem Schutz dieser Krusten hatte die wachsende Seele ihn verändert, während sie atemlos an den Gesichtern arbeitete. Er war ein anderer geworden. Wenn man ihn jetzt aufdeckte, vielleicht enthielt er tausend Ausdrücke für alles Namenlose und Neue, das inzwischen entstanden war, und für jene alten Geheimnisse, die, aufgestiegen aus dem Unbewussten, wie fremde Flussgötter ihre triefenden Gesichter aus dem Rauschen des Blutes hoben. Und dieser Körper konnte nicht weniger schön sein als der der Antike, er musste von noch größerer Schönheit sein. Zwei Jahrtausende länger hatte das Leben ihn in den Händen behalten und hatte an ihm gearbeitet, gehorcht und gehämmert Tag und Nacht. Die Malerei träumte von diesem Körper, sie schmückte ihn mit Licht und durchdrang ihn mit Dämmerung, sie umgab ihn mit aller Zärtlichkeit und allem Entzücken, sie befühlte ihn wie ein Blumenblatt und ließ sich tragen von ihm wie von einer Welle, – aber die Plastik, der er gehörte, kannte ihn noch nicht.

Hier war eine Aufgabe, groß wie die Welt. Und der vor ihr stand und sie sah, war ein Unbekannter, dessen Hände nach Brot gingen, in Dunkelheit. Er war ganz allein, und wenn er ein richtiger Träumer gewesen wäre, so hätte er einen schönen und tiefen Traum träumen dürfen, einen Traum, den niemand verstanden hätte, einen von jenen langen, langen Träumen, über denen ein Leben hingehen kann wie ein Tag. Aber dieser junge Mensch, der in der Manufaktur von Sèvres seinen Verdienst hatte, war ein Träumer, dem der Traum in die Hände stieg, und er begann gleich mit seiner Verwirklichung. Er fühlte, wo man anfangen musste; eine Ruhe, die in ihm war, zeigte ihm den weisen Weg. An dieser Stelle offenbart sich schon Rodins tiefe Übereinstimmung mit der Natur, von der der Dichter Georges Rodenbach, der ihn geradezu eine Naturkraft nennt, so schöne Worte zu sagen wusste. Und in der Tat, es ist eine dunkle Geduld in Rodin, die ihn beinahe namenlos macht, eine stille, überlegene Langmut, etwas von der großen Geduld und Güte der Natur, die mit einem Nichts beginnt, um still und ernst den weiten Weg zum Überfluss zu gehen. Auch Rodin vermaß sich nicht, Bäume machen zu wollen. Er fing mit dem Keim an, unter der Erde gleichsam. Und dieser Keim wuchs nach unten, senkte Wurzel um Wurzel abwärts, verankerte sich, ehe er anfing einen kleinen Trieb nach oben zu tun. Das brauchte Zeit und Zeit. »Man muss sich nicht eilen«, sagte Rodin den wenigen Freunden, die um ihn waren, wenn sie ihn drängten.

Damals kam der Krieg, und Rodin ging nach Brüssel und arbeitete, wie der Tag es befahl. Er führte einige Figuren an Privathäusern aus und mehrere von den Gruppen auf dem Börsengebäude und schuf die vier großen Eckfiguren bei dem Denkmal des Bürgermeisters Loos im Parc d'Anvers. Das waren Aufträge, die er gewissenhaft ausführte, ohne seine wachsende Persönlichkeit zu Worte kommen zu lassen. Seine eigentliche Entwicklung ging nebenher, zusammengedrängt in die Pausen, in die Abendstunden, ausgebreitet in der einsamen Stille der Nächte, vor sich, und er musste diese Teilung seiner Energie jahrelang ertragen. Er besaß die Kraft derjenigen, auf die ein großes Werk wartet, die schweigsame Ausdauer derer, die notwendig sind.

Während er an der Börse von Brüssel beschäftigt war, mochte er fühlen, dass es keine Gebäude mehr gab, die die Werke der Skulptur um sich versammelten, wie es die Kathedralen getan hatten, diese großen Magnete der Plastik einer vergangenen Zeit. Das Bildwerk war allein, wie das Bild allein war, das Staffelei-Bild, aber es bedurfte ja auch keiner Wand wie dieses. Es brauchte nicht einmal ein Dach. Es war ein Ding, das für sich allein bestehen konnte, und es war gut, ihm ganz das Wesen eines Dinges zu geben, um das man herumgehen und das man von allen Seiten betrachten konnte. Und doch musste es sich irgendwie von den anderen Dingen unterscheiden, den gewöhnlichen Dingen, denen jeder ins Gesicht greifen konnte. Es musste irgendwie unantastbar werden, sakrosankt, getrennt vom Zufall und von der Zeit, in der es einsam und wunderbar wie das Gesicht eines Hellsehers aufstand. Es musste seinen eigenen, sicheren Platz erhalten, an den nicht Willkür es gestellt hatte, und es musste eingeschaltet werden in die stille Dauer des Raumes und in seine großen Gesetze. In die Luft, die es umgab, musste man es wie in eine Nische hineinpassen und ihm so eine Sicherheit geben, einen Halt und eine Hoheit, die aus seinem einfachen Dasein, nicht aus seiner Bedeutung kam.

Rodin wusste, dass es zunächst auf eine unfehlbare Kenntnis des menschlichen Körpers ankam. Langsam, forschend war er bis zu seiner Oberfläche vorgeschritten, und nun streckte sich von Außen eine Hand entgegen, welche diese Oberfläche von der anderen Seite ebenso genau bestimmte und begrenzte, wie sie es von Innen war. Je weiter er ging auf seinem entlegenen Wege, desto mehr blieb der Zufall zurück, und ein Gesetz führte ihn dem anderen zu. Und schließlich war es diese Oberfläche, auf die seine Forschung sich wandte. Sie bestand aus unendlich vielen Begegnungen des Lichtes mit dem Dinge, und es zeigte sich, dass jede dieser Begegnungen anders war und jede merkwürdig. An dieser Stelle schienen sie einander aufzunehmen, an jener sich zögernd zu begrüßen, an einer dritten fremd aneinander vorbeizugehen; und es gab Stellen ohne Ende und keine, auf der nicht etwas geschah. Es gab keine Leere.

In diesem Augenblick hatte Rodin das Grundelement seiner Kunst entdeckt, gleichsam die Zelle seiner Welt. Das war die Fläche, diese verschieden große, verschieden betonte, genau bestimmte Fläche, aus der alles gemacht werden musste. Von da ab war sie der Stoff seiner Kunst, das, worum er sich mühte, wofür er wachte und litt. Seine Kunst baute sich nicht auf eine große Idee auf, sondern auf eine kleine gewissenhafte Verwirklichung, auf das Erreichbare, auf ein Können. Es war kein Hochmut in ihm. Er schloss sich an diese unscheinbare und schwere Schönheit an, an die, die er noch überschauen, rufen und richten konnte. Die andere, die große, musste kommen, wenn alles fertig war, so wie die Tiere zur Tränke kommen, wenn die Nacht sich vollendet hat und nichts Fremdes mehr an dem Walde haftet.

Mit dieser Entdeckung begann Rodins eigenste Arbeit. Nun erst waren alle die herkömmlichen Begriffe der Plastik für ihn wertlos geworden. Es gab weder Pose, noch Gruppe, noch Komposition. Es gab nur unzählbar viele lebendige Flächen, es gab nur Leben, und das Ausdrucksmittel, das er sich gefunden hatte, ging gerade auf dieses Leben zu. Nun hieß es seiner und seiner Fülle mächtig zu werden. Rodin erfasste das Leben, das überall war, wohin er sah. Er erfasste es an den kleinsten Stellen, er beobachtete es, er ging ihm nach. Er erwartete es an den Übergängen, wo es zögerte, er holte es ein, wo es lief, und er fand es an allen Orten gleich groß, gleich mächtig und hinreißend. Da war kein Teil des Körpers unbedeutend oder gering: er lebte. Das Leben, das in den Gesichtern wie auf Zifferblättern stand, leicht ablesbar und voll Bezug auf die Zeit, – in den Körpern war es zerstreuter, größer, geheimnisvoller und ewiger. Hier verstellte es sich nicht, hier ging es nachlässig, wo es nachlässig war, und stolz bei den Stolzen; zurücktretend von der Bühne des Angesichtes, hatte es die Maske abgenommen und stand, wie es war, hinter den Kulissen der Kleider. Hier fand er die Welt seiner Zeit, wie er jene des Mittelalters an den Kathedralen erkannt hatte: versammelt um ein geheimnisvolles Dunkel, zusammengehalten von einem Organismus, an ihn angepasst und ihm dienstbar gemacht. Der Mensch war zur Kirche geworden und es gab tausend und tausend Kirchen, keine der anderen gleich und jede lebendig. Aber es galt zu zeigen, dass sie alle eines Gottes waren.

Jahre und Jahre ging Rodin auf den Wegen dieses Lebens als ein Lernender und Demütiger, der sich als Anfänger fühlte. Niemand wusste von seinen Versuchen, er hatte keinen Vertrauten und wenig Freunde. Hinter der Arbeit, die ihn nährte, verbarg sich sein werdendes Werk und erwartete seine Zeit. Er las viel. Man war gewohnt, ihn in Brüssels Straßen immer mit einem Buche in der Hand zu sehen, aber vielleicht war dieses Buch oft nur ein Vorwand für das Vertieftsein in sich selbst, in die ungeheuere Aufgabe, die ihm bevorstand. Wie allen Tätigen war auch ihm das Gefühl, eine unabsehbare Arbeit vor sich zu haben, ein Antrieb, etwas was seine Kräfte vermehrte und versammelte. Und kamen Zweifel, kamen Ungewissheiten, kam die große Ungeduld der Werdenden zu ihm, die Furcht eines frühen Todes oder die Drohung der täglichen Not, so fand das alles in ihm schon einen stillen, aufrechten Widerstand, einen Trotz, eine Stärke und Zuversicht, alle die noch nicht entfalteten Fahnen eines großen Sieges. Vielleicht war es die Vergangenheit, die in solchen Momenten auf seine Seite trat, die Stimme der Kathedralen, die er immer wieder hören ging. Auch aus den Büchern kam vieles was ihm zustimmte. Er las zum ersten Male Dantes Divina Comedia. Es war eine Offenbarung. Er sah die leidenden Leiber eines anderen Geschlechtes vor sich, sah, über alle Tage fort, ein Jahrhundert, dem die Kleider abgerissen waren, sah das große und unvergessliche Gericht eines Dichters über seine Zeit. Da waren Bilder, die ihm recht gaben, und wenn er von den weinenden Füßen Nikolaus des Dritten las, so wusste er schon, dass es weinende Füße gab, dass es ein Weinen gab, das überall war, über einem ganzen Menschen, und Tränen, die aus allen Poren traten. Und von Dante kam er zu Baudelaire. Hier war kein Gericht, kein Dichter, der an der Hand eines Schattens zu den Himmeln stieg, ein Mensch, einer von den Leidenden hatte seine Stimme erhoben und hielt sie hoch über die Häupter der anderen empor, wie um sie zu retten vor einem Untergang. Und in diesen Versen gab es Stellen, die heraustraten aus der Schrift, die nicht geschrieben, sondern geformt schienen, Worte und Gruppen von Worten, die geschmolzen waren in den heißen Händen des Dichters, Zeilen, die sich wie Reliefs anfühlten, und Sonette, die wie Säulen mit verworrenen Kapitalen die Last eines bangen Gedankens trugen. Er fühlte dunkel, dass diese Kunst, wo sie jäh aufhörte, an den Anfang einer anderen stieß, und dass sie sich nach dieser anderen gesehnt hatte; er fühlte in Baudelaire einen, der ihm vorangegangen war, einen, der sich nicht von den Gesichtern hatte beirren lassen und der nach den Leibern suchte, in denen das Leben größer war, grausamer und ruheloser.

Seit jenen Tagen blieben diese beiden Dichter ihm immer nah, er dachte über sie hinaus und kehrte zu ihnen zurück. In jener Zeit, wo seine Kunst sich formte und vorbereitete, wo alles Leben, das sie lernte, namenlos war und nichts bedeutete, gingen Rodins Gedanken in den Büchern der Dichter umher und holten sich dort eine Vergangenheit. Später, als er als Schaffender diese Stoffkreise wieder berührte, da stiegen ihre Gestalten wie Erinnerungen aus seinem eigenen Leben, weh und wirklich, in ihm auf und gingen in sein Werk wie in eine Heimat ein.

Endlich, nach Jahren einsamer Arbeit machte er den Versuch, mit einem Werke hervorzutreten. Es war eine Frage an die Öffentlichkeit. Die Öffentlichkeit antwortete verneinend. Und

Rodin verschloss sich abermals für dreizehn Jahre. Es waren die Jahre, in denen er, immer noch als Unbekannter, zum Meister ausreifte, zum unumschränkten Beherrscher seiner eigenen Mittel, immerfort arbeitend, denkend, versuchend, unbeeinflusst von der Zeit, die an ihm nicht teilnahm. Vielleicht gab ihm der Umstand, dass seine ganze Entwicklung in dieser ungestörten Stille vor sich gegangen war, später, als man um ihn stritt, als man seinem Werk widersprach, jene gewaltige Sicherheit. Da, als man anfing an ihm zu zweifeln, hatte er keinen Zweifel mehr an sich selbst. Das alles lag hinter ihm. Nicht mehr von dem Zuruf und dem Urteil der Menge hing sein Schicksal ab, es war schon entschieden, als man meinte, es mit Spott und Feindseligkeit vernichten zu können. In der Zeit, als er wurde, klang keine fremde Stimme zu ihm, kein Lob, das ihn hätte irremachen, kein Tadel, der ihn hätte verwirren können. Wie Parzival heranwächst, so wuchs sein Werk in Reinheit heran, allein mit sich und mit einer großen ewigen Natur. Nur seine Arbeit sprach zu ihm. Sie sprach zu ihm des Morgens beim Erwachen, und des Abends klang sie lange in seinen Händen nach wie in einem fortgelegten Instrumente. Darum war sein Werk so unüberwindlich: weil es erwachsen zur Welt kam; nicht mehr als werdendes erschien es, das um seine Berechtigung bat, sondern als Wirklichkeit, die sich durchgesetzt hat, die da ist, mit der man rechnen muss. Wie ein König, der hört, dass in seinem Reiche eine Stadt gebaut werden soll, überlegt, ob es gut sei, das Privileg zu gewähren, zögert und endlich aufbricht, die Stelle zu besehen; er kommt hin und findet eine große gewaltige Stadt, die fertig ist, steht, steht wie von Ewigkeit her mit Mauern, Türmen und Toren: so kam die Menge, als man sie schließlich rief, zu dem Werke Rodins, das fertig war.

Diese Periode des Reifwerdens ist begrenzt durch zwei Werke. An ihrem Anfang steht der Kopf des *Mannes mit der gebrochenen Nase,* an ihrem Ende die Gestalt des jungen Mannes, des *Mannes der ersten Zeiten,* wie Rodin ihn genannt hat. Der *Homme au nez cassé* wurde im Jahre 1864 vom »Salon« zurückgewiesen. Man begreift das sehr gut, denn man fühlt, dass in diesem Werke Rodins Art schon ganz ausgereift war, ganz vollendet und sicher; mit der Rücksichtslosigkeit eines großen Bekenntnisses widersprach es den Anforderungen der akademischen Schönheit, die noch immer die allein herrschende war. Umsonst hatte Rude seiner Göttin des Aufruhrs auf dem Triumphtor der place de l'Étoile die wilde Gebärde gegeben und den weiten Schrei, umsonst hatte Barye seine geschmeidigen Tiere geschaffen, und den ›Tanz‹ Carpeaux' hatte man nur verhöhnt, um sich schließlich so weit an ihn zu gewöhnen, dass man ihn nicht mehr sah. Es war alles beim Alten geblieben. Die Plastik, die betrieben wurde, war immer noch die der Modelle, der Posen und der Allegorien, das leichte, billige und gemächliche Metier, das mit der mehr oder weniger geschickten Wiederholung von einigen sanktionierten Gebärden auskam. In dieser Umgebung hätte schon der Kopf des Mannes mit der gebrochenen Nase jenen Sturm erregen müssen, der erst bei späteren Werken Rodins losbrach. Aber wahrscheinlich hat man ihn, als die Arbeit eines Unbekannten, fast unbesehen wieder zurückgeschickt.

Man fühlt, was Rodin anregte, diesen Kopf zu formen, den Kopf eines alternden, hässlichen Mannes, dessen gebrochene Nase den gequälten Ausdruck des Gesichtes noch verstärken half; es war die Fülle von Leben, die in diesen Zügen versammelt war; es war der Umstand, dass es auf diesem Gesichte gar keine symmetrischen Flächen gab, dass nichts sich wiederholte, dass keine Stelle leer geblieben war, stumm oder gleichgültig. Dieses Gesicht war nicht vom Leben berührt worden, es war um und um davon angetan, als hätte eine unerbittliche Hand es in das Schicksal hineingehalten wie in die Wirbel eines waschenden, nagenden Wassers. Wenn man diese Maske in Händen hält und dreht, ist man überrascht über den fortwährenden Wechsel der Profile, von denen keines zufällig ist, ratend oder unbestimmt. Es gibt an diesem Kopf keine Linie, keine Überschneidung, keinen Kontur, den Rodin nicht gesehen und gewollt hat. Man glaubt zu fühlen, wie einige von diesen Furchen früher kamen, andere später, wie zwischen dem und jenem Riss, der durch die Züge geht, Jahre liegen, bange Jahre, man weiß, dass von den Zeichen dieses Gesichtes einige langsam eingeschrieben wurden, gleichsam zögernd, dass andere erst leise vorgezeichnet waren und von einer Gewohnheit oder einem Gedanken, der immer wiederkam, nachgezogen wurden, und man erkennt jene scharfen Scharten, die in einer Nacht entstanden sein mussten, wie vom Schnabel eines Vogels hineingehackt in die überwache Stirne eines Schlaflosen. Man muss sich mühsam erinnern, dass alles das auf dem Raume eines Gesichtes steht, so viel schweres, namenloses Leben erhebt sich aus diesem Werke. Legt man die Maske vor sich nieder, so meint man auf der Höhe eines Turmes zu stehen und auf ein unebenes Land herabzusehen, über dessen wirre Wege viele Völker gezogen sind. Und hebt man sie wieder auf, so hält man ein Ding, das man schön nennen muss um seiner Vollendung willen. Aber nicht aus der unvergleichlichen Durchbildung allein ergibt sich diese Schönheit. Sie entsteht aus der Empfindung des Gleichgewichts, des Ausgleichs aller dieser bewegten Flächen untereinander, aus der Erkenntnis dessen, dass alle diese Erregungsmomente in dem Dinge selbst ausschwingen und zu Ende gehen. War man eben noch ergriffen von der vielstimmigen Qual dieses Angesichtes, so fühlt man gleich darauf, dass keine Anklage davon ausgeht. Es wendet sich nicht an die Welt; es scheint seine Gerechtigkeit in sich zu tragen, die Aussöhnung aller seiner Widersprüche und eine Geduld, groß genug für alle seine Schwere.

Als Rodin diese Maske schuf, hatte er einen ruhig sitzenden Menschen vor sich und ein ruhiges Gesicht. Aber es war das Gesicht eines Lebendigen und als er es durchforschte, da zeigte sich, dass es voll von Bewegung war, voll von Unruhe und Wellenschlag. In dem Verlauf der Linien war Bewegung, Bewegung war in der Neigung der Flächen, die Schatten rührten sich wie im Schlafe, und leise schien das Licht an der Stirne vorbeizugehen. Es gab also keine Ruhe, nicht einmal im Tode; denn mit dem Verfall, der auch Bewegung ist, war selbst das Tote dem Leben noch untergeordnet. Es gab nur Bewegung in der Natur; und eine Kunst, die eine gewissenhafte und gläubige Auslegung des Lebens geben wollte, durfte nicht jene Ruhe, die es nirgends gab, zu ihrem Ideale machen. In Wirklichkeit hat auch die Antike nichts von einem solchen Ideal gewusst. Man musste nur an die *Nike* denken. Diese Skulptur hat uns nicht nur die Bewegung eines schönen Mädchens überliefert, das seinem Geliebten entgegengeht, sie ist zugleich ein ewiges Bildnis griechischen Windes, seiner Weite und Herrlichkeit. Und sogar die Steine älterer Kulturen waren nicht ruhig. In die hieratisch verhaltene Gebärde uralter Kulte war die Unruhe lebendiger Flächen eingeschlossen, wie Wasser in die Wände des Gefäßes. Es waren Strömungen in den verschlossenen Göttern, welche saßen, und in den stehenden war eine Gebärde, die wie eine Fontäne aus dem Steine stieg und wieder in denselben zurückfiel, ihn mit vielen Wellen erfüllend. Nicht die Bewegung war es, die dem Sinne der Skulptur (und das heißt einfach dem Wesen des Dinges) widerstrebte; es war nur die Bewegung, die nicht zu Ende geht, die nicht von anderen im Gleichgewicht gehalten wird, die hinausweist über die Grenzen des Dinges. Das plastische Ding gleicht jenen Städten der alten Zeit, die ganz in ihren Mauern lebten: die Bewohner hielten deshalb nicht ihren Atem an und die Gebärden ihres Lebens brachen nicht ab. Aber nichts drang über die Grenzen des Kreises, der sie umgab, nichts war jenseits davon, nichts zeigte aus den Toren hinaus und keine Erwartung war offen nach außen. Wie groß auch die Bewegung eines Bildwerkes sein mag, sie muss, und sei es aus unendlichen Weiten, sei es aus der Tiefe des Himmels, sie muss zu ihm zurückkehren, der große Kreis muss sich schließen, der Kreis der Einsamkeit, in der ein Kunst-Ding seine Tage verbringt. Das war das Gesetz, welches, ungeschrieben, lebte in den Skulpturen vergangener Zeiten. Rodin erkannte es. Was die Dinge auszeichnet, dieses Ganz-mit-sich-Beschäftigtsein, das war es, was einer Plastik ihre

Ruhe gab; sie durfte nichts von außen verlangen oder erwarten, sich auf nichts beziehen, was draußen lag, nichts sehen, was nicht in ihr war. Ihre Umgebung musste *in* ihr liegen. Es war der *Bildhauer* Lionardo, der der Gioconda die Unnahbarkeit gegeben hat, diese Bewegung, die nach innen geht, dieses Schauen, dem man nicht begegnen kann. Wahrscheinlich wird sein Francesco Sforza ebenso gewesen sein, von einer Gebärde bewegt, die, gleich einem stolzen Gesandten seines Staates nach vollbrachtem Auftrag, zu ihm zurückkehrte.

In den langen Jahren, die zwischen der Maske des *Homme au nez cassé* und jener Figur des *Mannes der ersten Zeiten* vergingen, vollzogen sich viele stille Entwickelungen in Rodin. Neue Beziehungen verbanden ihn fester mit der Vergangenheit seiner Kunst. Diese Vergangenheit und ihre Größe, an der so viele wie an einer Last getragen hatten, ihm wurde sie der Flügel, der ihn trug. Denn wenn er in jener Zeit je eine Zustimmung empfangen hat, eine Bestärkung dessen, was er wollte und suchte, so kam sie von den Dingen der Antike und aus dem faltigen Dunkel der Kathedralen. Menschen redeten nicht zu ihm. Steine sprachen.

Der *Homme au nez cassé* hatte geoffenbart, wie Rodin den Weg durch ein Gesicht zu gehen wusste, der *Mann der ersten Zeiten* bewies seine unumschränkte Herrschaft über den Körper. »Souverain tailleur d'ymaiges«, dieser Titel, den die Meister des Mittelalters einander in neidloser ernster Wertung gaben, kam ihm zu. Hier war ein lebensgroßer Akt, auf dessen allen Stellen das Leben nicht nur gleich mächtig war, es schien auch überall zur Höhe desselben Ausdrucks erhoben zu sein. Was im Gesichte stand, dieselbe Schmerzhaftigkeit eines schweren Erwachens und zugleich diese Sehnsucht nach dem Schweren, war auf dem kleinsten Teil dieses Körpers geschrieben; jede Stelle war ein Mund, der es sagte, in seiner Art. Das strengste Auge konnte an dieser Figur keinen Platz entdecken, der weniger lebendig, weniger bestimmt und klar gewesen wäre. Es war, als stiege in die Adern dieses Mannes Kraft aus den Tiefen der Erde. Das war die Silhouette eines Baumes, der die Märzstürme noch vor sich hat und bange ist, weil die Frucht und Fülle seines Sommers nicht mehr in den Wurzeln wohnt, sondern schon, langsam steigend, im Stamme steht, um den die großen Winde jagen werden.

Diese Gestalt ist auch noch in anderem Sinne bedeutsam. Sie bezeichnet im Werke Rodins die Geburt der Gebärde. Jene Gebärde, die wuchs und sich allmählich zu solcher Größe und Gewalt entwickelte, hier entsprang sie wie eine Quelle, welche leise an diesem Leibe niederrann. Sie erwachte im Dunkel der ersten Zeiten und sie scheint, in ihrem Wachsen, durch die Weite dieses Werkes wie durch alle Jahrtausende zu gehen, weit über uns hinaus zu denen, die kommen werden. Zögernd entfaltet sie sich in den erhobenen Armen; und diese Arme sind noch so schwer, dass die Hand des einen schon wieder ausruht auf der Höhe des Hauptes. Aber sie schläft nicht mehr, sie sammelt sich; ganz hoch oben auf dem Gipfel des Gehirnes, wo es einsam ist, bereitet sie sich vor auf die Arbeit, auf die Arbeit der Jahrhunderte, die nicht Absehn noch Ende hat. Und in dem rechten Fuße steht wartend ein erster Schritt.

Man könnte von dieser Gebärde sagen, dass sie wie in einer harten Knospe eingeschlossen ruht. Eines Gedankens Glut und ein Sturm im Willen: sie öffnet sich und es entsteht jener *Johannes* mit den redenden, erregten Armen, mit dem großen Gehen dessen, der einen anderen hinter sich kommen fühlt. Der Körper dieses Mannes ist nicht mehr unerprobt: die Wüsten haben ihn durchglüht, der Hunger hat ihm weh getan, und alle Dürste haben ihn geprüft. Er hat bestanden und ist hart geworden. Sein hagerer Asketenleib ist wie ein Holzgriff, in dem die weite Gabel seines Schrittes steckt. Er geht. Er geht, als wären alle Weiten der Welt in ihm und als teilte er sie aus mit seinem Gehen. Er geht. Seine Arme sagen von diesem Gang und seine Finger spreizen sich und scheinen in der Luft das Zeichen des Schreitens zu machen. Dieser *Johannes* ist der erste Gehende im Werke Rodins. Es kommen viele nach. Es kommen die *Bürger von Calais,* die ihren schweren Gang beginnen, und alles Gehen scheint vorzubereiten auf den großen herausfordernden Schritt des *Balzac.* Aber auch die Gebärde des Stehenden entwickelt sich weiter, sie schließt sich, sie rollt sich zusammen wie brennendes Papier, sie wird stärker, geschlossener, erregter. So ist jene Figur der *Eva,* die ursprünglich bestimmt war, über dem *Höllentor* zu stehen. Der Kopf senkt sich tief in das Dunkel der Arme, die sich über der Brust zusammenziehen wie bei einer Frierenden. Der Rücken ist gerundet, der Nacken fast horizontal, die Haltung vorgebogen wie zu einem Lauschen über dem eigenen Leibe, in dem eine fremde Zukunft sich zu rühren beginnt. Und es ist, als wirkte die Schwerkraft dieser Zukunft auf die Sinne des Weibes und zöge sie herab aus dem zerstreuten Leben in den tiefen demütigen Knechtdienst der Mutterschaft.

Immer und immer wieder kam Rodin bei seinen Akten auf dieses Sich-nach-innen-Biegen zurück, auf dieses angestrengte Horchen in die eigene Tiefe; so ist die wundervolle Gestalt, die er *La Méditation* genannt hat, so ist jene unvergessliche *Voix intérieure,* die leiseste Stimme Victor Hugo'scher Gesänge, die auf dem Denkmal des Dichters fast verborgen unter der Stimme des Zornes steht. Niemals ist ein menschlicher Körper so um sein Inneres versammelt gewesen, so gebogen von seiner eigenen Seele und wieder zurückgehalten von seines Blutes elastischer Kraft. Und wie auf dem tief seitwärts gesenkten Leibe der Hals sich ein wenig aufrichtet und streckt und den horchenden Kopf über das ferne Rauschen des Lebens hält, das ist so eindringlich und groß empfunden, dass man sich keiner ergreifenderen und verinnerlichteren Gebärde zu erinnern weiß. Es fällt auf, dass die Arme fehlen. Rodin empfand sie in diesem Fall als eine zu leichte Lösung seiner Aufgabe, als etwas, was nicht zu dem Körper gehört, der sich in sich selber hüllen wollte, ohne fremde Hülfe. Man kann an die Duse denken, wie sie in einem Drama d'Annunzio's, schmerzhaft verlassen, ohne Arme zu umarmen versucht und zu halten ohne Hände. Diese Szene, in der ihr Körper eine Liebkosung lernte, die weit über ihn hinausging, gehört zu den Unvergesslichkeiten ihres Spieles. Es vermittelte den Eindruck, dass die Arme ein Überfluss waren, ein Schmuck, eine Sache der Reichen und der Unmäßigen, die man von sich werfen konnte, um ganz arm zu sein. Nicht als hatte sie Wichtiges eingebüßt, wirkte sie in diesem Augenblick; eher wie einer, der seinen Becher verschenkt, um aus dem Bache zu trinken, wie ein Mensch, der nackt ist und noch ein wenig hilflos in seiner tiefen Blöße. So ist es auch bei den armlosen Bildsäulen Rodins; es fehlt nichts Notwendiges. Man steht vor ihnen als vor etwas Ganzem, Vollendetem, das keine Ergänzung zulässt. Nicht aus dem einfachen Schauen kommt das Gefühl des Unfertigen, sondern aus der umständlichen Überlegung, aus der kleinlichen Pedanterie, welche sagt, dass zu einem Körper Arme gehören und dass ein Körper ohne Arme nicht ganz sein könne, auf keinen Fall. Es ist nicht lange her, da lehnte man sich in derselben Weise gegen die vom Bildrande abgeschnittenen Bäumen der Impressionisten auf; man hat sich sehr rasch an diesen Eindruck gewöhnt, man hat, für den Maler wenigstens, einsehen und glauben gelernt, dass ein künstlerisches Ganzes nicht notwendig mit dem gewöhnlichen Ding-Ganzen zusammenfallen muss, dass, unabhängig davon, innerhalb des Bildes neue Einheiten entstehen, neue Zusammenschlüsse, Verhältnisse und Gleichgewichte. Es ist in der Skulptur nicht anders. Dem Künstler steht es zu, aus vielen Dingen eines zu machen und aus dem kleinsten Teil eines Dinges eine Welt. Es gibt im Werke Rodins Hände, selbständige, kleine Hände, die, ohne zu irgend einem Körper zu gehören, lebendig sind. Hände, die sich aufrichten, gereizt und böse, Hände, deren fünf gesträubte Finger zu bellen scheinen wie die fünf Hälse eines Höllenhundes. Hände, die gehen, schlafende Hände, und Hände, welche erwachen; verbrecherische, erblich belastete Hände und solche, die müde sind, die nichts mehr wollen, die sich niedergelegt haben in irgend einen Winkel, wie kranke Tiere, welche wissen, dass ihnen niemand helfen kann. Aber Hände sind schon ein komplizierter Organismus, ein Delta, in dem viel fernher kommendes Leben zusammenfließt, um sich in den großen Strom der Tat zu ergießen. Es gibt eine Geschichte der Hände, sie haben tatsächlich ihre eigene Kultur, ihre besondere Schönheit; man gesteht ihnen das Recht zu, eine eigene Entwickelung zu haben, eigene Wünsche, Gefühle, Launen und Liebhabereien. Rodin aber, der durch die Erziehung, die er sich gegeben hat, weiß, dass der Körper aus lauter Schauplätzen des Lebens besteht, eines Lebens, das auf jeder Stelle individuell und groß werden kann, hat die Macht, irgendeinem Teil dieser weiten schwingenden Fläche die Selbständigkeit und Fülle eines Ganzen zu geben. Wie der menschliche Körper für Rodin nur so lange ein Ganzes ist, als eine gemeinsame (innere oder äußere) Aktion alle seine Glieder und Kräfte im Aufgebot hält, so ordnen sich ihm andererseits auch Teile verschiedener Leiber, die aus innerer Notwendigkeit aneinander haften, zu einem Organismus ein. Eine Hand, die sich auf eines anderen Schulter oder Schenkel legt, gehört nicht mehr ganz zu dem Körper, von dem sie kam: aus ihr und dem Gegenstand, den sie berührt oder packt, entsteht ein neues Ding, ein Ding mehr, das keinen Namen hat und niemandem gehört; und um dieses Ding, das seine bestimmten Grenzen hat, handelt es sich nun. Diese Erkenntnis ist die Grundlage für die Gruppierung der Gestalten bei Rodin; aus ihr kommt jenes unerhörte Aneinander-Gebunden-Sein der Figuren, jenes Zusammenhalten der Formen, jenes Sich-Nicht-Loslassen, um keinen Preis. Er geht nicht von den Figuren aus, die sich umfassen, er hat keine Modelle, die er anordnet und zusammenstellt. Er fängt bei den Stellen der stärksten Berührung als bei den Höhepunkten des Werkes an; dort, wo etwas Neues entsteht, setzt er ein und widmet alles Wissen seines Werkzeugs den geheimnisvollen Erscheinungen, die das Werden eines neuen Dinges begleiten. Er arbeitet gleichsam beim Schein der Blitze, die an diesen Punkten entstehen, und sieht nur diejenigen Teile der ganzen Körper, die beschienen sind. Der Zauber der großen Gruppe des Mädchens und des Mannes, die *Der Kuss* genannt wird, liegt in dieser weisen und gerechten Verteilung des Lebens; man hat das Gefühl, als gingen hier von allen Berührungsflächen Wellen in die Körper hinein, Schauer von Schönheit, Ahnung und Kraft. Daher kommt es, dass man die Seligkeit dieses Kusses überall auf diesen Leibern zu schauen glaubt; er ist wie eine Sonne, die aufgeht, und sein Licht liegt überall. Aber noch wunderbarer ist jener andere Kuss, um den sich, wie die Mauer um einen Garten, jenes Werk erhebt, welches *Éternelle Idole* heißt. Eine der Wiederholungen dieses Marmors ist im Besitze Eugène Carrières, und in der stillen Dämmerung seines Hauses lebt dieser klare Stein wie ein Quell, in dem immer dieselbe Bewegung ist, derselbe Aufstieg und Niederfall verzauberter Kraft. Ein Mädchen kniet. Ihr schöner Leib hat sich sanft zurückgelehnt. Ihr rechter Arm hat sich nach hinten gestreckt, und ihre Hand hat tastend ihren Fuß gefunden. In diese drei Linien, aus denen kein Weg hinausführt in die Welt, schließt sich ihr Leben mit seinem Geheimnis ein. Der Stein unter ihr hebt sie empor, wie sie so kniet. Und man glaubt plötzlich in der Haltung, in die dieses junge Mädchen aus Trägheit, aus Träumerei oder aus Einsamkeit verfiel, eine uralte heilige Gebärde zu erkennen, in welche die Göttin ferner, grausamer Kulte versunken war. Der Kopf dieses Weibes neigt sich ein wenig vor; mit einem Ausdruck von Nachsicht, Hoheit und Geduld, sieht sie, wie aus der Höhe einer stillen Nacht, auf den Mann hinab, der sein Gesicht in ihre Brust versenkt wie in viele Blüten. Auch er kniet, aber tiefer, tief im Stein. Seine Hände liegen hinter ihm, wie wertlose und leere Dinge. Die Rechte ist offen; man sieht hinein. Von dieser Gruppe geht eine geheimnisvolle Größe aus. Man wagt (wie so oft bei Rodin) nicht, ihr eine Bedeutung zu geben. Sie hat tausende. Wie Schatten gehn die Gedanken über sie und hinter jedem steigt sie neu und rätselhaft auf in ihrer Klarheit und Namenlosigkeit.

Etwas von der Stimmung eines Purgatorio lebt in diesem Werke. Ein Himmel ist nah, aber er ist noch nicht erreicht; eine Hölle ist nah, aber sie ist noch nicht vergessen. Auch hier strahlt aller Glanz von der Berührung aus; von der Berührung der beiden Körper und von der Berührung des Weibes mit sich selbst.

Und nichts anderes als eine immer neue Ausgestaltung des Themas von der Berührung lebendiger und bewegter Flächen, ist jene gewaltige *Porte de l'Enfer,* an der Rodin seit zwanzig Jahren einsam gearbeitet hat und deren Guss nun bevorsteht. Gleichzeitig im Erforschen der Bewegung von Flächen und ihrer Vereinigung fortschreitend, kam Rodin dazu, Körper zu suchen, die sich mit vielen Stellen berührten, Körper, deren Berührungen heftiger waren, stärker, ungestümer. Je mehr Berührungspunkte zwei Körper einander boten, je ungeduldiger sie aufeinander zustürzten, gleich chemischen Stoffen von großer Verwandtschaft, desto fester und organischer hielt das neue Ganze, das sie bildeten, zusammen. Erinnerungen aus Dante tauchten auf. Ugolino, und die Wandernden selbst, Dante und Virgil aneinandergedrängt, das Gewühl der Wollüstigen, aus dem, wie ein verdorrter Baum, die greifende Gebärde des Geizigen ragte. Die Zentauren, die Riesen und Ungeheuer, Sirenen, Faune und Weiber von Faunen, alle die wilden und reißenden Gott-Tiere des vorchristlichen Waldes kamen auf ihn zu. Und er schuf. Er verwirklichte alle die Gestalten und Formen des Dantischen Traumes, hob sie empor, wie aus der bewegten Tiefe eigener Erinnerungen und gab ihnen, einem nach dem anderen, des Dingseins leise Erlösung. Hunderte von Figuren und Gruppen entstanden auf diese Art. Aber die Bewegungen, die er in den Worten des Dichters fand, gehörten einer anderen Zeit; sie erweckten in dem Schaffenden, der sie auferstehen ließ, das Wissen von tausend anderen Gebärden, Gebärden des Greifens, Verlierens, Leidens und Lassens, die inzwischen entstanden waren, und seine Hände, die keine Ermüdung kannten, gingen weiter und weiter, über die Welt des Florentiners hinaus zu immer neuen Gesten und Gestalten.

Dieser ernste, gesammelte Arbeiter, der nie nach Stoffen gesucht hatte und keine andere Erfüllung wollte, als die, welche seinem immer reiferen Werkzeug erreichbar war, kam auf diesem Wege durch alle Dramen des Lebens: jetzt tat sich ihm die Tiefe der Liebesnächte auf, die dunkle lust- und kummervolle Weite, in der es, wie in einer noch immer heroischen Welt, keine Kleider gab, in der die Gesichter verlöscht waren und die Leiber galten. Er kam mit weißglühenden Sinnen, als ein Suchender des Lebens, in die große Wirrnis dieses Ringens und was er sah war: Leben. Es wurde nicht eng um ihn, klein und schwül. Es wurde weit. Die Atmosphäre der Alkoven war fern. Hier war das Leben, war tausendmal in jeder Minute, war in Sehnsucht und Weh, in Wahnsinn und Angst, in Verlust und Gewinn. Hier war ein Verlangen, das unermesslich war, ein Durst so groß, dass alle Wasser der Welt in ihm wie ein Tropfen vertrockneten, hier war kein Lügen und Verleugnen, und die Gebärden von Geben und Nehmen, hier waren sie echt und groß. Hier waren die Laster und die Lästerungen, die Verdammnisse und die Seligkeiten, und man begriff auf einmal, dass eine Welt arm sein musste, die das alles verbarg und vergrub und tat, als ob es nicht wäre. Es war. Neben der ganzen Geschichte der Menschheit ging diese andere Historie her, die keine Verkleidungen kannte, keine Konventionen, keine Unterschiede und Stände, – nur Kampf. Auch sie hatte ihre Entwicklung gehabt. Sie war aus einem Trieb eine Sehnsucht geworden, aus einer Begierde zwischen Mann und Weib ein Begehren von Mensch zu Mensch. Und so erscheint sie im Werke Rodins. Noch ist es die ewige Schlacht der Geschlechter, aber das Weib ist nicht mehr das überwältigte oder das willige Tier. Sie ist sehnsüchtig und wach wie der Mann, und es ist, als hätten sie sich zusammengetan, um beide nach ihrer Seele zu suchen. Der Mensch, der nachts aufsteht und leise zu einem anderen geht, ist wie ein Schatzgräber, der das große Glück, das so notwendig ist, ergraben will am Kreuzweg des Geschlechts. Und in allen Lastern, in allen Lüsten wider die Natur, in allen diesen verzweifelten und verlorenen Versuchen, dem Dasein einen unendlichen Sinn zu finden, ist etwas von jener Sehnsucht, die die großen Dichter macht. Hier hungert die Menschheit über sich hinaus. Hier strecken sich Hände aus nach der Ewigkeit. Hier öffnen sich Augen, schauen den Tod und fürchten ihn nicht; hier entfaltet sich ein hoffnungsloses Heldentum, dessen Ruhm wie ein Lächeln kommt und geht und wie eine Rose blüht und bricht. Hier sind die Stürme des Wunsches und die Windstillen der Erwartung; hier sind Träume, die zu Taten werden, und Taten, die in Träumen vergehen. Hier wird, wie in einer Riesenspielbank, ein Vermögen von Kraft gewonnen oder verloren. Das alles steht in dem Werke Rodins. Er, der schon durch so viel Leben gegangen war, hier fand er des Lebens Fülle und Überfluss. Die Körper, an denen jede Stelle Wille war, die Wunde, die die Form von Schreien hatten, welche aus den Tiefen der Erde zu steigen schienen. Er fand die Gebärden der Urgötter, die Schönheit und Geschmeidigkeit der Tiere, den Taumel alter Tänze und die Bewegungen vergessener Gottesdienste seltsam verbunden mit den neuen Gebärden, die entstanden waren in der langen Zeit, während welcher die Kunst abgewendet war und allen diesen Offenbarungen blind. Diese neuen Gebärden waren ihm besonders interessant. Sie waren ungeduldig. Wie einer, der lange nach einem Gegenstand sucht, immer ratloser wird, zerstreuter und eiliger, und um sich herum eine Zerstörung schafft, eine Anhäufung von Dingen, die er aus ihrer Ordnung zieht, als wollte er sie zwingen mitzusuchen, so sind die Gebärden der Menschheit, die ihren Sinn nicht finden kann, ungeduldiger geworden, nervöser, rascher und hastiger. Und alle die durchwühlten Fragen des Daseins liegen um sie her. Aber ihre Bewegungen sind zugleich auch wieder zögernder geworden. Sie haben nicht mehr die gymnastische und entschlossene Gradheit, mit der frühere Menschen nach allem gegriffen haben. Sie gleichen nicht jenen Bewegungen, die in den alten Bildwerken aufbewahrt sind, den Gesten, bei denen nur der Ausgangspunkt und der Endpunkt wichtig war. Zwischen diese beiden einfachen Momente haben sich unzählige Übergänge eingeschoben, und es zeigte sich, dass gerade in diesen Zwischen-Zuständen das Leben des heutigen Menschen verging, sein Handeln und sein Nicht-handeln-Können. Das Ergreifen war anders geworden, das Winken, das Loslassen und das Halten. In allem war viel mehr Erfahrung und zugleich auch wieder mehr Unwissenheit; viel mehr Mutlosigkeit und ein fortwährendes Angehen gegen Widerstände; viel mehr Trauer um Verlorenes, viel mehr Abschätzung, Urteil, Erwägung und weniger Willkür. Rodin schuf diese Gebärden. Er machte sie aus einer oder aus mehreren Gestalten, formte sie zu Dingen in seiner Art. Er gab hunderten und hunderten von Figuren, die nur ein wenig größer waren als seine Hände, das Leben aller Leidenschaften zu tragen, das Blühen aller Lüste und aller Laster Last. Er schuf Körper, die sich überall berührten und zusammenhielten wie ineinander verbissene Tiere, die als ein Ding in die Tiefe fallen; Leiber, die horchten wie Gesichter und ausholten wie Arme; Ketten von Leibern, Gewinde und Ranken, und schwere Trauben von Gestalten, in welche der Sünde Süße stieg aus den Wurzeln des Schmerzes. Gleich machtvoll und überlegen hat nur Lionardo Menschen zusammengefügt in seiner grandiosen Beschreibung des Weltuntergangs. Wie dort, gab es auch hier solche, die sich in den Abgrund warfen, um das große Weh vergessen zu können, und solche, die ihren Kindern die Köpfe zerschlugen, damit sie nicht hineinwüchsen in das große Weh. – Das Heer dieser Figuren war viel zu zahlreich geworden, um in den Rahmen und die Türflügel des *Höllen- Tores* hineinzupassen. Rodin wählte und wählte. Er schied alles aus, was zu einsam war, um sich der großen Gesamtheit zu unterwerfen, alles was nicht ganz notwendig war in diesem Zusammenhang. Er ließ die Gestalten und Gruppen selbst sich ihren Platz finden; er beobachtete das Leben des Volkes, das er geschaffen hatte, belauschte es und tat jedem seinen Willen. So erwuchs allmählich die Welt dieses Tores. Seine Fläche, an welche die plastischen Formen angefügt wurden, begann sich zu beleben; mit immer leiser werdenden Reliefs verhallte die Erregung der Figuren in die Fläche hinein. Im Rahmen ist von beiden Seiten ein Aufsteigen, ein Sich-empor-Ziehen und Hoch-Heben, in den Flügeln des Tores ein Fallen, Gleiten und Stürzen die herrschende Bewegung. Die Flügel treten ein wenig zurück, und ihr oberer Rand ist von dem vorspringenden Rand des Querrahmens noch durch eine ziemlich große Fläche getrennt. Vor diese, in den still geschlossenen Raum, ist die Gestalt des *Denkers* gesetzt, des Mannes, der die ganze Größe und alle Schrecken dieses Schauspieles sieht, weil er es denkt. Er sitzt versunken und stumm, schwer von Bildern und Gedanken, und alle seine Kraft (die die Kraft eines Handelnden ist) denkt. Sein ganzer Leib ist Schädel geworden und alles Blut in seinen Adern Gehirn. Er ist der Mittelpunkt des Tores, obwohl noch über ihm auf der Höhe des Rahmens drei Männer stehen. Die Tiefe wirkt auf sie und formt sie aus der Ferne. Sie haben ihre Köpfe zusammengebogen, ihre drei Arme sind vorgestreckt, laufen zusammen und zeigen hinunter auf dieselbe Stelle, in denselben Abgrund, welcher sie niederzieht mit seiner Schwere. Der Denker aber muss sie in sich tragen.

Unter den Gruppen und Bildwerken, die aus Anlass dieses Tores entstanden sind, gibt es viele von großer Schönheit. Es ist unmöglich, sie alle aufzuzählen, wie es unmöglich ist, sie zu beschreiben. Rodin selbst hat einmal gesagt, er müsste ein Jahr reden, um eines seiner Werke mit Worten zu wiederholen. Man kann nur sagen, dass diese kleinen Bildwerke, welche in Gips, Bronze und Stein erhalten sind, ähnlich wie manche von den kleinen Tierfiguren der Antike den Eindruck ganz großer Dinge machen. Es gibt in Rodins Atelier den Abguss eines kaum handgroßen Panthers griechischer Arbeit (das Original befindet sich im Medaillen-Kabinett der Pariser National-Bibliothek); wenn man unter seinem Leibe durch von vorn in den Raum blickt, der von den vier geschmeidigstarken Tatzen gebildet wird, kann man glauben, in die Tiefe eines indischen Felsentempels zu sehen; so wächst dieses Werk und weitet sich zur Größe seiner Maße. Ähnlich ist es bei den kleinen Plastiken Rodins. Indem er ihnen viele Stellen gibt, unzählbar viele, vollkommene und bestimmte Flächen, macht er sie groß. Die Luft ist um sie wie um Felsen. Wenn in ihnen ein Aufstehn ist, dann scheint es, als hüben sie die Himmel empor, und die Flucht ihres Falles reißt die Sterne mit.

Vielleicht ist damals auch die *Danaïde* entstanden, die sich aus dem Knien niedergeworfen hat in ihr fließendes Haar. Es ist wunderbar, um diesen Marmor langsam herumzugehen: den langen, langen Weg um die reich entfaltete Rundung dieses Rückens, zu dem sich im Stein wie in einem großen Weinen verlierenden Gesicht, zu der Hand, die, wie eine letzte Blume, noch einmal leise vom Leben spricht, tief im ewigen Eise des Blockes. Und die *Illusion, die Tochter des Ikarus,* diese blendende Dingwerdung eines langen hilflosen Falles. Und die schöne Gruppe, die *L'homme et sa pensée* genannt worden ist. Die Darstellung eines Mannes der kniet und, mit seiner Stirne Berührung, aus dem Stein vor ihm die leisen Formen eines Weibes weckt, die an den Stein gebunden bleiben; wenn man hier auslegen will, so mag man sich freuen über den Ausdruck dieser Untrennbarkeit, mit der der Gedanke an des Mannes Stirne haftet: denn es ist immer nur sein Gedanke, der lebt und vor ihm steht; gleich dahinter ist Stein. Verwandt damit ist auch der Kopf, der sich sinnend und still bis zum Kinn aus einem großen Steine löst, der *Gedanke,* dieses Stück Klarheit, Sein und Gesicht, das sich langsam aus dem schweren Schlafe des dumpf Dauernden erhebt. Und dann die *Karyatide.* Nicht mehr die aufrechte Figur, die leicht oder schwer das Tragen eines Steines erträgt, unter den sie sich doch nur gestellt hat, als er schon hielt; ein weiblicher Akt, kniend, gebeugt, in sich hineingedrückt und ganz geformt von der Hand der Last, deren Schwere wie ein fortwährender Fall in alle Glieder sinkt. Auf jedem kleinsten Teile dieses Leibes liegt der ganze Stein wie ein Wille, der größer war, älter und mächtiger, und doch hat seines Tragens Schicksal nicht aufgehört. Er trägt, wie man im Traum das Unmögliche trägt, und findet keinen Ausweg. Und sein Zusammengesunkensein und Versagen ist immer noch Tragen geblieben, und wenn die nächste Müdigkeit kommt und den Körper ganz niederzwingt ins Liegen, so wird auch das Liegen noch Tragen sein, Tragen ohne Ende. So ist die *Karyatide.*

Man kann, wenn man will, die meisten Werke Rodins mit Gedanken begleiten, erklären und umgeben. Für alle, denen das einfache Schauen ein zu ungewohnter und schwerer Weg zur Schönheit ist, gibt es andere Wege, Umwege über Bedeutungen, die edel sind, groß und voll Gestalt. Es ist, als ob das unendliche Gut und Richtigsein dieser Akte, das vollkommene Gleichgewicht aller ihrer Bewegungen, die wunderbare innere Gerechtigkeit ihrer Verhältnisse, ihr Vom-Leben- Durchdrungensein, als ob alles das, was sie zu schönen Dingen macht, ihnen auch die Kraft verliehe, unübertreffliche Verwirklichungen der Stoffe zu sein, die der Meister in die Nähe rief, da er sie benannte. Nie ist ein Stoff bei Rodin an ein Kunst-Ding gebunden, wie ein Tier an einen Baum. Er lebt irgendwo in der Nähe des Dinges und lebt von ihm, etwa wie der Kustos einer Sammlung. Man erfährt manches, wenn man ihn ruft; wenn man es aber versteht, ohne ihn auszukommen, ist man mehr allein und ungestört und erfährt noch mehr.

Wo die erste Anregung vom Stofflichen ausging, wo eine antike Sage, die Stelle eines Gedichtes, eine historische Szene oder eine wirkliche Person Schaffens- Anlass war, da übersetzt sich, wenn Rodin beginnt, während der Arbeit das Stoffliche immer mehr in Sachliches und Namenloses: in die Sprache der Hände übertragen, haben die Anforderungen, die sich ergeben, alle einen neuen, ganz auf die plastische Erfüllung bezüglichen Sinn.

In den Zeichnungen Rodins geht, vorbereitend, dieses Vergessen und Verwandeln der stofflichen Anregung vor sich. Er hat auch in dieser Kunst seine eigenen Ausdrucksmittel sich erzogen, und das macht diese Blätter (es sind viele Hunderte) zu einer selbständigen und originellen Offenbarung seiner Persönlichkeit.

Da sind zunächst, aus früherer Zeit, Tuschzeichnungen mit überraschend starken Licht- und Schattenwirkungen, wie der berühmte *Homme au Taureau,* bei dem man an Rembrandt denken möchte, wie der Kopf des jungen Saint Jean-Baptiste oder die schreiende Maske für den Genius des Krieges; lauter Notizen und Studien, welche dem Künstler das Leben der Flächen erkennen halfen und ihr Verhältnis zur Atmosphäre. Dann kommen Akte, die mit jagender Sicherheit gezeichnet sind, Formen, ausgefüllt von allen ihren Konturen, modelliert mit vielen schnellen Federstrichen, und andere, eingeschlossen in die Melodie eines einzigen vibrierenden Umrisses, aus dem sich mit unvergesslicher Reinheit eine Gebärde erhebt. So sind die Zeichnungen, mit denen Rodin, auf den Wunsch eines feinsinnigen Sammlers hin, ein Exemplar der »*Fleurs du Mal*« begleitet hat. Man sagt nichts, wenn man da von einem sehr tiefen Verständnis Baudelaire'scher Verse spricht; man versucht mehr zu sagen, wenn man sich erinnert, wie diese Gedichte in ihrem Mit-sich-Gesättigtsein keine Ergänzung zulassen und keine Steigerung über sich hinaus: und dass man doch beides empfindet, Ergänzung und Steigerung, wo Rodin'sche Linien sich diesem Werke anschmiegen, das ist ein Maßstab für die hinreißende Schönheit dieser Blätter. Die Federzeichnung, die neben das Gedicht *La mort des pauvres* gestellt ist, reicht mit einer Gebärde von so einfacher, fortwährend wachsender Großheit über diese großen Verse hinaus, dass man meint, sie erfülle die Welt von Aufgang nach Untergang.

Und so sind auch die Radierungen mit der kalten Nadel, in denen der Lauf unendlich zarter Linien wie der äußerste Umriss eines schönen gläsernen Dinges erscheint, der, in jedem Augenblicke genau bestimmt, hinfließt über das Wesen einer Wirklichkeit.

Endlich aber entstanden auch jene seltsamen Dokumente des Momentanen, des unmerklich Vorübergehenden. Rodin vermutete, dass unscheinbare Bewegungen, die das Modell tut, wenn es sich unbeobachtet glaubt, rasch zusammengefasst, eine Stärke des Ausdrucks enthalten könnten, die wir nicht ahnen, weil wir nicht gewohnt sind, sie mit gespannter und tätiger Aufmerksamkeit zu begleiten. Indem er das Modell nicht aus dem Auge verlor und seiner erfahrenen und raschen Hand ganz das Papier überließ, zeichnete er eine Unmenge nie gesehener, immer versäumter Gebärden auf, und es ergab sich, dass die Kraft des Ausdrucks, die von ihnen ausging, ungeheuer war. Bewegungszusammenhänge, die noch nie als Ganzes überschaut und erkannt worden waren, stellten sich dar, und sie enthielten alle Unmittelbarkeit, Wucht und Wärme eines geradezu animalischen Lebens. Ein Pinsel voll Ocker, schnell, mit wechselnder Betonung durch diesen Kontur geführt, modellierte so unglaublich stark die eingeschlossene Fläche, dass man meinte, plastische Figuren aus gebrannter Erde zu sehen. Und wieder war eine ganz neue Weite entdeckt, namenlosen Lebens voll; eine Tiefe, über die alle hallenden Schrittes gegangen waren, gab ihre Wasser dem, in dessen Händen die Wiedenrute gewahrsagt hatte.

Auch wo es galt, Porträts zu geben, gehörte der zeichnerische Ausdruck des Themas zu den Vorbereitungen, über welche Rodin, langsam und sich sammelnd, zu dem fernen Werke geht. Denn, so unrecht man hat, in seiner plastischen Kunst eine Art von Impressionismus zu sehen, so ist doch die Menge präzis und kühn erfasster Impressionen immer der große Reichtum, aus welchem er schließlich das Wichtige und Notwendige auswählt, um es in reifer Synthese zusammenzufassen. Wenn er von den Körpern, die er erforscht und bildet, zu den Gesichtern kommt, muss es ihm manchmal sein, als träte er aus einer windigen, bewegten Weite in eine Stube, in welcher viele beisammen sind: hier ist alles gedrängt und dunkel, und die Stimmung eines Interieurs herrscht unter den Bogen der Brauen und im Schatten des Mundes. Wahrend über den Leibern immer Wechsel und Wellenschlag ist, Ebbe und Flut, steht in den Gesichtern die Luft. Es ist wie in Zimmern, in denen sich viel ereignet hat, Freudiges und Banges, Schweres und Erwartungsvolles. Und kein Ereignis ist ganz vergangen, keins hat das andere ersetzt; eines ist neben das andere gestellt worden und stehn geblieben und welk geworden wie eine Blume im Glase. Wer aber von draußen kommt, aus dem großen Wind, der bringt Weite herein in die Stuben.

Die Maske des *Mannes mit der gebrochenen Nase* war das erste Porträt, das Rodin geschaffen hat. In diesem Werke ist seine Art, durch ein Gesicht zu gehen, schon ganz ausgebildet, man fühlt seine unbegrenzte Hingabe an das Vorhandene, seine Ehrfurcht vor jeder Linie, die das Schicksal gezogen hat, sein Vertrauen zu dem Leben, das schafft, auch wo es entstellt. In einer Art von blindem Glauben hatte er den *Homme au nez cassé* geschaffen, ohne zu fragen, wer der Mann war, dessen Leben in seinen Händen noch einmal verging. Er hatte ihn gemacht, wie Gott den ersten Menschen gemacht hat, ohne die Absicht, etwas anderes zu wirken als das Leben selbst, namenloses Leben. Aber immer wissender, immer erfahrener und größer kam er zu den Gesichtern der Menschen zurück. Er konnte ihre Züge nicht mehr sehen, ohne an die Tage zu denken, die daran gearbeitet hatten, an dieses ganze Heer von Handwerkern, die fortwährend um ein Gesicht herumgehen, als könnte es niemals fertig werden. Aus einer stillen und gewissenhaften Wiederholung des Lebens wurde so in dem reifen Manne eine erst tastende und versuchende, immer sicherer und kühner werdende Auslegung der Schrift, mit der die Gesichter über und über bedeckt waren. Er gab seiner Phantasie nicht Raum; er erfand nicht. Er verachtete nicht einen Augenblick den schweren Gang seines Werkzeugs. Es wäre ja so leicht gewesen, es auf irgend welchen Flügeln zu überholen. Wie früher ging er neben ihm einher, ging die ganzen weiten Strecken, die gegangen sein mussten, ging wie der Pflüger hinter seinem Pflug. Aber während er seine Furchen zog, dachte er über sein Land nach und über die Tiefe seines Landes, über den Himmel, der darüber war, über den Gang der Winde und über der Regen Fall, über alles das, was war und wehe tat und verging und wiederkam und nicht aufhörte zu sein. Und er glaubte in alledem jetzt, besser und weniger verwirrt von dem Vielen, das Ewige zu erkennen, das, um dessentwillen auch das Leid gut und die Schwere Mutterschaft war und der Schmerz schön.

Diese Auslegung, die bei den Porträts begann, wuchs von da immer weiter in sein Werk hinein. Sie ist die letzte Stufe, der äußerste Kreis seiner weiten Entwickelung. Sie fing langsam an. Mit unendlicher Vorsicht betrat Rodin diesen neuen Weg. Wieder drang er von Fläche zu Fläche vor, ging der Natur nach und hörte auf sie. Sie selbst bezeichnete ihm gleichsam die Stellen, von denen er mehr wusste, als zu sehen war. Wenn er dort einsetzte und aus kleinen Verworrenheiten eine große Vereinfachung schuf, so tat er, was Christus den Leuten tat, wenn er die unklar Fragenden mit einem erhabenen Gleichnis reinigte von ihrer Schuld. Er erfüllte eine Intention der Natur. Er vollendete etwas, was im Werden hilflos war, er deckte die Zusammenhänge auf, wie der Abend eines Nebeltages die Berge aufdeckt, die in großen Wellen sich fortpflanzen in die Ferne.

Voll von seines ganzen Wissens lebendiger Last, sah er wie ein Zukünftiger in die Gesichter derer hinein, die um ihn lebten. Das gibt seinen Porträts die ungemein klare Bestimmtheit, aber auch jene prophetische Größe, die in den Bildern des *Victor Hugo* oder des *Balzac* sich zu einer unbeschreiblichen Vollendung erhob. Ein Bildnis schaffen hieß für ihn, in einem gegebenen Gesichte Ewigkeit suchen, jenes Stück Ewigkeit, mit dem es teilnahm an dem großen Gange ewiger Dinge. Er hat keinen gebildet, den er nicht ein wenig aus den Angeln gehoben hätte in die Zukunft hinein; wie man ein Ding vor den Himmel hält, um seine Formen reiner und einfacher zu verstehen. Das ist nicht, was man verschönern heißt, und auch charakteristisch machen ist kein passender Ausdruck dafür. Es ist mehr; es ist: das Dauernde vom Vergänglichen scheiden, Gericht halten, gerecht sein.

Sein Porträt-Werk umfasst, auch wenn man von den Radierungen absieht, eine sehr große Zahl vollendeter und meisterhafter Bildnisse. Es gibt da Büsten in Gips, in Bronze, in Marmor und Sandstein, Köpfe in gebranntem Ton und Masken, die man einfach hat eintrocknen lassen. Frauenbildnisse kehren immer wieder zu allen Zeiten seines Werkes. Die berühmte Büste des Luxembourg-Museums ist eines der frühesten. Sie ist voll eigentümlichen Lebens, schön, von einem gewissen frauenhaften Zauber, aber sie wird von vielen späteren Werken an Einfachheit und Zusammenfassung der Flächen übertroffen. Sie ist vielleicht das einzige unter Rodins Werken, dem nicht nur die diesem Bildhauer eigentümlichen Tugenden seine Schönheit gegeben haben; dieses Porträt lebt zum Teil auch durch die Gnade jener Grazie, die in der französischen Plastik seit Jahrhunderten erblich ist. Es glänzt ein wenig mit der Eleganz, die auch die schlechte Skulptur französischer Tradition immer noch aufweist; es ist nicht ganz frei von jener galanten Auffassung der belle femme, über welche der Ernst und die tief einsetzende Arbeit Rodins so rasch hinauswuchs. Aber man tut gut, sich an dieser Stelle zu erinnern, dass er auch dieses angestammte Gefühl zu überwinden hatte; er musste ein angeborenes Können unterdrücken, um ganz arm zu beginnen. Er musste deshalb nicht aufhören, Franzose zu sein: auch die Meister der Kathedralen waren es.

Die späteren Frauen-Bildnisse haben eine andere, tiefer begründete und weniger geläufige Schönheit. Dabei ist vielleicht zu sagen, dass es meistens Ausländerinnen waren, Amerikanerinnen, deren Porträts Rodin ausgeführt hat. Es gibt darunter solche von wunderbarer Arbeit, Steine, die wie antike Kameen rein und unberührbar sind. Gesichter, deren Lächeln nirgends befestigt ist und so schleierleise über den Zügen spielt, dass es sich zu heben scheint bei jedem Atemholen. Rätselhaft verschlossene Lippen und Augen, die, über alles fort, in eine ewige Mondnacht schauen, traumhaft weit aufgetan. Und doch ist es, als empfände Rodin das Angesicht des Weibes am liebsten als einen Teil seines schönen Körpers, als wollte er, dass seine Augen Augen des Leibes seien und der Mund seines Leibes Mund. Wo er es so im Ganzen erschafft und schaut, da erhält auch das Gesicht einen so starken und ergreifenden Ausdruck nie verkündeten Lebens, dass die Porträts von Frauen (obwohl sie scheinbar »ausgeführter« sind) weit übertroffen werden.

Anders ist es bei den Männer-Bildnissen. Das Wesen eines Mannes kann man sich leichter im Raume seines Gesichtes versammelt denken. Man kann sich sogar vorstellen, dass es Augenblicke gibt (solche der Ruhe und solche der inneren Erregung), in welchen alles Leben in sein Gesicht eingetreten ist. Solche Augenblicke wählt Rodin, wo er ein männliches Porträt geben will; oder besser er schafft sie. Er holt weit aus. Er gibt nicht dem ersten Eindruck recht und nicht dem zweiten und von allen nächsten keinem. Er beobachtet und notiert. Er notiert Bewegungen, die keines Wortes wert sind, Wendungen und Halb – Wendungen, vierzig Verkürzungen und achtzig Profile. Er überrascht sein Modell in seinen Gewohnheiten und Zufälligkeiten, bei Ausdrücken, die erst im Entstehen sind, bei Müdigkeiten und Anstrengungen. Er kennt alle Übergänge in seinen Zügen, weiß, woher das Lächeln kommt und wohin es zurückfällt. Er erlebt das Gesicht des Menschen wie eine Szene, an der er selbst teilnimmt, er steht mitten drin und nichts was passiert ist ihm gleichgültig oder entgeht ihm. Er lässt sich nichts von dem Betreffenden erzählen, er will nichts wissen als was er sieht. Aber er sieht alles.

So vergeht über jeder Büste viel Zeit. Das Material wächst, zum Teil in Zeichnungen, in ein paar Federstrichen und Tuschflecken festgehalten, zum Teil im Gedächtnisse angesammelt; denn dieses hat Rodin sich zu einem ebenso verlässlichen als bereiten Hilfsmittel ausgebildet. Sein Auge sieht während der Sitzungs-Stunden viel mehr, als er in dieser Zeit ausführen kann. Er vergisst nichts davon und oft, wenn das Modell ihn verlassen hat, beginnt für ihn das eigentliche Arbeiten aus der Fülle seiner Erinnerung. Seine Erinnerung ist weit und geräumig; die Eindrücke verändern sich nicht in ihr, aber sie gewöhnen sich an ihre Wohnung, und wenn sie von da in seine Hände steigen, so ist es, als wären sie natürliche Gebärden dieser Hände.

Diese Arbeitsweise führt zu gewaltigen Zusammenfassungen von hundert und hundert Lebensmomenten: und so ist auch der Eindruck, den diese Büsten machen. Die vielen fernen Kontraste und die unerwarteten Übergange, die einen Menschen bilden und eines Menschen fortwährende Entwickelung, treffen einander hier in glücklichen Begegnungen und halten aneinander mit einer inneren Adhäsionskraft fest. Aus allen Weiten ihres Wesens sind diese Menschen zusammengeholt, alle Klimaten ihres Temperamentes entfalten sich auf den Hemisphären ihres Hauptes. Da ist der Bildhauer *Dalou*, in dem neben einer ausdauernden und geizigen Energie eine nervöse Müdigkeit vibriert, da ist *Henri Rocheforts* abenteuernde Maske, da ist *Octave Mirbeau,* bei dem hinter einem Tatmenschen eines Dichters Traum und Sehnsucht dämmert, und *Puvis de Chavannes* und *Victor Hugo,* den Rodin so genau kennt, und da ist vor allem die unbeschreiblich schöne Bronze, das Bildnis des Malers *Jean-Paul Laurens,* von dem eine gute Abbildung diesem Buch beigegeben wurde. Diese Büste ist vielleicht die schönste Sache im Luxembourg-Museum. Sie ist von einer so tiefen und zugleich so groß empfundenen Durchbildung der Oberfläche, so geschlossen in der Haltung, so stark im Ausdruck, so bewegt und wach, dass man das Gefühl nicht verliert, die Natur selbst habe dieses Werk aus den Händen des Bildhauers genommen, um es zu halten wie eines ihrer liebsten Dinge. Die prachtvolle Patina, deren rauch-schwarzen Belag das Metall wie Feuer, flammend und sprühend, durchbricht, trägt viel dazu bei, die unheimliche Schönheit dieses Bildwerkes zu vollenden.

Auch eine Büste von *Bastien-Lepage* existiert, schön und melancholisch, mit dem Ausdruck des Leidenden, dessen Arbeit ein fortwährender Abschied von seinem Werke ist. Sie ist für Damvillers, das kleine Heimatdorf des Malers, gemacht worden und ist dort auf dem Kirchhofe aufgestellt. Sie ist also eigentlich ein Denkmal. Und die Büsten Rodins in ihrer Vollständigkeit und ihrer ins Große gehenden Zusammenfassung haben alle etwas vom Denkmal an sich. Es kommt bei diesem nur eine weitere Vereinfachung der Flächen, eine noch strengere Auswahl des Notwendigen und die Bedingung des Weithinsichtbaren dazu. Die Denkmaler, die Rodin geschaffen hat, näherten sich immer mehr diesen Ansprüchen. Er begann mit dem Denkmal des *Claude Gelée* für Nancy; und es ist ein steiler Aufstieg von diesem ersten, interessanten Versuch bis zu dem grandiosen Gelingen des Balzac. Mehrere von den Denkmälern Rodins sind nach Amerika gegangen, und das reifste von diesen ist bei den Unruhen in Chile zerstört worden, noch ehe es an seinen Platz gebracht worden war. Es war das Reiter-Standbild des Generals *Lynch.* Gleich dem verlorenen Meisterwerke Lionardos, dem es sich vielleicht durch die Macht des Ausdrucks und durch die wundervoll beseelte Einheit von Mann und Ross näherte, sollte auch diese Statue nicht erhalten bleiben. Nach einem kleinen Gips-Modell im Musée Rodin in Meudon muss man schließen, dass sie das plastische Bild eines mageren Mannes war, der sich gebietend im Sattel aufrichtete, nicht in der brutalen Herren-Art eines Condottiere, sondern nervöser und erregter, mehr wie einer, der die Macht zu befehlen nur ausübt als Amt und sie nicht als Leben lebt. Hier schon erhob sich übrigens die vorwärtsweisende Hand des Generals aus der ganzen Masse des Standbildes, aus Mensch und Tier; und dieser Umstand ist es auch, welcher der Gebärde *Victor Hugo's* ihre unvergessliche Hoheit, dieses Weit-Herkommende gibt, diese Macht, an die man glaubt auf den ersten Blick. Die große, lebendige Greisenhand, die mit dem Meere redet, kommt nicht aus dem Dichter allein; sie steigt herab von dem Gipfel der ganzen Gruppe wie von einem Berge, auf dem sie betete, ehe sie sprach. Victor Hugo ist hier der Verbannte, der Einsame von Guernesey, und es ist eines von den Wundern dieses Denkmales, dass die Musen, die ihn umgeben, nicht wie Gestalten wirken, die den Verlassenen heimsuchen: sie sind, im Gegenteil, seine sichtbar gewordene Einsamkeit. Durch die Verinnerlichung der einzelnen Figuren und ihre Konzentration, man möchte sagen: um das Innere des Dichters, hat Rodin diesen Eindruck erreicht; indem er auch hier wieder von einer Individualisierung der Berührungsstellen ausging, ist es ihm gelungen, die wundervoll bewegten Akte gleichsam zu Organen des sitzenden Mannes zu machen. Sie sind um ihn wie große Gebärden, die er einmal getan hat, Gebärden, die so schön und jung waren, dass ihnen eine Göttin die Gnade verlieh, nicht zu vergehen und in der Gestalt schöner Frauen immer zu dauern.

Für die Figur des Dichters selbst hat Rodin viele Studien gemacht. Während der Empfänge im Hôtel Lusignan beobachtete und notierte er, von einer Fensternische aus, hundert und hundert Bewegungen des Greises und alle Ausdrücke seines belebten Gesichtes. Aus diesen Vorbereitungen entstanden die Porträts Hugos, die Rodin geschaffen hat. Für das Denkmal bedurfte es einer noch weiteren Vertiefung. Er drängte alle die Einzeleindrücke zurück, fasste sie in der Ferne zusammen, und, wie man vielleicht aus einer Reihe von Rhapsoden eine Gestalt gebildet hat: Homer, so schuf er aus allen Bildern seiner Erinnerung dieses Eine. Und diesem einen, letzten Bilde gab er die Größe des Sagenhaften; als könnte das alles am Ende nur ein Mythos gewesen sein und zurückgehen auf einen phantastisch ragenden Felsen am Meer, in dessen seltsamen Formen entfernte Völker eine Gebärde schlafen sahen.

Diese Macht, Vergangenes zum Unvergänglichen zu erheben, offenbarte Rodin immer, wenn historische Stoffe oder Gestalten in seiner Kunst aufzuleben verlangten; am überlegensten vielleicht in den *Bürgern von Calais.* Was hier Stoff war, beschränkte sich auf einige Spalten in der Chronik des Froissart. Es war die Geschichte, wie die Stadt Calais von Eduard III., dem englischen Könige, belagert wird; wie der König der in der Furcht des Hungers verzagenden Stadt nicht Gnade geben will; wie derselbe König endlich einwilligt, von der Stadt abzulassen, wenn sechs ihrer vornehmsten Bürger sich in seine Hände geben, »damit er mit ihnen tue nach seinem Willen«. Und er verlangt, dass sie die Stadt verlassen sollen, barhaupt, nur mit dem Hemde bekleidet, einen Strick um den Hals und die Schlüssel von Stadt und Kastell in der Hand. Der Chronist erzählt nun die Szene in der Stadt; er berichtet, wie der Bürgermeister, Messire Jean de Vienne, die Glocken läuten lässt und wie die Bürger sich auf dem Marktplatze versammeln. Sie haben die bange Botschaft gehört und warten und schweigen. Aber schon stehen unter ihnen die Helden auf, die Auserwählten, die den Beruf in sich fühlen zu sterben. Hier drängt sich durch die Worte des Chronisten das Schreien und Weinen der Menge. Er selbst scheint eine Weile ergriffen zu sein und mit zitternder Feder zu schreiben. Aber er sammelt sich wieder. Er nennt vier von den Helden beim Namen, zwei vergisst er. Er sagt von dem einen, dass er der reichste Bürger der Stadt war, von dem zweiten, dass er Ansehen und Vermögen besaß und »zwei schöne Fräulein zu Töchtern hatte«, von dem dritten weiß er nur, dass er reich an Besitz und Erbschaft war, und von dem vierten, dass er des dritten Bruder gewesen ist. Er berichtet, dass sie sich bis auf das Hemde entkleideten, dass sie Stricke um ihren Hals banden und dass sie so aufbrachen, mit den Schlüsseln von Stadt und Kastell. Er erzählt, wie sie in das Lager des Königs kamen; er schildert, wie hart sie der König empfing und wie der Henker schon neben ihnen stand, als der Fürst, auf die Bitten der Königin hin, ihnen das Leben schenkte. »Er hörte auf seine Gemahlin« – sagt Froissart, »weil sie sehr schwanger war.« Mehr enthält die Chronik nicht.

Für Rodin aber war das Stoff genug. Er fühlte sofort, dass es in dieser Geschichte einen Augenblick gab, wo etwas Großes geschah, etwas, was von Zeit und Namen nicht wusste, etwas Unabhängiges und Einfaches. Er wandte alle Aufmerksamkeit dem Moment des Aufbruchs zu. Er sah, wie diese Männer ihren Gang begannen; er fühlte, wie in jedem noch einmal das ganze Leben war, das er gehabt hatte, wie jeder, beladen mit seiner Vergangenheit, dastand, bereit, sie hinauszutragen aus der alten Stadt. Sechs Männer tauchten vor ihm auf, von denen keiner dem anderen glich; nur zwei Brüder waren unter ihnen, zwischen denen vielleicht eine gewisse Ähnlichkeit bestand. Aber jeder einzelne hatte auf seine Art den Entschluss gefasst und lebte diese letzte Stunde auf seine Weise, feierte sie mit seiner Seele und litt sie an seinem Leibe, der am Leben hing. Und dann sah er auch die Gestalten nicht mehr. In seiner Erinnerung stiegen Gebärden auf, Gebärden der Absage, des Abschiedes, des Verzichts. Gebärden über Gebärden. Er sammelte sie. Er bildete sie alle. Sie flossen ihm aus der Fülle seines Wissens zu. Es war, als stünden in seinem Gedächtnis hundert Helden auf und drängten sich zu dem Opfer. Und er nahm alle hundert an und machte aus ihnen sechs. Er bildete sie nackt, jeden für sich, in der ganzen Gesprächigkeit ihrer fröstelnden Leiber. Überlebensgroß: in der natürlichen Größe ihres Entschlusses.

Er schuf den alten Mann mit den hängenden Armen, die in den Gelenken gelockert sind; und er gab ihm den schweren, schleppenden Schritt, den abgenützten Gang der Greise, und einen Ausdruck von Müdigkeit, der über sein Gesicht fließt bis in den Bart.

Er schuf den Mann, welcher den Schlüssel trägt. In ihm ist Leben noch für viele Jahre und alles in die plötzliche letzte Stunde gedrängt. Er erträgt es kaum. Seine Lippen sind zusammengepresst, seine Hände beißen in den Schlüssel. Er hat Feuer an seine Kraft gelegt und sie verbrennt in ihm, in seinem Trotze.

Er schuf den Mann, der den gesenkten Kopf mit beiden Händen hält, wie um sich zu sammeln, um noch einen Augenblick allein zu sein.

Er schuf die beiden Brüder, von denen der eine noch zurückschaut, während der andere mit einer Bewegung der Entschlossenheit und Ergebung das Haupt neigt, als hielte er's schon dem Henker hin.

Und er schuf die vage Gebärde jenes Mannes, der »durch das Leben geht«. »*Le Passant*« hat Gustave Geffroy ihn genannt. Er geht schon, aber er wendet sich noch einmal zurück, nicht zu der Stadt, nicht zu den Weinenden und nicht zu denen, die mit ihm gehen. Er wendet sich zurück zu sich selbst. Sein rechter Arm hebt sich, biegt sich, schwankt; seine Hand tut sich auf in der Luft und lässt etwas los, etwa so wie man einem Vogel die Freiheit gibt. Es ist ein Abschied von allem Ungewissen, von einem Glück, das noch nicht war, von einem Leid, das nun umsonst warten wird, von Menschen die irgendwo leben und denen man vielleicht einmal begegnet wäre, von allen Möglichkeiten aus Morgen und Übermorgen, und auch von jenem Tod, den man sich fern dachte, milde und still, und am Ende einer langen, langen Zeit. Diese Gestalt, allein in einen alten, dunklen Garten gestellt, könnte ein Denkmal sein für alle Jungverstorbenen.

Und so hat Rodin jedem dieser Männer ein Leben gegeben in dieses Lebens letzter Gebärde.

Die einzelnen Figuren wirken erhaben in ihrer einfachen Größe. Man denkt an Donatello und vielleicht noch mehr an Claux Sluter und seine Propheten in der Chartreuse von Dijon.

Es scheint zunächst, als hätte Rodin nichts weiter getan, sie zusammenzufassen. Er hat ihnen die gemeinsame Tracht gegeben, das Hemd und den Strick, und hat sie nebeneinander gestellt in zwei Reihen; die drei, welche schon im Schreiten begriffen sind, in die erste Reihe, die anderen, mit einer Wendung nach rechts, dahinter, als ob sie sich anschlössen. Der Platz, für den das Denkmal bestimmt war, war der Markt von Calais, dieselbe Stelle, auf der einst der schwere Gang begonnen hatte. Dort sollten jetzt die stillen Bilder stehen, von einer niedrigen Stufe nur wenig emporgehoben über den Alltag, so als stünde der bange Aufbruch immer bevor, mitten in jeder Zeit.

Man weigerte sich aber in Calais, einen niedrigen Sockel zu nehmen, weil es der Gewohnheit widersprach. Und Rodin schlug eine andere Aufstellungsart vor. Man sollte, verlangte er, hart am Meer einen Turm bauen, viereckig, im Umfange der Basis, mit schlichten, behauenen Wänden und zwei Stockwerke hoch, und dort oben sollte man die sechs Bürger aufstellen in der Einsamkeit des Windes und des Himmels. Es war vorauszusehen, dass auch dieser Vorschlag abgelehnt wurde. Und doch lag er im Wesen des Werkes. Hätte man den Versuch gemacht, man hätte eine unvergleichliche Gelegenheit gehabt, die Geschlossenheit dieser Gruppe zu bewundern, die aus sechs Einzelfiguren bestand und doch so fest zusammenhielt, als wäre sie nur ein einziges Ding. Und dabei berührten die einzelnen Gestalten einander nicht, sie standen nebeneinander wie die letzten Bäume eines gefällten Waldes, und was sie vereinte, war nur die Luft, die an ihnen teilnahm in einer besonderen Art. Ging man um diese Gruppe herum, so war man überrascht zu sehen, wie aus dem Wellenschlag der Konturen rein und groß die Gebärden stiegen, sich erhoben, standen und zurückfielen in die Masse, wie Fahnen, die man einzieht. Da war alles klar und bestimmt. Für einen Zufall schien nirgends Raum zu sein. Wie alle Gruppen des Rodin'schen Werkes, war auch diese in sich selbst verschlossen, eine eigene Welt, ein Ganzes, erfüllt von einem Leben, das kreiste und sich nirgends ausströmend verlor. An Stelle der Berührungen waren hier die Überschneidungen getreten, die ja auch eine Art von Berührung waren, unendlich abgeschwächt durch das Medium der Luft, die dazwischen lag, beeinflusst von ihr und verändert. Berührungen aus der Ferne waren entstanden, Begegnungen, ein Übereinander-Hinziehen der Formen, wie man es manchmal bei Wolkenmassen sieht oder bei Bergen, wo auch die dazwischen gelagerte Luft kein Abgrund ist, der trennt, vielmehr eine Leitung, ein leise abgestufter Übergang.

Für Rodin war immer schon die Teilnahme der Luft von großer Bedeutung. Er hatte alle seine Dinge, Fläche für Fläche, in den Raum gepasst, und das gab ihnen diese Größe und Selbständigkeit, dieses unbeschreibliche Erwachsensein, das sie von allen Dingen unterschied. Nun aber, da er, die Natur auslegend, allmählich dazu gekommen war, einen Ausdruck zu verstärken, zeigte es sich, dass er damit auch das Verhältnis der Atmosphäre zu seinem Werke steigerte, dass sie die zusammengefassten Flächen bewegter, gleichsam leidenschaftlicher umgab. Hatten seine Dinge früher im Raume gestanden, so war es jetzt, als risse er sie zu sich her. Nur bei einzelnen Tieren auf den Kathedralen konnte man Ähnliches beobachten. Auch an ihnen nahm die Luft in eigentümlicher Weise teil: es schien als würde sie Stille oder Wind, je nachdem sie über betonte oder über leise Stellen ging. Und in der Tat, wenn Rodin die Oberfläche seiner Werke in Höhepunkten zusammenfasste, wenn er Erhabenes erhöhte und einer Höhlung größere Tiefe gab, verfuhr er ähnlich mit seinem Werke, wie die Atmosphäre mit jenen Dingen verfahren war, die ihr preisgegeben waren seit Jahrhunderten. Auch sie hatte zusammengefasst, vertieft und Staub abgesetzt, hatte mit Regen und Frost, mit Sonne und Sturm diese Dinge erzogen für ein Leben, das langsamer verging in Ragen, Dunkeln und Dauern.

Schon bei den *Bürgern von Calais* war Rodin auf seinem eigenen Wege zu dieser Wirkung gekommen; in ihr lag das monumentale Prinzip seiner Kunst. Mit solchen Mitteln konnte er weithin sichtbare Dinge schaffen, Dinge, die nicht nur von der allernächsten Luft umgeben waren, sondern von dem ganzen Himmel. Er konnte mit einer lebendigen Fläche, wie mit einem Spiegel, die Fernen fangen und bewegen, und er konnte eine Gebärde, die ihm groß schien, formen und den Raum zwingen, daran teilzunehmen.

So ist jener schmale Jüngling, der kniet und seine Arme empor wirft und zurück in einer Geste der Anrufung ohne Grenzen. Rodin hat diese Figur *Der verlorene Sohn* genannt, aber sie hat, man weiß nicht woher, auf einmal den Namen: *Prière.* Und sie wächst auch über diesen hinaus. Das ist nicht ein Sohn, der vor dem Vater kniet. Diese Gebärde macht einen Gott notwendig, und in dem, der sie tut, sind alle, die ihn brauchen. Diesem Stein gehören alle Weiten; er ist allein auf der Welt.

Und so ist auch der *Balzac.* Rodin hat ihm eine Größe gegeben, die vielleicht die Gestalt dieses Schriftstellers überragt. Er hat ihn im Grunde seines Wesens erfasst, aber er hat an den Grenzen dieses Wesens nicht Halt gemacht; um seine äußersten und fernsten Möglichkeiten, um sein Unerreichtes hat er diesen mächtigen Kontur gezogen, der in den Grabsteinen fernvergangener Völker vorgebildet scheint. Jahre und Jahre hat er ganz in dieser Gestalt gelebt. Er hat Balzacs Heimat besucht, die Landschaften der Touraine, die in seinen Büchern immer wieder aufsteigen, er hat Briefe von ihm gelesen, er hat die Bilder studiert, die von Balzac existieren, und er ist durch sein Werk gegangen, wieder und wieder; auf allen den verzweigten und verschlungenen Wegen dieses Werkes begegneten ihm die Balzac'schen Menschen, ganze Familien und Generationen, eine Welt, die immer noch an das Dasein ihres Schöpfers zu glauben, aus ihm zu leben und ihn zu schauen schien. Er sah, dass alle diese tausend Figuren, möchten sie tun was sie wollten, doch ganz mit dem Einen beschäftigt waren, der sie gemacht hatte. Und wie man vielleicht aus den vielen Mienen eines Zuschauerraumes das Drama erraten kann, das sich auf der Bühne vollzieht, so suchte er in allen diesen Gesichtern nach dem, der für sie noch nicht vergangen war. Er glaubte, wie Balzac, an die Wirklichkeit dieser Welt, und es gelang ihm eine Weile, sich ihr einzuordnen. Er lebte, als ob Balzac auch ihn geschaffen hätte, unauffällig gemischt unter die Menge seiner Existenzen. So kam er zu den besten Erfahrungen. Was sonst da war, schien bei weitem weniger beredt. Die Daguerreotypien boten nur ganz allgemeine Anhaltspunkte und nichts Neues. Man kannte dieses Gesicht, das sie darstellten, schon von der Schulzeit her. Nur die eine, die im Besitze Stephan Mallarmé's gewesen war und Balzac ohne Rock mit Hosenträgern zeigte, war charakteristischer. Und dann mussten die Aufzeichnungen der Zeitgenossen helfen. Théophile Gautier's Worte, die Notizen der Goncourts und das schöne Porträt Balzac's, das Lamartine geschrieben hatte. Außerdem war nur noch die Büste von David da in der Comédie-Française und ein kleines Bildnis von Louis Boulanger. – Ganz vom Geiste Balzac's erfüllt, ging Rodin mit diesen Hilfsmitteln nun daran, seine äußere Erscheinung aufzurichten. Er benutzte lebende Modelle von ähnlichen Körperverhältnissen und bildete in verschiedenen Stellungen sieben, vollkommen ausgeführte Akte. Es waren dicke, gedrungene Männer mit schwerfälligen Gliedern und kurzen Armen, deren er sich bediente, und er schuf nach diesen Vorarbeiten einen Balzac, ungefähr in der Auffassung, wie die Nadar'sche Daguerreotypie ihn überlieferte.

Aber er fühlte, dass damit noch nichts Endgültiges gegeben war. Er kehrte zu der Beschreibung Lamartine's zurück. Dort stand: »Er hatte das Gesicht eines Elementes« und: »Er besaß so viel Seele, dass sie seinen schweren Körper trug wie nichts.« Rodin fühlte, dass in diesen Sätzen ein großer Teil der Aufgabe lag. Er kam ihrer Lösung näher, indem er all den sieben Akten Mönchskutten anzulegen versuchte, von der Art, wie Balzac sie bei der Arbeit zu tragen pflegte. Es entstand hierauf ein Balzac in Kapuze, viel zu intim, zu sehr zurückgezogen in die Stille seiner Verkleidung.

Aber langsam wuchs Rodin's Vision von Form zu Form. Und endlich sah er ihn. Er sah eine breite, ausschreitende Gestalt, die an des Mantels Fall alle ihre Schwere verlor. Auf den starken Nacken stemmte sich das Haar, und in das Haar zurückgelehnt lag ein Gesicht, schauend, im Rausche des Schauens, schäumend von Schaffen: das Gesicht eines Elementes. Das war Balzac in der Fruchtbarkeit seines Überflusses, der Gründer von Generationen, der Verschwender von Schicksalen. Das war der Mann, dessen Augen keiner Dinge bedurften; wäre die Welt leer gewesen: seine Blicke hätten sie eingerichtet. Das war der, der durch sagenhafte Silberminen reich werden wollte und glücklich durch eine Fremde. Das war das Schaffen selbst, das sich der Form Balzac's bediente, um zu erscheinen; des Schaffens Überhebung, Hochmut, Taumel und Trunkenheit. Der Kopf, der zurückgeworfen war, lebte auf dem Gipfel dieser Gestalt wie jene Kugeln, die auf den Strahlen von Fontänen tanzen. Alle Schwere war leicht geworden, stieg und fiel.

So hatte Rodin in einem Augenblick ungeheuerer Zusammenfassung und tragischer Übertreibung seinen Balzac gesehen, und so machte er ihn. Die Vision verging nicht; sie verwandelte sich.

Diese Entwickelung Rodin's, welche die großen und monumentalen Dinge seines Werkes mit Weite umgab, beschenkte auch die anderen mit einer neuen Schönheit. Sie gab ihnen eine eigene Nähe. Es gibt unter den neueren Werken kleine Gruppen, die durch ihre Geschlossenheit wirken und durch die wunderbar sanfte Behandlung des Marmors. Diese Steine behalten auch mitten im Tage jenes geheimnisvolle Schimmern, das weiße Dinge ausströmen, wenn es dämmert. Das kommt nicht allein von der Belebtheit der Berührungsstellen her; es zeigt sich, dass auch sonst zwischen den Figuren und zwischen ihren einzelnen Teilen hier und da flache Steinbänder stehen geblieben sind, Stege gleichsam, die in der Tiefe eine Form mit der anderen verbinden. Das ist kein Zufall. Diese Füllungen verhüten das Entstehen wertloser Durchblicke, die aus dem Dinge hinausführen in leere Luft; sie bewirken, dass die Ränder der Formen, die vor solchen Lücken immer scharf und abgeschliffen scheinen, ihre Rundung behalten, sie sammeln das Licht wie Schalen und fließen fortwährend leise über. Wenn Rodin das Bestreben hatte, die Luft so nahe als möglich an die Oberfläche seiner Dinge heranzuziehen, so ist es, als hätte er hier den Stein geradezu in ihr aufgelöst: der Marmor scheint nur der feste, fruchtbare Kern zu sein und sein letzter leisester Kontur schwingende Luft. Das Licht, welches zu diesem Steine kommt, verliert seinen Willen; es geht nicht über ihn hin zu anderen Dingen; es schmiegt sich ihm an, es zögert, es verweilt, es wohnt in ihm.

Dieses Verschlossenlassen unwesentlicher Durchblicke war eine Art von Annäherung an das Relief. Und in der Tat plant Rodin ein großes Relief-Werk, bei dem alle die Wirkungen des Lichtes, die er mit den kleinen Gruppen erreichte, zusammengefasst werden sollen. Er denkt daran, eine hohe Säule zu schaffen, um die ein breites Relief-Band sich aufwärtswindet. Neben diesen Windungen wird eine gedeckte Treppe hergehen, die nach außen durch Arkaden abgeschlossen ist. In diesem Gange werden die Gestalten an den Wänden, wie in ihrer eigenen Atmosphäre, leben; eine Plastik wird entstehen, die das Geheimnis des Helldunkels kennt, eine Skulptur der Dämmerung, verwandt jenen Bildwerken, die in den Vorhallen alter Kathedralen stehen.

So wird das *Denkmal der Arbeit* sein. Auf diesen langsam aufsteigenden Reliefs wird eine Geschichte der Arbeit sich entwickeln. In einer Krypta wird das lange Band beginnen, mit den Bildern derer, die in den Bergwerken altern, und es wird sich in seinem weiten Weg durch alle Gewerbe ziehen, von den lärmenden und bewegten zu den immer leiseren Werken, von den Hochöfen zu den Herzen, von den Hämmern zu den Gehirnen. Am Eingang sollen zwei Gestalten aufragen: Tag und Nacht, und auf dem Gipfel werden zwei geflügelte Genien stehen, die Segnungen, die sich aus hellen Höhen zu diesem Turme niederließen. Denn dieses Denkmal der Arbeit wird ein Turm sein. Nicht in einer großen Gestalt oder Gebärde versuchte Rodin die Arbeit darzustellen; sie ist nicht das Weithinsichtbare. Sie geht in den Werkstätten vor sich, in den Stuben, in den Köpfen; im Dunkel.

Er weiß es, denn auch seine Arbeit ist so; und er arbeitet unaufhörlich. Sein Leben geht wie ein einziger Arbeitstag.

Er hat mehrere Ateliers; bekanntere, in denen ihn Besuche und Briefe finden, und andere, entlegene, von denen niemand weiß. Das sind Zellen, kahle, ärmliche Räumen voll Staub und Grau. Aber ihre Armut ist wie jene große graue Armut Gottes, in der im März die Bäume aufwachen. Etwas von einem Frühlingsanfang ist darin: eine leise Verheißung und ein tiefer Ernst.

Vielleicht wächst in einer dieser Werkstätten schon der Turm der Arbeit auf. Jetzt, da seine Verwirklichung noch bevorsteht, musste man von seiner Bedeutung reden; und sie schien im Stofflichen zu liegen. Wenn dieses Denkmal aber einmal erstanden sein wird, wird man fühlen, dass Rodin auch mit diesem Werke nichts gewollt hat über seine Kunst hinaus. Der arbeitende Körper hat sich ihm gezeigt, wie früher der liebende. Es war eine neue Offenbarung des Lebens. Aber dieser Schaffende lebt so sehr unter seinen Dingen, ganz in der Tiefe seines Werkes, dass er Offenbarungen gar nicht anders empfangen kann, als nur mit den schlichten Mitteln seiner Kunst. Neues Leben heißt für ihn letzten Sinnes nur: neue Oberflächen, neue Gebärden. So ist es einfach um ihn geworden. Er kann nicht mehr irren.

Mit dieser Entwickelung hat Rodin allen Künsten ein Zeichen gegeben in dieser ratlosen Zeit.

Man wird einmal erkennen, was diesen großen Künstler so groß gemacht hat: Dass er ein Arbeiter war, der nichts ersehnte, als ganz, mit allen seinen Kräften, in das niedrige und harte Dasein seines Werkzeugs einzugehen. Darin lag eine Art von Verzicht auf das Leben; aber gerade mit dieser Geduld gewann er es: denn zu seinem Werkzeug kam die Welt.

Zweiter Teil (Ein Vortrag, 1907)

»Vorrede«

Es möchte manchen als eine sparsame Ausnutzung von Vorhandenem erscheinen, wenn hier die Wortfolge eines Vortrags (stellenweise so, wie er gesprochen worden ist, nur um mehr als die Hälfte erweitert) im Druck angeboten wird. Da aber die in jenem Zusammenhang enthaltenen Gedanken noch gültig sind, so mag ihnen auch die ursprüngliche Form der Äußerung nicht genommen werden; sie ist die natürlichste. Denn nicht in ihrer Verwendung allein, schon im Wesen dieser Gedanken liegt etwas Anredendes; sie wollen gehört sein. Sie wollen wirklich reden, und zu Vielen, und wollen versuchen, zwischen dem und jenem Leben und einer sehr großen Kunst zu vermitteln. Diese Absicht wird niemanden überraschen; sie hebt sich kaum ab von den vielen ähnlichen Absichten, die an der Arbeit sind und von denen die meisten zu Erfolg oder Ansehen kommen. Das Interesse für Kunst-Dinge hat zugenommen. Die Ateliers sind zugänglicher geworden und mitteilsamer gegen eine Kritik, der man nicht mehr vorwerfen kann, dass sie im Rückstande sei; der Kunsthandel selbst hat sich seiner Vorurteile begeben und sich, merkwürdig jung, an die Spitze der Entwicklung gestellt, an welcher sich das Publikum nun leicht beteiligen kann: mit seiner Kritik und mit seiner Kauflust. Diese Verfassung aber (so erfreulich und fortschrittlich sie sein mag) geht über ein Werk wie das Rodin's fort; sie überspringt es, sie berührt es kaum.

Die Einsicht, dass dieses ausgedehnte, noch so wenig aufgeklärte Werk dem bloßen Interesse nicht erreichbar ist, hat jenen Vortrag hervorgerufen. Sie wird vielleicht imstande sein, seine Veröffentlichung zu rechtfertigen.

Paris, im Juli 1907

Es gibt ein paar große Namen, die, in diesem Augenblicke ausgesprochen, eine Freundschaft zwischen uns stiften würden, eine Wärme, eine Einigkeit, die es mit sich brächte, dass ich – nur scheinbar abgesondert – mitten unter Ihnen spräche: aus Ihnen heraus wie eine Ihrer Stimmen. Der Name, der weit, wie ein Sternbild aus fünf großen Sternen über diesem Abend steht, kann nicht ausgesprochen werden. Nicht jetzt. Er würde Unruhe über Sie bringen, Strömungen würden in Ihnen entstehen, Zuneigung und Abwehr, während ich Ihre Stille brauche und die ungetrübte Oberfläche Ihrer gutwilligen Erwartung.

Ich bitte die, die es noch können, den Namen zu vergessen, um den es sich handelt, und ich mache an alle den Anspruch eines noch breiteren Vergessens. Sie sind es gewohnt, dass man Ihnen von Kunst spricht, und wer dürfte verschweigen, dass Ihre Geneigtheit immer williger den Worten entgegenkommt, die sich in solchem Sinne an Sie wenden? Eine gewisse schöne und starke Bewegung, die sich nicht länger verbergen ließ, hat, wie eines großen Vogels Flug, Ihre Blicke ergriffen –: nun aber mutet man Ihnen zu, Ihre Augen zu senken für die Weile eines Abends. Denn nicht dorthin, nicht in die Himmel ungewisser Entwicklungen will ich Ihre Aufmerksamkeit versammeln, nicht aus dem Vogel-Flug der neuen Kunst will ich Ihnen wahrsagen.

Mir ist zumute wie einem, der Sie an Ihre Kindheit erinnern soll. Nein, nicht nur an Ihre: an alles, was je Kindheit war. Denn es gilt, Erinnerungen in Ihnen aufzuwecken, die nicht die Ihren sind, die älter sind als Sie; Beziehungen sind wiederherzustellen und Zusammenhänge zu erneuern, die weit vor Ihnen liegen.

Hätte ich Ihnen von Menschen zu sprechen, so könnte ich dort anfangen, wo Sie eben aufgehört haben, da Sie hier eintraten; in Ihre Gespräche einfallend, würde ich, wie von selbst, zu allem kommen –, getragen, mitgerissen von dieser bewegten Zeit, an deren Ufern alles Menschliche zu liegen scheint, überschwemmt von ihr und auf eine unerwartete Weise gespiegelt. Aber, da ich es versuche, meine Aufgabe zu überschauen, wird mir klar, dass ich Ihnen nicht von Menschen zu reden habe, sondern von Dingen.

Dinge.

Indem ich das ausspreche (hören Sie?) entsteht eine Stille; die Stille, die um die Dinge ist. Alle Bewegung legt sich, wird Kontur, und aus vergangener und künftiger Zeit schließt sich ein Dauerndes: der Raum, die große Beruhigung der zu nichts gedrängten Dinge.

Aber nein: so fühlen Sie die Stille noch nicht, die da entsteht. Das Wort: Dinge geht an Ihnen vorüber, es bedeutet Ihnen nichts: zu vieles und zu gleichgültiges. Und da bin ich froh, dass ich die Kindheit angerufen habe; vielleicht kann sie mir helfen, Ihnen dieses Wort ans Herz zu legen als ein liebes, das mit vielen Erinnerungen zusammenhängt. Wenn es Ihnen möglich ist, kehren Sie mit einem Teile Ihres entwöhnten und erwachsenen Gefühls zu irgendeinem Ihrer Kinder-Dinge zurück, mit dem Sie viel umgingen. Gedenken Sie, ob es irgendetwas gab, was Ihnen näher, vertrauter und nötiger war, als so ein Ding. Ob nicht alles – außer ihm – imstande war, Ihnen weh oder unrecht zu tun, Sie mit einem Schmerz zu erschrecken oder mit einer Ungewissheit zu verwirren? Wenn Güte unter Ihren ersten Erfahrungen war und Zutraun und Nichtalleinsein – verdanken Sie es nicht ihm? War es nicht ein Ding, mit dem Sie zuerst Ihr kleines Herz geteilt haben wie ein Stück Brot, das reichen musste für zwei?

In den Legenden der Heiligen haben Sie später eine fromme Freudigkeit gefunden, eine selige Demut, eine Bereitschaft, alles zu sein, die Sie schon kannten, weil irgendein kleines Stück Holz alles das einmal für Sie getan und auf sich genommen und getragen hatte. Dieser kleine vergessene Gegenstand, der alles zu bedeuten bereit war, machte Sie mit Tausendem vertraut, indem er tausend Rollen spielte, Tier war und Baum und König und Kind, – und als er zurücktrat, war das alles da. Dieses Etwas, so wertlos es war, hat Ihre Beziehungen zur Welt vorbereitet, es hat Sie ins Geschehen und unter die Menschen geführt und mehr noch: Sie haben an ihm, an seinem Dasein, an seinem Irgendwie-Aussehn, an seinem endlichen Zerbrechen oder seinem rätselhaften Entgleiten alles Menschliche erlebt bis tief in den Tod hinein.

Sie erinnern sich dessen kaum mehr, und es wird Ihnen selten bewusst, dass Sie auch jetzt noch Dinge nötig haben, die, ähnlich wie jene Dinge aus der Kindheit, auf Ihr Vertrauen warten, auf Ihre Liebe, auf Ihre Hingabe. Wie kommen diese Dinge dazu? Wodurch sind überhaupt Dinge mit uns verwandt? Welches ist ihre Geschichte?

Sehr früh schon hat man Dinge geformt, mühsam, nach dem Vorbild der vorgefundenen natürlichen Dinge; man hat Werkzeuge gemacht und Gefäße, und es muss eine seltsame Erfahrung gewesen sein, Selbstgemachtes so anerkannt zu sehen, so gleichberechtigt, so wirklich neben dem, was *war*. Da entstand etwas, blindlings, in wilder Arbeit und trug an sich die Spuren eines bedrohten offenen Lebens, war noch warm davon, – aber kaum war es fertig und fortgestellt, so ging es schon ein unter die Dinge, nahm ihre Gelassenheit an, ihre stille Würde und sah nur noch wie entrückt mit wehmütigem Einverstehen aus seinem Dauern herüber. Dieses Erlebnis war so merkwürdig und so stark, dass man begreift, wenn es auf einmal Dinge gab, die nur um seinetwillen gemacht waren. Denn vielleicht waren die frühesten Götterbilder Anwendungen dieser Erfahrung, Versuche, aus Menschlichem und Tierischem, das man sah, ein Nicht-Mitsterbendes zu formen, ein Dauerndes, ein Nächsthöheres: ein Ding.

Was für ein Ding? Ein schönes? Nein. Wer hätte gewusst was Schönheit ist? Ein ähnliches. Ein Ding, darin man das wiedererkannte was man liebte und das was man fürchtete und das Unbegreifliche in alledem.

Erinnern Sie sich solcher Dinge? Da ist vielleicht eines, das Ihnen lange nur lächerlich erschien. Aber eines Tages fiel Ihnen seine Inständigkeit auf, der eigentümliche, fast verzweifelte Ernst, den sie alle haben; und merkten Sie da nicht, wie über dieses Bild, gegen seinen Willen beinah, eine Schönheit kam, die Sie nicht für möglich gehalten hätten?

Wenn es einen solchen Augenblick gegeben hat, so will ich mich jetzt auf ihn berufen. Es ist derjenige, mit dem die Dinge wieder in Ihr Leben eintreten. Denn es kann keines an Sie rühren, wenn Sie ihm nicht gestatten, Sie mit einer Schönheit zu überraschen, die nicht abzusehen war. Schönheit ist immer etwas Hinzugekommenes, und wir wissen nicht was.

Dass es eine ästhetische Meinung gab, die die Schönheit zu fassen glaubte, hat Sie irre gemacht und hat Künstler hervorgerufen, die ihre Aufgabe darin sahen, Schönheit zu schaffen. Und es ist immer noch nicht überflüssig geworden zu wiederholen, dass man Schönheit nicht »machen« kann. Niemand hat je Schönheit gemacht. Man kann nur freundliche oder erhabene Umstände schaffen für Das, was manchmal bei uns verweilen mag: einen Altar und Früchte und eine Flamme – Das Andere steht nicht in unserer Macht. Und das Ding selbst, das, ununterdrückbar, aus den Händen eines Menschen hervorgeht, ist wie der Eros des Sokrates, ist ein Daimon, ist zwischen Gott und Mensch, selber nicht schön, aber lauter Liebe zur Schönheit und lauter Sehnsucht nach ihr. Nun stellen Sie sich vor, wie diese Einsicht, wenn sie einem Schaffenden kommt, alles verändern muss. Der Künstler, den diese Erkenntnis lenkt, hat nicht an die Schönheit zu denken; er weiß ebenso wenig wie die Anderen, worin sie besteht. Gelenkt von dem Drang nach der Erfüllung über ihn hinausreichender Nützlichkeiten, weiß er nur, dass es gewisse Bedingungen gibt, unter denen sie vielleicht zu seinem Dinge zu kommen geruht. Und sein Beruf ist, diese Bedingungen kennenzulernen und die Fähigkeit zu erwerben, sie herzustellen.

Wer aber diese Bedingungen aufmerksam bis an ihr Ende verfolgt, dem zeigt sich, dass sie nicht über die Oberfläche hinaus und nirgends in das Innere des Dinges hineingehn; dass alles, was man machen kann, ist: eine auf bestimmte Weise geschlossene, an keiner Stelle zufällige Oberfläche herzustellen, eine Oberfläche, die, wie diejenige der natürlichen Dinge, von der Atmosphäre umgeben, beschattet und beschienen ist, nur diese Oberfläche, – sonst nichts. Aus allen den großen anspruchsvollen und launenhaften Worten scheint die Kunst auf einmal ins Geringe und Nüchterne gestellt, ins Alltägliche, ins Handwerk. Denn was heißt das: eine Oberfläche machen?

Aber lassen Sie uns einen Augenblick überlegen, ob nicht alles Oberfläche ist was wir vor uns haben und wahrnehmen und auslegen und deuten? Und was wir Geist und Seele und Liebe nennen: ist das nicht alles nur eine leise Veränderung auf der kleinen Oberfläche eines nahen Gesichts? Und wer uns das geformt geben will, muss er sich nicht an das Greifbare halten, das seinen Mitteln entspricht, an die Form, die er fassen und nachfühlen kann? Und wer alle Formen zu sehen und zu geben vermöchte, würde der uns nicht (fast ohne es zu wissen) alles Geistige geben? Alles, was je Sehnsucht oder Schmerz oder Seligkeit genannt war oder gar keinen Namen haben kann in seiner unsagbaren Geistigkeit?

Denn alles Glück, von dem je Herzen gezittert haben; alle Größe, an die zu denken uns fast zerstört; jeder von den weiten umwandelnden Gedanken –: es gab einen Augenblick, da sie nichts waren als das Schürzen von Lippen, das Hochziehn von Augenbrauen, schattige Stellen auf Stirnen; und dieser Zug um den Mund, diese Linie über den Lidern, diese Dunkelheit auf einem Gesicht, – vielleicht waren sie genau so schon vorher da: als Zeichnung auf einem Tier, als Furche in einem Felsen, als Vertiefung auf einer Frucht ...

Es gibt nur eine einzige, tausendfältig bewegte und abgewandelte Oberfläche. In diesem Gedanken konnte man einen Moment die ganze Welt denken, und sie wurde einfach und als Aufgabe dem in die Hände gelegt, der diesen Gedanken dachte. Denn ob etwas ein Leben werden kann, das hängt nicht von den großen Ideen ab, sondern davon, ob man sich aus ihnen ein Handwerk schafft, ein Tägliches, Etwas, was bei einem aushält bis ans Ende.

Ich wage es jetzt, Ihnen den Namen zu nennen, der sich nicht langer verschweigen lässt: Rodin. Sie wissen, es ist der Name unzähliger Dinge. Sie fragen nach ihnen, und es verwirrt mich, dass ich Ihnen keines zeigen kann.

Aber mir ist, als säh ich Eines und noch Eines in Ihrer Erinnerung und als könnt ich sie dort herausheben, um sie mitten unter uns zu stellen:

diesen *Mann mit der gebrochenen Nase,* unvergesslich wie eine plötzlich erhobene Faust;

diesen *Jüngling,* dessen aufrechte dehnende Bewegung
Ihnen so nahe ist wie das eigene Erwachen;

diesen *Gehenden,* der wie ein neues Wort für gehen in dem Wortschatz Ihres Gefühles steht;

und den, der sitzt, denkend mit dem ganzen Körper, sich einsaugend in sich selbst;

und den *Bürger* mit dem Schlüssel, wie ein großer Schrank, in dem lauter Schmerz eingeschlossen ist.

Und die *Eva,* wie von weit in die Arme hineingebogen, deren nach auswärts gewendete Hände alles abwehren möchten, auch den eigenen, sich verwandelnden Leib.

Und die süße leise *Innere Stimme,* armlos wie Inneres und wie ein Organ ausgelöst aus dem Kreislauf jener Gruppe.

Und irgendein kleines Ding, dessen Namen Sie vergessen haben, gemacht aus einer weißen, schimmernden Umarmung, die wie ein Knoten zusammenhält; und jenes andere, das vielleicht *Paolo und Francesca* heißt, und kleinere noch, die Sie in sich finden wie Früchte mit ganz dünner Schale –

und: da werfen Ihre Augen, wie die Linsen einer Laterna magica, über mich fort, einen riesigen *Balzac* an die Wand. Das Bild eines Schöpfers in seinem Hochmut, stehend in seiner eigenen Bewegung wie in einem Sturmwirbel, der die ganze Welt hinaufreißt in dieses kreißende Haupt.

Soll ich neben die Dinge aus Ihrer Erinnerung, nun, da sie da sind, andere von diesen hundert und hundert Dingen stellen? Diesen *Orpheus,* diesen *Ugolino,* diese heilige *Therese,* die die Wundmale empfängt, diesen *Victor Hugo* mit seiner großen, schrägen, beherrschenden Gebärde und jenen anderen, ganz hingegeben an Einflüsterungen, und einen dritten noch, den drei Mädchenmunde von unten ansingen, wie eine um seinetwillen aus der Erde brechende Quelle? Und ich fühle schon, wie mir der Name im Munde zerfließt, wie das alles nunmehr der Dichter ist, derselbe Dichter, der *Orpheus* heißt, wenn sein Arm auf einem ungeheuern Umweg über alle Dinge zu den Saiten geht, derselbe, der krampfhaft schmerzvoll die Füße der fliehenden Muse fasst, die sich entzieht; derselbe, der endlich stirbt, das steil aufgestellte Gesicht im Schatten seiner in der Welt weitersingenden Stimmen, und *so* stirbt, dass dieselbe kleine Gruppe manchmal auch Auferstehung heißt –.

Wer aber vermag nun die Welle der Liebenden aufzuhalten, die sich draußen aufhebt auf dem Meere dieses Werkes? Mit diesen unerbittlich verbundenen Gestalten kommen Schicksale heran und süße und trostlose Namen –: aber auf einmal sind sie fort, wie ein Glanz der sich zurückzieht – und man sieht den Grund. Man sieht Männer und Frauen, Männer und Frauen, immer wieder Männer und Frauen. Und je länger man hinsieht, desto mehr vereinfacht sich auch dieser Inhalt, und man sieht: Dinge.

Hier werden meine Worte machtlos und kehren zu der großen Einsicht zurück, auf die ich Sie schon vorbereitet habe, zu dem Wissen von der *einen* Oberfläche, mit welchem dieser Kunst die ganze Welt angeboten war. Angeboten, noch nicht gegeben. Um sie zu nehmen bedurfte es (bedarf es immer noch) unendlicher Arbeit.

Bedenken Sie, wie der arbeiten musste, der aller Oberfläche mächtig werden wollte; da doch kein Ding dem andern gleich ist. Einer, dem es nicht darum zu tun war, den Leib im Allgemeinen kennenzulernen, das Gesicht, die Hand (das alles gibt es nicht); sondern *alle* Leiber, *alle* Gesichter, *alle* Hände. Was für eine Aufgabe erhebt sich da. Und wie schlicht und ernst ist sie; wie ganz ohne Anlockung und Versprechung; wie ganz ohne Phrase.

Ein Handwerk entsteht, aber es scheint ein Handwerk für einen Unsterblichen zu sein, so weit ist es, so ohne Absehn und Ende und so sehr auf Immer-noch-Lernen angelegt. Und wo war eine Geduld, die solchem Handwerk gewachsen war?

Sie war in der Liebe dieses Arbeitenden, sie erneute sich unaufhörlich aus ihr. Denn das ist vielleicht das Geheimnis dieses Meisters, dass er ein Liebender war, dem nichts widerstehen konnte. Sein Verlangen war so lang und leidenschaftlich und ununterbrochen, dass alle Dinge ihm nachgaben: die natürlichen Dinge und alle die rätselhaften Dinge aller Zeiten, in denen Menschliches sich sehnte, Natur zu sein. Er blieb nicht bei denen stehen, die leicht zu bewundern sind. Er wollte das Bewundern ganz erlernen bis ans Ende. Er nahm die schweren verschlossenen Dinge auf sich und trug sie, und sie drückten ihm mehr und mehr in sein Handwerk hinein mit ihrer Last. Unter ihrem Drucke muss ihm klar geworden sein, dass es bei den Kunst-Dingen, genau wie bei einer Waffe oder einer Waage, nicht darauf ankommt, irgendwie auszusehen und durch das Aussehn zu »wirken«, sondern dass es sich vielmehr darum handelt, *gut gemacht* zu sein.

Dieses Gut-Machen, dieses Arbeiten mit reinstem Gewissen, war Alles. Ein Ding nachformen, das hieß: über jede Stelle gegangen sein, nichts verschwiegen, nichts übersehen, nirgends betrogen haben; alle die hundert Profile kennen, alle die Aufsichten und Untersichten, jede Überschneidung. Erst dann war ein Ding da, erst dann war es Insel, überall abgelöst von dem Kontinent des Ungewissen.

Diese Arbeit (die Arbeit am Modelé) war die gleiche bei allem was man machte, und sie musste so demütig, so dienend, so hingegeben getan sein, so ohne Wahl an Gesicht und Hand und Leib, dass nichts Benanntes mehr da war, dass man nur formte, ohne zu wissen, was gerade entstand, wie der Wurm, der seinen Gang macht im Dunkel von Stelle zu Stelle. Denn wer ist noch unbefangen Formen gegenüber, die einen Namen haben? Wer wählt nicht schon aus, wenn er etwas Gesicht nennt? Der Schaffende aber hat nicht das Recht, zu wählen. Seine Arbeit muss von gleichmäßigem Gehorsam durchdrungen sein. Uneröffnet gleichsam, wie Anvertrautes, müssen die Formen durch seine Finger gehn, um rein und heil in seinem Werke zu sein.

Und das sind die Formen in Rodin's Werk: rein und heil; ohne zu fragen hat er sie weitergegeben an seine Dinge, die wie nie berührt sind, wenn er sie verlässt. Licht und Schatten wird leiser über ihnen wie über ganz frischen Früchten und bewegter, wie vom Morgenwind darüber hingeführt.

Hier muss von der Bewegung gesprochen werden; nicht in dem Sinne allerdings, in dem es oft und vorwurfsvoll geschah; denn die Bewegtheit der Gebärden, die in dieser Skulptur viel bemerkt worden ist, geht innerhalb der Dinge vor sich, gleichsam als ein innerer Kreislauf, und stört niemals ihre Ruhe und die Stabilität ihrer Architektur. Es wäre auch keine Neuerung gewesen, Bewegtheit in die Plastik einzuführen. Neu ist die Art von Bewegung, zu der das Licht gezwungen wird durch die eigentümliche Beschaffenheit dieser Oberflächen, deren Gefälle so vielfach abgewandelt ist, dass es da langsam fließt und dort stürzt, bald seicht und bald tief erscheint, spiegelnd oder matt. Das Licht, das eines dieser Dinge berührt, ist nicht mehr irgend ein Licht, es hat keine zufälligen Wendungen mehr; das Ding nimmt von ihm Besitz und gebraucht es wie sein eigenes.

Diese Erwerbung und Aneignung des Lichts als Folge einer ganz klar bestimmten Oberfläche hat Rodin als eine wesentliche Eigenschaft plastischer Dinge wiedererkannt. Die Antike und die Gotik hatten, jede auf ihre Art, Lösungen dieser plastischen Aufgabe gesucht, und er hat sich in uralte Traditionen gestellt, indem er die Gewinnung des Lichtes zu einem Teil seiner Entwickelung machte.

Es gibt da wirklich Steine mit eigenem Licht, wie das gesenkte Gesicht auf dem Block im Luxembourg- Museum, *La Pensée,* das, vorgeneigt bis zum Schattigsein, über das weiße Schimmern seines Steines gehalten ist, unter dessen Einfluss die Schatten sich auflösen und in ein durchsichtiges Helldunkel übergehn. Und wer denkt nicht mit Entzücken an eine der kleinen Gruppen, wo zwei Leiber eine Dämmerung schaffen, um sich darin leise, mit verhaltenem Licht zu begegnen? Und ist es nicht merkwürdig, das Licht über den liegenden Rücken der Danaïde gehen zu sehen: langsam, als ob es kaum vorwärts käme seit Stunden. Und wusste noch jemand von dieser ganzen Skala der Schatten bis hinauf zu jenem leicht verscheuchten dünnen Dunkel, wie es manchmal um den Nabel kleiner Antiken huscht und das wir nunmehr aus der Rundung hohler Rosenblätter kannten?

In solchen – kaum sagbaren – Fortschritten liegt die Steigerung in Rodin's Werk. Mit der Unterwerfung des Lichts begann auch schon die nächste große Überwindung, der seine Dinge ihre Gestalt verdanken, jene Art Großsein, die unabhängig ist von allen Maßen. Ich meine die Erwerbung des Raumes.

Wieder waren es die Dinge, die sich seiner annahmen, wie schon oft, die Dinge draußen in der Natur und einzelne Kunstdinge von erhabener Abstammung, die er immer wieder befragen kam. Sie wiederholten ihm jedes Mal eine Gesetzmäßigkeit, von der sie erfüllt waren und die er nach und nach begriff. Sie gewährten ihm einen Blick in eine geheimnisvolle Geometrie des Raumes, die ihn einsehen ließ, dass die Konturen eines Dinges in der Richtung einiger gegeneinander geneigter Ebenen sich ordnen müssen, damit dieses Ding vom Raume wirklich aufgenommen, gleichsam von ihm anerkannt sei in seiner kosmischen Selbständigkeit.

Es ist schwer, diese Erkenntnis präzise auszusprechen. Aber am Werke Rodin's lässt sich zegen, wie er sie verwendet. Immer energischer und sicherer werden die vorhandenen Details in starken Flächen-Einheiten zusammengefasst, und endlich stellen sie sich, wie unter dem Einfluss rotierender Kräfte, in einigen großen Ebenen auf, richten sich aus sozusagen, und man meint zu sehen wie diese Ebenen zum Himmels-Globus gehören und ins Unendliche sich fortsetzen lassen.

Da ist der *Jüngling des Âge d'airain,* der noch wie in einem Innenraum steht, um den Johannes weicht es schon auf allen Seiten zurück, um den Balzac ist die ganze Atmosphäre, – aber ein paar hauptlose Akte, der neue ungeheuere *Gehende* vor allem, sind wie über uns hinausgestellt, wie ins All, wie unter die Sterne in ein weites unbeirrbares Kreisen.

Aber wie in einem Märchen das Übergroße, wenn es einmal bewältigt ist, sich klein macht für seinen Überwinder, um ihm ganz zu gehören, so hat der Meister diesen von seinen Dingen gewonnenen Raum wirklich in Besitz nehmen dürfen, als sein Eigentum. Denn er ist ganz, mit aller Unermesslichkeit, in den seltsamen Blättern, von denen man immer wieder meinen möchte, dass sie das Äußerste dieses Werkes sind. Diese Zeichnungen aus den letzten zehn Jahren sind nicht, wofür manche sie nehmen wollten, rasche Anmerkungen, Vorbereitendes, Vorläufiges; sie enthalten das Endgültigste einer langen ununterbrochenen Erfahrung. Und sie enthalten es, wie durch ein fortwährendes Wunder, in einem Nichts, in einem raschen Umriss, in einem atemlos der Natur abgenommenen Kontur, in dem Kontur eines Konturs, den sie selber abgelegt zu haben scheint, weil er ihr zu zart und zu kostbar war. Niemals sind Linien, auch in den seltensten japanischen Blättern nicht, von solcher Ausdrucksfähigkeit gewesen und zugleich so absichtslos. Denn hier ist nichts Dargestelltes, nichts Gemeintes, keine Spur von einem Namen. Und doch, was ist hier nicht? Welches Halten oder Loslassen oder Nicht-mehr-Haltenkönnen, welches Neigen und Strecken und Zusammenziehen, welches Fallen oder Fliegen sah oder ahnte man je, das hier nicht wieder vorkommt? Und wenn es irgendwo vorkam, so verlor man es: denn es war so flüchtig und fein, so wenig für einen bestimmt, dass man nicht fähig war, ihm einen Sinn zu geben. Jetzt erst, da man es unvermutet in diesen Blättern wiedersieht, weiß man seine Bedeutung: das Äußerste von Lieben und Leiden und Trostlos- und Seligsein geht von ihnen aus, man begreift nicht warum. Da sind Gestalten, die aufsteigen, und dieses Aufsteigen ist so hinreißend, wie nur ein Morgen es sein kann, wenn die Sonne ihn auseinanderdrängt. Und da sind leichte, sich rasch entfernende Gestalten, die, indem sie fortgehn, einen mit Bestürzung erfüllen, als könnte man sie nicht entbehren. Da sind Liegende, um die herum Schlaf entsteht und geballte Träume; und Träge, ganz schwer von Trägheit, die warten; und Lasterhafte, die nicht mehr warten wollen. Und man sieht ihr Laster, und es ist wie das Wachsen einer Pflanze, die im Wahnsinn wächst weil sie nicht anders kann; man begreift, wie viel vom Neigen einer Blume auch noch in dieser sich Neigenden ist, und dass alles das Welt ist, auch noch diese Figur, die, wie ein Sternbild im Tierkreis, für immer entrückt ist und festgehalten in ihrer leidenschaftlichen Vereinsamung.

Wenn aber eine von den bewegten Gestalten unter ein wenig grüner Farbe sichtbar wird, so ist es das Meer oder der Meeresgrund, und sie rührt sich anders, mühsamer, unter dem Wasser; und es genügt ein Wink mit Blau hinter einer fallenden Figur, so stürzt sich der Raum auf allen Seiten in das Blatt hinein und umgibt sie mit soviel Nichts, dass einen der Schwindel nimmt und man unwillkürlich nach der Hand des Meisters greift, die, mit einer zärtlich gebenden Wendung, die Zeichnung hinhält.

Nun hab ich Sie, merk ich, eine Gebärde des Meisters sehen lassen. Sie verlangen andere. Sie fühlen sich vorbereitet genug, um Äußeres und Äußerliches sogar ergänzend einordnen zu können, dass es zum Zuge würde im persönlichen Bilde. Sie verlangen den Wortlaut eines Satzes zu hören, wie er gesprochen worden ist; Sie wollen Orte und Daten eintragen in die Berg- und Flusskarte dieses Werkes.

Da ist eine nach einem Ölbild hergestellte Photographie. Sie zeigt undeutlich einen jungen Mann aus dem Ende der Sechzigerjahre. Die einfachen Linien in dem bartlosen Gesicht sind nahezu hart, aber die klar im Dunkel stehenden Augen verbinden das Einzelne zu einem milden, fast träumerischen Ausdruck, wie ihn junge Menschen unter dem Einfluss der Einsamkeit bekommen; es ist fast das Antlitz von einem, der gelesen hat bis zum Dunkelwerden.

Aber da ist ein anderes Bild; um 1880. Da sieht man einen Mann, geprägt von Tätigkeit. Das Gesicht ist abgemagert, der lange Bart lässt sich nachlässig hinabgleiten auf die breitschultrig angelegte Büste, über der der Rock zu weit geworden ist. In den aschblonden, verblassten Tönen der Photographie meint man zu erkennen, dass die Lider gerötet sind, aber der Blick tritt sicher und entschlossen aus den überanstrengten Augen, und in der Haltung ist eine elastische Spannung, die nicht brechen wird.

Und mit einem Mal, nach ein paar Jahren, scheint das alles umgewandelt. Aus dem Vorläufigen und Unbestimmten ist ein Endgültiges geworden, das gemacht ist, lange zu dauern. Auf einmal ist diese Stirne da, ›felsig‹ und steil, aus der die gerade starke Nase entspringt, deren Flügel leicht und empfindlich sind. Wie unter alten steinernen Bogen liegen die Augen, weitsichtig nach Außen und Innen. Der Mund einer faunischen Maske, halb verborgen und vermehrt um das sinnliche Schweigen neuer Jahrhunderte, und darunter der Bart, wie zu lange zurückgehalten, hervorstürzend in einer einzigen weißen Welle. Und die Gestalt, die dieses Haupt trägt, wie nicht von der Stelle zu rücken.

Und soll man sagen, was von dieser Erscheinung ausgeht, so ist es dieses: dass sie zurückzureichen scheint wie ein Flussgott und vorauszuschauen wie ein Prophet. Sie ist nicht bezeichnet von unserer Zeit. Genau bestimmt in ihrer Einzigkeit, verliert sie sich doch in einer gewissen mittelalterlichen Anonymität, hat jene Demut der Größe, die an die Erbauer der großen Kathedralen denken macht. Ihre Einsamkeit ist keine Absonderung, denn sie beruht im Zusammenhang mit der Natur. Ihre Männlichkeit ist bei aller Hartnäckigkeit ohne Härte, so dass sogar ein Freund Rodin's, den er manchmal gegen Abend besuchte, schreiben konnte: »Es bleibt, wenn er geht, in der Dämmerung des Zimmers etwas Mildes zurück, als wäre eine Frau dagewesen.«

Und in der Tat, die wenigen, die in der Freundschaft des Meisters aufgenommen waren, haben seine Güte erfahren, die elementar wie die Güte einer Naturkraft ist, wie die Güte eines langen Sommertags, der alles wachsen lässt und spät dunkelt. Aber auch die flüchtigen Besucher der Sonnabend-Nachmittage haben Anteil daran gehabt, wenn sie in den beiden Stadt-Ateliers im Dépôt des Marbres zwischen vollendeten und halbfertigen Arbeiten immer wieder dem Meister begegneten. Man fühlt sich sicher in seiner Höflichkeit vom ersten Augenblick an, aber man erschrickt fast vor der Intensität seines Interesses, wenn er sich einem zuwendet. Dann hat er jenen Blick konzentrierter Aufmerksamkeit, der kommt und geht wie das Licht eines Scheinwerfers, aber so stark ist, dass man es noch weit hinter sich hell werden fühlt.

Sie haben diese Werkstätten in der rue de l'Université oft beschreiben hören. Es sind Bauhütten, in denen die Bausteine dieses großen Werkes behauen werden. Fast steinbruchhaft unwirtlich, bieten sie dem Besucher keine Zerstreuung; nur für Arbeit eingerichtet, zwingen sie ihn, das Schauen als Arbeit auf sich zu nehmen, und viele haben an dieser Stelle zuerst empfunden, wie ungewohnt ihnen diese Arbeit ist. Andere, die es lernten, traten mit einem Fortschritt wieder heraus und merkten, dass sie gelernt hatten, an allem was draußen war. Am merkwürdigsten aber sind diese Räume sicher für die gewesen, die schauen konnten. Von einem Gefühl sanfter Notwendigkeit geführt, kamen sie hierher, manchmal von weit, und es war für sie das, was eines Tages kommen musste, hier zu stehen, unter dem Schutz dieser Dinge. Es war ein Abschluss und ein Anfang und die stille Erfüllung des Wunsches, dass es irgendwo ein Beispiel geben möge unter all den Worten, eine einfache Wirklichkeit des Gelingens. Zu solchen trat dann wohl Rodin heran und bewunderte mit ihnen, was sie bewunderten. Denn der dunkle Weg seiner absichtslosen Arbeit, der durch das Handwerk führt, ermöglicht ihm, vor seinen vollendeten Dingen, die er nicht überwacht und bevormundet hat, selber bewundernd zu stehn, wenn sie erst da sind und ihn übertreffen. Und seine Bewunderung ist jedes Mal besser, gründlicher, entzückter als die des Besuchers. Seine unbeschreibliche Konzentrierung kommt ihm überall zugute. Und wenn er im Gespräch die Zumutung der Inspiration nachsichtig und mit ironischem Lächeln abschüttelt und meint es gäbe keine –, keine Inspiration sondern nur Arbeit, so begreift man plötzlich, dass für diesen Schaffenden die Eingebung dauernd geworden ist, dass er sie nicht mehr kommen fühlt, weil sie nicht mehr aussetzt, und man ahnt den Grund seiner ununterbrochenen Fruchtbarkeit.

»Avez-vous bien travaillé?« – ist die Frage, mit der er jeden begrüßt, der ihm lieb ist; denn wenn *die* bejaht werden kann, so ist weiter nichts mehr zu fragen und man kann beruhigt sein: wer arbeitet, ist glücklich.

Für Rodin's einfache und einheitliche Natur, die über unglaubliche Kraftvorräte verfügt, war diese Lösung möglich; für sein Genie war sie notwendig; nur so konnte es sich der Welt bemächtigen. Zu arbeiten wie die Natur arbeitet, nicht wie Menschen, das war seine Bestimmung.

Vielleicht hat das Sebastian Melmoth empfunden, als er, einsam, an einem seiner traurigen Nachmittage hinausgegangen war, die *Porte de l'Enfer zu* sehen. Vielleicht hat die Hoffnung, neu anzufangen, noch einmal in seinem halbzerstörten Herzen gezuckt. Vielleicht hätte er, wenn es möglich gewesen wäre, den Mann, als er mit ihm allein war, fragen mögen: Wie ist Ihr Leben gewesen? Und Rodin hätte geantwortet: Gut. Haben Sie Feinde gehabt? Sie haben mich nicht am Arbeiten hindern können. Und der Ruhm? Hat mich verpflichtet zu arbeiten. Und die Freunde? Haben Arbeit von mir verlangt. Und die Frauen? In der Arbeit hab ich sie bewundern gelernt. Aber Sie sind jung gewesen? Da war ich irgendeiner. Man begreift nichts wenn man jung ist; das kommt später, langsam.

Was Sebastian Melmoth nicht gefragt hat, vielleicht hat es mancher gedacht, wenn er zu dem Meister hinübersah, immer wieder, erstaunt über die dauerhafte Kraft des fast Siebzigjährigen, über diese Jugend in ihm, die nichts Konserviertes hat, die frisch ist, als käme sie ihm immer wieder aus der Erde zu. Und Sie selbst fragen, ungeduldiger, nochmals: Wie ist sein Leben gewesen?

Wenn ich zögere, es Ihnen zu erzählen, der Zeit nach, wie man Lebensläufe berichtet, so ist es, weil es mir scheint, als ob alle Daten, die man kennt (und es sind nur sehr vereinzelte), wenig persönlich und recht allgemein waren im Vergleich zu dem, was dieser Mann aus ihnen gemacht hat. Von allem was vorher war abgetrennt, durch das ungangbare Gebirge des gewaltigen Werkes, hat man es schwer, Vergangenes zu erkennen; man ist auf das angewiesen, was der Meister selbst gelegentlich erzählt hat und was von anderen wiedererzählt worden ist. [siehe unten S. 276; *Anmerkung* 1]

Von der Kindheit hat man nur erfahren, dass der Knabe frühzeitig aus Paris in eine kleine Pension nach Beauvais gebracht worden ist, wo er das Haus entbehrt und, zart und empfindsam, unter denen leidet, die ihn mit Fremdheit und Rücksichtslosigkeit umgeben. Er kommt als Vierzehnjähriger zurück nach Paris und lernt in einer kleinen Zeichenschule zuerst den Ton kennen, den er am liebsten nicht wieder aus den Händen ließe: so sehr sagt dieses Material ihm zu. Wie überhaupt alles ihm gefällt, was Arbeit ist: er arbeitet sogar während des Essens, er liest, er zeichnet. Er zeichnet unterwegs auf der Straße und ganz früh am Morgen, im Jardin des Plantes, die verschlafenen Tiere. Und wozu ihn die Lust nicht verlockt, dazu treibt ihn die Armut. Die Armut, ohne die sein Leben nicht denkbar wäre, und der er es nie vergisst, dass sie ihn mit Tieren und Blumen gehalten hat, besitzlos unter all dem Besitzlosen, das von Gott abhängt und nur von ihm.

Mit siebzehn Jahren tritt er bei einem Dekorateur ein und arbeitet für ihn, wie später an der Manufaktur von Sèvres für Carrier-Belleuse und für van Rasbourg in Antwerpen und in Brüssel. Sein eigentliches, selbständiges Leben beginnt, der Öffentlichkeit gegenüber, etwa um das Jahr 1877. Es beginnt damit, dass man ihn anklagt, die damals ausgestellte Statue des *Âge d'airain* durch Naturabguss verfertigt zu haben. Es beginnt damit, dass man ihn anklagt. Er wüsste es jetzt vielleicht kaum mehr, wenn nicht die öffentliche Meinung so ausdauernd dabeigeblieben wäre, ihn anzuklagen und abzuwehren. Er beklagt sich nicht darüber; nur dass sich unter dem Einfluss der Feindseligkeit, die nicht nachließ, ein gutes Gedächtnis für böse Erfahrungen in ihm ausgebildet hat, das er sonst, mit seinem Sinn für das Wesentliche, hätte verkümmern lassen. Sein Können war schon enorm zu jener Zeit, war es schon im Jahre 1864, als die Maske des *Mannes mit der gebrochenen Nase* entstand. Er hatte sehr viel in seiner Abhängigkeit gearbeitet, aber was da war, war von anderen Händen entstellt und trug nicht seinen Namen. Die Modelle, die er für Sèvres ausgeführt hatte, fand später Mr. Roger-Marx und erwarb sie; man hatte sie in der Fabrik als unbrauchbar zu Scherben geworfen. Zehn Masken, für eines der Bassins am Trocadero bestimmt, verschwanden, gleich nachdem sie angebracht worden waren, von ihrem Platz und sind noch nicht wieder aufgefunden worden. Die *Bürger von Calais* bekamen nicht die Aufstellung, die der Meister vorgeschlagen hatte; niemand wollte sich an der Enthüllung dieses Denkmals beteiligen. In Nancy zwang man Rodin, am Sockel des Standbildes *Claude Lorrains* Veränderungen vorzunehmen, die gegen seine Überzeugung waren. Sie erinnern sich noch der unerhörten Ablehnung des *Balzac* von Seiten seiner Besteller, mit der Begründung, die Statue wäre nicht ähnlich genug. Vielleicht haben Sie es in den Zeitungen übersehen, dass noch vor zwei Jahren der probeweise vor dem Pantheon aufgerichtete Gipsabguss des *Denkers* durch Axthiebe zertrümmert worden ist. Aber es ist möglich, dass Ihnen heut oder morgen eine ähnliche Notiz auffällt, falls es wieder zum öffentlichen Ankauf eines Rodinschen Werkes kommen sollte. Denn diese Liste, die nur eine Auswahl der Kränkungen enthält, die man unablässig zu vermehren bemüht war, wird wohl kaum abgeschlossen sein.

Es wäre denkbar, dass ein Künstler schließlich diesen immer wieder erklärten Krieg angenommen hätte; Unwillen und Ungeduld hätten den und jenen hinreißen können; aber wie sehr wäre er, auf den Kampfplatz tretend, von seinem Werke entfernt worden. Es ist Rodin's Sieg, dass er in dem seinen ausharrte und Zerstörung in der Art der Natur beantwortete: mit einem neuen Anfang und zehnfacher Fruchtbarkeit.

Wer sich scheut, den Vorwurf der Übertreibung auf sich zu nehmen, hat überhaupt kein Mittel, Ihnen die Tätigkeit Rodin's nach seiner Rückkehr aus Belgien zu schildern. Der Tag begann für ihn mit der Sonne, aber er endete nicht mit ihr; denn da wurde noch ein langer Streifen Lampenlicht angefügt an die vielen hellen Stunden. Spät nachts, wenn kein Modell mehr zu haben war, war die Frau, die sein Leben schon lange mit rührender Hilfe und Hingabe teilte, immer bereit, die Arbeit in dem dürftigen Zimmer zu ermöglichen. Sie war unscheinbar als Gehilfin, ganz verschwindend in den vielen geringen Diensten, die ihr zufielen, aber dass sie auch schön sein konnte, das lässt die *La Bellone* genannte *Büste* nicht vergessen, und auch das schlichte spätere Bildnis spricht davon. War auch sie schließlich müde, so erwies sich, dass das Gedächtnis des Arbeitenden mit Form-Erinnerungen so sehr angefüllt war, dass er keinen Grund hatte die Arbeit zu unterbrechen.

Damals entstehen die Fundamente des ganzen unermesslichen Werkes, fast alle Arbeiten, die man kennt, setzen in jenen Tagen mit einer verwirrenden Gleichzeitigkeit ein. Als wäre der Beginn der Verwirklichung die einzige Gewähr, dass es möglich sein wird, so Ungeheueres durchzuführen. Und Jahre und Jahre hielt diese überlegene Kraft unvermindert vor, und als endlich eine gewisse Erschöpfung eintrat, war es nicht die Arbeit, die sie verschuldete, sondern viel eher die ungesunden Verhältnisse der sonnenlosen Wohnung (in der rue des Grands-Augustins), die Rodin lange gar nicht beachtet hatte. Freilich die Natur hatte er oft entbehrt, und manchmal, an Sonntagnachmittagen, war man aufgebrochen; aber gewöhnlich war es Abend, ehe man, gehend unter den vielen Gehenden (denn an die Benutzung eines Omnibus war nicht zu denken jahrelang), an den Fortifications angekommen war, vor denen, ungewiss und schon dämmernd, das Land begann, nicht zu erreichen. Nun aber war es endlich möglich geworden, den alten Wunsch auszuführen und ganz aufs Land zu ziehen; zuerst nach Bellevue in das kleine Landhaus, in dem Scribe gewohnt hatte, und später auf die Höhen von Meudon.

Dort war das Leben um vieles geräumiger geworden; das Haus (die einstöckige Villa des Brillants mit dem hohen Louis-treize-Dach) war klein und ist seither nicht vergrößert worden. Aber nun war ein Garten da, der mit seinem heiteren Beschäftigtsein teilnahm an allem, was geschah, und die Ferne war vor den Fenstern. Was sich nun in den neuen Verhältnissen ausbreitete und immer wieder Zubauten beanspruchte, das war nicht der Herr dieses Hauses, das waren seine geliebten Dinge, die nun verwöhnt werden sollten. Für sie ist alles getan worden; noch vor sechs Jahren hat er – Sie werden sich dessen erinnern – den Ausstellungs-Pavillon vom Pont de l'Alma nach Meudon überführt und diesen hellen hohen Raum draußen den Dingen überlassen, die ihn nun zu Hunderten erfüllen.

Neben diesem »Musée Rodin« ist nach und nach ein sehr persönlich ausgewähltes Museum antiker Statuen und Fragmente erwachsen, das Werke griechischer und ägyptischer Arbeit enthält, von denen einzelne in den Sälen des Louvre auffallen würden. In einem anderen Raum stehen hinter attischen Vasen Bilder, denen man, auch ohne die Signatur zu suchen, die richtigen Namen gibt: Ribot, Monet, Carrière, van Gogh, Zuloaga, und unter Bildern, die man nicht zu nennen weiß, ein paar, die auf Falguière zurückgehen, der ein großer Maler war. Es ist natürlich, dass es nicht an Widmungen fehlt: die Bücher allein bilden eine umfangreiche Bibliothek und eine seltsam selbständige, unabhängig von der Wahl ihres Besitzers und doch nicht zufällig um ihn gestellt. Alle diese Gegenstände sind von Sorgfalt umgeben und in Ehren gehalten, aber niemand erwartet von ihnen, dass sie Annehmlichkeit oder Stimmung verbreiten sollen. Fast hat man das Gefühl, Kunst-Dinge verschiedenster Art und Zeit nie in so starker, unverminderter Einzelwirkung erlebt zu haben, wie hier, wo sie nicht ehrgeizig, aussehen wie in einer Sammlung und auch nicht gezwungen sind, aus dem Vermögen ihrer Schönheit zu einem allgemeinen, von ihnen absehenden Behagen beizutragen. Jemand hat einmal gesagt, dass sie gehalten wären wie schöne Tiere, und er hat damit wirklich Rodin's Beziehung zu den Dingen, die ihn umgeben, festgestellt; denn wenn er, oft nachts noch, unter ihnen herumgeht, vorsichtig, wie um nicht alle zu wecken, und mit einem kleinen Licht schließlich zu einem antiken Marmor tritt, der sich rührt, aufwacht und plötzlich aufsteht: so ist es das Leben, das er suchen gegangen ist und das er nun bewundert: »La vie, cette merveille«, wie er einmal schrieb.

Dieses Leben hat er hier in der ländlichen Einsamkeit seiner Wohnung mit noch gläubigerer Liebe umfassen gelernt. Es zeigt sich ihm jetzt wie einem Eingeweihten, es verbirgt sich ihm nirgends mehr, es hat kein Misstrauen ihm gegenüber. Er erkennt es im Kleinen und im Großen; im kaum mehr Sichtbaren und im Unermesslichen. Im Aufstehen und im Schlafengehen ist es, und es ist im Nachtwachen; die schlichten altmodischen Mahlzeiten sind erfüllt davon, das Brot, der Wein; in der Freude der Hunde ist es, in den Schwänen und im glänzenden Kreisen der Tauben. In jeder kleinen Blume ist es ganz, und hundertmal in jeder Frucht. Irgend ein Kohlblatt aus dem Küchengarten brüstet sich damit und mit wie viel Recht. Wie gerne schimmert es im Wasser und wie glücklich ist es in den Bäumen. Und wie nimmt es, wo es kann, das Dasein der Menschen in Besitz, wenn sie sich nicht sträuben. Wie stehn da drüben die kleinen Häuser gut, genau wo sie stehen müssen, in den richtigen Ebenen. Und wie prachtvoll springt bei Sèvres die Brücke über den Fluss, absetzend, ruhend, ausholend und wieder springend, dreimal. Und ganz dahinter der Mont-Valérien mit seinen Befestigungen, wie eine große Plastik, wie eine Akropolis, wie ein antiker Altar. Und auch das hier haben Menschen gemacht, die dem Leben nahestanden: diesen Apollo, diesen ruhenden Buddha auf der offenen Blume, diesen Sperber und, hier, diesen knappen Knabentorso, an dem keine Lüge ist.

Auf solchen Einsichten, die Nahes und Entferntes ihm fortwährend bestätigt, ruhen die Arbeitstage des Meisters von Meudon. Arbeitstage sind es geblieben, einer wie der andere, nur dass jetzt auch Das mit zur Arbeit gehört: dieses Hinausschauen und Mitallemsein und Verstehen. Je commence à comprendre – sagt er manchmal nachdenklich und dankbar. »Und das kommt, weil ich mich um eine Sache ernstlich bemüht habe; wer Eines versteht, der versteht überhaupt; denn in allem sind dieselben Gesetze. Ich habe die Skulptur gelernt, und ich wusste wohl, dass das etwas Großes ist. Ich erinnere mich jetzt, dass ich einmal in der ›Nachfolge Christi‹, im dritten Buch besonders, überall statt Gott Skulptur gesetzt hatte, und es war richtig und stimmte –.«

Sie lächeln, und es ist ganz in der Ordnung, bei dieser Stelle zu lächeln; ihr Ernst ist so unbeschützt, dass man das Gefühl hat, ihn verbergen zu müssen. Aber Sie merken schon, dass Worte wie dieses nicht gemacht sind, um so laut gesprochen zu werden, wie ich hier sprechen muss. Sie erfüllen vielleicht auch ihre Mission, wenn die Einzelnen, die sie selbst empfangen haben, versuchen, ihr Leben danach einzurichten.

Übrigens ist Rodin schweigsam wie alle Handelnden. Er gibt sich auch selten das Recht, seine Einsichten in Worten zu verwenden, weil das des Dichters ist; und der Dichter steht seiner Bescheidenheit weit über dem Bildbauer, der, wie er einmal vor seiner schönen Gruppe *Le sculpteur et sa muse* mit verzichtendem Lächeln gesagt hat, »sich unbeschreiblich anstrengen muss, in seiner Schwerfälligkeit, die Muse zu verstehen«.

Trotzdem gilt, was von seiner Rede gesagt worden ist: »quelle impression de bon repas, de nourriture enrichissante –«; denn hinter jedem Wort seines Gesprächs steht, massiv und beruhigend, die schlichte Wirklichkeit seiner erfahrenen Tage.

Sie können jetzt begreifen, dass diese Tage ausgefüllt sind. Der Vormittag vergeht in Meudon; oft werden in den verschiedenen Ateliers mehrere begonnene Arbeiten nacheinander vorgenommen und jede ein wenig gefördert; dazwischen drängt sich, lästig und unabweisbar, der ganze geschäftliche Verkehr, dessen Sorge und Mühsal dem Meister nicht erspart bleibt, da fast keines seiner Werke durch den Kunsthandel geht. Meistens schon um zwei Uhr wartet ein Modell in der Stadt, ein Porträtbesteller oder ein Berufsmodell, und nur im Sommer erreicht es Rodin, vor Einbruch der Dämmerung wieder in Meudon zu sein. Der Abend draußen ist kurz und immer derselbe; denn um neun Uhr begibt man sich regelmäßig zu Ruhe.

Und fragen Sie nach den Zerstreuungen, den Ausnahmen: es gibt im Grunde keine; Renan's »travailler, ça repose« hat vielleicht noch nie so tägliche Gültigkeit angenommen wie hier. Aber die Natur erweitert manchmal unversehens diese äußerlich so gleichen Tage und fügt Zeiten ein, ganze Ferien, die vor dem Tagwerk liegen; sie lässt ihren Freund nichts versäumen. Morgen, die sich glücklich fühlen, wecken ihn und er teilt mit ihnen. Er sieht seinem Garten zu, oder er kommt nach Versailles zu dem prunkvollen Aufstehn der Parke, wie man zum Lever des Königs kam. Er liebt die Unberührtheit dieser ersten Stunden. »On voit les animaux et les arbres chez eux«, sagt er heiter, und er bemerkt alles, was am Wege steht und sich freut. Er hebt einen Pilz auf, entzückt, und zeigt ihn Madame Rodin, die, gleich ihm, diese frühen Wege nicht aufgegeben hat: »Sieh«, sagt er angeregt, »und das braucht nur eine Nacht; in einer Nacht ist das gemacht, alle diese Lamellen. Das arbeitet gut.«

Am Rande des Parkes dehnt sich die ländliche Landschaft. Ein Viergespann pflügender Rinder wendet langsam und bewegt sich gewichtig in dem frischen Feld. Rodin bewundert die Langsamkeit, das Ausführliche im Langsamen, seine Fülle. Und dann: »C'est toute obéissance.« Seine Gedanken gehen ähnlich durch die Arbeit. Er versteht dieses Bild, wie er die Bilder bei den Dichtern begreift, mit denen er sich manchmal am Abend beschäftigt. (Das ist nicht mehr Baudelaire, Rousseau ist es noch ab und zu, sehr oft ist es Platon.) Aber als jetzt von den Übungsplätzen drüben aus Saint-Cyr über die ruhige Feldarbeit die Hörner herüberrufen, aufrührerisch und rasch –, da lächelt er: er sieht den Schild des Achill.

Und an der nächsten Biegung liegt die Landstraße vor ihm, »la belle route«, eben und lang und wie das Gehen selbst. Und auch das Gehen ist ein Glück. Das hat ihn die belgische Zeit gelehrt. Sehr gewandt im Arbeiten und von seinem damaligen Kompagnon aus verschiedenen Gründen nur halb in Anspruch genommen, gewann er ganze Tage, um sie draußen zu verbringen. Ein Malkasten war zwar mit, aber er wurde immer seltener gebraucht, weil Rodin einsah, dass die Beschäftigung mit *einer* Stelle ihn von der Freude an tausend anderen Dingen ablenkte, die er noch so wenig kannte. So wurde es eine Zeit des Schauens. Rodin nennt sie seine reichste. Die großen Buchenwälder von Soignes, die blanken langen Straßen, die aus ihnen hinaus dem weiten Wind der Ebenen entgegenlaufen, die klaren Estaminets, in denen Rast und Mahlzeit etwas Festliches hatten bei aller Schlichtheit (gewöhnlich nur Brot in Wein getaucht: »une trempête«): dieses war lange der Kreis seiner Eindrücke, in den jedes einfache Ereignis eintrat wie mit einem Engel; denn er erkannte hinter jedem die Flügel einer Herrlichkeit.

Er hat sicher Recht, wenn er an dieses jahrelange Gehen und Schauen mit einer Dankbarkeit ohnegleichen zurückdenkt. Es war seine Vorbereitung auf die kommende Arbeit; es war ihre Vorbedingung in jedem Sinn; denn damals nahm auch seine Gesundheit die endgültige dauernde Festigkeit an, mit der er später rücksichtslos rechnen musste.

Wie er aus jenen Jahren unerschöpfliche Frische mitbrachte, so kehrt er jetzt noch jedes Mal gestärkt und voll Arbeitslust von einem weiten morgendlichen Wege zurück. Glücklich, wie mit guten Nachrichten, tritt er bei seinen Dingen ein und geht auf eines zu, als hätte er ihm etwas Schönes mitgebracht. Und ist im nächsten Augenblick vertieft, als arbeite er seit Stunden. Und fängt an und ergänzt und verändert hier und dort, als ginge er, durch das Gedränge, dem Ruf der Dinge nach, die ihn nötig haben. Keines ist vergessen; die zurückgerückten warten auf ihre Stunde und haben Zeit. Auch in einem Garten wächst nicht alles zugleich. Blüten stehen neben Früchten, und irgend ein Baum ist noch bei den Blättern. Sagte ich nicht, dass es im Wesen dieses Gewaltigen liegt, Zeit zu haben wie die Natur und hervorzubringen wie sie?

Ich wiederhole es; und es scheint mir immer noch wunderbar, dass es einen Menschen gibt, dessen Arbeit zu solchen Maßen angewachsen ist. Aber ich kann doch nicht den erschreckten Blick vergessen, der mich einmal abwehrte, als ich in einem kleinen Kreise mich dieses Ausdrucks bediente, um die ganze Größe Rodinschen Genies für einen Moment gleichzeitig heraufzurufen. Eines Tages begriff ich diesen Blick.

Ich ging in Gedanken durch die ungeheueren Werkstätten und ich sah, dass alles im Werden war und nichts eilte. Da stand, riesig zusammengeballt, der *Denker,* in Bronze, vollendet; aber er gehörte ja in den immer noch wachsenden Zusammenhang des *Höllentors.* Da wuchs das eine Denkmal für *Victor Hugo* heran, langsam, immerfort beobachtet, vielleicht noch Abänderungen ausgesetzt, und weiterhin standen die anderen Entwürfe, werdend. Da lag, wie ausgegrabenes Wurzelwerk einer uralten Eiche, die Gruppe des *Ugolino* und wartete. Da wartete das merkwürdige Denkmal für *Puvis de Chavannes* mit dem Tisch, dem Apfelbaum und dem herrlichen Genius der ewigen Ruhe. Das da drüben wird ein Denkmal für *Whistler* sein und hier diese ruhende Gestalt wird vielleicht einmal das Grab eines Unbekannten berühmt machen. Es ist kaum durchzukommen; aber schließlich bin ich wieder vor dem kleinen Gipsmodell der *Tour du Travail,* das nun in seiner endgültigen Anordnung nur des Bestellers harrt, der das riesige Beispiel seiner Bilder aufrichten hilft unter den Menschen. [siehe unten S. 276 f.; *Anmerkung* 2]

Aber da ist neben mir ein anderes Ding, ein stilles Gesicht, zu dem eine leidende Hand gehört, und der Gips hat jene durchscheinende Weiße, die er nur unter Rodins Werkzeug annimmt. Auf dem Gestell steht, vorläufig vorgemerkt und schon wieder durchgestrichen: *Convalescente.* Und nun finde ich mich unter lauter namenlosen neuen werdenden Dingen; sie sind gestern begonnen oder vorgestern oder vor Jahren; aber sie haben dieselbe Unbekümmertheit wie jene anderen. Sie rechnen nicht.

Und da fragte ich mich zum ersten Male: Wie ist es möglich, dass sie nicht rechnen? Warum ist dieses immense Werk immer noch im Ansteigen und wohin steigt es? Denkt es nicht mehr an seinen Meister? Glaubt es wirklich, in den Händen der Natur zu sein, wie die Felsen, an denen tausend Jahre hingehen wie ein Tag?

Und es war mir, in meiner Bestürzung, als müsste man alles Fertige hinausschaffen aus den Werkstätten, um übersehen zu können, was noch zu tun ist in den nächsten Jahren. Aber während ich das viele Vollendete zählte, die schimmernden Steine, die Bronzen, alle diese Büsten, da blieb mein Blick hoch an dem *Balzac* haften, dem Zurückgekommenen, Abgewiesenen, der dastand, hochmütig, als wollte er nicht wieder hinaus.

Und seither sehe ich die Tragik dieses Werkes auf dem Grunde seiner Größe. Ich fühle deutlicher als je, dass in diesen Dingen die Skulptur unaufhaltsam zu einer Macht angewachsen ist, wie niemals seit der Antike. Aber diese Plastik ist in eine Zeit geboren worden, die keine Dinge hat, keine Häuser, kein Äußeres. Denn das Innere, das diese Zeit ausmacht, ist ohne Form, unfassbar: es fließt.

Dieser hier musste es fassen; er war ein Former in seinem Herzen. Er hat alles das Vage, Sich-Verwandelnde, Werdende, das auch in ihm war, ergriffen und eingeschlossen und hingestellt wie einen Gott; denn auch die Verwandlung hat einen. Als ob einer ein dahinstürzendes Metall aufhielte und es erstarren ließe in seinen Händen.

Vielleicht erklärt es einen Teil des Widerstandes, der sich diesem Werke überall entgegenstemmte, dass hier Gewalt geschah. Das Genie ist immer ein Schrecken für seine Zeit; aber indem hier eines die unsere nicht nur im Geiste, sondern auch im Verwirklichen fortwährend überholt, wirkt es furchtbar, wie ein Zeichen am Himmel. Fast möchte man einsehen: diese Dinge können nirgends hin. Wer wagt es, sie bei sich aufzunehmen?

Und gestehen sie nicht selbst ihre Tragik ein, die strahlenden, die den Himmel an sich gerissen haben in ihrer Verlassenheit? Und die nun dastehn, von keinem Gebäude mehr zu bändigen? Sie stehen im Raume. Was gehn sie uns an.

Denken Sie, dass ein Berg aufstünde im Lager von Nomaden. Sie würden ihn verlassen und weiterziehen um ihrer Herden willen.

Und wir sind ein Wandervolk, alle; nicht deshalb weil keiner ein Zuhause hat, bei dem er bleibt und an dem er baut, sondern weil wir kein *gemeinsames* Haus mehr haben. Weil wir auch unser Großes immer mit uns herumtragen müssen, statt es von Zeit zu Zeit hinzustellen, wo das Große steht.

Und doch wo immer Menschliches ganz groß wird, da verlangt es danach, sein Gesicht zu verbergen im Schoße allgemeiner namenloser Größe. Als es zuletzt, noch einmal nach der Antike, in Standbildern anwuchs aus Menschen heraus, die auch unterwegs waren in ihren Geistern und voller Verwandlung, – wie stürzte es da nach den Kathedralen hin und trat in die Vorhallen zurück und bestieg Tore und Türme wie bei einer Überschwemmung.

Wohin aber sollten die Dinge Rodin's?

Eugène Carrière hat einmal von ihm geschrieben: »Il n'a pas pu collaborer à la cathédrale absente.«

Er hat nirgends mitarbeiten können, und keiner hat mit ihm gearbeitet.

In den Häusern des achtzehnten Jahrhunderts und seinen gesetzvollen Parken sah er wehmütig das letzte Gesicht der Innenwelt einer Zeit. Und geduldig erkannte er in diesem Gesicht die Züge jenes Zusammenhangs mit der Natur, der seither verloren gegangen ist. Immer unbedingter wies er auf sie hin und riet, zurückzukehren »à l'œuvre même de Dieu, œuvre immortelle et redevenue inconnue«. Und es galt schon denen, die nach ihm kommen werden, wenn er vor der Landschaft sagte: »Voilà tous les styles futurs.«

Seine Dinge konnten nicht warten; sie mussten getan sein. Er hat ihre Obdachlosigkeit lange vorausgesehen. Ihm blieb nur die Wahl, sie in sich zu ersticken oder ihnen den Himmel zu gewinnen, der um die Berge ist.

Und das war seine Arbeit.

In einem ungeheueren Bogen hat er seine Welt über uns hingehoben und hat sie in die Natur gestellt.

Anmerkungen

1 [1907] Die meisten und zuverlässigsten Angaben enthält: Judith Cladel, »Auguste Rodin, pris sur la vie« (Paris, Editions de la Plume, 31, rue Bonaparte; 1903): eine sorgfältige und sympathische Arbeit, der, aus persönlichen Eindrücken und Gesprächen, ein liebevoll geschriebenes Bildnis Rodin's gelingt. Unter späteren Veröffentlichungen ist ein Sonderheft von »L'Art et Le Beau« (le Année, No 12, Décembre 1906) zu nennen, das, neben guten Abbildungen, einen gründlich unterrichteten Aufsatz von Gustave Kahn enthält.

2 [1907] Wiederholte Anfragen lassen mich vermuten, dass eine kurze Beschreibung der *Tour du Travail* nicht überflüssig erscheinen dürfte. Ich halte mich an das erwähnte Gipsmodell, das im Musée Rodin in Meudon zu sehen ist.
Auf einem viereckigen ziemlich geräumigen Unterbau erhebt sich ein runder Turm. Seine offenen Arkaden lassen einen Moment an den Pisaner Campanile denken; aber die Bogen stehen hier nicht, zu Stockwerken geordnet, übereinander; sie winden sich als spiraliges Band nach oben, wo der Gürtel eines plastischen Gesimses sie zusammenhält. Den Abschluss des

Ganzen bildet eine Gruppe von zwei geflügelten Figuren, die auf der vom Gesimse eingeschlossenen Plattform aufruhen.
Der Unterbau wird einen fensterlosen viereckigen Saal enthalten, eine Art Krypta, aus deren Wänden, in Basrelief, Darstellungen unterirdischer und unterseeischer Arbeiten, Bergleute und Taucher, bei elektrischer Beleuchtung hervortreten sollen. Vor dem etwas zurückliegenden Eingang zu diesem Raume stehen zu beiden Seiten, das Untergeschoss überragend, die Statuen des Tages und der Nacht, architektonisch in die Treppenanlage eingefügt, die den Aufgang zur Terrasse des Unterbaus vermittelt. Von da aus betritt man den Turm. Er besteht aus einer massigen Säule, an welcher, in sanftem Anstieg, die Wendeltreppe entlangführt, die nach außen von den Arkaden eingeschlossen ist. Durch diese fallt reichliches Licht auf die gegenüberliegenden Reliefs, die, die Oberfläche der Säule belebend, die Treppe auf ihrem ganzen Wege begleiten. Handwerk aus Handwerk entrollt sich hier, Zimmerleute, Maurer, Schmiede, – Gewerbe aus Gewerbe, wie von einer einzigen riesigen Bewegung hingerissen und hinauf. Das Band, das die Spirale an ihrem Ende schließlich von außen zusammennimmt, trägt die Bilder des Tierkreises, die wiederholen sollen, was schon die Statuen des Tages und der Nacht am Fuße des Denkmals andeuten: dass alles das ununterbrochen am Werke ist und im Steigen, auf die Genien zu, die sich aus den Himmeln segnend niederlassen, von der Fülle der wirkenden Kräfte wie von einem Anruf angezogen. Unten am Turme sind noch zwei Steinreliefs, wie Grabtafeln, eingemauert, die an Herakles und Hephaïstos erinnern, die heroischen Ahnherrn menschlicher Arbeit.
Die anderen dargestellten Figuren tragen die Kleidung unserer Zeit; der Stil des Bauwerks, im Ganzen und im Einzelnen (Arkaden, Türen u. s. f.), schließt sich an die Formen der französischen Renaissance an.

*

[1913] Für dieses große Projekt besteht nur noch wenig Aussicht auf Ausführung, teils weil die Strömungen innerhalb des Werkes andere Wege genommen haben, teils weil der entscheidende Auftrag ausgeblieben ist, der, wenn er im rechten Moment aufgetreten wäre, den Ausschlag gegeben hätte.

*

[1919] Es wird nicht der Tod Rodin's gewesen sein, der die Ausführung dieses großen Projekts verhindert hat. Das Fehlen von Auftraggebern und von gleichgerichteten Mitarbeitern war seiner Verwirklichung von vornherein ungünstig. Dagegen scheint die *Porte de l'Enfer,* dieses größte Gebirg seiner Schöpfung, das dem Meister jahrzehntelang als Steinbruch von Ideen gedient hat, in einem neuen Aufbau letzter Hand auf die Bronze zu warten. Das »*Monument à Whistler*« ist, wie man hört, fertig für den Guss, der für das Pantheon bestimmte aufrechte *Victor Hugo* harrt seiner Übertragung in den Marmor, und auch das Denkmal für *Puvis de Chavannes* soll, unter Despiau's Mitarbeit, noch zum Abschluss gekommen sein. Die lange Reihe der Porträts setzt sich in drei bedeutenden Werken fort: der Büste *Clemenceau's,* die schon im Jahre 1913 begonnen worden war, dem *Papst-Bildnis* von 1915 und dem Porträt des Handelsministers *Clémentel,* Rodin's letzter Arbeit.
Mit dem Tode Rodin's hat der Staat seine gewaltige Erbschaft angetreten: das schöne *Hôtel de Biron* umfasst, als *Musée Rodin,* seinen gesamten künstlerischen Nachlass, einschließlich der reichen Sammlungen. Durch diese Einrichtung ist auch dem fragmentarisch Zurückgebliebenen der Anschluss an das überlebende Werk dauernd gesichert.

Detlev von Liliencron, Poggfred

Das ist ein Wunderbuch. Wenn Du's Abend vor dem Schlafengehen müd und mürrisch für einen Augenblick in die Hand nimmst, gar nicht um seiner selbst willen, sondern nur um jenen Übergang vom Tag zum Traum leichter zu finden, so umkrallt es Dich in süßer Rache, und Du schließest es gewiss ungern mit glühender Wange und wachem, klarem Auge, wenn das fröstelnde Zimmer und die niedergebrannte Kerze und der nahe Morgen zu rascher Ruhe mahnen. – Ja, es ist kein Buch zum Einschlafen. Alles wird wach in Dir. Die große Hünenkraft, die in diese Zeilen gepresst ist, ringt sich daraus empor und beseelt die tausend Gestalten der Erinnerung und des Traumes, die den holsteinischen Dichterbaron in seinem Schlösschen »Poggfred« (Froschfriede zu deutsch) aufsuchen. Keine schemenblassen, wesenlosen Bilder ziehen an Dir vorüber; Du machst eine Seelenwanderung durch; denn Dein Geist folgt dem gebietenden Dichter durch alle Erlebnisse miterlebend, mitbangend, mitjubelnd. Du wanderst mit ihm durch Holsteins heimatliche Heiden, durch das kommerzfrohe Hamburg, das wimmelnde, flimmernde Paris – durch tausend selige, klingende Wunderwelten. – Kichernd und scherzend flattern kleine Liebesgötter aus dem Stanzenfüllhorn, und dort schmettert wieder eine eherne Oktave Kriegsfanfarenton. Und ein Schlachtbild entrollt sich in blutroter Pracht. Er hat's ja erlebt anno 1870; und Lieutenant Detlev Freiherr von Liliencron steht ruhmvoll in der Regimentsgeschichte. Und ebenso ruhmvoll wie in dem kleinen Gedenkhefte des Posen'schen Regiments steht der Name Liliencron in einer anderen großen Geschichte, wo weder der Freiherr gilt, noch der Hauptmann, sondern der große Mensch und der große Dichter. Und für diese beiden Eigenschaften enthält gerade »Poggfred« glänzende Beweise. Alle Saiten des Liliencron'schen Herzens klingen, und das gibt Akkorde: so rein, so voll, so versöhnend. Auf das wirre Kunterbunt der 12 Cantusse folgt der Schlussgesang, einfach und groß, wie ein weißer, sonniger, glockenstimmiger Weltenfeiertag:

Und meine Seele wird so klar und gut,
Unschuldig wie das Gras, worauf ich stehe;
Ruhig bewegt sich meine Herzensflut,
Versunken sind die vielen Ach und Wehe.
Mir wird so froh, so seltsam wohlgemut,
Als ob mir Überirdisches geschehe ...

und dann:

Neid, Rache, Bosheit läutern sich in Reinheit.
Den Menschen, wie sie schütteln Gift und Speer,
Vergebe ich, vergesse die Gemeinheit.

Ist das nicht groß? An ihn aber, den großen Aristokraten der Seele, ist jetzt das nüchterne Leben mit all seinen kleinlichen Sorgen und Qualen herangeschlichen, und während Tausende in ganz Deutschland an dem berauschenden Gefühl sich erheben, dass sie wieder einen Dichter haben, und jubelnden Herzens die flammenden Verse trinken, nimmt die Not den Griffel aus der immer noch jugendstarken Hand des Fünfzigjährigen. Da darf kein Deutscher zusehen. In dieser Überzeugung habe ich mich an den deutschen Dilettantenverein gewandt, durch dessen liebenswürdiges Entgegenkommen es mir ermöglicht ist, Mittwoch, den 13. d. M. um ½ 8 Uhr abends einen Liliencron-Vortragsabend zu veranstalten. Möge der gute Zweck für sich selber reden.

So ist es immer der gleiche Weg. Von dem geheimnisvollen, großsprecherischen »Demnächst« zu dem zaghaften Heute, vor welchem sich der Vorhang enthüllend hebt. Fast wie bei einer Gerichtsverhandlung geht es da zu bei den Premieren. Und fast immer führt sich der Autor nach jedem Akt als mildernden Umstand vor, indem er sich devot verneigt, lächelt und sein Lächeln reden lässt: »Bitte, seien Sie nur gerecht; richten Sie relativ; wenn ich Ihnen auch nicht viel gebe, seh ich aus, als ob ich mehr geben könnte! Urteilen Sie selbst!« Pause.

Ecce homo.

Und das Publikum denkt: Ja, in Anbetracht ... und es klatscht seinen Freispruch. Es will ihn nicht ans Kreuz. Es ist manierlicher und auch vorsichtiger als seine Ahnen aus des Pilatus Tagen.

Und am anderen Morgen beginnt der Theaterbericht: »Gestern war ...« Und wenn er hier aufhörte, ist das nicht auch ein Urteil?

*

Es liegt nahe, von den verschiedenen kleinen Demnächst abzusehen und zu fragen, ob hinter dem ernsten Demnächst des Dramas als solchem auch ein trauriges »Gestern war« wartet.

Unsere Zeit hat uns eine Fülle neuer Aufschlüsse über die Kunst vermittelt, und wenn das große Geheimnis, dem wir entgegenlauschen, auch nicht redselig wurde, vielleicht sind wir schweigsamer geworden, da wir beginnen, es zu verstehen, da wir nicht mehr nach großen Stoffen suchen, überhaupt nicht mehr »suchen« und unsere Freude haben, wenn wir dennoch finden. Und gerade die unscheinbarsten Funde sind uns die allerliebsten. Das ist eines der mächtigsten Erkenntnisse: Alles ist Inhalt und kann etwas bedeuten. Seine Bedeutung gewinnt es durch die Form, das heißt durch die Art, wie es sich abgrenzt gegen das Viele und Fremde. Und dem geringsten Stoff seine Seele zu geben, zu erraten, in welchen Grenzen das Unbedeutende ein Ganzes und somit ein Ereignis wird, dem tiefsten, niemals geoffenbarten Willen des Stoffes Erfüllung zu schenken, das scheint mir im Augenblicke die erlösende Aufgabe des Künstlers zu sein. Ist dem so, dann gewinnt aber auch die Form eine seltsame Wichtigkeit. Sie ist dann das eigentlich Intime, das Aufrichtige an dem Kunstwerke. Und ein Werk muss bedeutend an Wert einbüßen, welches dem Zufall und der Willkür irgendwann Anteil an der Bestimmung seiner äußeren Gestalt gewährt, jenem Werke gegenüber, bei dem jede Biegung und jede Bucht der Grenzlinie eine Offenbarung der Liebe und der Sehnsucht des Künstlers ist. Das Drama gehört nicht zu dieser letzten Art. Noch unerstarrt, wie ein weiches Tonbild, gleitet es dem Dichter aus den Händen und wird von der nachratenden Willkür und dem willkürlichen Verständnis der Vielen zu Ende geknetet. Unter besonders günstigen Umständen ist es ja möglich, dass der Dichter die Gruppe von Menschen und die Menge der Geräte, welche der Materialisation seines Spieles dienstbar sind, so souverän beherrscht, dass seine Absicht endlich ziemlich klar zum Ausdruck kommt; aber dazu gehört eine andere Begabung als die des Poeten; diesem fehlt meistens das Überschauen der Dinge, das zum Werkzeug Herabzwingen der Menschen, das rücksichtslose Knechten fremder Willen, welches großen Feldherren siegen hilft. Und wenn einer alles das besäße und seiner Persönlichkeit Ausdruck gäbe in Menschen wie in großen Lettern, die individuelle Form des Werkes wäre doch nur für einen Abend bestimmt; und die Nachbarbühne könnte vierundzwanzig Stunden später, selbst unter der Leitung guter Regisseure, kaum eine leise Familienähnlichkeit in die Züge desselben Dramas legen. Dieses Flüchtige, Vorübergehende gibt dem Werke das Aussehen einer Improvisation und den Rang einer solchen.

Was dann als dauernd aufbewahrt wird, ist meistens – ein Buch zu viel, welches ganz hilflos bleibt, so lange nicht einmal wieder Menschen und Farben und Lichter sich seiner annehmen. Und wenn man zwei solche Bücher vergleicht, eines von vor fünfzig Jahren und eines von heute, da fallt zunächst auf: die Bemerkungen im Texte sind ganz bedeutend angewachsen und stellen tausend oft kaum vom Mimen erfüllbare Anforderungen; dagegen ist der Text selbst klein und kurz geworden, die Dialoge sind von der Lebendigkeit der Stichomythie, die Monologe fehlen und die Ensembleszenen haben nicht mehr die monotone Geschwätzigkeit des Operettenchors. Das Erstere begründet sich in dem oft unbewussten Streben des Dichters, dem unvollendeten Werke recht viel eigenes Zeug mit auf den Weg zu geben, damit die fremden Hände es verständig anfügen könnten. Die Kürze des Textes aber rührt daher: die modernen Dichter haben den Glauben an das Wort verloren. Das Publikum hat noch immer die Überzeugung, dass im Wort die Steigerung, der Fortschritt, die Katastrophe läge, oder doch, dass dieses das äußere Zeichen dafür wäre. Der Dichter erkannte längst so: das Schweigen ist das Geschehen, das Wort die Verzögerung. Und er denkt dabei an das Wort, wie es als gebräuchliche Währung gilt im Tauschverkehr des Lebens. Sein Wort zum Beispiel in der Lyrik, welches sich selbst Hintergrund und Glanz und Tiefe geben muss, hat ja nichts mit dieser Scheidemünze gemein, aber sein Wort im Drama, welchem die vielen dienstbereiten Dinge alle Pflichten abnehmen, ist schließlich ganz dasselbe Tauschmittel des Alltags. Und an *dieses* Wort glaubt er ja nicht mehr. Er weiß, es kann keine Katastrophen bedeuten, es kann zwischen zwei Menschen weder Glück, noch Feindschaft stiften, weil es sich zwischen ihnen aufbaut wie eine Wand. Es ist die Holzklapper des Aussätzigen, welche warnt: Platz! ich nahe! Platz! ich nahe! Und jeder flieht tief in sich selbst und klappert auch.

Und so sind wir Ganzeinsame. Jeder für sich. Und sobald wir dieses einsehen, erkennen wir, wie undramatisch wir sind. Wie es nur vor dem großen und leichtgläubigen Publikum möglich ist, zu behaupten, zwischen den Menschen auf der Bühne bestände ein Zusammenhang, ähnlich dem im Leben.

Wir leben ja so leise, und unsere größten Katastrophen sind in uns so tief, dass nur ihre letzten Wellen an unsere Oberfläche rühren. Und wollte einer dennoch ein Drama schreiben aus unserem echten Erleben heraus, die Schauspieler würden gerade seine erschütterndsten Enthüllungen offenbaren, wenn das Publikum glaubt; aber sie rühren sich ja gar nicht.

Schon jetzt beginnen die Dichter, sich zu verraten. Es gibt Schweigsamkeiten in ihren Stücken, welche das Publikum gerne durch sein Lachen belebt. Und da das den Autoren unbequem ist, begnügen sie sich mit alten Formen und schreiben wieder Märchen und realistische Stücke und beides durcheinander. Das Publikum glaubt daran. Es wird noch lange daran glauben, und so lange wird es Dramen geben.

Aber wenn es möglich ist, dass die leisen und heimlichen Erkenntnisse, welche in den Einsamen sich vorbereiten, einmal das unbewusste Wissen der Menge werden, wird auch in *ihr* kein Bedürfnis mehr wach sein nach einer Kunst, die ihre Vollendung nicht von den Händen des Schöpfers, sondern von hundert rohen Zufälligkeiten empfängt. Sie wird empfinden, dass ein Kunstwerk immer nur einem Einzelnen gehören kann, nicht zugleich einer bunten Menge, drin »jeder« andere Augen hat, andere Ohren und eine nach anderem hungernde Seele. Ist das bald?

Es werden noch viele Dramen geschrieben werden bis dahin. Auch viele gute; denn auch ein unreifes Bedürfnis kann schön befriedigt werden. Und wenn die Dichter aufrichtig sind, kann vielleicht gerade auf diesem leicht zugänglichen Wege die Lehre von dem leisen Leben unter die Menge kommen. Dann hat das Drama noch eine große und reiche Pflicht zu erfüllen, ehe hinter seinem letzten »Demnächst« das abschließende »Gestern war –« steht.

Moderne Lyrik

[Vortrag, gehalten am 5. März 1898 in Prag]

Zunächst bitte ich Sie um Güte und Geduld. Ich bin mir vollkommen bewusst, dass es nichts Geringes ist, eine Stunde lang über Gedichte reden zu hören. Wenn die Sache nicht schon in den Zeitungen stünde und so unangenehm festgenagelt wäre, könnten wir uns ja eilig und heimlich einigen über was Lebendigeres zu reden, zum Beispiel über Zola oder über Professor Schenk oder dergleichen, und erst beim Herauskommen so lyrisch-erlöste Gesichter machen, dass es die draußen glauben. – Aber das geht doch nun nicht mehr an; es könnte uns jemand verraten. Darum, so leid es mir tut, muss ich bitten: Güte und Geduld. Zum Troste aber: Es wird Ihnen nichts geschehen und: was Sie eigentlich bis zum Augenblick für Lyrik halten, davon werde ich wenig sagen. Ich habe ganz besondere Absichten. Sollte ich im Aussprechen derselben manches zu heftig betonen – halten Sie es meiner Jugend zugute, sollte ich manchmal ungerecht scheinen gegen ein Gestern, vergeben Sie es mir deshalb, weil ich voll bin eines großen Neuen, von dem ich Hohes Herrliches zu verkünden habe.

Es bleibt also dabei: *modernste Lyrik:*

Sehen Sie: seit den ersten Versuchen des Einzelnen, unter der Flut flüchtiger Ereignisse *sich selbst zu finden,* seit dem ersten Bestreben, mitten im Gelärm des Tages hineinzuhorchen bis in die tiefsten Einsamkeiten des eigenen Wesens, – gibt es eine *Moderne Lyrik.*

Und das ist – bitte erschrecken Sie nicht – etwan seit dem Jahre 1292. Dieses ist das Jahr aus dem Advent der großen Renaissance, in welchem Dante die einfache Geschichte seiner ersten, jungen Liebe in der *Vita nuova* erzählt.

Wer durchaus Stammbäume liebt, der möge ruhig in dem Dichter der *Divina Comedia* den Ahnherrn unseres jungen Dichtergeschlechtes erkennen und eingestehen, dass es von altem Adel ist. Den anderen wieder kann ich die Versicherung geben, dass in dem Vorbild des hohen Florentiners für jeden Schaffenden die Gewähr liegt, ein ahnenloser Erster zu sein, wenn er nur tief genug in sich hineinhorcht bis zu jenem Nochniegesagten und Neuen, welches mit ihm beginnt. Erst dann, wenn der Einzelne durch alle Schulgewohnheiten hindurch und über alles Anempfinden hinaus zu jenem tiefsten Grunde seines Tönens hinabreicht, tritt er in ein nahes und inniges Verhältnis zur Kunst: *wird Künstler.* Dieses ist der einzige Maßstab. Alles andere Beschäftigen mit Pinsel oder Feder oder Meißel ist nur eine persönliche Gewohnheit, welche dem Einzelnen und seiner Umgebung gleichgültig oder lästig sein kann, wie etwa das Tabakrauchen oder das Daumendrehen. Es gibt auch auf diesen Kunstgebieten Leute von großer Fertigkeit, die man gelten lassen muss. Aber ich glaube kaum, dass sie bei aller Virtuosität etwas beitragen werden zu dem großen Fortschritt, nach welchem der dumpfe Drang der Massen sich ebenso sehnt, wie das lichte liebende Vertrauen der Einsamen. Denn vergessen Sie nicht, dass die Kunst nur ein Weg ist, nicht ein Ziel. Es müsste sonst die letzte Absicht des Malers sein, Farben in die Welt zu setzen, und der Musiker müsste seine tiefste Erfüllung darin begrüßen, aus seinen Tönen Klangpaläste zu bauen, was doch schließlich nichts bedeutete, als die Harmonie des Alls, die *eine große* Ordnung durch diese unzulänglichen Miniaturen zu stören und nachzuäffen. Diese unglückselige Meinung, dass die Kunst sich erfülle in der Nachbildung (sei es nun der idealisierten oder möglichst getreuen Wiederholung) der Außenwelt, wird immer wieder wach. Die Zeit, welche diesen Aberglauben erweckt, schafft zugleich auch immer von neuem diese scheinbare Kluft zwischen der künstlerischen Betätigung und dem Leben. Und indem sie dies tut, zieht sie die einzig möglichen Konsequenzen ihres Irrtums. In der Tat: wenn dem so wäre, so würden die Künstler wie Kinder oder Kretins sein, welche, während Männer in Waffen gehn, Kartenhäuser bauen oder ihr blödes Lächeln in dem Glanze bunter Glaskugeln bespiegeln. Wäre aber einer unter diesen, mit reifem und vollem Verstande, ich glaube, den müsste man ja aus seinem feigen Hinterhalt mit tiefster Verachtung herauspeitschen.

Diese Modemeinung, welche die Künstler als die Ausgeschalteten der großen Lebensleitung zu betrachten liebt, müsste, da sie die Kunst mit dem Dilettantentum im verächtlichsten Sinne verwechselt, eigentlich für sie selbst ganz ungefährlich sein. Allein es gibt doch Reflexwirkungen, welche von diesem Irrtum ausgehend bis in die wirkliche Kunst hineinreichen und dort, wenn auch nicht Schäden, so doch Verzögerungen verursachen. Ein Beispiel: nach solchen Perioden, in denen die Kunst wiedermal als läppischer Luxus entlarvt scheint, bemüht sie sich unwillkürlich rasch ihren nahen und notwendigen Zusammenhang mit dem Leben zu zeigen; sie klammert sich ängstlich an die letzten auffälligsten Erscheinungen des Tages an, sie verherrlicht einen Krieg, einen König, ja sie tritt sogar in den Dienst kleiner politischer oder sozialer Parteiinteressen: sie wird tendenziös. Und so ist sie gerade dann am wenigsten – Kunst, wenn man beginnt, sie wieder berechtigt und – sagen wir's nur frei – nützlich zu finden. Denn eine Kunst, welche mit Gebärden des Zornes oder des Beifalls die flüchtigen unbedeutenden Ereignisse des Tages begleitet – und sei sie noch so patriotisch – ist gereimter oder gemalter Journalismus, dem der erziehliche und kulturelle Wert gewiss nicht geschmälert werden soll – aber nicht *Kunst.* Es gab eine Zeit in dem sangesfrohen Deutschland, in welcher gerade die Lyrik diese erziehliche und kulturelle Rolle spielte, und die Liederalmanache von damals sind dem Sozialpolitiker und dem Kulturhistoriker interessanter, als dem Manne der heute Literaturgeschichte machen will. Seither aber ist die Kluft zwischen dem Deutschen und der Lyrik seiner Dichter wieder gewachsen und endlich chronisch geblieben. Und wenn ab und zu jemand die besondere Liebenswürdigkeit hat, dem dramatischen Schriftsteller oder dem Romanschreiber eine bescheidene Existenzberechtigung nicht ganz abzusprechen, der Dichter gilt doch allgemein für eine zeitweise lächerliche, antiquierte, jedenfalls aber vollkommen überflüssige Person, der bestenfalls Gedichte schreibt, weil er »*es*« nicht nötig hat. Man hat neulich eine Seite aus Richard Dehmels Buche *Weib und Welt,* auf die Anklage eines westfälischen Barons und Referendars hin, zu konfiszieren für gut befunden. Man tut dem deutschen Publikum bitter unrecht. Es hat längst vergessen, dass es eine Lyrik besitzt, kann also von dieser Seite her in keiner Weise bedroht oder demoralisiert werden.

Sie werden es nicht glauben. Unsere Lyrik hat die Jahre unfreiwilliger Einsamkeit, ohne Demütigung, ohne Annäherungsversuche an die Tagesmode, – ertragen, und ich bin hier, Ihnen zu sagen: sie lebt. Und ich kann Ihnen noch verraten: sie ist gesund, groß und stark.

Deshalb, scheint mir, muss ich zunächst Ihnen und in Ihnen dem deutschen Publikum für die anhaltende und langwierige Teilnahmslosigkeit – herzlich danken. Denn die Folgen davon sind: dass auf dem unbeobachteten Gebiet sich nicht nur das Wesen aller Kunst am reinsten erhalten hat, sondern dass in dieser Stille das Neue geboren wurde, das Ihnen heimlich und unerkannt, durch das Kunstgewerbe hindurch, näherkommt: die neue Form. Diesem gegenüber sind die Nachteile des Verhaltens der großen Menge gering: sie bestehen darin, dass ein paar junge Leute, denen ihr eigener Name zu leise war, statt guter Gedichte – von denen ja niemand erfahren hätte – schlechte Dramen und Novellen geschrieben haben …

Was ich aber oben sagte, so rein und ohne Falsch hat sich die Natur künstlerischen Strebens innerhalb der Lyrik erhalten, dass ich nun von da geradezu die Definition der Kunst, der neuen Kunst überhaupt entlehnen kann, und ich bitte Sie sehr, diese, wenigstens für diese Stunde, gütigst anzunehmen, weil mit ihr alle meine folgenden Ausführungen stehen und fallen.

Kunst erscheint mir als das Bestreben eines Einzelnen, über das Enge und Dunkle hin, eine Verständigung zu finden mit allen Dingen, mit den kleinsten, wie mit den größten, und in solchen beständigen Zwiegesprächen näher zu kommen zu den letzten leisen Quellen alles Lebens. Die Geheimnisse der Dinge verschmelzen in seinem Innern mit seinen eigenen tiefsten Empfindungen und werden ihm, so als ob es eigene Sehnsüchte wären, laut. Die reiche Sprache dieser intimen Geständnisse ist die Schönheit.

So sehen Sie also, dass der Künstler nicht nur kein Ausgeschalteter des Lebens ist, sondern, dass vielmehr die Kunst sich darstellt als eine bewegtere – ich möchte sagen – unbescheidenere Lebensform, indem der Schaffende auch an die schweigsamsten Dinge mit seinen flehenden Fragen herantritt und, mit keiner Antwort zufrieden, immer weiter muss. – Wenn alle Künste Idiome der Schönheitssprache sind, so werden die feinsten Gefühlsoffenbarungen, um welche es sich handelt, am klarsten in derjenigen Kunst erkennbar sein, welche im Gefühle selbst ihren Stoff findet, in der Lyrik. Aber selbst dieser Gefühlsstoff, mag es eine Abendstimmung oder eine Frühlingslandschaft sein, erscheint mir nur der Vorwand für noch feinere, ganz persönliche Geständnisse, die nichts mit dem Abend oder dem Blütentag zu tun haben, aber bei dieser Gelegenheit in der Seele sich lösen und ledig werden. Sie müssen mir also glauben, dass wir wenn irgendwo so in der Lyrik die tiefsten und heimlichsten Hoffnungen unserer Zeit belauschen können, weil gerade da, mehr als in anderen Künsten, die reine Kunst-Absicht hervortritt hinter dem Kunst-Vorwand. – Dies kann geschehen, weil der Vorwand, als welcher mir stets der Stoff erscheint, um so vieles durchscheinender, beweglicher und veränderlicher ist, als in jeder anderen Kunst. Wenn bei dem Maler zum Beispiel die Landschaft als Bildmotiv, das heißt als Gelegenheit gewisse tiefinnerste Sensationen loszuwerden, auftritt, so hat der Lyriker es mit einem breiten, blassen Landschaftsgefühl zu tun, in welches die einzelnen Spezialempfindungen sich aus dem Dämmern seiner Seele projizieren. Während aber der Maler, der mit so bestimmten Mitteln schafft, nun an diese Landschaft gebunden ist, das heißt in dem durch diese Landschaft gegebenen und begrenzten eigenartigen Raum alle seine Geständnisse unterbringen muss, kann es bei dem Dichter geschehen, dass das ursprüngliche Gefühlsfeld durch die Fülle oder die Stärke der hinzukommenden Einzelgefühle überwuchert, verdeckt und verwandelt wird, dass zum Beispiel, unter dem Einfluss jener zartesten und innigsten Empfindungsmomente, das vorhandene Landschaftsgefühl in eine Abendstimmung oder in das Allgemeingefühl von einem Meer übergeht, was, grob erläutert, beim Maler sein Äquivalent fände, wenn er ein Bild als Still-Leben beginnen würde, im Laufe der Arbeit eine Landschaft herauspinselte und endlich dieselbe Leinwand als impressionistisches Porträt vollendete. Das nimmt sich ungeheuer lächerlich aus, und doch weiß ich, dass Maler diese Erfahrung gemacht haben, und ich leite aus diesem Umstand das immer stärker werdende Bedürfnis ab, in der Umrahmung des Bildes Ergänzungen zu geben, das heißt wenigstens in gewissen künstlerischen Abkürzungen und Siegeln die wahrend des Schaffens aufgetretenen Neigungen und Bedürfnisse nach einem anderen Motiv zu notieren. Denn da die tiefen Ursachen dieser Bedürfnisse, die persönlichen Spezialempfindungen, nicht aber der Stoff die Hauptsache sind, so muss man ihnen Recht und Möglichkeit gewähren, sich auch über die Grenze des Stoffes hinaus irgendwo auszuprägen. Es ist bezeichnend, dass Malerdichter wie Ludwig von Hofmann oder Fidus sich am stärksten von dieser Erkenntnis leiten lassen und wiederholt mit den voreiligen und eigensinnigen Mitteln ihrer Kunst in Zwiespalt geraten.

Nun müssen Sie aber auch die Vorzüge einer Kunst erkennen, in welcher diese Freizügigkeit vollkommen gestattet ist und innerhalb welcher der unbeschränkte Wechsel des Motivs sich leise immer und immer wieder vollzieht, und ermessen wie viel persönliche Geständnisse im Raume eines einzigen Kunstwerkes, des Gedichtes, sich austönen dürfen. Das breite, allgemeine Hintergrundsgefühl ist dann etwan vorbeiziehenden Laterna-magica-Bildern vergleichbar, während jene inneren Empfindungsbeichten der begleitenden Musik entsprechen würden. Bei diesem Vergleich stimmt aber nur das Äußerlichste. Der heimliche, tiefe, kausale Zusammenhang von Bild und Klang, das gegenseitige sich Wecken und Beschenken der beiden lässt sich durch keine Analogie erklären oder beweisen.

Dass darin die große, vielleicht mächtigste Bedeutung der Lyrik besteht, dass sie dem Schaffenden ermöglicht, unbegrenzte Geständnisse über sich und sein Verhältnis zur Welt abzulegen, kann nur von einer Zeit erkannt werden, welche fühlt, dass sie etwas eingestehen will. Und das sind weder Mitten noch Enden von Perioden, sondern stets reiche Anfänge, welche ihr Herz auf der Zunge tragen. Denn Mittelperioden sind zu bequem einerseits und zu tätig nach der anderen Richtung hin, um viel zu erzählen, Enden sind zu greisenhaft und zu müde dazu – nur junges Beginnen hat etwas zu bekennen und nur der Anfang ist auch vertrauensvoll genug, um aufrichtig, ohne Falsch zu verraten, wie ihm zumute ist. Dante steht an der Schwelle der großen Renaissance, und ich möchte, dass Sie es alle empfanden, wie dieses reiche junge Dichtergeschlecht, von welchem heute die Rede ist, schön und stark am Rande einer in hundert Sinnen neuen Zeit wartet und wie die Ahnungen künftiger Ziele in seinen Liedern ebenso mächtig anklingen wie die herrlichen Tage des Cinquecento vorausgefühlt sind in den Seherworten der *Divina Comedia.*

*

Ich weiß nicht zu sagen, wer von den Neuen zuerst diesen Sinn der Lyrik, mit Wissen oder unwillkürlich, bewiesen hat, aber ich weiß, dass alle augenblicklich sich dieser Mission bewusst sind und sich als die ersten Stimmen einer neuen Epoche fühlen, nicht deshalb, weil sie optimistischer als die anderen sind, sondern weil sie, dank ihrer Kunst, leiser und lauschender im Leben stehen und durch seine Stürme hindurch früher als die Zeitgenossen das ferne Läuten der Feiertagsglocken vernehmen. Wie die kleinste Menge Elektrizität sich in den isolierten Blättchen des Gold-Elektroskops nachweisen lässt, ehe elektrische Wirkung sonst irgendwo bemerkbar wird, so rührt der Hauch der neuen Zeit auch erst an die Tiefen von einigen isolierten, einsamen Menschen, lange bevor die Menge die Strömung empfindet. Und während die Masse auch dann noch feindlich und ablehnend bleibt, sehnt sich der Einsame längst schon den frühesten Offenbarungen entgegen und kann, wenn er tönen darf, ihr treuer zuverlässiger Verkünder werden. Nicht der Künstler allein ist imstande diese ersten Vorboten zu erkennen, auch religiöse oder politische Naturen können sie erlauschen, aber diese werden ihren Ruf einmal leicht missverstehen und dann auch nicht fähig sein, ihre leisen Absichten würdig auszusprechen. Der moderne Dichter aber ist historisch besonders gut geschult. Der objektive Realismus vergangener Jahrzehnte hat ihn mit der Natur und dem Leben in Verkehr gebracht und sein Auge geübt für die Dimensionen der Dinge. Der vorhergegangene Idealismus der Objektivität mit seiner Schönfärberei wirkte wie eine sentimentale Kindheitserinnerung gerade herein, als der Realismus im Naturalismus untergegangen war, und machte, dass man leise begann, statt *von den* Dingen, *mit den* Dingen zu sprechen, also: »subjektiv« zu werden. Und nun folgte im Subjektivismus eine Parallelentwickelung wie seinerzeit innerhalb der objektiven Welterkenntnis. Man lernte die eigene Seele betrachten, wie früher die äußere Umgebung, man wurde auch hier Realist und Naturalist den intimen, inneren Sensationen, wie vorher den *äußeren* Ereignissen gegenüber und lernte wie früher die Welt, nun ebenso genau die eigene Seele kennen, das heißt man fand in sich selbst Alles reicher und vielgestaltiger wieder, was man in der objektiven Schulzeit außerhalb der eigenen Persönlichkeit gesucht hatte. Man war ganz unerwartet zu einer Art von Pantheismus gelangt, mit dessen Gottesbegriff man sich immer mehr zu identifizieren geneigt war, und Sie werden begreifen, dass dieses Wachsen, dieses plötzliche Überallhinreichen, dieses Alleswerden und Allwerden eine herrliche Befreiung, einen hohen, stürmischen Sieg bedeutete und in einer großen, lauten Begeisterung seinen Ausdruck suchte. Es kamen Reaktionen hinterdrein, Enttäuschungen und Zweifel, wie hinter jedem unvorhergesehenen Erfolg, aber immerhin blieb diese *Empfindung der gefallenen Schranken* die Grundstimmung für alles Schaffen und sie ist es auch heute noch. Darin erreichte der Subjektivismus seine höchste Ausgestaltung, denn seit jeder sich eins fühlte mit allen Erscheinungen der Welt, war er auch der einzig Seiende, der Einsame geworden, der keinen neben sich anerkennen durfte. Und weil die Einsamkeit leise und lauschend macht, vernahm dieser kosmische Eremit vieles, was bislang niemand vernommen hatte.

So scheinen mir denn auch Lauschen und Einsamsein die Haupteigenschaften, welche den neuen Dichtern gemeinsam sind. Seitdem die ersten Verkünder neuen Heiles, an deren Spitze die Brüder Julius und Heinrich Hart gegangen sind, mit den Fanfaren des Sieges einen unbestimmten vielverheißenden Morgen begrüßten, sind immer mehr Stimmen wach geworden, die von dem Neuen immer deutlicher erzählen. Die einen sind zu Verkündern der neuen Freude, der tieferen Seligkeit, die andern zu den Aposteln eines neuen Leidens geworden, und zwischen diesen wandeln die Sänger einer neuen Sehnsucht mit ihren heiligen Harfen hin. Was ein einziger Jubelruf war bei jenen ersten Wegebahnern, ist in ihren Nachfolgern schon ein tausendstimmiger Chor geworden, in welchem alle Formen eines neuen Lebens anklingen. Die Harts sind die richtigen Herolde gewesen, voll von heller Zuversicht und von dem Glauben an ihre Kraft. Nicht Breschenbrecher wie der riesige Michael Georg Conrad, der breite Bajuware, dem die Kunst lang zu eng wurde für seinen Mut und seine Ungeduld, so dass er mitten hineinsprang ins lauteste Leben, – sondern Männer, welche bekränzt und im Festgewand im Triumphzuge schreiten und mit ihrem aufrichtigen Pathos sich selbst begeistern und andere mitreißen. Die Bruno Wille und Wilhelm Bölsche und John Henry Mackay kamen neben ihnen zu Wort und jene ersten Jahrgänge der *Freien Bühne* 1890-93 u. f. sind ein schönes Denkmal ihres jungen Mutes und ihrer tiefen treuen Zuversicht. Der herrliche Liliencron steht da in den vordersten Reihen; was die Harts in unklarem Taumel prophezeien, das lebt er schon längst, ganz unbewusst. Ein Mann von Morgen in Hamburg, mitten unter den Allzuheutigen. Ein ganz Junger in einem ururalten holsteinischen Freiherrngeschlecht! Einer der so zuhause ist in dem Neuen, dass er es gar nicht mehr für nötig hält zu predigen, sondern einfach erzählt. Ein so Reifer, dass er die heiligen Wahrheiten nebenbei gibt im Gesellschaftston der Kunst und ein Aufrichtiger und ein Fröhlicher und ein Übermütiger. Sie können sich denken, wie man ihn begrüßte, wie man ihn *liebte* über Nacht! Und wie drollig erstaunt er war, der kleine Freiherr, als man ihm sagte, dass er ein ganz Neuer sei. Er hat sicher geglaubt, seine holsteinischen Bauern und Fischer sind ganz wie er. Er war so stolz darauf. Nur mit den lieben kommerzfrohen Hamburgern vertrug er sich nicht gut, – aber sonst ... Oh dieser treue, echte Dichter! – Mir geht schon wieder das Herz über, wenn ich von dem großen Detlev spreche; ich muss es sein lassen. Denn vor einem Jahr hab ich hier zwei Stunden lang von ihm erzählt, und da ich heimlich hoffe, dass Sie noch nicht alles von damals vergessen haben, muss ich fürchten, Sie mit ausführlichen Wiederholungen zu langweilen. Als der Freiherr sich so mit einemmale verraten sah, tat er etwas Strenge in seine guten Augen (er musste das ja von der Hauptmannszeit her treffen) und ging selbst entdecken. Und er hat einen köstlichen Fund getan, als er Gustav Falke heimbrachte, den feinen Hamburger Musiklehrer. Falke ist eine ähnliche Natur wie Liliencron. Er ist seine bürgerliche Nuance. Er ist auch reich, allein er ist etwas bang um seinen Reichtum und vergeudet nicht, wie Liliencron (ich meine natürlich nicht Geld, das haben sie beide nie), er ist auch froh, aber wenn er ganz lustig wird, kommt ihm das Weinen nahe. Er lacht wie der Baron über die Philister, aber er wird manchmal recht bitter gegen sie. Er ist auch für die schöne Ordnung, aber sie sieht manchmal der Pedanterie sehr ähnlich. Daher kann man ihm nie Kompositionslosigkeit vorwerfen, was dem Liliencron auch hier geschah, als ich vor Jahresraum seine *Poggfred-*

Strophen las. Wenn Sie sich an das erinnern wollen, was ich über den Sinn der neuen Lyrik oben sagte, werden Sie erkennen, dass diese scheinbare Formlosigkeit nur ein zu starker innerer Reichtum ist. Er hat so viel zu gestehen, dass das Gefühlsfeld immer ganz überwuchert wird von den goldenen Ernten. Falke ist vorsichtiger und er schafft bis zu einem gewissen Grade bewusster. Durch seine novellistische Begabung findet er immer einen schönen klaren Stoff, bei welchem er allerhand los wird, aber immer nur das, was wirklich in den Rahmen passt. Seine schmeichelnden Verse wollen oft auch noch ein Glanzlicht, eine Pointe haben, ein novellistisches Element, welches auch den schönen Gedichten unseres Landsmannes, Dr. Salus, eignet und diesen trefflichen Versbildern einen großen Reiz verleiht. Bei ihm, bei Falke und bei dem jungen Schweizer Emanuel Freiherrn von Bodman kommt, ich weiß nicht zu sagen woher, oft mitten in eine moderne Stimmung ein seltsamer, zarter Duft – wie Lavendel aus Großmutters Wäscheschränken –, der wie ein wehmütiges Lächeln über die Worte weht und, zumal bei den nüchtern scheinenden Strophen des Doktor Salus, eine liebliche Überraschung bietet. An diesem uns nahestehenden Dichter wird auch in besonders anziehender Weise offenbar wie die bedachtsameren unter den Jungen, einerseits aus eigener Scheu vor der Enttäuschung, andererseits um die Lauscher nicht zu entfremden, das Neue, das sie in sich spüren, nicht ganz rückhaltlos verkünden. Sie suchen, wie Salus, einen Hintergrund, ein Gewand dafür, und es ist gewiss ein Beweis für unsere Zeit, dass die große Renaissance ihren Gestalten Kleid und Geste gibt, und unsere modernsten Gefühle sich so wunderbar vereinen mit der heiteren Tracht des Cinquecento. – Auch mit einem anderen Schweizer, dem jungen Doktor Wilhelm von Scholz, ist Liliencron durch innere Sympathie verbunden, und ein neuer Zyklus von balladenartigen Gedichten, welchen Scholz vorbereitet, reicht stellenweise an den Meister heran. Alle Jungen fühlen sich ja dem großen Detlev von Liliencron nah und dankbar. Und die Schule, die er macht, ist eine sehr lose Vereinigung von ganz heterogenen Geistern; denn man kann ihm nichts nachmachen. Er hat keine Manier, und es kann sich auch keine entwickeln aus den Elementen seines Schaffens. Von ihm kann jeder nur eines lernen: Aufrichtig sein!

Eine Gefahr hingegen liegt in dem glühenden Glanze Richard Dehmels, dessen berauschende Formensprache manchen seiner lauschenden Verehrer zum Nachahmer, manchen Versteher zum blinden Gläubigen erniedrigt. Ich zweifle nicht an Richard Dehmels Aufrichtigkeit, – aber ich glaube, dass er sich selbst noch lange nicht klar ist über das, was er will, und wenn das auch nicht mehr sein sollte, als er kann. Die tiefe, innige Schlichtheit ist bei ihm dem unsympathischsten Pathos benachbart, und nach seinen früheren Büchern würden viele in ihm nicht seine einfache Persönlichkeit, sondern einen sehr bewussten Poseur erwarten. Sein jüngstes Buch »Weib und Welt« indessen ist ihm viel ähnlicher. Er stellt sich als der unermüdliche Kämpfer dar, der im Handgemenge auch dann und wann eine hässliche harte Bewegung macht, und der doch so voll Sehnsucht nach Schönheit ist, dass er darüber weinen würde, wenn er es wüsste. Aber er ist ein rastloser Ringer und hat so viele Verheißungen des Neuen gegeben, dass man an ihn glauben darf. Mit einem heißen Temperament hat er – zum ersten Mal in der deutschen Lyrik – die Poesie des Sommers erkannt und dieser Stimmung mit einem Schlag jene Bedeutung gegeben, welche das deutsche, alte Frühlingsgefühl in Jahrhunderten langsam erlangt hat. Und dieses steht im Mittelpunkt seiner Tage und leuchtet wie eine rote Sonne über Wesen und Wirken Dehmels: die Sehnsucht nach der Frucht. Die Ernte ist ihm die Ewigkeit, und in dem lächelnd-leidenden Glück der Mutterschaft erkennt er die tiefste Erlösung alles Lebens. Ohne das sinnliche Ringen, blasser, träumerischer ist dieses der Grundzug der kosmischen Poesie des Franz Evers, der durch seine theosophische Welterkenntnis verleitet wird, den Ewigkeitsbegriff über den sinnlichen Kreislauf hinauszuverlegen und dadurch oft den zerfließenden Eindruck seiner pathetischen Lieder verschuldet. – Ein Kämpfer unter der Fahne der Schönheit ist auch Otto Julius Bierbaum. Aber er ist etwas empfindlich, drängt sich nicht ins dichteste Getümmel wie Richard Dehmel, denn es wäre ihm unglaublich fatal, mit zerdrücktem oder beflecktem Rocke zurückzukommen; er zieht es vor, die Kämpfe und mehr noch die Siege zu schmücken, gleichsam goldene Gedenkmünzen zu prägen, für jeden Tag, an dem das Neue einen Fußbreit Landes gewonnen hat. Und das trifft er, wie es keiner je getroffen hat. – Er besitzt ein kostbares Ding: den Geschmack von Morgen, vielleicht von Übermorgen. Er hat fast den Geschmack eines Franzosen, und das vermischt sich ganz eigentümlich mit seinem urdeutschen Gemüt. Was daraus wird, scheint manchmal fast etwas archaistisch vor behäbiger Vornehmheit, aber es ist doch durch und durch frisch und wird oft sogar lebendige Erfüllung. So hat Bierbaum es verstanden, ein entzückendes altes Schlösschen in Südtirol zu mythen (so muss man wohl statt mieten in diesem Falle sagen!), ein Märchen von einem Schloss, wo Frau Gusti mit breiten Botticelli- Scheiteln, zart und zierlich waltet, während Otto Julius in seinem dunkel-kühlen Turmgemach – ein Tal voll ewigen Frühlings füllt ihm die Fenster – seine lieblichen Lieder mit goldenen Federn auf seltsam verschnörkeltes Pergament zeichnet. In Sachen des Geschmackes möchte ich ihn stets ex cathedra verkünden hören, er ist unfehlbar darin. Und wenn in einem einstigen Zukunftsstaat ein Minister für Schönheit und Sitte nottut, wird ein echter Spross des Schlossherrn von San Michele der einzig würdige Bewerber sein dürfen.

Für alle diese, die ich bisher genannt habe, ist die Form etwas Unwillkürliches, darum brechen sie manchmal drüber hinaus wie Dehmel, darum fühlen sie sich in ihr so zuhause wie der leisere Otto Julius Bierbaum. Aber über diese scheinbaren Enden hin gibt es noch Möglichkeiten: über Dehmel hinaus, das zügellose wilde Um-sich-Schlagen im Dienste der Schönheit, – jenseits von Bierbaum das Verblassen und Erstarren im Ästhetizismus, das reglose Knien vor dem unerbittlichen Gnadenbild. Auf der einen Seite der Verzweiflungskampf des verblutenden Kriegers, – und drüben das ewige bleiche Büßen des Schönheitsasketen. Alfred Mombert vertritt das eine, der Rheinländer Stephan George das andere Extrem. Dass Dehmel in Mombert dieses Wildwerden seines eigenen Ichs liebt, ist begreiflich; denn er sieht nur seine mächtigere Energie, ohne seine wütende Blindheit zu bemerken, die Freund und Feind nicht mehr zu trennen weiß. Ein ganzes Chaos von Gefühlen, Sehnsüchten und Erzürnungen strömt ungedämmt aus in Momberts Gesängen, der dem Übermaß seines Empfindungsinhaltes zu viel zutraut, wenn er wähnt, dass das bloße Erstarren seiner Eruptionen schon »Form« sei, während bei George jene tiefsten und letzten Geständnisse, die das Wesen aller Lyrik bedeuten, rein formelle Glaubensmeinungen sind, welche die Verse mit kalter und fast armer Klarheit erfüllen. Notwendig muss dem Ungestümen die Bewegung, seinem Antipoden die Gemessenheit und Ruhe als Symbol der letzten Schönheit erscheinen, und wenn der erstere seine unseligen atemlosen Worte durch das ganze All von Stern zu Stern jagt, wagt der andere nicht mehr über die Randsäulen seines engen weißen Marmortempelchens in die Landschaft zu sehen. Ich halte auch diese beiden Menschen noch für aufrichtig; aber ihre Nachahmer – und sie besitzen solche in Menge – sind ganz erbärmliche Narren, welche das Publikum irreführen, indem sie mit schlauem Augurenlächeln dem staunenden Laien einen schönen, von ihnen gar nicht begriffenen Wahnsinn als *die* neue Kunst auftischen und viele nüchterne, vernünftige Köpfe abschrecken, die sich dann ihr lebenslang als exakteste Feinde jenes Tohuwabohu, das sie für die neue Offenbarung halten müssen, erklären und lieber an Julius Wolff und Felix Dahn mühsam selig werden. Abschreckend für die Menge wirken aber neben diesen prahlerischen Nachbetern auch ein paar Ehrliche. Die Formsucher. Das sind jene, welche aufrichtige Geständnisse im Herzen tragen, aber ängstlich sind um den Kunstvorwand; sie können sich schwer entschließen den Rahmen für ihr Intimes, die Gelegenheit zum Tönen wahrzunehmen, und weil sie gebildete intellektuelle Köpfe sind, *suchen* sie dieselbe, statt sich auf ein *halb unbewusstes Finden* zu verlassen. Dass dieses Formgrübeln seltsame und fremd anmutende Gebilde zeitigt, lässt sich an Max Dauthendey, dem Farbensymbolisten, dem Telegrammlyriker Arno Holz, dem Träumer Johannes Schlaf, dem Lebensästheten Loris, den Wienern überhaupt, und endlich an einer Gruppe von Pfadsuchern nachweisen, welche das Gedicht außerhalb von Reim und Rhythmus neu aufrichten wollen. Alle diese haben mit ihrer Methode einen Teil jener vertrauensseligen Naivität eingebüßt, welche den Künstler dem Kinde so selig anähnelt, sie sind bewusster und überlegter geworden, und man muss vielleicht gerade deshalb ihre Offenbarungen etwas vorsichtiger entgegennehmen. Ein äußerer Grund mag, neben anderen inneren persönlichen Bedürfnissen, diese Schaffensweise in ihnen großgezogen haben: nämlich die starke Abnützung, welche alles lyrische Material im Laufe einer langen Entwickelung von den Minnesingern her, insbesondere durch die großen herzlosen Formalisten, die Bodenstedt u. a., hat erdulden müssen, und die damit verbundene Furcht, das Neue, was man zu sagen hatte, durch das alte, abgetragene Kleid zu entweihen und zu erniedrigen. Sie sind eben zu intellektuell geworden, diese Dichter. Sie übersehen, dass die *neue* Form des *Neuen* direkt und ohneweiters bestimmt wird einmal von seiner Art und dann von der Persönlichkeit, welche es ausspricht, sodass, die Aufrichtigkeit beider Faktoren vorausgesetzt, das Produkt notwendig von anderer Beschaffenheit sein muss, als die Becher-Zecher-Reime aller seligen Mirza-Schaffy's. Es wird bei einem solchen naiv-vertrauensvollen Schaffen dem modernen Deutschen auch nicht geschehen, Ghasele, Ritornelle oder Sonette zustandezubringen: das immer klarere Sich-bekennen wird von selbst immer individuellere Gestalt annehmen, je mehr es unabsichtlich geschieht. Dem neuen Menschen – und der Künstler dürfte dieser Art am meisten entgegenwachsen – muss die Schönheit etwas Unwillkürliches geworden sein, etwas das er nicht einmal als Steigerung, sondern endlich als normale Bewegung und Äußerung seines Wesens empfindet. Aber es ist noch weit bis dahin, und die Angst des Übergangsmenschen, zügellos zu werden, wenn er frei ist, auf der einen Seite, seine Abneigung, das wachsende Starke in sich durch alte Fesseln zu verderben, auf der anderen, erzeugt dieses Grübeln nach der Form. Alle vergessen sie dabei, dass die neue Form nur gefunden, nie aber gesucht werden kann, und dass das neue Gesetz zum neuen Organismus sich verhält, wie der Kohlenstoff zum Diamant; man kann aus diesem wohl das Element heraussondern, aber niemals wieder das arme Gas zu dem hellen Edelstein verdichten.

In dieser großen Gruppe von Suchern gibt es wieder Aufrichtige und Poseure, solche, welche ihre Funde still und bescheiden in der Praxis anwenden, und solche, welche bei jeder neuen Entdeckung überzeugt sind, nun – nicht etwa die ihrem eigenen Wesen adäquateste Art des Tönens, – sondern *die Kunst* überhaupt entdeckt zu haben. Sie entwickeln lange Theorien, welche den herrischen Ton des Eroberers tragen und für alle anders klingenden Weisen höchstens ein höhnisches Mitleiden übrig haben. Diese Thronprätendenten schaden sich indessen selbst am meisten; denn indem sie immerfort die Kunst entdecken, haben sie noch niemals Zeit gehabt, *ihre* Kunst zu erkennen, und gehen als ungewollte verbitterte Märtyrer in ihrer eigenen Manier unter. Die besten Belege dafür sind Holz und Schlaf. Sie entdecken alle 5 Jahre einmal *die* Kunst; dass diese eine Kunst jedes Mal anders aussieht, haben sie im Eifer noch gar nicht bemerkt. Ihr erster großer Waffengang unter der Fahne des Realismus, dem sich Adler, Arent, Karl Henckell, R. M. von Stern u. a. angeschlossen haben, besaß noch eine Notwendigkeit, und das mutige Freikorps der »Modernen Dichtercharaktere« von 1885 hat gewiss dazu beigetragen, die neue Zeit heraufzuführen. Die Veteranen von damals sind auch heute meistens so klug, nicht immer wieder ihre Verdienste dadurch zu verkleinern, dass sie sie stets aufs neue betonen. Es ist sogar bezeichnend, dass mehrere von ihnen, wie Henckell und Stern, zu der sehr schätzenswerten und nicht gerade brotlosen Gilde der Verleger übergegangen sind, die sie früher so arg verachteten – und sich nunmehr nur noch aus Konkurrenzneid die Augen auskratzen. Arent aber, Holz und Schlaf können den alten Ruhm nicht vergessen. In 42 Gedichtbüchern und einigen kurzatmigen Zeitschriften und Anthologien war Herr Arent seither unablässig bemüht, seine eigene Bedeutung zu beweisen, er sah jedes Jahr einige Mal den *großen Morgen* anbrechen und fühlte sich als Prediger in der Wüste und warf seitenlange Fehdehandschuhe bald dem bald jenem hin, so zahlreich, dass sich endlich keiner mehr bemühte, sie aufzuheben. Er hat sich selbst dabei verloren. Das ist schade; denn wer Geduld hat, könnte aus Arents 42 Büchern vielleicht ein kleines Bändchen Kunst zusammenstreichen, das für ihn Zeugnis gäbe. Anders Holz. Er besitzt viel weniger Talent, steht nur formal höher. Vieles, was wir zu seinem Besten zählen müssen, hat ihm Gott im Schlaf (ich meine im Johannes Schlaf) gegeben, der sich als die bei weitem tiefere und künstlerischere Natur darstellt. Mir ist, als wäre das Verhältnis der beiden ähnlich jenem zwischen dem Schwan von der Bober, Martin Opitz, und seinem bei weitem größeren Zeitgenossen Paul Fleming, nur, dass Schlaf sich früher als jener von dem Druck der fremden Obmacht befreite, und nun, spät genug, Eigenes zu sagen beginnt. Holz hatte durchaus einen Genossen notwendig, einen feintönenden Apparat, an welchem er die zartesten Schwingungen ablesen konnte, welche er im Orchester des Lebens niemals gefunden hätte, und wenn das nicht der arme Johannes Schlaf geworden wäre, hätte, um ein Haar, ein noch weicherer Mensch – Gerhart Hauptmann diese Rolle übernehmen müssen. Es war nahe daran. Denn der junge Hauptmann, der in völliger Unklarheit über seinen eigenen Weg und Willen bald bildhauerte, bald lange pathetische Gedichte schrieb, muss in diesem scharfen und raffinierten Theoretiker einen Augenblick lang den Heiland gesehen haben. Er ging darauf ein, mit Holz gemeinsam ein Stück zu verfassen, und in den Hauptzügen ist der Plan von »Vor Sonnenaufgang« wohl in gemeinsamen Gesprächen erörtert worden, bis der empfindliche Hauptmann das Drama allein schrieb und seine Dankesschuld an Holz abzahlte, indem er ihm sein Werk zu eigen gab. Und vielleicht ist nun auch der größere Ruhm des einstigen Jüngers einer der Gründe, weshalb Holz in einem Drama »Die Sozialaristokraten« (der Realismus von Vorvorgestern feiert drinnen seine Triumphe) und mit neuen Lyrik-Versuchen, »Phantasus« betitelt, zu beweisen bemüht ist, dass er in der allerersten Reihe steht, womöglich auch noch *vor* ihr. Seine Gedichte muten an, wie eine phantastische sinnliche Prosa, deren Worte bald 20 mannhoch in einer Zeile stehen, dann wieder allein oder zu zweit, abseits bleiben, ohne, dass man einen genügenden Grund dieser Isolierung zu erkennen vermag. Hört man die Verse lesen, so kommt man gar nicht dazu, dies zu vermuten; was man dann vernimmt, ist eine bunte, teilweise unklare Prosa, in welcher dann und wann eine Alliteration oder eine onomatopoetische Verbindung auffällt, oder durch Wiederholungen eine Störung bewirkt wird. Von dem neuen Rhythmus, der bei Mombert oft anklingt, dem breiten diphthongischen Wechselklang, der sich unterscheidet von dem engen Hebung-Senkung-Maß und mit diesem zu einer reizvollen Sensation aufwächst, kann ich in diesen Proben nichts finden. Der Realismus ältesten Stiles aber, den Holz nicht vergessen kann, gibt diesen Wortbildern eine überraschende Plastik und macht sie zu ganz interessanten knappen Prosaskizzchen, die in vernünftigen zahmen Zeilen und ohne die Prätention Neuschöpfungen zu sein, sich ganz wohl befinden würden. Maximilian Dauthendey hat durch seine kühne Farbensymbolik ein neues Element in die Lyrik gebracht, welches auch Holz hier mehrmals technisch verwertet. Aber, wenn man näher zusieht, war die Farbe, als Mittel, gewisse von ihrer sinnlichen Absicht verschiedene, meist dunkle Gefühlswirkungen hervorzubringen, schon vor Dauthendey dem E. T. A. Hoffmann zum Beispiel bekannt, und auch das musikalische Pendant, Tönen unwillkürlich gewisse Farbnuancen zu unterlegen, ist allen aufrichtigen Gebildeten eine alte Erfahrung. Die Wissenschaft ist ganz gewiss unterwegs, festzustellen, dass alle diese Erscheinungen peripherische Schwingungen darstellen, welche, von einem gemeinsamen Zentrum ausgehend, uns nur deshalb andersartig zum Bewusstsein kommen, weil unsere beschränkten Organe immer nur Stücke dieses weiten Kreises wahrzunehmen vermögen. Warum sollte also nicht auch hier die Kunst vorausgehen und mit diesen Mitteln neue Pfade finden in die Teilnahme des Einzelnen? Dass gerade diese feinsten Mittel, die nur dort, wo sie nicht auffallen und solange sie nicht auffallen, einen Zweck erfüllen können, zum Kunstprinzip einer schwächlichen, einseitigen Poesie gemacht werden, ist mit ein Grund, dass man die neuen Kunstbestrebungen im Publikum so fremd und misstrauisch betrachtet, wenn man ihnen nicht überhaupt den Rücken kehrt. – Es ist eine Art berechtigtes Gekränktsein in diesem Abwenden, denn es ist in der Tat brutal von dem Künstler, eine so feine Erkenntnis vergröbert zu verwenden. Der Laie findet mit Schrecken, wie die Dichtung eine seiner kaum bewussten, ganz intimen Empfindungen immer und immer wieder in widerlicher Beredtsamkeit dem und jenem verrät, er fühlt sich persönlich verwundet durch diese Indiskretion, und beschämt kommt er dazu, fanatisch zu leugnen, dass solche Dinge in ihm jemals vorgehen könnten. »Ich habe niemals Töne gesehen und niemals Farben gehört«, schreit er entrüstet wie einer, dem man nachweisen will, dass er verrückt sei. Und doch könnte die Kunst bei vornehmer und leiser Verwertung ihrer letzten Erkenntnisse in jedem Unvoreingenommenen ungeahnte seelische Reichtümer erwecken, ganz zarte Glocken zu leisem beglückenden Erwachen bringen und helle Perspektiven aufdecken wie alte Träume oder Erinnerungen.

Eine Gruppe von Künstlern weiß ich, welche alle die neuen und intimen Mittel kennt, und sie mit Takt und mit der nötigen Zärtlichkeit, ohne brutale Übertreibung und technische Betonung anwendet, und es ist lieb, dass es eine uns nahe, nachbarliche Kunst ist, die sich dieses Vorzuges rühmen kann: *Die Wiener Kunst.* Eines haben die Wiener vor denen im Reich und vor vielen anderen voraus: sie haben Geschmack. Und mögen sie in ihrer Tätigkeit noch so bewusst und übermütig werden, immer bleibt dieses ganz Unbewusste neben ihnen, wie ein treuer heimlicher Schutzgeist. Es war ein so langer Stillstand in Wien, und es ist ein Beweis des schönen österreichischen Temperamentes, dass der erste Versuch zu so reicher und reifer Blüte führen konnte. Und wenn diese Kunst der Loris und Altenberg auch nur eine Epoche war und in schöne Manier erstarrt, sie werden nie mehr ganz einschlafen, die Wiener, selbst wenn kein solcher Schönheitsbüttel mit seinem kleinen Zorn und seiner großen Phrase hinter ihrer ästhetischen Schlafmützigkeit her sein sollte, wie Hermann Bahr.

Zunächst ein paar Worte über diesen Vielgenannten. Da gibt es solche, welche ihn nur lächerlich finden, und solche, welche sogar lächeln über ihn. Den einen gilt er für banal und dumm, den anderen für klug und geistreich, man kann Leute treffen, die einen Künstler in ihm erkennen, neben solchen, die ihn als Kritiker schätzen, und nicht weit davon andere, welche ihm alle Fähigkeit zu beiden Berufen absprechen möchten. Alle haben recht und unrecht zugleich. Das macht: Hermann Bar ist gewiss alles, das schon gewesen, und was er noch nicht war, das wird er alles noch mal – scheinen. Er ist nämlich gar keiner. Er ist nur eine Art Widerhall der jungen Wiener. Wie ein Schatten wiederholt er ihr Wesen in breiteren, dunklen Dimensionen und vergrößert und vergröbert die feinen leisen Bewegungen dieser vornehmen Ästheten, die er auch nur so versteht, wie er sie verkündet. Er weiß gar nicht viel von ihrer Kunst, aber für manches Unausgesprochene, Namenlose darin erfindet er einen glatten glänzenden Namen und schleudert den mit »schöner Güte« in die staunende Menge. Er fühlt sich als der Gebende dabei und kommt oft so weit, diese Rolle auch denjenigen gegenüber, deren tönendes Werkzeug er wurde, fortzuspielen. Das macht das Publikum irre; die Leute benehmen sich dann oft wie Kinder, welche den betressten Lakaien auf dem Bock für den König halten, weil sie hinter seinem Talmiglanz den blassen ernsten Mann im Wagen gar nicht bemerken. So geschieht es wirklich: die Fernerstehenden halten Bahr für das, was er, mühselig genug, nachahmt, und er, dessen einziges Talent die Pose ist, weiß wohl die Meister zu verdecken, welche er verkündet.

So kommt es, dass der Name *Loris* immer noch wie ein Märchen klingt; nur wenig Eingeweihte finden die seltsam prächtigen Verse des Loris oder Hugo von Hofmannsthal, wie er eigentlich heißt, in den kaum zugänglichen »Blättern für die Kunst«, die nur in einem geladenen Leserkreis beschränkte Verbreitung finden, oder auf den Seiten des »Pan«, wo sie wie in Marmor gegraben, mit stillen, stolzen Lettern prangen. Dieser stille Stolz entspricht am besten der Eigenart seiner glänzenden Gedichte, deren tiefster Zauber darin zu beruhen scheint, dass sie, unzufrieden mit ihrer eigenen breiten Pracht, einem noch größern, ewigen Glanz sich entgegensehnen. Sie sind wie einsame Frauen, diese Verse, die, reich an Geschmeid und Gewand, am Rande blühender Gärten warten auf irgendeine letzte leuchtende Erfüllung. Loris hat ja gewiss von Frankreich her manche Geste übernommen, und er träumt manchen Farbentraum einem Baudelaire oder einem Mallarmé nach; aber diese verschiedenen romanischen Erbstücke waren seinem reichen, ursprünglichen Besitz so verwandt, dass man sie nun kaum mehr zu sondern vermag.

Während Loris aus lauter Ehrfurcht vor der würdigen Schönheit auch Formsucher wurde, glaube ich, dass Peter Altenberg die seinen Stoffen so ungeheuer passende Gestalt unwillkürlich aus dem aufrichtigen Geständnis heraus gewonnen hat, und dass er sie erst, seit er berühmt wurde, bewusst und deshalb lange nicht mehr mit derselben Keuschheit, wenngleich immer noch graziös handhabt. Er ist der erste Verkünder des modernen Wien. Seine hohe gesellschaftliche Reife (fast Überreife) findet sich in diesen Skizzen ebenso wie die biedermeirische Gemütlichkeit, der lichte Frohsinn seiner Häuserstirnen, die ewige Festlichkeit seiner Ringe, die beständig einem Makartzug oder einer Kompagnie Deutschmeister entgegenzuwarten scheinen, und dann wieder die traurig rauschende Melancholie seiner Gärten – alles ist in diesen Skizzen mit der größten Pünktlichkeit – nicht beschrieben, – eben nur notiert, festgestellt, sozusagen in aller Unschuld konstatiert. Es liegt eine unsagbare primitive Schönheit darin. Wien hat plötzlich seine Sprache gefunden: es baut sich gleichsam nochmals auf aus seinen innersten Elementen und wird ein Wien neben Wien, ein Wien im Spiegel – wie hinter einem Glas, weit, blass, glänzend!

Mit Altenberg komme ich zu denjenigen Lyrikern (denn er gehört zu diesen, nicht zu den Novellisten), welche die alte Gedichtform auch nicht mehr äußerlich durch unmotiviert endende Verszeilen simulieren, sondern klipp und klar eingestehen, dass sie »Gedichte in Prosa« schreiben. Diese Aufrichtigkeit ist sehr lobenswert, man weiß gleich, wie man sich gegen sie zu kehren hat. Und es sei denn ein für allemal gesagt, dass das Wesen des Gedichtes keineswegs mit dem Reim und dem Rhythmus steht und fällt; denn wo es sich darum handelt, letzte Empfindungen in der unwillkürlichsten, also individuellsten Form austönen zu lassen, ist neben anderen auch eine Form möglich, welche der Prosa ziemlich ähnelt. Aber sie wird sich doch nie mit der Prosa der betreffenden Persönlichkeit verwechseln lassen, denn auch dieses Werk muss, als ein unbewusstes Tönen, dem bewussten, von Intellekt und Überlegung geleiteten Erzählen gegenüber, Rhythmus haben, – nämlich den Rhythmus der ganzen Persönlichkeit, und also immer noch eine höhere gebundene Form darstellen als jede noch so poetische Prosa. Deshalb ist das »Gedicht in Prosa« eine durchaus falsche und irreführende Bezeichnung, und jeder Schaffende, welcher denkend und nicht gewohnheitsmäßig seine Schöpfungen also benennt, gesteht ja im Vorhinein zu – etwas – »in Prosa« verfasst zu haben und steht dem, der von Gedichten zu sprechen hat, nicht mehr im Wege. Auch ist es ganz überflüssig, einen solchen Wink mit dem Zaunpfahl zu geben; denn hat einer, welcher zu lesen versteht, ein solches Buch durchwandert, ohne sich klar geworden zu sein, ob es Gedichte wären, so sind es gewiss keine – und, wer das Lesen noch nicht gelernt hat, fühlt sich durch die beschränkende Titelmarke nur vergewaltigt oder beschämt. Seit man es aufgegeben hat, den Wert und die Eigenart lyrischer Geständnisse durch die kleidsamen, uniformen Trachten des Sonetts, der Stanze u. a. zu beeinträchtigen, schreibt eben jeder seine ganz persönlichen Verse (worunter ja dann und da ein Madrigal oder ein Sonett mit unterlaufen kann), und diejenigen Arten derselben, welche die Zeilen füllen statt 3-5 cm vom Rande zu enden, anders zu benennen, dazu liegt doch nicht der geringste Grund vor. Es kann in der einen Gestalt wie in der anderen sich etwas darstellen, was trotz allem und allem kein Gedicht ist, und das reinreimigste Sonett ist noch lange nicht die Gewähr Gedicht zu sein, wie die randvollste Seite niemals eine Gefahr bedeutet dafür. Wohl aber ist es eine große Bequemlichkeit für jene, welche weder Gedichte noch Prosa zustande bringen, die unglaubliche Verschwommenheit ihrer Pubertätsprosa mit der Bezeichnung »Gedichte« zu adeln. Das sind diejenigen, die, um ihrer unreinen Reime willen aus dem Paradies kleiner Winkelblättchen vertrieben, zur Überzeugung kommen, dass die Prosa doch »das Leichtere« sei. Das ist ein sündhafter Irrtum. Einem Jüngling, der in sich lauscht, kann früh, in erster Unreife ein unsterbliches, ewiges Lied gelingen; er kann der Leidende dabei sein, es kann ihm geschehen, wie ein Traum ihm geschieht: er ist unschuldig daran. Es ist nicht ein Beweis für seine Kraft, sondern vielleicht für seine Reinheit, für das Klingende seines Gemüts, für ein zeitiges Erwachen seiner Seele. – Eine gute Prosa muss ihm deshalb auch 15 Jahre später nicht gelingen; denn diese ist nicht unbewusstes Gestehen, sondern bewusstes hartes Ringen mit Stoff und Form, ernste Männerarbeit.

Daher habe ich oft arges Misstrauen gegen die Verfasser von »Gedichten in Prosa«. Ihr Buch beweist, dass sie keine Gedichte machen können, und ein eventuell beigelegter Brief beeilt sich zu bestätigen, dass die einfachste Prosa ihnen auch ziemlich schwer fällt. Wenn die sogenannte Form » Gedichte in Prosa« vollends ein ganzes Buch von 200-300 Seiten beherrscht, liegt der Gedanke nahe, dass nur einige darunter Gedichte sein können, andere aber gezwungen waren, sich eben nach dem Willen des Verfassers zu verkleiden. Denn dieses Gewand kann nur ganz bestimmten Gefühlsstoffen unwillkürlich gewesen sein, und ein Band davon ist eine ebensolche Vergewaltigung des intimen Empfindens wie ein Band von Sonetten. Es ist übrigens eine grunddeutsche Eigenschaft, die Uniformierungssucht des Deutschen, eine Art von Gefühlsvereinsmeierei mit gemeinsamem Statut und zwillingsgleichen Jacken.

Nur bei Altenberg kann man dieselbe Form ein Buch lang, vielleicht auch zwei Bücher lang ertragen. Sein Stoffkreis ist verhältnismäßig eng, und jeder seiner leisen Beichten ist eben diese Form ganz natürlich. Wenn aber auch andere über die bisherigen Grenzen hinausgehende Stoffkreise drin anklingen werden, wird die Form schon als enge, gezierte Manier erscheinen, abgesehen davon, dass Peter Altenberg weitere Geständnisse nicht zu machen hat, wenn er aufrichtig sein und sich auch nicht wiederholen will. –

Andere Versuche in diesem Sinne haben Caesar Flaischlen, Julius Hart, Johannes Schlaf und von Heimischen Alfred Guth gemacht. Sie sind jeder in seine Erfindung vernarrt, halten sie natürlich für *die Form* der Zukunft, oder wenigstens für *ihre* Form, geben volle Bücher davon und bemerken nicht, wie sie manches schöne Gefühl um des harten Gesetzes willen zu Tode quälen. Alle Erfinder sehen nichts neben ihrer Erfindung und werden einseitig. Der Mensch, welcher das Lachen entdeckt hätte, würde zweifelsohne auf jede andere Äußerung hochmütig verzichtet haben. Und so sind diese auch. Am meisten »Gedichte« dürften in dem neuen Buche Caesar Flaischlens stehen. Er ist wie alle, die den Realismus hinter sich haben, ein guter Beobachter und feinhöriger Künstler geworden, der aus reichen inneren Quellen schöpft, und sein jüngstes Buch (»Von Alltag und Sonne«) ist in diesem Sinne um so glücklicher, als es eine Nachernte seines intimen Erlebens (etwan von 1891 bis 97) enthält. Briefstellen, Postkartenzeilen und Tagebuchblätter sind mit feinem, wählerischem Geschmack aneinandergereiht, wie verblasste Blumen. Ihre versonnene Schönheit aber lebt von der zärtlichen Erinnerung, mit welcher der Dichter sie umsorgt. Hier kann das Zufällige der Entstehung und die aufrichtige Mitteilung Bürge sein für die Notwendigkeit dieser Form. Sie rechtfertigt sich selbst durch die innige Teilnahme, mit welcher sie Lieder und Skizzen begleitet. Vor hohen und hellen Gefühlen geht sie auf wie ein Meer, und dann wieder überwölbt sie mit leisen schützenden Rhythmen irgend eine innige Bangigkeit. Das sucht auch Alfred Guth zu erreichen und er hat bei sich selbst manches schöne Geständnis erlauscht. Nur seine Form wird leicht enge und monoton und scheint mir stark von Altenberg beeinflusst. – Johannes Schlaf hat von seinem neuen zweiten Teil von »In Dingsda« erst ein paar Bruchstücke im »Pan« veröffentlicht, die eine an Verschwommenheit grenzende Weichheit und Empfindlichkeit besitzen. Zu ähnlichen Wirkungen gelangt Julius Hart, der, nachdem er die ganze neue Kunst, lehrend und wehrend, in seinen oft trefflichen Kritiken begleitet hat, in seinem Buch »Stimmen in der Nacht« zwei formale Neuschöpfungen theoretisch erörtert. Es sind eigentlich Novellen, aber der Umstand, dass ihre Handlung in dem primären Gefühlsschauplatz, in der Seele einerseits zurückgehalten, andererseits dahin projiziert werden soll, nähert sie stark den subjektiven lyrischen Geständnissen, und stellt sie also an den Rand meiner Betrachtung. Julius Hart meint so die ursprüngliche Höhe und Frische der Empfindungssensationen, gleichsam direkt, ohne den erkaltenden Umweg durch die Komposition zu machen, in sein Werk hinüberzuleiten und vergisst, dass dies wohl die Lyrik für ihre Gefühlselemente gestattet, die dreidimensionale Handlung aber in dieser Art niemals übertragbar ist. Er hat ein unhaltbares Mittelding zwischen Gedicht und Novelle geschaffen, welches stellenweise ganz Gedicht ist und da seine tiefe Poesie nicht verleugnet.

Alle Bücher, von denen ich hier gesprochen habe, nicht zum wenigsten die letztgenannten, haben ein Gemeinsames: ihre künstlerische Ausstattung. An Stelle der sinnlosen Klischees ist allenthalben ein begleitender Buchschmuck getreten, Papier und Druckertype sogar haben sich der Art des Buches besonders angepasst.

Ein freudiges Zusammentun der Künste und Künstler macht sich bemerkbar. Nicht nur der Inhalt ihrer Werke ist freudig und erwartungsvoll, auch ihr äußeres Gewand wird würdig und feierlich. Und in alle Dinge steigt diese leise sehnsüchtige Schönheit; die Möbel, Teppiche und die kleinsten Dinge täglichen Gebrauches um euch wird sie ganz unvermutet verwandeln. Und plötzlich werdet ihr die einzigen sein, die noch die Nutzkleider des Alltags tragen. Und ihr werdet erschrocken auch eure Seelen schmücken zu dem festlichen Empfang der neuen Zeit, deren bescheidener, unbeholfener Verkünder ich sein will in diesen Worten!

Intérieurs [Mädchen]

I. Man muss sie gesehen haben, diese kleinen und ganz kleinen Städte in meiner Heimat. Sie haben *einen* Tag auswendig gelernt; den schreien sie immerfort wie große graue Papageien in die Sonne hinein. Nah an der Nacht aber werden sie namenlos nachdenklich. Man sieht es den Plätzen an, dass sie sich bemühen, die dunkle Frage zu lösen, die in der Luft liegt. Das ist rührend und ein wenig lächerlich für den Fremden. Denn er weiß ohneweiters: gibt es eine Antwort – irgendeine –, dann kommt sie bestimmt nicht von den kleinen und ganz kleinen Städten meiner Heimat her, – sie mögen sich noch so ehrlich anstrengen, die Armen.

II. Wenn ich an kleine Mädchen denke, die gerade große Mädchen werden (das ist keine langsame zaghafte Entwicklung, sondern etwas seltsam Plötzliches), so muss ich mir hinter ihnen ein Meer denken, oder eine ernste, ewige Ebene oder sonst etwas, was man eigentlich nicht schauen, sondern nur ahnen kann und auch das nur in stillen, tiefen Stunden. Dann sehe ich die großen Mädchen ebenso groß, als ich die kleinen und kinderhaften winzig gewohnt war; – und weiß der liebe Himmel weshalb ich sie nun einmal so sehen will. Es hat alles seinen Grund. Aber die besten Dinge und Ereignisse sind doch die, welche ihre Ursache mit beiden Händen verdecken, sei es aus Bescheidenheit oder weil sie nicht verraten sein wollen.

III. Aber trotzdem: auch in den kleinen und ganz kleinen Städten meiner Heimat werden die kleinen Mädchen über Nacht große Mädchen. Ich kann es nicht hindern und kann auch nachträglich kein Meer hinter ihrem Rücken ausgießen, weil das zur Folge hatte, dass die jüngeren Brüder, die ihr Zehn-Uhr-Butterbrot noch in der Schule essen, beim Heimkommen erzählen müssten: »Was in der Geographie steht, ist falsch. Und der Herr Lehrer hat gelogen. Er hat uns gesagt, dass das Meer tief unten beginnt, ganz am Rand der Landkarte von Österreich-Ungarn. Und nun ist es mitten im Königreich Böhmen – das Meer.« Und ich weiß, dass die kleinen Klugheiten überlegen lächeln bei solchen Erkenntnissen. Und doch ist das Lächeln über das Meer, das ich unerwartet mitten in Böhmen gemacht habe, lange nicht so licht, wie die Freude, mit welcher sie sich selber angesichts der blanken Dielen oder des Furchenfeldes befehlen: das ist das Meer. So will ich die Schöpfung diesen kleinen Allmächtigen überlassen und mich damit zufrieden geben, dass hinter den Mädchen, die ich meine, wirklich und wahrhaft die Ebene liegt.

IV. Freilich: es ist nicht die Ebene, die ich meine. Nicht die müßigen Moräste zwischen Lucca und Pistoia, über denen die Vögel schnell und ängstlich fliegen, als ob sie fürchteten müde zu werden mitten in dieser haltlosen Traurigkeit. Es sind nicht die faltigen Flächen der Mark, in denen wachsame Flügelmühlen auf den nächsten Wind warten. Und auch die Felder in Westpreußen sind das nicht, die schon fast Meer bedeuten und einen leisen breiten Wellenschlag haben, in dem sie das Gold ihrer Abende langsam sammeln. Es sind einfach die böhmischen Gebreite, reich und ruhig. Und man hebt sich nicht ab von ihnen, man wird nicht ein Einsamer. Immer sind ein paar Kirsch- oder Apfelbäume da, neben denen man unbedeutend und gesellig aussieht, man mag noch so allein und ratlos sein im Herzen.

V. Und, weiß Gott weshalb, ich denke, dass meine Mädchen also sind. Je mehr ihrer beisammen stehen, desto einsamer wird eine jede. Die welche hinzutritt zu dem schweigsamen Schwesterkreis, geht eigentlich fort und das Furchtbare ist, dass keiner weiß wohin. – Ein alter Mann hat mir einmal am Abend gesagt, dass alle Wege, die man nicht kennt, zu Gott führen. Er hat es bestimmt gewusst und ich glaube es ihm auch heute noch. Aber ich fürchte nur, dass meine Mädchen zu ganz verschiedenen Zeiten bei Gott ankommen, sodass die Ersten schon wieder weiter sind, wenn die Zögernden atemlos und mit heißen Gesichtern vor Ihm staunen. Auf diese Weise können sie sich nie und nirgends alle wiedersehen. Wenn man nämlich annimmt, dass Nichts bei Gott bleibt, sondern über Ihn hinaus strebt, ja vielleicht erst recht anfängt sich zu rühren, wenn es Ihn gefunden hat.

VI. Meine Mädchen finden weder, noch suchen sie. Sie können sich überhaupt nicht erinnern, dass sie einmal gesucht haben. Sie wissen nur dunkel von verschiedenen Funden, die in die Zeit vor dem Groß-Werden gehören. Was sich ihnen damals wider Erwarten in die scheuen, braunen Händchen schmiegte oder in die viel scheueren Herzen, das haben sie aufbewahrt all die Jahre lang; mochte es eine verbogene Brosche oder ein verlorenes Wort gewesen sein. Man sinnt so gern, wem die Dinge gedient haben und wozu. Ich habe mich immer, sooft ich einen Fund getan habe, wie ein Erbe gefühlt, der die Herrschaft antritt nach einem unbekannten König. Und aus dieser Erfahrung heraus behaupte ich, dass meine Mädchen die rechtmäßigen Erbinnen vergangener Frauen sind, die schöne und schwere Kronen getragen haben.

VII. Bei Knaben heißt Groß-Werden, mündig werden. Die großen Mädchen aber sind viel unmündiger als die kleinen. Die kleinen küsst man offen und oft; die großen möchte man heimlich küssen. Das ist ein Unterschied und sicher der seltsamsten einer. Die Knaben wachsen so stramm und stetig in ihr Mannsein hinein; auf einmal passt es ihnen: du weißt nicht wie. Die Mädchen lassen plötzlich ihr Kinderkleid los und stehen furchtsam und frierend da am Anfange eines ganz anderen Lebens, in dem die Worte und die Münzen, welche sie gewohnt waren, nichts mehr gelten. Sie entwickeln sich nur bis an die Schwelle ihrer Reife regelmäßig und ruhig. Von da an verwirren sich die Uhren. Mancher Tag ist wie gar keiner und hinter ihm kommt eine Nacht, die ist: wie tausend Tage.

VIII. Alte Leute vom Land erzählen davon, dass die jungen Mädchen in der guten Zeit, die sie die ihre heißen, an den langen Nachmittagen des Herbstes zu Rocken gingen. In der großen gastlichen Stube, drin sich die ganze Freundschaft sittsam zusammenfand, saßen sie sinnend im Rund, und oft sprach das frühe Feuer für sie, das sich im dachigen Kachelkamin auf dem herrschaftlichen Holz behaglich ausstreckte. Ein Duft von weißem, feinem Linnen, hausbackenem Rosinenkuchen (nach geheimem Rezept) und heißem prasselndem Tannenharz, richtig gemischt und um meine gütige alte Tante Zdeni sorglich ausgebreitet, könnte wohl bewirken, dass der feinen, greisen Frau manches wieder einfiele, was sie fünfundvierzig Jahre vorher in dieser ahnungsvollen Atmosphäre empfand. Aber wir haben nicht die Mittel diesen wundersamen Weihrauch zu wecken, und meine gütige Tante Zdeni versichert, es müsse sich alles Schöne, was sie damals sann, fest in den Fäden der weißen Gewebe finden, die sie das ganze Jahr unberührt in dem Schranke aus mattem Mahagoni verwahrt hält; denn da es nicht in ihrem langen Leben war, wird es wohl in den Tischtüchern geblieben sein, meint sie.

IX. So ist es immer. Eher webt man seine Träume tief in Tücher ein, als dass man sie so neben dem Leben her wachsen ließe, in dem sie nicht genug Sonne hätten, um auszureifen. Wenn man zu Ende ist, lässt man sie in kleinen und scheinbar wertlosen, altmodischen Dingen zurück, die bis an ihr eigenes Zugrundegehen nichts verraten. Nicht etwa weil sie schweigen, sondern weil sie sentimentale Lieder singen in einer Sprache deren letzter Versteher gestorben ist und für welche es keine Wörterbücher und keine Lehrer gibt. So hilft mir denn auch meiner tugendsamen Ahnin, der Josepha Christin von Goldberg elfenbeinbesetztes Spinnrad nur schlecht zum Verständnis der rockenreifen Mädchen in den kleinen und ganz kleinen Städten meiner Heimat.

X. Sie müssen mir selber helfen. Wundersam ist die Hilfe der Hilflosen und heilig. Ihr Verstummen oder Staunen ist vielleicht ein stärkeres Beistehen als die riesigen Reden, die in der Überzeugung von neunundneunzig Gerechten gedeihen. Und dann: wenn du neunundneunzig Gerechte erst gefunden hast, verzichtest du sicher gerne darauf, sie auch noch reden zu hören; denn es waren dann vielleicht gar nicht mehr neunundneunzig. Meiner Mädchen indessen sind mühelos mehr. Denn wenngleich ich nur die in meiner Heimat zahle, weiß ich doch, dass aus allen Orten, in denen ich ein Ave läuten gehört habe, Viele leise mitgehen, und ich tue als ob ich es nicht bemerkt hätte. So wachst die Wanderzahl langsam an, und ich habe Mühe die Menge zu überschauen, die sich dunkel an mir vorüberdrängt.

XI. Sie sind Schwestern von Gewand. Sie sind Verwandte in ihrer Angst, Abschiednehmende in ihrer Freude und Fremde von Herz zu Herz. Sie haben das Gemeinsame *um* sich und *in* sich je eine eigentümliche Einsamkeit, in der Gebräuche und Gebete gelten, von denen wir uns nicht träumen lassen. Sie sind jede wie eine Religion, die vom Munde eines offenbarenden Gottes unterwegs ist: die zu einem verschmachteten Geschlecht, zu einem schwachgeschwelgten Stamme jene. Sie tragen jede eine Schale voll Erfüllung in den rhythmisch zitternden Händen, aber keine weiß, an welche Lippen ihr glänzendes Gefäß grenzen wird.

XII. In den Büchern stehen die Geschicke derjenigen aufgezeichnet, die besonders glücklich oder unglücklich, besonders heilig oder besonders hässlich von Herzen waren. Dann Episoden aus dem Leben einer jeden; Hoffnungen und Heimlichkeiten, Ohnmachten und Offenbarungen geordnet nach dem Alphabet des Alters und der Erfahrung. Man spricht dort entweder von den Mädchen auf dem Land, oder von den Mädchen in den Städten, oder wohl gar von einem einzigen Mädchen, welches aus dem einen Rahmen in den anderen geschoben wird. Man beschreibt dort entweder ein Mädchen dem nichts oder ein solches dem Alles geschieht; oder mit besonderer Vorliebe wählt man auch da ein Beispiel, an dem sich beides der Reihe nach zeigen lässt, welches als sehr lehrreich und spannend empfunden wird. Das ist nun einmal so Sitte geworden in den Romanen und bei denen, welche sich mit dem Erdichten von Geschichten, Begebenheiten und Schicksalen befassen.

XIII. Man kann nichts gegen diese ruhige und beschauliche Beschäftigung vorbringen; denn die Geschichte des Zoroaster, des Plato, Jesu-Christi, des Columbus, des Lionardo und des Napoléon und noch mehrerer Menschen musste geschrieben werden, das heißt sie schrieb sich sozusagen von selbst. Eine jede dieser handelnden Personen zog eine Furche in das große graue Gehirn der Erde, und wir alle tragen eine kleine Reproduktion dieses Urhirnes in uns, nach der Art der Taschenuhren oder der kleinen runden Kompasspillen, die anzeigen, wo die Sonne aufgeht über einen biederen Bürgerbauch. Später entstand auch die Geschichte seltener Frauen; doch da war schon ein leises Beihelfen notwendig und für das geozentrische Haupthirn war eine Logik und eine Mnemotechnik erfunden worden, auf welche selbst die Historiker von heute stolz sind. In den jüngsten, halbverhallten Jahrhunderten hat man sich immer mehr um das »*paysage intime*« bemüht, will sagen, man hat die Geschichte der namenlosen Menschen erzählen wollen. Der eine oder der andere glaubte nämlich bemerkt zu haben, dass eine Schlacht nicht notwendig bei Thermopylae, Hastings oder Austerlitz, sondern gelegentlich bei Angst, Sehnsucht oder Undank Raum hat, und dass nicht jede Entdeckung auf ein Amerika, nicht jedes Erfinden auf Pulver, Dampfmaschine oder Luftschiff fallen muss, um bedeutend und in einem bestimmten Begriff fruchtbar zu sein. Dabei ist es üblich geworden, statt beglaubigter Helden, glaubhafte hinzustellen. In dieser Absicht zerreißt man seit vielen Jahrzehnten die Heroen der Vergangenheit und die brauchbaren Zeitgenossen und fügt aus unkenntlichen Stücken neue und immer neue Möglichkeiten zusammen, die sich wie interessante oder seltsame Menschen ausnehmen sollen, wenigstens wenn man sie im richtigen Licht und von einer bestimmten Stelle aus betrachtet. Man stellt unablässig Versuche an, erfindet Gesetzmäßigkeiten, vor denen ältere Gesetze mäßig erscheinen, und man hat große Freude, wenn man ein Präparat, dem man den Kopf statt auf dem Rumpf, auf der Zehe des rechten Fußes angeheftet hat, eine Weile lebendig erhält. Dabei wird man klug. Das heißt man legt sich eine Sammlung mehr oder minder ernster Erfahrungen an und muss immer noch ein Zimmer zu mieten, um alle Früchte des rüstigen Forscherfleißes unter Dach zu halten. Bei einer solchen Sichtung werten natürlich die seltenen Arten und unerwarteten Nuancen am schwersten. Und es mag sein, dass reife Menschen, die sich heftig von ihrer Umgebung abheben, merkwürdige Dinge erleben und das obendrein auf die merkwürdigste Art. Man pflegt zu sagen: ihr »Schicksal« begründe das größere Interesse, und man meint damit zweierlei: das, was ihnen von außen zustößt, und ihr Verhältnis und Verhalten den Angriffen und Eindrücken gegenüber.

XIV. Wenn ich aus meinen vielen Mädchen und einigen Bruchstücken Jeanne d'Arc, Charlotte Corday und Katharina Emmerich, um nur *eine* Mischungsmöglichkeit zu streifen, *eine* Gestalt zusammenfüge, dann kann auch ich mich einer Heldin rühmen, die, wenn sie sich erst ans Bücken gewöhnt hat, in den Häusern der kleinen Städte gern und gastlich verkehren wird. Aber meine Mädchen seh ich bange werden. Sie fürchten, ich würde sie über alle Abgründe zueinander zerren, und von der einen das und von der zweiten ein anderes und von keiner *alles* wollen; sie haben Angst, dass sie als Halbverschmähte mit der halben Habe in den enttäuschten Händen zurückbleiben, wie weiße Rosen durch die ein Sturm gegangen ist mit breiten, rücksichtslosen, schrecklichen Schultern.

XV. Da sehe ich in ihren Gesichtern und Gestalten hundert und hundert Bangigkeiten. Klare und dunkle, traumhafte und wachsame, entsagende und sehnsüchtige Ängste drängen auf mich zu oder fliehen furchtsam vor meinem Blick ins Unbestimmte. Da weiß ich, dass ich nicht zehn oder zwanzig Mädchen zu einer Heldin zusammenzwingen darf. Ich muss vielmehr die Eine, an die ich denke, ausbreiten über alle tausend Schwestern, die sie immer begleiten. Nur wenn ich von tausend Mädchen rede, wird es scheinen, dass ich von einem etwas Liebes und Heimliches weiß; nur wenn unzählige ihre Stimmen vereinen, wird auch der Fernste und der Traurigste einen Hauch jenes hohen Liedes spüren, das seinesgleichen nicht hat.

XVI. Fra Fiesole hat in den großen Freskobildern, auf denen er einsame strenge Gestalten darstellt, in jeder die Hoffnung auf den Himmel schlicht und schön ausgesprochen. Aber auf den vielen, vielen gottatmenden Angesichten der Engel des »Jüngsten Gerichtes« hat der Himmel selber mit Heiterkeit und Hoheit und Hymnen Raum. Sie sind das farbenfältige Mosaik seiner Macht, und es gibt seiner kein Bild, welches gleich groß und reich und ergreifend wäre.

XVII. Frauen hat es viele gegeben. Müde, wie die blonde Maria, böse wie Berechta von Rosenberg, welche vor dem Tode her leise durch Böhmens Burgen geht, und gute wie Elisabeth, die liebliche Landgräfin von Thüringen, deren Bangnis Rosen aus Brot blühen heißt. Und dann die vielen Mütter überhaupt. Aber hat es schon Mädchen gegeben vor meinen Mädchen? Auf keinem Wege kannst du die Spur solcher Füße finden. Umsonst suchst du diesen leichten Abdruck in allem Sand. Er ist wie ein Mal auf der Wange eines Kindes, das auf seinem Händchen geschlafen hat. Winzige Mulden bleiben im Weg, wie unter der Last einer Liebkosung zurück – hinter den Mädchen; vor ihnen ist alles glatt und blank. Entweder sind sie also die ersten, oder die vor ihnen sind immer über Wiesen gegangen oder über dunkles, duftendes Moos oder über das Meer?

XVIII. Wird jemand wissen: dass auch auf dem Steinpflaster des Bürgersteiges kein Bild des Fußes bleibt. Darauf ist zu antworten: dass es in diesen kleinen Städten noch nicht allzu viel eingemauerte Gassen gibt. Wenigstens der Fahrdamm ist fast überall noch ein Strom Staubes, aus dem man sich nach den festeren Rändern retten mag. Aber meine Mädchen schreiten mitten durch; immer dort, wo sie viel Himmel über sich fühlen, und auf kleinen weißen Wolken gehn sie durch die ganze Stadt. Mit keinem Woher hinter sich und so ohne Wohin. Gehen einfach. Vielleicht, damit sie ihr Blut nicht so laut branden hören. Gehen im tastenden Takte dieses heimlichen Wellenschlages. Sind der stille Strand ihrer ruhlosen Unendlichkeit. Finden niemals den gleichen Schritt. Wanken gegeneinander, wie von vielen, feindlichen Winden bewegt. Winken jede anderswohin. Wenden zögernd an der Ecke um, wenn der Wind ihnen Worte von den Lippen reißt, die sie noch nicht gewollt haben. Den gleichen Weg kommen sie zurück, und immer wieder wandern sie hin und her zwischen zwei Gassen. Wie Wartende sind sie. Irren immer in einer einzigen Viertelstunde herum. Statt hinauszuziehen in die Zeit wie eine weiße Prozession mit einer fremden feurigen Fahne.

XIX. Geh hinter ihnen einmal. Unwillkürlich senkt sich dein Blick; denn ihre lichten Kleider blenden. Dein Auge fällt mit halbversengten Flügeln auf den Fahrdamm, der wie ein breites Buch und aufgeschlagen ist. In seine Blätter haben vergangene Wagen Linien gelegt. Und das ist gut. Denn die Schritte der Mädchen können nicht gerade schreiben. Viele Schriften führen die Furchen entlang. Auf und ab. Als ob jemand bei Nacht geschrieben hätte oder wie Briefe von Blinden. Und doch merkt man bei einiger Mühe und Übung, dass das lauter lange Gedichte sind, Improvisationen, durch die wachsend und wechselnd ein seltsamer Rhythmus rinnt. Die gleichen Reimworte kehren immer wieder. Wie Flehende. Du findest dieselben an allen Türen warten. Rührende, schlichte Worte sind es, Lauten, welche nur eine einzige Saite haben. Eine silberne, – denkst du; und du lässest dich von ihrem Ton begleiten bis in den Traum.

XX. Wenn meine Mädchen wandern und sich bewegen, schwanken ihre Seelen langsam wie Kähne, die an ein unruhiges Ufer gebunden sind. – Denn ihre Seelen sind Gondeln von Gold und voller Ungeduld. Sie sind ganz verhangen mit alten, sanften seidenen Stoffen, so dass es ewig dämmert in ihnen. Die Mädchen lieben dieses duftende Dunkel mit seinen schönen unerschöpften Möglichkeiten. Sie wohnen darin. Selten, wenn die Falten des Vorhangs sich rühren, ritzt sie das Licht. Und sie staunen dann einen Augenblick ein Stück Stube an oder einen Garten, der gerade Abend hat. Und sie erschrecken leise, dass es Stube und Garten und Abend gibt. Und sie heben die Furcht vor diesen vielen Dingen in das seidene Dunkel ihres Lebens hinein und falten die Hände davor. So sind ihre Gebete … [XXI. – …………………]

Notizen zur Melodie der Dinge

I. Ganz am Anfang sind wir, siehst du. Wie vor allem. Mit tausend und einem Traum hinter uns und ohne Tat.

II. Ich kann mir kein seligeres Wissen denken, als dieses eine: dass man ein Beginner werden muss. Einer der das erste Wort schreibt hinter einen Jahrhunderte langen Gedankenstrich.

III. Das fällt mir ein: bei dieser Beobachtung: dass wir die Menschen noch immer auf Goldgrund malen, wie die ganz Primitiven. Vor etwas Unbestimmtem stehen sie. Manchmal vor Gold, manchmal auch vor Grau. Im Licht manchmal, und oft mit unergründlichem Dunkel hinter sich.

IV. Man begreift das. Um die Menschen zu erkennen, musste man sie isolieren. Aber nach einer langen Erfahrung ist es billig, die Einzelbetrachtungen wieder in ein Verhältnis zu setzen, und mit gereiftem Blick ihre breiteren Gebärden zu begleiten.

V. Vergleiche einmal ein Goldgrundbild aus dem Trecento mit einer von den zahlreichen späteren Kompositionen italienischer Frühmeister, wo die Gestalten zu einer Santa Conversazione vor der leuchtenden Landschaft in der lichten Luft Umbriens sich zusammenfinden. Der Goldgrund isoliert eine jede, die Landschaft glänzt hinter ihnen wie eine gemeinsame Seele, aus der heraus sie ihr Lächeln und ihre Liebe holen.

VI. Dann denke an das Leben selbst. Erinnere dich, dass die Menschen viele und bauschige Gebärden und unglaublich große Worte haben. Wenn sie nur eine Weile so ruhig und reich wären, wie die schönen Heiligen des Marco Basaiti, müsstest du auch hinter ihnen die Landschaft finden, die ihnen gemeinsam ist.

VII. Und es gibt ja auch Augenblicke, da sich ein Mensch vor dir still und klar abhebt von seiner Herrlichkeit. Das sind seltene Feste, welche du niemals vergisst. Du liebst diesen Menschen fortan. Das heißt du bist bemüht die Umrisse seiner Persönlichkeit, wie du sie in jener Stunde erkannt hast, nachzuzeichnen mit deinen zärtlichen Händen.

VIII. Die Kunst tut dasselbe. Sie ist ja die weitere, unbescheidenere Liebe. Sie ist die Liebe Gottes. Sie darf nicht bei dem Einzelnen stehen bleiben, der nur die Pforte des Lebens ist. Sie muss ihn durchwandern. Sie darf nicht müde werden. Um sich zu erfüllen, muss sie dort wirken, wo alle – *Einer* sind. Wenn sie dann diesen *Einen* beschenkt, kommt grenzenloser Reichtum über alle.

IX. Wie weit sie davon ist, mag man auf der Bühne sehen, wo sie doch sagt oder sagen will, wie sie das Leben, nicht den Einzelnen in seiner idealen Ruhe, sondern die Bewegung und den Verkehr Mehrerer betrachtet. Dabei ergibt sich, dass sie die Menschen einfach neben einander stellt, wie die im Trecento es taten, und es ihnen selbst überlässt sich miteinander zu befreunden über das Grau oder das Gold des Hintergrundes hin.

X. Und darum wird es auch so. Mit Worten und Gesten suchen sie sich zu erreichen. Sie renken sich fast die Arme aus, denn die Gebärden sind viel zu kurz. Sie machen unendliche Anstrengungen die Silben einander zuzuwerfen und sind dabei noch herzlich schlechte Ballspieler, die nicht auffangen können. So vergeht die Zeit mit Bücken und Suchen – ganz wie im Leben.

XI. Und die Kunst hat nichts getan, als uns die Verwirrung gezeigt, in welcher wir uns meistens befinden. Sie hat uns geängstigt, statt uns still und ruhig zu machen. Sie hat bewiesen, dass wir jeder auf einer anderen Insel leben; nur sind die Inseln nicht weit genug um einsam und unbekümmert zu bleiben. Einer kann den anderen stören oder schrecken oder mit Speeren verfolgen – nur helfen kann keiner keinem.

XII. Von Eiland zu Eiland gibt es nur eine Möglichkeit: gefährliche Sprünge, bei denen man mehr als die Fuße gefährdet. Ein ewiges Hin- und Herhüpfen entsteht mit Zufällen und Lächerlichkeiten; denn es kommt vor, dass zwei zueinander springen, gleichzeitig, so dass sie einander nur in der Luft begegnen, und nach diesem mühsamen Wechsel ebenso weit sind eines vom anderen – wie vorher.

XIII. Das ist weiter nicht verwunderlich; denn in der Tat sind die Brücken zueinander, darüber man schön und festlich gegangen kommt, nicht *in* uns, sondern hinter uns, ganz wie auf den Landschaften des Fra Bartolommeo oder des Lionardo. Es ist doch so, dass das Leben sich zuspitzt in den einzelnen Persönlichkeiten. Von Gipfel zu Gipfel aber geht der Pfad durch die breiteren Täler.

XIV. Wenn zwei oder drei Menschen zusammenkommen, sind sie deshalb noch nicht beisammen. Sie sind wie Marionetten deren Drähte in verschiedenen Händen liegen. Erst wenn *eine* Hand alle lenkt, kommt eine Gemeinsamkeit über sie, welche sie zum Verneigen zwingt oder zum Dreinhauen. Und auch die Kräfte des Menschen sind dort, wo seine Drähte enden in einer haltenden herrschenden Hand.

XV. Erst in der gemeinsamen Stunde, in dem gemeinsamen Sturm, in der einen Stube, darin sie sich begegnen, finden sie sich. Erst bis ein Hintergrund hinter ihnen steht, beginnen sie miteinander zu verkehren. Sie müssen sich ja berufen können auf die *eine* Heimat. Sie müssen einander gleichsam die Beglaubigungen zeigen, welche sie mit sich tragen und welche alle den Sinn und das Insiegel desselben Fürsten enthalten.

XVI. Sei es das Singen einer Lampe oder die Stimme des Sturms, sei es das Atmen des Abends oder das Stöhnen des Meeres, das dich umgibt – immer wacht hinter dir eine breite Melodie, aus tausend Stimmen gewoben, in der nur da und dort dein Solo Raum hat. Zu wissen, *wann Du einzufallen hast,* das ist das Geheimnis deiner Einsamkeit: wie es die Kunst des wahren Verkehres ist: aus den hohen Worten sich fallen lassen in die eine gemeinsame Melodie.

XVII. Wenn die Heiligen des Marco Basaiti sich etwas anzuvertrauen hätten außer ihrem seligen Nebeneinandersein, sie würden sich nicht vorn im Bild, drin sie wohnen, ihre schmalen, sanften Hände reichen. Sie würden sich zurückziehen, gleich klein werden und tief im lauschenden Land über die winzigen Brücken zueinander kommen.

XVIII. Wir vorn sind ganz ebenso. Segnende Sehnsüchte. Unsere Erfüllungen geschehen weit in leuchtenden Hintergründen. Dort ist Bewegung und Wille. Dort spielen die Historien, deren dunkle Überschriften wir sind. Dort ist unser Vereinen und unser Abschiednehmen, Trost und Trauer. Dort *sind* wir, während wir im Vordergrunde kommen und gehen.

XIX. Erinnere dich an Menschen, die du beisammen fandest, ohne dass sie eine gemeinsame Stunde um sich hatten. Zum Beispiel Verwandte, die sich im Sterbezimmer einer wirklich geliebten Person begegnen. Da lebt die eine in dieser, die andere in jener tiefen Erinnerung. Ihre Worte gehen aneinander vorbei, ohne dass sie voneinander wissen. Ihre Hände verfehlen sich in der ersten Verwirrung. – Bis der Schmerz hinter ihnen breit wird. Sie setzen sich hin, senken die Stirnen und schweigen. Es rauscht über ihnen wie ein Wald. Und sie sind einander nahe, wie nie vorher.

XX. Sonst, wenn nicht ein schwerer Schmerz die Menschen gleich still macht, hört der eine mehr, der andere weniger von der mächtigen Melodie des Hintergrundes. Viele hören sie gar nicht mehr. Sie sind wie Bäume welche ihre Wurzeln vergessen haben und nun meinen, dass das Rauschen ihrer Zweige ihre Kraft und ihr Leben sei. Viele haben nicht Zeit sie zu hören. Sie dulden keine Stunde um sich. Das sind arme Heimatlose, die den Sinn des Daseins verloren haben. Sie schlagen auf die Tasten der Tage und spielen immer denselben monotonen verlorenen Ton.

XXI. Wollen wir also Eingeweihte des Lebens sein, müssen wir zweierlei bedenken: Einmal die große Melodie, in der Dinge und Düfte, Gefühle und Vergangenheiten, Dämmerungen und Sehnsüchte mitwirken, – und dann: die einzelnen Stimmen, welche diesen vollen Chor ergänzen und vollenden.

Und um ein Kunstwerk, heißt: Bild des tieferen Lebens, des mehr als heutigen, immer zu allen Zeiten möglichen Erlebens, zu begründen, wird es notwendig sein die beiden Stimmen, *die* einer betreffenden Stunde und *die* einer Gruppe von Menschen darin, in das richtige Verhältnis zu setzen und auszugleichen.

XXII. Zu diesem Zweck muss man die beiden Elemente der Lebensmelodie in ihren primitiven Formen erkannt haben; man muss aus den rauschenden Tumulten des Meeres den Takt des Wogenschlages ausschälen und aus dem Netzgewirr täglichen Gesprächs die lebendige Linie gelöst haben, welche die anderen trägt. Man muss die reinen Farben nebeneinander halten um ihre Kontraste und Vertraulichkeiten kennenzulernen. Man muss das Viele vergessen haben, um des Wichtigen willen.

XXIII. Zwei Menschen, die in gleichem Grade leise sind, müssen nicht von der Melodie ihrer Stunden reden. Diese ist ihr an und für sich Gemeinsames. Wie ein brennender Altar ist sie zwischen ihnen und sie nähren die heilige Flamme fürchtig mit ihren seltenen Silben.

Setze ich diese beiden Menschen aus ihrem absichtlosen Sein auf die Bühne, so ist mir offenbar darum zu tun, zwei Liebende zu zeigen und zu erklären, warum sie selig sind. Aber auf der Szene ist der Altar unsichtbar und es weiß keiner sich die seltsamen Gesten der Opfernden zu erklären.

XXIV. Da gibt es nun zwei Auswege: entweder die Menschen müssen sich erheben und mit vielen Worten und verwirrenden Gebärden zu sagen versuchen, was sie vorher lebten.

Oder: ich ändere nichts an ihrem tiefen Tun und sage selbst diese Worte dazu:

Hier ist ein Altar, auf welchem eine heilige Flamme brennt. Ihren Glanz können Sie auf den Gesichtern dieser beiden Menschen bemerken.

XXV. Das Letztere erscheint mir einzig künstlerisch. Es geht nichts von dem Wesentlichen verloren; keine Vermengung der einfachen Elemente trübt die Reihe der Ereignisse, wenn ich den Altar, der die zwei Einsamen vereint, so schildere, dass alle ihn sehen und an sein Vorhandensein glauben. Viel später wird es den Schauenden unwillkürlich werden, die flammende Säule zu sehen, und ich werde nichts Erläuterndes hinzu sagen müssen. Viel später.

XXVI. Aber das mit dem Altar ist nur ein Gleichnis, und ein sehr ungefähres obendrein. Es handelt sich darum, auf der Szene die gemeinsame Stunde, das worin die Personen zu Worte kommen, auszudrücken. Dieses Lied, welches im Leben den tausend Stimmen des Tages oder der Nacht, dem Waldrauschen oder dem Uhrenticken und ihrem zögernden Stundenschlag überlassen bleibt, dieser breite Chor des Hintergrundes, der den Takt und Ton unserer Worte bestimmt, lässt sich auf der Bühne zunächst nicht mit den gleichen Mitteln begreiflich machen.

XXVII. Denn das was man »Stimmung« nennt und was ja in neueren Stücken auch teilweise zu seinem Rechte kommt, ist doch nur ein erster unvollkommener Versuch, die Landschaft hinter Menschen, Worten und Winken durchschimmern zu lassen, wird von den meisten überhaupt nicht bemerkt und kam um seiner leiseren Intimität willen überhaupt nicht von allen bemerkt werden. Eine technische Verstärkung einzelner Geräusche oder Beleuchtungen wirkt lächerlich, weil sie aus tausend Stimmen eine einzelne zuspitzt, so dass die ganze Handlung an der einen Kante hängen bleibt.

XXVIII. Diese Gerechtigkeit gegen das breite Lied des Hintergrundes bleibt nur erhalten, wenn man es in seinem ganzen Umfange gelten lässt, was zunächst sowohl den Mitteln unserer Bühne, wie der Auffassung der misstrauischen Menge gegenüber untunlich erscheint. – Das Gleichgewicht kann nur durch eine strenge Stilisierung erreicht werden. Wenn man nämlich die Melodie der Unendlichkeit auf denselben Tasten spielt, auf denen die Hände der Handlung ruhen, das heißt das Große und Wortlose zu den Worten herunterstimmt.

XXIX. Dieses ist nichts anderes als die Einführung eines Chors, der sich ruhig aufrollt hinter den lichten und flimmernden Gesprächen. Dadurch dass die Stille in ihrer ganzen Breite und Bedeutung fortwährend wirkt, erscheinen die Worte vorn als ihre natürlichen Ergänzungen, und es kann dabei eine geründete Darstellung des Lebensliedes erzielt werden, welche sonst schon durch die Unverwendbarkeit von Düften und dunklen Empfindungen auf der Bühne, ausgeschlossen schien.

XXX. Ich will ein ganz kleines Beispiel andeuten; –

Abend. Eine kleine Stube. Am Mitteltisch unter der Lampe sitzen zwei Kinder einander gegenüber, ungern über ihre Bücher geneigt. Sie sind beide weit – weit. Die Bücher verdecken ihre Flucht. Dann und wann rufen sie sich an, um sich nicht in dem weiten Wald ihrer Träume zu verlieren. Sie erleben in der engen Stube bunte und phantastische Schicksale. Sie kämpfen und siegen. Kommen heim und heiraten. Lehren ihre Kinder Helden sein. Sterben wohl gar.

Ich bin so eigenwillig, das für Handlung zu halten!

XXXI. Aber was ist diese Szene ohne das Singen der hellen altmodischen Hängelampe, ohne das Atmen und Stöhnen der Möbel, ohne den Sturm um das Haus. Ohne diesen ganzen dunklen Hintergrund, durch welchen sie die Fäden ihrer Fabeln ziehen. Wie anders würden die Kinder im Garten träumen, anders am Meer, anders auf der Terrasse eines Palastes. Es ist nicht gleichgültig, ob man in Seide oder in Wolle stickt. Man muss wissen, dass sie in dem gelben Canevas dieses Stubenabends die paar ungelenken Linien ihres Mäandermusters unsicher wiederholen.

XXXII. Ich denke nun daran, die ganze Melodie so wie die Knaben sie hören, erklingen zu lassen. Eine stille Stimme muss sie über der Szene schweben, und auf ein unsichtbares Zeichen fallen die winzigen Kinderstimmen ein und treiben hin, während der breite Strom durch die enge Abendstube weiterrauscht von Unendlichkeit zu Unendlichkeit.

XXXIII. Solcher Szenen weiß ich viele und breitere. Je nach ausdrücklicher ich meine allseitiger Stilisierung oder vorsichtiger Andeutung derselben, findet der Chor auf der Szene selbst seinen Raum und wirkt dann auch durch seine wachsame Gegenwart, oder sein Anteil beschränkt sich auf die Stimme, die, breit und unpersönlich, aus dem Brauen der gemeinsamen Stunde steigt. In jedem Fall wohnt auch in ihr, wie im antiken Chor, das weisere Wissen; nicht weil sie urteilt über das Geschehen der Handlung, sondern weil sie die Basis ist, aus der jenes leisere Lied sich auslöst und in deren Schoß es endlich schöner zurückfällt.

XXXIV. Die stilisierte, also unrealistische Darstellung halte ich in diesem Fall nur für einen Übergang; denn auf der Bühne wird immer diejenige Kunst am willkommensten sein, welche lebensähnlich und in diesem äußeren Sinne »wahr« ist. Aber dieses gerade ist der Weg zu einer selbst sich vertiefenden, innerlichen Wahrheit: die primitiven Elemente zu erkennen und zu verwenden. Hinter einer ernsten Erfahrung wird man die begriffenen Grundmotive freier und eigenwilliger brauchen lernen und damit auch wieder dem realistischen, dem zeitlich Wirklichen näher kommen. Es wird aber nicht dasselbe sein wie vorher.

XXXV. Diese Bemühungen erscheinen mir notwendig, weil sonst die Erkenntnis der feineren Gefühle die eine lange und ernste Arbeit sich errang, im Lärm der Bühne ewig verloren gehen »würde«. Und das ist schade. Von der Bühne her kann, wenn es tendenzlos und unbetont geschieht, das neue Leben verkündet, das heißt auch denen vermittelt werden, die nicht aus eigenem Drang und eigener Kraft seine Gebärden lernen. Sie sollen nicht bekehrt werden von der Szene her. Aber sie sollen wenigstens erfahren: das gibt es in unserer Zeit, eng neben uns. Das ist schon Glückes genug.

XXXVI. Denn es ist fast von der Bedeutung einer Religion, dieses Einsehen: dass man, sobald man einmal die Melodie des Hintergrundes gefunden hat, nicht mehr ratlos ist in seinen Worten und dunkel in seinen Entschlüssen. Es ist eine sorglose Sicherheit in der einfachen Überzeugung, Teil einer Melodie zu sein, also einen bestimmten Raum zu Recht zu besitzen und eine bestimmte Pflicht an einem breiten Werke zu haben, in dem der Geringste ebensoviel wertet wie der Größte. Nicht überzählig zu sein, ist die erste Bedingung der bewussten und ruhigen Entfaltung.

XXXVII. Aller Zwiespalt und Irrtum kommt davon her, dass die Menschen das Gemeinsame *in* sich, statt in den Dingen *hinter* sich, im Licht, in der Landschaft im Beginn und im Tode, suchen. Sie verlieren dadurch sich selbst und gewinnen nichts dafür. Sie vermischen sich, weil sie sich doch nicht vereinen können. Sie halten sich aneinander und können doch nicht sicheren Fuß fassen, weil sie beide schwankend und schwach sind; und in diesem gegenseitigen Sich-stützen-wollen geben sie ihre ganze Stärke aus, so dass nach außen hin auch nicht die Ahnung eines Wellenschlages fühlbar wird.

XXXVIII. Jedes Gemeinsame setzt aber eine Reihe unterschiedener einsamer Wesen voraus. Vor ihnen war es einfach ein Ganzes ohne jegliche Beziehung, so vor sich hin. Es war weder arm noch reich. Mit dem Augenblick, wo verschiedene seiner Teile der mütterlichen Einheit entfremden, tritt es in Gegensatz zu ihnen; denn sie entwickeln sich von ihm fort. Aber es lässt sie doch nicht aus der Hand. Wenn die Wurzel auch nicht von den Früchten weiß, sie nährt sie doch.

XXXIX. Und wie Früchte sind wir. Hoch hangen wir in seltsam verschlungenen Ästen und viele Winde geschehen uns. Was wir besitzen, das ist unsere Reife und Süße und Schönheit. Aber die Kraft dazu strömt in *einem* Stamm aus einer über Welten hin weit gewordenen Wurzel in uns Alle. Und wenn wir für ihre Macht zeugen wollen, so müssen wir sie jeder brauchen in unserem einsamsten Sinn. Je mehr Einsame, desto feierlicher, ergreifender und mächtiger ist ihre Gemeinsamkeit.

XXXX. Und gerade die Einsamsten haben den größten Anteil an der Gemeinsamkeit. Ich sagte früher, dass der eine mehr, der andere weniger von der breiten Lebensmelodie vernimmt; dementsprechend fällt ihm auch eine kleinere oder geringere Pflicht in dem großen Orchester zu. Derjenige, welcher die ganze Melodie vernähme, wäre der Einsamste und Gemeinsamste zugleich. Denn er würde hören, was keiner hört, und doch nur weil er in seiner *Vollendung* begreift, was die anderen dunkel und lückenhaft erlauschen.

Über Kunst

I

Graf Lew Tolstoj hat in seinem letzten vielumfragten Buche »Was ist Kunst?« seiner eigenen Antwort eine lange Reihe von Definitionen aus allen Zeiten vorangestellt. Und von Baumgarten bis Helmholtz, Shaftesbury bis Knight, Cousin bis Sar Peladan ist Raum genug für Extreme und Widersprüche.

Allen diesen Meinungen von Kunst, derjenigen Tolstojs mit eingeschlossen, ist aber eines gemeinsam: es wird nicht so sehr das Wesen der Kunst betrachtet, vielmehr sind alle bemüht, sie aus ihren Wirkungen zu erklären.

Es ist, als ob man sagte: Die Sonne ist das, welches Früchte reift, Wiesen wärmt und Wäsche trocknet. Man vergisst, dass dieses letztere jeder Ofen vermag.

Wenngleich wir Modernen am weitesten entfernt sind von der Möglichkeit, anderen oder auch nur uns selbst durch Definitionen zu helfen, haben wir doch vielleicht vor den Gelehrten die Unbefangenheit und Aufrichtigkeit und eine leise Erinnerung aus Schaffensstunden voraus, welche unseren Worten in Wärme ersetzt, was ihnen an historischer Würde und Gewissenhaftigkeit fehlt. Die Kunst stellt sich dar als eine Lebensauffassung, wie etwa die Religion und die Wissenschaft und der Sozialismus auch. Sie unterscheidet sich von den anderen Auffassungen nur dadurch, dass sie nicht aus der Zeit resultiert und gleichsam als die Weltanschauung des letzten Zieles erscheint. In einer graphischen Darstellung, bei welcher die einzelnen Lebensmeinungen als Linien in die ebene Zukunft fortgeführt würden, wäre sie die längste Linie, vielleicht das Stück einer Kreisperipherie, das sich als Gerade darstellt, weil der Radius unendlich ist.

Wenn ihr einmal die Welt unter den Füßen zerbricht, bleibt sie als das Schöpferische unabhängig bestehen und ist die sinnende Möglichkeit neuer Welten und Zeiten.

Deshalb ist auch der, welcher sie zu seiner Lebensanschauung macht, der Künstler, der Mensch des letzten Zieles, der jung durch die Jahrhunderte geht, mit keiner Vergangenheit hinter sich. Die anderen kommen und gehen, er dauert. Die anderen haben Gott hinter sich wie eine Erinnerung. Dem Schaffenden ist Gott die letzte, tiefste Erfüllung. Und wenn die Frommen sagen: »Er ist«, und die Traurigen fühlen »Er war«, so lächelt der Künstler: »Er wird sein«. Und sein Glauben ist mehr als Glauben; denn er selbst baut an diesem Gott. Mit jedem Schauen, mit jedem Erkennen, in jeder seiner leisen Freuden fügt er ihm eine Macht und einen Namen zu, damit der Gott endlich in einem späten Urenkel sich vollende, mit allen Mächten und allen Namen geschmückt.

Das ist die Pflicht des Künstlers.

Weil er sie aber als Einsamer mitten im Heute wirkt, so stoßen seine Hände da und dort an die Zeit. Nicht, dass sie das Feindliche wäre. Aber sie ist das Zögernde, Zweifelnde, Misstrauische. Sie ist der Widerstand. Und erst aus diesem Zwiespalt zwischen der gegenwärtigen Strömung und der zeitfremden Lebensmeinung des Künstlers entsteht eine Reihe kleiner Befreiungen, wird des Künstlers sichtbare Tat: das Kunstwerk. Nicht aus seiner naiven Neigung heraus. Es ist immer eine Antwort auf ein Heute.

Das Kunstwerk möchte man also erklären: als ein tiefinneres Geständnis, das unter dem Vorwand einer Erinnerung, einer Erfahrung oder eines Ereignisses sich ausgibt und, losgelöst von seinem Urheber, allein bestehen kann.

Diese Selbständigkeit des Kunstwerkes ist die Schönheit. Mit jedem Kunstwerke kommt ein Neues, ein Ding mehr in die Welt.

Man wird finden, dass in dieser Definition alles Raum hat: von den gotischen Domen des Jehan de Beauce bis zu einem Möbel des jungen van der Velde. –

Die Kunsterklärungen, welche die *Wirkung* zur Grundlage nehmen, umfassen viel mehr. Sie müssen in ihren Konsequenzen auch notwendig den Fehler begehen, statt von der Schönheit vom Geschmack, das heißt statt von Gott vom Gebete zu reden. Und so werden sie ungläubig und verwirren sich immer mehr.

Wir müssen es aussprechen, dass das Wesen der Schönheit nicht im Wirken liegt, sondern im Sein. Es müssten sonst Blumenausstellungen und Parkanlagen schöner sein als ein wilder Garten, der vor sich hinblüht irgendwo und von dem keiner weiß.

II

Wenn ich die Kunst als eine Lebensanschauung bezeichne, meine ich damit nichts Ersonnenes. Lebensanschauung will hier aufgefasst sein in dem Sinne: Art zu sein. Also kein Sich-Beherrschen und -Beschränken um bestimmter Zwecke willen, sondern ein sorgloses Sich-Loslassen, im Vertrauen auf ein sicheres Ziel. Keine Vorsicht, sondern eine weise Blindheit, die ohne Furcht einem geliebten Führer folgt. Kein Erwerben eines stillen, langsam wachsenden Besitzes, sondern ein fortwährendes Vergeuden aller wandelbaren Werte. Man erkennt: diese Art zu sein hat etwas Naives und Unwillkürliches und ähnelt jener Zeit des Unbewussten an, deren bestes Merkmal ein freudiges Vertrauen ist: der Kindheit. Die Kindheit ist das Reich der großen Gerechtigkeit und der tiefen Liebe. Kein Ding ist wichtiger als ein anderes in den Händen des Kindes. Es spielt mit einer goldenen Brosche oder mit einer weißen Wiesenblume. Es wird in der Ermüdung beide gleich achtlos fallen lassen und vergessen, wie beide ihm gleich glänzend schienen in dem Lichte seiner Freude. Es hat nicht die Angst des Verlustes. Die Welt ist ihm noch die schöne Schale, darin nichts verloren geht. Und es empfindet als sein Eigentum alles, was es einmal gesehen, gefühlt oder gehört hat. Alles, was ihm einmal begegnet ist. Er zwingt die Dinge nicht, sich anzusiedeln. Eine Schar dunkler Nomaden wandern sie durch seine heiligen Hände wie durch ein Triumphtor. Werden eine Weile licht in seiner Liebe und verdämmern wieder dahinter; aber sie müssen alle durch diese Liebe durch. Und was einmal in der Liebe aufleuchtete, das bleibt darin im Bilde und lässt sich nie mehr verlieren. Und das Bild ist Besitz. Darum sind Kinder so reich.

Ihr Reichtum ist freilich rohes Gold, nicht übliche Münze. Und er scheint immer mehr an Wert einzubüßen, je mehr Macht die Erziehung gewinnt, die die ersten unwillkürlichen und ganz individuellen Eindrücke durch überkommene und historisch entwickelte Begriffe ersetzt und die Dinge, der Tradition gemäß, zu wertvollen und unbedeutenden, erstrebenswerten und gleichgültigen stempelt. Das ist die Zeit der Entscheidung. Entweder es bleibt jene Fülle der Bilder unberührt hinter dem Eindrängen der neuen Erkenntnisse, oder die alte Liebe versinkt wie eine sterbende Stadt in dem Aschenregen dieser unerwarteten Vulkane. Entweder das Neue wird der Wall, der ein Stück Kindsein umschirmt, oder es wird die Flut, die es rücksichtslos vernichtet. Das heißt das Kind wird entweder älter und verständiger im bürgerlichen Sinn, als Keim eines brauchbaren Staatsbürgers, es tritt in den Orden *seiner* Zeit ein und empfängt ihre Weihen, oder es reift einfach ruhig weiter von tiefinnen, aus seinem eigensten Kindsein heraus, und das bedeutet, es wird Mensch im Geiste *aller* Zeiten: Künstler.

In diesen Tiefen und nicht in den Tagen und Erfahrungen der Schule verbreiten sich die Wurzeln des wahren Künstlertums. Sie wohnen in dieser wärmeren Erde, in der nie gestörten Stille dunkler Entwicklungen, die nichts wissen von dem Maß der Zeit. Möglich, dass andere Stämme, die aus der Erziehung, aus dem kühleren, von den Veränderungen der Oberfläche beeinflussten Boden ihre Kräfte heben, höher in den Himmel wachsen als so ein tiefgründiger Künstlerbaum. Dieser streckt nicht seine vergänglichen Äste, durch welche die Herbste und Frühlinge ziehen, zu Gott, dem Ewigfremden, hin; er breitet ruhig seine Wurzeln aus, und sie umrahmen den Gott, der hinter den Dingen ist, dort, wo es ganz warm und dunkel wird.

Darum, weil die Künstler viel weiter in die Wärme alles Werdens hinabreichen, steigen *andere* Säfte in ihnen zu den Früchten auf. Sie sind der weitere Kreislauf, in dessen Bahn immer neue Wesen sich einfügen. Sie sind die einzigen, die Geständnisse tun können, wo die anderen verhüllte Fragen haben. Niemand kann die Grenzen ihres Seins erkennen.

Den unmessbaren Brunnen möchte man sie vergleichen. Da stehen die Zeiten an ihrem Rand und werfen ihr Urteil und Wissen wie Steine in die unerforschte Tiefe und lauschen. Die Steine fallen immer noch seit Jahrtausenden. Keine Zeit hat noch den Grund gehört.

III

Die Geschichte ist das Verzeichnis der Zufrühgekommenen. Da wacht immer wieder einer in der Menge auf, der in ihr keine Ursache hat und dessen Erscheinen sich in breiteren Gesetzen begründet. Er bringt fremde Gebräuche mit und fordert Raum für unbescheidene Gebärden. So wachst eine Gewaltsamkeit aus ihm und ein Wille, der über Furcht und Ehrfurcht wie über Steine schreitet. Rücksichtslos redet Zukünftiges durch ihn; und seine Zeit weiß nicht, wie sie ihn werten soll, und in diesem Zögern versäumt sie ihn. Er geht an ihrer Unentschlossenheit zu Grunde. Er stirbt wie ein verlassener Feldherr oder wie ein voreiliger Frühlingstag, dessen Drängen die träge Erde nicht begreift. Aber Jahrhunderte später, wenn man seine Standbilder schon nicht mehr bekränzt und sein Grab vergessen ist und irgendwo grünt, – dann wacht er wieder auf und geht näher und als Zeitgenosse durch den Geist seiner Enkel.

So haben wir schon viele wiedererlebt; Fürsten und Philosophen, Kanzler und Könige, Mütter und Märtyrer, denen ihre Zeit Wahn und Widerstand war, leben leiser neben uns und reichen uns lächelnd ihre alten Gedanken, die nun keinem mehr laut und lästerlich sind. Sie gehen neben uns zu Ende, beschließen müde ihre Unsterblichkeit, setzen uns zu Erben ihres Ewigen ein und haben den täglichen Tod. Dann haben ihre Denkmäler keine Seele mehr, ihre Historie ist überflüssig geworden, weil wir ihr Wesen wie ein eigenes Erlebnis besitzen. So sind die Vergangenheiten wie Gerüste, die zusammenbrechen vor dem fertigen Bau; aber wir wissen, dass jede Vollendung wieder Gerüst wird und dass, von hundert Stürzen verhüllt, das letzte Gebäude ersteht, das Turm und Tempel sein wird und Haus und Heimat.

Einst, wenn dieses Monument sich bekrönt, wird die Reihe an die Künstler kommen – Zeitgenossen jener Vollender zu sein. Denn sie sind als die Allerzukünftigsten durch die Tage gegangen, und wir haben noch nicht den Geringsten von ihnen wie einen Bruder erkannt. Sie kommen uns vielleicht mit ihrer Gesinnung nah, sie rühren uns mit irgendeinem Werke an, sie neigen sich uns, und wir begreifen einen Blitz lang ihr Bild; – allein wir können sie im

Heut nicht leben und nicht sterben denken. Und eher werden uns die Hände mächtig, Berge und Bäume zu heben, als einem von diesen Toten die Augen zu schließen, die schauenden.

Und selbst die Schaffenden unserer Zeit können jene Großen, deren Heimat erst sein wird, nicht zu Gäste laden; denn sie sind selber nicht zu Hause und sind Wartende und einsame künftige und ungeduldige Einsame. Und ihr geflügeltes Herz stößt überall an die Mauern der Zeit. Und wenn sie gleich Weise sind, die ihre Zelle lieb gewinnen und das Stückchen Himmel, das in ihrem Fenstergitter wie im Netz gefangen liegt, und die eine Schwalbe, die ihr Nest, vertrauensvoll, über ihre Traurigkeit gehängt hat, – so sind sie doch auch Sehnsüchtige, die nicht immer bei gefalteten Tüchern und gehäuften Truhen warten wollen. Oft drängt es sie, die Gewebe auszubreiten, dass die unterbrochenen Bilder und Farben, die der Weber ersann, Sinn erhielten vor ihren Blicken und Zusammenhang, und sie wollen Gefäße und Gold, das ihnen die Laden füllt, aus dem dunklen Besitzen heben in den klaren Gebrauch.

Aber sie sind Zufrühgekommene. Und was sich ihnen nicht löst im Leben, das wird ihr Werk. Und sie stellen es brüderlich neben die dauernden Dinge, und die Trauer des Nichterlebten ist die geheimnisvolle Schönheit über ihm. Und diese Schönheit weiht ihnen Söhne und Erben. Und so hält sich, am Schaffen entlang, ein Geschlecht Nochnichtlebender und harrt seiner Zeit.

Und der Künstler ist immer noch dieser: ein Tänzer, dessen Bewegung sich bricht an dem Zwang seiner Zelle. Was in seinen Schritten und dem beschrankten Schwung seiner Arme nicht Raum hat, kommt in der Ermattung von seinen Lippen, oder er muss die noch ungelebten Linien seines Leibes mit wunden Fingern in die Wände ritzen.

Der Wert des Monologes

Kürzlich ging die Frage durch diese Blätter: Sind Monologe im modernen Drama statthaft oder nicht? Die Monologe bekamen Recht.

Vielleicht ist es nicht wertlos, einmal nicht so sehr den Monolog, als vielmehr die Gelegenheit zu betrachten, bei welcher er notwendig erscheint.

Der Monolog geschieht im Augenblick der Unentschlossenheit oder Hilflosigkeit der handelnden Person, gleichsam am Vorabend einer Tat, und hat die Pflicht, die innersten Konflikte dieses Menschen, seine Seele mit Zweifel und Zorn, Sehnsucht und Hoffnung zu enthüllen. Im Zwiegespräch ist nämlich kein Raum dafür und irgendwo muss es doch geschehen, das sieht jeder ein. Und welches wunderbare Mittel vermag diese heimlichsten Tiefen, in denen die Entschlüsse wurzeln, zu durchleuchten? Merkwürdig das Wort. Eben dasselbe Wort, welches im Dialog sich unbrauchbar erweist, das Letzte zu umfassen, wird, sobald es sich an niemanden mehr wenden muss, aller Wahrheit mächtig. Derjenige, von dem wir wissen, dass er die äußere Lage nicht überschauen kann, schildert uns im Augenblick seines Zwiespaltes die wunderbare Ordnung seiner Seele so überzeugend, dass die Schilderung und nicht irgendeine spätere Tat die Hauptsache des Dramas wird, das heißt das epische Moment bedeutet fortab mehr als die Handlung; in ihm liegt die Entscheidung, die Wendung, der Fortschritt.

Und das ist vollkommen berechtigt, wenn anders der Monolog wirklich imstande ist, jene geheimnisvollen Dämmerungen aufzudecken, in denen alle Entschlüsse noch wie kleine, klare Quellen sind. Aber man wird einmal aufhören müssen, »*das Wort*« zu überschätzen. Man wird einsehen lernen, dass es nur eine von den vielen Brücken ist, die das Eiland unserer Seele mit dem großen Kontinent des gemeinsamen Lebens verbinden, die breiteste vielleicht, aber keineswegs die feinste. Man wird fühlen, dass wir in Worten nie ganz aufrichtig sein können, weil sie viel zu grobe Zangen sind, welche an die zartesten Räder in dem großen Werke gar nicht rühren können, ohne sie nicht gleich zu zerdrücken. Man wird es deshalb aufgeben, von den Worten Aufschlüsse über die Seele zu erwarten, weil man es nicht liebt, bei seinem Knecht in die Schule zu gehen, um Gott zu erkennen.

Man wird das vielleicht im Drama früher einsehen, als im Leben; denn das Drama ist konzentrierter, übersichtlicher, eine Art Experiment, bei welchem die Elemente des Lebens in kleinen Probiergläsern sich in ähnlichen Verhältnissen vereinen, wie sie sich draußen verhalten in ihrer reichen Unermesslichkeit. In den Grenzen des Rahmens als welcher die Bühne sich darstellt, scheint alles Raum zu haben: keine Tat ist zu groß dafür, kein Wort zu bedeutend.

Aber es gibt Mächtigeres als Taten und Worte. Diese sind endlich nur das, womit wir teilnehmen an dem gemeinsamen Alltag, Leitern, welche aus unserem Fenster bis an das Haus des Nachbars reichen. Wir hätten sie kaum gebraucht, wenn wir Einsame geblieben wären, jeder auf einem Stern, und wir brauchen sie in der Tat nicht in den Augenblicken, da wir uns so einsam fühlen. Dann sind wir eines leiseren Erlebens voll, heimgekehrt in ein Land mit heiligen, heimlichen Gebräuchen, schöpferisch in aller Untätigkeit und den Worten entwachsen. Und es ist gewiss, dass solcher Art unser eigentliches Leben ist, das wie eine feine Begleitung über unserm Tun und Ruhen bleibt und uns in unsern letzten Entschlüssen lenkt und bestimmt.

Diesem Leben Raum und Recht (und das heißt auf der Bühne: Ausdruck) zu schaffen, scheint mir die vorzügliche Aufgabe des modernen Dramas zu sein – und dieser schlägt der Monolog mit seiner naiven Plumpheit geradezu ins Gesicht. Er zwingt das, was *über* den Dingen ist, in die Dinge hinein und vergisst, dass der Duft eben nur besteht, weil er sich von der Rose befreit und allen Winden willig ist.

Fragt man nun, was an seine Stelle treten soll, so behaupte ich, dass er im Drama überhaupt keine Lücke lässt; denn das tiefere Leben, das zu beleuchten er berufen wäre, muss allezeit ebenso geschlossen und ununterbrochen sich entwickeln wie die »äußere Handlung«, deren Ursache es schließlich ist. Wenn dieses Nebeneinander zweier Handlungen wirklich zur Geltung kommt, sind keine Verzögerungen durch retrospektive, epische Beschreibung des momentanen Seelenzustandes, keine Durchblicke in den Hintergrund mehr notwendig.

Freilich: wie das erreicht werden soll, hat keiner der »Modernen« gezeigt. Sie vermissen alle den Monolog, lassen ihn fort, statt ihn überflüssig zu machen, und dann fehlt er natürlich, und man weiß, »wo er kommen sollte«. Der Darsteller wird unruhig, raucht, trommelt an die Scheiben und scheint ein sehr schlechtes Gewissen zu haben und um Vergebung zu bitten für seine Schweigsamkeit. Das ist allerdings kein Fortschritt.

Der eine aber, welcher die Macht dieses leisen Erlebens, klarer als die vor ihm und bewusster, erkannt hat, – Maeterlinck, steht seinen Offenbarungen zu sehr als Priester gegenüber denn als Künstler und erscheint einseitig in dem Streben, alles zum Ruhm des Gottes zu tun, der ihn erfüllt und erhebt.

Seine Gestalten haben die Schwere verloren. Sie sind wie Gestirne, die, umhüllt von ihrer leuchtenden Einsamkeit, sich hoch in der Nacht begegnen. Sie können nur aneinander vorübergehen, und keine vermag die andere zu halten. Sie sind Düfte, allein man sieht den Garten nicht, aus dem sie aufsteigen. Das macht, dass das Leben, dessen Verkünder Maeterlinck wurde, uns fremd erscheint und seine Mystik tiefer und rätselhafter hinter den Dingen aufgeht, die ihm nicht so körperlich und undurchsichtig sind, wie uns. Immerhin scheinen mir die Dramen des genialen Belgiers um einen technischen Ausdruck von der Radierkunst zu nehmen, der »erste Zustand« des neuen Dramenbildes zu sein, der noch durch andere Platten vervollständigt werden muss.

Der Weg geht also über Maeterlinck hinaus, und er wird ungefähr dieses Ziel haben: man wird lernen müssen, nicht die ganze Bühne mit Worten und Gesten auszufüllen, sondern ein wenig Raum darüber lassen, so als ob die Gestalten, welche man schuf, noch wachsen sollten. Ich bin überzeugt, das andere kommt von selbst: das leisere Leben wird sich wie eine Wärme, wie ein Glanz darüberbreiten und wird ruhig und licht über allem bleiben: über den Worten und über den Vorgängen, – nur Raum muss man ihm geben.

Dabei steht immer noch die Frage offen, *wie* das geschehen soll? Doch man kann sie erst beantworten, bis es einer getroffen hat – unwillkürlich.

Bis dahin hat der Monolog recht. Er ist wie ein schöner kostbarer Vorhang (bestenfalls) vor den weiten, klaren Perspektiven aufgehängt. Man kann auch an einem Vorhang seine Freude haben. Und die Dichter und die Schauspieler und das Publikum von gestern finden sich gewiss in der Erkenntnis seiner Schönheit und seines Wertes.

Das dahinter ist für die, welche schon weiter vorgeschritten sind.

Noch ein Wort über den »Wert des Monologes«

[Offener Brief an Rudolf Steiner]

Sehr verehrter Herr Doktor,

Ihre Bemerkungen zu »Der Wert des Monologes« sind treffend. Sie beschäftigen mich. Gewähren Sie mir noch ein paar Worte eng zur Sache:

Es scheint in der Tat, als ob ich dem »Worte« arg unrecht getan hätte. Man darf nicht vergessen, ich habe nicht an jene einsamen Worte gedacht, in welche gehüllt, große Vergangenheiten unter uns leben wie Zeitgenossen. Das Wort des Verkehrs, das kleine, tägliche, bewegliche, habe ich beobachtet, das im Leben wirkt oder doch zu wirken scheint und also auch auf der Bühne die Entwicklung der Ereignisse hemmt und fördert. An dieses Wort denke ich, wenn ich behaupte, die Seele hätte nicht Raum in ihm. Ja es scheint mir geradezu, als wären Worte solcher Art vor den Menschen wie Mauern; und ein falsches, verlorenes Geschlecht verkümmerte langsam in ihrem schweren Schatten. Denken Sie an das Kind, welches sich eines Vergehens schuldig weiß; wird es schweigen? Ungefragt wird es viele, viele hohe Worte vor seine kleine, bange, frierende Seele stellen, um ihre Schande zu verdecken. Und das endliche Geständnis ist: ein Tränenstrom. Beobachten Sie zwei Menschen, die sich, jeder tief in Gedanken, auf einem einsamen Spaziergang begegnen. Wie sie rasch mit bereiten Worten ihre nackte Seele, die noch eine Weile in ihren Augen zögert, verdecken und schützen. Gedenken Sie der Liebenden, die sich in den Tagen des Findens mit Worten voneinanderdrängen, ehe sie sich erkennen im ersten Schweigsamsein. Frage jeder sich selbst, ob auf den Höhepunkten seines Lebens Worte stehen? Ist es mit den Worten nicht vielmehr wie mit der Vegetation, die hinter der großen Pracht des Tals immer ernster, schlichter und feierlicher wird, je höher man steigt, bis das zaghafte Zwergholz zurückbleibt, das die reinen festlichen Firnen nicht zu betreten wagt? –

Jedes Wort ist eine Frage, und das, welches sich als Antwort fühlt, erst recht. Und in diesem Sinn ist Ihre Bemerkung richtig, dass die Worte, unvermögend Offenbarungen zu geben, vieles ahnen lassen. Es steht also bei jedem, ein Wort weit oder eng, reich oder armselig zu fühlen; und das ist gut: »Du gleichst dem Geist, den du begreifst«.

Aber ist damit von der Bühne her, einer vielsinnigen Menge gegenüber etwas, oder sagen wir gleich – das, worauf es ankommt, nämlich die einheitliche Wirkung erreicht? – Und dann mit dem »Ahnen« überhaupt: war das nicht eine arme und verlassene Welt, welche Gott *ahnte* hinter den Dingen? War das nicht ein müßiger Gott, ein Gott mit den Händen im Schoß, der so genügsam war, sich *ahnen* zu lassen? Heißt es nicht vielmehr ihn finden, ihn erkennen, ihn tief in sich selbst schaffend, wie mitten in der Werkstatt überraschen, um ihn zu besitzen?

So glaube ich auch, dass wir uns nicht begnügen dürfen, das hinter den Worten zu ahnen. Es muss uns irgendwann sich offenbaren. Und in der Tat: Wer erinnert sich nicht der Augenblicke, da ihm die ganz armen, abgenützten Worte von geliebten Lippen wie nie berührt und zum ersten Mal und strahlend vor Jugend entgegenkamen? Jemand sagt: »Das Licht«; und es ist, als ob er sagte: »zehntausend Sonnen«; er sagt: »der Tag« und du hörst: »die Ewigkeit«. Und du weißt auf einmal: Seine Seele hat gesprochen; nicht aus ihm, nicht durch das eine kleine Wort, welches du morgen schon vergessen hast, durch das Licht, durch den Klang vielleicht, durch die Landschaft. Denn wenn eine Seele spricht, ist sie in allem. Sie weckt alle Dinge auf, gibt ihnen Stimmen; und was sie gesteht, ist immer ein ganzes Lied.

Damit hab ich auch verraten, was ich im letzten Aufsatz als Frage und unvollendet verließ. Den Raum über und neben den Worten auf der Bühne will ich für die Dinge im weitesten Sinn. Die Bühne hat mir, um »realistisch« zu sein, nicht eine (die vierte) Wand zu wenig, sondern eher drei Wände zu viel. Raum will ich für das alles, was mit teilnimmt an unseren Tagen und was, von Kindheit auf, an uns rührt und uns bestimmt.

Es hat ebensoviel Anteil an uns als die Worte. Als ob im Personenverzeichnis stünde: ein Schrank, ein Glas, ein Klang und das viele Feinere und Leisere auch. Im Leben hat alles denselben Wert, und ein Ding ist nicht schlechter als ein Wort oder ein Duft oder ein Traum. Diese Gerechtigkeit muss auch auf der Bühne nach und nach Gesetz werden.

Mag sein, dass das Leben eine Weile lang in den Worten treibt wie der Fluss im Bett; wo es frei und mächtig wird, breitet es sich aus über alles; und keiner kann seine Ufer schauen.

Ich stelle Ihnen, verehrter Herr Doktor, anheim, ob Sie etwas von diesen Erörterungen für Ihr gesch. Blatt verwenden. Jedenfalls danke ich Ihnen für die Anregung, die mir Ihre Notiz vermittelte, und halte mich für verpflichtet, Ihnen die Frucht derselben hiermit zu überreichen.

In besonderer Wertschätzung
Ihr ganz ergebener *Rainer Maria Rilke.*

Hermann Hesse, Eine Stunde hinter Mitternacht

Es verlohnt sich wohl, von einem Buche zu reden, welches fürchtig ist und fromm von einer dunklen betenden Stimme; denn die Kunst ist nicht ferne von diesem Buche. Der Anfang der Kunst ist Frömmigkeit: Frömmigkeit gegen sich selbst, gegen jedes Erleben, gegen alle Dinge, gegen ein großes Vorbild und die eigene ungeprobte Kraft. Hinter der ersten Hoffart unseres Herzens beginnt jenes große Belagertsein von Gott, welches damit endet, dass wir mit hundert Toren aufgehen vor dem dunklen Ring seiner Macht. Da hebt unser Leben an: das neue Leben, die *vita nuova.*

In diesem Gefühl entstand Hermann Hesses Buch. Seine Worte knien. Es ist ein erster Dank an die heiligen Erhöher eines jungen sehnsüchtigen Lebens: an Dante und an eine Frau, welche, Beatricen vergleichbar, in das Schicksal eines Jünglings stieg und rief und ging. In diesem Buche folgt er ihr in doppeltem Sinne nach: Er sucht hinter der Vergangenen her auf dem wilden verworrenen Wege, den die sentimentalen Dichter beschrieben haben; und unsere Mütter wurden als Mädchen traurig davon. In dem einen Stück des Buches (es heißt »Frau Gertrud«) weiß er den anderen Weg zu finden und das Rührendere zu sagen: dass diese ganze große heilige Liebe nur ein erstes Erlebnis war, das seine Sinne zusammenfasste aus ihrem Zerstreutsein und seine Möglichkeiten vertausendfachte und seine Leiden persönlich und eigentümlich färbte und ihn unterschied von dem Alltäglichen und von dem Zufall. Er erkennt, dass seine Seele sich sehnte, von den weißen Händen, die sie trugen, hinaufgeworfen zu werden in das steigende Licht, damit sie allein in ihren jungen Flügeln hänge über der rauschenden Welt. Alle Geschehnisse und Wunder, die ihm im Raume verloren gingen bislang, vereinen sich ihm in der schönen Gestalt der vergangenen Geliebten und schenken sich ihm durch sie. Und er preist ihr Vergangensein; denn mit ihm beginnt ihre ruhigere Gegenwart. Und es wird eine Zeit kommen (fühlt man), wo er sie nicht mehr unterscheiden wird von jenen leisen Gefühlen seines Wesens, mit denen er zuerst sie pries. Einmal wird er ahnen, dass seine jünglinghafte unbewusste Seele der See war, darin sie badend ertrank, und dass er damals über ihrer verlorenen Gestalt die ersten Ringe zog, die weit und wachsend bis ans Ufer reiften.

Für »Frau Gertrud«, das seltsame Gedicht, darin diese neue Nachfolge sich offenbart, passt die feierliche Art des Ausdrucks. Die Worte sind wie aus Metall gemacht und lesen sich langsam und schwer. Die vielen Bilder vereinfachen hier den Stil. Für die anderen Teile des Buches erscheint er nicht in gleichem Maße unwillkürlich. Er hängt nicht genug mit dem Stoff zusammen und seine Schönheiten verschmelzen nicht mit ihm: dadurch kommt viel Abstraktes in das Buch. Es ist eine gewisse Sonntagssprache darin, und der Autor scheint noch wenig Sonntage gefühlt zu haben: zu neu und unbenützt erweist sich manches Wort. Dennoch ist das Buch sehr unliterarisch. An seinen besten Stellen ist es notwendig und eigenartig. Seine Ehrfurcht ist aufrichtig und tief. Seine Liebe ist groß und alle Gefühle darin sind fromm: es steht am Rande der Kunst. Und darum hat die Ausstattung auch Recht, deren Festlichkeit über dem ganzen Buche breit wurde.

Friedrich Huch, Peter Michel

[Zweite Besprechung]

Wenn man die Romane, die in den letzten drei oder vier Jahren erschienen sind, heute vorurteilslos betrachtet, so erscheinen die besten unter ihnen als Vorläufer und Verkünder irgendeines kommenden Werkes. Sie sind alle einseitig, sowohl die realistischen wie die romantischen und diejenigen, welche man die psychologischen genannt hat, und gerade diese Einseitigkeit macht sie interessant und lesenswert, diese bewusste, mehr oder minder geistvolle Übertreibung nach einer Seite hin, nach einer bestimmten neuen Seite hin, von der man jetzt mehr zu wissen glaubte oder mehr wusste als früher, in der Zeit größerer Dichter. Zu einem einheitlichen, zusammenfassenden Kunstwerk schien alles zu fehlen: die Kraft, die Zeit und die Unbefangenheit. Und nun ist dieses Kunstwerk, dessen Erscheinen auch die Optimisten unter den ernsteren Kritikern in unbestimmte Zukunft verlegten, da, ist unter uns, und jeder kann es befühlen und sehen, dass es wirklich und am nächsten Morgen nicht verschwunden ist, sondern an dem Platze liegt, wo er es verließ, als er sich in tiefster Nacht schwer und in seltsamer Erregung davon trennte. Ich glaube nicht, dass dieses Buch an einem von denen, die es in die Hand nehmen, spurlos vorüber geht. Es redet jeden an, obwohl es sich an keinen wendet, und lässt keinen mehr los, obwohl es ihn gleichsam nur mit dem kleinen Finger hält, mit irgendeinem einfachen Satz, mit irgendeiner Unaussprechlichkeit, die ausgesprochen ist, mit irgendeiner Überraschung, die so selbstverständlich vor sich geht wie alles in diesem Buche, in dem nur Selbstverständliches geschieht. Wie Zufälle stehen die Ereignisse neben einander und die Menschen gehen durch sie durch, selbst wie Zufälle, voneinander getrennt, wie eben ein Zufall vom anderen getrennt ist, allein, wie Kinder allein sind unter Erwachsenen, traurig wie Träumer und empfindlich wie Schlaflose, – und das Leben, das Leben rinnt ihnen durch die Finger wie Sand und wächst wie ein Sandberg vor ihnen auf, immer höher und höher, bis sie schließlich dahinter verloren gehen. Von solcher Art ist die Tragik dieses Buches, die mir mehr zu sein scheint als die Tragik einer bestimmten Zeit, während das viele Komische, von dem das Buch erfüllt ist, an der Zeit zu hängen und aus ihren Kleinheiten aufzuwachsen scheint. Denn es ist viel Anlass zum Lachen und viel Grund zum Weinen und zum

Nachdenken in diesem Buch, wie im Leben zu alledem täglich Anlässe sind; nur werden sie uns durch diesen Roman so gebieterisch auferlegt, dass wir sie ausnützen müssen, während sie im Leben an unserer Trägheit oder Zerstreutheit so oft vorübergehen. Das Buch heißt »Peter Michel«. In seinen ersten elf Kapiteln erfahren wir die Geschichte Peters von seiner Kindheit bis zu seiner Verheiratung. Das zwölfte und letzte Kapitel zeigt uns Peter zu einer Zeit, wo er von sich selbst, von dem Peter der elf Kapitel, nur sehr wenig mehr weiß: er hat zwei Kinder und Ernestine Treuthaler ist eine brave Hausfrau. Der Sandberg vor ihm ist ganz groß geworden, so groß, dass er nicht mehr darüber weg sehen kann; aber vorher, in dem größeren Teil des Buches, sehen wir diesen Zufall Peter als die Ursache von glücklichen und unglücklichen Stunden, als einen Anlass zu manchen Veränderungen sich auf dem kleinen Stück Welt bewegen, das er in Aufregung bringt und beschwichtigt und das auf ihn zurückwirkt, wie Masse auf Masse wirkt, mit seinen tausend Gesetzen und Zufälligkeiten und mit seinen Menschen, die alt werden und eingehen und sich bescheiden. Und obwohl allen Gestalten dieses Buches gemeinsam ist, dass sie alt werden und eingehen und sich bescheiden, ist doch gar nichts Einseitiges in diesem Buch; im Gegenteil: wollte man das Bezeichnende seiner Art in Kürze feststellen, so müsste man sich entschließen, zu sagen, dass alles in diesem Buch ist von der Katastrophe bis zum Aperçu und von der breiten Komik, die absichtlich banal und derb wirkt, bis zu jenen feinsten und leisesten Ereignissen, Freuden und Enttäuschungen, Entfremdenden und Harmonien, bei deren Eintreten die Sprache machtlos bleibt und der Zeiger der Worte keinen Ausschlagswinkel mehr aufweist. Ich habe nie für möglich gehalten, dass Dinge, Stimmungen. Übergänge, wie dieses Buch sie in reicher Menge enthält, ausdrückbar sind, es sei denn, dass man das schwer ausdrückbare Motiv zur Hauptsache macht, eine Skizze, eine Novelle, ein Gedicht dafür schreibt, also einen ganzen Apparat von Hilfsmitteln in Bewegung setzt, um ihm beizukommen. Davon ist aber hier gar nicht die Rede. Als ob es das Allereinfachste wäre, spricht dieses Buch von ganz leisen Vorgängen, Zusammenhängen und Anklängen in seinen kurzen Sätzen, die lauter Tatsachen zu enthalten scheinen. Auf allem ruht die gleiche Betonung; mit Recht: denn alles ist wichtig in diesem Buch und, trotzdem alles zufällig scheint, voll Gesetzmäßigkeit. Eins hält das andere im Gleichgewicht und die Erregung seiner bewegten Momente scheint über dem Ganzen wirksam zu sein, ebenso wie die Wehmut seiner traurigen Stellen über alle dreihundertfünfzig Seiten sich wie Mondlicht auszugießen scheint. Und da drängt sich denn ungestüm die Frage nach dem Künstler auf, nach dem Zusammenfasser und Ordner und Gesetzgeber. Ich weiß nichts von ihm. Er heißt: Friedrich Huch.

Friedrich Huch, Peter Michel

[Dritte Besprechung]

Aus dem naturalistischen Roman ist im Laufe der letzten Jahre der psychologische geworden. Es ist leicht zu sagen, wie das kam. Die genaue Betrachtung der Begebenheiten auf ihr Äußeres hin musste bald an einer Grenze angelangt sein, an dem Punkte, wo sie nicht mehr übertroffen werden konnte. Hingegen musste der aufmerksame Beobachter der Dinge bald das Bedürfnis fühlen, hinter den Erscheinungen die Zusammenhänge und Übergänge zu entdecken, welche diese erklären und rechtfertigen sollten. Da zeigte es sich aber sofort, dass das ungeheure Gebiet dieser inneren Welt, in welcher alle Ursachen der äußeren zu suchen waren, so neu und vielfältig und unübersehbar war, dass der Einzelne, der es mit der gründlichen Methode, die der Naturalismus gelehrt hat, erforschen wollte, sich, wollte er überhaupt etwas leisten, auf einen kleinen Teil dieses Gebietes beschränken und diesen wie eine Fachwissenschaft erobern musste.

Der psychologische Roman, der aus solchen Bestrebungen entstand, erwies sich demgemäß immer als die Arbeit eines mehr oder weniger erfahrenen Spezialisten; er war einseitig, und nicht selten wirkte er gerade mit seiner eigensinnigen Einseitigkeit überraschend und blendend, etwa wie auch die Enthüllungen eines Augenarztes auf Leser, die nicht Fachleute sind, unter Umständen blendend wirken können. Indessen, die Verwirrung, die durch diese Schreibweise entstand, wuchs, und wenn dieser also geartete psychologische Roman unter den einen allerhand Schaden gestiftet hat, so haben andere sich bald von ihm gelangweilt abgewandt; es zeigte sich, dass die Seele kein »Fach« ist, das man von verschiedenen Seiten angreifen und studieren konnte, und dass die ganze Richtung, die sich dem Naturalismus gegenüber so sehr viel zugute tat, nichts anderes war, als eben diese naturalistische Anschauungsweise, die nun nicht mehr auf äußere, sondern auf innere seelische Vorgänge angewendet wurde.

Diesen Zuständen konnte nur ein Dichter ein Ende machen, der, weniger bewusst und weniger analytisch, Seele und Außenwelt wieder *ungesondert* sah und der, weit davon entfernt, trennen zu wollen, was des einen oder des anderen ist, seine Aufgabe darin fand, diese beiden sich ergänzenden Elemente des Lebens, gerade in ihrem fortwährenden Verflochtensein, möglichst gewissenhaft und einfach darzustellen.

Dieser Dichter, auf den viele gewartet haben, ist erschienen. Er heißt Friedrich Huch, und das Buch, welches bestätigt, dass er der ist, als den ich ihn begrüße, hat er »Peter Michel« genannt. Es ist kürzlich bei Alfred Janßen in Hamburg (wo der Dichter lebt) erschienen. Ich habe es schon an mehreren Stellen angemeldet, und ich möchte es immer wieder tun, denn man kann gar nicht oft und gar nicht eindringlich genug von diesem Buche reden, das einen Fortschritt bedeutet über alles hinaus, was in den letzten Jahren geschrieben worden ist. Worin dieser Fortschritt liegt, das habe ich bereits oben anzudeuten versucht.

Nach den tausend Büchern voll Analyse und Vivisektion, die wir gelesen haben, kommt da endlich ein Werk, das das Leben wieder als Ganzes sieht und zwar nicht nur an seinen Höhepunkten; auch in seinen Einfältigkeiten und Alltagen ist diese Einheit, ist das ganze Leben, und das macht, dass auch diese irgendwie reich und wichtig und rührend werden. Um keinen großen Stoff sind hier die Ereignisse gruppiert, eines löst das andere ab, fast zufällig scheint dies und jenes zusammenzutreffen. Aber dieser Zufall, der das Geschehene beherrscht, ist nichts anderes als ein Gesetz, das nirgends ausgesprochen ist, weil der Dichter fühlte, dass man es nicht aussprechen kann, ohne ihm zugleich Unrecht zu tun. Da ist nichts von einer Überlegenheit des Schriftstellers zu merken. Er gibt sich vielmehr als ein gewissenhafter Chronist, der aufzeichnet, was er sah, der gleichsam mit dem Datum des Tages die Begebenheiten aneinanderreiht, ohne von sich etwas hinzuzufügen, als was von selbst hineinkommt durch die ungewöhnlich sichere Art seines Schauens und die seltene Gabe, das Geschaute einfach und unvergesslich zu sagen.

Es erübrigte nun, etwas näher auf den Stoff einzugehen. Ich muss es mir versagen; denn dieser Stoff ist an sich weder interessant, noch bedeutend. Er enthält keine Katastrophen, keine spannenden Verwicklungen und keine tödlichen Konflikte, die man mit einem Namen bezeichnen kann. Seine Tragik scheint an allen Stellen gleich stark zu sein; er ist durchdrungen von ihr, wie von dem Blute, das ihn lebendig macht. Man kann sie nirgends fassen, und doch ist sie überall nah unter der Oberfläche und leuchtet da und dort hindurch. Und auch die Darstellung ist so. Man könnte von ihr sagen, dass sie keine Höhepunkte hat, weil sie nur Höhepunkte enthält.

Von der Landschaft

Man weiß so wenig von der Malerei des Altertums; aber es wird nicht zu gewagt sein anzunehmen, dass sie die Menschen sah wie spätere Maler die Landschaft gesehen haben. In den Vasenbildern, diesen unvergesslichen Erinnerungen aus einer großen Zeichenkunst, ist die Umgebung (Haus oder Straße) nur genannt, gleichsam abgekürzt, nur mit dem Anfangsbuchstaben angegeben, die nackten Menschen aber sind alles, sind wie Bäume, die Früchte tragen und Fruchtkränze, und wie Büsche, die blühen, und wie Frühlinge, in denen die Vögel singen. Damals war der Leib, den man bestellte wie ein Land, um den man sich mühte wie um eine Ernte und den man besaß, wie man ein gutes Grundstück besitzt, das Angeschaute und Schöne, das Bild, durch welches in rhythmischen Reihen alle Bedeutungen gingen, Götter und Tiere, und alle Sinne des Lebens. Der Mensch, obwohl seit Jahrtausenden dauernd, war sich selbst noch zu neu, zu entzückt von sich, um über sich fort oder von sich abzusehen. Die Landschaft, das war der Weg, auf dem er ging, die Bahn, darin er lief, alle die Spiel- und Tanzplätze waren es, auf denen der griechische Tag verging; die Täler, in denen das Heer sich versammelte, die Häfen, aus denen man zu Abenteuern fuhr und in die man unerhörter Erinnerungen voll und älter zurückkehrte; die Festtage und die geschmückten, silbern klingenden Nächte, die ihnen folgten, die Aufzüge zu den Göttern und der Umgang um den Altar –: das war die Landschaft, in der man lebte. Aber der Berg war fremd, auf dem nicht menschengestaltige Götter wohnten, das Vorgebirge, auf dem sich kein weithin sichtbares Standbild erhob, die Hänge, die kein Hirte gefunden hatte, – sie waren keines Wortes wert. Alles war Bühne und leer, solange der Mensch nicht auftrat und mit seines Leibes heiterer oder tragischer Handlung die Szene erfüllte. Ihn erwartete alles und wo er kam, trat alles zurück und gab ihm Raum.

Die christliche Kunst verlor diese Beziehung mit dem Körper, ohne deshalb der Landschaft sich wirklich zu nähern; Menschen und Dinge waren wie Buchstaben in ihr und sie bildete lange, gemalte Sätze mit einem Alphabet von Initialen. Die Menschen waren Gewänder und nur in der Hölle Leiber; und die Landschaft durfte selten die Erde sein. Fast immer musste sie, wo sie lieblich war, den Himmel bedeuten, und wo sie Schrecken erregte und wild und unwirtlich war, da galt sie als der Ort der Verbannten und für ewig Verlorenen. Man sah sie schon; denn die Menschen waren schmal geworden und durchscheinend, aber es lag in ihrer Art, die Landschaft ebenso zu empfinden, als eine kleine Vergänglichkeit, als einen Streifen von übergrünten Gräbern, unter denen die Hölle hing und über denen der große Himmel sich auftat als die eigentliche, tiefe, von allem Wesen gewollte Wirklichkeit. Nun da es auf einmal drei Orte gab, drei Wohnungen, über welche viel Redens war: Himmel, Erde und Hölle, – war eine Bestimmung der Örtlichkeit dringend notwendig geworden und man musste sich sie ansehen und sie darstellen; in den frühitalienischen Meistern wuchs diese Darstellung, über ihren eigentlichen Zweck hinaus, zu großer Vollkommenheit, und man muss sich nur der Malereien im Campo santo zu Pisa erinnern, um zu fühlen, dass die landschaftliche Auffassung damals schon etwas Selbständiges geworden war. Man meinte zwar noch einen Ort anzugeben und nichts mehr, aber man tat das mit solcher Herzlichkeit und Hingabe, man erzählte mit so hinreißender Beredsamkeit und so sehr als Liebender von den Dingen, die an der Erde hingen, an der von den Menschen verleugneten und verdächtigten Erde –: dass jene Malerei uns heute wie ein Loblied auf sie erscheint, in welches die Heiligen einstimmen. Und alle Dinge, die man sah, waren neu, so dass mit dem Schauen sich ein fortwährendes Staunen verband und eine Freude an unzähligen Funden. So kam es von selbst, dass man mit der Erde den Himmel pries und sie kennen lernte, da man Sehnsucht war, ihn zu erkennen. Denn die tiefe Frömmigkeit ist wie ein Regen: sie fällt immer wieder auf die Erde zurück, von der sie ausging, und ist Segen über den Feldern.

Man hatte so, ohne es zu wollen, die Wärme gefühlt, das Glück und die Herrlichkeit, die von einer Wiese, einem Bach, einem Blumenhang und von Bäumen, die fruchttragend beieinanderstehen, ausstrahlen kann, dass man, wenn man nun Madonnen malte, sie mit diesem Reichtum wie mit einem Mantel umgab, sie damit krönte wie mit einer Krone und Landschaften wie Fahnen entfaltete, ihnen zum Lobe; denn man wusste ihnen kein Fest zu bereiten, das rauschender war, keine Hingabe kannte man, die dieser glich: alles eben gefundene Schöne ihnen zuzutragen und mit ihnen zu verschmelzen. Man meinte keinen Ort mehr damit, auch den Himmel nicht, man stimmte die Landschaft an wie ein Marienlied, das in hellen, klaren Farben erklang.

Aber damit war eine große Entwicklung geschehen: man malte die Landschaft und meinte doch nicht *sie* damit, sondern sich selbst; sie war Vorwand geworden für ein menschliches Gefühl, Gleichnis einer menschlichen Freude, Einfalt und Frömmigkeit. Sie war Kunst geworden. Und schon Lionardo übernahm sie so. Die Landschaften in seinen Bildern sind Ausdrücke seines tiefsten Erlebens und Wissens, blaue Spiegel, in denen geheime Gesetze sich sinnend betrachten, Fernen, wie Zukünfte groß und unenträtselt wie sie. Es ist kein Zufall darin, dass Lionardo, welcher zuerst Menschen wie Erlebnisse malte, wie Schicksale, durch die er einsam hindurchgegangen war, auch die Landschaft als ein Ausdrucksmittel empfand für fast unsagbare Erfahrung, Tiefe und Traurigkeit. Diesem Überholer von vielen noch nicht Gekommenen war es gegeben, alle Künste unendlich groß zu gebrauchen; wie in vielen Sprachen redete er in ihnen von seinem Leben und von seines Lebens Fortschritten und Fernen.

Noch hat niemand eine Landschaft gemalt, die so ganz Landschaft ist und doch so sehr Geständnis und eigene Stimme wie jene Tiefe hinter der Madonna Lisa. Als ob alles Menschliche in ihrem unendlich stillen Bildnis enthalten sei, alles andere aber, alles was vor dem Menschen liegt und über ihn hinaus, in diesen geheimnisvollen Zusammenhängen von Bergen, Bäumen, Brücken, Himmeln und Wassern. Diese Landschaft ist nicht eines Eindrucks Bild, nicht eines Menschen Meinung über die ruhenden Dinge; sie ist Natur die entstand, Welt die wurde und dem Menschen so fremd wie der nie betretene Wald einer unentdeckten Insel. Und Landschaft so zu schauen als ein Fernes und Fremdes, als ein Entlegenes und Liebloses, das sich ganz in sich vollzieht, war notwendig, wenn sie je einer selbständigen Kunst Mittel und Anlass sein sollte; denn sie musste fern sein und sehr anders als wir, um ein erlösendes Gleichnis werden zu können unserem Schicksal. Fast feindlich musste sie sein in erhabener Gleichgültigkeit, um unserem Dasein eine neue Deutung zu geben mit ihren Dingen.

Und in diesem Sinn ging die Gestaltung jener Landschaftskunst vor sich, die Lionardo da Vinci vorahnend schon besaß. Langsam bildete sie sich aus, in den Händen Von Einsamen, durch die Jahrhunderte hin. Sehr weit war der Weg, der gegangen sein musste, denn es war schwer, sich der Welt so weit zu entwöhnen um sie nicht länger mit dem voreingenommenen Auge des Einheimischen zu sehen, der alles auf sich selbst und auf seine Bedürfnisse anwendet, wenn er es schaut. Man weiß, wie schlecht man die Dinge sieht, unter denen man lebt, und dass oft erst einer kommen muss von fern, um uns zu sagen was uns umgibt. Und so musste man auch die Dinge von sich fortdrängen, damit man später fähig wäre, sich ihnen in gerechterer und ruhiger Weise, mit weniger Vertraulichkeit und in ehrfürchtigem Abstand zu nähern. Denn man begann die Natur erst zu begreifen, als man sie nicht mehr begriff; als man fühlte, dass sie das Andere war, das Teilnahmslose, das keine Sinne hat uns aufzunehmen, da war man erst aus ihr herausgetreten, einsam, aus einer einsamen Welt.

Und das musste man, um an ihr Künstler zu sein; man durfte sie nicht mehr stofflich empfinden auf die Bedeutung hin, die sie für uns besaß, sondern gegenständlich als eine große vorhandene Wirklichkeit.

So hatte man den Menschen empfunden zur Zeit, da man ihn groß malte; aber der Mensch war schwankend geworden und ungewiss, und sein Bild floss dahin in Verwandlungen und war kaum mehr zu fassen. Die Natur war dauernder und größer, alle Bewegung war breiter in ihr und alle Ruhe schlichter und einsamer. Es war eine Sehnsucht im Menschen, mit ihren erhabenen Mitteln von sich zu reden wie von etwas ebenso Wirklichem, und so entstanden die Bilder von Landschaften, in denen nichts geschieht. Leere Meere hat man gemalt, weiße Häuser in Regentagen, Wege, auf denen keiner geht, und unsäglich einsame Wasser. Immer mehr entschwand das Pathos und je besser man diese Sprache verstand, in desto schlichterer Weise gebrauchte man sie. Man versenkte sich in die große Ruhe der Dinge, man empfand, wie ihr Dasein in Gesetzen verging, ohne Erwartung und ohne Ungeduld. Und still gingen unter ihnen die Tiere umher und ertrugen wie sie den Tag und die Nacht und waren voll von Gesetzen. Und als der Mensch später in diese Umgebung trat, als Hirte, als Bauer oder einfach als eine Gestalt aus der Tiefe des Bildes: da ist alle Überhebung von ihm abgefallen und man sieht ihm an, dass er Ding sein will.

In diesem Aufwachsen der Landschafts-Kunst zu einem langsamen Landschaft-Werden der Welt liegt eine weite menschliche Entwicklung. Der Inhalt dieser Bilder, der so absichtslos aus Schauen und Arbeit entsprang, spricht uns davon, dass eine Zukunft begonnen hat mitten in unserer Zeit: dass der Mensch nicht mehr der Gesellige ist, der unter seinesgleichen im Gleichgewicht geht, und auch derjenige nicht mehr, um dessentwillen Abend und Morgen wird und Nähe und Ferne. Dass er unter die Dinge gestellt ist wie ein Ding, unendlich allein und dass alle Gemeinsamkeit aus Dingen und Menschen sich zurückgezogen hat in die gemeinsame Tiefe, aus der die Wurzeln alles Wachsenden trinken.

Thomas Mann's »Buddenbrooks«

Man wird sich diesen Namen unbedingt notieren müssen. Mit einem Roman von elfhundert Seiten hat Thomas Mann einen Beweis von Arbeitskraft und Können gegeben, den man nicht übersehen kann. Es handelte sich ihm darum, die Geschichte einer Familie zu schreiben, welche zugrundegeht, den »Verfall einer Familie« Noch vor einigen Jahren hätte ein moderner Schriftsteller sich damit begnügt, das letzte Stadium dieses Verfalls zu zeigen, den Letzten, der an sich und seinen Vätern stirbt. Thomas Mann hat es als ungerecht empfunden, in einem Schlusskapitel die Katastrophe zusammenzudrängen, an welcher eigentlich Generationen arbeiten, und er hat, gewissenhaft, dort begonnen, wo der höchste Glücksstand der Familie erreicht ist. Er weiß, dass hinter diesem Höhepunkt notwendig der Abstieg beginnen muss, erst in kaum merkbarer Senkung, dann immer jäher und jäher und schließlich senkrecht abfallend in das Nichts.

So war er also vor die Notwendigkeit gestellt, das Leben von vier Generationen zu erzählen, und die Art wie Thomas Mann diese ungewöhnliche Aufgabe gelöst hat, ist so überraschend und interessant, dass man, obwohl es Tage kostet, die beiden gewichtigen Bände Seite für Seite mit Aufmerksamkeit und Spannung liest ohne zu ermüden, ohne etwas zu überschlagen, ohne das geringste Zeichen von Ungeduld oder Eile. Man hat Zeit, man muss Zeit haben für die ruhige und natürliche Folge dieser Begebenheiten; gerade weil nichts in dem Buche für den Leser da zu sein scheint, weil nirgends, über die Ereignisse hinweg, ein überlegener Schriftsteller sich zu dem überlegenen Leser neigt, um ihn zu überreden und mitzureißen, – gerade deshalb ist man so ganz bei der Sache und fast persönlich beteiligt, ganz als ob man in irgendeinem Geheimfach alte Familienpapiere und Briefe gefunden hatte, in denen man sich langsam nach vorn liest, bis an den Rand der eigenen Erinnerungen. Thomas Mann fühlte ganz richtig, dass er, um die Geschichte der Buddenbrooks zu erzählen, Chronist werden müsse, das heißt ruhiger und unerregter Berichterstatter der Begebenheiten, und dass es sich trotzdem darum handeln würde, Dichter zu sein, und viele Gestalten mit überzeugendem Leben, mit Wärme und Wesenheit zu erfüllen. Er hat beides in überaus glücklicher Weise vereint, indem er die Rolle des Chronisten modern aufgefasst hat und sich bemüht hat, nicht einige hervorragende Daten zu verzeichnen, sondern alles scheinbar Unwichtige und Geringe, tausend Einzelheiten und Details gewissenhaft anzuführen, weil schließlich alles Tatsächliche seinen Wert hat und ein winziges Stück von jenem Leben ist, das zu schildern er sich vorgenommen hatte. Und auf diese Weise, durch diese herzliche Versenkung in die einzelnen Vorgänge, durch die große Gerechtigkeit gegen alles Geschehen erreicht er eine Lebendigkeit der Darstellung, die nicht so sehr im Stoffe, als vielmehr im fortwährenden Stofflichwerden aller Dinge liegt. Es ist etwas von der Technik Segantinis hier in das andere Gebiet übertragen: die gründliche und gleichwertige Behandlung jeder Stelle, die Durcharbeitung des Materials, welche alles wichtig und wesentlich erscheinen lässt, die von hundert Furchen durchzogene Fläche, die dem Beschauer einheitlich und von innen heraus belebt erscheint, und schließlich das Objektive, die epische Art des Vortrags, welche selbst das Grausame und Bange mit einer gewissen Notwendigkeit und Gesetzmäßigkeit erfüllt.

Diese Geschichte des alten Lübecker Patriziergeschlechtes Buddenbrook (in Firma Johann Buddenbrook), welche mit dem alten Johann Buddenbrook um 1830 einsetzt, endet mit dem kleinen Hanno, seinem Urenkel, in unseren Tagen. Sie umfasst Feste und Versammlungen, Taufen und Sterbestunden (besonders schwere und schreckliche Sterbestunden), Verheiratungen und Ehescheidungen, große Geschäftserfolge und die herzlosen unaufhörlichen Schläge des Niederganges, wie das Kaufmannsleben sie mit sich bringt. Sie zeigt das ruhige und naive Arbeiten einer älteren Generation und die nervöse, sich selbst beobachtende Hast der Nachkommen; sie zeigt kleine und lächerliche Menschen, die in den verwirrten Netzen der Schicksale sich heftig bewegen, und offenbart, dass auch die, die etwas weiter sehen, des Glückes oder Unheils nicht mächtig sind und dass beides immer aus hundert kleinen Bewegungen entsteht und, fast unpersönlich und anonym in seinem Ursprung, sich ausbreitet und sich zurückzieht, wahrend das Leben weitergeht wie eine Welle. Besonders fein beobachtet ist, wie der Niedergang des Geschlechtes sich vor allem darin zeigt, dass die Einzelnen gleichsam ihre Lebensrichtung geändert haben, dass es ihnen nicht mehr natürlich ist, nach außen hin zu leben, dass sich vielmehr eine Wendung nach Innen immer deutlicher bemerkbar macht. Schon der Senator Thomas Buddenbrook muss sich anstrengen, um seinen Ehrgeiz zu befriedigen, – bei seinem Bruder Christian aber hat diese Abkehr vom äußeren Leben zu einer gefährlichen und pathologischen Selbstbeobachtung geführt, die sich auf innere leibliche Zustände erstreckt und ihn mit ihrer quälenden Unerbittlichkeit zu Grunde richtet. Auch der Letzte, der kleine Hanno, geht mit nach innen gekehrtem Blick umher, aufmerksam die innere seelische Welt belauschend, aus der seine Musik hervorströmt. In ihm ist noch einmal die Möglichkeit zu einem Aufstieg (freilich einem anderen als Buddenbrooks erhoffen) gegeben: die unendlich gefährdete Möglichkeit eines großen Künstlertums, die nicht in Erfüllung geht. Der kränkliche Knabe geht an der Banalität und Rücksichtslosigkeit der Schule zu Grunde und stirbt am Typhus.

Sein Leben, ein Tag dieses Lebens, nimmt einen größeren Raum im zweiten Bande ein. Und so grausam das Schicksal diesen Knaben zu behandeln scheint, auch hier hören wir nur den ausgezeichneten Chronisten, der tausend Tatsachen bringt, ohne sich zu Zorn oder Zustimmung hinreißen zu lassen.

Und neben der kolossalen Arbeit und dem dichterischen Schauen ist diese vornehme Objektivität zu loben; es ist ein Buch ganz ohne Überhebung des Schriftstellers. Ein Akt der Ehrfurcht vor dem Leben, welches gut und gerecht ist, indem es geschieht.

Man kennt die Romane des Dänen Herman Bang. Sie haben alle etwas Todtrauriges, Hoffnungsloses, Entmutigendes. Man erinnert sich der Menschen, die darin vorkommen, wie man sich vielleicht verlorener und unglücklicher Existenzen erinnert, von denen man als Kind gehört hat. Überhaupt so wie man Dinge und Schicksale als Kind gesehen und empfunden hat (besonders wenn man ein Kind einsam unter Erwachsenen war), so findet man das Leben in den Büchern Herman Bangs wieder. So seltsam verlockend und liebkosend ist sein Ruf wie die Stimme der Wasserfrau, welche die jungen Menschen in die tödliche Tiefe grundloser Gewässer zieht, – und sein Schritt ist so eilig, dass die Menschen ihm nicht nachkommen können und entweder mit milden Händen im Schoße, hilflos und traurig lächelnd, zurückbleiben oder aber, von einer unheimlichen Hast erfüllt, mit vielen kleinen überstürzten Bewegungen hinter ihm herkommen, bis sie sterbensmüde zusammenbrechen und am Wege sterben. Diese Hast, diese fieberhafte Tatenlosigkeit, die oft über besonders feinen und empfindsamen Menschen liegt, ist das eigentliche Thema im Werke Herman Bangs.

In seinen früheren Büchern ist diese Atemlosigkeit über ganzen Geschlechtern, deren fliegendes Keuchen man zu vernehmen glaubt, während er sich in seinem letzten Buche, dem »weißen Hause«, die Aufgabe gestellt hat, uns eine einzelne Gestalt zu zeigen, an der das Leben vorüberfliegt wie ein Traum und die mit tausend kleinen Liebkosungen, mit süßen mädchenhaften Schmeicheleien sich ihm zu nähern und es festzuhalten sucht; denn darin liegt die Tragik, dass dieser Mensch, dem das Leben mit fremdem Lächeln vorbeigehen will, dieses Leben, ohne seiner mächtig zu sein, gerade in seinen starken und kraftvollen Erscheinungen liebt und anerkennt. Diese Gestalt, diese weiße Frau, diese kindhafte Mutter, die so jung ist und nicht älter wird, weil sie jung sterben muss, hat etwas Typisches, und Herman Bang hat, wie mir scheint, diesen Typus geschaffen. Danach muss dieses Buch gewertet werden; denn immer noch haben wir diejenigen Bücher am höchsten eingeschätzt, die das Wesen einer gewissen Gestalt so tief und sicher erfasst haben, dass wir sie nicht als Ausnahme empfinden, sondern sie, wie von hundert Spiegeln wiederholt, hundertmal in verschiedenen Fernen kommen und verschwinden sehen.

Aber noch etwas anderes macht dieses Buch zu einem Ereignis von besonderer Bedeutung: es hat nur so geschrieben werden können wie es geschrieben worden ist. Das heißt, so wie man eigentlich keine Bücher schreibt. Es ist geschrieben wie lebhafte Kinder erzählen. Man geht durch ein Haus, durch das »weiße Haus«, durch den Küchengarten, durch die Stadt, man macht Besuche bei verschiedenen Leuten, beim Dorfschulzen, bei Madame Jespersen, – und jedes Mal erfährt man, was die Mutter an allen diesen Orten getan und gesagt hat, man hört ihr Lachen und fühlt ihre Schweigsamkeit, – und während man weiß Gott bei wem sich aufhält, weiß man, dass es sich doch nur um die Mutter handelt, um »die Frau«, wie sie genannt wird, die unter diesen Leuten gelebt hat und die eine große Liebe zu diesen Leuten gehabt hat und eine große Überlegenheit über sie, weil sie so anders war. Das haben die Kinder bemerkt und auch der Vater weiß es, der ein Leben für sich lebt in seiner Studierstube bei seinen Sorgen und den Büchern, zwischen denen er immer auf und niedergeht. Man hört nur seine Schritte manchmal wenn es stille wird im weißen Haus, oder man sieht ihn plötzlich in der Türe stehen, schwarz, wie einen hohen Schatten, in den Dämmerstunden, wenn die Mutter am Klavier sitzt und spielt und singt, ehe die Lampe angezündet wird. In diesen Stunden strahlt sie ihre Traurigkeit aus, wie einen Duft, den gewisse Blumen ausatmen, ehe die Nacht kommt. Und die Kinder sitzen irgendwo in den Ecken der weiten Stube und wollen immer mehr von dieser wundersamen Traurigkeit, die sie nicht verstehen …

Später im Leben wissen sie vielleicht was es war. Und eines von diesen Kindern hat als Mann, als reifer und banger und trotziger Mann das Buch geschrieben, welches das Buch seiner Kindheit ist, das Gedicht, welches ganz erfüllt ist von der Schönheit und Hilflosigkeit der Mutter, die früh sterben musste und »die das lichte Leben liebte«.

Das Jahrhundert des Kindes

Im Dezember des Jahres 1900 erschien unter diesem Titel in Schweden ein neues Buch von Ellen Key. Es liegt jetzt in deutscher Übersetzung [*Das Jahrhundert des Kindes*, S. Fischer, Berlin 1902] vor. Und dieses Buch, in seiner stillen, eindringlichen und liebevollen Art, ist ein Ereignis, ein Dokument, über das man nicht wird hinweggehen können. Man wird im Verlaufe dieses begonnenen Jahrhunderts immer wieder auf dieses Buch zurückkommen, man wird es zitieren und widerlegen, sich darauf stützen und sich dagegen wehren, aber man wird auf alle Fälle damit rechnen müssen. Dieses Buch wird Bücher hervorrufen; denn es ist so geschrieben, dass man es nach allen Seiten aushauen und fortsetzen kann. Ja, ich glaube sogar nicht zu viel zu sagen, wenn ich behaupte, dass es Menschen hervorrufen wird, die danach leben werden; denn es ist von lauter Wirklichkeiten erfüllt, und Wirklichkeiten mögen sie auch überraschend sein, drangen immer danach, gelebt zu werden.

Schon als Ellen Key mit ihrem ersten Beitrag zur Frauenfrage, der Broschüre »Missbrauchte Frauenkraft«, hervortrat, konnte man ahnen, welchen Weg diese Schriftstellerin gehen wurde. Es war klar, dass sie keine Frauenrechtlerin war, die mit tendenziöser Einseitigkeit die neuen Forderungen ihres Geschlechts vertreten und verteidigen würde. Es handelte sich in diesem Fall um einen weitsehenden modernen Menschen, der über die Frauenbewegung hinaus war, so dass er schon ihre Fehler und Gefahren sah, zu einer Zeit, als die anderen noch in blindem Fanatismus vorwärtsstürmten. Das Frauen-Schutzgesetz, welches dem weiblichen Geschlecht statt der erstrebten vollen Gleichberechtigung mit dem Manne, um seiner Mutterschaft willen, gewisse Milderungen und Ausnahmen zugestand, wurde auf dem Frauenkongress in London (1899) von vielen Frauen bekämpft, die eben jene Gleichberechtigung für das einzig Richtige hielten. Ellen Key gehörte nicht zu ihnen; sie hat, eben weil sie weiter sah, im Weibe immer das zur Mutterschaft auserwählte Wesen gesehen, dessen Leben dann schön und harmonisch ist, wenn es ihm gelingt, seine Tätigkeit mit jener ersten und wichtigsten Aufgabe in Einklang zu setzen. Schon in dem Buche »Missbrauchte Frauenkraft« hat Ellen Key, indem sie ihre Hand schützend über die Frau hielt, das Kind schützen wollen, das diese Frau vielleicht einmal gebären wird. Sie ist der Anwalt und der Apostel des Kindes. Sie ist unzufrieden mit der Gegenwart und hofft auf das Kind, welches die Zukunft ist. Sie will diese Zukunft groß und glücklich, und darin begegnet sie sich mit denjenigen, welche an einer Umformung der Gesellschaft arbeiten. Aber sie hält es für aussichtslos, durch Reformen der gegenwärtigen Zustände, wie sie unter den Erwachsenen herrschen, wirkliche Fortschritte zu erzielen. Die Kinder sind der Fortschritt selbst, und, was sie mit ihrem Buche lehren und sagen und raten will, ist immer wieder dieses: vertraut dem Kinde. Es ist das Wunderbare an diesem Buche, dass es nicht anklagt und nicht klagt, dass es sich von den heutigen Eltern, welche so viele Fehler begehen, fortwendet, gleichsam zu jenen künftigen Erziehern hin, die dem Kinde sein Recht verschaffen werden. Vom Rechte des Kindes handelt dieses Buch, und man sieht mit einem Male ein, dass es, nachdem die Frau der jahrhundertelangen Sklaverei entwachsen ist, das Nächste sein wird, den Kindern die Freiheit zu geben. Die Frauen, als erwachsene Menschen, konnten sich selbst ihr Recht erringen; den Kindern, die den Erwachsenen gegenüber ohnmächtig sind, muss es von weisen Eltern und Erziehern gegeben und bewahrt werden. Freie Kinder zu schaffen, wird die vornehmste Aufgabe dieses Jahrhunderts sein. Ihr Sklaventum ist schwer und schrecklich; es beginnt, noch ehe sie geboren sind, und endet damit, dass sie schließlich Erwachsene und Eltern, das heißt wieder Unterdrücker von neuen Kindern werden. Wie die Verhältnisse heute liegen, kann man ruhig sagen, dass sowohl die guten wie die schlechten Eltern, sowohl die guten wie die schlechten Schulen, Unrecht haben dem Kinde gegenüber. Sie verkennen das Kind überhaupt, sie gehen von einer falschen Voraussetzung aus, von der Voraussetzung des Erwachsenen, der sich dem Kinde überlegen fühlt, statt zu erkennen, dass es das Streben der größten Menschen war, dem Kinde in gewissen Augenblicken gleich und ebenbürtig zu sein. Hat Christus nicht gesagt: »wenn ihr nicht werdet wie die Kinder …« Aber ach, sie, die Kinder, dürfen nicht sein, wie sie sind. Sie werden auch von den Eltern, die es gut meinen, tausendfach beeinträchtigt in ihrem Recht: zu *sein*. Sie werden, wenn sie »brav« sind, wie junge Katzen behandelt, und wenn sie »schlimm« sind, wie Verbrecher. Nie wie Menschen. Es gibt noch keine Eltern, welche in ihrem Kinde, vom ersten Tage an, die neue Individualität sehen und achten, die doch mit jedem neuen Kinde im Keime gegeben ist. Die Besten streben danach, »etwas aus ihrem Kinde zu machen«, und ahnen nicht, wie sehr sie sich damit an dem Leben versündigen, das nicht gemacht, sondern nur genährt sein will.

Wonach die Zeit am sehnlichsten verlangt, das sind immer wieder die großen Individualitäten, die anders sind: denn immer ist mit ihnen die Zukunft gewesen. Wenn aber im Kinde die Individualität sich zeigt, wird sie verächtlich oder geringschätzig behandelt, womöglich, was für das Kind am schmerzlichsten ist – verlacht. Man geht mit ihnen um, als ob sie nichts Eigenes hatten, und entwertet ihnen die tiefen Reichtümer, aus denen sie leben, um ihnen dafür Gemeinplätze zu geben. Auch wenn man es den Erwachsenen gegenüber nicht mehr ist, ihnen gegenüber ist man unduldsam und ungeduldig. Das Recht, das man jedem Großen selbstverständlich zugesteht, eine eigene Meinung zu haben, ihnen versagt man es. Die ganze Erziehung, wie sie heute ist, besteht in einem fortwährenden Kampf mit dem Kinde, in dem schließlich beide Teile zu den verwerflichsten Mitteln greifen. Und die Schule setzt nur fort, was die Eltern begonnen haben. Sie ist ein systematischer Kampf gegen die Persönlichkeit. Sie verachtet den Einzelnen, seine Wünsche und Sehnsüchte, und sie sieht ihre Aufgabe darin, ihn auf das Niveau der Masse herabzudrücken. Man lese die Lebensgeschichte aller großen Menschen; sie sind, was sie geworden sind, immer *trotz* der Schule geworden, nicht durch sie. Die großen Ideen haben in den Schulen alle Lebendigkeit verloren, sie sind abstrakt geworden und langweilig, weil in sie die Absichtlichkeit hineingelegt worden ist, zu bilden. Überhaupt ist, was man »allgemeine Bildung« nennt, ein unverhältnismäßig angewachsener, unpersönlich gewordener Vorrat von Wissen, leblos wie ein Konversationslexikon und ohne inneren Zusammenhang wie dieses. Nicht wonach das Kind fragt, gibt man ihm, sondern irgend ein bestimmtes Quantum von fertigen Resultaten, die ihm vollkommen gleichgültig sind. Während der ganzen jahrelangen Schulzeit lässt man das Kind selbst, seine Bedürfnisse, Sorgen und Hoffnungen, nicht ein einziges Mal zu Worte kommen und gebraucht es nur als Reproduktionsmaschine fertiger Phrasen und Formeln, die es, auf das Marterrad des Examens gespannt, möglichst tadellos wiederholen muss. Dabei vergehen die Jahre und noch immer fragt niemand, was gerade dieser oder jener Mensch braucht. Von dem unermesslichen Wortschwall der Schule werden die jugendlichen Seelen wie von einem Aschenregen überfallen und verschüttet. Der Wille in den jungen Leuten wird verwirrt, und wenn sie endlich mit der Schule fertig sind, so wissen sie nicht mehr, was sie gewollt haben. Ratlos stehen dann die meisten vor dem Leben, auf das man sie nicht vorbereitet hat; entfremdet aller Wirklichkeit ergreifen sie einen jener zufälligen Berufe, die nicht Persönlichkeiten, sondern Maschinen verlangen, um erfüllt zu werden. Sie haben für das Examen gelernt und wenn dieses vorüber ist, hat die »Bildung« ihren Zweck erfüllt, sie dürfen anfangen – zu vergessen und diese Tätigkeit füllt nun ihr weiteres Leben aus. Wo aber einer ist, in dem noch ein Stück Kindheit und Reichtum, ein Stück Persönlichkeit lebt, das nicht hat unterdrückt werden können, da beginnt ein schwerer und banger Rückweg durch das öde Land der Schule und der Erziehung zu einem neuen Anfang, zum Anfang eines neuen eigenen Lebens, das man spät und traurig beginnt. Hier könnte man von missbrauchter Menschenkraft sprechen, und es ist die Kraft der Besten vielleicht, die für solche schmerzhaften Rückwege ausgegeben wird.

Ellen Key hat mit bewunderungswürdiger Ruhe, zornlos und sachlich, gezeigt, wie unrecht die Schule hat, die die Entwickelung der jungen Menschen stört, ihre Wege verwirrt, ihren zuerst so persönlichen Willen abstumpft und es zustande bringt, aus hundert verschiedenen ungeduldigen Kräften eine einzige gleichgültige Trägheit zu machen, von der nichts Neues zu erwarten ist. Sie hat auf alle Irrtümer hingewiesen und gesagt, dass die allgemeinen Schulen sich damit begnügen müssten, das Allgemeine zu geben, das, was wirklich für alle gilt, und das ist ungemein wenig. Jeder dürfte *nur* bis zu dem Punkte hingeführt werden, auf dem er fähig wird, selbst zu denken, selbst zu arbeiten, selbst zu lernen. Es gibt nur ganz wenige große Wahrheiten, die man vor einer Versammlung aussprechen darf, ohne einen darin zu verletzen: nur diese sind Sache der Schule. Die Schule müsste vor allem mit Einzelnen rechnen, nicht mit Klassen: Das Leben und der Tod und das Schicksal sind auch im letzten Sinne für Einzelne gemacht, und zu alledem, zu den großen wirklichen Ereignissen, muss die Schule Beziehung gewinnen, wenn sie wieder lebendig werden will.

Die Verfasserin hat nicht versäumt, Reform-Versuche, die in dieser Beziehung (besonders in England) gemacht worden sind, anzuführen, und es ist ungemein interessant, die angegebenen Daten zu lesen. Im übrigen aber hat Ellen Key wohl gefühlt, dass der durchaus verfahrenen und verfehlten, auf falschen Voraussetzungen aufgebauten Erziehungsmethode durch Reformen nicht aufzuhelfen ist. Man müsste einen Strich machen und neu beginnen. Man müsste beginnen, vom Kinde auszugehen, nicht vom Standpunkt des Erwachsenen, der so wenig vom Kinde weiß. Man müsste das Leben des Kindes als ein berechtigtes selbstständiges Leben neben dem eigenen gelten lassen und ehren. Dann würde von selbst eine andere Schule, eine Schule ohne Prüfungen und ohne Wettstreit, entstehen, die das Leben nicht aus dem Auge verlieren, sondern immerfort darauf zugehen würde. Und diese Schule ist die einzig mögliche, die einzige, welche nicht hindert, sondern hilft, die einzige, welche nicht Persönlichkeiten im Keime erstickt, sondern jedem die Möglichkeit gibt, die innersten Wünsche seines Wesens durchzusetzen.

Ellen Key hat an mehreren Stellen ihres anregenden und regsamen Buches Kind und Künstler nebeneinander gestellt. Sie hätte ihre »geträumte Schule« auch durch die Tatsache stützen können, dass die Kunst-Akademien eher dazu beigetragen haben, Künstler zu vernichten, als solche zu bilden, und dass der normale und glücklichste Werdegang des Künstlers in einer durch Schulmeinungen ungestörten Entfaltung seiner Persönlichkeit besteht. Heute wachsen schon viele Künstler so heran und kommen allein, auf ihrem eigenen Wege, zu Kraft und Können. Und wie nach einer Zeit der akademischen Langweiligkeit eine neue lebendige Kunst mit diesen Künstlern einzusetzen scheint, so wird, wenn einmal Kinder ohne die Schrecken der Schule herangewachsen sein werden, eine Blütezeit des Lebens beginnen. Ellen Key hat Erfahrung genug, um zu wissen, dass diese Zeit nicht ganz nahe ist. Sie hat, statt eines Reformvorschlages, den »Traum einer neuen Schule« gegeben, und sie hat ihren Worten dadurch Tendenzlosigkeit und Milde verliehen und ihren Plänen die lebhafte gegenständliche Wirklichkeit des Traumes, die so unvergesslich ist. Und in der Tat: dieses Jahrhundert wird zu den größten gehören, wenn der Traum, den diese seltsam reife und gerechte Frau in seinen ersten Tagen geträumt hat, in seinen letzten einmal in Erfüllung geht. Vielleicht wird man einmal die Menschen dieses Jahrhunderts danach abschätzen, wie sehr sie an der Verwirklichung dieses Traumes gearbeitet haben. Das Buch Ellen Key's ist die erste Station auf dem neuen Wege. Es wird den Kindern noch nicht helfen können; aber es wird dazu beitragen, unter denen, die jetzt heranwachsen, neue Erzieher und neue Eltern zu bilden. Und das tut vor allem not.

Kunstwerke

Vielleicht war es immer so. Vielleicht war immer eine weite Fremde zwischen einer Zeit und der großen Kunst, welche in ihr entstand. Vielleicht waren die Kunstwerke immer so einsam, wie sie es heute sind, und vielleicht war der Ruhm niemals etwas anderes als der Inbegriff aller Missverständnisse, die sich um einen neuen Namen versammeln. Es liegt kein Grund vor zu glauben, dass es jemals anders war. Denn das, was die Kunstwerke unterscheidet von allen anderen Dingen, ist der Umstand, dass sie gleichsam zukünftige Dinge sind, Dinge, deren Zeit noch nicht gekommen ist. Die Zukunft, aus der sie stammen, ist fern; sie sind die Dinge jenes letzten Jahrhunderts, mit welchem einmal der große Kreis der Wege und Entwicklungen sich schließt, sie sind die vollkommenen Dinge und Zeitgenossen des Gottes, an dem die Menschen seit Anbeginn bauen und den sie noch lange nicht vollenden werden. Wenn es trotzdem scheint, als ob die großen Kunstdinge vergangener Epochen mitten im Rauschen ihrer Zeiten gestanden hätten, so mag man dies damit erklären, dass den entfernten Tagen (Von denen wir so wenig wissen) jene letzte und wunderbare Zukunft, welche die Heimat der Kunstwerke ist, näher war als uns. Das Morgen schon war ein Teil des Weiten und Unbekannten, es lag hinter jedem Grab, und die Götterbilder waren die Grenzsteine eines Reichs tiefer Erfüllungen. Langsam entfernte sich diese Zukunft Von den Menschen. Glaube und Aberglaube drängte sie hinaus in immer größere Fernen, Liebe und Zweifel warf sie über die Sterne hinaus und in die Himmel hinein. Unsere Lampen endlich sind weitsichtig geworden, unsere Instrumente reichen über Morgen und Übermorgen, wir entziehen mit den Mitteln der Forschung kommende Jahrhunderte der Zukunft und machen sie zu einer Art noch nicht begonnener Gegenwart. Die Wissenschaft hat sich aufgerollt wie ein weiter, unabsehbarer Weg, die schweren und schmerzhaften Entwicklungen der Menschen, der einzelnen und der Massen, füllen die nächsten Jahrtausende als eine unendliche Aufgabe und Arbeit aus.

Und weit, weit hinter alledem, liegt die Heimat der Kunstwerke, jener seltsam verschwiegenen und geduldigen Dinge, die fremd umherstehen unter den Dingen täglichen Gebrauches, unter den beschäftigten Menschen, den dienenden Tieren und den spielenden Kindern.

Samskola

Ich werde erzählen, was sich neulich in Gothenburg begeben hat. Es ist merkwürdig genug. Es geschah in dieser Stadt, dass mehrere Kinder zu ihren Eltern kamen und erklärten, sie wollten auch nachmittags in der Schule bleiben, auch wenn kein Unterricht ist, immer. Immer? Ja, so viel wie möglich. In welcher Schule?

Ich werde von dieser Schule erzählen. Es ist eine ungewöhnliche, eine völlig unimperativische Schule; eine Schule, die nachgibt, eine Schule, die sich nicht für fertig hält, sondern für etwas Werdendes, daran die Kinder selbst, umformend und bestimmend, arbeiten sollen. Die Kinder, in enger und freundlicher Beziehung mit einigen aufmerksamen, lernenden, vorsichtigen Erwachsenen, Menschen, Lehrern, wenn man will. Die Kinder sind in dieser Schule die Hauptsache. Man begreift, dass damit verschiedene Einrichtungen fortfallen, die an anderen Schulen üblich sind. Zum Beispiel: jene hochnotpeinlichen Untersuchungen und Verhöre, die man Prüfungen genannt hat, und die damit zusammenhängenden Zeugnisse. Sie waren ganz und gar eine Erfindung der Großen. Und man fühlt gleich, wenn man die Schule betritt, den

Unterschied. Man ist in einer Schule, in der es nicht nach Staub, Tinte und Angst riecht, sondern nach Sonne, blondem Holz und Kindheit.

Man wird sagen, dass eine solche Schule sich nicht halten kann. Nein, natürlich. Aber die Kinder halten sie. Sie besteht nun im vierten Jahre und man zählt in diesem Semester zweihundertfünfzehn Schüler, Mädchen und Knaben aus allen Altern. Denn es ist eine richtige Schule, die beim Anfang anfängt und bis ans Ende reicht. Freilich: dieses Ende liegt noch nicht ganz in ihrer Hand. An diesem Ausgang der Achtzehnjährigen steht, gespenstisch wie ein Revenant, die Reifeprüfung. Und sie treten, aus der Zukunft, in der sie schon waren, in eine andere Zeit zurück. In die Zeit ihrer Zeitgenossen. Aber sie sind doch, sozusagen, im Kommenden erzogen; werden sie das ganz verleugnen? Wird man es später an ihrem Leben merken?

Für alle, die jetzt und in den nächsten Jahren die Schule verlassen, trifft das noch nicht ganz zu; denn sie sind (da die Schule erst ihr viertes Jahr beginnt) nicht von Anfang an ihre Schüler gewesen. Sie sind eines Tages übergetreten, mit Schulerfahrungen und -konventionen behaftet und ganz voll von den Bazillen alter, verschleppter Schulseuchen. Wäre der junge Körper dieser neuen Schule nicht so durch und durch gesund, so hätten sie leicht eine Gefahr für ihn werden können. So aber gehen sie, ohne Schaden zu stiften, durch seinen Organismus durch; ihre schlechten Gebräuche und Schülerheimlichkeiten, die sie fortsetzen, bekommen, inmitten des weiten, offenen Vertrauens, inmitten dieser lebensgroßen Menschlichkeit, die weit über die Wände einer Schulstunde hinausreicht, einen Anschein von trauriger, harmloser Lächerlichkeit; sie werden so überflüssig wie die umwickelten Gebärden eines Freigelassenen, der fortfährt, in der Zeichen- und Klopfsprache des Gefängnisses sich auszudrücken. Aber wenn diese einmal scheu Gemachten auch nicht fähig sind, sich in der Sonne der neuen Schule ganz arglos auszubreiten, so merkt man doch, wie sie sich erholen, wie sie sich aufrichten und, bei aller Frühreife ihrer trüben Erfahrung, reine, kindhaft lichte Triebe ansetzen und da und dort zum Blühen kommen. Aber man muss vorsichtig mit ihnen sein; denn die Freiheit ist eine Gefahr für sie.

Das Wort Freiheit ist genannt. Es scheint mir, als ob wir, die Erwachsenen, in einer Welt lebten, in der keine Freiheit ist. Freiheit ist bewegtes, steigendes, mit der Menschenseele sich wandelndes, wachsendes Gesetz. Unsere Gesetze sind nicht mehr die unserigen. Sie sind zurückgeblieben, während das Leben lief. Man hat sie zurückgehalten, aus Geiz, aus Habgier, aus Eigennutz; aber vor allem: aus Angst. Man wollte sie nicht mit auf den Wellen haben in Sturm und Schiffbruch; sie sollten in Sicherheit sein. Und da man sie so, gerettet aus aller Gefahr, auf dem Strande zurückließ, sind sie erstarrt. Und das ist unsere Not: dass wir Gesetze haben aus Stein. Gesetze, die nicht immer mit uns waren, fremde, unverwandte Gesetze. Keine von den tausend neuen Bewegungen unseres Blutes pflanzt sich in ihnen fort; unser Leben besteht nicht für sie; und die Wärme aller Herzen reicht nicht aus, einen Schimmer von Grün auf ihren kalten Oberflächen hervorzurufen. Wir schreien nach dem neuen Gesetz. Nach einem Gesetz, das Tag und Nacht bei uns bleibt und das wir erkannt und befruchtet haben wie ein Weib.

Aber es kommt keiner, der solches Gesetz uns geben kann; es ist über die Kraft.

Aber denkt niemand daran, dass das neue Gesetz, das wir nicht zu schaffen vermögen, täglich anfangen kann mit denen, die wieder ein Anfang sind? Sind sie nicht wieder das Ganze, Schöpfung und Welt, wachsen nicht in ihnen alle Kräfte heran, wenn wir nur Raum geben? Wenn wir nicht aufdringlich, mit dem Recht des Stärkeren, den Kindern all das Fertige in den Weg stellen, das für unser Leben gilt, wenn sie nichts vorfinden, wenn sie alles machen müssen: werden sie nicht alles machen? Wenn wir uns hüten, den alten Riss zwischen Pflicht und Freude (Schule und Leben), Gesetz und Freiheit in sie hinein zu vergrößern: ist es nicht möglich, dass die Welt heil in ihnen heranwächst? Nicht in einer Generation freilich, nicht in der nächsten und übernächsten, aber langsam, von Kindheit zu Kindheit heilend?

Ich weiß nicht, ob man zu dem Ursprung der Schule auch durch diese Gedanken gegangen ist; es ist eine Welt von Gedanken gedacht worden. Aber nun ist sie da. Ihre einfache Heiterkeit spielt vor einem Hintergrunde dunkelsten Ernstes. Sie ist nicht in ein Programm eingeschlossen, sie ist nach allen Seiten offen. Und es ist gar nicht vom »Erziehen« die Rede. Es handelt sich gar nicht darum. Denn wer kann erziehen? Wo ist der unter uns, der erziehen dürfte?

Was diese Schule versucht, ist dieses: nichts zu stören. Aber indem sie dies auf ihre tätige und hingebende Weise versucht, indem sie Hemmungen entfernt, Fragen anregt, horcht, beobachtet, lernt und vorsichtig liebt, – tut sie alles, was Erwachsene an denen tun können, die nach ihnen kommen sollen.

Das fünfteilige hölzerne Gebäude eines früheren Hospitals. An Kranke denkt man nicht mehr; nur etwas wie die Freude von vielen Genesenden ist darin geblieben.

Die Zimmer sind wie die Zimmer in einem Landhaus. Mittelgroß, mit klaren, einfarbigen Wänden und geräumigen Fenstern, in denen viele Blumen stehen. Die niedrigen, gelben, harzhellen Tische lassen sich, wenn es nötig ist, in der Art von Schulbänken anreihen; meist aber sind sie in der Mitte zu einem einzigen großen Tisch zusammengeschoben, wie in einer Wohnstube. Und die kleinen, behaglichen Sessel stehen rund herum. Natürlich ist alles da, was in ein richtiges Schulzimmer gehört: ein (übrigens nicht erhöhter) Lehrertisch, eine Tafel und alles andere. Aber diese Dinge repräsentieren nicht; sie ordnen sich ein. An der Wand, dem Fenster gegenüber, ist eine Karte von Schweden, blau, grün und rot: ein frohes, buntes Kinderland. Sonst sind Abbildungen von guten Gemälden da, in glatten, einfachen Holzrahmen. Des Velazquez kleiner reitender Infant. Daneben aber, ganz ebenso anerkannt, hängt das rote Haus, das der kleine Bengt oder Nils oder Ebbe gemalt hat, mit dem ernstesten Gesicht. Die lichten Gänge führen zu den Sälen hin, die für viele Beschäftigungen eingerichtet sind. Da ist ein weiter, luftiger Raum für die Handarbeiten der Kleinsten; in einem anderen werden Bürsten hergestellt und Bücher gebunden; eine Werkstatt ist da für Tischlerarbeiten und Mechanik, eine Druckerei und ein stilles, heiteres Musikzimmer.

Man hat das Gefühl: hier kann man etwas werden. Diese Schule ist nicht etwas Vorläufiges; da ist schon die Wirklichkeit. Da fängt das Leben schon an. Das Leben hat sich klein gemacht für die Kleinen. Aber es ist da, mit allen seinen Möglichkeiten und mit vielen Gefahren. Da hängen in den Werkstätten, wo die Zwölfjährigen arbeiten, all die scharfen Messer und Ahlen und Stahle, die man sonst ängstlich vor den Kindern verbirgt. Hier legt man sie ihnen vorsichtig und ernst und richtig in die Hand und sie denken gar nicht daran, damit zu »spielen«. Sie beschäftigen sich so intensiv; und fast alle ihre Arbeiten sind gut und genau und brauchbar; des Handwerks tiefer Ernst kommt über sie.

Im Saal für Mechanik wurde ein Knabe gerufen, der einen Motor erfunden und im Modell ausgeführt hatte. Er sollte ihn erklären. Er war schon mit einer anderen Arbeit beschäftigt, von der er bereitwillig, aber doch ungern gestört, herüberkam. Sein Gesicht war noch ganz von der verlassenen Arbeit erfüllt. Aber dann nahm er sich zusammen und gab sachlich kurz die gewünschten Aufklärungen. Der Ton seiner Worte, die geschickten Gebärden, womit er sie begleitete, selbst die offene, sichere Art seiner Freundlichkeit zeigte den Arbeiter, der in seiner Arbeit lebt. Und wie bei diesem Knaben, so war bei allen Kindern Offenheit und Sicherheit zu finden; sie waren alle beschäftigt und froh und dadurch allen Tätigen nah; mochten es nun Erwachsene oder Kinder sein; in der ernsthaften und freudigen Beschäftigung war eine Gemeinsamkeit gegeben, auf der sich verkehren ließ; aller Grund zur Verlegenheit war fortgefallen.

Die Freudigkeit, die Neigung, womit in dieser Schule alles geschieht, prägt alle Dinge. Wie schön sind die von den Kindern gedruckten und gebundenen Bücher, wie rührend ausdrucksvoll sind ihre kleinen Modellierversuche; und ihre Blumenzeichnungen nach der Natur sind so richtig und liebevoll und gewissenhaft, dass sie, wo gewisse Voraussetzungen da sind, jeden Augenblick Kunst werden können. Es tut so gut, zu fühlen, dass in diesen Kindern nichts verkümmern kann. Jede, auch die leiseste Anlage muss nach und nach zum Blühen kommen. Keins von diesen Kindern muss sich dauernd zurückgesetzt glauben. Der Möglichkeiten sind so viele. Für ein jedes muss der Tag kommen, da es sein Können entdeckt, irgendeine Fähigkeit, eine Geschicklichkeit, eine Lust zu irgendetwas, die ihm in dieser kleinen Welt seinen Platz, seine Berechtigung gibt. Und was das wichtigste ist: diese kleine Welt ist im Grunde nichts anderes als die große Welt auch; was man in ihr ist, kann man überall sein; diese Schule ist nicht ein Gegensatz des Heims. Sie ist dasselbe. Sie ist nur zu jedem »Zuhause« hinzugekommen, sie ist an alle Häuser angebaut und will mit ihnen in Verbindung sein. Sie ist nicht das andere. Die Eltern gehen in ihr eben so ein und aus wie ihre Kinder. Es steht ihnen frei, dann und wann einer Unterrichtsstunde beizuwohnen; sie kennen die Räume des Schulhauses und finden sich darin zurecht. Und auch im Verhältnis zum Leben will diese Schule nicht das andere sein. Deshalb kann sie keine Lehrer brauchen, die diesen Beruf ergreifen; die an ihr lehren, müssen von ihrem Beruf ergriffen sein. Es genügt nicht, dass sie einen Gegenstand beherrschen; dieser Gegenstand muss gewissermaßen unter freiem Himmel stehen; er darf nicht isoliert, nicht abgeschnitten, nicht aus allen Zusammenhängen gehoben sein. Er muss sich verwandeln, und wenn sich etwas rührt in der Welt, muss er zittern und tönen; man muss es an ihm merken können. Immer soll, unter dem Vorwande der verschiedenen Fächer, vom Leben die Rede sein. Wie schön war es, als einmal ein Bergmann kam, ein gewöhnlicher Bergmann, der schlicht und schwer von seinen schwarzen Tagen erzählte; und wie für ihn, so steht der Lehrersessel für jeden da, der etwas erfahren hat: für den Reisenden, der von fremden Gegenden erzählt, für den Mann, der Maschinen baut, und vor allem für den Schlichtesten unter den Wissenden, den Handwerker mit den klugen, vorsichtigen Händen. Denk, wenn einmal ein Zimmermann käme! Oder ein Uhrmacher oder gar ein Orgelbauer! Und sie können jeden Augenblick kommen. Denn ganz leise nur, ohne Last, liegt das Netz des Stundenplanes über den Tagen. Es wird oft verschoben. Die Wochen gehen einem nicht mit der monotonen Eile eines Rosenkranzes durch die Finger. Jeder Tag fängt an als etwas Neues und bringt unerwartete und erwartete und völlig überraschende Dinge. Und für alles ist Zeit. Die Frühstückspause ist so lang, dass man den Tisch abräumen und ihn mit hellem Wachstuch decken kann. Blumen werden in der Mitte daraufgestellt, Butterbrotteller und Gläser und Becher mit Milch; und dann sitzt es rund herum und isst und träumt, lacht und erzählt und sieht wie eine Geburtstagsgesellschaft aus.

Es ist Zeit und Raum in dieser Schule. Um jedes dieser kleinen blonden Geschöpfe ist Raum. Wie ein Haus mit Garten ist jedes. Es ist nicht eingerammt zwischen seine Nachbarn. Es hat etwas um sich herum, etwas Lichtes, Freies, Blühendes. Es soll auch nicht gerade so wie seine Nachbarn aussehen; im Gegenteil: es soll so von Herzen verschieden sein, so aufrichtig anders, so wahr wie nur irgend möglich.

Es war konsequent und mutig, diesen Kindern keinen Religionsunterricht im herkömmlichen Sinn aufzuerlegen. Eine autoritative Beeinflussung an dieser empfindlichsten Stelle inneren Eigenlebens hätte alles Gerechte und Menschliche, das hier versucht worden ist, wieder aufgewogen. Man hat sich entschlossen, die biblischen Stoffe nach den reinsten, absichtslosesten Quellen als Historie vorzutragen, und man will nach und nach dazu kommen, Religion nicht ein- oder zweimal in der Woche zu geben, nicht heute von neun bis zehn, sondern immer, täglich, mit jedem Gegenstande, in jeder Stunde. Die Menschen, die diese Schule am meisten lieben, haben nach Tagen und nach Nächten, im ganzen Bewusstsein ihrer Verantwortung, diesen Beschluss gefasst. Nun muss man Vertrauen zu ihnen haben. Kinder und Eltern. Denn diese Bedeutung scheint mir leise in dem Namen Samskola mitzuklingen: Gemeinschule, Schule für Knaben und Mädchen, aber auch: Schule für Kinder und Eltern und Lehrer. Da ist keiner über dem anderen; alle sind gleich und alle Anfänger. Und was gemeinsam gelernt werden soll, ist: die Zukunft.

Nur mit einem reicht die Vergangenheit herein. Mit dem Aberglauben von den großen Kathedralen. Menschenleben sind unter den Grundsteinen verschwunden und der Mörtel ist auch bei diesem Bauwerk mit Herzblut gemischt.

Furnes

Die meisten Reisenden, die Brügge besuchen, kommen eines Tages wie durch Zufall hin. Sie befinden sich in einem der Seebäder, in Ostende oder in Blankenberge oder in Heyst, und wenn sie für ein paar Stunden in die berühmte Stadt fahren, so bringen sie die Stimmung des großen Seebades mit: diese Trägheit mit gutem Gewissen, das Verlangen, unterhalten zu sein, und das behagliche Bewusstsein, ein Recht auf Zerstreuung zu haben. Dieser Verfassung aber entzieht sich Brügge fast ganz. Es verweigert zwar diesen Reisenden nichts; die Grand' Place ist da, für den größten Andrang immer noch zu groß, der Beffroi steigt, Stockwerk aus Stockwerk, und streut oben irgendwo sein Glockenspiel ans; und wenn sie ins Hôpital Saint-Jean kommen, so finden sie die Memlings, alles wie es sich gehört. Aber sie vermissen, ohne sich vielleicht darüber klar zu werden, das Entgegenkommen in alledem, durch das vielbesuchte Städte sich sonst angenehm machen. Selbst Venedig hat es; es zieht sich zusammen, und für die, die eilig sind, ist es in einer Stunde zu genießen. Es gewinnt den Zerstreuten einen Augenblick der Aufmerksamkeit ab, indem es vor ihnen aufsteigt wie ein Feuerwerk. Es rührt die Frauen, die seine Geschichte nicht kennen, durch seine verweinte Schönheit. Vielleicht gibt es solche, denen es mit nichts wohlzutun vermochte, aber die überraschte es schließlich durch seine Stille, und allen gab es, auch gegen ihren Willen, Erinnerungen mit, nicht zu verwechselnde Bilder, Erwartungen beinah, so sehr übertraf es mit seinem Dasein die Bedingungen dessen, was sie für möglich hielten.

Brügge übertrifft nichts; es enttäuscht die meisten. Seine Zurückhaltung ist es, die ihm den Ruf des »toten Brügge« eingetragen hat, und man begnügt sich, sie zu konstatieren. Das Brügge Rodenbachs ist bekannt geworden; man vergisst, dass es ein Gleichnis war, von einem Dichter erfunden für seine Seele, und man besteht auf dem Wortlaut. Aber diese Stadt ist nicht nur schlafbefangen und wehleidig und traumhaft lautlos, sie ist auch stark und hart und voller Widerstand, und man muss nur an das verblichen gespiegelte Venedig denken, um zu merken, wie wach und ausgeschlafen hier die Spiegelbilder sind. Sie hat freilich Stunden, wo sie hinzuschwinden scheint, unaufhaltsam wie ein Wandgemälde unter den Flechten der Feuchtigkeit; aber wer sie so schildern würde, den könnte man widerlegen mit ganzen Tagen, in denen sie dasteht in ihren Feldern wie ein Schachspiel, Figur neben Figur, plastisch, klar und greifbar. Ihre Farben sind ausgegangen da und dort, aber das Muster ist überall deutlich erkennbar, und der Kanevas ist von der Festigkeit flandrischer Gewebe.

Flandern: mit diesem Namen steigen die Kontraste herauf, deren Äußerstes in dem Bilde Brügges sich zu begegnen scheint. Erst wer sie ins Auge fasst, in ihrer sich fast ausschließenden Gegensätzlichkeit, dem wird die Stadt mehr sein als ein Museum von Bildern und Spiegelbildern, durch das man ihn mit ein paar Erklärungen rasch hingeführt hat. Aber Brügge ist die schwerste Aufgabe, und die modernen Seebäder bereiten nicht darauf vor, ihre Widersprüche zu bewältigen. Nicht von Ostende müsste man hinkommen, eilig und in der Voreingenommenheit des Sehenswerten, sondern langsam, das Land entlang, aus einer der alten kleinen Städte, aus Dixmude oder aus Ypern, mit seinen gewaltigen Handelsreihn, oder aus der Stadt Furnes [Veurne], die am leichtesten zu erreichen ist von der belgischen Küste aus.

Begreift man nicht besser die Grand' Place Brügges, wenn man innerlich schon ausgedehnt ist durch den ungeheueren Hauptplatz von Furnes, an den die Stadt sich ganz ausgegeben hat – wie es scheint – über ihn hinaus nur noch einen Platz bildend und Gassenanfänge nach allen Seiten, die es zu nichts bringen? Erwartet man nicht schon Brügges berühmten Glockenturm steigen zu sehen, wenn man die Maßlosigkeit flandrischer Türme in Furnes kennen gelernt hat, die über die Giebel hinausgehen, als gehörten sie in den Himmel? Und ist es nicht nützlich – wie man es in Furnes, vor Sankt Walburga kann –, die Erde schon einmal als den Grund des Himmels empfunden zu haben, auf dem die Wracks riesiger Kirchenschiffe liegen, leblos, in hundertjähriger Havarie? In Furnes lernt man, einzelner und übersichtlicher, die Einschläge unterscheiden, die die Architekturen dieses Landes (seine äußere wie seine innere) so verwirrend komplizieren konnten. Burgund und Spanien und Habsburg folgen und durchdringen sich und erscheinen doch immer wie in flämischer Aussprache, wie bezwungen von der Mundart eines bäuerischen Mundes, der nicht zum Schweigen zu bringen war. Flandrisches Licht fällt durch die neuen Fenster des Stadthauses auf die Fetzen der prunkhaften Korduantapeten, fast schadenfroh. Die Bilder der guten Statthalter stehen bürgerlich in Ehren, von den verhassten hat man keine aufbewahrt. Das gemalte Wappen eines Fürner Adelsgeschlechtes, ein einziges, findet sich, vergessen, sehr hoch fortgehängt in einem der Säle. Neben diesen alten Staatsräumen sind Bureaus eingerichtet, die wie reinliche, wenig benutzte Postämter aussehen. Man sieht selten jemanden eintreten. Der enorme Platz nimmt fortwährend noch Zuflüsse von Leere auf, die aus allen Straßen in ihn münden. Der lange schräge »Apfelmarkt« nebenan hat einen spärlichen Verkehr, den die vielen Fenster zu zählen scheinen. Sein schmales Ende bildet schon an dieser Seite den Ausgang der Stadt, auf eine Art verlassenen Hafen zu und gegen klösterliche Obstgärten hin, deren Blätter so übertrieben deutlich sind, dass sie voll wie Früchte aussehen, jedes einzelne. Im Vorübergehen hat man die alten Kirchenportale bemerkt, das von Sankt Nikolas, halb versunken, wie in die Erde hineingedrängt von dem Druck des stumpfen Turmes, und drüben das zu Sankt Walburga gehörige, weit vor der Kirche, in der Gefangenschaft des Verfalls allein im Stiche gelassen wie eine tollkühne Vorhut.

Wer aber dieser Stille und diesem Absterben unbedingt glauben will, der muss nur veranlasst werden, den letzten Sonntag im Juli abzuwarten, um seinen Irrtum einzusehen. Schon am Morgen dieses Tages ist nicht die Grand' Place vor ihm, die er kennt; es ist, als hätte sie plötzlich ein neues Mittel gefunden, um ihre Größe zu beweisen. Jahrmarktsbuden erfüllen sie jetzt, bis auf einen gassenbreiten, freien Rahmen, selber ein Netz von Gassen und kleinen Plätzen und Umwegen bildend, eine Stadt für sich, wie eine von jenen rasch errichteten hölzernen Städten, mit denen die Herzöge von Burgund fremde Fürsten in Erstaunen setzten. Aber diese Stadt bleibt verschlossen, mehr noch, sie hält sich zu, während die Glocken wie ein Wolkenbruch über sie niedergehen. Wenn es einmal still wird zwischendurch, hört man in den Gassen die Fahnen, als kämen Männer in Mänteln durch den Wind. Dabei sieht man fast niemanden gehen, nur Hingestellte da und dort, schwarz und nicht von der Stelle zu rücken. Das alles verändert sich kaum stundenlang; und wächst schließlich, mit dem immer wieder einsetzenden Läuten, zu einer fast ängstlichen Erwartung an, auf die nur das Kommen und Durchgehen Fremder beruhigend wirkt. Gegen zwei Uhr haben diese Fremden, vermengt mit Einheimischen, den Hauptplatz entlang und an der Ecke des spanischen Pavillons Reihen gebildet, Gassen, eine negative Form, in die sich, die viele Sonne vor sich herschiebend, auf einmal jener seltsame Umzug ergießt, den die Tradition der Stadt fast ohne Unterbrechung weitergegeben hat von Jahr zu Jahr, seit Jahrhunderten, seit immer. Der alte Gebrauch, dass an einem bestimmten Tag Bußbereite eine sichtbare Buße auf sich nehmen und tragen, entspricht zu sehr dem Bedürfnis dieses Volkes, das ein Gegengewicht zu seinen deutlichen Vergnügungen nötig hat, als dass er sich hätte auflösen und verlieren können.

Wie einst, so setzt sich auch heute noch dieser Zug aus Büßern und Darstellern zusammen, und da die Buße selbst ein Schauspiel ist, so gehen die beiden Rollen oft ineinander über und sind nicht genau zu unterscheiden. Der Gegenstand dieses, wie durch die Unruhe kriegerischer Zeiten in Bewegung gesetzten Dramas ist die Passion, die die Büßenden (durch die herabgeschlagenen Kapuzen der Kagulen unkenntlich) auf sich nehmen im wörtlichen Sinne, indem sie die alten bemalten und bekleideten Holzpuppen vier Stunden lang in der Stadt umhertragen, durch den drückenden langen Nachmittag, unter den Schlägen der Glocken, vor aller Augen. Die Puppen (spanisch-flämische Skulpturen aus dem siebzehnten Jahrhundert), ganz erfüllt von dem monomanen, einseitigen Ausdruck ihrer Handlung und durch das Getragensein, das Hingesetzt- und Wiederaufgenommenwerden seltsam bewegt und beschäftigt scheinend, sind schwer zu übertreffende Mitspieler. Aber durch die natürliche Ähnlichkeit mit ihnen gelingt es den anderen, sich ebenso lebendig und überzeugend zu gebärden; dem einen »Christus« ist überdies durch das Recht, dreimal an genau bezeichneten Stellen unter dem Kreuze zusammenzubrechen, ein großer Vorsprung gegeben, und alle die anderen haben vor den Holzfiguren die Rede voraus, von der sie eifrig Gebrauch machen. Denn es geht über dem Ganzen ein alter Zusammenhang flämischer Verse her, an die einzelnen Personen verteilt, denen das heilige Auseinandersetzen lang und deutlich wie ein Spruchband aus dem Munde hängt. Die Propheten natürlich sind vor allem davon angetan, jeder seine Verheißung hersagend und wieder hersagend, ganz am Anfang des Zuges. David, der unter ihnen schreitet, kommt noch einmal vor als Büßender, schweigend, das Bußkleid unter dem königlichen Mantel. Ein kleines Mädchen in einfach gegürtetem Kleid, einen Engel darstellend, geht, ihm zugewendet, vor ihm und erzählt seine Geschichte. Und immer wieder kommen diese keinen »Engel« und erzählen die Geschichten, die hinter ihnen folgen, ausführlich, mit der Deutlichkeit des Mittelalters restlos in Bilder übersetzt, in Gestalten, in Dinge, in nicht zu widerlegende Wirklichkeit.

Der Stall ist da, die Krippe und, unter Ochs und Esel, Josef und Maria im Gespräch, in das sich bei einer wiederholten Darstellung derselben Personen die heiligen Könige mischen; in einer dritten Besetzung gehen sie, übermäßig die Schmerzen beklagend, die das Kind durchzumachen hat, hinter der Beschneidung her und kommen gleich darauf auf der Flucht nach Ägypten in friedlicher Gruppe wieder vor. Der Hof des Herodes erscheint, Jesus unter den Gelehrten, denen ein Engel zuspricht, während sie selber streiten, Maria Magdalena mit gelöstem Haar unter schwarzen Schleiern, der Einzug in Jerusalem, ein Abendmahl, lebensgroß in Holz geschnitzt, voll eigentümlicher Neigung und Bewegung, der Ölberg, der Verrat, die Dornenkrönung. Immer mehr werden die kleinen hersagenden blonden »Engel« durch verhängte Büßer ersetzt, die stumm das Kreuz mit der beschämenden Aufschrift tragen, die eine Marter Christi anzeigt und ein Unrecht der Menschen. Und schließlich mischen sich in rostigen Kettenhemden Kriegsknechte unter sie, gehende und berittene, breitrückig und schlank, wie man sie aus den geschnitzten Altartafeln kennt, immer noch dieselben. Und man erinnert sich, dass eine alte volkstümliche Auslegung den Ursprung der Prozession auf das Sakrileg eines Soldaten zurückführt, der die heimlich im Munde mitgebrachte Hostie verbrannt haben soll, um durch ihre Asche unverwundbar zu werden.

Wie jede Maskerade, so ist auch diese ein Spiel mit dem Ernst; und wie bei einem Gartenfest da und dort manchmal ein Lampion sich entzündet und alle beim Anblick der Flamme einen Moment die Wirklichkeit sehen, drohend und voll Gefahr, so schlägt auch aus diesen

Darstellungen oft unerwartet die tragische Größe der Handlung, und ihr Feuerschein geht über die Gesichter der Zuschauer. Und sie erkennen ganz hinten unter dem schwankenden Baldachin die Monstranz, der ganze Klerus nähert sich feierlich in den großen Ornaten, und vor ihm her, am Ende des Zuges, ziehen, wirr und aufgelöst, die nicht bei den Gruppen verwendeten Büßenden unter der Last großer leerer Kreuze. Die meisten kommen barfuß daher, man sieht ihre Füße und ihre Hände, aber die herabgelassenen Hauben verbergen sie doch auf eine seltsam spannende Art. Die Augenlöcher der Kapuzen geben ihnen einen verschiedenen Ausdruck; einige sind ausgeweitet wie alte Knopflöcher, andere kaum aufgeschnitten, und bei einem sieht man überhaupt nur ein großes ausgefetztes Loch über dem Kinn, das ihm aber genügt, um sich zurechtzufinden. Erst meint man freilich, gerade diesen Büßern fehle es an Ernst und Haltung, wenn sie auf ihrem langen Wege das erste Mal vorüberkommen. Sie trügen – meint man – ihre Kreuze wie solche, denen das Tragen tägliche Arbeit ist, und die gewohnt sind, es sich so bequem wie möglich einzurichten. Aber je öfter man sie wiedersieht, den Zug überholend oder wieder erwartend, desto aufrichtiger und unüberlegter wird ihr Tragen, desto mehr kommt unter der vollen Sonne das Kreuz über sie, mit seinem ganzen Sichschwermachen. Und schließlich, als sie zum letzten Mal auf den Platz einbiegen, rufen sie fast die Ungeduld der ermüdeten Zuschauer heraus durch die Langsamkeit ihrer Weiterbewegung, durch die großen Lücken, die bei dem mühseligen Zurückbleiben einzelner entstanden sind, durch ihr Ernstnehmen einer Sache, die nun zu Ende ist, und auf deren endlichen Abschluss Hunderte warten.

Und kaum ist der Klerus mit dem Allerheiligsten nach Sankt Nikolas hin abgebogen, schließt sich hinter den beiden berittenen Wachen die Menge mit einer solchen Heftigkeit, dass man an Gewässer denkt, die von allen Seiten in ihr altes Bett hineinstürzen und es drängend und brausend erfüllen. Es ist keine Unordnung oder Gesetzlosigkeit in dieser Bewegung, nur ein unaufhaltsames Besitzergreifen, das leise weiterwächst; und wer an einem Fenster steht, kann denken, dass das da unten dieselbe Masse ist, deren harten und kurzen Wellenschlag die burgundischen Herzöge mit so viel Beunruhigung beobachteten, von einem dieser Balkone aus.

Und nun ist es fast ein einziger Augenblick: dieser, in dem die Glocken stillstehen, als hätte sich einer ihnen entgegengeworfen und hätte sie gebändigt, und der, welcher wie auf ein Zeichen alle die Buden aufspringen macht, aus denen Licht und Geschrei herausdrängt in die beginnende Dämmerung.

Die Kirmes fängt an, deutlich wie die Passion und voll Ernst und Vermummung wie sie. Da und dort steht noch einer im Bußhemd, die Kapuze zurückgeschlagen, mit ganz hell beschienenem Gesicht. Die Schreier stoßen ihre Verlockungen aus wie Schmähreden, Trommelwirbel sammeln sich wie auf einem Haufen, und schrille, kleine Glocken gießen fort, was sie an Lärm in sich haben. Die Tierstimmen aus den Schaubuden bleiben unvermischt und kommen an die Oberfläche aller Geräusche; abgerissene Stücke von Drehorgelmusik fallen irgendwo nieder und werden zertreten. Der Geruch des Fettes aus den Waffelküchen versucht nicht zurückzubleiben hinter den übrigen Sensationen, und die Karussells geraten immer mehr in Schwung, das elektrische mit seinen doppelt bewegten Schiffen und drüben das altmodische mit den Pferden in Ostereierfarben. Und immer mehr füllen sich die langen Bänke vor den Estaminets, füllen sich und werden nun vierzehn Tage nicht wieder kalt. Denn sie ist ausdauernd, diese robuste Lustigkeit, und ein Vorrat nicht anders aufzubrauchender Kräfte ist für sie da. Tanzanfänge bilden sich in den Ecken des Platzes. Schwere Gebärden werden aufgehoben wie Gewichte, freundliche und, probend, auch drohende, und das einfache Umfallen eines Ungeschickten oder Trunkenen findet immer noch wie auf alten flämischen Bildern den ausgelassenen Beifall eines ganzen Kreises. Und alles ringsum ist von Nähe ausgefüllt; es gibt nur Deutliches, Nahes, Greifbares, so weit man sieht. Erst wenn man den Platz verlässt und hinübergeht, auf die alte Hotellerie »de la Noble Rose« zu, erkennt man allmählich wieder Entferntes: die Türme, die so weit über das alles hinausreichen und doch mit dazu gehören. Denn selbst in dem Läuten da oben ist auch wieder beides, Buße und Kirmes, für den, der läutet: auf einem kleinen Tritt des Gebälkes stehend, in fortwährender Gefahr die ungeheuere Glocke erwartend, um sie mit dem Fuße zurückzustoßen, halb tanzend und halb im Kampf, mit ihr allein über dem dunklen Abgrund des Turmes und verschlungen von dem Sturm ihrer Stimme.

Die Bücher zum wirklichen Leben

[Zuschrift an den Buchhändler Hugo Heller]

Der kurzen Beantwortung Ihrer Rundfrage muss ich, um nicht unverständlich zu sein, eine Anmerkung von ganz persönlicher Art voranstellen.

Eine Reihe von Umständen ließ mich nie zu jener Leichtigkeit im Umgang mit Büchern kommen, die junge Leute sich in einer gewissen Zeit mühelos und fast wider ihren Willen aneignen. Noch jetzt sind meine Beziehungen zu Büchern nicht ohne Befangenheit und es kann geschehen, dass ich mich in großen Bibliotheken geradezu einer feindlichen Übermacht ausgeliefert fühle, gegen welche jede Gegenwehr eines einzelnen sinnlos wäre.

Jedenfalls hatte ich nur wenig und schlecht gelesen, als Jakob Wassermann mir im Jahre 1897 von »Niels Lyhne« sprach. Ich glaube, er nannte mir damals auch Turgenew und Dostojewski. Letzterer ist mir später sehr wichtig geworden, als ich, durch sein Land und seine Sprache bis zum äußersten auf ihn vorbereitet, die »Armen Leute« las und wiederlas und schließlich einen Teil dieses ahnungslos genialen Buches übersetzte.

Aber das war zu einer Zeit, da ich schon »Niels Lyhne« gelesen hatte und alles, was von Jacobsen besteht. Ich weiß nicht zu sagen, woran ich diese Bücher erkannte; aber ich war entschlossen, mit ihnen zu leben, und nun, da Sie fragen, habe ich die Antwort leicht: Jacobsens schöne und unerschöpfliche Bücher sind es, die bestimmend auf mich gewirkt haben.

Natürlich sind unter den vielen, zum Teil anonym bleibenden Einflüssen, die ununterbrochen an uns arbeiten, auch andere Bücher gewesen. Ich nenne sie nicht, denn in demselben Maße, in dem sie auf mich wirkten, wiesen sie mich auch schon, über sich fort, an die Natur, seit die Dichtungen des großen Dänen mir diesen Weg eröffnet hatten. Um so mehr Grund habe ich, sie allein hier anzuführen. Denn ihnen zuerst verdanke ich die Bereitschaft zu unwählerischem Schauen und die Entschlossenheit, zu bewundern; und sie stützen in mir, seit ich sie liebe, die innere Gewissheit, dass es auch noch für das Leiseste und Unfassbarste in uns in der Natur sinnliche Äquivalente gibt, die sich müssen finden lassen. Die Bibel hat erst später auf mich gewirkt und eines Tages, plötzlich: Ibsen.

Über den Dichter

Einmal, in einem schönen Gleichnis, ward mir das Verhältnis des Dichters im Bestehenden, sein »Sinn« vorgehalten. Das war auf der großen Segelbarke, mit der wir von der Insel Philae nach den ausgedehnten Stau-Anlagen hinüberfuhren. Es ging zuerst den Strom hinauf, die Ruderer mussten sich Mühe geben. Ich hatte sie alle mir gegenüber, sechzehn, wenn ich mich recht entsinne, je vier in einer Reihe, immer zwei am rechten, zwei am linken Ruder. Gelegentlich begegnete man dem Blick des einen oder andern, meistens aber war in ihren Augen kein Schauen, sie standen offen in die Luft, oder sie waren eben nur die Stellen, wo das heiße Innere dieser Burschen, um das die metallischen Körper sich spannten, frei lag. Zuweilen, aufschauend, überraschte man dennoch einen, der in voller Nachdenklichkeit über einem brütete, als stellte er sich Situationen vor, in denen diese fremde verkleidete Erscheinung sich ihm enträtseln könnte; entdeckt, verlor er fast sofort den mühsam vertieften Ausdruck, war einen Moment mit allen Gefühlen im Schwanken, sammelte sich so rasch es ging in einem wachsamen Tierblick, bis der schöne Ernst seines Gesichts gewohnheitsmäßig in das alberne Bakschischgesicht überging und in die törichte Bereitschaft, sich zum Dank nach Belieben zu entstellen und herabzusetzen. Doch ging mit dieser Erniedrigung, die die Reisenden seit lange auf dem Gewissen haben, meistens auch schon die dazugehörige Rache vor sich, indem er selten unterließ, über den Fremden fort einen Blick bösen Hasses hinüberzuheben, der aufleuchtete von einem Einverständnis, das er jenseits musste gefunden haben. Ich hatte den Alten schon mehrere Male beobachtet, der dort, auf dem Schiffshinterteil, hockte. Seine Hände und Füße waren aufs vertraulichste nebeneinander gekommen, und zwischen ihnen ging, gelenkt und aufgehalten, die Stange des Steuers hin und her und hatte Bewandtnis. Der Körper, in dem zerfetzten schmutzigen Kleide, war nicht der Rede wert, das Gesicht unter dem verkommenen Turbantuch in sich zusammengeschoben wie die Stücke eines Fernrohrs, so flach, dass die Augen davon zu triefen schienen. Gott weiß, was in ihm steckte, er sah aus, als könnte er einen in etwas Widerwärtiges verwandeln; ich hätte ihn gern genau ins Auge gefasst, aber wenn ich mich umdrehte, hatte ich ihn so nah wie mein eigenes Ohr, und es war mir zu auffallend, ihn aus solcher Nähe zu untersuchen. Auch war das Schauspiel des breit auf uns zukommenden Flusses, der schöne, gleichsam fortwährend zukünftige Raum, in den wir uns eindrängten, der ununterbrochenen Aufmerksamkeit so würdig und wohltuend, dass ich den Alten aufgab und dafür mit immer mehr Freude die Bewegungen der Knaben zu sehen lernte, die bei aller Heftigkeit und Anstrengung nicht an Ordnung verloren. Das Rudern war nun so gewaltig, dass die Knaben an den Enden der mächtigen Ruderstangen sich jedes Mal im Ausholen ganz von den Sitzen abhoben und sich, ein Bein gegen die Vorderbank gestemmt, stark zurückwarfen, während die acht Ruderblätter sich unten in der Strömung durchsetzten. Dabei stießen sie eine Art Zählung aus, um im Takt zu bleiben, aber immer wieder nahm ihre Leistung sie so in Anspruch, dass keine Stimme übrig blieb; manchmal musste so eine Pause einfach überstanden werden, zuweilen aber fügte es sich so, dass ein nicht abzusehender Eingriff, den wir alle auf das Besonderste empfanden, ihnen dann nicht nur rhythmisch zu Hilfe kam, sondern auch, wie man merken konnte, die Kräfte in ihnen gleichsam umwandte, so dass sie, erleichtert, neue, noch unverminderte Stellen Kraft in Gebrauch nahmen: ganz wie ein Kind, das sich hungrig über einen Apfel gemacht hat, strahlend von Neuem zu essen anfängt, wenn es entdeckt, dass die eine Seite, die es hielt, noch bis zur Schale ansteht.

Da kann ich ihn nun länger nicht verschweigen, den Mann, der gegen den rechten Rand zu vorne auf unserer Barke saß. Ich meinte schließlich, es vorzufühlen, wenn sein Gesang bevorstand, aber ich kann mich geirrt haben. Er sang auf einmal auf, in durchaus unregelmäßigen Abständen und keineswegs immer, wenn die Erschöpfung um sich griff, im Gegenteil, es geschah mehr als einmal, dass sein Lied alle tüchtig fand oder geradezu übermütig, aber es war auch dann im Recht; es passte auch dann. Ich weiß nicht, wie weit sich ihm die Verfassung unserer Mannschaft mitteilte, das alles war hinter ihm, er sah selten zurück und ohne ihn bestimmenden Eindruck. Was auf ihn Einfluss zu haben schien, war die reine Bewegung, die in seinem Gefühl mit der offenen Ferne zusammentraf, an die er, halb entschlossen, halb melancholisch, hingegeben war. In ihm kam der Antrieb unseres Fahrzeugs und die Gewalt dessen, was uns entgegenging, fortwährend zum Ausgleich, – von Zeit zu Zeit sammelte sich ein Überschuss: dann sang er. Das Schiff bewältigte den Widerstand; er aber, der Zauberer, verwandelte Das, was nicht zu bewältigen war, in eine Folge langer schwebender Töne, die weder hierhin noch dorthin gehörten, und die jeder für sich in Anspruch nahm. Während seine Umgebung sich immer wieder mit dem greifbaren Nächsten einließ und es überwand, unterhielt seine Stimme die Beziehung zum Weitesten, knüpfte uns daran an, bis es uns zog.

Ich weiß nicht, wie es geschah, aber plötzlich begriff ich in dieser Erscheinung die Lage des Dichters, seinen Platz und seine Wirkung innerhalb der Zeit, und dass man ihm ruhig alle Stellen streitig machen dürfte außer dieser. Dort aber müsste man ihn dulden.

Über den jungen Dichter

[*Anmerkung:* Für den Verfasser war die vielfach beglückende Beschäftigung mit den Gedichten Franz Werfels gewissermaßen die Voraussetzung zu diesem Aufsatz. Es sei daher auf Werfels beide Bände Gedichte (*Der Weltfreund* und *Wir sind*) an dieser Stelle hingewiesen.]

Immer noch zögernd, unter geliebten Erfahrungen überwiegende und geringere zu unterscheiden, bin ich auf ganz vorläufige Mittel beschränkt, wenn ich das Wesen eines Dichters zu beschreiben versuche: dieses ungeheuere und kindliche Wesen, welches (man fasst es nicht: wie) nicht allein in endgültigen großen Gestalten früher aufkam, nein, sich hier, neben uns, in dem Knaben vielleicht, der den großen Blick hebt und uns nicht sieht, gerade zusammenzieht, dieses Wesen, das junge Herzen, in einer Zeit, da sie des geringfügigsten Lebens noch unmächtig sind, überfällt, um sie mit Fähigkeiten und Beziehungen zu erfüllen, die sofort über alles Erwerbbare eines ganzen Daseins hinausgehn; ja, wer wäre imstand von diesem Wesen ruhig zu reden? Wäre es noch an dem, dass es nicht mehr vorkäme, dass wir es absehen dürften an den Gedichten Homers, hinausgerückt, in seiner unwahrscheinlichen Erscheinung: wir würden es allmählich in eine Fassung bringen, wir würden ihm Namen geben und Verlauf, wie den anderen Dingen der Vorzeit; denn was anderes als Vorzeit bricht aus in den mit solchen Gewalten bestürzten Herzen. Hier unter uns, in dieser vielfältig heutigen Stadt, in jenem redlich beschäftigten Haus, unter dem Lärm der Fahrzeuge und Fabriken und während die Zeitungen ausgerufen werden, geräumige Blätter bis an den Rand voll Ereignis, ist plötzlich, wer weiß, alle Anstrengung, aller Eifer, alle Kraft überwogen durch den Auftritt der Titanen in einem unmündigen Innern. Nichts spricht dafür als die Kälte einer Knabenhand; nichts als ein erschrocken zurückgenommener Aufblick; nichts als die Teilnahmslosigkeit dieses jungen Menschen, der mit seinen Brüdern nicht spricht und, so bald es geht, von den Mahlzeiten aufsteht, die ihn viel zu lang dem Urteil seiner Familie ausstellen. Kaum dass er weiß, ob er noch zur Mutter gehört: so weit sind alle Maße seines Fühlens verschoben, seit dem Einbruch der Elemente in sein unendliches Herz.

O ihr Mütter der Dichter. Ihr Lieblingsplätze der Götter, in deren Schoß schon muss das Unerhörte verabredet worden sein. Hörtet ihr Stimmen in der Tiefe eurer Empfängnis, oder haben die Göttlichen sich nur mit Zeichen verständigt?

Ich weiß nicht, wie man das völlig Wunderbare einer Welt leugnen kann, in der die Zunahme des Berechneten die Vorräte dessen, was über jedes Absehn hinausgeht, noch gar nicht einmal angegriffen hat. Es ist wahr, die Götter haben keine Gelegenheit verschmäht, uns bloßzustellen: sie ließen uns die großen Könige Ägyptens aufdecken in ihren Grabkammern, und wir konnten sie sehen in ihren natürlichen Verwesungen, wie ihnen nichts erspart geblieben war. Alle die äußersten Leistungen jener Bauwerke und Malereien haben zu nichts geführt; hinter dem Qualm der Balsamküchen ward kein Himmel erheitert, und der tönernen Brote und Beischläferinnen hat sich kein unterweltlicher Schwarm scheinbar bedient. Wer bedenkt, welche Fülle reinster und gewaltigster Vorstellungen hier (und immer wieder) von den unbegreiflichen Wesen, an die sie angewandt waren, abgelehnt und verleugnet worden ist, wie möchte der nicht zittern für unsere größere Zukunft. Aber bedenke er auch, was das menschliche Herz wäre, wenn außerhalb seiner, draußen, an irgendeinem Platze der Welt Gewissheit entstünde; letzte Gewissheit. Wie es mit einem Schlage seine ganze in Jahrtausenden angewachsene Spannung verlöre, eine zwar immer noch rühmliche Stelle bliebe, aber eine, von der man heimlich erzählte, was sie vor Zeiten gewesen sei. Denn wahrlich, auch die Größe der Götter hängt an ihrer Not: daran, dass sie, was man ihnen auch für Gehäuse behüte, nirgends in Sicherheit sind, als in unserem Herzen. Dorthin stürzen sie oft aus dem Schlaf mit noch ungesonderten Plänen; dort kommen sie ernst und beratend zusammen; dort wird ihr Beschluss unaufhaltsam.

Was wollen alle Enttäuschungen besagen, alle unbefriedigten Grabstätten, alle entkernten Tempel, wenn hier, neben mir, in einem auf einmal verfinsterten Jüngling Gott zur Besinnung kommt. Seine Eltern sehen noch keine Zukunft für ihn, seine Lehrer glauben seiner Unlust auf der Spur zu sein, sein eigener Geist macht ihm die Welt ungenau, und sein Tod versucht schon immer an ihm, wo er am besten zu brechen sei; aber so groß ist die Unüberlegtheit des Himmlischen, dass es in dieses unverlässliche Gefäß seine Ströme ergießt. Vor einer Stunde noch vermochte der flüchtigste Aufblick der Mutter dieses Wesen zu umfassen; nun ermäße sie's nicht: und wenn sie Auferstehung und Engelsturz zusammennimmt.

*

Wie aber kann ein neues Geschöpf, das noch kaum seine eigenen Hände kennt, unerfahren in seiner Natur, Neuling in den gewöhnlichsten Wendungen seines Geistes, sich bei so unerhörter Anwesenheit einrichten? Wie soll es, das doch offenbar bestimmt ist, später von der präzisesten Beschaffenheit zu sein, seine Ausbildung leisten, zwischen Drohungen und Verwöhnungen, die beide seine unvorbereiteten Kräfte, bis zum letzten Aufgebot, übersteigen? Und nicht nur dass der Ausbruch der Größe in seinem Innern ihm die heroische Landschaft seines Gefühls fast ungangbar macht: in demselben Maße, als dort seine Natur überhand nimmt, gewahrt er, aufblickend, misstrauische Fragen, bittre Forderungen und Neugier in den bisher in Sicherheit geliebten Gesichtern. Dürfte doch ein Knabe in solcher Lage immer noch fortgehn, hinaus, und ein Hirte sein. Dürfte er seine verwirrten inneren Gegenstände in langen sprachlosen Tagen und Nächten bereichern um den staunend erfahrenen Raum; dürfte er die gedrängten Bilder in seiner Seele gleichsetzen dem verbreiteten Gestirn. Ach, dass doch niemand ihm zuredete und niemand ihm widerspräche. Wollt ihr wirklich *Diesen* beschäftigen, diesen maßlos in Anspruch Genommenen, dem, vor der Zeit, ein unerschöpfliches Wesen zu tun gibt?

Kann man sich erklären, wie er besteht? Die ihn plötzlich bewohnende Macht findet Verkehr und Verwandtschaft bei seiner, noch in allen Winkeln des Herzens zögernden Kindheit; da zeigt es sich erst, nach was für ungeheueren Verhältnissen hin, dieser äußerlich so unzulängliche Zustand, innen offensteht. Der unverhältnismäßige Geist, der im Bewusstsein des Jünglings nicht Platz hat, schwebt da über einer entwickelten Unterwelt voller Freuden und Furchtbarkeiten. Aus ihr allein, absehend von der ganzen jenseitig- äußeren Kreatur, vermöchte er seine gewaltigen Absichten zu bestreiten. Aber da lockt es ihn auch schon, durch die rein leitenden Sinne des Ergriffenen mit der vorhandenen Welt zu verhandeln. Und wie er innen an das verborgen Mächtigste seinen Anschluss hat, so wird er im Sichtbaren schnell und genau von kleinen winkenden Anlässen bedient: widerspräche es doch der verschwiegenen Natur, in dem Verständigten das Bedeutende anders als unscheinbar aufzuregen.

Wer die frühen Kleistischen Briefe liest, dem wird, in demselben Grade, als er diese in Gewittern sich aufklärende Erscheinung begreift, die Stelle nicht unwichtig sein, die von dem Gewölb eines gewissen Tores in Würzburg handelt, einem der zeitigsten Eindrücke, an dem, leise berührt, die schon gespannte Genialität sich nach außen schlägt. Irgendein nachdenklicher Leser Stifters (um noch ein Beispiel vorzustellen) könnte es bei sich zur Vermutung bringen, dass diesem dichterischen Erzähler sein innerer Beruf in dem Augenblick unvermeidlich geworden sei, da er, eines unvergesslichen Tages, zuerst durch ein Fernrohr einen äußerst entlegenen Punkt der Landschaft herbeizuziehen suchte und nun, in völlig bestürzter Vision, ein Flüchten von Räumen, von Wolken, von Gegenständen erfuhr, einen Schrecken von solchem Reichtum, dass in diesen Sekunden sein offen überraschtes Gemüt Welt empfing, wie die Danaë den ergossenen Zeus.

Es möchte am Ende jede dichterische Entschlossenheit an so nebensächlichen Anlässen unerwartet zu sich gekommen sein, nicht allein, da sie zum ersten Mal sich eines Temperamentes bemächtigte, sondern immer wieder, an jeder Wendung einer künstlerisch sich vollziehenden Natur.

Wer nennt euch alle, ihr Mitschuldigen der Begeisterung, die ihr nichts als Geräusche seid, oder Glocken, die aufhören, oder wunderlich neue Vogelstimmen im vernachlässigten Gehölz. Oder Glanz, den ein aufgehendes Fenster hinauswirft in den schwebenden Morgen; oder abstürzendes Wasser; oder Luft; oder Blicke. Zufällige Blicke Vorübergehender, Aufblicke von Frauen, die am Fenster nähen, bis herunter zum unsäglich besorgten Umschaun hockender bemühter Hunde, so nahe am Ausdruck der Schulkinder. Welche Verabredung, Größe hervorzurufen, geht durch den kleinlichsten Alltag. Vorgänge, so gleichgültig, dass sie nicht imstande wären, das nachgibigste Schicksal um ein Zehntausendstel zu verschieben –, siehe: hier winken sie, und die göttliche Zeile tritt über sie fort ins Ewige.

Gewiss wird der Dichter bei zunehmender Einsicht in seine grenzenlosen Aufgaben sich an das Größte anschließen; es wird ihn, wo er es findet, entzücken oder demütigen, nach seiner Willkür. Aber das Zeichen zum Aufstand in seinem Herzen wird willig von einem Boten gegeben sein, der nicht weiß, was er tut. Undenkbar ist es für ihn, sich von vornherein nach dem Großen auszurichten, da er ja gerade bestimmt ist, an ihm, seinem allgegenwärtigen Ziele, auf noch unbeschreiblich eigenen Wegen herauszutreten. Und wie, eigentlich, sollte es ihm zuerst kenntlich geworden sein, da es in seiner ursprünglichen Umwelt vielleicht nur vermummt, sich verstellend oder verachtet vorkam, gleich jenem Heiligen, im Zwischenraum unter der Treppe wohnend? Läge es aber einmal vor ihm, offenkundig, in seiner sichern, auf uns nicht Rücksicht nehmenden Herrlichkeit, – müsste er dann nicht wie Petrarca vor den zahllosen Aussichten des erstiegenen Berges zurück in die Schluchten seiner Seele flüchten, die, ob er sie gleich nie erforschen wird, ihm doch unaussprechlich näher gehn als jene zur Not erfahrbare Fremde.

Erschreckt im Innern durch das ferne Donnern des Gottes, von außen bestürzt durch ein unaufhaltsames Übermaß von Erscheinung, hat der gewaltig Behandelte eben nur Raum, auf dem Streifen zwischen beiden Welten dazustehn, bis ihm, auf einmal, ein unbeteiligtes kleines Geschehn seinen ungeheueren Zustand mit Unschuld überflutet. Dieses ist der Augenblick, der in die Waage, auf deren einer Schale sein von unendlichen Verantwortungen überladenes Herz ruht, zu erhaben beruhigter Gleiche, das große Gedicht legt.

*

Das große Gedicht. Wie ich es sage, wird mir klar, dass ich es, bis vor Kurzem, als ein durchaus Seiendes hingenommen habe, es jedem Verdacht der Entstehung hochhin entziehend. Wäre mir selbst der Urheber dahinter hervorgetreten, ich wüsste mir doch die Kraft nicht vorzustellen, die soviel Schweigen auf *ein* Mal gebrochen hat. Wie die Erbauer der Kathedralen, Samenkörnern vergleichbar, sofort aufgegangen waren, ohne Rest, in Wachstum und Blüte, in dem schon wie von jeher gewesenen Dastehn ihrer, aus ihnen nicht mehr erklärlichen Werke: so sind mir die großen vergangenen und die gegenwärtigen Dichter rein unfasslich geblieben, jeder einzelne ersetzt durch den Turm und die Glocke seines Herzes. Erst seit eine nächste, herauf und gleich ins Künftige drängende Jugend, ihr eigenes Werden im Werden ihrer Gedichte nicht unbedeutend zur Geltung bringt, versucht mein Blick, neben der Leistung, die Verhältnisse des hervorbringenden Gemüts zu erkennen. Aber auch jetzt noch, da ich zugeben muss, dass Gedichte sich bilden, bin ich weit entfernt, sie für erfunden zu halten; vielmehr erscheint es mir, als ob in der Seele des dichterisch Ergriffenen eine geistige Prädisposition heraustrâte, die schon zwischen uns (wie ein unentdecktes Sternbild) gespannt war.

Betrachtet man, was an schöner Verwirklichung schon jetzt für einige von denjenigen einsteht, die ihr drittes Jahrzehnt kürzlich angetreten haben, so könnte man fast hoffen, sie würden in kurzem, alles, woran in den letzten dreißig Jahren unsere Bewunderung groß geworden ist, durch das Vollzieherische ihrer Arbeit zur Vorarbeit machen. Es müssen, das ist klar, die verschiedensten Umstände sich günstig verabreden, damit ein solches entschlossenes Gelingen möglich sei. Prüft man diese Umstände, so sind der äußeren so viele, dass man es am Ende aufgibt, bis zu den innerlichen vorzudringen. Die gereizte Neugier und unaufhörliche Findigkeit einer, um hundert Hemmungen freieren Zeit dringt in alle Verstecke des Geistes und hebt leicht auf ihren Fluten Gebilde hervor, die der Einzelne, in dem sie hafteten, früher langsam und schwer zu Tage grub. Zu geübt im Einsehen um sich aufzuhalten, findet sich diese Zeit plötzlich an Binnenstellen, wo vielleicht noch keine ohne göttlichen Vorwand, in voller Öffentlichkeit, gewesen war; überall eintretend, macht sie die Werkstätten zu Schauplätzen und hat nichts dagegen, in den Vorratskammern ihre Mahlzeiten zu halten. Sie mag im Recht sein, denn sie kommt aus der Zukunft. Sie beschäftigt uns in einer Weise, wie seit lange keine Zeit ihre Ansiedler beschäftigt hat; sie rückt und verschiebt und räumt auf, jeder von uns hat ihr viel zu verdanken. Und doch, wer hat ihr noch nicht, wenigstens einen Augenblick, mit Misstrauen zugesehen; sich gefragt, ob es ihr wirklich um Fruchtbarkeit zu tun sei, oder nur um eine mechanisch bessere und erschöpfendere Ausbeutung der Seele? Sie verwirrt uns mit immer neuen Sichtbarkeiten; aber wie vieles hat sie uns schon hingestellt, wofür in unserem Innern kein Fortschritt entsprechend war? Nun will ich zwar annehmen, sie böte zugleich der entschlossenen Jugend die unerwartetesten Mittel, ihre reinsten inneren Wirklichkeiten nach und nach, sichtbar, in genauen Gegenwerten auszuformen; ja ich will glauben, sie besäße diese Mittel im höchsten Grade. Aber wie ich mich nun bereit halte, ihr, der Zeit, manchen neuen künstlerischen Gewinn zuzuschreiben, schlägt mir die Bewunderung über sie hinüber, den immer, den auch hier wieder unbegreiflichen Gedichten entgegen.

Wäre auch nicht einer unter den jungen Dichtern, der sich nicht freute, das Gewagte und Gesteigerte dieser Tage für seine Anschauung auszunutzen, ich würde doch nicht fürchten, dass ich das dichterische Wesen und seine Einrichtung in der inneren Natur zu schwer genommen habe. Alle Erleichterungen, wie eindringlich sie sein mögen, wirken nicht bis dorthin, wo das Schwere sich freut, schwer zu sein. Was kann schließlich die Lage desjenigen verändern, der von früh auf bestimmt ist, in seinem Herzen das Äußerste aufzuregen, das die anderen in den ihren hinhalten und beschwichtigen? Und welcher Friede wäre wohl für ihn zu schließen, wenn er, innen, unter dem Angriff seines Gottes steht.

Puppen

Zu den Wachs-Puppen von Lotte Pritzel

Um den Umkreis zu bestimmen, in den die Existenz dieser Puppen fällt, könnte man von ihnen vermuten, dass es ihrem Dasein gegenüber keine Kinder gibt, dies wäre gewissermaßen die Vorbedingung ihres Entstehens gewesen, dass die Welt der Kinder vorüber sei. In ihnen ist die Puppe endlich dem Einsehen, der Teilnehmung, der Lust und dem Kummer des Kindes entwachsen, sie ist selbständig, sie ist groß geworden, frühalt, sie hat alle Unwirklichkeiten ihres eigenen Lebens angetreten. Wie bei gewissen Studenten, hat man sich nicht auch vor den dicken unveränderlichen Kinderpuppen tausendmal gefragt, was später aus ihnen würde? Sind nun hier die Erwachsenen zu jenen, von echten und gespielten Gefühlen überpflegten Puppen-Kindheiten? Sind hier ihre, in menschlich übersättigte Luft flüchtig hineingespiegelten Früchte? Die Scheinfrüchte, deren Keime nie zu Ruhe kamen, bald von Tränen fast fortgewaschen, bald der glühenden Dürre der Wut ausgesetzt, oder der Öde des Vergessenseins; eingepflanzt in die weichste Tiefe einer sich maßlos versuchenden Zärtlichkeit und hundertmal wieder herausgerissen, in einen Winkel geschleudert zu kantigen, zerbrochenen Dingen, verschmäht, verachtet, abgetan.

Ernährt mit Scheinspeise wie der »Ka«, das Wirkliche, wo's ihnen durchaus sollte beigebracht werden, verwöhnt an sich verschmierend, undurchdringlich und in dem äußersten Zustand von vorweggenommener Dickigkeit unfähig, auch nur einen Tropfen Wasser an irgendeiner Stelle einzunehmen; ohne eigenes Urteil, nachgibig gegen jeden Lappen und doch, wenn er einmal angeeignet war, ihn auf eine besondere Art besitzend, nachlässig, selbstgefällig, unrein; nur im Augenaufschlag einen Moment wach, dann sofort mit den unverhältnismäßigen berührbaren Augen offen hinschlafend, wohl kaum imstande zu unterscheiden, ob das mechanische Lid auf ihnen liegt, oder jener andere Gegenstand, die Luft; träge: hingeschleift durch die wechselnden Emotionen des Tages, in jeder liegen bleibend; wie ein Hund zum Mitwisser gemacht, zum Mitschuldigen, aber nicht wie er empfänglich und vergesslich, sondern eine Last in beidem; eingeweiht in die ersten namenlosen Erfahrungen ihrer Eigentümer, in ihren frühesten unheimlichen Einsamkeiten herumliegend wie mitten in leeren Zimmern, als ob es nur gälte, das neue Geräumige mit allen Gliedern grob auszunutzen, – mitgezogen in die Gitterbetten, verschleppt in die schweren Falten der Krankheiten, in den Träumen vorkommend, verwickelt in die Verhängnisse der Fiebernächte: so waren jene Puppen. Denn sie selber bemühten sich nie in alledem; lagen dann vielmehr da am Rande des Kinderschlafs, erfüllt höchstens von dem rudimentären Gedanken des Hinunterfallens, sich träumen *lassend;* wie sie's gewohnt waren, am Tag mit fremden Kräften unermüdlich gelebt zu sein.

*

Wenn man überlegt, wie dankbar Dinge sonst für Zärtlichkeiten sind, wie sie unter ihnen sich erholen, ja wie ihnen (wenn man sie nur liebt) selbst die härteste Abnutzung noch als eine zehrende Liebkosung anschlägt, unter der sie zwar schwinden, aber gleichsam ein Herz annehmen, das sie um so stärker durchdringt, je mehr ihr Körper nachgibt (: fast werden sie dadurch in einem höheren Sinne sterblich und können jene Wehmut mit uns teilen, die unsere größte ist –); wenn man dies überlegt und sich erinnert, welche feinfühlige Schönheit gewisse Dinge sich anzueignen wussten, die ins menschliche Leben ausführlich und innig einbegriffen waren, ich meine da nicht einmal, dass es nötig sei, in Madrid, durch die Säle der Armeria zu gehen und die Rüstungen, Helme, Dolche und Doppelhänder anzustaunen, in denen die reine kluge Kunst des Harnischfegers unendlich übertroffen wurde durch ein Etwas, das der stolze und feurige Gebrauch diesem Gewaffen hinzufügte; ich denke nicht an das Lächeln und Verweintsein im Innern oft getragener Steine, ich wage nicht, an eine gewisse Perle zu denken, in der das Ungewisse ihrer Unterwasserwelt zu so geistiger Bedeutung gesteigert war, dass die ganze Unkenntlichkeit des Schicksals in ihrem schuldlosen Tropfen sich zu beklagen schien; ich überspringe das Innige, das Rührende, das verlassen Nachdenkliche von vielen Dingen, die mich durch ihr schönes Eingewöhntsein ins Menschliche, da ich vorüberging, erschüttert haben; nur ganz einfache möcht ich rasch aufrufen: einen Nähstock, ein Spinnrad, einen häuslichen Webstuhl; einen Brauthandschuh, eine Tasse, den Einband und die Blätter einer Bibel; nicht zu reden von dem großen Willen eines Hammers, von der Hingebung einer Geige, von dem gutmütigen Eifer einer Hornbrille –, ja wirf nur jenes Spiel

Karten auf den Tisch, mit dem so oft Patiencen gelegt worden sind, schon steht er im Mittelpunkt weher, längst anders überholter Hoffnungen. Wenn man sich dieses alles gegenwärtig machte und man fände im selben Augenblicke – sie unter einem Haufen teilnahmsvollerer Dinge hervorziehend – eine unserer Puppen: sie würde uns fast empören durch ihre schreckliche dicke Vergesslichkeit, der Hass, der, unbewusst, sicher immer einen Teil unserer Beziehungen zu ihr ausmachte, schlüge nach oben, entlarvt läge sie vor uns da, als der grausige Fremdkörper, an den wir unsere lauterste Wärme verschwendet haben; als die oberflächlich bemalte Wasserleiche, die sich von den Überschwemmungen unserer Zärtlichkeit heben und tragen ließ, bis wir wieder trocken wurden und sie in irgendeinem Gestrüpp vergaßen. Ich weiß, ich weiß, wir mussten solche Dinge haben, die sich alles gefallen ließen. Der einfachste Verkehr der Liebe ging schon über unsere Begriffe hinaus, mit einer Person, die etwas *war,* konnten wir unmöglich leben und handeln, wir konnten uns höchstens in sie hineindrücken und in ihr verlorengehen. Der Puppe gegenüber waren wir gezwungen, uns zu behaupten, denn wenn wir uns an sie aufgaben, so war überhaupt niemand mehr da. Sie erwiderte nichts, so kamen wir in die Lage, für sie Leistungen zu übernehmen, unser allmählich breiteres Wesen zu spalten in Teil und Gegenteil, uns gewissermaßen durch sie die Welt, die unabgegrenzt in uns überging, vom Leibe zu halten. Wie in einem Probierglas mischten wir in ihr, was uns unkenntlich widerfuhr, und sahen es dort sich färben und aufkochen. Das heißt, auch das *erfanden* wir wieder, sie war so bodenlos ohne Phantasie, dass unsere Einbildung an ihr unerschöpflich wurde. Stundenlang, ganze Wochen mochte es uns befriedigen, an diesem stillhaltenden Mannequin die erste flaumige Seide unseres Herzens in Falten zu legen, aber ich kann mir nicht anders vorstellen, als dass es gewisse zu lange Nachmittage gab, in denen unsere doppelten Einfälle ermüdeten und wir ihr plötzlich gegenüber saßen und etwas von ihr erwarteten. Möglicherweise lag dann eines von jenen Dingen in der Nähe, die von Natur hässlich und dürftig und deshalb voll eigener Ansichten waren, der Kopf eines Kaspers, der nicht umzubringen war, ein halbzerbrochenes Pferd, oder etwas was Lärm machte und es ohnehin kaum erwarten konnte, uns und diese ganze Stube mit allen Kräften zu übertönen. Aber wenn nicht; wenn nichts dalag und uns auf andere Gedanken brachte, wenn jenes beschäftigungslose Geschöpf fortfuhr, sich schwer und dumm zu spreizen, wie eine bäuerische Danaë nichts anderes kennend, als den unaufhörlichen Goldregen unserer Erfindung: ich wollte, ich könnte mich entsinnen, ob wir dann aufbegehrten, auffuhren und dem Ungeheuer zu verstehen gaben, dass unsere Geduld zu Ende wäre? Ob wir dann nicht, zitternd vor Wut, vor ihr standen und wissen wollten, Posten für Posten, wofür sie unsere Wärme eigentlich gebrauche, was aus diesem ganzen Vermögen geworden sei? – Dann schwieg sie, nicht aus Überlegenheit, schwieg, weil das ihre ständige Ausrede war, weil sie aus einem nichtsnutzigen, völlig unzurechnungsfähigen Stoffe bestand, – schwieg und kam nicht einmal auf den Gedanken, sich darauf etwas zugute zu tun, ob es ihr gleich zu großer Bedeutung verhelfen musste in einer Welt, in der das Schicksal, ja Gott selber, vor allem dadurch berühmt geworden sind, dass sie uns anschweigen. Zu einer Zeit, wo noch alle bemüht waren, uns immer rasch und beschwichtigend zu antworten, war sie, die Puppe, die erste, die uns jenes überlebensgroße Schweigen antat, das uns später immer wieder aus dem Raume anhauchte, wenn wir irgendwo an die Grenze unseres Daseins traten. Ihr gegenüber, da sie uns anstarrte, erfuhren wir zuerst (oder irr ich mich?) jenes Hohle im Gefühl, jene Herzpause, in der einer verginge, wenn ihn dann nicht die ganze, sanft weitergehende Natur, wie ein Lebloses, über Abgründe hinüberhübe. Sind wir nicht wunderliche Geschöpfe, dass wir uns gehen und anleiten lassen, unsere erste Neigung dort anzulegen, wo sie aussichtslos bleibt? So dass überall in den Geschmack jener unüberlegtesten Zärtlichkeit die Bitternis sich verteilte, dass sie vergeblich war? Wer weiß, ob nicht mancher später draußen im Leben aus solchen Erinnerungen den

Verdacht nimmt, dass er nicht zu lieben sei? Ob nicht in dem und jenem seine Puppe heillos weiterwirkt, so dass er hinter vagen Befriedigungen her ist, einfach aus Widerspruch gegen das Unbefriedigtsein, mit dem sie sein Gemüt verdorben hat? – Ich entsinne mich, auf dem Herrenhaus eines abgelegenen russischen Gutes, in den Händen der Kinder, eine alte ererbte Puppe gesehen zu haben, der die ganze Familie ähnlich sah. – Es könnte ein Dichter unter die Herrschaft einer Marionette geraten, denn die Marionette hat nichts als Phantasie. Die Puppe hat keine und ist genau um so viel weniger als ein Ding, als die Marionette mehr ist. Aber dieses Weniger-sein-als-ein-Ding, in seiner ganzen Unheilbarkeit, enthält das Geheimnis ihres Übergewichts. An die Dinge muss sich das Kind gewöhnen, es muss sie hinnehmen, jedes Ding hat seinen Stolz. Die Dinge dulden die Puppe, keines liebt sie, man könnte meinen, der Tisch wirft sie ab, kaum sieht man fort, liegt sie schon wieder auf dem Fußboden. Anfänger der Welt, die wir waren, konnten wir über nichts überlegen sein, als höchstens über einen solchen halben Gegenstand, der uns hingelegt worden war, wie man den Tieren in den Aquarien einen Scherben hinlegt, damit sie an ihm ein Maß und Kennzeichen ihrer Umwelt fänden. Wir orientierten uns an der Puppe. Sie lag tiefer von Natur, so konnten wir unmerklich gegen sie abfließen, uns in ihr sammeln und, wenn auch ein wenig trübe, die neuen Umgebungen in ihr erkennen. Aber wir begriffen bald, dass wir sie weder zu einem Ding noch zu einem Menschen machen konnten, und in solchen Momenten wurde sie uns zu einem Unbekannten, und alles Vertrauliche, womit wir sie erfüllt und überschüttet hatten, wurde uns unbekannt in ihr.

Dass wir dich aber dann doch nicht zum Götzen machten, du Balg, und nicht in der Furcht zu dir untergingen, das lag daran, will ich dir sagen, dass wir *dich* gar nicht meinten. Wir meinten etwas ganz anderes, Unsichtbares, das wir über dich und uns, heimlich und ahnungsvoll, hinaushielten, und wofür wir beide gleichsam nur Vorwände waren, eine Seele meinten wir: die Puppenseele.

*

Grosse mutige Seele des Schaukelpferds, du Wellenbadschaukel des Knabenherzens, die die Spielzimmerluft aufregte, dass sie wie über den berühmten Schlachtfeldern der Erde sich überschlug, stolze, glaubwürdige, fast sichtbare Seele. Wie du die Mauern, die Fensterkreuze, die täglichen Horizonte zum Schwanken brachtest, als rüttelten schon die Stürme der Zukunft an diesen überaus vorläufigen Übereinkünften, die im Anstehn der Nachmittage etwas so Unüberwindliches annehmen konnten. Ach wie rissest du einen, Schaukelpferdseele, hinaus und hinüber ins unaufhaltsam Heldische, wo man heiß und glorios unterging mit der schrecklichsten Unordnung in den Haaren. Dann lagst du daneben, Puppe, und hattest nicht so viel Unschuld zu begreifen, dass dein heiliger Georg das Tier deiner Stumpfheit unter sich wiegte, den Drachen, der unsere flutendsten Gefühle in dir zur Masse werden ließ, zu einer perfiden, gleichgültigen Unzerbrechlichkeit. Oder du, überzeugte Seele der Trambahn, die in uns fast überhandnehmen konnte, wenn wir nur mit einigem Glauben an unsere Wagen-Natur in der Stube herumfuhren. Seelen, ihr, aller der einsamen Spiele und Abenteuer; einfältig gefällige Seele des Balls, Seele im Geruch der Dominosteine, unerschöpfliche. Seele des Bilderbuchs. Seele der Schultasche, gegen die man schon ein wenig misstrauisch war, weil sie's oft ganz offen mit den Erwachsenen hielt; taube Trichterseele der braven kleinen Blechtrompete: wie wart ihr alle leutselig und beinahe greifbar. Nur du, Puppenseele, von dir konnte man nie recht sagen, wo du eigentlich warst. Ob du dich gerade bei einem aufhieltest oder bei der schläfrigen Kreatur da drüben, der man dich beständig einredete; sicher verließen wir uns oft einer auf den andern und am Ende hielt dich keiner, und du wurdest mit Füßen getreten. Wann warst du eigentlich jemals gegenwärtig? Am Geburtstagsmorgen vielleicht, wenn eine neue Puppe dasaß und sich fast etwas Körperwärme aneignete von dem noch warmen Kuchen neben ihr? Oder am Vorabend vor Weihnachten? Wenn die bisherigen Puppen die überwiegende Nähe der künftigen ahnten durch die seit Tagen unzugängliche Zimmertür? Oder, mit mehr Wahrscheinlichkeit, wenn eine Puppe plötzlich hinfiel und hässlich wurde: da war's eine Sekunde, als überraschte man dich. Auch, glaube ich, warst du imstande, so ungenau wehzutun wie beginnender Zahnschmerz, von dem man noch nicht weiß, wo er eigentlich sein wird, wenn die Lieblingspuppe Anna plötzlich verloren ging, nie wieder gefunden werden sollte in alle Ewigkeit: weg war. Aber im Grunde war man so beschäftigt, dich zu erhalten, dass man keine Zeit hatte, dich festzustellen. Ich habe kein Urteil darüber, wie es ist, wenn ein kleines Mädchen stirbt und eine ihrer Puppen (vielleicht eine, die bis dahin recht vernachlässigt war) nicht von sich lässt, auch ganz zuletzt nicht, so dass das arme Ding, ordentlich dürr und welk von der heiß zehrenden Fieberhand, ins Ernste, Endgültige mit hineingerissen wird: ob dann ein bisschen Seele sich in ihm sammelt, neugierig, eine wirkliche Seele zu sehn?

*

O Puppenseele, die Gott nicht gemacht hat, du, von einer unbesonnenen Fee launisch erbetene, von einem Götzen mit Überanstrengung ausgeatmete Dingseele, die wir alle, halb ängstlich halb großmütig, erhalten haben und aus der keiner sich völlig zurücknehmen kann, o Seele, die nie recht getragen worden ist, die immer nur, beschützt von allerhand altmodischen Gerüchen, in Aufbewahrung war (wie die Pelze im Sommer) siehe, da sind nun in dich die Motten gekommen. Zu lange hat man nicht mit dir gerührt, nun schüttelt dich eine Hand, besorgt und mutwillig zugleich, – sieh sieh, da flattern aus dir alle die kleinen wehleidigen Falter hervor, unbeschreiblich sterbliche, die im Augenblick, da sie zu sich kommen, schon anfangen, von sich Abschied zu nehmen.

So haben wir dich am Ende recht zerstört, Puppenseele, indem wir dich in unseren Puppen zu pflegen meinten; sie waren wohl schon die Larven, die dich aus – fraßen –, da erklärt es sich auch, dass sie so dick und so träge waren und dass an sie keine Nahrung mehr anzubringen war.

Nun flüchtet dieses neue scheue Geschlecht hervor und flattert durch unser dunkles Gefühl. Sieht man es, man möchte sagen, dass es kleine Seufzer sind, so dünn, dass für sie unser Ohr nicht mehr ausreichte, sie erscheinen, schwindend, an der schwankendsten Grenze unseres Gesichts. Denn dies allein beschäftigt sie: hinzuschwinden. Geschlechtlos wie die Kinderpuppen selbst es waren, finden sie keinen Untergang in ihrer anstehenden Wollust, die nicht Zufluss noch Abfluss hat. Es ist, als verzehrten sie sich nach einer schönen Flamme, sich falterhaft hineinzuwerfen (und dann müsste der augenblickliche Geruch ihres Aufbrennens uns mit grenzenlosen, nie gewussten Gefühlen überfluten). Wie man das so denkt und aufsieht, steht man, fast erschüttert, vor ihrer wächsernen Natur.

Ur-Geräusch

Zur Zeit, als ich die Schule besuchte, mochte der Phonograph erst kürzlich erfunden worden sein. Er stand jedenfalls im Mittelpunkte des öffentlichen Erstaunens, und so mag es sich erklären, dass unser Physiklehrer, ein zu allerhand emsigen Basteleien geneigter Mann, uns anleitete, einen derartigen Apparat aus dem handgreiflichsten Zubehöre geschickt zusammenzustellen. Dazu war nicht mehr nötig, als was ich im Folgenden aufzähle. Ein Stück biegsamerer Pappe, zu einem Trichter zusammengebogen, dessen engere runde Öffnung man sofort mit einem Stück undurchlässigen Papiers, von jener Art, wie man es zum Verschlusse der Gläser eingekochten Obstes zu verwenden pflegt, verklebte, auf diese Weise eine schwingende Membran improvisierend, in deren Mitte, mit dem nächsten Griff, eine Borste aus einer stärkeren Kleiderbürste, senkrecht abstehend, eingesteckt wurde. Mit diesem Wenigen war die eine Seite der geheimnisvollen Maschine hergestellt, Annehmer und Weitergeber standen in voller Bereitschaft, und es handelte sich nun nur noch um die Verfertigung einer aufnehmenden Walze, die, mittels einer kleinen Kurbel drehbar, dicht an den einzeichnenden Stift herangeschoben werden konnte. Ich erinnere nicht, woraus wir sie herstellten; es fand sich eben irgend ein Zylinder, den wir, so gut und so schlecht uns das gelingen mochte, mit einer dünnen Schicht Kerzenwachs überzogen, welches kaum verkaltet und erstarrt war, als wir schon, mit der Ungeduld, die über dem dringenden Geklebe und Gemache in uns zugenommen hatte, einer den andern fortdrängend, die Probe auf unsere Unternehmung anstellten. Man wird sich ohneweiters vorstellen können, wie das geschah. Sprach oder sang jemand in den Schalltrichter hinein, so übertrug der in dem Pergamente steckende Stift die Tonwellen auf die empfängliche Oberfläche der langsam an ihm vorbei gedrehten Rolle, und ließ man gleich darauf den eifrigen Zeiger seinen eigenen (inzwischen durch einen Firnis befestigten) Weg wieder verfolgen, so zitterte, schwankte aus der papierenen Tüte der eben noch unsrige Klang, unsicher zwar, unbeschreiblich leise und zaghaft und stellenweise versagend, auf uns zurück. Die Wirkung war jedes Mal die vollkommenste. Unsere Klasse gehörte nicht eben zu den ruhigsten, und es möchten nicht viele Augenblicke gewesen sein, da sie, gemeinsam, einen ähnlichen Grad von Stille zu erreichen fähig war. Das Phänomen blieb ja auch überraschend, ja recht eigentlich erschütternd, von einem Male zum anderen. Man stand gewissermaßen einer neuen, noch unendlich zarten Stelle der Wirklichkeit gegenüber, aus der uns, Kinder, ein bei weitem Überlegenes doch unsäglich anfängerhaft und gleichsam Hilfe suchend ansprach. Damals und durch die Jahre hin meinte ich, es sollte mir gerade dieser selbständige, von uns abgezogene und draußen aufbewahrte Klang unvergesslich bleiben. Dass es anders kam, ist die Ursache dieser Aufzeichnung.

Nicht er, nicht der Ton aus dem Trichter, überwog, wie sich zeigen sollte, in meiner Erinnerung, sondern jene der Walze eingeritzten Zeichen waren mir um vieles eigentümlicher geblieben.

Vierzehn oder fünfzehn Jahre mochten seit jener Schulzeit hingegangen sein, als mir dies eines Tages zum Bewusstsein kam. Es war in meiner ersten Pariser Zeit, ich besuchte damals mit ziemlichem Eifer die Anatomie-Vorlesungen an der École des Beaux- Arts, wobei mich nicht so sehr das vielfältige Geflecht der Muskeln und Sehnen oder die vollkommene Verabredung der inneren Organe anzusprechen schien, als vielmehr das aride Skelett, dessen verhaltene Energie und Elastizität mir damals schon über den Blättern Lionardos sichtbar geworden war. So sehr ich nun auch an dem baulichen Ganzen rätselte, – es war mir zu viel; meine Betrachtung sammelte sich immer wieder zur Untersuchung des Schädels, in dem, sozusagen, das Äußerste, wozu dieses kalkige Element sich noch anspannen konnte, mir geleistet schien, als ob es gerade hier überredet worden wäre, sich zu einem entscheidenden Dienst bedeutend anzustrengen, um ein letzthin Gewagtes, im engen Einschluss schon wieder grenzenlos Wirkendes in seinen festesten Schutz zu nehmen. Die Bezauberung, die dieses besondere, gegen einen durchaus weltischen Raum abgeschlossene Gehäus auf mich ausübte, ging schließlich so weit, dass ich mir einen Schädel anschaffte, um nun auch so manche Nachtstunde mit ihm zuzubringen; und, wie es mir immer mit den Dingen geht: nicht allein die Augenblicke absichtlicher Beschäftigung haben mir diesen zweideutigen Gegenstand merkwürdiger angeeignet –, meine Vertrautheit mit ihm verdank ich ohne Zweifel zu einem gewissen Teile dem streifenden Blick, mit dem wir die gewohnte Umgebung, wenn sie nur einige Beziehung zu uns hat, unwillkürlich prüfen und auffassen. Ein solcher Blick war es, den ich plötzlich in seinem Verlaufe anhielt und genau und aufmerksam einstellte. In dem oft so eigentümlich wachen und auffordernden Lichte der Kerze war mir soeben die Kronen-Naht ganz auffallend sichtbar geworden, und schon wusste ich auch, woran sie mich erinnerte: an eine jener unvergessenen Spuren, wie sie einmal durch die Spitze einer Borste in eine kleine Wachsrolle eingeritzt worden waren!

Und nun weiß ich nicht: ist es eine rhythmische Eigenheit meiner Einbildung, dass mir seither, oft in weiten Abständen von Jahren, immer wieder der Antrieb aufsteigt, aus dieser damals unvermittelt wahrgenommenen Ähnlichkeit den Absprung zu nehmen zu einer ganzen Reihe von unerhörten Versuchen? Ich gestehe sofort, dass ich die Lust dazu, sooft sie sich meldete, nie anders, als mit dem strengsten Misstraun behandelt habe, – bedarf es eines Beweises dafür, so liege er in dem Umstande, dass ich mich erst jetzt, wiederum mehr als anderthalb Jahrzehnte später, zu einer vorsichtigen Mitteilung entschließe. Auch habe ich zugunsten meines Einfalls mehr nicht anzuführen, als seine eigensinnige Wiederkehr, durch die er mich, ohne Zusammenhang mit meinen übrigen Beschäftigungen, bald hier, bald dort, in den unterschiedlichsten Verhältnissen überrascht hat.

Was wird mir nun immer wieder innerlich vorgeschlagen? Es ist dieses:

Die Kronen-Naht des Schädels (was nun zunächst zu untersuchen wäre) hat – nehmen wir's an – eine gewisse Ähnlichkeit mit der dicht gewundenen Linie, die der Stift eines Phonographen in den empfangenden rotierenden Zylinder des Apparates eingrabt. Wie nun, wenn man diesen Stift täuschte und ihn, wo er zurückzuleiten hat, über eine Spur lenkte, die nicht aus der graphischen Übersetzung eines Tones stammte, sondern ein an sich und natürlich Bestehendes –, gut: sprechen wir's nur aus: eben (z. B.) die Kronen-Naht wäre –: Was würde geschehen? Ein Ton müsste entstehen, eine Ton-Folge, eine Musik … Gefühle –, welche? Ungläubigkeit, Scheu, Furcht, Ehrfurcht –: ja, welches nur von allen hier möglichen Gefühlen? verhindert mich, einen Namen vorzuschlagen für das Ur-Ge-räusch, welches da zur Welt kommen sollte …

Dieses für einen Augenblick hingestellt: was für, irgendwo vorkommende Linien möchte man da nicht unterschieben und auf die Probe stellen? Welche Kontur nicht gewissermaßen auf diese Weise zu Ende ziehen, um sie dann, verwandelt, in einem anderen Sinn-Bereich herandringen zu fühlen?

*

In einer gewissen Zeit, da ich mich mit arabischen Gedichten zu beschäftigen begann, an deren Entstehung die fünf Sinne einen gleichzeitigeren und gleichmäßigeren Anteil zu haben scheinen, fiel es mir zuerst auf, wie ungleich und einzeln der jetzige europäische Dichter sich dieser Zuträger bedient, von denen fast nur der eine, das Gesicht, mit Welt überladen, ihn beständig überwältigt; wie gering ist dagegen schon der Beitrag, den das unaufmerksame Gehör ihm zuflößt, gar nicht zu reden von der Teilnahmslosigkeit der übrigen Sinne, die nur abseits und mit vielen Unterbrechungen in ihren nützlich eingeschränkten Gebieten sich betätigen. Und doch kann das vollendete Gedicht nur unter der Bedingung entstehen, dass die mit fünf Hebeln gleichzeitig angegriffene Welt unter einem bestimmten Aspekt auf jener übernatürlichen Ebene erscheine, die eben die des Gedichtes ist.

Eine Frau, der solches in einem Gespräche vorgetragen wurde, rief aus, diese wunderbare, zugleich einsetzende Befähigung und Leistung aller Sinne sei doch nichts anderes, als Geistesgegenwart und Gnade der Liebe, – und sie legte damit (nebenbei) ein eigenes Zeugnis ein für die sublime Wirklichkeit des Gedichts. Aber eben deshalb ist der Liebende in so großartiger Gefahr, weil er auf das Zusammenwirken seiner Sinne angewiesen ist, von denen er doch weiß, dass sie nur in jener einzigen gewagten Mitte sich treffen, in der sie, alle Breite aufgebend, zusammenlaufen und in der kein Bestand ist.

Indem ich mich so ausdrücke, habe ich schon die Zeichnung vor mir, deren ich mich, als eines angenehmen Behelfes, jedes Mal bediente, sooft ähnliche Erwägungen sich aufdrängten. Stellt man sich den gesamten Erfahrungsbereich der Welt, auch seine uns übertreffenden

Gebiete, in einem vollen Kreise dar, so wird es sofort augenscheinlich, um wie viel größer die schwarzen Sektoren sind, die das uns Unerfahrbare bezeichnen, gemessen an den ungleichen lichten Ausschnitten, die den Scheinwerfern der Sensualität entsprechen. Nun ist die Lage des Liebenden die, dass er sich unversehens in die Mitte des Kreises gestellt fühlt, dorthin also, wo das Bekannte und das Unerfassliche in einem einzigen Punkte zusammendringt, vollzählig wird und Besitz schlechthin, allerdings unter Aufhebung aller Einzelheit. Dem Dichter wäre mit dieser Versetzung nicht gedient, ihm muss das vielfältig Einzelne gegenwärtig bleiben, er ist gehalten, die Sinnes-Ausschnitte ihrer Breite nach zu gebrauchen, und so muss er auch wünschen, jeden einzelnen so weit als möglich auszudehnen, damit einmal seiner geschürzten Entzückung der Sprung durch die fünf Gärten in einem Atem gelänge.

Beruht die Gefahr des Liebenden in der Unausgedehntheit seines Standpunkts, so ist es jene des Dichters, der Abgründe gewahr zu werden, die die eine Ordnung der Sinnlichkeit von der anderen scheiden: in der Tat, sie sind weit und saugend genug, um den größeren Teil der Welt – und wer weiß, wie viel Welten – an uns vorbei hinwegzureißen.

Die Frage entsteht hier, ob die Arbeit des Forschers die Ausdehnung dieser Sektoren in der von uns angenommenen Ebene wesentlich zu erweitern vermag? Ob nicht die Erwerbung des Mikroskops, des Fernrohrs und so vieler, die Sinne nach oben oder unten verschiebender Vorrichtungen in eine *andere* Schichtung zu liegen kommen, da doch der meiste, so gewonnene Zuwachs sinnlich nicht durchdrungen, also nicht eigentlich »erlebt« werden kann. Es möchte nicht voreilig sein, zu vermuten, dass der Künstler, der diese (wenn man es so nennen darf) fünffingrige Hand seiner Sinne zu immer regerem und geistigerem Griffe entwickelt, am entscheidendsten an einer Erweiterung der einzelnen Sinn-Gebiete arbeitet, nur dass seine beweisende Leistung, da sie ohne das Wunder zuletzt nicht möglich ist, ihm nicht erlaubt, den persönlichen Gebietsgewinn in die aufgeschlagene allgemeine Karte einzutragen.

Sieht man sich aber nun nach einem Mittel um, unter so seltsam abgetrennten Bereichen die schließlich dringende Verbindung herzustellen, welches könnte versprechender sein als jener, in den ersten Seiten dieser Erinnerung angeratene Versuch? Wenn er hier am Schlusse, mit der schon versicherten Zurückhaltung, nochmals vorgeschlagen wird, so möge man es dem Schreibenden in einem gewissen Grade anrechnen, dass er der Verführung widerstehen konnte, die damit gebotenen Voraussetzungen in den freien Bewegungen der Phantasie willkürlich auszuführen. Dafür schien ihm der, während so vielen Jahren übergangene und immer wieder hervortretende Auftrag zu begrenzt und zu ausdrücklich zu sein.

Soglio, am Tage Mariae Himmelfahrt 1919

Der Brief des jungen Arbeiters

Man hat uns in einer Versammlung vorigen Donnerstag aus Ihren Gedichten vorgelesen, Herr V., es geht mir nach, ich weiß mir keinen anderen Rat, als für Sie hinzuschreiben, was mich beschäftigt, so gut es mir eben möglich ist.

Den Tag nach jener Vorlesung geriet ich zufällig in eine christliche Vereinigung, und vielleicht ist das recht eigentlich der Anstoß gewesen, der die Zündung verursacht hat, die solche Bewegung und Treibung auslöst, dass ich mit allen meinen Kräften auf Sie zufahre. Es ist eine ungeheuere Gewaltsamkeit, etwas anzufangen. Ich kann nicht *anfangen* Ich springe einfach über das, was Anfang sein müsste, weg. Nichts ist so stark wie das Schweigen. Würden wir nicht schon jeder mitten ins Reden hineingeboren, es wäre nie gebrochen worden.

Herr V. Ich spreche nicht von dem Abend, da wir Ihre Dichtungen aufnahmen. Ich spreche von dem anderen. Es treibt mich zu sagen: Wer, ja, – anders kann ich es jetzt nicht ausdrücken, *wer* ist denn dieser Christus, der sich in alles hineinmischt. – Der nichts von uns gewusst hat, nicht von unserer Arbeit, nicht von unserer Not, nichts von unserer Freude, so wie wir sie heute leisten, durchmachen und aufbringen –, und der doch, so scheint es, immer wieder verlangt, in unserem Leben der *erste* zu sein. Oder legt man ihm das nur in den Mund? Was will er von uns? Er will uns helfen, heißt es. Ja, aber er stellt sich eigentümlich ratlos an in unserer Nähe. Seine Verhältnisse waren so weitaus andere. Oder kommt es wirklich auf die Umstände nicht an, wenn er hier einträte, bei mir, in meinem Zimmer, oder dort in der Fabrik – wäre sofort alles anders, gut? Würde mein Herz in mir aufschlagen und sozusagen in einer anderen Schicht weitergehen und immer auf ihn zu? Mein Gefühl sagt mir, dass er nicht kommen *kann.* Dass es keinen Sinn hätte. Unsere Welt ist nicht nur äußerlich eine andere, – sie hat keinen Zugang für ihn. Er *schiene* nicht durch einen fertig gekauften Rock, es ist nicht wahr, er schiene nicht durch. Es ist kein Zufall, dass er in einem Kleid ohne Naht herumging, und ich glaube, der Lichtkern in ihm, das was ihn so stark scheinen machte, Tag und Nacht, ist jetzt längst aufgelöst und anders verteilt. Aber das wäre ja auch, mein ich, wenn er so groß war, das Mindeste, was wir von ihm fordern können, dass er irgendwie ohne Rest aufgegangen sei, ja ganz ohne Rest – spurlos …

Ich kann mir nicht vorstellen, dass das *Kreuz bleiben* sollte, das doch nur ein Kreuzweg war. Es sollte uns gewiss nicht überall aufgeprägt werden, wie ein Brandmal. In ihm selber sollte es aufgelöst sein. Denn, ist es nicht so: er wollte einfach den höheren Baum schaffen, an dem wir besser reifen könnten. Er, am Kreuz, ist dieser neue Baum in Gott, und wir sollten warme glückliche Früchte sein, oben daran.

Nun soll man nicht immer von *dem* reden, was *vorher* war, sondern, es sollte eben das *Nachher* begonnen haben. Dieser Baum, scheint mir, sollte mit uns so eines geworden sein, oder wir mit ihm, *an* ihm, dass wir nicht immerfort uns mit ihm beschäftigen müssten, sondern einfach ruhig mit Gott, in den, uns reiner hinaufzuhalten, doch seine Absicht war.

Wenn ich sage: Gott, so ist das eine große, nie erlernte Überzeugung in mir. Die ganze Kreatur, kommt mir vor, sagt dieses Wort, ohne Überlegung, wenn auch oft aus tiefer Nachdenklichkeit. Wenn dieser Christus uns dazu geholfen hat, es mit hellerer Stimme, voller, gültiger zu sagen, um so besser, aber lasst ihn doch endlich aus dem Spiel. Zwingt uns nicht immer zu dem Rückfall in die Mühe und Trübsal, die es ihn gekostet hat, uns, wie ihr sagt, zu »erlösen«. Lasst uns endlich dieses Erlöstsein antreten. – Da wäre ja sonst das Alte Testament noch besser dran, das voller Zeigefinger ist auf Gott zu, wo man es aufschlägt, und immer fällt einer dort, wenn er schwer wird, so grade hinein in Gottes Mitte. Und einmal habe ich den Koran zu lesen versucht, ich bin nicht weit gekommen, aber so viel verstand ich, da ist wieder so ein mächtiger Zeigefinger, und Gott steht am Ende seiner Richtung, in seinem ewigen Aufgang begriffen, in einem Osten, der nie alle wird. Christus hat sicher dasselbe gewollt. Zeigen. Aber die Menschen hier sind wie die Hunde gewesen, die keinen Zeigefinger verstehen und meinen, sie sollten nach der Hand schnappen. Statt vom Kreuzweg aus, wo nun der Wegweiser hoch aufgerichtet war in die Nacht der Opferung hinein, statt von diesem Kreuzweg weiterzugehen, hat sich die Christlichkeit dort angesiedelt und behauptet, dort in Christus zu wohnen, obwohl doch in ihm kein Raum war, nicht einmal für seine Mutter, und nicht für Maria Magdalena, wie in jedem Weisenden, der eine Gebärde ist und kein Aufenthalt. – Und darum wohnen sie auch nicht in Christus, die Eigensinnigen des Herzens, die ihn immer wieder herstellen und leben von der Aufrichtung der schiefen oder völlig umgewehten Kreuze. Sie haben dieses Gedräng auf dem Gewissen, dieses Anstehen auf der überfüllten Stelle, sie tragen Schuld, dass die Wanderung nicht weitergeht in der Richtung der Kreuzarme. Sie haben aus dem Christlichen ein Metier gemacht, eine bürgerliche Beschäftigung, sur place, einen abwechselnd abgelassenen und wieder angefüllten Teich. Alles, was sie selber tun, ihrer ununterdrückbaren Natur nach (soweit sie noch Lebendige sind), steht im Widerspruch mit dieser merkwürdigen Anlage, und so trüben sie ihr eigenes Gewässer und müssen es immer wieder erneun. Sie lassen sich nicht vor Eifer, das Hiesige, zu dem wir doch Lust und Vertrauen haben sollten, schlecht und wertlos zu machen, – und so liefern sie die Erde immer mehr denjenigen aus, die sich bereit finden, aus ihr, der verfehlten und verdächtigten, die doch zu Besserm nicht tauge, wenigstens einen zeitlichen, rasch ersprießlichen Vorteil zu ziehn. Diese zunehmende Ausbeutung des Lebens, ist sie nicht eine Folge, der durch die Jahrhunderte fortgesetzten Entwertung des Hiesigen? Welcher Wahnsinn, uns nach einem Jenseits abzulenken, wo wir hier von Aufgaben und Erwartungen und Zukünften umstellt sind. Welcher Betrug, Bilder hiesigen Entzückens zu entwenden, um sie hinter unserm Rücken an den Himmel zu verkaufen! O es wäre längst Zeit, dass die verarmte Erde alle jene Anleihen wieder einzöge, die man bei ihrer Seligkeit gemacht hat, um Überkünftiges damit auszustatten. Wird der Tod wirklich durchsichtiger durch diese hinter ihn verschleppten Lichtquellen? Und wird nicht alles hier Fortgenommene, da nun doch kein Leeres sich halten kann, durch einen Betrug ersetzt, – sind die Städte deshalb von so viel hässlichem Kunstlicht und Lärm erfüllt, weil man den echten Glanz und den Gesang an ein später zu beziehendes Jerusalem ausgeliefert hat? Christus mochte recht haben, wenn er, in einer von abgestandenen und entlaubten Göttern erfüllten Zeit, schlecht vom Irdischen sprach, obwohl es (ich kann es nicht anders denken) auf eine Kränkung Gottes hinauskommt, in dem uns hier Gewährten und Zugestandenen nicht ein, wenn wir es nur genau gebrauchen, vollkommen, bis an den Rand unserer Sinne uns Beglückendes zu sehen! *Der rechte Gebrauch, das ist's.* Das Hiesige recht in die Hand nehmen, herzlich liebevoll, erstaunend, als unser, vorläufig, Einziges: das ist zugleich, es gewöhnlich zu sagen, die große Gebrauchsauweisung Gottes, *die* meinte der heilige Franz von Assisi aufzuschreiben in seinem Lied an die Sonne, die ihm im Sterben herrlicher war als das Kreuz, das ja nur dazu dastand, in die Sonne zu *weisen.* Aber das, was man die Kirche nennt, war inzwischen schon zu einem solchen Gewirr von Stimmen angeschwollen, dass der Gesang des Sterbenden, überall übertönt, nur von ein paar einfachen Mönchen aufgefangen war und unendlich bejaht von der Landschaft seines anmutigen Tals. Wie oft mögen wohl solche Versuche gemacht worden sein, die Versöhnung herzustellen zwischen jener christlichen Absage und der augenfälligen Freundschaft und Heiterkeit der Erde. Aber auch sonst, auch innerhalb der Kirche, ja in ihrer eigenen Krone, erzwang sich das Hiesige seine Fülle und seinen angeborenen Überfluss. Warum rühmt man es nicht, dass die Kirche stämmig genug war, nicht zusammenzubrechen unter dem Lebensgewicht gewisser Päpste, deren Thron beschwert war mit Bastardkindern, Kurtisanen und Ermordeten. War nicht in ihnen mehr Christentum, als in den dürren Wiederherstellern der Evangelien, – nämlich, lebendiges, unaufhaltsames, verwandeltes. Wir wissen ja nicht, will ich sagen, *was* aus den großen Lehren werden will, man muss sie nur strömen und gewähren lassen und nicht erschrecken, wenn sie plötzlich in die zerklüftete Natur des Lebens fortstürzen und unter der Erde sich in unkenntliche Betten wälzen.

Ich habe einmal ein paar Monate in Marseille gearbeitet. Es war eine besondere Zeit für mich, ich verdanke ihr viel. Der Zufall brachte mich mit einem jungen Maler zusammen, der bis zu seinem Tode mein Freund geblieben ist. Er litt an der Lunge und war eben damals von Tunis zurückgekommen. Wir waren viel beisammen, und da der Abschluss meiner Anstellung mit seiner Rückkehr nach Paris zusammenfiel, konnten wir es einrichten, einige Tage in Avignon uns aufzuhalten. Sie sind mir unvergesslich geblieben. Zum Teil durch die Stadt selbst, ihre Gebäude und ihre Umgebungen, als auch weil mein Freund in diesen Tagen ununterbrochenen und irgendwie gesteigerten Umgangs sich mir über viele Umstände besonders seines *inneren* Lebens mit jener Beredsamkeit mitteilte, die, scheint es, solchen Kranken in gewissen Momenten eigentümlich ist. Alles was er sagte hatte eine seltsame wahrsagende Gewalt; durch alles, was in oft fast atemlosen Gesprächen dahinstürzte, sah man gewissermaßen den Grund, die Steine auf dem Grunde ich will damit sagen, mehr als ein nur Unsriges, die Natur selber, ihr Ältestes und Härtestes, das wir doch an so vielen Stellen berühren und von dem wir wahrscheinlich in den getriebensten Momenten abhängen, indem sein Gefäll unsere Neigung bestimmt. Ein Liebeserlebnis, unvermutet und glücklich, kam dazu, sein Herz wurde ungewöhnlich hoch gehalten, tagelang, und so schoss denn auf der anderen Seite der spielende Strahl seines Lebens zu beträchtlicher Höhe auf. Mit jemandem, der sich in solcher Verfassung befindet, eine außerordentliche Stadt und eine mehr als gefällige Landschaft wahrzunehmen, ist eine seltene Vergünstigung; und so erscheinen mir denn auch, wenn ich zurückdenke, jene zarten und zugleich leidenschaftlichen Frühlingstage als die einzigen Ferien, die ich in meinem Leben gekannt habe. Die Zeit war so lächerlich kurz, einem anderen hätte sie nur für wenige Eindrücke hingereicht, – mir, der ich nicht gewohnt bin, freie Tage zu verbringen, erschien sie weit. Ja, es kommt mir fast unrecht vor, noch *Zeit* zu nennen, was eher ein neuer Zustand des Freiseins war, recht fühlbar ein *Raum,* ein Umgebensein von Offenem, kein Vergehn. Ich holte damals, wenn man so sagen kann, Kindheit nach und ein Stück frühes Jungsein, was, alles in mir auszuführen, nie Zeit gewesen war; ich schaute, ich lernte, ich begriff –, und aus diesen Tagen stammt auch die Erfahrung, dass mir »Gott« zu sagen, so leicht, so wahrhaftig, so – wie mein Freund sich würde ausgedrückt haben – so problemlos einfach sei. Wie sollte mir dieses Haus, das die Päpste sich dort aufgerichtet haben, nicht gewaltig vorkommen? Ich hatte den Eindruck, es könne überhaupt keinen Innenraum enthalten, sondern müsse aus lauter dichten Blöcken geschichtet sein, so als wäre den Verbannten nur darum zu tun gewesen, das Gewicht des Papsttums, sein Übergewicht, auf die Waage der Geschichte zu häufen. Und dieser kirchliche Palast türmt sich wahrhaftig über dem antiken Torso einer Heraklesfigur, die man in die felsigen Grundfesten eingemauert hat – »ist er nicht« – sagte Pierre, »wie aus diesem Samenkorn ungeheuerlich aufgewachsen?« Dass *dieses* das Christentum sei, in einer seiner Verwandlungen, wäre mir viel verständlicher, als seine Kraft und seinen Geschmack in dem immer schwächeren Aufguss jener Tisane zu erkennen, von der man behauptet, dass sie aus seinen ersten zartesten Blättern bereitet sei.

Sind doch auch die Kathedralen nicht der Körper jenes Geistes, den man uns nun als den eigentlich christlichen einreden will. Ich könnte denken, dass unter einigen von ihnen das erschütterte Standbild einer griechischen Göttin ruhe; soviel Erblühung, soviel Dasein ist in ihnen emporgeschossen, wenn sie auch, wie in einer zu ihrer Zeit entstandenen Angst, von jenem verborgenen Leib fort in die Himmel strebten, die fortwährend offen zu halten der Ton ihrer großen Glocken bestimmt war.

Nach meiner Rückkehr damals von Avignon bin ich viel in Kirchen gegangen, abends und am Sonntag, – erst allein … später …

Ich habe eine Geliebte, fast noch ein Kind, die als Heimarbeiterin beschäftigt ist, wodurch sie oft, wenn es wenig Arbeit gibt, in eine arge Lage gerät. Sie ist geschickt, sie würde leicht in einer Fabrik unterkommen, aber sie fürchtet den Patron. Ihre Vorstellung von Freiheit ist grenzenlos. Es wird Sie nicht wundern, dass sie auch Gott so wie eine Art Patron empfindet, ja als den »Erzpatron«, wie sie mir sagte, lachend, aber mit solchem Schreck in den Augen. Es hat lange gebraucht, bis sie sich entschloss, einmal abends mit mir nach St. Eustache zu gehen, wo ich gerne eintrat, wegen der Musik der Maiandachten. Einmal sind wir zusammen nach Maux geraten und haben in der Kirche dort Grabsteine angesehen. Allmählich merkte sie, dass Gott einen in den Kirchen in Ruhe lässt, dass er nichts verlangt; man könnte meinen, er wäre überhaupt nicht da, nicht wahr, – aber doch im Augenblick, wo man das etwa sagen wollte, meinte Marthe, dass er auch in der Kirche nicht ist, da hält einen etwas zurück. Vielleicht nur das, was die Menschen selbst durch soviel Jahrhunderte hereingetragen haben in diese hohe, eigentümlich bestärkte Luft. Vielleicht ist es auch nur, dass das Schwingen der mächtigen und süßen Musik nie ganz hinauskann, ja es muss ja längst in die Steine eingedrungen sein, und es müssen merkwürdig erregte Steine sein, diese Pfeiler und Wölbungen, und wenn ein Stein auch hart ist und schwer zugänglich, schließlich erschüttert's ihn doch, immer wieder Gesang und diese Angriffe von der Orgel her, diese Überfälle, diese Stürme des Lieds, jeden Sonntag, diese Orkane der großen Feiertage. Windstille. Das ist's, was recht eigentlich in den alten Kirchen herrscht. Ich sagte es Marthe. Windstille. Wir horchten, sie begriff es sofort, sie hat eine wunderbar vorbereitete Natur. Seither traten wir manchmal da und dort ein, wenn wir singen hörten, und standen dann da, dicht aneinander. Am schönsten war's, wenn ein Glasfenster vor uns war, eines von diesen alten Bilderfenstern, mit vielen Abteilungen, jede ganz angefüllt mit Figuren, großen Menschen und kleinen Türmen und allen möglichen Ereignissen. Nichts ist dafür zu fremd gewesen, da sieht man Burgen und Schlachten und eine Jagd, und der schöne weiße Hirsch kommt immer wieder vor im heißen Rot und im brennenden Blau. Ich habe einmal ganz alten Wein zu trinken bekommen. So ist das für die Augen, diese Fenster, nur dass der Wein nur dunkelrot war im Mund, – dieses hier aber ist dasselbe auch noch in Blau und in Violett und in Grün. Es ist ja überhaupt *alles* in den alten Kirchen, gar keine Scheu vor etwas, wie in den neuen, wo nur gewissermaßen die guten Beispiele vorkommen. Hier ist auch das Arge und Böse und das Fürchterliche; das Verkrüppelte, das was in Not, das was hässlich ist und das Unrecht –, und man möchte sagen, dass es irgendwie geliebt sei um Gottes willen. Hier ist der Engel, den es nicht gibt, und der Teufel, den es nicht gibt; und der Mensch, den es gibt, ist zwischen ihnen, und, ich kann mir nicht helfen, ihre Unwirklichkeit macht ihn mir wirklicher. Ich kann das, was ich fühle, wenn es heißt: ein Mensch, dort drin besser zusammennehmen, als auf der Straße unter den Leuten, die rein nichts Erkennbares an sich haben. Aber das ist schwer zu sagen. Und das, was ich nun sagen will, ist noch schwerer auszudrücken. Was nämlich den »Patron«, die Macht, angeht (das ist mir auch so langsam dort drin, wenn wir ganz in der Musik standen, klar geworden), so gibt es nur *ein* Mittel wider sie: weiter zu gehen als sie selbst. Ich meine das so: Man sollte sich anstrengen, in jeder Macht, die ein Recht über uns beansprucht, gleich alle Macht zu sehen, die ganze Macht, Macht überhaupt, die Macht Gottes. Man sollte sich sagen, es gibt nur *eine,* und die geringe, die falsche, die fehlerhafte so verstehen, als wär sie das, was uns mit Recht ergreift. Würde sie nicht unschädlich auf diese Weise? Wenn man in jeder Macht, auch in arger und boshafter, immer die Macht selbst sähe, ich meine *das*, was zuletzt recht behält, mächtig zu sein, überstünde man da nicht, heil sozusagen, auch das Unberechtigte und Willkürliche? Stellen wir uns nicht zu allen den unbekannten großen Kräften genau so? Keine erfahren wir in ihrer Reinheit. Wir nehmen jede zunächst hin mit ihren Mängeln, die vielleicht unseren Mängeln angemessen sind. – Aber hat nicht bei allen Gelehrten, Entdeckern und Erfindern, die Voraussetzung, dass sie es mit großen Kräften zu tun hätten, plötzlich zu den größesten geführt? Ich bin jung, und es ist viel Aufbegehrung in mir; ich kann nicht versichern, dass ich nach meiner Einsicht handle in jedem Falle, wo Ungeduld und Unlust mich hinreißen, – im Innersten aber weiß ich, dass die Unterwerfung weiter führt als die Auflehnung; sie beschämt, was Bemächtigung ist, und sie trägt unbeschreiblich bei zur Verherrlichung der richtigen Macht. Der Aufgelehnte drängt aus der Anziehung eines Machtmittelpunktes hinaus, und es gelingt ihm vielleicht, dieses Kraftfeld zu verlassen; aber darüber hinaus steht er im Leeren und muss sich umsehen nach einer anderen Gravitation, die ihn einbeziehe. Und diese ist meist von noch minderer Gesetzmäßigkeit als die erste. Warum also nicht gleich in jener, in der wir uns vorfinden, die größeste Gewalt sehen, unbeirrt durch ihre Schwächen und Schwankungen? Irgendwo stößt die Willkür von selber ans Gesetz, und wir ersparen Kraft, wenn wir ihr überlassen, sich selber zu bekehren. Freilich das gehört zu den langen und langsamen Vorgängen, die so völlig in Widerspruch stehen mit den merkwürdigen Überstürzungen unserer Zeit. Aber es wird neben den schnellsten Bewegungen immer langsame geben, ja solche von so äußerster Langsamkeit, dass wir ihren Verlauf gar nicht erleben können. Aber dazu, nicht wahr, ist ja die Menschheit da, dass sie abwarte, was über den Einzelnen hinausreicht. – Von ihr aus gesehen, ist das Langsame oft das Schnellste, das heißt, es erweist sich, dass wir es nur langsam nannten, weil es ein Unmessbares war.

Nun gibt es, scheint mir, ein völlig Unermessliches, an dem mit Maßstäben, Messungen und Einrichtungen sich zu vergreifen, die Menschen nicht müde werden.

Und hier in jener Liebe, die sie mit einem unerträglichen Ineinander von Verachtung, Begierlichkeit und Neugier die »sinnliche« nennen, hier sind wohl die schlimmsten Wirkungen jener Herabsetzung zu suchen, die das Christentum dem Irdischen meinte bereiten zu müssen. Hier ist alles Entstellung und Verdrängung, obwohl wir doch aus diesem tiefsten Ereignis hervorgehen und selber wieder in ihm die Mitte unserer Entzückungen besitzen. Es ist mir, wenn ich es sagen darf, immer unbegreiflicher, wie eine Lehre, die uns dort ins Unrecht setzt, wo die ganze Kreatur ihr seligstes Recht genießt, in solcher Beständigkeit sich, wenn auch nirgends bewähren, so doch weithin behaupten darf.

Ich denke auch hier wieder an die bewegten Gespräche, die ich mit meinem verstorbenen Freunde führen durfte, damals, in den Auen der Barthelasse-Insel im Frühling und später. Ja in der Nacht, die seinem Tode zuvorging (er starb am folgenden Nachmittag kurz nach fünf Uhr), hat er mir in einen Bereich blindesten Erleidens so reine Ausblicke eröffnet, dass mir mein Leben an tausend Stellen neu zu beginnen schien und mir, da ich antworten wollte, die Stimme nicht zur Verfügung stand. Ich wusste nicht, dass es Tränen der Freude gab. Ich weinte meine ersten, anfängerhaft, in die Hände dieses morgen Toten und fühlte, Wie in Pierre die Flut des Lebens noch einmal stieg und überging, da diese heißen Tropfen hinzukamen. Bin ich überschwänglich? Ich rede ja von einem *Zuviel.*

Warum, ich frage Sie, Herr V., wenn man uns helfen will, uns so oft Hilflosen, warum lässt man uns im Stich, dort an den Wurzeln alles Erlebens? Wer uns *dort* beistände, der könnte getrost sein, dass wir nichts weiter von ihm verlangten. Denn der Beistand, den er uns dort einflößte, wüchse von selbst mit unserem Leben und würde größer und stärker mit ihm zugleich. Und ginge nie aus. Was setzt man uns nicht ein in unser Heimlichstes? Was müssen wir's umschleichen, und geraten schließlich hinein, wie Einbrecher und Diebe, in unser eigenes schönes Geschlecht, in dem wir irren und uns stoßen und straucheln, um schließlich wie Ertappte wieder hinauszustürzen in das Zwielicht der Christlichkeit. Warum, wenn schon Schuld oder Sünde, wegen der inneren Spannung des Gemüts, musste erfunden werden, warum heftete man sie nicht an einen anderen Teil unseres Leibes, warum ließ man sie fallen dorthin und wartete, dass sie sich auflöse in unserem reinen Brunnen und ihn vergifte und trübe? Warum hat man uns das Geschlecht heimatlos gemacht, statt das Fest unserer Zuständigkeit dorthin zu verlegen?

Gut, ich will zugeben, es soll nicht uns gehören, die wir nicht imstande sind, so unerschöpfliche Seligkeit zu verantworten und zu verwalten. Aber warum gehören wir nicht zu Gott von *dieser* Stelle aus?

Ein Kirchlicher würde mich darauf verweisen, dass es die Ehe gäbe, obwohl ihm nicht unbekannt wäre, wie es mit dieser Einrichtung bestellt ist. Es nützt auch nichts, den Willen zur Fortpflanzung in den Gnadenstrahl zu rücken –, mein Geschlecht ist nicht nur den Nachkommen zugekehrt, es ist das Geheimnis meines eigenen Lebens –, und nur weil es dort, wie es scheint, den mittleren Platz nicht einnehmen soll, haben so viele es an ihren Rand verschoben und darüber das Gleichgewicht verloren. Was hilft alles! Die entsetzliche Unwahrheit und

Unsicherheit unserer Zeit hat ihren Grund in dem nicht eingestandenen Glück des Geschlechts, in dieser eigentümlich schiefen Verschuldung, die immerfort zunimmt und uns von der ganzen übrigen Natur trennt, ja sogar von dem Kind, obwohl, wie ich in jener unvergesslichen Nacht erfuhr, seine, des Kindes, Unschuld durchaus nicht darin besteht, dass es, sozusagen, kein Geschlecht kenne, – »sondern, so sagte Pierre fast tonlos, jenes unbegreifliche Glück, das uns an *einer* Stelle erwacht mitten im Fruchtfleisch der geschlossenen Umarmung, ist noch in seinem ganzen Körper überall namenlos verteilt«. Um die eigentümliche Lage unserer Sinnlichkeit zu bezeichnen, müsste man also sagen dürfen: Einmal waren wir *überall* Kind, jetzt sind wir's nur noch an einer Stelle. – Wenn aber nur ein einziger unter uns ist, dem das gewiss wäre und der die Beweise dafür aufzuzeigen die Fähigkeit besäße, warum lassen wir's geschehen, dass eine Generation nach der anderen unter dem Schutt christlicher Vorurteile zu sich kommt und sich rührt wie der Scheintote im Finstern, in einem engsten Zwischenraum zwischen lauter Absagen!?

Herr V. Ich schreibe und schreibe. Eine ganze Nacht ist fast darüber hingegangen. Ich muss mich zusammenfassen. – Habe ich gesagt, dass ich in einer Fabrik angestellt bin? Ich arbeite im Schreibzimmer, manchmal habe ich auch an einer Maschine zu tun. Früher konnte ich einmal eine kurze Zeit studieren. Nun, ich will nur sagen, wie mir zumute ist. Ich will, sehen Sie, anwendbar sein an Gott, so wie ich da bin; was ich hier tue, Arbeit, das will ich weitertun auf ihn zu ohne dass mir mein Strahl gebrochen wird, wenn ich das so ausdrücken darf, auch nicht in Christus, der einst für viele das Wasser war. Die Maschine, zum Beispiel, ich kann sie ihm nicht erklären, er behält nicht. Ich weiß Sie lachen nicht, wenn ich das so einfältig sage, es ist am besten so. Gott dagegen, ich habe dieses Gefühl, *ihm* kann ich sie bringen, meine Maschine und ihren Erstling, oder sonst meine ganze Arbeit, es geht ohneweiters in ihn hinein. So wie es für die Hirten einmal leicht war, den Göttern ihres Lebens ein Lamm zu bringen oder die Feldfrucht oder die schönste Traube.

Sie sehen, Herr V., ich konnte diesen langen Brief schreiben, ohne das Wort Glauben ein einziges Mal nötig zu haben. Denn das scheint mir eine umständliche und schwierige Angelegenheit zu sein, und nicht die meine. Ich will mich nicht schlecht machen lassen um Christi willen, sondern gut sein für Gott. Ich will nicht von vornherein als ein Sündiger angeredet sein, vielleicht bin ich es nicht. Ich habe so reine Morgen! Ich könnte mit Gott reden, ich brauche niemanden, der mir Briefe an ihn aufsetzen hilft.

Ihre Gedichte kenne ich nur aus jener Vorlesung neulich Abend, ich besitze nur wenige Bücher, die meistens mit meinem Beruf zu tun haben. Ein paar allerdings, die von Kunst handeln, und Historisches, was ich mir eben verschaffen konnte. – Die Gedichte aber, das müssen Sie sich nun gefallen lassen, haben diese Bewegung in mir hervorgerufen. Mein Freund sagte einmal: Gebt uns Lehrer, die uns das Hiesige rühmen. Sie *sind* ein solcher.

Biographischer Abriss Rainer Maria Rilkes

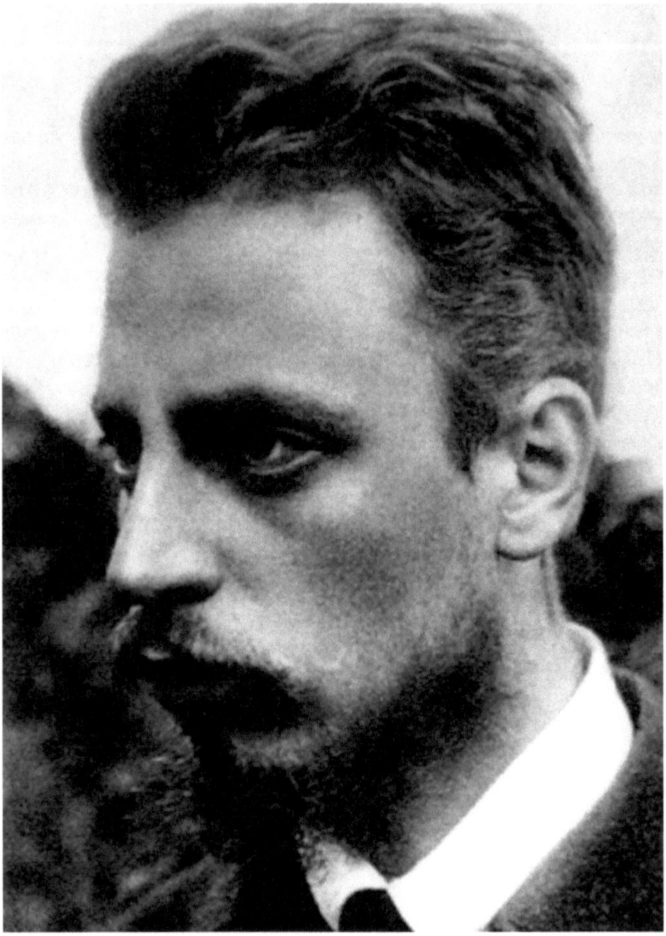

Rainer Maria Rilke (Foto, 18. September 1900)

René Karl Wilhelm Johann Josef Maria Rilke wird geboren in Prag (seinerzeit Österreich-Ungarn) am 4. Dezember 1875 als Sohn des (nach gescheiterter militärischer Karriere) böhmischen Eisenbahninspektors Josef Rilke und seiner Frau Sophie (geb. Entz, 1851-1931, Fabrikantentochter). Bis zu seinem sechsten Lebensjahr behandelt ihn die Mutter, traumatisiert vom frühen Sterben ihrer erstgeborenen Tochter, als wär' er ein Mädchen. Der Vater will seinen Buben als Militär. Er besucht die Volksschule des katholischen Schulordens der Piaristen. Seine Eltern trennen sich, Rilke bleibt bei der Mutter. Stipendiat in der Militärunterrealschule von St. Pölten; 1890 Militäroberrealschule in Mährisch-Weißkirchen, wo er 1891 »kränkelnd« ausscheidet. Handelsakademie Linz, von der er im Mai 1892 wegen einer nicht geduldeten Liebesaffäre mit einem älteren Kindermädchen abgeht, nach Prag zurückkehrt, sich privat aufs Abitur vorbereitet. 1893 Liebe zu Vally (Valerie von David-Rhonfeld). 1894 Publikation der Vally gewidmeten Liebesgedichte *»Leben und Lieder«*. 1895 Abitur. Philosophiestudium, Kunst- und Literaturgeschichte an der Prager Universität. *»Wegwarten«* (Gedichte). *»Larenopfer«* (Gedichte, datiert auf 1896). Rilke wechselt zum Jurastudium. Einmalige Aufführung seines naturalistischen Einakters *»Jetzt und in der Stunde unseres Absterbens«* am Prager deutschen Volkstheater. *»Traumgekrönt«* (Gedichte, datiert auf 1897). Übersiedlung nach München zum Studium der Kunstgeschichte und Ästhetik.

1897 Reise nach Arco und Venedig. Liebe (bis 1900; »dem großen, im Leben ziemlich hilflosen Dichter Rainer Maria Rilke zugleich Muse und sorgsame Mutter« {Sigmund Freud, Zum Tode Lou Andreas-Salomés, 1937}) zu Lou Andreas-Salomé (1861-1937; weitgereiste Schriftstellerin und Psychoanalytikerin aus russisch-deutscher Familie; Beziehungen zu Nietzsche, Rilke und Freud). Rilke ändert seinen Vornamen von »René« in »Rainer«, weil Lou diesen Namen für einen männlichen Schriftsteller passender findet. *»Im Frühfroste«* wird am deutschen Volkstheater aufgeführt. *»Advent«* (Gedichte, datiert auf 1898). Im Herbst Umzug nach Berlin zur Fortsetzung des Studiums. Bekanntschaft mit Stefan George (1868-1933; Symbolismus, Ästhetizismus; George-Kreis) und Gerhart Hauptmann (1862-1946; Dramatiker, Naturalismus; 1912 Literaturnobelpreis). 1898 Reise nach Arco und Florenz, Arbeit am *»Florenzer Tagebuch«*, *»Am Leben hin«* (Novellen und Skizzen), *»Ohne Gegenwart«* (Drama). Im Dezember Reise nach Hamburg und Worpswede. 1899 Reisen nach Arco, Prag und Wien, wo er Arthur Schnitzler (1862-1931; österreichischer Arzt, Schriftsteller; Wiener Moderne) und Hugo von Hofmannsthal (1874-1929; österreichischer Schriftsteller; Mitbegründer der Salzburger Festspiele; Fin de Siècle, Wiener Moderne) trifft. *»Zwei Prager Geschichten«* (Erzählungen). Reise nach Russland mit Lou und ihrem Mann; sie besuchen in Moskau Leonid Pasternak (1862-1945; russischer Maler) und Lew Tolstoi (1828-1910; realistischer Roman; Krieg und Frieden, 1865 ff.; Anna Karenina, 1873 ff.). Aufenthalt in Bibersberg. *»Mir zur Feier«* (Gedichte). Die Prosadichtung *»Die Weise von Liebe und Tod des Cornets Christoph Rilke«* entsteht (1906 herausgegeben). 1900 mehrmonatige Russlandreise mit Lou. Landschaftserlebnis. Aufenthalt in Worpswede bei Heinrich Vogeler (1872-1942; Maler, Architekt, Schriftsteller, Sozialist; Jugendstil; Künstlerkolonie Worpswede); Bekanntschaft mit Paula Modersohn-Becker (1876-1907; Malerin, früher Expressionismus) und Clara Westhoff (1878-1954; Bildhauerin, Malerin). *»Vom lieben Gott und Anderes«* (Novellen).

1901 Reise zur Mutter nach Arco. Umsiedlung nach Westerwede bei Worpswede. Er heiratet (baldige Trennung) Clara Westhoff; im Dezember Geburt der Tochter Ruth (1901-1972). *»Das tägliche Leben«* wird in Berlin aufgeführt (gedruckt 1902). *»Die Letzten«* (Novellen, datiert auf 1902). *»Worpswede«* (Künstlermonographien, datiert auf 1903). Im August 1902 zieht er nach Paris. Er lernt Auguste Rodin (1840-1917; französischer Bildhauer, Zeichner; moderne Plastik und Skulptur) kennen. *»Das Buch der Bilder«* erscheint. 1903 Reise nach Viareggio. Sommeraufenthalt in Worpswede. *»Auguste Rodin«* (Studie).
Reise über München, Venedig und Florenz nach Rom (bis Juni 1904). Reise von Rom über Kopenhagen nach Schweden. Im Dezember 1904 Ankunft in Oberneuland, wo Rilke mit seiner Familie den Winter verbringt (bis Februar 1905). 1905 Aufenthalte in Dresden, Berlin, Worpswede, Göttingen (Treffen mit Lou), Kassel, Marburg, Darmstadt. Im Herbst wohnt er bei Rodin in Meudon. Vortragsreisen nach Köln, Dresden, Prag und Leipzig. Im Dezember Aufenthalt in Oberneuland. Der Lou Andreas-Salomé gewidmete Gedichtzyklus *»Das Stunden-Buch«* erscheint. 1906 arbeitet Rilke in Paris bei Rodin als Privatsekretär. Vorträge in Elberfeld, Berlin und Hamburg. Tod seines Vaters. Im Sommer Reise nach Belgien. Aufenthalte in Godesberg, Schloss Friedelhausen; den Herbst verbringt er in Berlin, im Winter begibt er sich nach Capri, wo er bis Mai 1907 bleibt. Reise nach Paris. Vortragsreisen nach Prag, Breslau und Wien, wo er Rudolf Kassner kennenlernt. November in Venedig; Liebe zu Mimi Romanelli. Im Dezember in Oberneuland (bis Februar 1908). *»Neue Gedichte«* (2 Bände, 1907-1908). Reise nach Berlin, München, Rom. Ende Februar bis April 1908 Aufenthalt auf Capri; Besuche in Rom und Florenz. Ab Mai 1908 wohnt er in Paris. 1909 Reise in die Provence, Besuch in Bad Rippoldsau, Aufenthalt in Avignon. *»Requiem«* (Gedicht). Im Dezember Bekanntschaft mit der Fürstin Marie von Thurn und Taxis (1855-1934; deutsche Mäzenin). 1910 Vortragsreise nach Elberfeld, Leipzig, Jena, Berlin, Weimar. Italienreise nach Rom, Duino und Venedig. Aufenthalt in Paris; Bekanntschaft mit André Gide (1869-1951; französischer Schriftsteller; 1947 Literaturnobelpreis). Im Sommer Besuch bei der Familie in Oberneuland. Reisen nach München, Köln, Paris, Algier, Tunis. Der autobiographisch geprägte Künstlerroman *»Die Aufzeichnungen des Malte Laurids Brigge«* erscheint. Beginn einer zwölf Jahre währenden Schaffenskrise. Suche nach neuer Inspiration. Übersetzungen literarischer Werke aus dem Französischen, Auseinandersetzung mit Goethe und Shakespeare. 1911 Reisen nach Italien und Ägypten; Nilfahrt. Aufenthalt in Paris. Reise nach Böhmen. Deutschlandreise nach Leipzig, Weimar, Berlin, München. Im Oktober Aufenthalt in Paris. Autoreise im Auto der Fürstin von Thurn und Taxis von Paris nach Duino, wo er bis Mai 1912 bleibt. Sommeraufenthalt in

Venedig. Im Oktober Reise nach München, im November Spanienreise nach Toledo, Madrid, Sevilla, Ronda (bis Februar 1913). Februar bis Mai 1913 in Paris. Reise nach Bad Rippoldsau, Göttingen, Leipzig, Weimar, Berlin, Heiligendamm. Aufenthalte in München, Dresden, Hellerau. In München Teilnahme mit Lou am *»Psychoanalytischen Congress«*. Im Oktober in Paris. *»Das Marien-Leben«* (Gedichte). 1914 Reise nach Berlin, München und Zürich. März-April in Paris. Italienreise nach Duino, Venedig, Assisi, Mailand. Mai-Juli wieder in Paris. Reise nach Leipzig, München, Irschenhausen; leidenschaftliche Liebesaffäre mit Lulu Albert-Lazard (1885-1969; deutsch-französische Malerin der Moderne). Im September zieht er von Paris nach München um. Aufenthalte in Frankfurt, Würzburg, Berlin. 1915 in München Umgang mit Annette Kolb (1870-1967; Schriftstellerin des High-Society-Lebens; deutsch-französische Verständigung), Regina Ullmann (1884-1961; österreichisch-schweizerische Dichterin), Wilhelm Hausenstein (1882-1957; Kunstkritiker, Kulturhistoriker, Diplomat; gegen Nationalsozialismus und Antisemitismus; deutsch-französische Freundschaft) und Hans Carossa (1878-1956; Arzt, Lyriker, Erzähler). Besuch in Irschenhausen. Im November Einberufung zum Militärdienst; Rilke fährt nach Berlin, um sich zurückstellen zu lassen. Aufenthalt in Wien, wo er bei der Fürstin von Thurn und Taxis wohnt; Besuch bei Sigmund Freud (1856-1939; österreichischer Neurologe, Tiefenpsychologe, Kulturtheoretiker, Religionskritiker; Begründer der Psychoanalyse). 1916 Beginn des Militärdienstes als Schreiber im Kriegsarchiv. Wiedersehen mit Hofmannsthal, Stefan Zweig (1881-1942; österreichischer Schriftsteller; romanhafte Biografien) und Rudolf Kassner (1873-1959; österreichischer Schriftsteller, Essayist, Übersetzer, Kulturphilosoph; Antirationalismus). Im Juni Rückkehr nach München. Im Sommer 1917 Aufenthalt auf Gut Böckel in Westfalen bei Hertha Koenig (1884-1976; deutsche Schriftstellerin und Salonnière). Besuche in Berlin.

Im Dezember wieder in München. 1918 Umgang mit Ernst Toller (1893-1939; Schriftsteller, Politiker, linkssozialistischer Revolutionär). Reise nach Ohlstadt und Ansbach. Affäre mit Claire Studer (1890-1977; geb. Clara Aischmann, deutsch-französische Schriftstellerin und Journalistin, seit 1921 Ehefrau des Dichters Yvan Goll, 1891-1950). 1919 Wiedersehen mit Lou in München. Im Juni Reise in die Schweiz, nach Bern, Genf, Lausanne, Vortragsreise nach Zürich, St. Gallen, Luzern, Basel und Winterthur (bis November). Aufenthalt in Locarno (bis Februar 1920). März-Juni 1920 Aufenthalt in Schönenberg bei Basel. Im Sommer Venedig. Reisen in der Schweiz; zwischendurch Paris. Aufenthalt in Schloss Berg am Irschel (bis Mai 1921). 1921 erste Bekanntschaft mit Gedichten Paul Valérys (1871-1945; »poésie pure«; Narziss-Rezeption; La Soirée avec monsieur Teste, 1896; La jeune parque, 1917; Le Cimetière marin, 1920; Monsieur Teste, 1926). Reisen nach Genf und Zürich. Aufenthalt in Prieuré d'Etoy und Sierre.

Übersiedlung nach Château de Muzot. 1923 Reisen in die Schweiz. Sanatorium Schöneck bei Beckenried. Reisen nach Luzern, Schloss Malans, Meilen, Bern. Im Dezember Kuraufenthalt im Sanatorium Valmont sur Territet bei Montreux (bis Ende Januar 1924). Die 1912 in Duino und 1922 in Muzot verfassten *»Duineser Elegien«* kommen heraus, ebenso die 1922 als Ergänzung zu den *»Duineser Elegien«* in Muzot geschriebenen *»Sonette an Orpheus«*. 1924 Begegnung mit Paul Valéry. Clara Westhoff besucht Rilke. Reise nach Bad Ragaz. Aufenthalt in Lausanne und Bern. Im November fährt er nach Valmont, wo er bis Januar 1925 bleibt. Bis August 1925 Aufenthalt in Paris; Treffen mit Valéry, Hofmannsthal und Gide. Rückreise nach Muzot. Aufenthalt in Ragaz. Sanatorium in Valmont (bis Mai 1926). Rückkehr nach Muzot. Reise nach Ragaz. In Anthy mit Valéry. *»Vergers suivi des Quatrains Valaisans«* (Gedichte). Aufenthalte in Lausanne und Sierre. Im Sanatorium Valmont stirbt Rilke am 29. Dezember 1926 an Leukämie.

Joerg K. Sommermeyer, Berlin, 14. Juni 2018